Dieter Birnbacher/David Hommen

Negative Kausalität

Ideen & Argumente

Herausgegeben von
Wilfried Hinsch und Lutz Wingert

Dieter Birnbacher/
David Hommen

Negative Kausalität

DE GRUYTER

ISBN 978-3-11-029502-3
e-ISBN 978-3-11-029506-1

Library of Congress Cataloging-in-Publication Data
A CIP catalog record for this book has been applied for at the Library of Congress.

Bibliografische Information der Deutschen Nationalbibliothek
Die Deutsche Nationalbibliothek verzeichnet diese Publikation in der Deutschen Nationalbibliografie; detaillierte bibliografische Daten sind im Internet über http://dnb.d-nb.de abrufbar.

Satz: jürgen ullrich typosatz, Nördlingen
Druck und Bindung: Hubert & Co. GmbH & Co. KG, Göttingen
♾ Printed on acid-free paper
Printed in Germany

www.degruyter.com

Inhalt

Vorwort

„Negative Kausalität" bezeichnet ein in Vergangenheit und Gegenwart kontroverses philosophisches Problem. Die Kernfrage, an der sich die Geister scheiden, ist, ob negative Entitäten wie Abwesenheiten oder das Nicht-Eintreten bestimmter Ereignisse Ursachen oder Ursachenfaktoren sein können. Eine „Kernfrage“ ist diese Frage deshalb, weil sie im Schnittpunkt einer ganzen Reihe disziplinübergreifender Grundfragen steht: der Frage nach dem Wesen von Kausalität, der Frage nach der Natur von Handlungen und Ereignissen und nicht zuletzt der Frage nach der Beziehung zwischen Kausalität und normativer – moralischer und rechtlicher – Verantwortlichkeit. Erfordert die Zuschreibung rechtlicher – oder zumindest strafrechtlicher – Verantwortlichkeit, dass der Verantwortliche an den ihm zugeschriebenen Ereignissen kausal beteiligt war? Lässt sich eine kausale Beteiligung auch in Fällen zuschreiben, in denen sich der Eintritt des fraglichen Ereignisses gänzlich oder teilweise der Abwesenheit oder der Untätigkeit des Verantwortlichen verdankt? Sind Unterlassungen (nicht ausgeführte Handlungen) in kausalen Hinsichten Handlungen (ausgeführten Handlungen) vergleichbar, oder zwingt die von einigen Autoren geltend gemachte *intuition of difference* zu einer grundlegend verschiedenen Rekonstruktion der Beziehung zwischen „positiven“ und „negativen“ Vorgängerereignissen einerseits, „positiven“ und „negativen“ Nachfolgeereignissen andererseits?

Gegenwärtig stehen sich in diesem Punkt die Auffassungen zweier prominenter Rechtstheoretiker unvereinbar gegenüber: In seinem großen Werk *Causation and Responsibility* argumentiert der Chicagoer Rechtsphilosoph *Michael S. Moore* dafür, „negative Ursachen“ zu verwerfen. „Negative Ursachen“ seien nicht nur entbehrlich, sondern nicht weniger als eine logische Fiktion. Zwar soll jemand, der einen Schaden nicht verhindert, obwohl er dazu fähig und verpflichtet ist, für sein Untätigbleiben moralisch und/oder rechtlich verantwortlich sein. Da eine Kausalität von Unterlassungen unmöglich sei, soll diese Verantwortlichkeit jedoch keine Entsprechung in irgendeiner Form von kausaler Verantwortlichkeit haben. Das heißt, dass die normative Verantwortlichkeit in Fällen von Unterlassen gänzlich anders konstruiert werden muss als in Fällen positiven Tuns. Moore reklamiert für seine Auffassung, dass sie unsere Intuitionen sehr viel überzeugender erklärt als Auffassungen, die eine „negative Kausalität“ zulassen. Sie soll nicht nur unsere intuitiven Zweifel an der kausalen Wirksamkeit von Nicht-Existierendem erklären. Sie soll auch die normative Intuition erklären, dass derjenige, der aktiv einen Schaden zufügt, dafür in höherem Maße moralisch und rechtlich sanktioniert zu werden verdient, als wer ihn, ohne ihn zu verhindern, lediglich eintreten lässt. Dem gegenüber steht die Auffassung des ebenfalls aus Chicago stammenden Rechtstheoretikers *Richard W. Wright*, dem zufolge zwischen Handlungen und Unterlassungen, was ihre kausale Funktion betrifft, kein wesentlicher Unterschied besteht. Vielmehr soll zwischen aktivem Tun und passivem Geschehenlassen – wie bereits in der Kausalitätstheorie John Stuart Mills – vollständige strukturelle Symmetrie herrschen. Nicht nur kommen Unterlassungen und andere negative Ereignisse in derselben Weise wie Handlungen und positive Ereignisse als Ursachen bzw. Kausalfaktoren in Frage. Wright beansprucht auch, dass sich die in der Rechtsphilosophie diskutierten Komplikationen der Kausalitätszuweisung – Mehrfachkausalität, Präemption, Täterschaft – für Unterlassungen in derselben Weise auflösen lassen wie für Handlungen.

Die folgende Studie entwickelt eine Konzeption von negativer Kausalität ausgehend von dem Sonderfall der handlungsförmigen negativen Kausalität, der Kausalität durch Unterlassen. Sie beginnt mit dem Spezialfall des Unterlassens, um von da aus weiterzugehen zum allgemeineren Fall der Abwesenheit und des Nicht-Eintretens beliebiger Ereignisse. Dieses Vorgehen hat entscheidende methodische Vorteile: Die in höherem Maße ausgearbeitete und diskutierte Theorie der Kausalität von Unterlassungen kann der Erkundung der *terra incognita* der Kausalität andersartig „negativer Ereignisse" als hochwillkommener Ariadnefaden dienen. Begründet ist das darin, dass die philosophische Diskussion im Fall der Unterlassungen auf eindeutigere und stabilere Intuitionen zurückgreifen kann als im Fall anderer Formen von „negativen Ereignissen". Unterlassungen sind ein vertrauterer Gegenstand von Alltagsdenken und Alltagsmoral als ihre naturalen Entsprechungen. Darüber hinaus ist die Frage nach der Kausalität von Unterlassungen in der rechtswissenschaftlichen Handlungstheorie sehr viel ausführlicher diskutiert worden als die Frage nach der Möglichkeit negativer Kausalität in Metaphysik und Wissenschaftstheorie. Sie beschäftigt die Rechtsphilosophie seit dem 19. Jahrhundert mehr oder weniger regelmäßig und blickt vereinzelt sogar auf Vorgänger in der Scholastik zurück.

Wir versuchen, dem damit angedeuteten Weg möglichst konsequent zu folgen. Ausgehend von einer kritischen Durchmusterung der Positionen zur Unterlassungskausalität untersucht die Studie, wie weit sich ihre Ergebnisse auf den Bereich der nicht-handlungsförmigen negativen Ursachen extrapolieren lassen. Dadurch ergeben sich möglicherweise Horizontverengungen, die bei einem direkten Ansatz vermieden würden. Andererseits ergeben sich dadurch aber auch Hilfestellungen, auf die bei der Reise durch unwegbares Gelände schwer zu verzichten ist.

Die Autoren danken der DFG für die großzügige Förderung des Projekts, aus dem heraus dieses Buch entstanden ist, sowie den Teilnehmern an der Forschergruppe „Kausalität, Gesetze, Dispositionen und Erklärungen am Schnittpunkt von Wissenschaften und Metaphysik" für zahlreiche klärende Gespräche und Anregungen.

1 Das Problem

1.1 Das Dilemma der Unterlassungskausalität

Ein vielzitierter Satz aus Ludwig Wittgensteins *Philosophischen Untersuchungen* lautet: „Ein philosophisches Problem hat die Form: ‚Ich kenne mich nicht aus.'" (§ 123) Wittgenstein zufolge sind philosophische Probleme gedankliche Knoten, die den Fluss unserer Gedanken aufhalten und uns als unaufgelöste Rätsel nicht in Ruhe lassen. Aufgabe des Philosophen ist, diese Knoten zu entwirren. Ein philosophisches Problem zu lösen heißt, Klarheit zu gewinnen, wo vorher Unklarheit war – mag die gewonnene Klarheit gelegentlich auch in der Erkenntnis bestehen, dass ein Problem – jetzt oder auf Dauer – unlösbar ist und die Denkkraft auch noch der scharfsinnigsten Köpfe überfordert.

Die Frage nach der Kausalität von Unterlassungen ist ein solcher Knoten. Was sich hier zu einem schwer zu entwirrenden Knäuel verschlingt, ist ein Gemenge von divergierenden und letztlich unvereinbaren Annahmen. Die Hauptstränge sind zwei auf den ersten Blick gleichermaßen plausible Überzeugungen: Auf der einen Seite die Überzeugung, dass nicht nur Handlungen, sondern auch Unterlassungen – also das Nicht-Ausführen bestimmter Handlungen – die Rolle von Ursachen bzw. von Kausalfaktoren übernehmen können. Von dieser Überzeugung gehen wir im Alltagsdenken wie im Alltagssprachgebrauch mehr oder weniger problemlos aus, wenn auch nicht in allen Situationen gleichermaßen. Am ausgeprägtesten ist diese Überzeugung, wenn es sich bei der nicht ausgeführten Handlung um etwas Erfordertes, etwas Erwünschtes oder um etwas mit mehr oder weniger Sicherheit Erwartetes handelt, das ausbleibt. Die Standardsituation ist die, dass jemand etwas *unterlässt*, wenn er entweder etwas nicht tut, was er tun *sollte*, wenn er etwas nicht tut, was von ihm *gewünscht* wird oder wenn er sich anders verhält, als von ihm *erwartet* wird. In allen drei Fällen sprechen wir wie selbstverständlich davon, dass jemand dadurch, dass er etwas *nicht* tut, bestimmte Folgen *herbeiführt*, d.h. sein Unterlassen in kausalen Beziehungen zu anderen Ereignissen steht.

Als Beispiel für den ersten, *normativen* Verwendungskontext kann der Fall des versäumten „Winterdienstes" dienen. In Recht und Alltagsmoral führen wir einen bestimmten Unfall bei Glatteis teilweise oder wesentlich darauf zurück, dass der zuständige Hauseigentümer es *versäumt* hat, auf dem Gehweg vor seinem Haus zu streuen. Dass wir in diesem Fall von einem *unterlassenen* Streuen sprechen, scheint denselben Grund zu haben, aus dem wir dem Hauseigentümer einen Anteil an der Kausalität für den Unfall zuschreiben und ihn angesichts der bestehenden „Streupflicht" dafür überdies auch in einem rechtlichen oder moralischen Sinn verantwortlich machen: Er hat den Unfall mitverschuldet, insofern er verpflichtet war, bei Glätte zu streuen, er dieser Pflicht nicht nachgekommen ist und dadurch zumindest zu einer Teilursache des Unfalls geworden ist. Wie weit der Vorwurf berechtigt ist, scheint wesentlich davon abzuhängen, wie weit zwischen dem Unterlassen und dem eintretenden Schaden eine *Kausalrelation* besteht – dass das Nicht-Eingreifen kausal zu dem Schadenseintritt beiträgt und der Schaden durch das unterlassene Eingreifen zumindest *mitbewirkt* ist.[1]

Ein Beispiel für den zweiten, *optativen* Verwendungskontext sind Handlungen, die wir uns von jemandem wünschen, die jedoch ausbleiben und deren Ausbleiben gravierende Folgen zeitigt – Handlungen des Typs „Kein Schwein ruft mich an". Der nicht erfolgte Anruf, auf den man hofft, verursacht Gefühle von Verlassenheit und sozialer Isolation. Diese wären wie weggeblasen, ginge von anderen eine Initiative zur Kontaktaufnahme aus. Und auch dann, wenn man ihn nicht erwartet, kann die Tatsache, dass jemand, den man sich dringend herbeiwünscht, nicht da ist, ein Gefühl der Leere verursachen.[2]

Beispiele für den dritten, *deskriptiven* Verwendungskontext sind Handlungsweisen, die so regelmäßig ausgeführt werden, dass sie als Verhaltensgewohnheiten oder -routinen von anderen erwartet werden und ihr ausnahmsweiser Wegfall in besonderer Weise auffällt. Wenn A regelmäßig Kaffee zum Frühstück trinkt, aber eines Morgens ausnahmsweise nicht, mag das B zu der Frage veranlassen, was mit ihm heute Besonderes los ist. Auch in dieser Art von Situation wird die Nichtausführung der gewohnheitsmäßigen Handlung „Kaffee trinken" seitens A zwanglos als Ursache der entsprechenden Frage Bs interpretiert. Dass A etwas nicht tut, was von ihm – nunmehr in einem rein deskriptiven Sinn – *erwartet* wird, ist ein weiterer Standardfall für eine Situation, die wir üblicherweise nicht nur als Fall einer Unterlassung beschreiben, sondern auch als Fall einer Unterlassungskausalität: Dass A unerwarteterweise etwas nicht tut, ist die *Ursache* bzw. ein wesentlicher *Kausalfaktor* für Bs Frage nach den Hintergründen dieses Verhaltens.

Damit sind die typischen Kontexte, in denen wir im Alltagsdenken von Unterlassungen sprechen und von ihnen annehmen, dass sie bestimmte Folgen

---

1 Als Beleg könnten zahlreiche Zitate aus der Literatur über Schadensfälle dienen. So schreibt etwa Klaus Peter Rippe im Zusammenhang mit der Chemiekatastrophe von Bhopal: „Die Katastrophe war Resultat einer Reihe von Unterlassungen" (Rippe 2010, 169).

2 Heidegger beschreibt diese Leere so: „Die Dinge lassen uns in Ruhe, stören uns nicht. Aber sie helfen uns auch nicht, sie ziehen unser Verhalten nicht auf sich. Sie überlassen uns uns selbst. Deshalb, weil sie nichts zu bieten haben, lassen sie uns leer. Leerlassen heißt, als Vorhandenes nichts bieten. Leergelassenheit meint: vom Vorhandenen nichts geboten bekommen." (Heidegger 2004, 155)

zeitigen, nicht erschöpft. Ein weiterer Falltyp, in dem wir von Unterlassungen sprechen und in denen wir, falls diese Folgen haben, annehmen, dass diese u. a. durch jene kausal (mit)bedingt sind, ist der des *absichtlichen* Unterlassens. Absichtliches Unterlassen liegt vor, wenn wir eine Handlung H ausführen könnten, aber aus einem bewussten Entschluss heraus auf H verzichten. Ein solches Unterlassen ist nicht an einen der aufgeführten typischen Kontexte gebunden. Es kann auch dann vorliegen, wenn H weder aus moralischen, rechtlichen oder anderen Gründen erfordert oder gewünscht ist noch aufgrund von regelmäßiger Ausführung erwartet wird oder werden kann. Ein solches Unterlassen liegt z. B. vor, wenn A das Geld, das ihm B schuldet, bewusst und mit Absicht nicht zurückfordert, etwa weil er weiß, dass B durch die Rückzahlung in Not geraten würde. In diesem Fall ist das Zurückfordern weder aufgrund irgendwelcher Normen erfordert, noch braucht es von A erwartet zu sein, um als Unterlassen beschrieben zu werden. Es wird vielmehr primär deswegen als Unterlassen beschrieben, weil es einen ausdrücklichen Verzicht auf eine mögliche Rückforderung beinhaltet. Das Unterlassen beinhaltet in diesem Fall über die Nicht-Ausführung einer äußeren Handlung hinaus ein inneres Handeln. Auch hier schreiben wir üblicherweise Kausalität zu: Falls B wegen dieses Unterlassens nunmehr einige Sorgen weniger hat, als er andernfalls hätte, schreiben wir diesen Zustand u. a. As Schuldenerlass zu: Die Lebenserleichterung, die B erfährt, ist wesentlich oder zumindest teilweise As Großzügigkeit geschuldet. Auch A selbst würde es zweifellos als naheliegend empfinden, seinen Verzicht auf Rückzahlung als Unterlassung zu beschreiben, und um so mehr, je mehr sich dieser Verzicht einem bewussten Entschluss verdankt. Und derselbe A würde zweifellos auch von einer kausalen Beziehung zwischen diesem Unterlassen und dem Zustand von B ausgehen: A wollte B helfen und hat ihm tatsächlich geholfen. „Helfen" ist eine implizit kausale Relation. Helfen ist nicht denkbar ohne eine kausale Beziehung zwischen Helfer und Hilfsempfänger.

Ein weiterer, fünfter Kontext, in dem wir bei nicht ausgeführten Handlungen von Unterlassungen sprechen, ist der, in dem sich ein Nicht-Handeln rückblickend als in besonderer Weise folgenträchtig herausstellt. So sprechen wir etwa davon, dass sich die Nichtausführung einer in einer Situation möglichen Handlung aus späterer Sicht als „schicksalhaft" erweist.[3] Auch dieser Kontext ist von den bisher genannten unabhängig: Das Nicht-Ausführen einer Handlung kann auch dann „schicksalhaft" werden, wenn diese weder erfordert, gewünscht oder erwartet ist noch die Nicht-Ausführung auf einen bewussten Entschluss zurück-

3 Eine Belegstelle ist z. B. Werner 2004, 113: „Diese Unterlassung hat sich als schicksalhaft erwiesen."

geht. Es kommt für diesen Fall lediglich auf die Folgen an. Wenn der zerstreute A den empfindlichen B auf der Straße trifft und nicht grüßt, kann dies für B auch dann gravierende Folgen haben, wenn dies von A weder zu fordern, zu wünschen oder zu erwarten ist und A das Grüßen nicht absichtlich verweigert, sondern aus Gedankenlosigkeit vergisst. Es ist klar, dass auch in diesem Verwendungskontext von „Unterlassung" Unterlassungen Kausalität zugeschrieben wird. Der Kontext ist in diesem Fall sogar von vornherein so bestimmt, dass Kausalität impliziert ist. Wäre das jeweilige Unterlassen nicht für die Folgen kausal verantwortlich, wäre es sinnlos, die Folgenträchtigkeit als Kriterium dafür gelten zu lassen, ob ein bestimmtes Nicht-Handeln als Unterlassen beschrieben werden kann.

Soweit die eine Seite des Dilemmas. Die andere Seite ist die, dass man an den wie immer geläufigen Redeweisen von Unterlassungen, aus denen etwas „folgt" bzw. die etwas „hervorrufen" oder „bewirken", irre wird, sobald man diesen Redewendungen „auf den Leib rückt" und sich fragt, was sie genau besagen. Was einen zum Grübeln bringt, ist die Frage: Wie kann ein Nicht-Handeln für irgendetwas ursächlich sein? Wie kann etwas, was nicht stattfindet, bewirken, dass etwas anderes stattfindet? Wie kann ein Nicht-Ereignis ein Ereignis „hervorbringen"? Postuliert man nicht, indem man einem Nicht-Handeln kausale Wirksamkeit unterstellt, eine Art *creatio ex nihilo*? Nur aus etwas, so könnte man meinen, kann etwas entstehen. Und ein Unterlassen ist in diesem Sinn schwerlich ein Etwas.

Diese Meinung ist kein bloßes Vorurteil: Eine *creatio ex nihilo*, nicht im theologischen Sinn (bei der ein Schöpfergott mitgedacht wird), sondern wortwörtlich verstanden, ist in der Tat ein Unding und eine glatte Unmöglichkeit. Es fehlt schlicht an einem kausalen Relatum, das als Ausgangspunkt einer kausalen Relation fungieren könnte: einer Ursache. Nichts scheint kausal wirken zu können, was nicht in irgendeiner Weise existiert. *Ex nihilo nihil fit.*[4] Ein vollständiges Nichts scheint in keiner kausalen Relation zu irgendetwas stehen zu können.

Betrachten wir unter diesem Gesichtspunkt noch einmal die fünf Anwendungskontexte des Unterlassens.

---

4 Heideggers – von Carnap zu Unrecht kritisierte – aktivistische Redeweise von einem „nichtenden" Nichts (Heidegger 1969, 34) ist an diesem Punkt nicht einschlägig, da sie nur metaphorisch verstanden werden kann, im Sinne einer „nagenden" Beunruhigung über die Sinnlosigkeit des Daseins. Robert Nozicks Gedankenspiele mit einem im wörtlichen Sinn „nichtenden" Nichts, d. h. einer vom Nichts ausgehenden „Nichtungskraft", bei der das Nichts, indem es sich selbst „nichtet", etwas Seiendes hervorbringt, scheitert daran, dass ein Nichts keine Kraft entfalten kann (vgl. Nozick 1981, 123).

Wenn jemand nicht in der Weise handelt, in der es aufgrund einer Handlungsverpflichtung von ihm gefordert, von ihm gewünscht oder erwartet wird, stellt sich die Frage, wie dieses Nicht-Handeln für sich genommen irgendetwas bewirken können soll. Diese Frage stellt sich besonders dann, wenn der verpflichtete Akteur nicht nur anders als in der geforderten Weise handelt, sondern gar nicht handelt, etwa wenn er tief schläft.

Im vierten Fall einer absichtlichen Unterlassung stellt sich dieselbe Frage anders: Bei einer absichtlichen Unterlassung findet nicht einfach nichts statt, sondern es findet zumindest ein Akt des Beabsichtigens statt, also ein inneres Handeln. Dennoch fragt sich, wie die Kombination aus innerem Handeln und äußerem Nicht-Handeln hinreichen soll, auf ein äußeres Ereignis kausal zu wirken, ohne dass ein äußeres Handeln, also ein körperliches Verhalten zwischen Intention und intendiertem Zustand als kausale Brücke fungiert. Im obigen Beispielfall: Wie kann As absichtliches Nicht-Einfordern von Bs Schulden Bs Zustand verändern, wenn es an einer physischen Verbindung zwischen Intention und Wirkung – etwa einer entsprechenden verbalen Äußerung As gegenüber B – fehlt? Analog stellt sich im fünften Fall die Frage nach der Berechtigung, überhaupt von einer „folgenträchtigen" Unterlassung zu sprechen. Es scheint, dass allenfalls die Ereignisse, die *anstelle* der unterlassenen Handlung eingetreten sind, folgenträchtig sein können, auch wenn diese Erklärung den Beispielfall des nicht grüßenden A nicht besonders gut zu treffen scheint. Schließlich ist es nicht das Vorübergehen von A, was den in diesem Punkt sensiblen B irritiert, sondern das Vorübergehen an B, *ohne* B zu grüßen. Nicht das Vorübergehen, sondern das unterlassene Grüßen ist es, was B verletzt. Dies genau scheint aber ein Nichts zu sein, etwas bloß Gedachtes, allenfalls – um noch einmal auf Wittgenstein zurückzukommen – eine „grammatische", d. h. sprachinduzierte Fiktion.

1.2 Das Dilemma in der Rechtswissenschaft

In der Rechtswissenschaft ist das Dilemma der Unterlassungskausalität seit langem ein Thema, vor allem da das Strafrecht mit dem Rechtsbegriff der „unechten Unterlassungsdelikte" einen Delikttyp entwickelt hat, der beide Seiten des Dilemmas miteinander in Einklang zu bringen versucht. Bei einem „unechten Unterlassungsdelikt" wird einem A vorgeworfen, einen B zu schädigen, indem er bestimmte Handlungen nicht ausführt, zu deren Ausführung er verpflichtet ist. Die beiden Seiten des Dilemmas sind damit in ein delikates Gleichgewicht gebracht.

Das eine Horn des Dilemmas besteht darin, dass das Verhalten, das dem – in diesem Fall nur uneigentlich so genannten – Täter zum Vorwurf gemacht wird, ein reines Nicht-Handeln sein soll, z. B. ein Nicht-Eingreifen im Fall der Bedrohung eines anderen durch natürliche oder menschliche Gefahrenquellen. Das andere besteht darin, dass dieses Nicht-Handeln Ursache des nachfolgenden Schadens sein soll, der durch ein Eingreifen hätte verhindert oder abgemildert werden können. Strafbar ist das Nicht-Handeln ausschließlich um seiner Folgen willen. Anders als bei den „echten Unterlassungsdelikten", etwa der unterlassenen Hilfeleistung (§ 323c StGB) oder der Nichtanzeige geplanter Straftaten (§ 138 StGB), die unabhängig von den Folgen strafbar sind, sind die „unechten Unterlassungsdelikte" nur dann strafbar, wenn sich die Folge tatsächlich einstellt. Sie sind Erfolgs- und keine Tätigkeitsdelikte. Zwar vermeidet der Gesetzestext in § 13 StGB im Fall der „unechten Unterlassungsdelikte" eine klare Aussage zur Kausalität des Unterlassens. Er spricht lediglich davon, dass ein Unterlassen immer dann strafbar ist, wenn „das Unterlassen der Verwirklichung des gesetzlichen Tatbestandes durch ein Tun entspricht". Aber es fällt schwer, diese „Entsprechung" anders zu verstehen als eine zwar im *modus operandi* andersartige, aber doch in gleicher Weise *kausale* Realisierung des jeweiligen Schadens wie im Fall der Verwirklichung des Schadens durch ein aktives Tun. Es ist schwer zu sehen, wie eine Verwirklichung einer Körperverletzung durch Unterlassen der Verwirklichung einer Körperverletzung durch aktives Tun „entsprechen" soll, wenn sie diese nicht in demselben Sinn – wenn auch auf andere Weise – *verursacht*. Die Körperverletzung muss die kausale *Folge* des Unterlassens sein, wenn sie dem passiv bleibenden Akteur, der pflichtwidrig nicht eingreift, zugeschrieben werden soll. Diese Auffassung wird auch in der Rechtswissenschaft weitgehend geteilt. Der Rechtswissenschaftler Wolff etwa schreibt:

> Sollte ein Unterlassen, aus welchen Gründen auch immer, die Verletzung eines Gutes nicht zur Folge haben können, dann kann es ein unechtes Unterlassungsdelikt nicht geben, und es würde der Gerechtigkeit widersprechen, einen Täter wegen eines Unterlassens nach § 212 oder nach sonst einem Erfolgsdelikt zu bestrafen. (Wolff 1965, 33)

Deshalb ist in jedem einzelnen Fall eines anscheinend durch Unterlassen bewirkten Schadens zu klären, ob es nicht weitere, in etwas anderem als im Unterlassen des Beschuldigten liegende Ursachen gibt, die den Schaden unabhängig hätten bewirken können. Im Fall des Nicht-Streuens des Gehwegs seitens des Hausbesitzers müsste etwa gefragt werden, ob der Passant nicht auch unabhängig vom Verhalten des Hausbesitzers, d. h. auch dann, wenn der Hausbesitzer seiner Pflicht nachgekommen wäre – etwa aufgrund einer altersbedingten Gehbehinderung – hätte stürzen können.

Die Überzeugung, dass eine strafrechtliche Verantwortlichkeit für ein Schadensereignis legitimerweise nur dann zugeschrieben werden kann, wenn zwischen dem inkriminierten Verhalten und dem Schaden eine Kausalrelation besteht, ist tief verwurzelt. Ihre Grundlage scheint diese Überzeugung in dem Umstand zu haben, dass die Idee der Strafe, von der das Strafrecht ausgeht, einen *moralischen* Gehalt hat und mehr als eine bloße Maßnahme zur Verhaltenskorrektur sein soll. Eine Sanktionierung mit den Mitteln des Strafrechts enthält in der Regel auch eine *moralische* Sanktion. Dadurch unterscheiden sie sich von anderweitigen rechtlichen Normen zur Ordnung der Lebensverhältnisse und Umgangsformen einer Gesellschaft. Die Drohung, die von strafrechtlichen Normen ausgeht, ist nicht nur die Drohung mit der Zufügung eines empfindlichen Übels, sondern zugleich auch die mit der Beeinträchtigung der moralischen Selbst- und Fremdachtung des Straftäters. Dieser moralische Gehalt strafrechtlicher Sanktionen ist unabtrennbar von der Notwendigkeit, den wegen eines Schadens ausgesprochenen Vorwurf an die Kausalität des Getadelten für den Schaden zu binden. Niemand kann im moralischen Sinn für einen Schaden verantwortlich sein, der an dem Zustandekommen dieses Schadens kausal unbeteiligt ist. Ein Strafrecht, das im Sinne einer Sippenhaftung oder einer Gefährdungshaftung verursachensunabhängige Strafen androht, mag unter Zweckmäßigkeitsgesichtspunkten rechtfertigbar sein, würde aber dem inhärenten moralischen Anspruch des Strafrechts nicht gerecht. Das zeigt sich u.a. daran, dass eine Bestrafung von kausal an einem Schaden weder direkt oder indirekt Beteiligten durchweg als hochgradig problematisch empfunden wird. Wir wehren uns mit gutem Grund dagegen, für Ereignisse verantwortlich gemacht zu werden, an deren Zustandekommen wir keinen Anteil hatten. Für einen Schaden verantwortlich gemacht zu werden, an dessen Zustandekommen man weder direkt noch indirekt beteiligt war oder – wie im Fall einer etwaigen moralischen „Erbschuld" – bereits aus logischen Gründen nicht beteiligt sein konnte, wird zu Recht als paradigmatischer Fall von Ungerechtigkeit empfunden. Viele Rechtswissenschaftler teilen diese Auffassung, u.a. auch die Kontrahenten in der gegenwärtigen Debatte um die Unterlassungskausalität, Moore und Wright. So schreibt Richard Wright: „Liability despite disproof of causation is, in my view, unjust and hence improper" (Wright 2007, 301). Auch Michael Moore verweist ausdrücklich auf die moralische Basis der Bindung rechtlicher Verantwortlichkeit an Kausalität: „(causality) refers to a natural relation. ... Because moral responsibility is tied to such a natural relation, and because the law is tied to morality, the law is also tied to this natural relation." (Moore 2009, 5)

Diese Moralbindung gilt allerdings ausschließlich für das Strafrecht. In anderen Rechtsbereichen, in denen diese Bindung nicht besteht, etwa im Bereich der zivilrechtlichen Haftungspflichten, wird es nicht nur als sehr viel weniger anstößig empfunden, wenn negative Sanktionen unabhängig von Verursachungsgesichtspunkten verhängt werden, sondern ist eine verursachensunabhängige Sanktionierung gängige Praxis. So kann jemand etwa rechtlich verpflichtet sein, die Schulden seiner verstorbenen Eltern zurückzahlen, ganz unabhängig davon, ob er an deren Entstehung in irgendeiner Weise beteiligt war. Wenn hier eine moralische Verpflichtung besteht, dann allenfalls die, die entsprechenden Rechtsnormen einzuhalten. Er ist den Gläubigern seiner Eltern gegenüber nicht selbst moralisch verpflichtet – so wie er ihnen verpflichtet wäre, wäre er die Schuld in eigener Person eingegangen.

In der Sphäre der Moral ist nicht nur die Angemessenheit von moralischem Tadel, sondern auch die Angemessenheit von moralischem Lob an eine Kausalitätsrelation zwischen Verhalten und erwünschten Folgeereignissen geknüpft, soweit diese um der Verhaltensfolgen des Getadelten oder Gelobten willen ausgesprochen werden. Anders als bei rein symbolischen Ehrungen, bei denen es lediglich auf die Erfüllung einer etablierten Konvention ankommt, werden Ehrungen, die sich auf bestimmte Leistungen beziehen, nur dann als angemessen betrachtet, wenn der Geehrte die betreffende Leistung tatsächlich erbracht hat oder an dieser zumindest direkt oder indirekt beteiligt war. Für Leistungen gelobt zu werden, an denen man keinerlei kausalen Anteil hatte, mag als schmeichelhaft empfunden werden, ist ansonsten aber für den Gelobten nicht weniger peinlich als für nicht begangene Verfehlungen getadelt zu werden – es sei denn, Lob und Tadel werden primär als symbolische Akte gesehen, die exemplarisch bestimmte Normen und Standards bekräftigen, oder als politische Maßnahmen, die bestimmte Anreizfunktionen übernehmen sollen. Stellt sich nachträglich heraus, dass die unterstellte kausale Beziehung nicht gegeben war, wird die Ehrung konsequenterweise zurückgenommen und der Ehrentitel aberkannt – offenkundig nicht nur, um den Ehrentitel vor Reputationsverlusten zu schützen, sondern auch weil ohne die betreffende Kausalität die sachliche Grundlage der Ehrung entfällt. Insoweit sprechen starke Gründe dafür, eine strafrechtliche Verantwortlichkeit bei Unterlassungen an eine kausale Beziehung zwischen Unterlassung und Schadensfolgen zu binden.

Das andere Horn des Dilemmas besteht darin, dass eine große Zahl prominenter Vertreter des Strafrechts und der Rechtstheorie eine derartige Kausalbeziehung für unmöglich halten (vgl. Puppe 2006, 128). Sie gehen davon aus, dass von einer „echten" Kausalität nur dann gesprochen werden kann, wenn die Ursache des Schadens ein „positives Tun" ist bzw. zumindest einen der verursachenden Faktoren in einer aktiven Mitwirkung ausmacht. Begründet ist diese Überzeugung in einem Bild der Kausalrelation, nach dem eine kausale Beziehung nur dann bestehen kann, wenn bestimmte ontologische Bedingungen erfüllt sind, darunter die, dass die durch die Relation miteinander in Beziehung stehenden Entitäten *real* sein müssen – gleichgültig, ob diese näherhin als Gegenstände, Zustände, Ereignisse oder Veränderungen aufgefasst werden und gleichgültig, ob die Kausalrelation selbst als objektiv bestehend oder lediglich als Konstrukt oder Ergebnis bestimmter Deutungen interpretiert wird. Wesentlich ist, dass nach diesem Bild von Kausalität Kausalität immer nur zwischen real Existierendem bestehen kann, mit der Folge, dass weder die Ursache noch die Wirkung ausschließlich aus ontisch negativen Faktoren bestehen kann. Weder die Ursache noch die Wirkung könne ein reines Nichts sein. Das wären sie jedoch, würden nicht existierende Gegenstände, nicht bestehende Zustände, Nicht-Ereignisse oder nicht eintretende Veränderungen als kausale Relata zugelassen. Da Handlungen als ein bestimmter Typ von Ereignissen aufgefasst werden müssen, können Unterlassungen nicht anders denn als bestimmte Formen von Nicht-Ereignissen aufgefasst werden. Als solche kämen sie jedoch nicht als Ursachen in Betracht. Sie seien ein reines Nichts. Was darüber möglicherweise hinwegtäusche, seien die sprachlichen Mittel, derer wir uns zur Beschreibung von Unterlassungen bedienen. Diese enthalten ja gewöhnlich keine Negationspartikel, die auf die negative Beschaffenheit des Gemeinten hinweisen, sondern beschreiben Unterlassungen so, als bezeichneten sie positive Handlungen, z. B. Schweigen, Fehlen oder Vernachlässigen. Die oberflächengrammatisch positiven Ausdrücke verschleierten in diesen Fällen jedoch die ontisch negative Natur der entsprechenden Verhaltensweisen: Wer schweigt, redet nicht; wer vernachlässigt, kümmert sich nicht; wer fehlt, ist nicht gekommen. Diesen Redeweisen entsprechen zwar Tatsachen – es ist eine Tatsache, dass jemand nicht redet, sich nicht kümmert oder nicht gekommen ist –, aber keine Realitäten. Soweit aber nur Reales in kausalen Beziehungen stehen kann und Unterlassungen nichts Reales sind, können sie nichts bewirken. Sie können – wie es der deutsche Rechtstheoretiker Larenz in den 1950er Jahren ausdrückte – „für nichts kausal sein“ (Larenz 1953, 686). Michael S. Moore drückt dasselbe noch etwas drastischer aus, mit einem Zitat aus *The Sound of Music*: „Nothing can come from nothing“ (Moore 2009, 446).

1.3 Problemverschärfungen

1.3.1 Fahrlässigkeit als inneres Unterlassen

Damit ergibt sich für die Rechtstheorie ein gravierendes und missliches Problem. Solange Verantwortlichkeit daran geknüpft wird, dass zwischen einem Verhalten und bestimmten Verhaltensfolgen eine irgendwie geartete kausale Verknüpfung besteht, hat die gleichzeitige Annahme einer kausalen Unwirksamkeit von Unterlassungen zur Folge, dass niemand für die Folgen von Unterlassungen verantwortlich sein kann (zumindest nicht strafrechtlich verantwortlich). Wer die

Auffassung vertritt, dass Unterlassungen nicht kausal sein können, muss entweder bestreiten, dass Verantwortlichkeit Kausalität voraussetzt, oder er muss behaupten, dass Verantwortlichkeit für Unterlassungen vernünftigerweise nicht zugesprochen werden kann. Beide Alternativen scheinen gleichermaßen unannehmbar.

Das ist aber noch nicht das ganze Dilemma. Die Lage im Recht verschärft sich dadurch, dass, wenn die Kausalität von Unterlassungen geleugnet wird, viele Fälle von *Fahrlässigkeit* ebenfalls als Fälle von nur vermeintlicher Kausalität aufgefasst werden müssen. Zahlreiche Fallkonstellationen, in denen ein Akteur für ein fahrlässiges Verhalten strafrechtlich belangt wird, sind bei näherem Hinsehen ebenfalls Fälle, in denen ein bestimmter Schaden kausal von einem Unterlassen abhängt. Fahrlässigkeit ist dadurch definiert, dass ein Akteur einen Schaden bewirkt, ohne diesen bewirken zu wollen oder dieses Bewirken auch nur vorauszusehen, es dabei jedoch an der in der jeweiligen Situation erforderlichen (und ihm zumutbaren) Sorgfalt vermissen lässt. Hätte er die erforderliche Sorgfalt walten lassen, hätte er das mit seinem Verhalten verbundene Risiko erkannt, so dass er sein Verhalten daraufhin hätte modifizieren können (unbewusste Fahrlässigkeit), oder er hätte, nachdem er das Risiko erkannt hatte, sein Verhalten darauf eingestellt (bewusste Fahrlässigkeit). In beiden Fällen verletzt der Akteur eine Sorgfaltspflicht. Bei der *unbewussten* Fahrlässigkeit verletzt er die Pflicht, die mit seinem Verhalten verbundenen Risiken zu bedenken: A fährt an einem dunklen Winternachmittag mit unangepasst hoher Geschwindigkeit durch ein unübersichtliches Wohnviertel. Er denkt nicht daran, dass seine Geschwindigkeit eine Gefahr darstellt und fährt ein unerwartet aus einer Reihe parkender Autos hervorkommendes Kind an. Bei der *bewussten* Fahrlässigkeit verletzt er die Pflicht, sein Verhalten entsprechend seinem Bewusstsein der Risiken umzusteuern. Er denkt an die Gefahrenträchtigkeit seines Handelns oder Unterlassens, lässt diesem Gedanken aber keine Taten folgen: A denkt flüchtig daran, dass seine Geschwindigkeit unter den gegebenen Umständen eine Gefahr darstellen könnte, fährt aber dennoch nicht langsamer und verursacht den besagten Unfall. Im ersten Fall ist die entscheidende Ursache des Unfalls As Gedankenlosigkeit, die Tatsache, dass A an das mit seinem Verhalten verbundene Risiko *nicht denkt*. Im zweiten Fall ist die entscheidende Ursache des Unfalls, dass sich A anders *verhält*, als es seinem Bewusstsein der mit seinem Verhalten verbundenen Risiken entspricht.

„Fahrlässigkeit" ist – ebenso wie „Nachlässigkeit" – nicht nur sprachlich mit dem Unterlassen verwandt. Beide Begriffe verweisen darauf, dass es jemand an etwas fehlen lässt, das aus bestimmten Gründen erforderlich ist. Beide qualifizieren jedoch nicht nur Unterlassungen, sondern auch positive Handlungen. Jemand kann sich dadurch fahrlässig verhalten, dass er etwas nicht tut, was er tun sollte, aber auch dadurch, dass er etwas tut, was er nicht tun oder zumindest nicht so tun sollte, wie er es tut. Analoges gilt für die Nachlässigkeit. Nachlässigkeit kann sich darin manifestieren, dass jemand etwas nicht tut, was er tun sollte, aber auch darin, dass er bei dem, was er tut, nicht die erforderliche Sorgfalt walten lässt.

Wie weit reicht die Verwandtschaft von Fahrlässigkeit und Unterlassung? Offensichtlich liegt in beiden Fällen von Fahrlässigkeit ein genuines Unterlassen vor, das als Ursache des Unfalls aufgefasst werden kann – zumindest unter der Voraussetzung, dass, hätte A an das Risiko gedacht, zumindest eine bestimmte Wahrscheinlichkeit dafür bestanden hätte, dass er sein Verhalten angepasst hätte. Mit dem Nicht-Bedenken des Risikos hat es A an einem erforderten inneren Handeln fehlen lassen. Er hat es unterlassen, an etwas zu denken, an das er hätte denken sollen. Im Fall der bewussten Fahrlässigkeit hat A *anders* gehandelt, als er hätte handeln sollen. Die Normabweichung besteht in einer bestimmten normabweichenden qualitativen Bestimmtheit oder Modalität seines Verhaltens, nicht in der Abwesenheit einer normativ erforderlichen Handlung als ganzer.

Damit verschärft sich das Dilemma der Unterlassungskausalität innerhalb der Rechtssphäre: Wird die Kausalität von Unterlassungen geleugnet, wird nicht nur einer Zuschreibung von Verantwortlichkeit für vorsätzliche Unterlassungen, sondern auch der Zuschreibung von Verantwortlichkeit für fahrlässiges Handeln der Boden entzogen. Strenggenommen dürfte – solange an der Bindung von Verantwortlichkeit an Kausalität festgehalten wird – niemandem für eine fahrlässige Körperverletzung oder Tötung ein rechtlicher Vorwurf gemacht werden. Deutlich wird dies insbesondere im Fall der unbewussten Fahrlässigkeit: Wenn das Nicht-Bedenken der Risiken als eine Form des Unterlassens keinerlei kausale Folgen für das Verhalten hat, können auch die Schadensfolgen nicht auf das unterlassene Bedenken der Risiken zurückgeführt werden.

1.3.2 Unterlassungen als Wirkungen

Es ergibt sich aber noch eine weitere Verschärfung des Dilemmas. Falls Unterlassungen für die Position von Ursachen nicht in Betracht kommen, hat das die Konsequenz, dass sie auch für die Position von Wirkungen nicht in Betracht kommen (vgl. Puppe 1980, 897; Dowe 2001, 216). Wenn Unterlassungen als Ursachen wortwörtlich ein Nichts sind, heißt das nicht nur, dass sie nichts bewirken können, sondern dass sie auch nicht bewirkt werden können. Wenn es unmöglich ist, dass aus einem Nichts etwas folgt, dann kann auch ein Nichts nicht aus etwas folgen. Nicht nur an der Position der Ursache, sondern auch an der Position der

Wirkung haben Unterlassungen keinen Platz, und es wäre nicht nur abwegig, ihnen irgendwelche kausale Kräfte zuzuschreiben, sie könnten auch durch keine irgendwie gearteten kausalen Kräfte hervorgebracht werden.

An dieser Stelle könnte man allerdings fragen, ob die damit vorausgesetzte Symmetrie zwischen der Ursachen- und der Wirkungsposition tatsächlich besteht. Es scheint nicht von vornherein ausgeschlossen, dass, wenn man von der Unmöglichkeit einer Kausalität von Unterlassungen ausgeht, dies nicht impliziert, dass Unterlassungen auch als Wirkungen unmöglich sind. Ob diese Schlussfolgerung gilt und Symmetrie besteht, kann nicht unabhängig von den Gründen entschieden werden, aus denen Unterlassungen die Rolle von Ursachen abgesprochen wird. Nur wenn diese Gründe auch auf Unterlassungen als Wirkungen anwendbar sind, besteht in dieser Hinsicht Symmetrie. In der Tat scheinen zumindest auf den ersten Blick keineswegs alle Auffassungen, die Unterlassungen als „echte" Ursachen ausschließen, diese Symmetrie zur Konsequenz zu haben. Eine ältere Auffassung von Kausalität etwa, die insbesondere dadurch berühmt geworden ist, dass sie von David Hume im 18. Jahrhundert zur Zielscheibe der Kritik gemacht worden ist, besagt, dass kausale Wirksamkeit eine spezifische „Kausalkraft" beinhaltet. Diese darf dabei nicht mit der „Kraft" verwechselt werden, von der die Physik spricht. Die gemeinte „Kausalkraft" soll zwar auch bei der Kraftübertragung im physikalischen Bereich wirksam werden, darüber hinaus aber auch in nicht-physikalischen Kausalbeziehungen wie etwa der kausalen Einwirkung des Willens auf Gedankenoperationen oder des Willens auf Nervenströme und Muskeln. Geht man von einer derartigen – empirisch, wie Hume gesehen hat, nicht aufweisbaren, aber immerhin metaphysisch denkbaren – Kausalkraft *sui generis* aus, scheint es zunächst nicht gänzlich abwegig, sie Unterlassungen zwar in der Rolle von Ursachen, nicht aber in der Rolle von Wirkungen abzusprechen. Wenn Unterlassungen ein Nichts sind, scheint das ein hinreichender Grund, ihnen eine Kausalkraft abzusprechen. Es fehlt schlicht an einem Ausgangspunkt, von dem die – reale oder vermeintliche – Kausalkraft ausgehen könnte, sowie an einem Trägermedium, das sie transportieren könnte. Andererseits scheinen Unterlassungen aber sehr wohl als Wirkungen der Aktivität einer solchen Kausalkraft in Frage zu kommen. Anders als eine physikalische Übertragung von Kraft, Impuls oder Energie wäre eine „metaphysische" Kausalkraft – sofern es sie geben sollte – ja nicht daran gebunden, dass auch auf der Wirkungsseite eine irgendwie geartete Veränderung eintritt. Gäbe es eine Kausalkraft, könnte man behaupten, dass sie zwar kein Nichts zum Ausgangspunkt, aber sehr wohl ein Nichts zum Endpunkt haben könnte. Es wäre denkbar, dass die Ursache die ihr inhärente „Kausalkraft" ausübt, diese aber nichts bewirkt – so, wie es möglich ist, dass jemandem, der alle Kräfte anspannt, es dennoch nicht gelingt, einen schweren Gegenstand zu heben. Die Kraft würde ausgeübt, bliebe aber ohne Wirkung.

Es scheint demnach, dass eine Asymmetrie zwischen der Ursachen- und der Wirkungsposition von Unterlassungen nicht *grundsätzlich* auszuschließen ist. Nehmen wir als Beispiel einen Fall, in dem jemand einen anderen von einer geplanten Handlung „abbringt". A überredet B dazu, eine geplante Handlung H unausgeführt zu lassen. Wie kann dieser Fall der metaphysischen Kausalitätskonzeption gemäß rekonstruiert werden? Der metaphysische Kausalitätstheoretiker könnte sagen, dass A eine metaphysische Kausalkraft auf B ausübt und bei diesem bestimmte Überzeugungen und Intentionen so verändert, dass B die geplante Handlung unterlässt. Die von A ausgeübte Kausalkraft hätte in diesem Fall eine Vielzahl von Wirkungen, zunächst die Änderung der Überzeugungen und Intentionen von B, schließlich aber auch das Unterlassen der geplanten Handlung H. Bs Unterlassung wäre eine kausale Wirkung von As Überredungsversuch, auch wenn diese – voraussetzungsgemäß – als ontisches Nichts aufgefasst wird.

Eine Rekonstruktion auf dieser Linie ist allerdings gravierenden Einwänden ausgesetzt. Wenn, wie der metaphysische Kausalitätstheoretiker annimmt, Kausalität in ihren verschiedenen Formen die Übertragung einer empirisch nicht verifizierbaren „Kausalkraft" beinhaltet, fragt sich, wie er die Auffassung begründet, dass Bs Unterlassen eine Wirkung der durch A veränderten Überzeugungen und Intentionen Bs darstellt. Was berechtigt dazu zu sagen, dass diese Veränderungen eine kausale Wirkung auf Bs Unterlassen ausüben, wenn dieses, wie wir annehmen, ein reines Nichts ist? Der Kausalitätstheoretiker könnte antworten, dass auch in diesem Fall wieder Kausalität in der Ausübung einer unbeobachtbaren Kausalkraft besteht, mit der die Überzeugungen und Intentionen Bs auf sein Verhalten wirken. Aber was berechtigt zu der Annahme einer solchen Kraftausübung, wenn sich aus ihr keine andere Wirkung ergibt, als dass B etwas nicht tut, was er andernfalls getan hätte, und dieses Nichttun ein ontisches Nichts ist? Wie kann etwas als Wirkung einer Ursache aufgefasst werden, wenn dies darin besteht, dass alles so bleibt, wie es ist?

Noch aus einem anderen Grund ist diese Konstruktion kaum geeignet, den Leugner einer Unterlassenskausalität zu entlasten: Dieser wird in der Regel nicht bereit sein, die für diese Konstruktion vorausgesetzte metaphysische Kausalitätskonzeption zu vertreten. Er wird der Annahme, dass Kausalbeziehungen eine mysteriöse und empirisch unaufweisbare „Kausalkraft" zugrunde liegt, nur wenig abgewinnen können. Vielmehr wird er darauf bestehen, dass kausale Beziehungen zumindest im Prinzip empirisch überprüfbar sein müssen. Deshalb wird er empirische Kriterien dafür fordern, dass das Unterlassen von B eine Wirkung der wie immer gearteten kausalen Faktoren ist, die diesem Unterlassen vorangehen. Solche Kriterien sind aber schwer vorstellbar, wenn die Unterlassung als Nichts aufgefasst wird. Statt eine empirisch nicht fassbare Kausalkraft der Vorgängerereignisse anzunehmen, wird er das Naheliegende tun und die Tatsache, dass das Unterlassen seiner Meinung nach ein Nichts ist, zum Anlass nehmen, eine kausale Wirksamkeit der Vorgängerereignisse in Abrede zu stellen.

Sollten jedoch keine guten Gründe für die Annahme in Sicht sein, dass Unterlassungen, wenn sie nicht die Rolle von Ursachen spielen können, doch zumindest die von Wirkungen spielen können, ergibt sich die genannte weitere Verschärfung des Dilemmas der Unterlassungskausalität. Auf der einen Seite des Dilemmas stehen weiterhin die Zweifel an der ontologischen Dignität von Unterlassungen. Auf der anderen Seite steht jedoch nicht mehr nur die bewährte Alltags- und juristische Praxis, Unterlassungen als Ursachen von Handlungen und anderen Ereignissen in der Welt zu betrachten. Hinzu kommt die ebenso bewährte Alltags- und juristische Praxis, Unterlassungen als Wirkungen handlungsartiger und nicht-handlungsartiger positiver und negativer Ursachen aufzufassen. So ist es vollkommen „natürlich" anzunehmen, dass, wenn A Bs Ausführung von H *verhindert*, Bs Nicht-Ausführung von H eine kausale Folge von As Überredungsversuch ist und A in dem Ausmaß seiner kausalen Beteiligung an Bs Nicht-Ausführung von H für diese kausal verantwortlich ist. Dasselbe gilt, wenn Bs Ausführung von H nicht durch ein Handeln von A, sondern durch ein Unterlassen von A verhindert wird, etwa dadurch, dass A es unterlässt, B an die Ausführung von H zu erinnern. Und es gilt ebenso für den Fall, dass Bs Unterlassung kein handlungsartiges, sondern ein natürliches Ereignis zugrunde liegt, wie dann, wenn ein geplanter Ausflug durch einen Witterungsumschwung verhindert wird. Nur wenige dürften der Vorstellung etwas abgewinnen können, dass in diesem Fall das schlechte Wetter zwar eine große Zahl von Folgen hat, der unterlassene Ausflug aber nicht dazugehört.

1.4 Drei Lösungsversuche

Lässt sich das Dilemma auflösen? Lässt sich die retrospektive Verantwortlichkeit für die Folgen von Unterlassungen „retten", ohne andererseits die Möglichkeit von Unterlassungskausalität zu konzedieren? Es ist offenkundig, dass eine Auflösung einem weitverbreiteten Desiderat entsprechen würde. Kein Rechtssystem verzichtet darauf, Unterlassungen mit schwerwiegenden Schadensfolgen wie Tod, Verstümmelung oder Verletzung unter bestimmten Bedingungen strafrechtlich zu sanktionieren, z. B. dann, wenn der Unterlassende in einer besonderen Verantwortungsbeziehung zu dem Geschädigten steht oder sich zum Schutz des Geschädigten ausdrücklich verpflichtet hat. Gleichzeitig scheint es nicht wünschenswert, das Alltagsdenken und -sprechen durch die Leugnung einer „genuinen" Kausalität von Unterlassungen ins Unrecht zu setzen und zu postulieren, dass Verantwortlichkeit nur zwar für die Folgen von Handlungen, nicht aber für die Folgen von Unterlassungen besteht.

Die bisherigen Strategien zur Auflösung des Dilemmas können in drei Gruppen unterschieden werden:

1. eine Neubestimmung der die Verantwortlichkeit fundierenden kausalen Relata,
2. eine Neubestimmung der die Verantwortlichkeit fundierenden Kausalrelation, sowie
3. die Ablösung der Verantwortlichkeit von jeder Form von Kausalität.

Die ersten beiden Strategien halten an der fundierenden Rolle der Kausalrelation für die Zuschreibung von Folgenverantwortung fest, die dritte löst sich von dieser Voraussetzung und postuliert, dass Verantwortlichkeit unter bestimmten Bedingungen auch ohne eine kausale Verknüpfung zwischen Unterlassung und dem, was gemeinhin ihre Folgen genannt werden, besteht.

1.4.1 Neubestimmung der kausalen Relata

Die erste Strategie ist so einfach wie naheliegend. Sie besteht darin, nicht das Unterlassen selbst als Ursache der Folgen aufzufassen, die dem Unterlassenden zum Vorwurf gemacht werden, sondern bestimmte Handlungen, die der jeweilige Akteur stattdessen ausführt.

Eine erste Variante dieser Strategie besteht darin, als die Ursache, in der der rechtliche Vorwurf fundiert ist, nicht im Unterlassen selbst zu lokalisieren, sondern in den Handlungen, die A ausführt, *während* er die erforderte Handlung H unterlässt (vgl. Gross 1979, 64). Ausgangspunkt ist die Überlegung, dass A, wenn er H unterlässt, in der Regel nicht *alle* Handlungen unterlässt. Diesen Fehlschluss beging Jeremy Bentham, als er Unterlassungen als negative Akte charakterisierte, die ein „keeping at rest“ beinhalten (vgl. Bentham 1948, 72). Nur wenige, die etwas unterlassen, sind im strengen Sinn untätig. Die ontische Negativität der Unterlassung als Nicht-Handeln äußert sich nicht darin, dass der Unterlassende wortwörtlich *nichts* tut, sondern darin, dass er etwas Bestimmtes – eine bestimmte Handlung H – nicht ausführt.

Nehmen wir an, A fährt in Urlaub und beauftragt B damit, während seiner Abwesenheit die Pflanzen in seinem Büro zu begießen. B verpflichtet sich dazu, kommt dieser Pflicht jedoch nicht nach. B könnte As Pflanzen begießen, unterlässt dies jedoch. Die Pflanzen sterben ab, bevor A aus dem Urlaub zurückkehrt. Der Vertreter einer Unterlassungskausalität würde in diesem Fall die unterlassene

Erfüllung von Bs Selbstverpflichtung als die wesentliche Ursache des Absterbens von As Pflanzen ansehen. Vertreter der ersten Lösungsstrategie würden dem entgegensetzen, dass sie ebenfalls Bs Verhalten als die wesentliche Ursache der unerwünschten Folge ansehen, aber nicht insoweit, als B das Begießen unterlässt, sondern insoweit er stattdessen anderweitig handelt. Der Vorwurf an B sei berechtigt, er sei aber nicht darin fundiert, dass B es unterlassen hat, As Pflanzen zu begießen, sondern darin, dass er seiner gewohnten Arbeit nachgegangen ist, *ohne* As Pflanze zu begießen. Was das Absterben von As Pflanzen *bewirkt*, ist nicht, dass B etwas *nicht* getan hat, sondern dass er etwas *anderes* getan hat.

Dieser Umgehungsversuch scheint auf den ersten Blick vielversprechend, weist aber bei näherem Hinsehen gravierende Unzulänglichkeiten auf, denen keine entsprechenden theoretischen Vorzüge gegenüberstehen.

Eine *erste* Schwierigkeit liegt darin, dass dieser Umgehungsvorschlag die *Pointe* der Verantwortungszuweisung für Unterlassungen verfehlt: Auch dann, wenn der Unterlassende handelt, während er die fragliche Handlung H unterlässt, geht es bei der Verantwortungszuweisung für die Folgen von ¬H nicht um diese anderen Handlungen. Wer B Verantwortlichkeit für die Folgen einer Unterlassung zuschreibt, meint damit das Unterlassen von H und nicht die Handlungen H‘, H“, H“ usw., die B stattdessen ausgeführt hat. Die Ersetzung von ¬H durch H‘, H“, H“‘ usw. verschiebt den Fokus der Verantwortlichkeitszuschreibung auf andere, mehr oder weniger irrelevante Handlungen. Der damit verbundene „shift of reference“ (Moore 2009, 141) verfehlt bereits auf der semantischen Ebene den Gehalt der Zuschreibung von Verantwortlichkeit. Worauf es demjenigen, der B zur Verantwortung zieht, ankommt, ist nicht, dass er bestimmte Dinge getan hat, sondern dass er bestimmte, nämlich die geforderten Dinge *nicht* getan hat.

Mit seiner Konzeption einer „kontrastiven Kausalität“ hat Jonathan Schaffer den in Frage stehenden Lösungsvorschlag in einer Weise zu explizieren versucht (Schaffer 2005), die diesem Einwand entgeht. Schaffer schlägt vor, Kausalität als eine *quaternäre* statt eine *binären* Relation zu konstruieren, die nicht nur zwischen zwei, sondern vier Ereignissen besteht, nämlich den gewöhnlich so bezeichneten kausalen Relata und ihren jeweiligen Alternativen (Schaffer 2005, 331ff.). Danach sind an einer Kausalrelation zwischen einer Unterlassung ¬H und einer Wirkung W vier Ereignisse beteiligt: neben ¬H die tatsächlich ausgeführte Handlung H‘ und neben dem tatsächlich stattgefundenen Wirkungsereignis W die Alternative W‘. Die Unterlassung lässt sich dann explizieren als die Kombination von H‘ mit ¬H derart, dass sie in der Ausführung von H‘ *statt* der Ausführung von H besteht. Nicht ¬H für sich genommen ist die Ursache von W, sondern die Ausführung von H‘ *statt* der Ausführung von H.

In einem späteren Aufsatz hat Schaffer diese Auffassung dahingehend präzisiert, dass die Aussage, dass ¬H die Ursache von W ist, zwar nicht bedeutungsgleich sei mit der Aussage, das H‘ die Ursache von W ist. Aber der Ausdruck ¬H bezeichne doch zumindest partiell H‘, er „ko-denotiere“ die Handlung H‘, die jemand ausführt, statt H auszuführen (Schaffer, im Erscheinen, 17). Das heißt, dass die Aussage, dass B durch sein unterlassenes Begießen von As Pflanzen diese absterben lässt, zwar nicht bedeutungsgleich ist mit der Aussage, dass er sie dadurch absterben lässt, dass er seiner gewohnten Arbeit nachgeht, aber dass der Ausdruck „Ursache des Absterbens von As Pflanzen“ doch zumindest partiell das bezeichne, was B tut, statt H (die gewünschte Handlung) auszuführen. Sie sei zwar nicht der Intension nach, aber doch der Extension nach mit H‘ verknüpft. Auch wenn die alternativen Handlungen, die B ausführt, nicht gemeint seien, wenn seinem Unterlassen Kausalität zugeschrieben wird, so seien diese doch faktisch am Zustandekommen der unerwünschten Wirkung W beteiligt.

Dieser Vorschlag könnte aus dem Dilemma herausführen, wenn sich der Lösungsvorschlag, den er zu verteidigen versucht, nicht noch zwei weiteren Einwänden ausgesetzt wäre. Diese Einwände begrenzen die Reichweite von Schaffers Vorschlag zumindest für eine große Zahl von faktischen Fällen.

Der erste Einwand ist, dass nicht in jedem Fall eines Unterlassens ein alternatives Handeln gegeben sein muss. Zwar ist Unterlassen nicht denkbar ohne einen handlungsfähigen Akteur. Aber dieser braucht nicht zu handeln, während er etwas unterlässt. Er kann sich im Prinzip auch gänzlich untätig verhalten. Nicht einmal ein inneres Handeln braucht sich in B abzuspielen, während er H unterlässt. Wie Gross, der diese Lösung ursprünglich vorgeschlagen hat, selbst an einer Stelle einräumt: „Some crimes of omission may be committed when all is quiet on the mental front.“ (Gross 1979, 62). Es kann insofern nicht als ausgemacht gelten, dass sich für die zur Ersetzung oder Ergänzung von ¬H durch Handlungsbeschreibungen notwendigen H‘, H“, H“‘ geeignete Kandidaten finden.

Der zweite Einwand ist, dass die Gesamtheit der von B ausgeführten Handlungen nicht determiniert, was B unterlassen hat. Auch eine umfassende Beschreibung der von B ausgeführten Handlungen legt nicht fest, wofür er getadelt wird (vgl. Ehring 2010, 397). Dies gilt zumindest soweit, wie die Handlungen, die B ausführt, nicht logisch, nomologisch oder anderweitig mit H unvereinbar sind. Einige Handlungen, die B ausführt, während er H nicht ausführt, werden die Handlungen, die er nicht ausführt, mehr oder weniger eng eingrenzen, manche mit H sogar unvereinbar sein. So wird B etwa in dem gewählten Beispiel As Pflanzen nicht begießen können, wenn er verreist ist oder zu Hause krank im Bett liegt. Falls er den Arbeitstag über pausenlos am Schreibtisch sitzen muss, wird er entsprechend weniger Gelegenheit haben, H auszuführen – er müsste seine Freizeit dafür opfern. Aber viele Handlungen, die B ausführt, sind mit H vereinbar, so dass sich die Beschreibung der Handlungen, die B ausführt, nicht nur zur Identifikation, sondern auch zur Eingrenzung von H wenig eignen. B könnte zum Beispiel, während er As Pflanzen begießt, sich mit C unterhalten, nachdenken oder singen.

Eine zweite Variante derselben Strategie besteht darin, das Unterlassen mit der Disjunktion aller tatsächlichen oder möglichen Handlungen H‘ zu identifizieren, die mit der Ausführung der fraglichen Handlung unvereinbar sind. Dieser Rekonstruktion nach würde ¬H H‘ nicht nur bezeichnen, es würde darin bestehen, dass jemand H nicht ausführt, indem er alle die Dinge tut, die er tut, ohne H auszuführen und die er nicht gleichzeitig mit H ausführen kann (vgl. Lewis 1986, 190). Dies ist offensichtlich ebenfalls kein aussichtsreicher Weg. Erstens würde auch die Gesamtheit der mit H unvereinbaren Handlungen (falls sie sich angeben ließe) nicht hinreichen, H eindeutig zu identifizieren (siehe den letzten Einwand gegen die erste Variante des Lösungsversuchs). Zweitens wäre diese Gesamtheit zu heterogen, um als *eine* Ursache in Frage zu kommen. Sie ließe sich nur als Disjunktion höchst verschiedener H‘, H“ usw. darstellen. Aber Ursachen dürfen nicht disjunktiv sein. Eine Disjunktion von Handlungen von der Art H‘ v H“ ist keine Ursache, allenfalls sind H‘ und H“ jeweils für sich Ursachen, von denen die eine oder die andere oder beide eintreten.

Eine dritte Variante ist die, das kausale Moment von Unterlassungen nicht im Nicht-Handeln selbst, sondern in der *Unterlassungsintention* zu lokalisieren (Trapp 1988, 417). Auch hier wieder besteht die Strategie darin, die kausale Funktion von dem ontologisch problematischen Unterlassen auf ein ontologisch unproblematisches Handeln zu übertragen, von dem angenommen werden kann, dass es mit einem Unterlassen hinreichend lückenlos korreliert. Dieses Handeln ist in diesem Fall eine innere Handlung, der Willensentschluss des Akteurs, eine bestimmte Handlung H nicht auszuführen. Allerdings liegt bei dieser Variante noch deutlicher als bei der ersten auf der Hand, dass sie keine angemessene Lösung zu bieten vermag, und zwar deshalb, weil längst nicht alle Unterlassungen (und längst nicht alle Handlungen) so etwas wie einen Willensentschluss aufweisen. Die weit überwiegende Zahl der Handlungen, die wir ausführen, ist nicht von einem Willensakt begleitet, sondern laufen als Routinehandlungen, wenn nicht als Automatismen ab. Auch Unterlassungen bedürfen nicht notwendig einer expliziten Intention. Wer H nicht ausführt, braucht dies nicht in einer Weise zu tun, die einen eigenständigen Entschluss oder Willensakt ins Spiel bringt (vgl. Hart & Honoré 1985, 448). Auch wenn Unterlassungen analog zu Handlungen willentlich steuerbar sein müssen, um als Unterlassungen zu gelten, heißt das nicht, dass sie in jedem einzelnen Fall durch einen Willensakt gesteuert sein müssen. Entscheidend für die Handlungsartigkeit von Handlungen und Unterlassungen ist lediglich, dass sie *im Bedarfsfall* willentlich steuerbar sind, z. B. dann, wenn sich während eines Verhaltensablaufs Umstände ergeben, die eine Verhaltensmodifikation erforderlich machen. Wenn B es unterlässt, As Pflanzen zu begießen, heißt das nicht notwendig, dass B sich dazu *entscheidet*, As Pflanzen nicht zu begießen. Er unterlässt es auch dann, wenn dies unwillentlich geschieht. Zusätzlich spricht noch ein weiterer Grund gegen diese Variante: Selbst dann, wenn B sich bewusst dazu entschließt, eine Handlung H nicht auszuführen, macht dieser Entschluss allenfalls einen Teilaspekt der Unterlassung aus. Damit B es unterlässt, H zu tun, reicht es nicht, dass er sich dazu *entschließt*, H nicht auszuführen (oder *versucht*, H nicht auszuführen). Entscheidend ist, dass er H *tatsächlich* nicht ausführt.[5]

1.4.2 Neubestimmung der Kausalrelation

Während sich die erste Strategie zur Lösung des Dilemmas in Rechtstheorie und Rechtswissenschaft nicht durchgesetzt hat – und, soweit ersichtlich, nicht einmal zur Kenntnis genommen worden ist –, hat eine zweite Strategie so weitgehend Zuspruch gefunden, dass sie sich für längere Zeit als so etwas wie die Standardlösung etabliert hat. Sie besteht darin, die Relation zwischen Unterlassungen und den Ereignissen, die üblicherweise als deren Folgen (juristisch: „Erfolge") beschrieben werden, als eine Relation der „Quasi-Kausalität" bzw. der „hypothetischen Kausalität" zu interpretieren, d. h. als Kausalität unter kontrafaktischen Bedingungen. In den Augen ihrer Vertreter soll diese Relation, was die Zurechnung von Folgenverantwortung betrifft, die Kausalrelation vollwertig ersetzen können und eine Zurechnung in derselben Weise ermöglichen wie das Vorliegen „echter" Kausalität.

„Hypothetische" Kausalität liegt dieser Strategie zufolge immer dann vor, wenn die Ausführung einer faktisch nicht ausgeführten Handlung die betreffenden Folgen mit Sicherheit oder Wahrscheinlichkeit verhindert hätte. Das Unterlassen einer geeigneten Intervention ist immer dann *quasi-ursächlich* für einen eingetretenen Schaden, wenn das Ausführen der Intervention den Schaden verhindert *hätte*, entweder – nach der „starken" Interpretation – mit Sicherheit oder – nach der „schwachen" Interpretation – mit Wahrscheinlichkeit. Nach der „starken" Lesart führt Bs Nicht-Begießen von As Pflanzen das Absterben von

---

5 Für die strafrechtliche Behandlung von Unterlassungen ergäbe sich die zusätzliche Schwierigkeit, dass Unterlassungen Begehungen gleichgestellt werden müssten und normativ nicht mehr zwischen Begehungs- und Unterlassungsformen der Verwirklichung von Tatbeständen wie Tötung, Körperverletzung usw. unterschieden werden könnte (vgl. Roxin 2006, 471).

As Pflanzen insofern herbei, als das Begießen durch B zu deren Nicht-Absterben führen würde. Nach der „schwachen" Lesart führt Bs Nicht-Begießen von As Pflanzen das Absterben von As Pflanzen insofern herbei, als das Begießen durch B deren Nicht-Absterben wahrscheinlich machen würde. Soweit sich die entsprechende kontrafaktische Konditionalaussage begründen lässt, soll auch eine Zuschreibung von Verantwortlichkeit begründet sein. In unserem Beispielfall: Lässt sich begründen, das As Pflanzen nicht vertrocknet wären, hätte sie B auftragsgemäß begossen, kann Bs Unterlassen als die Quasi-Ursache für das Absterben gelten und *damit* als Grundlage der Zuschreibung von Verantwortlichkeit an B.

Zunächst ist zu sagen, dass die „starke" Lesart des kontrafaktischen Konditionals sehr viel problematischer ist als die „schwache" Lesart, und zwar in epistemischer wie in kausalitätstheoretischer Hinsicht. Dass die starke Lesart epistemisch problematisch ist, ist leicht zu sehen. Wer mit Sicherheit zu wissen behauptet, dass ein Eingreifen des Unterlassenden die unerwünschte Wirkung verhindert hätte, lädt sich eine schwere Begründungslast auf. Auch wenn er sich bei seiner Behauptung möglicherweise auf gesichertes physikalisches und psychologisches Alltagswissen stützt, ist doch niemals auszuschließen, dass er sich über weitere Faktoren im Irrtum befindet, die die gewöhnlichen Abläufe stören – und etwa As Pflanzen wider alles Erwarten auch dann absterben lassen, wenn ein pflichttreuer B sie regelmäßig begießt. Auch wenn die Wahrscheinlichkeit, dass Begießen das Absterben verhindert, hoch sein mag, läuft sie nicht auf die „hundertprozentige" Sicherheit hinaus, wie sie von Strafrechtswissenschaftlern gelegentlich für die Zuschreibung von Verantwortlichkeit bei Unterlassungsdelikten gefordert wird. Auch in einem Fall, in dem jemand zu Tode kommt, weil ein anderer ihn nicht rettet, dem die Rettung möglich und zumutbar ist, erreicht die Sicherheit, dass ein Rettungsversuch erfolgreich gewesen wäre, niemals hindert Prozent. Der Gerettete hätte ja aus anderen und von der Rettung völlig unabhängigen Ursachen in demselben Augenblick, in dem er gerettet wird, sterben können.

Aber auch aus kausaltheoretischen Gründen und unabhängig von den zwangsläufigen epistemischen Begrenzungen scheint die Annahme, es könne in der konkreten Welt der Handlungen und Unterlassungen zwischen Handeln oder Unterlassungen und deren jeweiligen Wirkungen einen schlechthin deterministischen Zusammenhang geben, illusorisch. Es lassen sich nahezu immer Umstände denken, die bewirken, dass sich zwischen die Ausführung bzw. Nicht-Ausführung einer Handlung und deren Wirkung weitere Faktoren schieben, die den gewöhnlich zwischen beiden bestehenden Kausalzusammenhang stören und die Wirkung verhindern. Diese Möglichkeit mag in einem konkreten Fall so wenig wahrscheinlich sein, dass sie für die moralische und rechtliche Praxis vernachlässigbar ist und das entsprechende kontrafaktische Konditional „Wenn B eingegriffen hätte, wäre W verhindert worden“ als sicher gilt. Aber strenggenommen ist diese Sicherheit nur der Grenzfall einer Wahrscheinlichkeit. Zu den Kausalfaktoren, die zusammengenommen hinreichend sind, eine Wirkung herbeizuführen (bei denen also, wenn sie gegeben sind, die Wirkung nicht anders als eintreten kann) gehören immer auch negative Elemente, also Faktoren, die das Unterlassen störender Interventionen und das Konstantbleiben der Umgebungsverhältnisse bezeichnen. Diese können jedoch, auch wenn das noch so unwahrscheinlich sein mag, in einem gegebenen Fall nicht erfüllt sein. Selbst noch zwischen den Abschuss eines korrekt gezielten Geschosses und das Erreichen seines Ziels kann sich im Prinzip etwas einmischen (etwa ein starker Windstoß), was das Geschoss von seinem intendierten Ziel ablenkt. So kann sich auch zwischen das hypothetische Begießen von As Pflanzen und die Verhinderung ihres Absterbens ein weiterer Faktor schieben, der die Pflanzen trotz regelmäßigen Begießens absterben lässt, etwa eine Pflanzenkrankheit.

Zur Vermeidung von Missverständnissen sei an dieser Stelle klargestellt, in welcher Absicht hier von *kontrafaktischen* Überlegungen die Rede ist. Mit dieser Redeweise ist keine Analyse der Kausalrelation in Termini kontrafaktischer Bedingungsverhältnisse intendiert. Die Strategie der hypothetischen Kausalität ist gegenüber den Kontroversen um die angemessene *Analyse* der Kausalrelation indifferent. Dies geht schon daraus hervor, dass sie, um ihr Ziel zu erreichen, die Kausalrelation undefiniert in ihren Operationalisierungsvorschlag einführt und voraussetzt, dass wir bereits wissen, was es bedeutet, dass eine nicht ausgeführte Handlung bestimmte Folgen zeitigt. Die Vertreter dieser Strategie behaupten überdies nicht, dass die zwischen Unterlassung und Unterlassungsfolgen bestehende Relation tatsächlich eine Kausalrelation ist, die lediglich im Fall des Unterlassens anders verstanden werden soll als im Fall des Handelns. Inhalt der Strategie ist vielmehr gerade die Leugnung der Möglichkeit, dass zwischen Unterlassungen und ihren „Folgen“ eine „echte“ Kausalrelation besteht oder bestehen kann. Andernfalls wäre der Rückgriff auf das Konzept der „hypothetischen Kausalität“ überflüssig. Man könnte vielmehr von vornherein von einer Kausalität von Unterlassungen ausgehen. Mit dem Konzept der „hypothetischen“ Kausalität soll keine spezifizierende Analyse der Kausalrelation gegeben werden, die klärt, wie diese im Zusammenhang von Unterlassungen zu verstehen ist, sondern ein Konzept, das als funktionales Äquivalent *an die Stelle* der Kausalität tritt. Ihre wichtigste Funktion ist, anstelle „echter“ Kausalität eine pragmatisch eingespielte und normativ erwünschte Praxis der Zurechnung und Verantwortlichkeitszuschreibung abzusichern. Außerdem sind die *Fragen*, die die kontrafaktische Analyse der Kausalrelation einerseits, die Ersetzung „echter“ Unterlassungskausalität durch die „hypothetische“ Kausalität andererseits beantworten sollen, grundlegend verschieden. Die erste gibt – im Kontext von Handlungen – eine Antwort auf die Frage, was ein Ereignis, das regelmäßig auf eine Handlung folgt, zur Wirkung der Handlung macht. Sie gibt darauf die Antwort: „Ähnliche Ereignisse würden auch unter kontrafaktischen Bedingungen auf ähnliche Handlungen folgen" oder „Wäre das erste Ereignis nicht eingetreten, wäre auch das zweite nicht eingetreten". Die zweite gibt eine Antwort auf die Frage, inwiefern ein Ereignis, dem *keine* Handlung vorausgeht, die seine Ursache sein kann, dennoch als Folge des Nicht-Handelns beschrieben werden kann.

Das Konzept der hypothetischen Kausalität ist zweifellos ein geeigneter Ansatz, wenn es darum geht, die Bedingungen zu klären, unter denen wir im Alltagsdenken und im Recht Verantwortlichkeit für die Folgen von Unterlassungen zuschreiben. Möglicherweise kann es auch dazu beitragen, die Bedingungen aufzuklären, nach denen wir Ausmaß und Gewicht der jeweiligen Verantwortung abstufen, z. B. bei Mehr-Personen-Unterlassungen oder bei der gemeinsamen Beteiligung von handlungsartigen und natürlichen Faktoren, die ein bestimmtes Ergebnis verhindern. Es eignet sich allerdings nur schlecht dazu, das Dilemma der Unterlassungskausalität aufzulösen. Schließlich ist „hypothetische Kausalität" gerade keine faktische Kausalität. Anders als die erste Strategie, die von einer „echten" Kausalrelation zwischen den kausalen Relata ausgeht und diese lediglich neu bestimmt, ist die von der zweiten Strategie als „Ersatz" angebotene Relation so bestimmt, dass sie das Nicht-Bestehen einer „echten" Kausalität voraussetzt. Die sprachliche Form des Ausdrucks „hypothetische Kausalität" sollte darüber nicht hinwegtäuschen. „Hypothetisch" ist in der Zusammensetzung „hypothetische Kausalität" ein Ausdruck, der den Inhalt seines Bestimmungsworts nicht qualifiziert, sondern partiell aufhebt. Eine „hypothetische Kausalität" ist keine Variante von Kausalität, sondern eine Variante von Nicht-Kausalität. Hypothetische Kausalität steht zu echter Kausalität in demselben Verhältnis wie Falschgeld zu Geld und vermeintliche Wahrheit zu Wahrheit.

1.4.3 Verantwortlichkeit für Unterlassungen ohne Kausalität

Die dritte Strategie zeichnet sich dadurch aus, dass sie sich auf keine Kompromisse einlässt und das Dilemma gewissermaßen bei den Hörnern packt. Sie suspendiert die Regel, dass sich Verantwortlichkeit nur bei einer kausalen Einwirkung auf ein Ereignis zuschreiben lässt, für den Fall von Unterlassungen und erklärt Verantwortlichkeit für Unterlassungen zu einem Sonderfall, der nach einer besonderen Behandlung verlangt. Danach soll also die ansonsten bestehende Notwendigkeit einer kausalen Verknüpfung zwischen Verhalten und

Schadensfolge bei Unterlassungen ausnahmsweise entfallen: Bei Unterlassungen könne unter bestimmten Bedingungen, etwa einer bestehenden besonderen Verantwortung einer Person für die Schadensvermeidung oder -verhinderung, der Verpflichtete auch dann für den Schaden zur Verantwortung gezogen werden, wenn er keinen kausalen Anteil am Zustandekommen des Schadens hatte. Diejenigen, die diese Auflösung des Dilemmas vertreten, reklamieren für sich, dass dies – in den Worten Michael Moores – der „intuitiv am ehesten überzeugende" Weg sei, unsere Ansichten über Verantwortlichkeit mit unseren Vormeinungen über Kausalität in Einklang zu bringen (Moore 2009, 140) – zumindest dann, so sollte man einfügen, wenn man die in der Rechtstheorie verbreitete Ersetzung der faktischen durch die „hypothetische" Kausalität als unbefriedigend verwirft.

Über den Vorzug der Ehrlichkeit, der diese Lösung gegenüber allen anderen bisher vorgestellten auszeichnet, hinaus gibt es allerdings wenig, was diese Lösung empfehlen könnte. Unter metatheoretischen Gesichtspunkten erscheint sie mehr oder weniger *ad hoc* und dadurch wenig zufriedenzustellend. Durch die Anerkennung einer Ausnahmesituation für Unterlassungen mit Schadensfolgen kompliziert sie die Theorie der Verantwortlichkeit beträchtlich. Fraglich ist darüber hinaus, ob sie in der Tat, wie ihre Vertreter behaupten, als intuitiv überzeugender gelten kann als die Einräumung einer „echten" Kausalität von Unterlassungen. Ist der Fall, dass A B durch Unterlassen zu Schaden kommen lässt, von unseren Intuitionen her wirklich so verschieden von dem Fall, dass A B aktiv schädigt, dass die der Verantwortungszuschreibung zugrunde liegende Struktur jeweils grundlegend anders rekonstruiert werden muss? Ist es sinnvoll, in den Fällen, in denen A B aktiv schädigt, „echte" Kausalität anzunehmen, in Fällen, in denen A B durch Untätigkeit zu Schaden kommen lässt, jedoch nicht? Ließe sich, wenn zwischen dem Verhalten von A und den Folgen für B überhaupt keine Kausalität besteht, überhaupt sinnvoll – wie es das Strafrecht tut – von Körperverletzung, Totschlag oder Mord durch Unterlassen sprechen? Die Antwort der „Ausnahmetheorie", wie man sie nennen könnte, ist in diesen Hinsichten alles andere als überzeugend. Unbefriedigend ist sie insbesondere dann, wenn A die Schädigung von B durch Unterlassen *ausdrücklich beabsichtigt*. Sie zwingt uns anzunehmen, dass etwa dann, wenn B ein bettlägeriger Diabetiker ist und A ein Angehöriger, der B mit Absicht Insulin vorenthält, um ihn sterben zu lassen, A an Bs Tod *kausal gänzlich unbeteiligt* ist. Ebenso in dem Fall, in dem B seine Zusage, As Pflanzen zu begießen, bewusst nicht einhält, um A klarzumachen, wie unbeliebt er ist.

Intuitive Ungereimtheiten wie diese sind zweifellos nicht hinreichend, die Frage zu entscheiden. Um sie zu entscheiden, sind weitere Überlegungen auf der Theorieebene notwendig. Erst dann, wenn diese Fragen geklärt sind, lässt sich das Pro und Kontra einer Antwort, wie immer sie ausfällt, angemessen abschätzen.

Im Folgenden ist als erstes ist die *semantische* Frage unter die Lupe zu nehmen: Was macht Unterlassen aus? Wie lässt es sich vom Handeln abgrenzen? Danach sind die mit dem Unterlassen verknüpften *ontologischen* Fragen zu klären: Ist das Unterlassen ein Nichts oder ist es ein Etwas? Kommt es von seinem ontologischen Status her als kausales Relatum in Betracht?

2 Sind Unterlassungen ein Nichts?

2.1 Sprachliche vs. ontologische Negativität

Wir haben bereits gesehen, dass eine Orientierung am Sprachgebrauch wenig hilfreich ist, wenn es um die Abgrenzung zwischen Handlungen und Unterlassungen geht. Ob ein bestimmtes Verhalten standardmäßig durch positive oder negative sprachliche Formulierungen beschrieben wird, gibt darüber, ob es sich um eine Handlung oder eine Unterlassung handelt, keinen verlässlichen Aufschluss.

Erstens unterscheiden sich die natürlichen Sprachen in den sprachlichen Mitteln, die sie für Verhaltensbeschreibungen zur Verfügung stellen. Positive Sprachformen können Unterlassungen, negative Sprachformen Handlungen beschreiben. Die eine Sprache beschreibt etwas, was in der Regel durch Unterlassen verwirklicht wird, formal positiv (z. B. im Deutschen „Müßiggang"), die andere das, was in der Regel durch Handeln verwirklicht wird, formal negativ (z. B. im Lateinischen „neg-otium").

Zweitens lassen sich vielfach dieselben Verhaltensweisen, gleichgültig, ob es sich um Handlungen oder Unterlassungen handelt, einerseits als Unterlassungen, andererseits als Handlungen beschreiben, wenn auch jeweils in verschiedenen Hinsichten. Das zeigen bereits die Benennungen der sogenannten „unechten Unterlassungsdelikte" im Strafrecht, bei denen durch ein Unterlassen jeweils ein positiv beschriebener Tatbestand verwirklicht wird: die Körperverletzung, die Tötung oder der Mord. Andere Beispiele sind das Fernbleiben bei einer Sitzung, das ein Abstimmungsergebnis entscheidend beeinflusst, das Schweigen eines Angeklagten, das sich gravierend auf das Urteil auswirkt usw. Die *Folgenträchtigkeit* des Unterlassens wird öfter zum Anlass für positive Beschreibungsformen genommen. Andererseits wird ein Handeln vielfach negativ beschrieben, wenn dieses bestimmten *Anforderungen* oder *Erwartungen* nicht genügt, z. B. ein Sportler eine erwartete Leistung *nicht* erbringt, ein Reparateur eine Maschine *nicht* wieder zum Gehen bringt. Das Verhalten eines Angeklagten, der wider Erwarten sein bisheriges Schweigen bricht, kann unproblematisch und unmittelbar verständlich so beschrieben werden, dass er es zu diesem Zeitpunkt *unterlässt*, zu schweigen – ungeachtet der Tatsache, dass das Brechen des Schweigens in einem Handeln besteht (vgl. Birnbacher 1995, 28).

Der naheliegende Weg, diese Schwierigkeit zu umgehen, ist, sich bei der Einordnung eines Verhaltens als Handeln oder Unterlassen an der jeweils minimal möglichen Beschreibung zu orientieren und diejenigen Verhaltensweisen als Handlungen zu klassifizieren, die entweder eine Körperbewegung beinhalten oder – als innere Handlungen – eine psychische Tätigkeit. Arthur C. Danto (1977, 1978) hat die durch diese minimalen Beschreibungsformen identifizierten Handlungen „Basishandlungen" genannt. „Basishandlungen" stehen dabei „komplexen Handlungen" gegenüber. „Komplexe Handlungen" sind Handlungen, die Basishandlungen durch die Einbeziehung von Folge-, Umstands-, Ziel- und Bedeutungsaspekten anreichern. So kann etwas das Geben eines Handzeichens (Dantos Beispiel) „angereichert" als In-Bewegung-Setzen einer Kolonne beschrieben werden. Das Geben eines Handzeichens ist insofern „basishafter" als das In-Bewegung-Setzen einer Kolonne, als die letztere, relativ komplexere Handlung *durch* die relativ basishaftere verwirklicht wird. Für die „komplexere Handlung" gibt es dabei zumeist weitere Handlungen, die ihrerseits relativ komplexer sind (z. B. wenn durch das In-Bewegung-Setzen der Kolonne ein Krieg begonnen wird) und für die „basishaftere Handlung" weitere Handlungen, die relativ basishafter sind (z. B. wenn das Handzeichen-Geben durch das Heben der rechten Hand verwirklicht wird). In der Regel lassen sich dabei die relativ komplexeren Handlungen nicht nur durch eine, sondern durch mehrere verschiedene relativ basishaftere Handlungen verwirklichen. Ebenso können die relativ basishafteren Handlungen in der Regel ihrerseits mehrere verschiedene komplexere Handlungen verwirklichen. Das Zeichengeben hätte statt mit der rechten auch mit der linken Hand ausgeführt werden können, und das In-Bewegung-Setzen der Kolonne hätte statt des Beginns eines Kriegs auch der Beginn eines Manövers sein können.

Entscheidend ist, dass sich auf dem Hintergrund der Abstufung nach „basishafter" und „komplexer" „echte" Unterlassungen als diejenigen Verhaltensweisen identifizieren lassen, die auf der „basishaftesten" Beschreibungsebene in einem Nicht-Handeln bestehen – in der Nicht-Ausführung einer Körperbewegung oder der Nicht-Ausführung einer inneren Handlung. Ist die in Frage stehende Handlung eine Handlung, die äußeres Verhalten erfordert (wie das Handzeichen-Geben), liegt danach ein Unterlassen nur dann vor, wenn die betreffende Person keine Körperbewegung ausführt, die konstitutiv für das Handzeichen-Geben ist. Ist die in Frage stehende Handlung eine innere Handlung, liegt ein Unterlassen vor, wenn die betreffende Person keinen für das jeweilige innere Handeln konstitutiven Akt des Denkens oder Wollens ausführt. Diese Beschränkung lässt die Möglichkeit unangetastet, die jeweiligen Unterlassungen sprachlich korrekt und inhaltlich angemessen auf jeweils „komplexeren" Beschreibungsebenen als positiv charakterisierte scheinbare Handlungen zu beschreiben, etwa das unterlassene Handheben als *Befehlsverweigerung* oder *Verhinderung eines Kriegsausbruchs*. Die scheinbare Beliebigkeit und Mehrdeutigkeit der Zuordnung von Verhaltensweisen zu den Gegensatzklassen Handeln und Unterlassen löst sich damit auf.

Es wäre allerdings verfehlt zu postulieren, dass damit die Sprachabhängigkeit der Unterscheidung *vollständig* aufgehoben wäre. Eine vollständige Sprachunabhängigkeit ist in der Tat nicht zu erwarten – schon deshalb nicht, weil letztlich alle begrifflichen Unterscheidungen nicht denkbar sind ohne sprachliche (und insofern menschengemachte) Hilfsmittel. Eine Sprachabhängigkeit der Unterscheidung ist zumindest in zwei Hinsichten zuzugestehen. Erstens ist die Frage, ob ein bestimmtes Verhalten ein Handeln oder ein Unterlassen darstellt, stets nur in Bezug auf bestimmte durch bestimmte sprachliche Mittel bereitgestellte Handlungsbegriffe zu beantworten. Nur im Hinblick auf ein bestimmtes vorgegebenes H ist ein Verhalten entweder ein Ausführen oder ein Nicht-Ausführen von H. Dass eine Person etwas unterlässt, lässt sich jeweils nur mit Bezug auf eine ganz bestimmte Handlung beantworten. A unterlässt H stets nur dann, wenn sein Verhalten derart ist, dass es die konstitutiven Bedingungen für H nicht oder nicht vollständig erfüllt. Wer H nicht ausführt und insofern etwas unterlässt, kann aber in vielen anderen Hinsichten aktiv sein. Zweitens entscheiden neben sachlichen Gesichtspunkten die Ressourcen des Sprachsystems, in dem die Beschreibung von Handlungen und Unterlassungen vorgenommen sind, darüber, welche Handlungsbeschreibung als „maximal basishaft" (Trapp 1988, 417) gelten kann und auf welcher sprachlichen Ebene über die Zuordnung eines Verhaltens zu einer der beiden Gegensatzklassen entschieden werden muss. In einer Sprache mit sehr wenigen verfügbaren Beschreibungsebenen könnte es theoretisch der Fall sein, dass ein Verhalten, das auf dem elaborierten Niveau der Sprache der modernen Psychologie als Handeln gilt, mangels Feindifferenzierung als Unterlassen eingeordnet wird, z.B. wenn das Vokabular zur Beschreibung der das Unterlassen konstituierenden Basishandlungen fehlt und sich die in einer bestimmten Sprache verfügbaren Verhaltensbeschreibungen von vornherein auf einer „komplexeren" Ebene bewegen.

2.2 Enger oder weiter Begriff von Unterlassung?

Sich der verzerrenden Einflüsse der sprachlichen Beschreibungen von Handlungen und Unterlassungen bewusst zu sein und die Bedingungen für das Vorliegen von Unterlassungen von ontologischen statt von sprachlichen Kriterien abhängig zu machen, reicht nicht hin, um einen Begriff von Unterlassungen zu etablieren, der auf weithin geteilte Zustimmung rechnen kann. Eine weitere Frage, die zur Vereindeutigung des Begriffs des Unterlassens geklärt werden muss, ist die nach seinem *Skopus*. Soll der Begriff einen so umfassenden Anwendungsbereich bekommen, dass er in allen Fällen der Nicht-Ausführung einer Handlung H – gleichgültig, wie H im einzelnen bestimmt ist – zugesprochen werden kann, oder soll der Anwendungsbereich des Begriffs von vornherein auf bestimmte Kontexte eingeschränkt werden? Diskutiert wird dabei insbesondere, ob von Unterlassungen möglicherweise nur dann gesprochen werden kann, wenn sich H auf ein von einem Akteur *gefordertes* oder *erwartetes* Handeln bezieht.

Einer der Autoren hat in einer früheren Veröffentlichung den Vorschlag gemacht, den Begriff des Unterlassens in einem *weiten* Sinn zu explizieren, d. h. so, dass er auch dann anwendbar ist, wenn das dem Unterlassen entsprechende Handeln weder gefordert ist noch erwartet wird (vgl. Birnbacher 1995, 32ff.). Danach lässt sich von einem Akteur A immer dann sagen, dass er eine bestimmte Handlung H unterlässt, wenn zwei Bedingungen erfüllt sind: die Bedingung der Nicht-Ausführung von H und die Bedingung der Möglichkeit für A, H auszuführen. Danach gilt: A unterlässt H, wenn A auf der relativ basishaftesten Beschreibungsebene keine für H konstitutive Handlung ausführt, aber unter den gegebenen Bedingungen ausführen könnte.

Dass beide Bedingungen *notwendige* Bedingungen des Unterlassens sind, steht außer Frage. Dass jemand H unterlässt, impliziert nicht nur, dass er nicht in der für H konstitutiven Weise handelt, sondern auch, dass er H unter den gegebenen Bedingungen ausführen könnte, d. h. in der Lage ist, mindestens eine der für H konstitutiven Basishandlungen auszuführen. Die Bedingung des *möglichen Handelns* ist ein konstitutives Moment des Unterlassens in derselben Weise wie die Bedingung des *möglichen Unterlassens* eine Bedingung des Handelns. Wie nur der handelt, der auch nicht handeln könnte, unterlässt nur der etwas, der handeln könnte.

Kontrovers ist, ob beide Bedingungen auch schon *hinreichend* sind. Die weitere Bedingung, die vorgeschlagen worden ist, um den Kreis der Unterlassungen stärker, als es der weite Begriff vermag, einzugrenzen, ist, dass H unter den gegebenen Umständen *erwartet* oder *gefordert* ist (vgl. Berger 2004, 344). Danach könnte man von dem B, der den Auftrag von A übernommen hat, während seines Urlaubs die Pflanzen zu begießen, sagen, dass er das zugesagte Begießen von As Pflanzen unterlässt, nicht aber von C, D und E, die anstelle des säumigen B As Pflanzen hätten begießen können, ohne dazu verpflichtet zu sein. Solange von diesen niemand fordert oder erwartet, dass sie für B „einspringen“, soll sich auch nicht sagen lassen, dass sie das Begießen von As Pflanzen *unterlassen*. So zu reden, würde allenfalls zeigen, dass der *jeweilige Sprecher* dies von ihnen fordert oder erwartet.

Die Kontroverse um die Reichweite des Unterlassungsbegriffs muss hier nicht entschieden werden. Die Frage nach der Möglichkeit einer Kausalität der Unterlassung ergibt sich für die weite und die enge Explikationen des Unterlassungsbegriffs gleichermaßen. Auch wenn man den Begriff mit Berger auf die Nicht-Ausführung erwarteter oder erforderter Handlungen einschränkt, stellt sich die Kausalitätsfrage. Insbesondere der Bereich von Unterlassungen, für den in Ethik und Recht die Frage nach einer Kausalbeziehung zwischen Nicht-Handeln und zeitlich nachfolgenden Ereignissen vordringlich ist – der Bereich des Nicht-Handelns in Fällen, in denen Handeln gefordert ist –, gehört in beiden Explikationen zum legitimen Anwendungsfeld des Begriffs.

Ebenso wenig muss an dieser Stelle die Frage entschieden werden, ob Unterlassungen im Gegensatz zu Handlungen stehen oder, wie Georg Henrik von Wright vorgeschlagen hat, eine Form des Handelns sind. In von Wrights Analyse werden „Handlungen" („acts") und Unterlassungen („forbearances") nicht als Kontrastbegriffe aufgefasst, sondern Unterlassungen unter den Handlungsbegriff subsumiert: „Handeln" umfasst alle Verhaltensweisen, zu denen der Akteur eine Alternative hat (vgl. von Wright 1963, 48). Für die Frage nach der möglichen Kausalität von Unterlassungen trägt dieser terminologische Vorschlag ebenfalls nichts aus. Falls Unterlassungen Handlungen eines bestimmten Typs sind, stellt sich dieselbe Frage nunmehr für die unterlassungsförmigen Handlungen im Gegensatz zu den „aktiven" Handlungen. Gerade die Tatsache jedoch, dass sich diese Frage ausschließlich an Unterlassungen und nicht an Handlungen richtet, wäre ein guter Grund, an der herkömmlichen Terminologie festzuhalten. Dass der eine Typus des Handelns mit Problemen zu kämpfen hat, von denen der andere entlastet ist, scheint Anlass genug, diesen Gegensatz auch terminologisch hervorzuheben.

Wenn es Gründe gibt, den weiten Begriff gegenüber dem engeren zu bevorzugen, dann, soweit wir sehen, zwei: Der erste ist, dass das Kriterium der Erwartetheit und Erfordertheit zwar dem ersten und dem dritten der oben unterschiedenen Anwendungskontexte gerecht wird, nicht aber den Kontexten 4 und 5. Jede Nicht-Ausführung einer möglichen Handlung kann intendiert sein, und jede Nicht-Ausführung einer möglichen Handlung kann zum Auslöser einer signifikanten Kette von Folgeereignissen werden, unabhängig davon, ob das Unterlassen in seinem jeweiligen Kontext erwartet oder erfordert war. Der zweite Grund ist die ganz überwiegende Verwendung des Ausdrucks „Unterlassung" im weiten Sinn in der wissenschaftlichen Literatur. Dasselbe gilt für den englischen Ausdruck „omission", der zwar ursprünglich lediglich das Unterlassen einer moralisch oder rechtlich geforderten Handlung bezeichnet zu haben scheint, seit einigen Jahren aber im weiten Sinne verwendet wird und insofern den antiquiert klingenden Ausdruck „forbearance" abgelöst hat.[1]

---

1 Einige Autoren verwenden „omission" sogar für beliebige nicht-handlungsartige negative Ereignisse (vgl. Hall 2004, McGrath 2005, Paul 2010), was allerdings strenggenommen sprachwidrig sein dürfte.

2.3 Ontologie der Unterlassung

Handelt es sich bei der Unterlassung um ein schieres Nichts? Ist die Unterlassung eine ontologische Nullstelle? So sehen es viele von denen, die eine Kausalität von Unterlassungen ablehnen. Sie argumentieren damit, dass ein Nichts nichts verursachen könne – entweder aus dem spezifischen Grund, dass nur das, was real existiert, Wirkungen haben könne, oder aus dem prinzipiellen Grund, dass ein Nichts keine Wirkungen haben könne, weil es keinerlei Eigenschaften haben könne, jedenfalls keine realen Eigenschaften.

Zu den herausragenden Verfechtern der Auffassung, Unterlassungen seien ontologisch gesehen ein Nichts und daher kein Bestandteil einer kausal wirkenden Wirklichkeit, gehört der amerikanische Rechtstheoretiker Michael Moore. Das grundsätzliche Problem für die Annahme einer Kausalität von Unterlassungen bestehe, so Moore, in der schlichten, aber unbezweifelbaren Tatsache, dass Unterlassungen vernünftigerweise nicht als echte Ereignisse oder Zustände von Akteuren angesehen werden können, die als Relata einer Kausalrelation fungieren könnten. Moore schreibt:

> It helps to be clear at the start about what omissions are: they are literally no things at all. (Moore 2009, 129)

Moore bestreitet keineswegs, dass wir wahrheitsgemäß Dinge sagen können wie z.B.: „B unterlässt es, As Pflanzen zu begießen." Solche Aussagen sind aber nach Moores Interpretation nicht dadurch wahr, dass bestimmte Entitäten – Unterlassungen; in dem Fall: das Nicht-Begießen – *existieren*, sondern dadurch, dass bestimmte Entitäten – Handlungen; hier: das Begießen – *nicht* existieren. Aussagen über das Unterlassen einer Handlung sind nach Moore keine Existenz-, sondern Nichtexistenzaussagen.

Nicht existierende Handlungen können aber, so Moore, niemals kausal wirksam sein:

> ‚Nothing comes from nothing, and nothing ever can' is good metaphysics, as well as catchy lyrics in musical productions. Absent elephants grow no grass by their absence; absent savings cause nothing, and certainly not the deaths they fail to prevent. (Moore 2009, 54f.)

Moore bestreitet also, dass Unterlassungen jemals in irgendeiner Weise kausal relevant sein können, und zwar aus genau dem Grund, weil sie seiner Ansicht nach ein bloßes Nichts sind und ein Nichts niemals die Ursache von einem Etwas sein kann: *ex nihilo nihil fit*.

Was ist von Moores Argumentation zu halten? Die allgemeine Prämisse, die hier im Hintergrund steht, ist, wie man zugeben wird, ausgesprochen plausibel: Kausalität ist, was immer sie im Einzelnen ist, zunächst einmal eine Relation. Als Relation bedarf sie aber, um instanziiert sein zu können, der Existenz ihrer Relata. Es kann keine Kausalrelation bestehen, ohne dass die Entitäten, die durch diese Relation miteinander verbunden sind, gegeben sind. Wenn Unterlassungen nun aber, wie Moore uns nahelegen möchte, gerade keine realen Entitäten sind, dann haben die Vertreter einer Kausalität von Unterlassungen ein – wie David Lewis (2004, 281) es tituliert hat – Problem des fehlenden Relatums: Es gibt dann im Fall des Unterlassens schlichtweg kein Ereignis, das in die Rolle einer Ursache (oder Wirkung) schlüpfen könnte. Das Problem des fehlenden Relatums ist dabei weitgehend unabhängig davon, wie wir die kausale Relation im Detail verstehen; es wird lediglich vorausgesetzt, *dass* Kausalität eine Relation ist – und das ist eine Voraussetzung, die nur sehr wenige in Zweifel ziehen dürften.

Die Überzeugungskraft von Moores Argument hängt also voll und ganz an der Überzeugungskraft seiner speziellen Prämisse: dass Unterlassungen wortwörtlich *nichts* sind. Diese Prämisse ist jedoch weit weniger plausibel, als Moore es glauben machen möchte. Selbst Moore scheint Unterlassungen insgeheim mehr Realität zuzugestehen, als er offen zugibt. Denn wenn es um die Frage der rechtlichen Verantwortlichkeit für Unterlassungen geht, ist er ganz beim moralischen *common sense* und der geltenden Rechtspraxis: Er erkennt durchaus an, dass Akteure in bestimmten Umständen für die Folgen ihres Nichtstuns vollumfänglich moralisch und rechtlich zur Rechenschaft gezogen werden können (vgl. Moore 2009, 141). Auch teilt Moore die Ansicht, dass diese Verantwortlichkeit wie jede moralische und (straf-)rechtliche Verantwortlichkeit durch objektive Zusammenhänge zwischen dem Unterlassen des Akteurs und dem zu verantwortenden Schadenseintritt begründet sein muss. Zwar kann der objektive Zusammenhang zwischen der Unterlassung und dem Schaden für Moore offenkundig kein kausaler Zusammenhang sein – Moore bestreitet ja, dass Unterlassungen in kausale Relationen treten können. Stattdessen soll eine *nicht-kausale* Abhängigkeitsrelation zwischen der Unterlassung und dem Schaden die Verantwortlichkeit des Akteurs fundieren. Durch sein Nichtstun hat der Akteur auf nicht-kausale Weise den Eintritt des Schadens ermöglicht oder begünstigt und soll *deshalb* moralisch bzw. rechtlich dafür belangt werden können (vgl. Moore 2009, 451 f.).

Hier kann man fragen: Wenn Unterlassungen, wie Moore nicht müde wird zu betonen, wahrhaftig nichts sind, stellt sich dann das Problem des fehlenden Relatums nicht in gleicher Weise für Moores eigene Konzeption einer nicht-kausalen Ersatzbeziehung zwischen Unterlassungen und anderen Ereignissen? Wie sollen Unterlassungen als wortwörtliches Nichts überhaupt in irgendwelche

Relationen – kausal oder nicht-kausal – eingehen können? Anders herum gefragt: Wenn Unterlassungen in bestimmten Kontexten in nicht-kausale Abhängigkeitsrelationen zu anderen Ereignissen treten können, müssen sie dann letzten Endes nicht doch mehr Realität besitzen, als Moore es eingangs darstellt? Und wenn Unterlassungen real genug sind, um überhaupt in Relationen eingehen zu können, könnten sie dann nicht prinzipiell auch in der Lage sein, kausal zu anderen Entitäten in Beziehung zu stehen?

Es scheint, dass Moore mit seiner Ablehnung negativer Kausalität nicht nur seine allgemeine Theorie der Verantwortung verkompliziert, sondern auch eine innere Unstimmigkeit seiner Konzeption in Kauf nimmt. Die alternative Sichtweise wäre, Unterlassungen als ein Etwas anzusehen. Was allerdings die Skeptiker vor dieser Sichtweise zurückschrecken lässt, ist die Sorge, sich auf diese Weise unheimliche Entitäten einzuhandeln, von denen letztlich nicht einmal klar ist, ob sie sich überhaupt kohärent denken lassen. Unterlassungen und andere negative Realitäten erscheinen als so etwas wie die Untoten der Metaphysik – Nicht-Existenzen, die im Gewand der Existenz daherkommen (vgl. Barker & Jago 2011, 1). Unterlassungen erscheinen ebenso gespenstisch wie Nicht-Personen oder Nicht-Gegenstände.

Die Frage ist, ob mit diesem Vergleich die Position des Vertreters einer Realität von Unterlassungen nicht überzeichnet wird. Die Skeptiker einer solchen Realität unterstellen ihren Gegnern, sie nähmen neben der Realität negativer Handlungen und Ereignisse auch die Realität nicht-existierender Gegenstände an (etwa dem in diesem Zimmer nicht existierenden Nashorn). Indem sie die Realität negativer Handlungen wie Unterlassungen postulierten, postulierten sie zwangsläufig auch die Realität aller möglichen anderen mysteriösen Entitäten. Nicht nur bewegten sie sich auf einem *slippery slope*, der sie mehr oder weniger unaufhaltsam in eine immer grenzenlosere Inflationierung ihrer Ontologie treibe, sondern mit der Annahme negativer Eigenschaften steckten sie bereits mit einem Fuß im ontologischen Morast fest. Auch Moore macht den Vertretern der Unterlassungskausalität offenbar diesen Vorwurf, wenn er schreibt:

> ... it boggles the mind to think that the truth-maker for that negative proposition [that no elephants trampled the grass in the park today] is some particular non-elephant and particular non-trampling ‚done' by that non-elephant. (Moore 2009, 445)

Der Vertreter der Realität von Unterlassungen wird sich gegen diesen Vorwurf jedoch mit guten Gründen verteidigen können. Zunächst wird er darauf hinweisen, dass die Gleichsetzung von nicht eintretenden Ereignissen wie nicht ausgeführten Handlungen mit nicht existierenden Gegenständen mehrere Schritte zu weit geht. Der erste Schritt ist, dass der Gegner der Unterlassungskausalität eine Verwechslung begeht, wenn er meint, dass wer z. B. von der Abwesenheit von Elefanten im Park spricht und diese als mitursächlich für das ungestörte Gedeihen der Rasenfläche benennt, zwangsläufig die Existenz von Nicht-Elefanten annehmen müsse. Der Gegner verwechselt hier die Abwesenheit mit dem, was abwesend ist. Wenn wir von der Abwesenheit von Elefanten sprechen, beziehen wir uns nicht auf Nicht-Elefanten, von denen wir meinen, dass sie auf gespenstische Weise im Park herumtrampeln. Wir beziehen uns auf die *Abwesenheit*, und die existiert gerade dann, wenn die Elefanten nicht existieren. Genau das gleiche gilt für Unterlassungen. Wer Unterlassungen als etwas Reales ansieht, behauptet nicht zwangsläufig die Existenz von etwas Nicht-Existentem. Was im Falle einer unterlassenen Handlung existiert, ist die Unterlassung, was nicht existiert, ist die Handlung.

Die Gegner einer Realität von Unterlassungen übersehen zudem, dass Unterlassungen – anders als nicht-existierende Nashörner oder Elefanten – eine ganze Reihe von existierenden Gegenständen mit bestimmten Eigenschaften voraussetzen. Zuallererst setzen sie die *Existenz eines Akteurs* bzw. eines potenziellen Akteurs voraus. Nur wer existiert, kann etwas unterlassen – aus dem naheliegenden Grund, dass nur wer existiert, handeln kann. Eine Unterlassung ist nur dann real, wenn es jemanden gibt, der etwas unterlässt, d. h. in einer bestimmten Hinsicht nicht handelt. Zweitens setzt ein Unterlassen das Vorhandensein von *Handlungsmöglichkeiten* voraus. Nur wer über entsprechende Handlungsmöglichkeiten verfügt, kann eine mögliche Handlung unterlassen. Diese Möglichkeitsbedingung enthält ihrerseits eine ganze Reihe von Teilbedingungen:

1. Die Situation, in der sich der Akteur befindet, muss derart sein, dass sie objektiv die Handlung H zulässt. Die Umstände müssen dem Akteur die Freiheit und die Gelegenheit zur Ausführung von H lassen. Es wäre z. B. verfehlt, im besagten Beispiel zu sagen, dass es B unterlässt, As Pflanzen zu begießen, wenn diese bereits unabhängig von Bs Intervention vertrocknet sind oder B aus von ihm nicht zu verantwortenden Gründen keinen Zugang zu As Pflanzen hat. Die genaue Beschaffenheit dieser Bedingungen ist abhängig von dem jeweiligen H. Bei einer inneren Handlung sind diese Bedingungen anderer Natur als bei äußeren Handlungen.
2. Bei äußeren Handlungen muss der Akteur *physisch* in der Lage sein, die Handlung H auszuführen. B könnte H nicht unterlassen, wenn er physisch zu H nicht in der Lage wäre, etwa weil er schwerkrank das Bett hüten muss.
3. Bei äußeren Handlungen muss für den Akteur darüber hinaus eine Möglichkeit zur Ausführung von H *erkennbar* sein.
4. Bei äußeren Handlungen muss – außer im Fall der Fahrlässigkeit – der Akteur die Möglichkeit von H darüber hinaus *tatsächlich* erkennen. Solange sich B im Irrtum über die Situation befindet, wird man von ihm nicht sagen

können, dass er das Begießen von As Pflanzen unterlässt. Ein gutwilliger B, dem es von den objektiven Bedingungen her möglich wäre, seine Zusage einzuhalten, könnte fälschlicherweise meinen, zu den Pflanzen von A keinen Zugang zu haben. Solange er diese Meinung unterhält, wird man von ihm nicht sagen können, dass er es unterlässt, As Pflanzen zu begießen. Wenn er in dieser Lage etwas unterlässt, dann allenfalls, dass er sich nicht ausreichend über die tatsächliche Lage informiert, nach alternativen Zugängen sucht usw.

5. Dem Akteur muss – das gilt auch für innere Handlungen – H *subjektiv* möglich sein. Die Ausführung von H muss in den „psychischen Möglichkeitsraum" von B fallen, in den Bereich, der B von seinen individuellen psychischen Fähigkeiten her offensteht. Kein Individuum verfügt über einen unbegrenzten psychischen Möglichkeitsraum, sondern jeder verfügt über ein bestimmtes mehr oder weniger eingeschränktes Verhaltens- und Motivrepertoire. Die Forderung, in bestimmten Situationen an bestimmte Dinge zu denken (und der Vorwurf, in diesen Situationen im Sinn eines unbewusst fahrlässigen Unterlassens an diese Dinge nicht gedacht zu haben) läuft ggf. auf eine Überforderung des Akteurs hinaus. So wird man von B nur dann sagen können, dass er es unterlässt, As Pflanzen zu begießen, wenn die Aufmerksamkeitsleistung, die ihm das Einlösen seiner Zusage abverlangt, in den Bereich seiner psychischen Möglichkeiten fällt.

Damit sind eine ganze Reihe von eindeutig positiven Faktoren genannt, die in einer Situation gegeben sein müssen, um legitimerweise von einem Unterlassen zu sprechen. Unterlassen ist schon insofern kein „reines Nichts". Nicht nur erfordert es einen Akteur, dem das Unterlassen als Eigenschaft zugeschrieben werden kann. Es erfordert auch das Bestehen einer ganz bestimmten Konstellation von Bedingungen, sowohl außerhalb des Akteurs als auch in der Person des Akteurs selbst.

Damit ist die Position derer, die einer Unterlassenskausalität skeptisch gegenüberstehen, allerdings noch nicht widerlegt. Ein Skeptiker würde wohl nach wie vor nicht zögern, dem bisher Gesagten zuzustimmen und dennoch darauf bestehen, dass damit das Unterlassen als respektables Relatum einer Kausalrelation nicht legitimiert sei. Er würde auf der ontologischen Nichtigkeit des Unterlassens beharren und darauf hinweisen, dass das Bestehen der *Bedingungen* für etwas grundsätzlich nicht ausreicht, um dieses Etwas selbst als existierend auszuweisen. Mit den aufgeführten Bedingungen ist das Unterlassen selbst ja noch nicht gegeben. Auch wenn alle Bedingungen zusammen verwirklicht sind, folgt nicht, dass der betreffende Akteur handelt oder nicht handelt. Die Bedingungen lassen vielmehr beide Optionen offen.

Insofern stimmt es, dass die Befürworter einer Realität von Unterlassungen eine besondere Klasse von Entitäten postulieren müssen, wenn sie Unterlassungen als echte Bestandteile der Wirklichkeit begreifen wollen. Sie müssen die Existenz *negativer Eigenschaften* postulieren, die ein Akteur haben kann und die zu dessen positiven Merkmalen und Fähigkeiten hinzukommen, ohne auf diese reduzierbar zu sein. Wenn B es unterlässt, As Pflanzen zu gießen, dann ist das Nicht-Begießen für den Realisten eine echte Eigenschaft – ein Merkmal oder Aspekt – von B neben seiner physischen und psychischen Fähigkeit, die Pflanzen zu begießen und der objektiven Gelegenheit zum Begießen, die für B in der gegebenen Situation besteht. Die Eigenschaft des Nicht-Begießens ist negativ in dem Sinn, dass sie durch negative Beschreibungen herausgegriffen wird, und irreduzibel in dem Sinn, dass sie mit keiner Menge von Handlungen, Verhaltensweisen oder sonstigen positiv beschreibbaren Merkmalen von B identifiziert werden kann.

Der Realist bezüglich Unterlassungen liest somit Aussagen über die Unterlassungen von Akteuren – anders als der Anti-Realist – als Existenzaussagen. Sie werden dadurch wahr, dass Akteure bestimmte Eigenschaften – negative Eigenschaften wie das Nicht-Begießen von Pflanzen, das Nicht-Sprechen oder das Nicht-Eingreifen in einer bestimmten Situation – instanziieren. Das Bekenntnis zu negativen Eigenschaften muss dabei allerdings keine Verpflichtung auf eine absonderliche (oder vielleicht sogar absurde) Form von Existenz bedeuten. Für den Realisten existieren negative Eigenschaften nicht anders als andere Eigenschaften. Der Negativität der Beschreibung entspricht keine Art von Negativität als *ontologischer* Kategorie: Eigenschaften, egal ob sie positiv oder negativ beschrieben werden, existieren oder existieren nicht; nicht aber existieren sie irgendwie in positiver oder negativer Weise. Es gibt nur Existenz und Nicht-Existenz, nicht aber zusätzlich so etwas wie positive und negative Existenz.

Dennoch mag die Existenz negativer Eigenschaften schwer vorstellbar erscheinen. Immerhin handelt es sich beim Nicht-Begießen, Nicht-Sprechen usw. um *nicht-manifeste* Eigenschaften, d.h. um Eigenschaften, die sich nicht offenkundig in konkreten Verhaltensweisen von Akteuren äußern und sich nicht unmittelbar als das, was sie sind, erkennen lassen.

Diese Bedenken sind unserer Meinung nach jedoch letztlich unbegründet. Denn auch zu den positiven Eigenschaften von Akteuren gehören durchaus nicht nur Eigenschaften, die sich manifestieren, sondern auch solche, die sich nicht manifestieren, aber deshalb um nichts weniger real sind: Potenziale und Dispositionen wie Fähigkeiten, Tendenzen und Anfälligkeiten sind Eigenschaften, die Personen auch dann zugeschrieben werden können, wenn sie sie gerade nicht realisieren. Dennoch können Potenziale und Dispositionen mit Fug und Recht nicht nur als *echte*, sondern darüber hinaus auch als *kausale* Eigenschaften angesehen werden, so wie z. B. die Zerbrechlichkeit der Vase, die bewirkt, dass ich besonders vorsichtig mit ihr umgehe, oder die Gefährlichkeit des Psychopathen, die bewirkt, dass er in präventive Sicherungsverwahrung genommen wird, auch wenn er seine gefährliche Neigung gerade nicht auslebt (und vielleicht noch nie ausgelebt hat).

Wie von unrealisierten Potenzialen und Dispositionen kann man nun auch von negativen Eigenschaften wie der Nicht-Ausführung möglicher Handlungen sagen, dass sie nicht manifest sind: Was jemand nicht tut, obwohl er es tun könnte, tritt nicht in Erscheinung, gehört nicht zur Kette der in der Realität beobachtbaren Ereignisse. Ist damit der Weg zu einer Auffassung vorgezeichnet, die einerseits den Skeptizismus der Leugner der Unterlassungskausalität überwindet, es aber andererseits vermeidet, Unterlassungen übergebührlich zu verdinglichen? Uns scheint dieser Weg in der Tat nicht nur gangbar, sondern auch von der Sache her adäquat. Dieser Weg besteht darin, dem Nicht-Handeln Realität in demselben Sinne zuzuschreiben, wie wir sie auch den Möglichkeiten, die als Bedingungen von Unterlassungen fungieren, zuschreiben. Wie die Möglichkeiten des Handelns real sind und nicht nur vorgestellt oder projiziert, ist auch das Nicht-Handeln eine Realität und nicht nur eine gedankliche Konstruktion. Und wie die Möglichkeiten, die ein Unterlassen voraussetzt, von den Akteuren, die über die Möglichkeiten verfügen, nicht ablösbar sind, sondern ihnen als (nicht-manifeste) Merkmale zugeschrieben werden können, lassen sich auch Unterlassungen als Merkmale (genauer: als Merkmalstoken) an ihrem jeweiligen Akteur verstehen.[2] Wie die Möglichkeiten, die zu den Bedingungen des Unterlassens gehören, wirklich sind, ist auch das Unterlassen wirklich – nicht als Ding oder eine wie immer geartete substanzielle Entität, aber doch als Merkmalstoken, d. h. als Instanziierung eines bestimmten, Akteuren zusprechbaren allgemeinen Merkmals. Dass jemand eine bestimmte Handlung *nicht* ausführt, charakterisiert ihn und seine Wirklichkeit in derselben Weise wie dass er eine bestimmte Handlung ausführt. Unterlassungen sind ein Teil der Welt. Sie sind um nichts weniger real als die Handlungen, zu denen sie im Kontrast stehen. Die negativen Sprachformen, die auf der Ebene basishafter Unterlassungen uneliminierbar sind, dürfen nicht als Beschreibung eines ontologischen Nichts missverstanden werden. Auch sprachliche Negationen sind ein Mittel, etwas über die Realität auszusagen.

Es gibt mehrere Motive, die geeignet sind, das Denken an diesem Punkt in die Irre zu führen.

---

2 Der Rechtswissenschaftler Schünemann spricht in Anlehnung an Nicolai Hartmann von einem „unselbständigen So-Sein an der Realität des Unterlassers“ (Schünemann 1971, 13).

Das erste ist, dass Unterlassungen anders als Handlungen nicht zum unmittelbaren Gegenstand der *Erfahrung* werden können, dass sie stets nur aus anderen Erfahrungen erschließbar sind. In einem bestimmten Sinne ist es ja tatsächlich so, dass sie ihren Trägern stets nur *zugeschrieben*, aber nicht als etwas an ihnen Vorfindliches *beschrieben* werden können. Dies ist allerdings kein gültiger Einwand gegen die Annahme der Realität von Unterlassungen. Auch unrealisierte Potenziale oder Dispositionen sind nicht direkt beobachtbar – was ihrer Realität und theoretischen Respektabilität aber keinen Abbruch tut. Überhaupt kennen wir eine Unzahl *theoretischer Eigenschaften*, wie etwa Elektrizität oder die Dipolstruktur des Wassers, die sich gerade durch ihre Unbeobachtbarkeit auszeichnen, und die wir dennoch für im vollen Sinn real halten und zur Erklärung empirischer Phänomene einsetzen. Auch um eine kausale Rolle zu übernehmen, ist für ein Merkmalstoken Beobachtbarkeit keine Voraussetzung. Kausale Wirksamkeit lässt sich grundsätzlich beobachtbaren und nicht-beobachtbaren Merkmalen in gleicher Weise zuschreiben. Darüber hinaus lässt sich behaupten, dass viele negative Ereignisse insofern erfahrungsnäher sind als viele dispositionale Eigenschaften, als sie sehr viel unmittelbarer beobachtbar sind als Dispositionen, die sich lediglich induktiv aus der Erfahrung gleichartiger Gegenstände erschließen lassen. Negative Ereignisse sind zumindest insoweit relativ unmittelbar beobachtbar, als ihre positiven Gegenstücke unmittelbar beobachtbar sind. Man kann hören, dass ein Schuss *nicht* losgeht, wie man hören kann, dass er losgeht. Das Nicht-Losgehen ist in diesem Fall unmittelbar beobachtbar, sehr viel unmittelbarer jedenfalls als dispositionale Eigenschaften eines eintretenden Knalls wie dessen Fähigkeit, eine Glasscheibe zu Bruch gehen zu lassen.

Ein anderes Motiv, an der Realität von Unterlassungen – und aus diesem Grund an ihrer kausalen Wirksamkeit – zu zweifeln, ist die Überlegung, dass Unterlassungen kein irgendwie geartetes *Geschehen* beinhalten. Sie beinhalten weder Körperbewegungen, Gedanken noch irgendwelche anderen Zustandsänderungen. Man könnte denken: Jemand kann es unterlassen, fremde Pflanzen zu begießen, und gleichzeitig vollständig untätig bleiben. Jemand kann alle möglichen Dinge unterlassen und dennoch – in Benthams Sinn – „at rest" bleiben. Natürlich ist ein menschlicher Akteur nicht ohne alle Veränderungen vorstellbar – der menschliche Organismus durchläuft unaufhörlich Zustandsänderungen, der Bewusstseinsstrom ist im Wachzustand, aber auch die meiste Zeit des Schlafs über ständig in Bewegung. Diese Veränderungen sind ganz überwiegend nicht handlungsartig, sondern verlaufen autonom. Dennoch wäre rein logisch ein Unterlassen auch mit einem vollständigen Stillstand aller Körper- und Bewusstseinsfunktionen möglich. Für sich genommen impliziert das Unterlassen über die Bedingungen der Existenz eines Akteurs und des Bestehens von dessen Handlungsmöglichkeiten keine wie immer gearteten Ereignisse.

Dieser Gedanke ist im Ansatz korrekt: Ein Unterlassen muss nicht nur kein wie immer geartetes Geschehen beinhalten, es scheint auch mit einer völligen Untätigkeit vereinbar, solange Umstände denkbar sind, unter denen dennoch die Möglichkeitsbedingung erfüllt ist. Unklar ist allerdings, was das für die Frage der Realität der Unterlassung austrägt. Die Realität eines Merkmalstokens ist nicht daran gebunden, dass etwas „geschieht". Das verkennen Auffassungen, die die Unmöglichkeit einer Unterlassenskausalität darauf zurückführen, dass „Nichthandeln keine Veränderung" sein und deshalb auch nicht kausal sein könne (so z. B. Schmidhäuser 1970, 547). Bei dem betreffenden Merkmal kann es sich ja auch um eines aus der Vielzahl derjenigen Merkmalsarten handeln, die nicht an ein wie immer geartetes Geschehen gebunden sind, wozu nicht nur nicht-manifeste Eigenschaften wie Dispositionen und Potenziale und eine große Zahl von relationalen Eigenschaften gehören, sondern auch manifeste Eigenschaften wie Zustände. Nicht nur für Unterlassungen, auch für personale Zustände gilt, dass ihre Realität nicht auf ein wie immer verstandenes „Geschehen" angewiesen ist. Noch mehr gilt dies für etwaige zwischen der betreffenden Person und anderen Personen oder Nicht-Personen bestehende Relationen. Alle diese Merkmale, ob ein- oder mehrstellig, sind darum, weil sie einer Person unabhängig von Ereignissen, Veränderungen oder Geschehnissen zukommen, um nichts weniger ontologisch respektabel.

Als Fazit ist festzuhalten, dass keines der gegen die Kausalität von Unterlassungen vorgetragenen ontologischen Argumente wirklich sticht. Den offenkundigen Unterschieden in der Seinsweise von Handlungen und Unterlassungen kann Rechnung getragen werden, ohne die Realität von Unterlassungen zu bestreiten. Damit entfällt der Einwand des fehlenden Relatums. Offen ist jedoch weiterhin, wie dem Einwand der fehlenden kausalen Relation begegnet werden kann. Dieses Problem ist Gegenstand des folgenden Kapitels.

3 Kausalität

Ob man Unterlassungen kausale Wirksamkeit zusprechen kann, entscheidet sich nicht nur daran, welcher ontologische Status Unterlassungen zugeschrieben werden kann, sondern auch daran, ob Unterlassungen diejenigen Merkmale aufweisen, die nach unserem allgemeinen Verständnis von Kausalität Entitäten aufweisen müssen, die in kausale Beziehungen zueinander treten. Um in der Frage der Unterlassungskausalität zu einer begründeten Entscheidung zu kommen, müssen wir uns also nicht nur darüber klar werden, was unter einem Unterlassen zu verstehen ist und welche Art von Realität ihm zuzusprechen ist, sondern auch darüber, was unter Verursachung zu verstehen ist. Nicht nur die Semantik und Ontologie der Unterlassung, sondern auch die Metaphysik der Kausalrelation ist zur Beantwortung der Frage der Unterlassungskausalität von Bedeutung. Die Frage, der wir uns deshalb im Folgenden widmen müssen, ist, welches Kausalitätsverständnis in der Debatte um die Kausalität von Unterlassungen zugrunde gelegt werden sollte.

Der Begriff der Kausalität ist – ähnlich wie die Begriffe des Raums oder der Zeit – ein überaus elementarer und im menschlichen Denken tief verwurzelter Begriff. Er steht im Mittelpunkt vielfältiger menschlicher Denkweisen und Handlungen und übernimmt im Rahmen unserer Lebenswelt vielfältige epistemische, pragmatische und normative Funktionen. Wie die meisten unserer allgemeinen und grundlegenden Begriffe ist allerdings auch der Kausalbegriff ausgesprochen dunkel und schwer zu fassen, sobald man ihn genauer explizieren will. Entsprechend große Uneinigkeit besteht unter Philosophen darüber, wie Kausalität zu analysieren ist – ja sogar darüber, ob sich Kausalität überhaupt analysieren lässt. Es gibt eine Fülle konkurrierender Theorien der Kausalität, von denen einige mit einer Kausalität von Unterlassungen eher vereinbar zu sein scheinen als andere.

Wir wollen versuchen, die verschiedenen Analyseansätze, die auf dem Markt sind, zu ordnen und auf ihre Adäquatheit hin zu prüfen, und zwar zunächst unabhängig von dem Anliegen, eine Kausaltheorie zu finden, die es erlaubt, Unterlassungen kausale Wirksamkeit zuzuschreiben. Schließlich soll die Wahl der adäquatesten Kausaltheorie nicht darüber entschieden werden, ob in ihr Unterlassungen die Rolle von Ursachen übernehmen können oder nicht. Vielmehr soll umgekehrt die unabhängig von dieser Frage begründete Wahl einer Kausaltheorie den Ausschlag darüber geben, ob Unterlassungen die Rolle von Ursachen übernehmen können oder nicht.

An welchen Kriterien sollte sich eine Prüfung der zur Auswahl stehenden Kausalanalysen orientieren? Was begründet die Wahl oder Bevorzugung der einen Kausaltheorie vor einer anderen? Sicherlich sollte eine Kausaltheorie einerseits intuitiv adäquat sein. D. h. sie sollte unseren allgemeinen Überzeugungen über Kausalität im Großen und Ganzen Rechnung tragen und in der Lage sein, zumindest die zentralen (bzw. unstrittigen) Fälle, in denen wir von Verursachung sprechen, so weit wie möglich einzufangen. Andererseits sollte eine Kausaltheorie aber auch gewissen methodologischen Ansprüchen genügen. Sie sollte nicht krampfhaft und mit allen Mitteln versuchen, die Phänomene zu retten und alle noch so abseitigen Fälle von Verursachung zu rekonstruieren. Sie sollte sparsam in ihren Voraussetzungen, einfach in ihrer Konstruktion und möglichst fruchtbringend für theoretische und praktische Anwendungsgebiete sein. Sie sollte keine zu spekulativen oder komplizierten Annahmen machen und ein kritisches Potenzial bewahren, durch das wir sie zur Lösung theoretischer Probleme, wie etwa dem Problem der Unterscheidung von echter Kausalität und Pseudo-Kausalität, einsetzen können. Intuitionen und methodologische Ideale in Einklang zu bringen, ist dabei immer eine delikate Angelegenheit. Letztlich kommt es darauf an, das harmonischste Gleichgewicht zwischen intuitiver und methodologischer Adäquatheit herzustellen.

3.1 Intuitive Merkmale von Kausalität

Welches sind die wesentlichen intuitiven Merkmale unseres Begriffs von Kausalität, die eine adäquate Kausaltheorie berücksichtigen sollte? Es lohnt sich, dazu einen Blick auf die Funktionen zu werfen, die Kausalität in unserer Lebenswelt und unserem Weltbild übernimmt. Unsere Kausalintuitionen spiegeln sich in der Art und Weise, wie wir den Kausalbegriff im alltäglichen und wissenschaftlichen Sprachgebrauch verwenden: Sie lassen sich durch die Rollen einkreisen, die Kausalität in Theorie und Praxis erfüllt.

Eine erste Kernintuition über Kausalität ist, dass Kausalität eine *objektive*, d.h. eine in der Welt und unabhängig von unserem Denken über die Welt bestehende Relation ist. Der Objektivitätsanspruch unseres Kausalbegriffs zeigt sich an der Rolle, die Kausalität in unserem Weltverständnis übernimmt. Kausalität ist, in dem von J.L. Mackie von Hume übernommenen Bild, der „cement of the universe" (Hume 1740, 31, Mackie 1974). Was mit dieser Metapher zum Ausdruck gebracht werden soll, ist, dass wir im Allgemeinen Kausalität als den metaphysischen Kitt oder „Klebstoff" (vgl. auch Schlick 1949, 522) verstehen, der das Weltgeschehen als Ganzes zusammenhält und den Ablauf der Ereignisse vorantreibt. Wir gehen dabei davon aus, dass kausale Relationen die Welt auch dann noch zusammenhalten, wenn keine Subjekte da sind, die sich einen Begriff von Kausalität machen und diesen für epistemische, pragmatische oder normative Interessen einsetzen. Kausalität ist nicht etwas für menschliche Zwecke *Gemachtes*, sondern etwas vor jeder Zwecksetzung *Gegebenes* (das allerdings auf vielfältige Weise für menschliche Zwecke nutzbar gemacht werden kann).

Eng mit der Vorstellung von Kausalität als metaphysischem „Klebstoff" verbunden ist die Idee, dass Kausalität eine Art Kraft oder Notwendigkeit ausübt und so der Welt einen bestimmten Verlauf aufzwingt. Die kausalen Nahtstellen oder Verklebungen des Gefüges von Ereignissen sorgen nicht nur dafür, dass bestimmte Weltverläufe stattfinden, sondern vor allem auch dafür, dass bestimmte andere Weltverläufe ausgeschlossen sind. Was kausal bewirkt wird, ist von einer gewissen Unausweichlichkeit. Es ist nicht nur so gekommen, wie es gekommen ist – es hätte auch nicht anders (oder nicht gänzlich anders) kommen können.

Eine zweite Kernintuition über Kausalität ist, dass sie eine *einheitliche* Beziehung ist. Aufeinandertreffende Billardkugeln, ein Börsencrash, ein magischer Zauber – so verschieden die Kontexte auch sind, in denen wir von Kausalität sprechen, so meinen wir doch, dass es immer Fälle von *Kausalität* sind. Es gibt, so denken wir, etwas, das diesen ansonsten so heterogenen Situationen gemeinsam ist und das durch unser Konzept von Kausalität herausgegriffen wird. Wir gehen von *einer* metaphysischen Relation aus, die allen tatsächlichen und hypothetischen Fällen von Verursachung zugrunde liegt.

Der Einheitsanspruch unseres Kausalbegriffs zeigt sich vor allem daran, dass kausale Sachverhalte stets dieselben epistemischen, pragmatischen und normativen Implikationen für uns zu haben scheinen. Kausalaussagen übernehmen in den verschiedensten alltäglichen und wissenschaftlichen Kontexten dieselben epistemischen, pragmatischen und normativen Funktionen, etwa beim Erstellen von Prognosen und Erklärungen, beim Finden von praktischen Mitteln der Anpassung und Einflussnahme oder bei der Zuschreibung von moralischer oder rechtlicher Verantwortlichkeit. (Vgl. Schaffer 2008)

Kausalaussagen erfüllen für uns z. B. eine wichtige *epistemische* Funktion. Vor allem im Alltag, aber auch in den empirischen Wissenschaften, verwenden wir permanent kausale Aussagen, um bestimmte Ereignisse oder Sachverhalte zu erklären und vorherzusagen. Kausale Hypothesen werden regelmäßig dazu eingesetzt, um *ex post* zu erklären, warum ein bestimmtes Ereignis eingetreten ist, und um *ex ante* vorherzusagen, warum ein bestimmtes Ereignis in naher oder ferner Zukunft eintreten wird. So lässt sich z. B. ein zunächst rätselhafter Hausbrand im Nachhinein erklären, wenn die Spurensicherung herausfindet, dass es kurz zuvor im Haus einen Kurzschluss gegeben hat, der das Feuer durch Funkenbildung entfacht hat. Wir akzeptieren diese Auskunft als legitime Erklärung für den Brand, weil unter den nunmehr ermittelten Umständen die Katastrophe in der Tat abzusehen war. Ähnliches gilt für Prognosen über noch nicht eingetretene, zukünftige Ereignisse. Viele (wenngleich nicht alle) Vorhersagen von Ereignissen werden auf der Basis kausaler Hypothesen formuliert. So lässt sich z. B. eine Sonnenfinsternis ziemlich präzise prognostizieren, wenn man die gegenwärtigen Planetenkonstellationen und -bewegungen des Sonnensystems kennt. Wir erwarten auch in weiter Zukunft liegende Sonnenfinsternisse mit großer Sicherheit, weil die kosmischen Ursachen für diese Ereignisse heute schon gegeben und bekannt sind.

In den empirischen Wissenschaften ist man weniger als in alltäglichen Kontexten an singulären Kausalerklärungen interessiert. Soziologische, psychologische, biologische, chemische und physikalische Erklärungen wollen in der Regel keine Einzelereignisse erklären, sondern mehr oder weniger stabile oder wiederkehrende Prozesse oder Mechanismen (oder Prozess- bzw. Mechanismustypen). Kausale Hypothesen spielen aber auch hier eine eminente Rolle. Prozess- oder Mechanismuserklärungen rekurrieren in der Regel auf die kausalen Wechselwirkungen zwischen den die fraglichen Prozesse oder Mechanismen konstituierenden Bestandteilen. So beschreibt z. B. das Modell der Schweigespirale in der Sozialpsychologie detailliert die Faktoren, durch die sich bestimmte Meinungen in der Bevölkerung und in den Massenmedien durchsetzen (vgl. Noelle-Neumann 1989): Wessen Meinung von der Mehrheit der Bevölkerung öffentlich nicht kommuniziert wird, neigt nach dieser Theorie aus Furcht vor sozialer Isolation dazu, seine Meinung zu verschweigen, was wiederum die öffentliche Nicht-Kommunizierung dieser Meinung verstärkt – mit dem Effekt, dass auf diese Weise letztlich ein echter Umschwung in der öffentlichen Meinung stattfindet. In dem Maße, in dem die Anhänger der ursprünglichen Mehrheitsmeinung verstummen, fühlen sich die Vertreter der ursprünglichen Minderheitsmeinung ermutigt, ihre Ansichten öffentlich kundzutun. Interessanterweise ist das Modell der Schweigespirale hierbei zugleich ein Beispiel für eine wissenschaftliche Erklärung, bei der negative Faktoren – das unterlassene Kommunizieren von Meinungen – eine kausale Rolle übernehmen.

In alltäglichen Zusammenhängen stehen singuläre Ereignisse nicht zuletzt deshalb unter einem größeren Erklärungs- und Vorhersagedruck als in wissenschaftlichen Kontexten, weil hier eine weitere, *pragmatische* Funktion kausaler Hypothesen besonders relevant wird: Vorhersagen und Erklärungen, die sich auf kausale Hypothesen stützen, haben in unserem täglichen Leben einen unmittelbaren *survival value*. Sie helfen uns, uns an die Widrigkeiten unserer Umwelt anzupassen bzw. diese zu unserem Vorteil zu beeinflussen. Kausale Vorhersagen ermöglichen die Anpassung an neu eintretende Umstände, indem sie deren Eintritt kalkulierbar machen. Wenn wir etwa prognostizieren, dass ein Sturm aufziehen wird, können wir gezielt Schutzvorkehrungen treffen und uns rechtzeitig aus der Gefahrenzone begeben. Kausale Erklärungen ermöglichen darüber hinaus die gezielte Beeinflussung von Umweltfaktoren. Sie zeigen auf, wie wir aktiv in Geschehnisse eingreifen und diese gemäß unseren Zwecken und Zielvorstellungen verändern und steuern können: indem wir an ihren Ursachen ansetzen und diese manipulieren. Wenn wir etwa wissen, was es braucht, damit Getreide wachsen kann, können wir dieses Wissen gezielt dazu verwenden, um Ackerbau zu betreiben und uns von natürlichen Nahrungsvorkommen unabhängig zu machen.

Auch die pragmatische Funktion kausaler Hypothesen ist nicht auf bestimmte Formen von Verursachung festgelegt und auch nicht eingeschränkt, wenn negative Faktoren ins Spiel kommen: Auch Kausalhypothesen, die auf negative Faktoren rekurrieren, können zu adaptiven und manipulativen Zwecken eingesetzt werden. So können wir uns auf eine vorsichtige Fahrweise bei Schnee und Eis einstellen, wenn wir wissen, dass den städtischen Verkehrsbetrieben das Streusalz ausgegangen ist. Auch können wir erwünschte Zustände herbeiführen, indem wir negative Umstände realisieren – indem wir etwa eine bestimmte Handlung unterlassen. Man kann genauso beabsichtigen *nicht* zu handeln mit dem Ziel, ein bestimmtes Ergebnis zu realisieren, wie man beabsichtigen kann zu *handeln*, um ein Ergebnis zu erzielen. B kann, wenn er es möchte, As Pflanzen absterben lassen, indem er es unterlässt, die Pflanzen zu begießen.

Der erhöhte kausale Erklärungsdruck, dem wir insbesondere im Bereich des menschlichen Handelns begegnen, geht neben den durch kausale Hypothesen aufgezeigten Möglichkeiten der Intervention und Kontrolle auch auf eine *normative* Funktion von Kausalität zurück. Kausalität liefert die Legitimationsgrundlage für die Zuschreibung moralischer und strafrechtlicher Verantwortlichkeit. Nur wer an dem Zustandekommen eines bestimmten Sachverhalts durch sein Handeln oder Nicht-Handeln kausal in irgendeiner Weise beteiligt ist, kann dafür in moralischer und strafrechtlicher Hinsicht zur Verantwortung gezogen werden und muss sich selbst dafür verantwortlich fühlen.

3.2 Desiderate an eine Theorie der Kausalität

Die Aspekte der Objektivität und der Einheitlichkeit machen so etwas wie den Kerngehalt unseres Kausalverständnisses aus. Sie sind unaufgebbare Intuitionen, die auf jeden Fall von einer Kausalitätstheorie berücksichtigt werden sollten. Entsprechend lassen sich die folgenden Desiderate an eine Theorie der Kausalität formulieren:

1. *Objektivität*: Die Analyse des Kausalbegriffs sollte rein deskriptiv sein und Kausalität so weit wie möglich als eine objektive Relation explizieren. Eine adäquate Theorie der Kausalität sollte ohne subjektive Kriterien auskommen

und weder epistemische noch pragmatische oder normative Gesichtspunkte zu einem Bestandteil unseres Kausalitätsverständnisses machen.
2. *Einheitlichkeit*: Die Analyse des Kausalbegriffs sollte Kausalität so weit wie möglich als eine einheitliche Relation explizieren. Eine adäquate Theorie der Kausalität sollte sowohl in analytischen, theoretischen und praktischen Kontexten verwendet werden können und nicht auf bestimmte Verwendungskontexte festgelegt sein.

Diese beiden Desiderate schließen einige Analyseansätze von Kausalität von vornherein aus. Aufgrund des Desiderats der Objektivität scheiden insbesondere *normative* Theorien der Kausalität wie die von Boniolo & De Anna (2006) und McGrath (2005) aus, die die Entscheidung, ob ein Faktor kausal relevant für ein Ereignis ist, von normativen Gesichtspunkten abhängig machen, etwa davon, ob dieses Ereignis moralisch erwünscht oder erfordert ist. Es scheiden weiterhin auch *epistemische* Theorien der Kausalität aus (wie etwa die von Baker 1993), die die Entscheidung über die kausale Relevanz von Faktoren davon abhängig machen, ob diese Faktoren in akzeptablen Erklärungen angeführt werden können. Aufgrund des Desiderats der Einheitlichkeit fallen außerdem *pluralistische* Theorien wie etwa die von Sober (1984) und Hall (2004), die eine Mehrzahl von Kausalitätsbegriffen postulieren, als Option weg, sowie *primitivistische* Theorien, die eine irreduzible Fülle von kausalen Sachverhalten annehmen und dem allgemeinen Kausalbegriff lediglich einen synkategorematischen Gehalt zusprechen, d.h. einen Gehalt, der von den jeweils einzelnen Sachverhalte nicht ablösbar ist und diese lediglich zusammenfasst, ohne auf etwas ihnen Gemeinsames hinzuweisen (vgl. Anscombe 1981, Bogen 2008).

Die Desiderate der Objektivität und der Einheitlichkeit scheinen nicht nur aus Gründen der intuitiven Adäquatheit, sondern auch aus methodologischen Gründen unerlässlich. Ein methodologischer Grund für das Desiderat der Objektivität ist, dass nur eine als objektiv konzipierte Kausalrelation ihre Begründungsfunktion in epistemischen, pragmatischen und normativen Kontexten angemessen erfüllen kann. Kausalität wird, wie wir gesehen haben, dazu eingesetzt, um kausale Erklärungen und Vorhersagen, adaptive und interventionistische Strategien und moralische und rechtliche Verantwortungszuschreibungen zu fundieren. So halten wir kausale Erklärungen nur dann für wahr, wenn sie bestehende kausale Relationen abbilden. Die Wahrheit kausaler Erklärungen bemisst sich danach, ob die von ihnen behaupteten kausalen Zusammenhänge tatsächlich bestehen. Würden jedoch epistemische Kriterien zu einem integralen Bestandteil unseres Kausalitätsverständnisses gemacht, könnte Kausalität die Wahrheit kausaler Erklärungen nicht mehr begründen. Würde sich, was ein kausaler Zusammenhang ist, danach bemessen, was in einer (wahren) kausalen Erklärung

Erwähnung findet, könnten kausale Zusammenhänge ihrerseits nicht mehr als Kriterium dafür fungieren, was eine (wahre) kausale Erklärung ist. Eine rein epistemische Kausaltheorie, die Kausalität mit Erklärung gleichsetzt, verlöre ihr kritisches Potenzial bei der Unterscheidung von wahren und falschen Kausalerklärungen und der Unterscheidung von Kausalität und Pseudo-Kausalität.

Ähnliches gilt für die Rolle von Kausalität bei der Zuschreibung moralischer oder rechtlicher Verantwortlichkeit. Wir loben und tadeln Akteure für ihr Verhalten, insoweit sie durch ihr Handeln oder Nicht-Handeln kausal an dem Zustandekommen von Gütern oder Übeln beteiligt sind. Ihre kausale Mitwirkung an einem als moralisch gut oder schlecht bewerteten Tatbestand begründet und rechtfertigt (neben anderen moralisch relevanten Faktoren) das moralische Urteil, das wir über Akteure fällen. Kausalität könnte diese Begründungsfunktion nicht erfüllen, wenn sie selbst aufgrund der Löblichkeit oder Verwerflichkeit eines Handelns zugeschrieben würde. Solange sich die kausale Verantwortlichkeit des Akteurs erst aus seiner moralischen Verantwortung ergibt, kann man die moralische Verantwortlichkeit eines Akteurs nicht ihrerseits durch seine kausale Verantwortlichkeit begründen, Die Kausalitätszuschreibung wäre eine maskierte Art und Weise, das moralische Urteil zum Ausdruck zu bringen oder vorwegzunehmen, aber sie würde keinen Grund anführen, über den man zu diesem Urteil gelangt (vgl. Moore 2009, 4).

Ein methodologischer Grund für das Desiderat der Einheitlichkeit ist, dass der Disput zwischen Gegnern und Befürwortern der Unterlassungskausalität im Grunde nicht geführt werden könnte, würde Kausalität kein einheitliches Konzept darstellen. Die Frage, ob Unterlassungen kausal wirksam sind, lässt sich nur dann sinnvoll entscheiden, wenn es auf diese Frage zumindest im Prinzip eine eindeutige Antwort gibt. Würde unser Kausalitätsverständnis aus einem uneinheitlichen Potpourri von Prinzipien bestehen, könnten sich der Skeptiker und der Vertreter der Kausalität von Unterlassungen auf ihre jeweiligen Kausalbegriffe zurückziehen und sich damit auf ihren Positionen ausruhen. Sie könnten durchaus den Kausalbegriff des anderen anerkennen, bräuchten sich aber nicht genötigt zu fühlen, diesen zu übernehmen, geschweige denn ihren eigenen dafür aufzugeben oder zu revidieren. Die Debatte um die kausale Wirksamkeit von Unterlassungen wäre eine Scheindebatte, in der man zu keiner begründeten und verbindlichen Entscheidung kommen könnte.

3.3 Theoretische Rekonstruktionsansätze

Welche theoretische Rekonstruktion von Kausalität genügt den formulierten Desideraten der Objektivität und Einheitlichkeit am besten?

Zur besseren Einschätzung der Sachlage empfiehlt es sich, Fragen über Kausalität in mehrere Unterfragen zu unterteilen. Rekonstruktionen von Kausalität können sich einerseits mit den *Relata* der Kausalität, andererseits mit der Kausal*relation* auseinandersetzen. Was die Relata der Kausalbeziehung anbelangt, ist zu klären, wie Ursachen und Wirkungen, also die Entitäten, die durch die Relation der Verursachung miteinander verbunden werden, *ontologisch* zu bestimmen sind: Sind es Dinge oder Personen, Ereignisse oder Zustände, Sachverhalte oder Tatsachen? Was die Relation der Kausalität anbelangt, ist zunächst zu klären, wie das Verhältnis von Ursachen und Wirkungen *strukturell* zu bestimmen ist. Sind Ursachen in irgendeinem Sinn determinierende Bedingungen für ihre Wirkungen oder erhöhen sie lediglich deren Eintrittswahrscheinlichkeit? Sind sie hinreichende (ggf. probabilistisch hinreichende) oder notwendige (ggf. probabilistisch notwendige) Bedingungen oder Bedingungen von einer komplexeren Art? Neben der strukturellen Frage ist zu klären, wie der kausale Nexus zwischen Ursache und Wirkung *substanziell* zu bestimmen ist: Erfordert Verursachung die Übertragung einer spezifischen Kausalkraft oder einer physikalischen Größe wie etwa physikalische Energie? Ist Kausalität auf regelmäßige Abfolgen von Ereignissen reduzierbar oder müssen weitere, nomologische oder kontrafaktische Kriterien hinzukommen? Wir werden uns dieser Fragen im Folgenden sukzessiv annehmen.

3.3.1 Kausale Relata

Was sind die Relata der Kausalrelation? Welcher ontologischen Kategorie gehören die Entitäten an, die in der Rolle von Ursachen und Wirkungen auftreten können? Unser gewöhnlicher Sprachgebrauch scheint in dieser Hinsicht nicht besonders festgelegt zu sein. Wenn wir uns geläufige Kausalaussagen anschauen, finden wir nahezu das gesamte Inventar ontologischer Kategorien in der Position von Ursachen und Wirkungen wieder: Gegenstände, Personen, Ereignisse, Zustände, Sachverhalte und Tatsachen.

In vielen Situationen setzen wir problemlos sowohl Gegenstände als auch Personen in die Position von Ursachen. Es ist z. B. nicht ungewöhnlich zu sagen, das *Auto* habe den Unfall verursacht oder der *Autofahrer* habe den Unfall verursacht. Etwas seltener finden wir Redeweisen, die Gegenstände und Personen in die Funktion von Wirkungen setzen, wenn etwa gesagt wird, dass aus einer Ehe so und so viele Kinder resultierten oder wenn Aristoteles davon spricht, dass der Tischler die Ursache des Tisches sei. Jedoch zeigt sich bei genauerer Betrachtung, dass die Redeweise von Objekten und Akteuren als Ursachen und Wirkungen klarerweise elliptisch ist. Fragt man nämlich, wieso das Auto *gerade jetzt* den Unfall verursacht hat, lautet die ergänzende Antwort (z. B.): dadurch, dass es auf nasser Fahrbahn ins Schleudern gekommen ist. Genauso wird der Autofahrer nicht durch seine bloße Existenz den Unfall verursacht haben, sondern erst dadurch, dass er falsch gelenkt oder nicht gebremst hat o. ä. Objekte und Akteure sind nicht für sich genommen Ursachen und Wirkungen, sondern nur insofern sie bestimmte Veränderungen oder Zustände durchlaufen. Nicht das Auto war die Ursache des Unfalls, sondern das Schleudern des Autos auf nasser Fahrbahn. Nicht der Fahrer hat den Unfall verursacht, sondern seine falsche Reaktion. So ausformuliert sind es nicht blanke Gegenstände oder Personen, die Ursache oder Wirkung werden können, sondern *Ereignisse* – in die Gegenstände und Personen selbstverständlich einbezogen sein können.

Ereignisse sind wie Gegenstände partikuläre Entitäten, also Entitäten, die einmalig und unwiederholbar in Raum und Zeit auftreten. Ereignisse sind auch – wie Gegenstände – Träger von Eigenschaften. Aber Ereignisse haben ein anderes Verhältnis zu Raum und Zeit als Gegenstände: Gegenstände haben zumeist klare räumliche, aber eher unklare zeitliche Grenzen, während Ereignisse meistens keine klare räumliche Ausdehnung aufweisen, dafür aber zeitlich meist recht genau datiert werden können. Gegenstände zeichnen sich durch eine stabile und kontinuierliche Existenzweise aus, während Ereignisse oft nur für sehr kurze Zeit existieren. Gegenstände okkupieren zu einer bestimmten Zeit genau einen Ort. In der Regel können sich nicht zwei Gegenstände zur selben Zeit am selben Ort befinden. Dagegen können durchaus mehrere Ereignisse am selben Ort und zur selben Zeit stattfinden, z. B. wenn sich eine Kugel um ihre Achse dreht und sich dabei erwärmt (vgl. Casati & Varzi 2006).

Ereignisse werden manchmal von *Zuständen* unterschieden. Zustände involvieren ebenfalls Instanziierungen von Eigenschaften. Man zieht den Unterschied oft dadurch, dass Ereignisse das *Auftreten* einer oder mehrerer Eigenschaften bezeichnen, Zustände dagegen deren *Gegebenheit*. Ereignisse markieren meist Zustandswechsel. Die Unterscheidung passt allerdings nicht durchgängig: Ein Wechsel kann sich manchmal beträchtlich hinziehen, wo sich ein Zustand unversehens schon verflüchtigt hat. Veränderungen haben selbst manchmal einen statischen, zuständlichen Charakter (z. B. die Bewegung eines Planeten mit konstanter Geschwindigkeit). Zustände wiederum können durchaus auch dynamisch und ereignishaft strukturiert sein (z. B. der Zustand der Nervosität). Trotz dieser Schwierigkeiten einer genauen Abgrenzung werden wir im Folgenden die Unterscheidung von Ereignissen und Zuständen beibehalten.

Ereignisse werden über ihre Eigenschaften individuiert. Es gibt jedoch unterschiedliche Ansichten darüber, wie grob- oder feinkörnig Ereignisse zu individuieren sind. Davidson (1969, 221) z. B. individuiert Ereignisse relativ grobkörnig. Nach ihm können Ereignisse viele Eigenschaften haben, von denen ihnen aber nur einige wesentlich zukommen, während andere nur zufällig Teil des Ereignisses sind. Nur ihre wesentlichen Eigenschaften individuieren das Ereignis: Ohne sie wäre es nicht das Ereignis, das es ist. Eine wesentliche Eigenschaft des Ereignisses des Anreißens eines Streichholzes an einer Streichholzschachtel ist trivialerweise das Angerissenwerden des Streichholzes. Die Eigenschaft, eines der am häufigsten zitierten Ereignisse in der Kausaltheorie zu sein, ist dagegen keine wesentliche Eigenschaft dieses Ereignisses. Selbst wenn es keine größere Berühmtheit in Philosophen-Kreisen erlangt hätte, wäre es immer noch das Ereignis des Anreißens eines Streichholzes. Quine (1985, 167) geht sogar noch weiter als Davidson und individuiert Ereignisse über *alle* Eigenschaften, die an einem bestimmten Raumzeitpunkt instanziiert sind.

Kim (1976, 160) dagegen individuiert Ereignisse relativ feinkörnig. Nach ihm konstituiert jede Eigenschaft, die an einem bestimmten Objekt zu einer bestimmten Zeit auftritt, ein Ereignis für sich. Wie feinkörnig Kims Ereigniskonzeption allerdings tatsächlich ist, hängt davon ab, wie feinkörnig Eigenschaften zu individuieren sind. Entspricht jedem Prädikat unserer Sprache *eo ipso* eine eigene Eigenschaft, ist Kims Ereigniskonzeption sehr feinkörnig, genau so feinkörnig, wie es unsere sprachlichen Beschreibungen sind. Entspricht nicht jedem sprachlichen Prädikat eine eigene Eigenschaft (sondern vielleicht nur, sagen wir, jedem Prädikat, das Teil einer gut bestätigten wissenschaftlichen Theorie ist), ist die Körnigkeit der Kim'schen Ereigniskonzeption gröber.

Dretske (1979, 374) geht sogar noch weiter als Kim und individuiert Ereignisse so extrem feinkörnig, dass sogar die unterschiedliche Betonung unserer sprachlichen Beschreibungen einen Unterschied bei den Ereignissen ausmacht. So macht es einen Unterschied, ob *A* B küsst, A *B* küsst oder A B *küsst*: Nach Dretske haben wir es hier mit drei verschiedenen Ereignissen zu tun.

Wie fein- oder grobkörnig sollten wir Ereignisse individuieren? Die Davidson'sche Konzeption fängt ziemlich gut die Art und Weise ein, in der wir Ereignisse gewöhnlich identifizieren. Wir schreiben ein und demselben Ereignis oft viele Eigenschaften zu: So mag das Ereignis, dass A den Stift über das Papier führt, auch das Ereignis sein, dass A einen Vertrag unterschreibt, was wiederum zugleich das Ereignis sein mag, dass A seine Zukunft ruiniert. Wir schreiben hier mehrere Eigenschaften zu, diese allerdings ein und demselben Ereignis. Das Problem der Davidson'schen Konzeption ist jedoch, dass dann die Identifikation der Relata der Ursache-Wirkungs-Beziehung mit Ereignissen nicht vollends zufriedenstellend sein kann. Denn als Davidson-Ereignisse konzipiert scheinen Ereignisse nicht als solche ursächlich zu werden, sondern immer nur *kraft* bestimmter instanziierter Eigenschaften, wobei nicht alle Eigenschaften eines Ereignisses für das Zustandekommen der Wirkung relevant sein müssen. In der Regel sind es einzelne *Aspekte* von Ereignissen, die in der Situation kausal relevant für eine bestimmte Wirkung werden. Wir können das an dem Beispiel von Woodward (1984, 234; vgl. Schaffer 2008) exemplifizieren, in dem A Kaliumsalz auf eine Feuerstelle schüttet. B wirft ein brennendes Streichholz dazu, was eine violett auflodernde Flamme verursacht, die in der Folge C verletzt. Das Feuer, das Cs Verletzung verursacht, hat unter anderem die Eigenschaften, violett zu sein und in einer bestimmten Art und Weise aufzulodern. Wodurch es allerdings die Verletzung Cs bewirkt, ist nicht seine violette Färbung, sondern die Art und Weise seines Aufloderns. Kraft dieser Eigenschaft, und nicht kraft der Eigenschaft, violett zu sein, verursacht das Feuer die Verletzung von C. Einfach nur zu sagen, das violette Feuer habe C verletzt, ist bei näherer Betrachtung also eine elliptische Redeweise. Es sind nicht ganze Ereignisse, die ursächlich sind, sondern Ereignisaspekte, d. h. bestimmte Eigenschaften von Ereignissen.

Feinkörnigere Konzeptionen von Ereignissen wie die von Kim scheinen besser dazu geeignet, Ereignisse mit den Relata der Kausalrelation zu identifizieren. Kim-Ereignisse entsprechen ungefähr dem, was bei Davidson ein Ereignisaspekt wäre. Das Violettsein des Feuers kann dann als eigenständiges Ereignis aufgefasst werden. Nicht *dieses* Ereignis bewirkt die Verletzung, sondern das davon verschiedene Ereignis des Aufloderns des Feuers. Die Übernahme der Kim'schen Ereigniskonzeption hätte den Reiz der Einfachheit.

Allerdings würden mit dem Wechsel von Davidson- zu Kim- oder Dretske-Ereignissen die kausalen Relata *Tatsachen* angenähert. Je mehr sich die Individuation von Ereignissen an unseren sprachlichen Beschreibungen orientiert, desto stärker wird die Tendenz, die Relata der Kausalrelation nicht mehr mit konkreten Entitäten zu identifizieren, die wir durch diese sprachliche Beschreibungen individuieren, sondern stattdessen mit den sprachlichen Beschreibungen selbst (bzw. den Propositionen, die durch sie ausgedrückt werden). Diese Tendenz liegt insbesondere bei Dretskes Konzeption nahe, die sich an den sprachlichen Ausdrucksmöglichkeiten orientiert: Ereignisse verschmelzen mit den durch verschiedene sprachliche Ausdrucksweisen ausgedrückten Propositionen. Aber sollten wird dann nicht gleich von Tatsachen (den objektiven Gegenstücken von Propositionen) statt von Ereignissen als kausale Relata ausgehen? Was spricht gegen eine Kausalität zwischen Tatsachen statt zwischen Ereignissen?

3.3.2 Tatsachen als Relata?

Der Vorschlag, nicht (Kim'sche) Ereignisse als Relata der Kausalrelation zu nehmen, sondern Tatsachen bzw. Fakten, findet sich bei einer ganzen Reihe prominenter Autoren (vgl. Mellor 1995, Bennett 1995). Tatsachen unterscheiden sich von Ereignissen kategorial. Während Ereignisse konkrete, raumzeitlich verortete

Entitäten sind, versteht man in der Philosophie unter Tatsachen in der Regel wahre Propositionen, also gedankliche Inhalte, die die Welt zutreffend beschreiben. Tatsachen sind im Gegensatz zu Ereignissen abstrakte, raum- und zeitlose Entitäten. Die Tatsache, dass Brutus Cäsar ermordet hat, besteht nach wie vor, während das Ereignis der Ermordung Cäsars durch Brutus vergangen ist. Tatsachen sind *über* die Welt, nicht *in* der Welt.

Nach dem Vorschlag der Vertreter der „fact causation" besteht die kausale Relation nicht zwischen Ereignissen, sondern zwischen Tatsachen. Danach verursacht also nicht das fahrlässige Verhalten von A den Tod von B. Vielmehr verursacht die *Tatsache*, dass As Verhalten fahrlässig ist, die *Tatsache*, dass B tot ist. Der Unterschied scheint auf den ersten Blick nur ein terminologischer zu sein. Tatsächlich ist er aber von erheblicher Tragweite: Im Fall der Ereigniskausalität besteht die kausale Relation zwischen konkreten, in Raum und Zeit verorteten Entitäten. Im Fall der Tatsachenkausalität besteht die Kausalrelation zwischen abstrakten, überräumlichen und überzeitlichen Entitäten.

Das Hauptargument der Befürworter der „fact causation" ist, dass ihre Konzeption negative Ursachen wie z. B. Unterlassungen integrieren kann, ohne dafür metaphysisch obskure negative Entitäten postulieren zu müssen. Tatsachen erfordern ja nicht unbedingt die Existenz von Entitäten, um zu bestehen. Sie können vielmehr gerade durch die Nicht-Existenz von Entitäten bestehen. So muss die Tatsache, dass A nicht stirbt, nicht dadurch bestehen, dass ein seltsames negatives Ereignis wie das Nicht-Sterben von A *eintritt*, sondern einfach dadurch, dass das Sterben von A *nicht* eintritt. Damit zwei Tatsachen kausal miteinander verbunden sein können, ist die Konzeption der Tatsachenkausalität nicht darauf angewiesen, dass es Ereignisse gibt, die sich auf bestimmte Weise zueinander verhalten (vgl. Mellor 1995, 132).

Dieser Vorzug der Konzeption der Kausalrelata als Tatsachen ist jedoch zu einem hohen Preis erkauft. Wer nämlich Tatsachen als kausale Relata annimmt, gibt zwangsläufig die Objektivität der Kausalrelation auf. Da Tatsachen nicht in Raum und Zeit lokalisiert sind, können sie auch keine kausalen Verbindungen in Raum und Zeit knüpfen. Bennett, selbst ein Verfechter der „fact causation", beschreibt das Problem treffend so:

> Facts are not the sort of item that can cause anything. A fact is a true proposition ...; it is not something *in* the world but is rather something *about* the world, which makes it categorically wrong for the role of a puller and shover and twister and bender. (Bennett 1988, 22)

Tatsachen sind für die Rolle von Ursachen und Wirkungen untauglich – jedenfalls solange man an einem objektiven Kausalbegriff festhalten möchte. Nicht-objektive Entitäten sind kategorial ungeeignet, um in objektive Relationen zueinander zu treten. Denn sicherlich müssen, damit eine Relation objektiv bestehen kann, die Relata dieser Relation selbst eine objektive Realität besitzen. Würden wir also die Position der kausalen Relata mit Tatsachen besetzen, hätten wir im selben Moment die Objektivität der Kausalität geopfert.

Mit der Opferung der Objektivität kann die Konzeption der Tatsachenkausalität außerdem der Zeitlichkeit der Kausalität nicht Rechnung tragen. Tatsachen sind unzeitlich bzw. zeitlos. Kausale Relata sind dagegen zeitlich positioniert. Unsere Verpflichtung auf ein objektives Kausalitätsverständnis verbietet uns *summa summarum* eine Theorie der Kausalität von Tatsachen – und damit auch den einfachen Ausweg aus dem Dilemma der Unterlassungskausalität.

Es mag vielleicht eingewendet werden, dass, auch wenn Tatsachen selbst nicht in der Welt existieren, sie sich doch auf Entitäten in der Welt beziehen – Gegenstände oder Personen –, die miteinander interagieren können. (Das ist Bennetts Antwort auf den Vorwurf der Nicht-Objektivität.) Dieser Rettungsversuch führt jedoch nicht weit. Auch wenn Tatsachen mit Dingen, Gegenständen oder ähnlichem in der Welt korreliert sind, sind sie selbst doch trotzdem nicht in der Welt. Tatsachen die Rolle von Ursachen und Wirkungen zuzuweisen, hieße immer noch, nicht-objektive Entitäten als kausale Relata einzuführen.

Ein anderer Ausweg, der u. a. von Mellor – einem anderen Befürworter der Tatsachenkausalität – beschritten wird, besteht darin, nicht direkt die Tatsachen selbst, sondern die Wahrmacher von Tatsachen, so genannte „Facta“, als kausale Relata anzunehmen. Facta sind die Sachverhalte in der Welt, die bestehen müssen, damit Tatsachen zutreffen. So ist es eine Tatsache, dass Fido ein Hund ist, wenn ein Sachverhalt besteht, in dem Fido die Eigenschaft hat, ein Hund zu sein.

Wenn es das ist, worauf die Konzeption der Tatsachenkausalität hinausläuft, stellt diese Theorie jedoch keine Alternative zur Ereigniskausalität dar. Facta oder Sachverhalte lassen sich zwar als objektive Entitäten anerkennen, die für die Rolle von kausalen Relata durchaus in Betracht kommen. Damit sind sie aber nicht wesentlich verschieden von Ereignissen, wie wir sie hier verstehen: als Instanziierungen von Eigenschaften an einem bestimmten Ort in Raum und Zeit. Wenn Fakten hier also als Facta zu verstehen sind, dann verschwindet der Unterschied zur Analyse der Kausalrelata als Kim-Ereignisse. Es verschwindet außerdem der besondere Vorteil, der für die Kausalität von Tatsachen anfangs reklamiert worden ist. Die Variante der „fact causation“, die Ursachen und Wirkungen als Facta versteht, hat nämlich nicht weniger oder mehr Probleme mit negativen Ursachen als eine Analyse von kausalen Relata als Ereignisaspekten. Denn um negative Ursachen zu integrieren, muss auch diese Analyse negative Facta postulieren, und diese erscheinen als nicht weniger dubios als negative Ereignisse oder Zustände.

Was dazu beitragen könnte, eine Auffassung von Ursachen – positiven wie negativen – als Fakten oder faktenanaloge Entitäten nahezulegen, ist die verbreitete und – in bestimmten Grenzen – sinnvolle Redeweise von Ursachen als *notwendigen und/oder hinreichenden Bedingungen.* Bedingungen sind in der Logik Propositionen, die zu anderen Propositionen in bestimmten logischen Beziehungen stehen: Ist p für q eine hinreichende Bedingung, lässt sich q aus p folgern; ist p für q eine notwendige Bedingung, lässt sich p aus q folgern. Im Gegensatz zu derartigen logischen Bedingungsverhältnissen beziehen sich kausale Bedingungsverhältnisse jedoch nicht auf propositionale, sondern auf reale Größen. Auch wenn sie, um überhaupt verfügbar zu sein, gedacht werden müssen, sind sie doch keine rein gedanklichen Größen, sondern etwas in der Welt. In ontologischer Hinsicht sind sie keine Gedankengebilde, sondern Realitäten. Die Redeweise, dass bestimmte Bedingungen kausal notwendig und/oder hinreichend sind, bezieht sich insofern nicht auf intentionale, sondern auf reale Größen, d.h. auf Ereignisse und nicht auf Propositionen oder von ihnen abgeleitete Entitäten wie Sachverhalte oder Fakten. Negative *Ursachen* als negative *Bedingungen* zu bezeichnen, bedeutet deshalb nicht, dass mit dieser Redeweise von einer realistischen in eine propositionale Sprechweise übergegangen wird. Negative Bedingungen sind vielmehr Elemente der Realität. Sie sind Elemente der Welt, die bestimmte Propositionen über das Nicht-Eintreten von Ereignissen und Abwesenheiten wahr machen. Wie das Scheinen der Sonne die Proposition, dass die Sonne scheint, wahr macht, macht auch das Nicht-Scheinen der Sonne die Proposition, dass die Sonne nicht scheint, wahr. Das Nicht-Scheinen der Sonne ist ebenso ein Element der Wirklichkeit wie, falls sie scheint, das Scheinen der Sonne. Das heißt nicht, dass sich hinter scheinbar kausalen Aussagen, die zu besagen scheinen, dass ein bestimmtes Ereignis eine kausal hinreichende Bedingung für eine bestimmte Wirkungsereignis ist, sich gelegentlich eine analytische Aussage versteckt, die besagt, dass eine bestimmte logisch hinreichende Bedingung für eine daraus folgende weitere Bedingung ist, etwa die Aussage, dass, wenn As Frau stirbt, A Witwer wird. Diese Aussage ist nur scheinbar kausal. Dass A Witwer wird, folgt nicht kausal daraus, dass seine Frau stirbt, sondern logisch. Der Tod von As Frau ist eine logisch und keine kausal hinreichende Bedingung für As Witwenstand. Während die Aussage scheinbar etwas über kausal miteinander verknüpfte Ereignisse besagt, verbindet sie in Wahrheit Propositionen bzw. Tatsachen miteinander.

Alles in allem scheint die Analyse von Kim-Ereignissen als den Relata der Kausalrelation sowohl unseren Intuitionen als auch den Desideraten an eine theoretische Rekonstruktion von Kausalität am besten gerecht zu werden. Es empfiehlt sich jedoch, diese Analyse in zwei Hinsichten zu modifizieren: Erstens sollten wir die Anforderung der Kim'schen Auffassung aufgeben, dass Eigenschaften immer an einem Objekt instanziiert sein müssen. Denn es scheint auch objektlose Ereignisse zu geben, wie z. B. Blitze oder andere Wetterphänomene. Zweitens sollten wir die Eigenschaften, die Ereignisse konstituieren, nicht zu feinkörnig individuieren. Die Individuation von Eigenschaften sollte sich nicht zu sehr an unseren sprachlichen Beschreibungen (oder sogar an Unterschieden in der Betonung unserer Aussagen) orientieren. Nicht jedem beliebigen Prädikat unserer Sprache sollte eine eigene Eigenschaft entsprechen, sondern nur solchen, von denen wir annehmen können (etwa weil sie zum Vokabular gut bestätigter Theorien gehören), dass sie sich auf echte Aspekte der Wirklichkeit (auf „joints of nature", vgl. Schaffer 2008) beziehen.

3.3.3 Wievielstellig ist die Kausalrelation?

Wie viele Relata sind an der Kausalrelation beteiligt? Sofern man sich an der sprachlichen Oberflächenform orientiert, sind es genau zwei: einmal die Ursache und einmal die Wirkung. Aussagen wie „der Kurzschluss verursachte das Feuer" nennen neben einem Kausalfaktor („Kurzschluss") und einem Wirkungsereignis („Feuer") kein weiteres Relatum der Verursachung – und das ist, wie es sich in der Tat zu verhalten scheint: Kausalität besteht zwischen zwei Entitäten, nämlich einem Ursachen- und einem Wirkungsereignis.

Es gibt jedoch Kausaltheoretiker, die behaupten, dass die sprachliche Form unserer Kausalaussagen lediglich die Oberfläche des Phänomens abbildet und dass die Kausalrelation in Wirklichkeit mehr als zwei Relata miteinander verbindet. Binär rekonstruierte Kausalbeziehungen sind nach Ansicht dieser Autoren unzureichend definiert. So sei nicht klar, ob As gelegentliches Rauchen kausal relevant für seinen Lungenkrebs ist, solange man nicht zugleich die kausalen Alternativen in Betracht zieht. Verglichen mit starkem Rauchen mindert gelegentliches Rauchen das Lungenkrebsrisiko, verglichen mit vollständiger Abstinenz erhöht es das Risiko. Ursachen und Wirkungen müssen, so die Argumentation, durch *Kontraste* spezifiziert werden, damit der richtige kausale Kontext erzeugt wird:

> The solution to this puzzle is to deny that there is any such thing as *the* causal relevance of moderate smoking for lung cancer ... Relations of positive or negative causal relevance only hold relative to specific alternatives. (Hitchcock 1996, 402)

Der Vorschlag geht also in die Richtung, kausale Sachverhalte so zu rekonstruieren, dass nicht ein Ereignis U ein Ereignis W verursacht, sondern vielmehr U *anstatt* eines anderen Ereignisses U‘ W *anstatt* eines anderen Ereignisses W‘ verursacht.

Dieser Vorschlag erscheint jedoch schlecht motiviert. Es ist fragwürdig, ob binäre Kausalrelationen tatsächlich unzureichend definiert sind. Wie auch immer sich gelegentliches Rauchen zu übermäßigem Rauchen bzw. völliger Enthaltsamkeit verhält, so dürfte es doch für den individuellen Fall unseres Rauchers A eine klare Antwort auf die Frage geben, ob *As* Rauchen zu *seinem* Lungenkrebs kausal beigetragen hat oder nicht. Alles, was man zur Beantwortung dieser Frage braucht, ist eine Theorie der Kausalität (die kausale Relevanz z.B. als Übertragung von Energie oder als kontrafaktische Abhängigkeit deutet), die man auf den fragwürdigen Fall anwendet und entscheiden lässt, ob hier kausale Relevanz vorliegt oder nicht.

Eine andere Motivation der Befürworter einer „kontrastiven Kausalität“ ist für den gegenwärtigen Kontext noch unmittelbarer relevant (und ist bereits oben berücksichtigt worden): Sie soll das Problem negativer Verursachung lösen. Vermittels kontrastiver Relata, so eine Argumentation Jonathan Schaffers (2005), sollen sich negative Ursachen problemlos in unser Kausalverständnis integrieren lassen, *ohne* dafür eine Kausalität von Tatsachen oder ähnlichen abstrakten Entitäten annehmen zu müssen. Die Integration soll dadurch erreicht werden, dass Aussagen über die Abwesenheit von Ereignissen als Kontraste zu den eigentlichen positiven Ursachen eines Geschehens gesetzt werden und so die kausale Relevanz der positiven Faktoren festlegen. So wird z.B. die Aussage: „Das Versäumnis von B, As Pflanzen zu begießen, hat das Absterben der Pflanzen verursacht“ in der Konzeption der kontrastiven Kausalität so uminterpretiert, dass, was immer B getan hat, anstatt die Pflanzen zu begießen, verursacht hat, dass die Pflanzen abgestorben sind, statt zu gedeihen. Alle vier Relata in dieser kausalen Relation – das Verhalten von B, das Begießen der Pflanzen, das Absterben der Pflanzen und das Gedeihen der Pflanzen – sind ontologisch unschuldig:

> In this way, all four of the relata may be treated as immanent entities, and absence causal claims may still come out true. Indeed, in this way absence causation requires no special provisions at all. (Schaffer 2008)

Angenommen, B ist seiner normalen Arbeit nachgegangen und die Pflanzen sind vertrocknet. Dass B seiner normalen Arbeit nachgegangen ist, ist nicht *eo ipso* kausal relevant für das Absterben der Pflanzen; denn das entsprechende kontrafaktische Konditional: „Wäre B nicht seiner normalen Arbeit nachgegangen, wären die Pflanzen nicht abgestorben" ist *nicht* evidentermaßen wahr. Mit der Anführung des negativen Kontrasts „anstatt die Pflanzen zu begießen" wird dagegen das „richtige" kontrafaktische Szenario angepeilt. Dass B seiner normalen Arbeit nachgegangen ist, anstatt die Pflanzen zu begießen, ist viel eher als kausal relevant dafür anzusehen, dass die Pflanzen abgestorben sind anstatt zu gedeihen. Denn hier scheint das entsprechende kontrafaktische Konditional wahr zu sein: „Hätte B As Pflanzen begossen, anstatt seiner normalen Arbeit nachzugehen, wären die Pflanzen gediehen und wären nicht abgestorben" (vgl. Schaffer 2005, 331).

Man muss jedoch skeptisch sein, ob Schaffers Vorschlag tatsächlich etwas zur Lösung des Problems der Unterlassungskausalität beiträgt. Denn worauf genau beziehen sich die negativen Kontraste? Bezeichnet der negative Kontrast „anstatt As Pflanzen zu begießen" einfach den nicht realisierten und bloß kontrafaktisch gedachten positiven Faktor „As Pflanzen begießen", dann stellt sich die Frage, wie dieser negative Faktor realiter kausal relevant werden kann. Als nicht realisierter Faktor ist das Begießen der Pflanzen ein reines Possibile. Possibilia kommen als kausale Relata aber ebenso wenig in Betracht wie Abstrakta, z. B. Fakten. Wenn der negative Kontrast tatsächlich einen Beitrag zur Verursachung des Pflanzensterbens leisten soll, muss er einen aktualen Faktor bezeichnen, der zum Handeln des Gärtners *hinzukommt*. Der Gärtner ist nicht einfach nur seiner normalen Arbeit nachgegangen; er ist seiner normalen Arbeit nachgegangen *und hat es dabei unterlassen, die Pflanzen zu begießen*. Der Hinweis auf das Versäumnis, die Pflanzen zu begießen, verweist nicht auf eine nicht-realisierte Verhaltensalternative, sondern auf einen realen Aspekt des Verhaltens des Gärtners.

Auch in Schaffers Konzeption kommen wir also nicht darum herum, Unterlassungen und andere negative Ursachen als reale Entitäten anzuerkennen – mit allen Problemen, die eine solche Anerkennung mit sich bringt. Die Idee der kontrastiven Kausalität beschert uns leider nicht den bequemen Ausweg aus dem Problem der Unterlassungskausalität. Insgesamt erscheint es konservativer, an der Zweistelligkeit der Kausalrelation festzuhalten und das Problem der Ursächlichkeit von Unterlassungen auf andere Weise anzugehen.

3.4 Die Struktur von Kausalrelationen

Wenden wir uns nun der Analyse der Kausalrelation zu, also der Beziehung, die Ursachen und Wirkungen miteinander verbindet. Bei diesem Projekt muss man zwei Fragestellungen unterscheiden. Eine Frage bei der Analyse der Kausalrelation ist, wie die Verursachungsbeziehung ihrer Struktur nach beschaffen ist, d. h. welche *formalen* Eigenschaften ihr zukommen. Eine andere Frage zielt auf die substanzielle Natur der Kausalität, also auf die *metaphysischen* Eigenschaften der Verursachungsbeziehung. Formale und metaphysische Analysen der Kausalrelation sind dabei weitgehend unabhängig voneinander und vielfältig miteinander kombinierbar. Formale Rekonstruktionen der Verursachungsbeziehung lassen sich mit verschiedensten metaphysischen Analysen vereinbaren.

Formale Rekonstruktionen der Kausalrelation sind zumeist in der Begrifflichkeit von hinreichenden und notwendigen Bedingungen formuliert. Je nach Theorie werden Ursachen z. B. als für eine Wirkung hinreichende Bedingungen oder notwendige Bedingungen (oder als Bedingungen komplexerer Art) aufgefasst. Ursachen als *hinreichende* Bedingungen aufzufassen heißt zu behaupten, dass der Eintritt eines bestimmten Ursachenereignisses genügt, um ein bestimmtes Wirkungsereignis herbeizuführen. Ursachen als *notwendige* Bedingungen aufzufassen heißt zu behaupten, dass ein bestimmtes Wirkungsereignis nicht eintritt, wenn ein bestimmtes Ursachenereignis nicht vorausgeht. Wie diese Arten der Bedingtheit metaphysisch realisiert sind, d. h. ob sie sich aus schlichten Regularitäten, naturgesetzlichen Zusammenhängen oder der Übertragung von Kräften oder physikalischen Größen ableiten, wird durch die formalen Rekonstruktionen der Kausalrelation nicht präjudiziert.

Tabelle 1 zeigt die wichtigsten Kombinationsmöglichkeiten von formalen und metaphysischen Ansätzen.

	Ursachen als hinreichende Bedingungen	**Ursachen als notwendige Bedingungen**	**Ursachen als INUS-Bedingungen**
Regularitäts-analyse	– auf U folgt W – allen U folgt ein W	– auf U folgt W – allen W geht ein U voraus	– auf U folgt W – U ist Element einer Menge S von Ereignissen – allen S folgt ein W – es gibt keine Teilmenge S* von S derart, dass allen S* ein W folgt – es gibt andere Ereignismengen S_1, ..., S_n derart, dass alle S_1, ..., S_n sich in mindestens einem Element voneinander unterscheiden und allen S_1, ..., S_n ein W folgt – allen W geht eine Ereignismenge S, S_1, ..., oder S_n voraus

	Ursachen als hinreichende Bedingungen	Ursachen als notwendige Bedingungen	Ursachen als INUS-Bedingungen
Nomologische Analyse	– auf U folgt W – es ist ein Naturgesetz, dass allen Us ein W folgt	– auf U folgt W – es ist ein Naturgesetz, dass allen Ws ein U vorausgeht	– auf U folgt W – U ist Element einer Menge S von Ereignissen – es ist ein Naturgesetz, dass allen S ein W folgt – es gibt keine Teilmenge S* von S derart, dass es ein Naturgesetz ist, dass allen S* ein W folgt – es gibt andere Ereignismengen S_1, ..., S_n derart, dass alle S_1, ..., S_n sich in mindestens einem Element voneinander unterscheiden und es ein Naturgesetz ist, dass allen S_1, ..., S_n ein W folgt – es ist ein Naturgesetz, dass allen W eine Ereignismenge S, S_1, ..., oder S_n vorausgeht
Kontrafaktische Analyse	– auf U folgt W – träte U ein, würde auch W eintreten	– auf U folgt W – träte U nicht ein, würde auch W nicht eintreten	– auf U folgt W – U ist Element einer Menge S von Ereignissen – träte S ein, würde auch W eintreten – es gibt keine Teilmenge S* von S derart, dass, träte S* ein, auch W eintreten würde – es gibt andere Ereignismengen S_1, ..., S_n derart, dass alle S_1, ..., S_n sich in mindestens einem Element voneinander unterscheiden und W eintreten würde, träte S_1, ..., oder S_n ein – träte S, S_1, ..., oder S_n nicht ein, würde auch W nicht eintreten

Tabelle 1: Formale und metaphysische Ansätze

Die Vorstellung von Ursachen als metaphysischen Bedingungen der einen oder anderen Art ist verwurzelt in der Annahme eines kausalen Determinismus. Die strukturellen Modelle kausaler Bedingtheit lassen sich aber – ohne dass im Folgenden darauf weiter eingegangen werden wird – durchaus probabilistisch erweitern, wenn man denn einen probabilistischen Kausalbegriff gegenüber einem deterministischen bevorzugt. Man kann Ursachen dann als „probabilistisch hinreichende“ Bedingungen oder „probabilistisch notwendige“ Bedingungen explizieren. Eine probabilistisch hinreichende kausale Bedingung determiniert nicht den Eintritt eines bestimmten Ereignisses, sondern die Wahrscheinlichkeit des Eintritts eines solchen Ereignisses. Eine probabilistisch notwendige kausale Bedingung ist keine Bedingung, ohne die die Wirkung keinesfalls eintritt, sondern eine, ohne die der Eintritt der Wirkung weniger wahrscheinlich ist.

3.4.1 Mackies INUS-Modell

Welche ist nun die adäquateste formale Rekonstruktion der Kausalrelation? Sind Ursachen etwa *kausal hinreichende Bedingungen* für ihre Wirkung? Wäre das der Fall, so würde auf das Eintreten eines Ursachenereignisses garantiert der Eintritt eines Wirkungsereignisses folgen. Dem ist jedoch offensichtlich nicht immer so. Nicht alle Ereignisse, die wir als Ursachen bezeichnen, sind in diesem Sinn hinreichende Bedingungen für ihre Wirkungen. Das Anreißen eines Streichholzes an der Reibfläche einer Streichholzschachtel mag als Ursache für das Entflammen des Streichholzes angesehen werden; doch das Anreißen eines Streichholzes hat nicht in jedem Fall ein Entflammen zur Folge (etwa dann nicht, wenn das Streichholz feucht ist).

Die meisten gewöhnlich als Ursachen angeführten Ereignisse reichen nicht aus, um ein Wirkungsereignis herbeizuführen. In der Regel müssen zusätzlich weitere Bedingungen erfüllt sein, damit die Wirkung eintritt. Das Anreißen des Streichholzes führt u.a. erst dann zum Entzünden, wenn genügend Sauerstoff vorhanden und das Streichholz nicht zu nass ist.

Sind Ursachen dann vielleicht mit *kausal notwendigen Bedingungen* für ihre Wirkung zu identifizieren? Wäre dem so, würde dem Eintritt eines Wirkungsereignisses garantiert ein bestimmtes Ursachenereignis vorangehen. Doch auch das ist nicht in jedem Fall gegeben. Häufig gibt es für eine Wirkung alternative Ursachen. Regen mag verursachen, dass die Wiese nass ist; aber nicht immer, wenn eine Wiese nass ist, muss es vorher geregnet haben. (Die Wiese kann auch nass sein, weil jemand die Sprinkleranlage eingeschaltet hat.)

Einfache Analysen von Ursachen als hinreichenden oder notwendigen Bedingungen scheitern, weil nicht alle Ereignisse, die wir als Ursachen bezeichnen, hinreichende oder notwendige Bedingungen für ihre Wirkungen sind. Die Struktur des Ursache-Wirkungs-Verhältnisses ist von komplexerer Art. J. L. Mackie hat mit seinem Modell der INUS-Bedingungen eine formale Rekonstruktion der Kausalrelation vorgelegt, die die Schwächen der einfachen Analysen überwindet.

Mackies Modell geht auf John Stuart Mill zurück, der in seiner Analyse der Kausalität zwischen Gesamtursachen und Teilursachen unterscheidet. Das, was wir gewöhnlich als Ursache für ein Ereignis herausgreifen, ist zumeist lediglich ein einzelner Bestandteil eines Bündels von Faktoren, die sämtlich gegeben sein müssen, damit die Wirkung eintritt. Das für die Wirkung hinreichende Faktorenbündel bildet die eigentliche oder Gesamtursache dieser Wirkung, während das, was wir gewöhnlich als Ursache bezeichnen, nur eine Teilursache aus diesem Bündel ausmacht. Mackie rekapituliert diesen Gedanken so:

> The effect P occurs whenever some conjunction of factors occurs – say the conjunction of A and B and C ... – but not when only some of these conjuncts are present. All ABC are followed by P, but it is not the case that all AB are followed by P, and so on. (Mackie 1974, 61)

Weiterhin berücksichtigt Mackie die Möglichkeit alternativer Ursachen. Es ist, wie Mackie richtig sieht, nicht ausgeschlossen, dass eine Wirkung durch mehrere voneinander verschiedene Gesamtursachen herbeigeführt werden kann:

> We may have, say, not only ‚All ABC are followed by P' but also ‚All DGH are followed by P'. Now the conjunction of these two propositions is equivalent to ‚All (ABC or DGH) are followed by P'. (Mackie ebd.)

Wie ist die Rolle eines einzelnen Kausalfaktors nach dieser Konzeption zu charakterisieren? Ein Kausalfaktor (d. h. dasjenige, was wir gewöhnlich als *eine* oder *die* Ursache für ein Ereignis herausgreifen) ist Teil einer Gesamtursache, die für ein bestimmtes Wirkungsereignis hinreicht, deren Eintritt also den Eintritt der Wirkung garantiert. Gesamtursachen sind allerdings in der Regel keine notwendigen Bedingungen, d. h. keine Bedingungen, ohne die die Wirkung überhaupt nicht eintritt; denn die meisten Wirkungen können sehr wohl durch gänzlich andere Faktoren realisiert sein. Jeder einzelne Kausalfaktor in einer hinreichenden, aber nicht notwendigen Gesamtbedingung ist aber in jedem Fall nichtredundant in dem Sinn, dass er nicht aus der Gesamtursache, in die er eingeht, herausgekürzt werden kann, ohne dieser ihren kausal hinreichenden Charakter zu nehmen. Auch wenn ein Kausalfaktor keine im strengen Sinn notwendige kausale Bedingung eines Ereignisses darstellt, ist der Eintritt dieses Ereignisses doch, sobald dieser Faktor eliminiert wird, nicht mehr garantiert. Die anderen Faktoren reichen allein nicht aus, um das Wirkungsereignis zu realisieren.

Eine Ursache ist als INUS-Bedingung nur insofern notwendig, als die übrigen in dem zu dem kausalen Set gehörenden Bedingungen zusammengenommen ohne sie nicht hinreichend für das Wirkungsereignis sind. Sie ist nicht insofern notwendig, als es für sie keine Alternativen gibt. D. h., aus der Tatsache, dass die übrigen kausalen Faktoren gegeben sind und die Wirkung W eintritt, lässt sich aufgrund der bestehenden Naturgesetze nicht zwangsläufig darauf schließen, dass der betreffende Faktor U_n präsent ist, sondern allenfalls, dass der Faktor U_n zu einer Menge von Faktoren U_n, U_{n+1}, U_{n+2} gehört, von denen jeweils einer gegeben sein muss, um zusammen mit den übrigen Bedingungen des Sets für W hinreichend zu sein. Nehmen wir an, ein Auto habe einen Unfall, wobei vor dem Unfall drei Bedingungen gegeben sind: überhöhte Geschwindigkeit, regennasse Straße und Dunkelheit. Einer dieser Faktoren ist immer dann keine Teilursache des Unfalls, wenn die beiden übrigen für sich genommen hinreichend sind, den Unfall herbeizuführen. So ist etwa der Faktor Dunkelheit kein Kausalfaktor, wenn feststeht, dass die überhöhte Geschwindigkeit und die regennasse Straße für sich genommen hinreichend sind den Unfall hervorzurufen. Es gilt dann:

$$U_1 \wedge U_2 \rightarrow W,$$

wobei U_1 die überhöhte Geschwindigkeit und U_2 die regennasse Straße bezeichnet. Falls aber im Gegensatz dazu gilt, dass diese beiden Bedingungen nicht hinreichend sind für W, sondern z. B. die Dunkelheit (U_3) hinzukommen muss, um den Set komplettieren, also

$$\neg(U_1 \wedge U_2 \rightarrow W)$$
und
$$U_1 \wedge U_2 \wedge U_3 \rightarrow W,$$

heißt das nicht, dass U_3 innerhalb des Sets in dem Sinn notwendig oder nicht-redundant ist, dass alternative Komplettierungen ausgeschlossen sind. Vielmehr kann auch ein weiterer Faktor U_4 (etwa Übermüdung des Fahrers) diese Rolle übernehmen, so dass

$$U_1 \wedge U_2 \wedge U_4 \rightarrow W.$$

Wir halten fest: Kausalfaktoren sind selbst nicht hinreichende, dafür aber nicht-redundante Teile nicht-notwendiger, aber hinreichender Bedingungen für ein bestimmtes Ereignis: „an *insufficient* but *non-redundant* part of an *unnecessary* but *sufficient* condition ... an *inus* condition“ (Mackie 1974, 62).[1]

Mackies INUS-Modell wird von den bisher vorgeschlagenen Rekonstruktionen unseren Intuitionen bezüglich der kausalen Struktur von Ursachen und

1 Mackies Analyse lässt es gleichwohl zu, dass Kausalfaktoren bisweilen notwendige Bedingungen für bestimmte Wirkungen darstellen, wenn sie nämlich als nicht-redundanter Teil in allen für diese Wirkungen hinreichenden Faktorenbündeln vertreten sind.

Wirkungen am besten gerecht. Es trägt dem Umstand Rechnung, dass Ursachen nur in den seltensten Fällen hinreichende oder notwendige Bedingungen ihrer Wirkungen sind. Die kausale Relevanz eines einzelnen Faktors besteht in aller Regel darin, dass er im Rahmen der kausalen Gesamtumstände, die mit Garantie zu der Wirkung führen, unerlässlich ist. Anders als bei Mackie selbst werden unter INUS-Bedingungen in dem Zusammenhang dieser Arbeit allerdings Token-Bedingungen und keine Type-Bedingungen verstanden. D. h. die INUS-Analyse wird auf singuläre kausale Prozesse und nicht auf generalisierte angewendet.

3.4.2 Abgrenzung der Ursachen gegen das „kausale Feld"

Die Faktoren, die zusammenkommen müssen, damit ein bestimmter Effekt tatsächlich eintritt, sind in der Regel von unüberschaubar großer Zahl. Die meisten von ihnen fallen unter die sogenannten Rand- oder Normalbedingungen, die gewöhnlich nicht vollständig aufgezählt werden können, die aber nichtsdestotrotz stets erfüllt sein müssen, damit die Wirkung garantiert eintritt. Zum Beispiel zählen die Anwesenheit von Sauerstoff und die Abwesenheit von Feuchtigkeit zu den Hintergrundbedingungen, die gegeben sein müssen, damit sich ein Streichholz, das an einer Streichholzschachtel angerissen wird, entzündet. Diese und eine Unzahl anderer Bedingungen bilden das von Mackie so bezeichnete „kausale Feld", das mehr oder weniger den Hintergrund für unser gesamtes kausales Denken bildet. Formal gesehen sind die Normalbedingungen im kausalen Feld bei der Verursachung von Ereignissen in derselben Weise nicht-redundante Bedingungen wie die als „die" oder die „entscheidenden" Ursachen herausgegriffenen Faktoren. Anders als „richtige" – d. h. gewöhnlich so genannte – Ursachen finden sie jedoch nur selten Eingang in kausale Erklärungen – teils aufgrund ihrer großen Zahl, teils aufgrund ihrer Selbstverständlichkeit.

Während die Frage der *Identifikation* kausaler Faktoren somit im Prinzip objektiv entschieden werden kann, ist die *Selektion* kausaler Faktoren zum großen Teil von perspektivischen und somit subjektiven Gesichtspunkten getrieben. Die Frage, ob einem Faktor überhaupt eine kausale Relevanz zukommt, ist objektiv positiv beantwortet, wenn dieser Faktor bei der Verursachung eines bestimmten Ereignisses mindestens die Rolle einer INUS-Bedingung übernimmt. Die Frage allerdings, ob ein kausaler Faktor eher zu den Hintergrundbedingungen des kausalen Feldes, den eigentlichen oder sogar den entscheidenden Ursachen gehört, lässt sich in weiten Teilen nur mit Bezug auf pragmatische Faktoren wie Erwartungen, Wünsche und Forderungen entscheiden.

So rechnen wir einen kausalen Faktor um so eher den eigentlichen Ursachen als den Randbedingungen zu, je *unerwarteter* oder *unerwünschter* sein Eintreten ist. Je mehr ein Kausalfaktor als Teil der Normalität empfunden wird und je mehr er unseren Wünschen und Erwartungen entgegenkommt, desto größer ist die Neigung, ihn in das kausale Feld einzusortieren. Je überraschender oder störender das Eintreten eines Kausalfaktors, desto größer die Neigung, ihn aus der Menge der kausalen Bedingungen herauszuheben und als Ursache zu selektieren. Die Existenz von Sauerstoff ist in den meisten lebensweltlichen Kontexten selbstverständlich und wahrscheinlich, so dass diese Bedingung für gewöhnlich nicht eigens in einer kausalen Erklärung für ein sich entflammendes Streichholz erwähnt wird. Demgegenüber wird das Fehlverhalten eines Autofahrers zumeist als Ursache für den sich anschließenden Unfall hervorgehoben, in diesem Fall nicht, weil es besonders unwahrscheinlich ist, sondern weil es ein unerwünschtes oder moralisch oder prudenziell inakzeptables Verhalten darstellt.

Diese Befunde werden durch die Ergebnisse der psychologischen Attributionstheorie bestätigt (vgl. Heider 1977). Eine Aussage dieser Theorie ist, dass die Ursachen für ein bestimmtes individuelles Verhalten eher in äußeren Umständen der Handlungssituation gesehen werden, wenn das gezeigte Verhalten „normal" ist, sich also viele Personen in dieser Situation gleich verhalten. Die Ursachen werden eher in den einzelnen beteiligten Akteuren verortet, wenn ihr Verhalten unerwartet ist und von dem Verhalten anderer Personen in der Situation abweicht. Spannt jemand bei Regen seinen Schirm auf, erklären wir sein Verhalten mit Selbstverständlichkeit durch die gegebene Situation: weil es regnet. Es ist einfach normal, dass man seinen Regenschirm aufspannt, wenn es regnet. Spannt jemand trotz Regen seinen Schirm *nicht* auf, suchen wir die Erklärung hierfür viel eher in einer individuellen, eigentümlichen mentalen Verfassung des betreffenden Akteurs.

Unter den Ursachen eines Ereignisses ist diejenige „die" oder die „entscheidende" Ursache, die für einen Betrachter den verhältnismäßig größten Informationswert hat, gemessen an den jeweiligen theoretischen und praktischen Interessen des Betrachters. Der medizinische Forscher, der hauptsächlich wissenschaftliche Interessen verfolgt, wird häufig andere pathogenetische Faktoren in der Entwicklung einer Krankheit als entscheidend hervorheben als der praktische Arzt, dessen Interesse hauptsächlich von therapeutischen Gesichtspunkten bestimmt ist: Letzterer wird vornehmlich diejenigen Krankheitsursachen fokussieren, an denen klinische Eingriffe mit größtmöglicher Erfolgschance ansetzen können.

3.4.3 Normative Kriterien der Ursachenselektion

Auf der Ebene der Ursachenselektion kommen in vielen Fällen auch normative, z. B. moralische Kriterien zum Anschlag. Kausalität wird oft da hervorgehoben, wo ein bestimmtes Verhalten unerwünscht ist oder als moralisch verwerflich angesehen wird. Kausale Attributionen fungieren hier zugleich als Verantwortungs- und Schuldzuschreibungen. Dies zeigt sich z. B. im Fall intrapunitiver bzw. extrapunitiver Persönlichkeiten. Intrapunitive Personen neigen dazu, sich selbst als Ursache für ein negativ bewertetes Ereignis wahrzunehmen, während Extrapunitive dazu tendieren, die Ursachen für ein solches Geschehen in den Umständen oder anderen Personen zu suchen. Der Intrapunitive wird bei einer nicht bestandenen Prüfung die Ursache darin sehen, dass er im Vorfeld nicht ausreichend gelernt hat. Der Extrapunitive wird die Ursache darin sehen, dass der Prüfer eine viel zu schwere Klausur gestellt hat. Das Interessante an diesen Zusammenhängen aber ist, dass intrapunitive Persönlichkeiten sich im selben Zug die alleinige Schuld an einem von ihnen zwar womöglich mit-, aber keinesfalls allein verursachten Misserfolg geben, während Extrapunitive sich von persönlicher Verantwortung und Schuld gerade dadurch entlasten, dass sie die Ursache für einen Fehlschlag in äußeren Faktoren sehen, selbst wenn er tatsächlich primär auf ihre eigene Unzulänglichkeit zurückgeht.

Die Verquickung von Kausalitäts- und Verantwortungszuschreibung führt auch in der Politik immer wieder zu auseinanderdriftenden Ursachenselektionen, je nachdem welche politischen Interessen die Diskussionsparteien mit ihren Kausalitätsbehauptungen jeweils verfolgen. So wird der Oppositionspolitiker die Ursache für eine unerwünschte gesellschaftliche Entwicklung regelmäßig in der Untätigkeit der Regierung finden, um die Verantwortung und Schuld seines politischen Gegners hervorheben zu können. Der Regierungspolitiker wird sich in aller Regel dadurch verteidigen, dass er auf Ursachen aufmerksam macht – z. B. globalwirtschaftliche oder strukturelle Faktoren –, die sich seinen politischen Handlungsmöglichkeiten entziehen und auf die er deshalb keinen Einfluss nehmen kann. Objektiv gesehen werden meistens sowohl handlungsabhängige als auch handlungsunabhängige Faktoren für eine negative gesellschaftliche Entwicklung kausal relevant sein. Durch die unterschiedliche Ursachenselektion lenken die politischen Gegner allerdings die Aufmerksamkeit da hin, wo sie ihnen am besten nützt.

Allerdings gibt es auch interessenunabhängige Selektionskriterien. Ein solches Kriterium ist die *kausale Bedeutung*, die einem kausalen Faktor in der Verursachung eines Ereignisses zukommt.

3.4.4 Kausale Bedeutung und kausales Gewicht von Kausalfaktoren

Die kausale Bedeutung eines Faktors lässt sich verstehen als die Wahrscheinlichkeit, mit der die Wirkung nicht eintreten würde, würde der fragliche Faktor fehlen, wobei Wahrscheinlichkeit als objektive Wahrscheinlichkeit interpretiert wird, nicht als Grad der subjektiven Erwartbarkeit. Kausale Bedeutung bezieht sich stets auf Ereignis-*types*, also auf Arten von Ereignissen, nicht auf Einzelereignisse. Eine hohe kausale Bedeutung kommt einem kausalen Faktor dadurch zu, dass das Eintreten einer bestimmten Art von Wirkung ohne das Vorliegen des kausalen Faktors unwahrscheinlich ist. Die kausale Bedeutung eines Faktors ist maximal, wenn es sich bei ihm um eine im vollen Sinn notwendige Bedingung für die Wirkung handelt: Fehlt dieser eine Faktor, wird der Eintritt der Wirkung maximal unwahrscheinlich. Die Anwesenheit von Sauerstoff ist etwa notwendig für das Entflammen eines Streichholzes. In Abwesenheit von Sauerstoff kann sich kein Streichholz entzünden. Fehlt Sauerstoff in der Umgebung, ist ein Entzünden des Streichholzes maximal unwahrscheinlich. Aber auch ein nicht-notwendiger kausaler Faktor kann eine immer noch starke kausale Bedeutung haben, wenn er nämlich in vielen oder den meisten der möglichen alternativen Konstellationen von kausalen Faktoren, die für eine Wirkung hinreichen, als nicht-redundanter Teil enthalten ist: Fehlt ein solcher Faktor, bleiben nur wenige alternative Verursachungsmöglichkeiten für die betreffende Wirkung offen und ist der Eintritt der Wirkung entsprechend unwahrscheinlich (vgl. Braham & van Hees 2009, 330). Allgemein, lässt sich also vermuten, hat ein kausaler Faktor eine umso höhere kausale Bedeutung bei der Verursachung einer bestimmten Art von Ereignis, je mehr der hinreichenden Gesamtursachen, die es für die betreffende Wirkung insgesamt gibt, diesen Faktor als uneliminierbaren Bestandteil enthalten.

Betrachten wir als Beispiel ein Abstimmungskomitee mit fünf Wahlpersonen A, B, C, D und E, deren Stimmen jeweils ein Gewicht haben von 35, 20, 15, 15 bzw. 15 (vgl. Braham & van Hees, ebd.). Ein Antrag sei bewilligt, sobald er 51 Stimmen auf sich vereinigt. Offenkundig hat die Entscheidung von A für den Ausgang einer Abstimmung ein größeres Gewicht als die Entscheidungen der anderen Wahlpersonen B, C, D und E. Zwar ist As Zustimmung keine notwendige Bedingung für die Bewilligung eines Antrags: A könnte in dem Fall, in dem er sich gegen einen Antrag entscheidet, noch überstimmt werden, nämlich wenn B, C, D und E geschlossen für die Bewilligung votieren. In jedem anderen Fall aber, in dem B, C, D und E nicht geschlossen für einen Antrag votieren, ist As Entscheidung von maßgeblicher Bedeutung für das Ja zu diesem Antrag. Entsprechend hoch ist die kausale Bedeutung von As Entscheidung zu bewerten: Entscheidet sich A gegen einen Antrag, ist eine Bewilligung nur noch dadurch zu erreichen, dass alle anderen Wahlpersonen geschlossen dafür stimmen, und somit verhältnismäßig unwahrscheinlich.

Die Frequenz, mit der ein (nicht notwendiger, aber nicht-redundanter) Kausalfaktor U in den alternativen, für das Wirkungsereignis jeweils hinreichenden

Gesamtursachen vertreten ist, ist allerdings nur eines von mehreren Kriterien für die kausale Bedeutung dieses Faktors. Ein weiteres Kriterium ist die objektive Wahrscheinlichkeit, mit der die alternativen Gesamtursachen, von denen der Faktor ein nicht-redundanter Teil ist, eintreten. Ein kausaler Faktor U ist umso bedeutender für den Eintritt einer bestimmten Wirkung, je häufiger die Konstellation von Faktoren, mit denen zusammen U für die Wirkung hinreicht, zustande kommt, und umso weniger bedeutend, je seltener diese Konstellation ist. Treten die Gesamtursachen, in denen U als nicht-redundanter Faktor enthalten ist, so gut wie gar nicht ein, bekommt U kaum eine Gelegenheit, kausal zu wirken. Die Konstellationen von Faktoren, die gegeben sein müssen, damit U seine kausale Wirkung entfalten kann, könnten sogar so unwahrscheinlich sein, dass sie nur als theoretische Möglichkeiten in Betracht kommen, nicht aber als reale Möglichkeiten. Obwohl U also theoretisch eine kausale Bedeutung haben könnte, würden wir U in der Realität eine solche Bedeutung nicht zusprechen. Wird eine Wirkung jedoch realiter meistens oder ausschließlich von einem Set von Faktoren realisiert, in dem auch U enthalten ist, ist U entsprechend oft bzw. immer an der Verursachung dieser Wirkung beteiligt und von diesem Gesichtspunkt aus gesehen von großer kausaler Bedeutung.

Die Wahrscheinlichkeit der Gesamtursachen als Maßstab für die kausale Bedeutung der in ihnen enthaltenen Kausalfaktoren lässt sich wiederum an unserem Abstimmungsbeispiel illustrieren. Wenn wir von einer gleichen Ausgangswahrscheinlichkeit des Abstimmungsverhaltens der einzelnen Wahlpersonen ausgehen, ist die kausale Bedeutung von A, wie wir oben gesehen haben, als relativ hoch einzuschätzen. Das Bild ändert sich, wenn wir das Beispiel so variieren, dass B, C, D und E einer bestimmten Partei, Fraktion oder Interessengemeinschaft angehören und deshalb mit hoher Wahrscheinlichkeit geschlossen abstimmen. Gegen diese Geschlossenheit kann A mit seinem Votum nicht viel ausrichten, auch wenn As Stimme rechnerisch das meiste Gewicht hat: As Stimme ist zwar rechnerisch in den meisten denkbaren Abstimmungskombinationen ausschlaggebend – nur treten diese Kombinationen faktisch so gut wie nie ein. Faktisch kommt so gut wie immer genau die Kombination zustande, die As Wahl überstimmt. Obwohl A also theoretisch eine große Macht haben könnte, was den Ausgang von Abstimmungen angeht, hat A *de facto* überhaupt keine Macht, weil davon auszugehen ist, dass B, C, D und E stets gegen ihn koalieren.

Ein weiteres Kriterium für die kausale Bedeutung eines Faktors ist die bedingte Wahrscheinlichkeit, mit der die für einen kausal hinreichenden Set erforderlichen weiteren Bedingungen in den Fällen eintreten, in denen U als nicht-redundanter Faktor fungiert. Z. B. kann die Ja-Stimme einer Großmacht nicht nur in nahezu allen Sets, die zum Abschluss eines internationalen Vertrags führen, vertreten sein, ihre Stimme kann auch im Sinne eines *bandwagon*-Effekts die Ja-Stimmen weniger mächtiger Vertragspartner wahrscheinlich machen, vor allem dann, wenn diese Stimmen von vornherein nicht unabhängig voneinander abgegeben werden, sondern entweder in zeitlicher Sukzession oder auf der Basis zeitlich vorgängiger Abstimmungsprozesse.

Das Abstimmungsbeispiel zeigt, dass ein kausaler Faktor (nennen wir ihn U_H)von einer hohen kausalen *Bedeutung* für einen Wirkungstyp W nicht in jedem Fall von W zugleich ein hohes kausales *Gewicht*, d. h. eine entscheidende Rolle bei der Verursachung eines einzelnen W haben muss. Solange der Faktor keine streng notwendige Bedingung von W ist, wird es stets Fälle von W geben können, an deren Verursachung der Faktor U_H nicht beteiligt ist und deshalb auch kein kausales Gewicht hat bzw. Fälle, bei denen U_H beteiligt ist, aber andere Faktoren ein höheres Gewicht haben. So ist etwa Starkregen häufig und typischerweise durch Gewitter bedingt. Gewitter haben als Ereignistyp eine hohe kausale Bedeutung für Starkregenfälle. Aber es gibt auch starke Regenfälle, bei denen Gewitter keine Rolle spielen. Nicht in jedem Fall hat das Gewitter auch ein starkes kausales Gewicht. Überkochen ist typischerweise dadurch bedingt, dass die Herdplatte nicht rechtzeitig ausgeschaltet wird. Aber in untypischen Fällen kann es auch dadurch bedingt sein, das die Herdplatte zwar rechtzeitig ausgeschaltet worden ist, aber ein andere Ursache das Überkochen bedingt, etwa eine Defekt in der Verbindung zwischen Schalter und Platte.

Das kausale Gewicht eines kausalen Faktors für ein *token*-Wirkungsereignis lässt sich analog zur kausalen Bedeutung für *type*-Ereignisse verstehen als die Wahrscheinlichkeit, mit der die Wirkung nicht eintreten würde, würde der fragliche Faktor fehlen. Das kausale Gewicht drückt analog zur kausalen Bedeutung den „Grad an (relativer) Notwendigkeit" an, mit der ein bestimmter kausaler Faktor gegeben sein muss, damit eine singuläre Wirkung unter den gegebenen Umständen zustande kommt. Der maximale Grad an Notwendigkeit ist auch hier immer dann erreicht, wenn es sich bei einem bestimmten kausalen Faktor um eine kausal notwendige Bedingung des Wirkungsereignisses handelt. In diesem Fall entsprechen sich kausale Bedeutung und kausales Gewicht: Wenn das Vorhandensein von Sauerstoff generell für das Entzünden von Strichhölzern notwendig ist, ist es das auch für jeden einzelnen Fall. Anders bei Faktoren mit nicht-maximaler kausaler Bedeutung. Bei diesen können Bedeutung und Gewicht divergieren. Faktoren von hoher kausaler Bedeutung können in bestimmten Fällen ein geringes oder überhaupt kein Gewicht haben, z. B. immer dann, wenn sie gänzlich fehlen oder weitere Faktoren vorhanden sind, die sie schwächen, kompensieren oder ausschalten. So kann ein Arzneimittel eine zu bestimmten pathologischen Reaktionen führende Störung beseitigen, aber, z. B. bei Vorliegen einer Allergie, seinerseits dieselbe pathologische Reaktion hervorrufen. Auch wenn die Störung, auf die die Arzneimittelgabe zielt, in typischen

Fällen der Hauptfaktor für die betreffende Reaktion ist und ihr insofern eine hohe kausale Bedeutung zukommt, ist sie in diesem untypischen Fall an der Wirkung nur geringfügig oder gar nicht kausal beteiligt.

Analog lässt sich sagen, dass einem Faktor umso mehr kausales Gewicht zukommt, je unwahrscheinlicher es ist, dass die Wirkung ohne die Beteiligung dieses Faktors eintreten würde. So nehmen wir im allgemeinen an, das dem Verhalten des Haupttäters einer Straftat ein höheres kausales Gewicht zukommt als dem Verhalten von weiteren „Teilnehmern" an der Straftat, etwa denjenigen, die den Haupttäter zu der Tat angestiftet oder ihm Beihilfe geleistet haben. Die Begründung dafür liegt in der Annahme, dass die Wahrscheinlichkeit, dass die Straftat ohne das entsprechende Verhalten des Haupttäters ungeschehen geblieben wäre, deutlich höher ist als die Wahrscheinlichkeit, dass die Straftat ohne das entsprechende Verhalten der Teilnehmer ungeschehen geblieben wäre. Das Verhalten des Haupttäters erscheint insofern als für das Ergebnis wesentlicher, wichtiger oder gewichtiger. Eine andere Formulierung derselben Intuition lautet, dass das Verhalten des Haupttäters für das Zustandekommen der Wirkung weniger leicht *ersetzbar* scheint als das Verhalten der weniger gewichtigen Faktoren (vgl. Perten 1918, 14). Auf den Haupttäter kommt es in stärkerem Maße an als auf die übrigen Beteiligten, An einem Beispiel verdeutlicht: Wenn A das Gewehr lädt und B reicht, der daraufhin den Abzug gegen seinen Feind C betätigt (vgl. Perten 1918, 31), erscheint das Verhalten B insofern als der wesentliche oder Hauptfaktor U_H des Todes von C, als es für die Tat auf A gar nicht oder zumindest nicht wesentlich ankommt: B hätte das Gewehr auch leicht selbst laden können, oder er hätte jemand anders finden können, der ihm zur Hand geht. As Verhalten scheint ersetzbarer, was das Ergebnis des Verhaltens von A und B zusammengenommen betrifft, als Bs Verhalten.

Das kausale Gewicht eines Faktors kann in Fällen, in denen die einzelnen beteiligten Faktoren interagieren – wiederum analog zur kausalen Bedeutung von kausalen Faktoren – auch darauf zurückzuführen sein, dass dieser Faktor seinerseits für andere Faktoren des für W hinreichenden Sets kausal ist und die für die Wirkung W weiteren notwendigen Bedingungen gewissermaßen selbst rekrutiert. So kann eine Grunderkrankung weitere Folgeerkrankungen zur Folge haben, die dann insgesamt den Tod eines Patienten herbeiführen. Auch wenn die Grunderkrankung für sich genommen für den Tod eines bestimmten Patienten nicht hinreichend ist, kann sie ihrerseits dazu führen, dass die weiteren für den Tod des Patienten erforderlichen Bedingungen realisiert sind. Die Grundlage der Einschätzung, welchem der an einem Einzelfall beteiligten Faktoren welches Gewicht zuzuschreiben ist, ist dann jeweils eine auf Erfahrung oder kontrafaktischen Überlegungen beruhende kausale Verallgemeinerung. Zieht in einem internationalen Gremium das Abstimmungsverhalten einer Großmacht überwiegend ein mit ihm übereinstimmendes Abstimmungsverhalten kleinerer Mächte nach sich, ist die Annahme berechtigt, dass dieser Mechanismus auch in einem singulären Fall, in dem die Großmacht und die kleineren Mächte zusammengehen, wirksam ist und U_H das größte kausale Gewicht zukommt. Kommt es allerdings zu einem Zusammenschluss der kleineren Mächte derart, dass U_H als Faktor ausgeschaltet und ein von U_H abweichendes Ergebnis erzielt wird, ist die Lage uneindeutig. Welchem der ursprünglichen U_N (den Nebenursachen) sich in diesem Fall welches kausale Gewicht zuschreiben lässt, lässt sich nur (falls vorhanden) aus entsprechend variierten Fällen bzw. aus kontrafaktischen Überlegungen ableiten.

Zahlreiche Fragen im Zusammenhang mit der Gewichtung von Kausalfaktoren sind bisher noch nicht ausreichend geklärt und bilden den Stoff zukünftiger Forschungen. Dabei ist die Abstufung von Kausalfaktoren nach ihrem jeweiligen Gewicht in der Praxis von erheblicher Bedeutung. Sie entscheidet u. a. darüber, an welchem Faktor einer unerwünschten Wirkung (soweit das nach Maßgabe der relevanten epistemischen, technischen und normativen Bedingungen möglich ist) Vermeidungs- und Verhinderungsmaßnahmen am günstigsten ansetzen. Soweit möglich, ist es zur Verhinderung der Wirkung grundsätzlich empfehlenswerter, die Faktoren von hohem Gewicht auszuschalten oder abzuschwächen als die Faktoren von geringerem Gewicht. Zwar lässt sich der Tod von C im obigen Beispiel des schießenden B zwar auch dadurch verhindern, dass A daran gehindert wird, Bs Gewehr zu laden oder B das geladene Gewehr auszuhändigen. Dass B der Haupttäter ist und seinem Verhalten das größere kausale Gewicht für den Tod von C zukommt, bedeutet jedoch u. a., dass sich dieses Ergebnis sicherer durch die Entwaffnung von B verhindern lässt. Ein Ansetzen von Verhinderungsmaßnahmen an der „Wurzel des Übels“ empfiehlt sich insbesondere in dem Sonderfall, dass, wie im *bandwagon*-Modell des Abstimmungsverhaltens, ein einziger Hauptfaktor als Vorreiter oder Zugpferd für die weiteren beteiligten Faktoren fungiert. Um das Ergebnis der Abstimmung zu verhindern, empfiehlt es sich, bei U_H und nicht bei U_N mit Überzeugungs- oder Überredungsversuchen anzusetzen. Analog wird eine Therapie, wenn immer möglich, am wirksamsten an der Grunderkrankung ansetzen und diese einzudämmen versuchen, um auf diese Weise auch die Folgeerkrankungen auszuschalten.

3.4.5 Die kontrafaktische Analyse im Recht

Mackies INUS-Analyse passt gut zur Rechtspraxis, die Ursachen traditionell als „Sine-qua-non“-Bedingungen aufgefasst hat, also als Bedingungen, die unter den gegebenen Tatumständen nicht weggedacht werden können, ohne dass der

Eintritt der Wirkung (juristisch: des Erfolgs) der Wirkung entfiele. In der Rechtswissenschaft hat sich dieses Modell in neuerer Zeit als NESS-Modell (Wright 1985, Hart & Honoré 1985, 111) etabliert. Ursachen werden hierin nicht als schlechthin notwendig, sondern als notwendig in Bezug auf eine für die Wirkung hinreichende Gesamtbedingung konzipiert (als „necessary element of a sufficient set"). Die Frage, die sich Gerichte zu stellen haben, ist dann, ob das Verhalten eines Angeklagten die Tatumstände zu einer für den Schadenseintritt hinreichenden Gesamtursache vervollständigt hat. Das NESS-Modell kommt besser mit Fällen kausaler Überdetermination zurecht als das Modell der Sine-qua-non-Bedingung. Das Modell der Sine-qua-non-Bedingung kommt in Fällen, in denen z. B. ein Wanderer von zwei Jägern gleichzeitig erschossen wird, zu dem absurden Ergebnis, dass keiner der beiden Jäger kausal verantwortlich für den Tod des Wanderers ist, weil keiner der beiden Gewehrschüsse eine Bedingung darstellt, die nicht aus der Situation weggedacht werden kann, ohne dass der Tod des Wanderers nicht einträte. Das NESS-Modell kommt hier zu dem intuitiv plausibleren Ergebnis, dass beide Jäger für den Tod des Wanderers kausal verantwortlich sind, weil das Verhalten beider jeweils eine Bedingung vervollständigt hat, die unter anderen weniger außergewöhnlichen Tatumständen ausgereicht hätte, den Tod des Wanderers herbeizuführen.

3.5 Kausalrelation: Produktivität oder Bedingungsgefüge?

Kommen wir schließlich zur zweiten Frage unserer Analyse der Kausalrelation, der Frage nach der metaphysischen Beschaffenheit des kausalen Nexus. Wie ist die kausale Verbindung von Ursache und Wirkung substanziell zu bestimmen?

Um sich einen Überblick zu verschaffen, kann man das Angebot an theoretischen Vorschlägen in zwei große Gruppen einteilen: Nach der ersten Gruppe von Theorien besteht Kausalität in der aktiven Übertragung einer Kraft oder Energie von der Ursache auf die Wirkung. Theorien dieses Modells verlangen, dass Ursachen ihre Wirkungen produzieren und aktiv hervorbringen. Man spricht darum auch vom *Produktivitäts-* oder *Prozessmodell* der Kausalität. Ursachen produzieren ihre Wirkungen, indem sie eine bestimmte Form von Kraft oder Energie auf ihre Wirkung übertragen. Die kausale Kette wird hier interpretiert als eine Kette dynamisch miteinander verbundener Ereignisse, die durch einen Fluss von Kraft, Energie oder Momentum zusammengehalten werden. In einer älteren Variante dieser Auffassung, die von David Hume im 18. Jahrhundert kritisch thematisiert worden ist, besteht die durch die Mitglieder der kausalen Kette hindurchgehende Qualität in einer spezifischen kausalen Kraft, die nicht zu verwechseln ist mit der Kraft, von der die Physik spricht. Die Kausalkraft, die nach dieser *Kraftübertragungstheorie* für Kausalität konstitutiv ist, ist eine Kraft *sui generis*, die auch im nicht-physikalischen Bereich, etwa im Bereich des Mentalen oder Spirituellen, wirksam werden soll. Moderne Abkömmlinge dieser frühen Variante des Übertragungsmodells gehen allerdings – wie etwa die *Transferenztheorie* des Wissenschaftstheoretikers Phil Dowe (2001)[2] – von einer Übertragung physikalischer Größen aus. Kausalität involviert für sie immer die Übertragung physikalischer Energie oder einer anderen physikalischen Größe.

Nach einer zweiten Gruppe von Theorien zeichnet sich Kausalität durch eine bestimmte Art von Bedingtheit oder Notwendigkeit aus: diese Auffassung können wir das *Bedingungsmodell* nennen. Dieses Modell löst das Kausalverständnis von den anthropomorphen Anklängen, die in den Redeweisen von Ursachen, die eine „Kraft aufwenden“ und ihre Wirkungen „produzieren“ zum Ausdruck kommen. Nach diesem Modell ist Kausalität eine Beziehung des *differencemaking*, bei der Wirkungen aus bestimmten Konstellationen zeitlich vorangehender Bedingungen resultieren, ohne dabei notwendigerweise durch diese aktiv hervorgebracht zu werden. Ursachen „machen einen Unterschied“ für das Eintreten eines Wirkungsereignisses, aber lediglich in einem abstrakten Sinn von „machen“.

Je nach Variante des Bedingungsmodells wird dieses „einen Unterschied machen“ unterschiedlich ausbuchstabiert. *Regularistische Theorien* definieren kausale Abfolgen als Instanziierungen von Regularitäten in der Natur. Grob gesprochen verursacht danach ein Ereignis U ein anderes Ereignis W genau dann, wenn W auf U folgt und auf alle Ereignisse, die U ähnlich sind, ein W ähnliches Ereignis folgt. *Nomologische Theorien* definieren kausale Sequenzen als Instanziierungen von naturgesetzlichen Zusammenhängen. Danach ist W genau dann durch U verursacht, wenn W auf U folgt und U und W unter ein Naturgesetz fallen derart, dass allen U ähnlichen Ereignissen ein W ähnliches Ereignis folgt. *Kontrafaktische Theorien* wiederum definieren kausale Abhängigkeiten darüber, dass sie bestimmte kontrafaktische Aussagen unterstützen – im Fall der Verursachung von W durch U etwa die Aussage: „Wäre U nicht eingetreten, wäre auch W nicht eingetreten“.

Es sei angemerkt, dass regularistische, nomologische und kontrafaktische Theorien nur dann echte theoretische Alternativen darstellen, wenn sie mit Interpretationen von Regularitäten, Naturgesetzen und Kontrafaktualen operieren, die sich nicht ihrerseits wiederum aufeinander beziehen. Manchmal wird unter einem Naturgesetz nichts anderes eine Regelmäßigkeit in der Natur verstanden. In diesem Fall fallen die regularistische und nomologische Theorie zusammen. Andererseits könnte es sein, dass kontrafaktische Aussagen erst durch regula-

---

2 gelegentlich auch „Transfertheorie“ genannt (vgl. Esfeld 2007, 95).

ristische oder nomologische Zusammenhänge wahrgemacht werden. In dem Fall fällt die kontrafaktische Theorie mit der regularistischen bzw. der nomologischen Theorie zusammen.

Neben den gerade vorgestellten Theorien des Produktivitäts- und des Bedingungsmodells der Kausalität gibt es sekundäre Theorien wie den *Interventionismus*. Wir können diese Theorie sekundär nennen, weil sie sehr leicht in die anderen genannten Kausalitätskonzeptionen integriert werden kann. Die interventionistische Auffassung, die ursprünglich Gasking (1955) und von Wright (1963) vorgeschlagen haben, versteht Ursachen als Bedingungen, die durch menschliches Handeln realisiert werden können oder zumindest im Prinzip realisiert werden könnten, um bestimmte Zustände herbeizuführen oder zu verändern. Das Paradigma dieser Konzeption ist menschliches Handeln mit der Absicht, ein bestimmtes erwünschtes Ziel zu realisieren. Die Zuschreibung von Kausalität bei nicht-menschlichen Prozessen wird als Projektion dieses Archetyps auf nicht-intentionale Systeme gedeutet. Ganz offensichtlich können Ursachen sowohl im Rahmen des Produktivitäts- als auch im Rahmen des Bedingungsmodells als Möglichkeiten der Intervention gesehen und genutzt werden. Der Interventionismus lässt sich daher besser als eine psychologische Theorie des kausalen Denkens denn als eine genuin metaphysische Theorie der Kausalität verstehen.

3.5.1 Kritik der Produktivitätskonzeption

Das Produktivitätsmodell steht in Übereinstimmung mit dem verbreiteten Bild von Ursachen als „Schiebern" und „Ziehern". Kausalität spielt in dieser „push-and-pull"-Konzeption die Rolle des metaphysischen „Schwungs", der die Welt antreibt. Nimmt man Humes Beispiel aufeinanderstoßender Billardkugeln als Paradigma, erscheint die Auffassung in der Tat überzeugend. In diesen und vielen anderen empirischen Fällen scheint es plausibel anzunehmen, dass Kausalität die Übertragung einer Kraft oder eines Quantums Energie beinhaltet. Ein weiterer Vorzug ist, dass das Produktivitätsmodell ein klares Kriterium für die Unterscheidung zwischen kausalen Prozessen und zufälligen Koinzidenzen gibt (d.h. für die Unterscheidung zwischen dem *propter hoc* der Kausalität und dem bloßen *post hoc* zweier aufeinanderfolgender Symptome eines gemeinsamen zugrundeliegenden Prozesses). Was kausalen Prozessen ihren spezifisch kausalen Charakter verleiht, ist nach dem Produktivitätsmodell die Übertragung einer physikalischen oder metaphysischen Größe oder Qualität. In vielen Fällen funktioniert dieser Test tadellos. Wenn die Präsenz eines Krankheitserregers im Organismus zu zwei Symptomen führt, die regelmäßig aufeinander folgen (wie etwa Fieber und Ausschlag bei Masern), wird es typischerweise eine Übertragungskette vom Erreger zu jedem der Symptome geben, nicht aber von einem Symptom zum anderen. Wir nehmen dann das Fehlen einer solchen Übertragungskette als Indiz dafür, dass zwischen den Symptomen selbst nichts weiter als bloße Korrelation besteht. Die Korrelation mag auf eine darunter liegende Kausalbeziehung hindeuten; sie konstituiert aber nicht selbst bereits eine kausale Beziehung. Ähnlich lassen sich Prioritätsfragen wie die, ob Newton oder Leibniz die Differenzialgleichung erfunden hat, klären, indem man im Fall eines Plagiatverdachts den Weg der Energieübertragung (hier: der Informationsübertragung) nachvollzieht, der womöglich von der tatsächlichen Entdeckung des einen zu der vermeintlichen Entdeckung des anderen führt. Kann ein solcher Weg nicht bewiesen oder plausibel gemacht werden, gehen wir davon aus, dass es sich um eine Koinzidenz kausal unabhängiger Ereignisse handelt.

Ungeachtet dieser Vorzüge weisen die Theorien einer kausalen Produktivität jedoch gravierende Mängel auf. Das Problem der klassischen Kraftübertragungstheorie ist, wie Hume bereits gesehen hat, dass eine spezifische Kausalkraft *sui generis*, die von der Ursache auf die Wirkung übertragen werden soll, zwar metaphysisch postulierbar, aber in keiner Weise empirisch nachweisbar ist. Zwar ist Kausalität ein janusköpfiges Konzept, das neben epistemischen auch metaphysische Funktionen erfüllt. Aber eine rein metaphysische Kausaltheorie, die keinen Weg zur Erkenntnis kausaler Wahrheiten weist, muss als ebenso suspekt gelten wie eine Theorie, die die metaphysische Dimension der Kausalität völlig vernachlässigt und nur ihre epistemische Seite betont.

Aber auch der Transferenztheorie unserer Zeit ergeht es nicht besser. Zwar ist sie weit davon entfernt, metaphysisch obskure Kausalkräfte zu postulieren. Trotzdem scheint es aus mehreren Gründen verfehlt, Kausalität als Übertragung von physikalischer Energie zu interpretieren.

Erstens ist die Übertragung von Energie selbst in physikalischen Kontexten weder hinreichend noch notwendig für Kausalität. Wenn z.B. der Wind das Wasser eines Sees abkühlt, wird keine Energie vom Wind auf das Wasser übertragen. Im Gegenteil, dem Wasser wird Energie entzogen. Trotzdem sehen wir den Wind als Ursache für das Auskühlen des Sees. Andererseits ist die Sonne mit fast jedem Ereignis auf unserer Erde durch eine Kette der Energieübertragung verbunden, aber wir würden die Sonnenstrahlung niemals als direkte Ursache aller Ereignisse auf der Erde bezeichnen.

Zweitens kann die Produktivitätskonzeption, solange sie an die Übertragung einer physikalischen Größe gebunden ist, nicht-physikalische Formen von Kausalität nicht erfassen. Solche Formen von Kausalität sind alles andere als undenkbar, selbst wenn sie als Beschreibungen der realen Welt abgelehnt werden. Dazu gehört etwa die kausale Einwirkung des Mentalen auf physische Phänomene im

Körper-Geist-Interaktionismus oder die Einwirkung spiritueller Phänomene auf physische Phänomene im Theismus. In diesen Fällen haben wir es mit Kausalität durch nicht-physikalische Entitäten zu tun. Da physikalische Größen wie Energie oder Impuls nicht auf nicht-physikalische mentale Ereignisse wie z. B. Willensregungen oder spirituelle Ereignisse wie z. B. Gottesakte anwendbar sind, können Theorien, die Verursachungen als Prozesse auffassen, die die Übertragung solcher Größen involvieren, solche Fälle nicht adäquat handhaben.

Diese Schwierigkeit lässt sich auch nicht umgehen, indem man z. B. im Fall der mentalen Verursachung den Körper-Geist-Dualismus, der in der Idee der psychophysischen Verursachung enthalten ist, ablehnt. Selbst wenn man (wie es Materialisten tun) bestreitet, dass das Mentale eine unabhängige und eigenständige Realität jenseits der Realität neuronaler Prozesse beansprucht, hat man zuzugestehen, dass die Hypothese des Dualismus, selbst wenn sie sich als falsch herausstellen sollte, nichtsdestoweniger sinnvoll und denkbar ist. Dasselbe gilt für die Hypothese, dass das Mentale kausal auf das Physische einwirkt. Eine Kausaltheorie sollte aber auch solche denkbaren Fälle von Kausalität abbilden können, selbst wenn sie realiter niemals auftreten sollten. Die Transferenztheorie ist dazu offensichtlich nicht in der Lage. Auch Hector-Neri Castañedas Versuch, im Fall der psychophysischen Kausalität eine Übertragung von physikalischer Energie mit dem Wert Null zuzulassen (Castañeda 1980, 99), führt nicht weiter. Die Übertragung einer Größe mit dem Wert Null ist ebenso wenig die Übertragung von irgendetwas wie ein Körper mit der Ausdehnung Null ein Körper ist.

In einigen Produktivitätskonzeptionen wird die spezifische Produktivitätskonzeption, die Ursache und Wirkung miteinander verknüpft, rein intuitiv verstanden, d. h. sie wird anhand der spontanen Überzeugung erklärt, dass in einigen Fällen der Aufeinanderfolge zweier Phänomene das eine aus dem anderen hervorzugehen scheint, während dies in anderen Fällen nicht so zu sein scheint. Die Relation der Produktivität soll dabei weder durch eine empirische noch durch eine angenommene überempirische Relation zwischen Ursache und Wirkung definierbar sein, sondern – in Analogie mit Wittgensteins Familienähnlichkeitskonzept – in einer Vielzahl von Konstellationen bestimmter Faktoren gegeben sein. Danach lässt sich der Begriff der kausalen Wirksamkeit zwar nicht in klassischer Manier *per genus proximum et differentiam specificam* definieren, er lasse sich aber anhand paradigmatischer Fälle (etwa dem Beispiel sich anstoßender Billardbälle), in denen intuitiv eindeutig eine kausale Produktivität vorliegt, einführen (vgl. Bogen 2008, 122). Die weitere Erklärung des Begriffs erfolgt dann aufgrund von Ähnlichkeitsbeziehungen zu den paradigmatischen Fällen und weiteren Analogiebildungen. Dieser Theorieansatz entzieht sich allerdings einer kritischen Prüfung dadurch, dass ihre Vertreter diese Faktoren im Einzelnen völlig unbestimmt lassen (vgl. Anscombe 1981 und Bogen 2008). Deshalb ist nicht einmal klar, ob die oben postulierte Bedingung der Einheitlichkeit der Kausalität in diesem Modell gewahrt werden kann.

3.5.2 Kritik der Regularitätstheorie

Die Probleme des Produktivitätsmodells lassen die Kausaltheorien des Bedingungsmodells vorzugswürdig erscheinen. Klassische Kraftübertragungstheorien scheiden aufgrund ihrer metaphysischen Obskurität aus. Physikalistische Transferenztheorien der Kausalität hingegen verstoßen aufgrund ihrer Einseitigkeit in gravierender Weise gegen das Desiderat der Einheitlichkeit. Sie lassen sich nicht auf mögliche nicht-physikalische Formen von Kausalität und sogar nur eingeschränkt auf physikalische Kontexte anwenden. Gerade in Bezug auf den Vorwurf der Einseitigkeit bietet sich das Bedingungsmodell der Kausalität hingegen geradezu an. Es hat kein Problem, nicht-physikalische Kausalprozesse zu erfassen; denn auch nicht-physikalische Phänomene wie Bewusstseinsereignisse oder Gottesakte lassen sich durchaus als metaphysische Bedingungen verstehen, von denen der Eintritt anderer Ereignisse abhängt.

Auch die metaphysischen, epistemischen, pragmatischen und normativen Funktionen von Kausalität bleiben im Bedingungsmodell gewahrt:

1. Kausalität verstanden als Bedingungsgefüge kann immer noch als „cement of the universe" fungieren, als metaphysischer Kitt, der das Weltgeschehen zusammenhält.
2. Kausalität kann als epistemisches Konzept fungieren, das zur Erklärung und Prognose von Ereignissen und Sachverhalten herangezogen wird.
3. Ursachen können weiterhin als Interventionsmittel zum Zweck der Erreichung bestimmter Zustände fungieren.
4. Auch die justifikatorische Rolle von Kausalität bei der Attribution von moralischer und rechtlicher Verantwortlichkeit ist in keiner Weise geschmälert, wenn Ursachen entlang des Bedingungsmodells der Kausalität konzipiert werden.

Damit stellt sich die Frage, welche Bedingungstheorie der Kausalität als die adäquateste gelten kann. Die Achillesferse aller Regularitätstheorien seit Humes originaler Formulierung im 18. Jahrhundert ist das Problem der universellen Korrelation. Regularitätstheorien definieren kausale Beziehungen als Instanziierungen regulärer Folgebeziehungen. Doch nicht jede reguläre Abfolge konstituiert eine kausale Abfolge. Auf einen bestimmten Barometerzeigerstand mag regelmäßig ein Gewitter folgen. Doch der Barometerzeigerstand ist keine Ursache des Gewitters. Die miteinander korrelierten Ereignisse sind vielmehr beide Wirkungen einer gemeinsamen Ursache, nämlich eines Tiefdruckgebiets.

Der Unterschied zwischen universeller Korrelation und echter Kausalität ist offenbar, dass die Regelmäßigkeit, die zwischen dem Stand des Barometerzeigers und dem Aufkommen eines Gewitters besteht, nicht *unabhängig* von anderen Regelmäßigkeiten ist, nämlich von Regelmäßigkeiten zwischen Tiefdruckgebieten und Barometerzeigern sowie Tiefdruckgebieten und Gewittern. Die Korrelation zwischen Barometerzeigerständen und Gewittern besteht nur solange, wie die Korrelation zwischen Tiefdruckgebieten und Barometerzeigerständen und zwischen Tiefdruckgebieten und Gewittern gegeben ist. Würden dagegen Barometerzeigerstände z. B. mit Hochdruckgebieten korrelieren, würde sich die Korrelation von Barometerzeigerständen und Gewittern auflösen. Anderseits ist die Regularität zwischen dem Aufkommen von Tiefdruckgebieten und dem Aufkommen von Gewittern unabhängig von anderen Regularitäten. Tiefdruckgebiete haben auch dann noch regelmäßig Gewitter zur Folge, wenn es keine Barometer gibt, deren Zeigerstand mit dem Aufkommen von Tiefdruckgebieten korreliert. Weil die Korrelation zwischen Tiefdruckgebieten und Gewittern unabhängig ist, stellt sie eine kausale Relation dar: Tiefdruckgebiete sind die Ursache von Gewittern. Die Korrelation zwischen Barometerzeigerständen und Gewittern stellt hingegen keine Kausalrelation dar, weil sie nicht unabhängig von anderen Korrelationen besteht.

Dem Regularitätstheoretiker bleibt, um kausale Abfolgen von nicht-kausalen Abfolgen zu unterscheiden, nichts anderes übrig als zu behaupten, dass es für alle regulären Abfolgen von Phänomenen empirische Fälle gibt, in denen sich die Unabhängigkeit einer gegebenen Abfolge von Ereignissen zeigt: Fälle, in denen eine Regularität zwischen zwei Ereignissen instanziiert ist, ohne dass andere Regularitäten, die das Bestehen dieser Regularität ebenfalls erklären könnten, zugleich instanziiert sind. Nur Ereigniskonstellationen, die diese Bedingung erfüllen (und in diesem Sinn „minimal hinreichend" sind), lassen sich als Ursachen verstehen. So fordern die Regularitätstheoretiker Graßhoff und May für kausale Abfolgen:

> Any minimal sufficient condition ... is instantiated at least once when none of the other minimal sufficient conditions is instantiated... Since any regularity is instantiated at least once when none of the alternative regularities is instantiated, it does an indispensable job in bringing about the effect in at least one situation. In at least one situation it is the only regularity that can account for the effect, and some cause *must* account for it. (Graßhoff & May 2003, 97; Hervorhebung im Original)

In Situationen, in denen eine Regularität zwischen zwei Ereignissen instanziiert ist, ohne dass andere Regularitäten, an denen die fraglichen Ereignisse partizipieren, mit-instanziiert sind, zeigt sich, dass die Regularität tatsächlich unabhängig ist – ganz einfach deshalb, weil in der Situation keine weitere Regularität präsent ist, von der die erste abhängen könnte.

Im Fall von Tiefdruckgebieten und Gewittern lassen sich solche Testsituationen durchaus arrangieren: Man braucht dazu nur alle Barometer zu entfernen, und man wird beobachten, dass die Korrelation von Tiefdruckgebieten und Gewittern auch dann noch mit Zuverlässigkeit besteht. Umgekehrt wird die Korrelation zwischen Barometerzeigerständen und Gewittern zusammenbrechen, wenn kein Tiefdruckgebiet zugegen ist. Man kann kein Gewitter allein dadurch herbeiführen, dass man den Barometerzeiger manuell verstellt.

Motiviert ist Graßhoffs und Mays Erweiterung der INUS-Analyse durch den von Mackie im Anschluss an eine Kritik von Russell an der Regularitätstheorie entwickelten Fall der Fabriksirenen in Manchester und London: Immer wenn in Manchester die Fabriksirenen um 17 Uhr ertönen, verlassen die Arbeiter in London ihre Arbeitsplätze, ohne dass zwischen beiden Ereignissen eine Kausalbeziehung angenommen werden kann. Mackie selbst sieht an diesem Fall sein INUS-Modell scheitern:

> The sounding of the Manchester factory hooters, plus the absence of whatever conditions would make them sound when it wasn't five o'clock, plus the presence of whatever conditions are, along with it's being five o'clock, jointly sufficient for the Londoners to stop work a moment later ... is a conjunction of features which is unconditionally followed by the Londoners stopping work. ... Yet it would be implausible to say that this conjunction causes the stopping of work in London. (Mackie 1974, 84)

Graßhoff und May versuchen zu zeigen, dass sich da, wo sich Mackies Analyse als unfähig erweist, Fällen wie diesem gerecht zu werden, eine Lösung finden lässt, wenn man die INUS-Analyse in einer bestimmten Richtung erweitert. Die Erweiterung besteht darin, dass sie die kausale Relevanz eines Faktors U für eine Wirkung W an die Bedingung knüpfen, dass U ein nicht-redundanter Bestandteil einer für W hinreichenden Gesamtkonstellation von Faktoren ist und es mindestens eine Situation gibt, in der auf eine solche Konstellation ein W ähnliches Ereignis folgt, ohne dass andere für dieses Ereignis hinreichende Faktoren vorliegen.

Diese Bedingung ist im Sirenen-Fall, in dem das Ertönen der Sirenen in Manchester als Ursache dafür dargestellt wird, dass die Londoner Arbeiter die Arbeit niederlegen, nicht erfüllt. Denn die für die Arbeitsniederlegung der Londoner Arbeiter minimal hinreichende Konstellation der Faktoren (1):

- Ertönen der Sirenen in Manchester,
- Abwesenheit der Faktoren, die bewirken würden, dass die Sirenen in Manchester zu einer anderen Uhrzeit als 17 Uhr ertönen,

- Anwesenheit der Faktoren, die bewirken, dass die Londoner Arbeiter ihre Arbeit um 17 Uhr niederlegen

ist *niemals* isoliert gegeben, sondern *immer* zusammen mit einer anderen hinreichenden Faktorenkonstellation, nämlich (2):
- Anwesenheit der Faktoren, die bewirken, dass die Londoner Arbeiter ihre Arbeit um 17 Uhr niederlegen,
- der Umstand, dass es 17 Uhr ist.

Die Gegebenheit der Faktorenkonstellation (1) impliziert logisch die Gegebenheit der Faktorenkonstellation (2), und daher kann (1) niemals ohne (2) realisiert sein. Deshalb gehört das Ertönen der Sirenen in Manchester nicht zu einer Gesamtursache, für die es eine Situation gibt, in der auf sie die Wirkung in Abwesenheit aller alternativen Gesamtursachen folgen könnte. Daher ist das Ertönen der Sirenen in Manchester nach Graßhoffs und Mays Kausalitätsanalyse kein kausal relevanter Faktor für die Arbeitsniederlegung der Londoner Arbeiter.

Aber auch die von Graßhoff und May vorgeschlagene Erweiterung der Regularitätsanalyse greift noch zu kurz. Denn es gibt Szenarien, in denen ein empirischer Unabhängigkeitstest prinzipiell nicht durchführbar ist. Eine solche Konstellation ist z. B. immer dann gegeben, wenn zwei Faktoren U_1 und U_2 naturgesetzlich miteinander verknüpft sind und W in allen aktualen Situationen auf U_1 folgt. In diesen Fällen kann auf empirischem Wege nicht entschieden werden, ob z. B. die Regularität zwischen U_1 und W unabhängig ist oder nicht, weil sie faktisch niemals isoliert von der Regularität zwischen U_2 und W instanziiert ist.

Fälle einer dergestalt „perfekten Korrelation" sind keine bloße Gedankenspielerei. So ist es etwa eine den Großteil der Debatte um das so genannte Leib-Seele-Problem bestimmende Frage, ob Bewusstseinsereignisse kausal relevant für körperliche Phänomene wie z. B. Verhaltensreaktionen sein können. Mentale Ereignisse gehen nach gängiger Lehrmeinung stets mit neuronalen Prozessen einher, so dass Beziehungen der regelmäßigen Abfolge sowohl zwischen Aktivitäten des Bewusstseins und dem körperlichem Verhalten als auch zwischen den den Bewusstseinsaktivitäten zugrundeliegenden Gehirnprozessen und dem körperlichen Verhalten bestehen. Außerdem gibt es keine experimentelle Möglichkeit, die Korrelation zwischen mentalen und neuronalen Prozessen aufzubrechen: Die Verknüpfung zwischen neuronalen und mentalen Ereignissen ist naturgesetzlich. Aufgrund dessen ist es innerhalb einer regularistischen Theorie der Kausalität prinzipiell unentscheidbar, ob die Bewusstseinsereignisse oder aber die ihnen zugrunde liegenden Gehirnvorgänge (oder beide zusammen) für ein körperliches Verhalten kausal relevant sind. Es gibt keine reale Situation, in denen die fraglichen mentalen oder neuronalen Ereignisse isoliert voneinander auftreten und sich so die Unabhängigkeit der involvierten Regularitäten überprüfen ließe.

Viele Regularitätstheoretiker antworten auf diese Schwierigkeit, dass dort, wo sie nicht auf empirischem Weg unterschieden werden kann, die Frage der kausalen Relevanz oder Irrelevanz eines gegebenen Faktors nicht mehr sinnvoll zu stellen ist. Auf die Frage der kausalen Relevanz oder Irrelevanz mentaler Phänomene antworten z. B. Roth und Schwegler ganz auf dieser Linie:

> Wenn es ein notwendiges, d. h. nicht abtrennbares Merkmal [eines bestimmten Gehirnprozesses] ist, subjektiv empfunden zu werden, dann ist an jeder Wirkung [dieses Gehirnprozesses] auch dieses Merkmal beteiligt. Es hat dann keinen Sinn zu fragen, ob [der Gehirnprozess] ohne dieses Merkmal genauso wirken könne, wie der Epiphänomenalismus annimmt. (Roth & Schwegler 1995, 76)

Auch Graßhoff und May halten Gegenbeispiele gegen die regularistische Theorie wie das gerade angeführte Beispiel aus der Leib-Seele-Debatte für „rein formal" und „schlecht erfunden" (vgl. Graßhoff & May 2003, 111). Aber auch wenn empirisch nicht verifizierbar ist, ob mentale Phänomene kausal relevant oder irrelevant sind, scheint die Frage nach der Kausalität des Mentalen doch trotzdem eine sinnvolle Frage zu sein. Wir formulieren häufig kausale Hypothesen, die nicht empirisch überprüft werden können, sondern nur aufgrund von theoretischem Wissen und methodologischen Prinzipien rechtfertigbar sind. Zum Beispiel formulieren und verteidigen wir die Hypothese, dass der Lauf des Monds kausal relevant für die Gezeiten ist, nicht auf der Basis empirischer Experimente (wir können nicht den Mond beseitigen und schauen, was passiert), sondern auf der Basis einer insgesamt gut bestätigten Theorie der Gravitation.

Wir halten kausale Hypothesen wie die von der kausalen Relevanz des Mondes für die Gezeiten für wahr, denn sie unterstützen auf der Basis einer solchen theoretischen Einbettung bestimmte *kontrafaktische* bzw. sogar *kontranomische* Aussagen (wie etwa: „Würden wir den Mond beseitigen, würden sich die Gezeiten verändern").[3] Ebenso lässt sich in der Debatte um mentale Verursachung die Differenz zwischen dem Interaktionismus, der eine kausale Relevanz des Mentalen behauptet, und dem Epiphänomenalismus, der eine solche Relevanz bestreitet, mit Bezug auf mögliche Welten ausdrücken, die sich von der wirklichen Welt nicht nur durch Unterschiede in den in ihnen bestehenden Sachverhalten, sondern auch durch Unterschiede in den in ihnen herrschenden Naturgesetzen unter-

3 Zum Wortgebrauch *kontranomisch* vgl. Woodward 2010, 256; David Lewis verwendet „counterlegal", vgl. Lewis 2004, 279.

scheiden. Nach der Überzeugung des Epiphänomenalisten würde ein körperliches Verhalten auch dann eintreten, wenn ein faktisch diesem Verhalten regelmäßig vorangehender Bewusstseinszustand (entgegen den herrschenden psychophysischen Gesetzen) ausbliebe. Nach der Überzeugung des Interaktionisten würde, wenn der betreffende Bewusstseinszustand ausbliebe, das entsprechende Verhalten dagegen nicht eintreten.

Kontranomische Überlegungen, also Überlegungen darüber, wie die Welt wäre, wenn bestimmte Naturgesetze in ihr nicht gelten würden, sind im Alltag und in der Wissenschaft nicht so unüblich, wie man auf den ersten Blick vermuten könnte. Chemiker können sich eine kontranomische Welt, in der Wasser keine Dichteanomalie aufweist, sehr anschaulich ausmalen. Gewässer würden z. B. bei Temperaturen unter 0° C sehr schnell von unten zufrieren, was die Entwicklung höheren Lebens auf der Erde erschweren und vielleicht sogar komplett verhindern würde. Auch Philosophen stellen in erheblichem Ausmaß kontranomische Behauptungen auf, etwa wenn sie sogenannte Zombie-Welten diskutieren, in denen zwar die uns bekannten physikalischen, nicht aber die uns bekannten psychophysischen Gesetze gelten.

Bestimmte sinnvolle kausale Hypothesen wie die, die von Interaktionisten und Epiphänomenalisten propagiert werden, können nicht in einer rein regularistischen Theorie der Kausalität rekonstruiert werden, weil dazu kontrafaktische oder kontranomische Erwägungen vonnöten sind, die dem Regularitätstheoretiker prinzipiell nicht zur Verfügung stehen. Das Problem der universellen Korrelation für regularistische Analysen spricht somit für Theorien der Kausalität, die an zentraler Stelle kontrafaktische Überlegungen in Anschlag bringen.

3.5.3 Die kontrafaktische Theorie

In gewisser Weise ist die kontrafaktische Theorie eine Ausbuchstabierung der Regularitätstheorie der Kausalität. Auch sie betrachtet Kausalität wesentlich als reguläre Abfolge ähnlicher Phänomene, betont aber stärker den hypothetischen Gehalt der von der Regularitätstheorie postulierten impliziten Allgemeinheit singulärer Kausalbeziehungen. Nach der Regularitätstheorie ist ein singuläres *post hoc* zweier Phänomene nur dann eine kausales *propter hoc*, wenn sich das *post hoc* in allen ähnlichen Konstellationen wiederfindet, die Korrelation zwischen den Phänomenen also universal ist. Diese Universalität ist jedoch notwendig hypothetisch. Erstens lassen sich auf induktivem Wege niemals alle gleichartigen Vorkommnisse der (vermutlichen) Ursache daraufhin überprüfen, ob ihnen die gleiche (vermutliche) Wirkung nachfolgt. Auch wenn sich das universalisierte *post hoc* experimentell beliebig häufig replizieren lässt, bleibt zwangsläufig offen, ob sie auch in Zukunft konstant bleibt und ob der vermutliche kausal hinreichende Set von Faktoren tatsächlich alle kausal relevanten und keine kausal irrelevanten Faktoren berücksichtigt. Zweitens lässt sich nur ein Bruchteil der Faktorenkonstellationen, die wir für kausal für ihre Nachfolgeereignisse halten, experimentell replizieren, etwa bei den Gegenständen der primär deskriptiven Wissenschaften Geschichtswissenschaft, Geologie und Kosmologie. Die kausalen Konstellationen sind hier vielfach zu spezifisch, um eine hinreichend exakte Replikation zur Überprüfung der Universalitätsvoraussetzungen kausaler Hypothesen zuzulassen.

Es ist ein unbestreitbarer Vorzug der kontrafaktischen Theorie, dass sie auf die Schwierigkeiten reagiert, die die Forderung des INUS-Modells nach Ausschluss kausal redundanter Bedingungen aus dem Set der Kausalfaktoren beinhaltet. Welche Faktoren kausal relevant und welche irrelevant sind, lässt sich vielfach nicht durch induktive Verfahren wie die experimentelle Replikation oder wiederholte Beobachtung der betreffenden Konstellationen ermitteln, sondern lediglich durch von theoretischen Überlegungen geleitete Gedankenexperimente. Denn vielfach verhindert die nomologische Strukturierung der Welt selbst eine Prüfung von Kausalitätshypothesen auf ihr *fundamentum in re.* Der Stein des Anstoßes ist auch hierbei weder die Situation der perfekten Korrelation, bei der die Naturgesetze einer isolierten Überprüfung der kausalen Wirksamkeit oder Unwirksamkeit einzelner Faktoren keinen Spielraum lassen. In diesem Fall stößt eine Prüfung, ob – im Rahmen des INUS-Schemas – ein bestimmter Faktor kausal relevant oder kausal redundant ist, nicht nur an praktische, sondern auch an nomologische, in den Naturgesetzen begründete Grenzen. Es lässt sich – unter den realen Bedingungen – auf keine erdenkliche Weise empirisch ermitteln, ob ein Phänomen U_1, das in der Gegenwart eines weiteren Phänomens U_2 regelmäßig einem Phänomen W vorausgeht, eine eigenständige kausale Rolle für W spielt oder ob sich die regelmäßig Abfolge zwischen U_1 und W auch oder ausschließlich der gleichzeitigen Gegenwart von U_2 verdankt.

Die kontrafaktische Theorie löst dieses Problem dadurch, dass sie die Frage, ob in diesem Fall U_1 an W kausal beteiligt ist oder W lediglich vorausgeht, an theoretische Überlegungen verweist, die auf der Grundlage der Gesamtheit unserer momentanen Kenntnis der nomologischen Struktur der Welt und bestimmten darüber hinausgehenden methodischen Prinzipien wie Kohärenz- und Einfachheitskriterien über die Angemessenheit einer kausalen oder lediglich epiphänomenalen Interpretation der Beziehung zwischen U_1 und W entscheidet. Ausschlaggebend für diese Entscheidung sind kontrafaktische Erwägungen. Soweit es Gründe für die Annahme gibt, dass U_1 auch in Abwesenheit von U_2 W zur Folge haben *würde*, ist eine Interpretation angemessen, die

U_1 kausale Relevanz für W zuspricht. Soweit es Gründe für die Annahme gibt, dass U_2 auch in Abwesenheit von U_1 W zur Folge haben *würde*, ist eine Interpretation angemessen, die U_1 kausale Relevanz für W abspricht. Und soweit es Gründe für die Annahme gibt, dass sowohl U_1 in Abwesenheit von U_2 als auch U_2 in Abwesenheit von U_1 W zur Folge haben *würde*, ist eine Interpretation angemessen, die sowohl U_1 als auch U_2 kausale Relevanz für W zuspricht.

3.5.3.1 Die Rolle von Gesetzen und Gesetzeshypothesen

Ein klassisches Problem, das sich für kontrafaktische Theorien stellt, ist, wie die Wahrheit kontrafaktischer Aussagen festzulegen ist. Kontrafaktische Aussagen lassen sich nicht durch bloße Beobachtung verifizieren. Die hypothetischen Sachverhalte, die in ihnen beschrieben werden, finden ja gerade nicht real, sondern lediglich in der Phantasie statt. Wenn kontrafaktische Aussagen konstitutiv für Aussagen über kausale Verhältnisse sein sollen, sollte die Wahrheit kontrafaktischer Aussagen nicht von bloß subjektiven Kriterien abhängen. Kausale Aussagen sollen ja das Desiderat der Objektivität erfüllen, und das wäre nicht gegeben, wenn Kausalaussagen auf kontrafaktische Aussagen zurückgeführt würden, deren Wahrheit sich nicht in objektiver Weise festlegen lässt. Dieses Problem wird besonders in juristischen Verfahren, wo die epistemischen Anforderungen besonders hoch sind, virulent. Urteile darüber, was gewesen wäre, wenn bestimmte faktische Umstände und Taten nicht eingetreten bzw. vollzogen worden wären, erscheinen mitunter spekulativ und wenig durch objektive Evidenz gesichert.

In seinem berühmten Versuch, eine objektive Semantik für kontrafaktische Aussagen zu entwickeln, macht Lewis (1973) die Wahrheit kontrafaktischer Aussagen von der *Ähnlichkeit* (oder Nähe) möglicher Welten zu unserer tatsächlichen Welt abhängig. Die Aussage „Wäre U nicht eingetreten, wäre auch W nicht eingetreten" ist danach genau dann wahr, wenn eine Welt, in der U und W nicht eintreten, unserer Welt ähnlicher ist, als eine Welt, in der W eintritt, ohne dass vorher U eingetreten ist.

Lewis' Analyse erweist sich jedoch als nicht geeignet, objektive Wahrheitskriterien für kontrafaktische Aussagen zu liefern. Sie scheitert an der Beliebigkeit der Ähnlichkeitsordnung möglicher Welten. Die Frage ist: Warum soll eine Welt G', die weder U noch W enthält, unserer Welt G (die U und W enthält) ähnlicher sein als eine Welt G", die zwar kein W, aber immer noch ein U enthält? G" entspricht (G minus W), und G' entspricht (G minus (U und W)). G" unterscheidet sich also von G in nur einem Element, während G' sich in zwei Elementen von G unterscheidet. Wir halten G' aber trotzdem für G-ähnlicher als G", wenn wir meinen, dass U und W durch ein Naturgesetz verbunden sind. Wir halten dann

G‘ für G-ähnlicher, weil G‘ mit den Naturgesetzen in G vereinbar ist, während G“ mindestens eins durchbricht. Diesen nomologischen Unterschied beziehen wir offensichtlich in unserer Gewichtung der Ähnlichkeit möglicher Welten ein.

Die kontrafaktische Analyse muss daher um nomologische Hypothesen ergänzt werden. Das Bedingungsverhältnis zwischen Ursache und Wirkung wird dann als ein Verhältnis der naturgesetzlichen Determination verstanden. Die kontrafaktischen Aussagen, die wir über kausale Sachverhalte machen, werden durch diese nomologischen Zusammenhänge wahr gemacht. Was Gesetzesartigkeit ausmacht, bleibt dabei zugegebenermaßen dunkel. Klar ist, dass naturgesetzliche Regularitäten von akzidentiellen Regularitäten nicht wiederum durch wahre kontrafaktische Aussagen unterschieden werden können. Solange die Wahrheit kontrafaktischer Aussagen von nomologischen Hypothesen abhängen, würde das in einen Zirkel führen. Nomologische Hypothesen unterstützen zwar kontrafaktische Aussagen, aber das kann kein für sie konstitutives Merkmal sein, sondern lediglich ein Indiz, in dem sich die Nomologizität dieser Hypothesen zeigt.

Naturgesetze lassen sich am besten als grundlegende Strukturen der Wirklichkeit verstehen, durch die die Welt ihre Ordnung erhält. Diese Strukturen werden in den Axiomen und Theoremen unserer besten Theorien über die Welt zum Ausdruck gebracht:

> Science deals with the structures ... of physical systems ... These are symbolically represented in laws of science. (Weinert 1993, 163)

Die Kritik, dass die Kriterien für die besten Theorien wie Einfachheit und Stärke in hohem Maß subjektiv sind, ist verständlich, sollte aber nicht zu hoch gewichtet werden. Die besten Theorien sind die, die die Welt möglichst wahrheitsgemäß beschreiben. Wissenschaftsstrategische Ideale wie Einfachheit und Stärke sind weder beliebig noch Selbstzweck, sondern stehen ebenfalls unter dieser Maßgabe; hinter ihnen steht die fundamentale Hypothese (die natürlich falsch sein kann), dass die Welt einfach gestaltet ist und sich aus wenigen Prinzipien heraus erklärt. Es sind diese Prinzipien, die durch unsere besten Theorien über die Welt beschrieben werden, die wir als Naturgesetze anerkennen.

Allerdings sind nicht alle Naturgesetze schon Kausalgesetze, d. h. Gesetze, die diejenigen kontrafaktischen Aussagen wahr machen, die wir für kausale Beziehungen als konstitutiv erachten. Zum Einen gibt es Koexistenzgesetze, wie etwa das Boyle-Mariottesche Gasgesetz oder das Gesetz, dass alle (zum Zeitpunkt t vorhandenen) Säugetiere (zum Zeitpunkt t) Lungenatmer sind (vgl. Schroeder-Heister 1984, 416). Anders als Koexistenzgesetze gehören Kausalgesetze zu den Sukzessionsgesetzen. Sie bringen zeitlich aufeinanderfolgende Entitäten in eine naturgesetzliche Beziehung zueinander. Aber nicht alle Sukzessionsgesetze sind schon Kausalgesetze. Stellen wir uns erneut den Fall vor, dass A und B zwei zeitlich aufeinanderfolgende Symptome eines zugrundeliegenden Ereignisses oder Prozesses C sind:

> If it is a law, that A happens iff C happens and B happens iff C happens, then a situation in which A happens but B does not happen would violate the laws of nature. Hence the counterfactual ‚if B had not happened, A had not happened' would bet rue, indicating a causal relationship where *ex hypothesi* none exists. (Graßhoff & May 2003, 110; Hervorhebung im Original)

A und B sind in dem so konstruierten Fall naturgesetzlich miteinander verbunden. Diese naturgesetzliche Beziehung konstituiert aber keine kausale Beziehung. Der Grund ist auch hier wieder, dass die Verbindung zwischen A und B nicht unabhängig ist: Sie verletzt die Millsche Forderung der „unconditionalness". Die Unabhängigkeit einer naturgesetzlichen Beziehung zeigt sich, wenn sie kontextübergreifend besteht und auch dann bestehen würde, wenn andere Naturgesetze ausgeschaltet oder aufgehoben wären. Die Verbindung von A und B ist also nur dann eine kausale Verbindung, wenn sie unabhängig von den weiteren naturgesetzlichen Beziehungen, die zwischen A, B und C bestehen, fortbestehen würde.

Kausalgesetze sind demnach besonders fundamentale Naturgesetze, die im Kern und nicht an der Peripherie der naturgesetzlichen Strukturen der Welt verortet sind. Wie aber testen wir die Unabhängigkeit kausaler Gesetzmäßigkeiten, wenn sie sich, wie in dem stipulierten Beispiel, nicht empirisch verifizieren lässt? Anders gefragt: Was berechtigt uns, bestimmte kontrafaktische oder kontranomische Hypothesen aufzustellen wie etwa: „Auch wenn A ohne C eintreten würde, würde B auf A folgen"?

Betrachten wir noch einmal die Debatte um die mentale Verursachung. Was berechtigt den Epiphänomenalisten zu der Überzeugung, dass ein körperliches Verhalten auch dann eintreten würde, wenn ein faktisch diesem Verhalten regelmäßig vorangehender Bewusstseinszustand (entgegen den herrschenden psychophysischen Gesetzen) ausbliebe? Die Überzeugung ist durch ihren Grad an theoretischer Einbettung gerechtfertigt. Der Epiphänomenalist kann sich darauf berufen, dass wir mittlerweile schon sehr viel über die neuronalen Ursachen unseres Verhaltens wissen. Neurowissenschaftler haben ein klares Bild vom *modus operandi* der Verursachung eines Verhaltens durch die Aktivierung bestimmter Hirnregionen. Es gibt dabei keinerlei theoretische Anzeichen dafür, dass die neuronalen Mechanismen, die zur Ausführung des Verhaltens führen, irgendwelche Lücken aufweisen, die den Einfluss mentaler Faktoren nahelegen. Diese theoretischen Erwägungen motivieren die Annahme des Epiphänomenalisten, dass neuronale Faktoren für die Genese unseres Verhaltens hinreichen.

Zur weiteren Motivation seiner Überzeugung kann sich der Epiphänomenalist auch auf den Umstand berufen, dass wir anders als im Fall der neuronalen Verursachung keinerlei Vorstellung davon haben, wie mentale Zustände körperliche Wirkungen zeitigen könnten. Wir kennen keinen *modus operandi* der mentalen Verursachung: *Wie* macht der Schmerz, dass sich jemand krümmt? Neuronale Verursachung ist in eine gut bestätigte Theorie eingebettet. Mentale Verursachung ist das nicht; sie ist vor dem Hintergrund unseres theoretischen Wissens ein *brute fact* – und das sollte uns misstrauisch machen (vgl. Bieri 1992, 293 ff.). Es ist – *pace* Hans Jonas– für die Berechtigung der Annahme mentaler Verursachung eben *nicht* unerheblich, „ob sich von dem ‚Wie' ihrer Ausübung eine Vorstellung gewinnen läßt oder nicht." (Jonas 1981, 84)

4 Können Unterlassungen kausal sein?

4.1 Unterlassungen als Kausalfaktoren

Die Bedingungsanalyse in der verfeinerten Form, die ihr Mackie gegeben hat, eröffnet einer Kausalität von Unterlassungen einen bestimmten, wenn auch begrenzten Spielraum. Um sehen zu können, wie groß oder wie klein dieser Spielraum ist, empfiehlt es sich, die drei Fragen zu unterscheiden, die sich im Rahmen des INUS-Schemas (bzw. des NESS-Schemas) hinsichtlich der kausalen Rolle von Unterlassungen stellen lassen:

1. Können Unterlassungen die Rolle von Gesamtursachen (*total causes* im Sinne von Mills Kausalitätstheorie) für bestimmte Wirkungen spielen? Können Unterlassungen kausal hinreichend für bestimmte Wirkungen sein?
2. Können Unterlassungen die Rolle von Kausalfaktoren für bestimmte Wirkungen spielen? Genauer: Können Unterlassungen im Sinne des INUS-Modells als notwendige und nicht-redundante Komponenten kausal hinreichender Bedingungssets fungieren?
3. Können Unterlassungen die Rolle von Hintergrundbedingungen oder Komponenten des „kausalen Felds" spielen, d. h. von Hintergrundbedingungen, die in Erklärungskontexten nicht thematisiert werden?

Es ist unumgänglich, diese Fragen zu unterscheiden, denn offensichtlich fallen die Antworten jeweils verschieden aus. Was die *erste* Frage betrifft, so scheint es außerordentlich schwierig, sich Konstellationen von Faktoren zu denken, in denen neben Unterlassungen keine weiteren Faktoren an dem Zustandekommen der durch sie erklärten Folgeereignisse beteiligt sind. Es sind ja gerade diese weiteren, neben dem Unterlassen bestehenden Faktoren, die zu der verbreiteten Auffassung motivieren, die Folgeereignisse seien ausschließlich auf diese weiteren und nicht auch auf das Unterlassen zurückzuführen. As Pflanzen sterben nicht *allein* deshalb ab, weil sie nicht begossen werden, sondern auch, weil sie „von sich aus" die Tendenz haben, ohne die Zufuhr von Wasser abzusterben. Bs vergrätzte Reaktion ist nicht *allein* darauf zurückzuführen, dass A ihn nicht grüßt, sondern auch auf Bs Empfindlichkeit in diesem Punkt. Diese Beispiele scheinen verallgemeinerbar: Wenn überhaupt, dann bedarf es forcierter gedanklicher Anstrengungen, um einen kausalen Prozess ins Auge zu fassen, bei dem eine Wirkung allein durch ein Unterlassen und durch nichts anderes bewirkt ist. Vielfach ist Unterlassen ein *Zulassen* von Prozessen, die sich unabhängig von dem Unterlassen vollziehen, die aber durch ein aktives Eingreifen verhindert, abgemildert oder in irgendeiner anderen Weise gestört werden könnten. Es bedarf einer zeitlichen Verkettung von Ereignissen, Zuständen oder Dispositionen, die auch dann ablaufen würde, wenn der unterlassende Akteur nicht präsent wäre oder zumindest (da diese Kette auch von ihm selbst, zum Beispiel seinem Körper ausgehen kann) durch ein handelndes Eingreifen nicht änderbar wäre.

Um einen Akteur zu denken, dessen Nicht-Handeln ausreicht, eine bestimmte Wirkung herbeizuführen, müsste man einen „negativen Akteur" konstruieren, der durch sein Nicht-Eingreifen bewirkt, dass sich etwas verändert, ohne dass diese Veränderung zumindest zu einem Teil auf Faktoren innerhalb des sich Verändernden zurückgeführt werden kann. Aristoteles ist einer solchen Konstruktion nahegekommen, als er den unbewegten Beweger als einen rein passiven Akteur fasste, der die von ihm ausgelöste Bewegung nicht selbst anstößt, sondern lediglich andere (die Himmelskörper) dazu *inspiriert*, sich in Bewegung zu setzen.: „Die Vernunft (nous) wird von dem Denkbaren in Bewegung gesetzt." (Metaphysik 1072a 26f.) „Inspirieren" ist eine Form von Kausalität, aber nur scheinbar ein Handeln. Vielmehr vollzieht sich „Inspirieren" der Sache nach in der Wahrnehmung anderer, die eine Veränderung ihrer Wahrnehmungsweise und dadurch weitere kausale Wirkungen erfahren. Ähnlich heißt es in Goethes „Vorspiel im Himmel": „Ihr [der Sonne] Anblick gibt den Engeln Stärke". Die Veränderungen im Inspirierten sind durch das Inspirierende bewirkt, dieses bleibt aber dennoch rein passiv. Sowohl die Bedingung der Kausalität als auch die Bedingung der relevanten Inaktivität des Akteurs (sofern man den unbewegten Beweger als Akteur denkt) wäre erfüllt. Zugleich ist offenkundig, dass auch diese Konstruktion weiterer Kausalfaktoren bedarf, um die Entstehung von Bewegung zu erklären, vor allem die Fähigkeit der „inspirierten" Himmelskörper, sich durch die Betrachtung des unbewegten Bewegers zur Bewegung inspirieren zu lassen bzw. der Engel, sich durch den Anblick der Sonne stärken zu lassen.[1] Ähnlich in anderen Fällen einer rein „passiven" Kausalität, etwa wenn das fortgesetzte Schweigen eines Gurus die versammelten Gläubigen ebenfalls zum Schweigen bringt, oder, um einen für die Praxis hochrelevanten Fall zu nehmen, das Nicht-Eingreifen anderer Passanten in einem Notfall einen weiteren Passanten dazu bringt, ebenfalls nicht einzugreifen, auch wenn er eingreifen könnte und, wäre er allein, eingreifen

1 Ähnliches gilt für andere verursachenden Ereignisse, die erst als Gegenstände einer (mentalen) Interpretation eine bestimmte kausale Bedeutung erlangen, z. B. für Verdachtsmomente für einen Detektiv oder die Übermittlung von Informationen, aus denen der Empfänger weitreichende Schlüsse zieht. Aber auch wenn das Verdachtsmoment für sich genommen nicht ausreichend für einen Verdacht ist und die Teilinformation für sich genommen nicht ausreichend für die weitreichenden Schlüsse, sind sie (Teil-)Ursachen für ihre jeweiligen Folgen. (Vgl. Dretske 1979, 373f.)

würde.[2] Jedes Mal scheint ein Teil der Kausalität in dem Unterlassen eines Akteurs zu liegen, aber eben nur ein Teil. Das Unterlassen ist jeweils nicht für sich genommen hinreichend. Hinzu kommen weitere, in dem jeweiligen unabhängigen Prozess liegende Faktoren.

Ein Unterlassen als Hintergrundbedingung (im Sinn der *dritten* Frage) zu denken, bereitet bedeutend weniger Schwierigkeiten, auch wenn es in einem wissenschaftlichen Weltbild keinen Platz hat und lediglich in hochgradig spekulativen Systemen der Welterklärung vorkommt, in denen „hinter" den Weltstrukturen und -prozessen, die wir in kausalen Erklärungen zitieren, ein transzendenter Akteur steht. Dieser würde genau so weit eine kausale Funktion übernehmen, als er die in der Welt ablaufenden kausalen Verkettungen durch sein Nicht-Eingreifen *ermöglicht* oder *zulässt*. Eine weitere Bedingung wäre, dass dieses „Zulassen" nicht nur punktuell, sondern dauerhaft stattfindet, so dass es in der Erklärung von Veränderungen in der Welt nicht mehr ausdrücklich benannt, sondern als mehr oder weniger selbstverständlich vorausgesetzt wird. Beide Bedingungen sind in der Tat erfüllt in der Tradition des Deismus, die von einem als Akteur vorgestellten Gott ausgeht, der in Gestalt von Wundern zwar in den Weltlauf einwirken könnte, es allerdings – aus welchen Motiven auch immer – vorzieht, die Welt den Naturgesetzen zu überlassen. In dieser Konstruktion fungiert der nicht-eingreifende Gott als Hintergrundbedingung – als Komponente des „kausalen Felds", innerhalb dessen die zur Erklärung von Veränderungen herangezogen Kausalfaktoren lokalisiert sind –, ohne damit jedoch seine kausale Relevanz gänzlich einzubüßen. Denn da zumindest die logische, wenn auch dauerhaft unrealisierte Möglichkeit besteht, dass er in das Weltgeschehen eingreift, würde sein Nicht-Eingreifen in einer ideal vervollständigten Liste der kausalen Faktoren sehr wohl auftauchen müssen. Die Aufzählung der zur Erklärung von Veränderungen zitierten Kausalfaktoren wäre nicht vollständig, die gewöhnlich zitierten kausalen Faktoren in ihrer Gesamtheit nicht streng kausal hinreichend. Zugleich ist klar, dass eine solche Konstruktion unter epistemischen Gesichtspunkten ausgesprochen prekär wäre und sich der Deismus in einer labilen Gleichgewichtslage befindet, in der er entweder in den Atheismus oder den Theismus (in dem Gott gelegentlich in das Weltgeschehen eingreift) umzuschlagen droht. Für den Atheisten ist die Überzeugung, dass Gott niemals in den Weltlauf eingreift, zugleich ein Grund, die Fähigkeit Gottes, in den Weltlauf einzugreifen, in Frage zu stellen und damit die Akteursqualität Gottes – als Teil der personalen Gottesvorstellung – zu bezweifeln. Für den Theisten ist

2 Von der Wirksamkeit solcher Unterlassungen wird gelegentlich gesagt, sie übten einen „psychologischen Einfluss" aus (vgl. Hart & Honoré 1985, 447).

andererseits die Akteursqualität Gottes unvereinbar mit seinem fortgesetzten Nicht-Eingreifen, so dass er aus diesem Grund annehmen wird, dass Gott doch – auch wenn es dafür keine empirischen Belege gibt – in den Weltlauf eingreift, möglicherweise auf eine für die Menschen unerkennbare Weise.

Realistischerweise bleibt für Unterlassungen demnach nur die Rolle von *Kausalfaktoren* eine ernsthafte Option. Nicht nur in den oben aufgeführten Beispielen, sondern in allen unter Realbedingungen möglichen Beispielen scheinen Unterlassungen nicht mehr, aber auch nicht weniger als eine *kontributorische* kausale Rolle zu spielen, d. h. eine Rolle der kausalen *Relevanz* statt der Rolle von kausal hinreichenden oder bloßen Hintergrundbedingungen. Sie bedingen bestimmte kausale Folgen zusammen mit anderen (nicht-negativen) Bedingungen und tragen als Teilursachen zur Gesamtwirkung bei.

Wie für Handlungen gilt auch für Unterlassungen, dass sie in der Regel für ihre Wirkungsereignisse weder kausal hinreichend noch kausal notwendig sind. Auch im Fall der besagten Pflanzen ist das Nicht-Begießen weder eine notwendige noch eine hinreichende Bedingung ihres Absterbens. Die Pflanzen könnten auch infolge einer Krankheit absterben, und sie könnten trotz Nicht-Begießens dank außergewöhnlicher Umstände, etwa einer besonders nassen Witterung, am Leben bleiben. Oder mehrere Unterlassungen könnten zusammentreffen, entweder so, dass beide (vor dem Hintergrund eines kausalen Felds) für sich hinreichend, aber nicht notwendig sind (Nicht-Begießen und Nicht-Düngen), oder so, dass beide notwendig sind, aber keine für sich hinreichend ist (Nachsehen, wie es den Pflanzen geht und Wasser holen).

Insgesamt entspricht dieses Ergebnis Mills auf alle negativen Kausalfaktoren gemünzte Bemerkung, dass

> from nothing, from a mere negation, no consequences can proceed. All effects are connected, by the law of causation, with some set of *positive* conditions; negative ones, it is true, being almost always required in addition. (System of logic III, V, § 2)

Diese Analyse trifft auf eine große Zahl paradigmatischer kausaler Situationen zu. Zwei solche paradigmatische Situationen lassen sich unterscheiden: Bei der einen ist die Wirkung das *Eintreten eines Ereignisses* oder einer *Zustandsänderung*, bei der anderen *die Aufrechterhaltung eines Zustands*. Bei Ereignissen oder Zustandsänderungen tragen in der Regel neben bestimmten „precipitating conditions" – Ereignissen, die die Rolle der unmittelbaren Auslöser spielen – „standing conditions" (Dray 1964, 152) zum Zustandekommen der Wirkung bei, d. h. konstante Bedingungen, darunter längerfristige Zustände, Dispositionen und Potenziale. Diese konstanten Bedingungen sind zu einem Teil negativer Natur: Eine Person reagiert auf einen Zuruf nicht, weil sie untätig bleibt (Unterlassen);

ein Gegenstand zerbricht bei einem Aufprall nicht, weil er unzerbrechlich ist (negative Disposition): eine Person missversteht eine Warnung, weil sie taub ist (negatives Potenzial).

Benötigen alle kausalen „consequences“ positive Kausalfaktoren oder Bedingungen? Zweifelhaft in dieser Hinsicht könnten insbesondere Zustände erscheinen, die durch einen Kausalprozess lediglich aufrechterhalten und nicht verändert werden, also Situationen des zweiten paradigmatischen Typs. Für diese Situationen scheint Mill seine Bemerkung nicht gelten lassen zu wollen, denn an der zitierten Stelle geht es folgendermaßen weiter:

> In other words, every factor phenomenon which has a beginning invariably arises when some certain combination of positive facts exists, provided certain other positive facts do not exist. (ebda.)

Das heißt: Für die bloße Aufrechterhaltung eines Phänomens (das nicht neu einsetzt, also kein „beginning“ hat) scheint Mill seine Forderung nach positiven Ursachen nicht aufrechterhalten zu wollen. Zumindest lässt er es offen, ob er sie auch für Konstantbleiben eines Zustands gelten lassen möchte. Aber offenbar ist auch in diesen Situationen zumindest *eine* positive Bedingung unabdingbar, nämlich das vorherige Bestehen des weiter bestehenden Zustands. Als negative Bedingung kann ein Unterlassen nur dann dazu führen, dass sich *nichts ändert*, wenn ein entsprechender Zustand bereits besteht.

Gehen wir also davon aus, dass Unterlassungen als Kausalfaktoren von Ereignissen und dem Weiterbestehen von Zuständen in Betracht kommen. Erfüllen sie auch die innerhalb des INUS-Modells weitere Bedingung der *Nicht-Redundanz*? Können Unterlassungen insofern einen kausalen Beitrag leisten, als sie aus der jeweils kausal (quasi-)hinreichenden Konstellation von Kausalfaktoren[3] nicht herausgekürzt werden können, ohne ihr den kausal hinreichenden Charakter zu nehmen? Auch dies ist in Mills verallgemeinerter Konzeption negativer Ursachen vorgesehen:

> All the conditions were equally indispensable to the production of the consequent. (System of logic III, V, § 3)

Danach wäre es eine Täuschung zu denken, dass die weiteren in der jeweiligen Situation beteiligten Faktoren auch ohne die Unterlassung hinreichend wären, das Folgeereignis herbeizuführen. In der Tat wäre das eine Täuschung, auch

3 „Quasi-“ deshalb, weil die Faktoren des „kausalen Felds“ unberücksichtigt bleiben.

wenn das nicht unmittelbar einsichtig sein mag: Die Unterlassung ist immer dann, wenn sie für ein Folgeereignis kausal relevant ist, d.h. die Wirkung abwenden oder modifizieren könnte, ein wesentlicher Bestandteil des Ursachengefüges.[4] Wenn As Pflanzen absterben, ist das nicht ausschließlich auf die beteiligten natürlichen Umstände, sondern – unter den bestehenden Umständen – auch auf die Versäumnisse von B zurückzuführen. Dass B es unterlässt, As Pflanzen zu begießen, ist eine Komponente in dem Gesamtkomplex der Kausalfaktoren, die das Absterben von As Pflanzen herbeiführen. Ohne diese Bedingung wären die übrigen Komponenten zusammen genommen nicht kausal hinreichend. Hinreichend wären sie nur, wenn keine Intervention die Wirkung verhindern könnte oder wenn für Bemühungen, die Wirkung zu verhindern, ein *point of no return* überschritten wäre. Dieser Fall war jedoch – jedenfalls zu Beginn des Prozesses des Absterbens – nicht gegeben. B hätte das Ergebnis des Prozesses verhindern können. Der Test, ob eine negative Bedingungen ursächlich für eine bestimmte Wirkung ist, muss also so aussehen, dass gefragt wird, ob die Wirkung unter den gegebenen Umständen auch ohne die betreffende negative Bedingung eintreten würde, d.h. ob die negative Bedingung redundant ist. Wenn ja, ist sie an der Wirkung kausal nicht beteiligt, wenn nein, doch.[5]

An dieser Stelle zeigt sich, dass eine Kausalitätsvorstellung, die – mit Kant – kausale Wirksamkeit *Veränderungen* vorbehält, zu kurz greift und die an der Verursachung beteiligten konstanten Faktoren vernachlässigt. Wer die Auffassung vertritt, dass „in der Kette der Veränderungen, die den Erfolg bewirkte“, der Unterlassende und sein Verhalten gar nicht auftauche (Schmidhäuser 1970, 547) verkennen, dass zu den kausalen Bedingungen der Wirkung, hier des Absterbens der Pflanzen, nicht nur Veränderungen gehören, sondern auch „standing conditions“, unter ihnen auch Unterlassungen.

Die Tatsache, dass Unterlassungen die Rolle von nicht-redundanten Elementen von insgesamt kausal hinreichenden Faktorensets übernehmen können, hat eine überraschend aktuelle Bedeutung, nämlich im Zusammenhang mit der sogenannten „passiven“ Sterbehilfe. Als „passiv“ gilt diese Form der Sterbehilfe, weil sie typischer-, aber nicht notwendigerweise durch ein Unterlassen vollzogen wird. Ein Patient wird sterben gelassen, indem man darauf verzichtet, sein Leben zu verlängern, das man durch medizinische Interventionen verlängern könnte, etwa indem man eine lebensverlängernde Behandlung abbricht oder eine aufge-

---

4 So auch einige der in dieser Debatte führenden Rechtswissenschaftler: „Negationen sind ... für vollständige Kausalerklärungen nicht nur zulässig, sondern unerläßlich.“ (Puppe 1980, 899) „Negative statements like „he did not pull the signal“ are ways of describing the world, just as affirmative statements are.“ (Hart & Honoré 1985, 38)

5 Vgl. die Beispielfälle bei Hart & Honoré 1985, 127, 453f.

nommene Behandlung weiterführt, aber mit einer für das Überleben nicht mehr ausreichenden Intensität. Interessant ist jedoch, dass sich viele Ärzte dagegen wehren, dass ein Behandlungsabbruch (ob vom Patienten verlangt oder aus Gründen des Patientenwohls vorgenommen) als „passive“ Sterbehilfe und damit als Form von Sterbehilfe gelten soll. „Sterbehilfe“ legt nahe, dass der Arzt in irgendeiner Weise kausal am vorzeitigen Tod des Patienten beteiligt ist. Im Falle eines Behandlungsabbruchs oder des „Einfrierens“ einer Behandlung auf einem nicht mehr ausreichenden Niveau sterbe der Patient jedoch an seiner Krankheit und nicht an einer ärztlichen Intervention.

Der Unmut dieser Ärzte ist verständlich, aber der Sache nach unberechtigt. Denn nach der INUS-Analyse muss auch die unterlassene Weiterbehandlung als eine der Ursachen des vorzeitigen Todes des Patienten gelten. Auch wenn sie durch ein bloßes Unterlassen realisiert ist, erfüllt sie alle an eine echte Ursache zu stellenden Bedingungen. Die unterlassene Weiterbehandlung ist ein nicht eliminierbarer Teil einer hinreichenden Bedingung für den vorzeitigen Tod des Patienten. Ohne das Unterlassen wären die übrigen Bedingungen für sich nicht kausal hinreichend. Selbstverständlich ist sie nur eine von vielen Teilbedingungen. Aber als eine negative Teilbedingung ist sie ein ebenso vollwertiger Kausalfaktor wie die positiven Faktoren. In ihrer kausalen Rolle unterscheidet sie sich nicht von einem hypothetischen aktiven Eingreifen. Psychologisch ist die Reaktion vieler Ärzte dennoch gut nachvollziehbar. Das Unterlassen einer möglichen Weiterbehandlung wird als *indirekter* am Tod des Patienten beteiligt empfunden, als es ein aktiver Eingriff beim Patienten wäre. Hinzu kommen möglicherweise weitere Faktoren: der „omission bias“, d.h. die Tendenz zur Reduktion der kausalen Verantwortlichkeit für Unterlassungsfolgen infolge der Attribution der Kausalität an die beteiligten externen Faktoren (vgl. Baron 2006, 181), und der „Natürlichkeitsbonus“, die Tendenz, natürliche Quellen von Schäden und Risiken weniger negativ zu bewerten als handlungsartige (vgl. Birnbacher 2006, 21ff.).

4.2 Unterlassungen als fokussierte Kausalfaktoren

Nach dem INUS-Modell unterscheiden sich die einzelnen Kausalfaktoren, die zusammen einen (quasi-)hinreichenden Faktorenset ausmachen, nicht. Alle einzelnen Faktoren sind im Prinzip gleichwertig. Sie tragen alle in gleicher Weise zur Herbeiführung der Wirkung bei, und sie sind alle nicht-redundant in dem Sinne, das, falls sie fehlten, der gesamte Set nicht mehr hinreichend wäre, die Wirkung herbeizuführen.

Diese Gleichwertigkeit gilt allerdings nur in struktureller Hinsicht. In anderen Hinsichten können sich die Einzelfaktoren gravierend unterscheiden, z.B. in

Hinsicht auf ihr unterschiedliches kausales Gewicht oder auf das Ausmaß, in dem sie unter pragmatischen Aspekten hervorgehoben und gegenüber anderen Faktoren ausgezeichnet werden. Bei den Fällen, die wir oben als Belegfälle für Unterlassungskausalität angegeben haben, handelt es sich nicht zufällig um Fälle, bei denen die kausal beteiligte Unterlassung sowohl ein starkes kausales Gewicht hat (wie immer dies im einzelnen expliziert wird) als auch in der Regel rhetorisch in besonderer Weite hervorgehoben wird, etwa so, dass die Unterlassung als „die" oder die „ausschlaggebende", „entscheidende" oder „zentrale" Ursache erscheint.

Beide Formen der Differenzierung von Kausalfaktoren fallen nicht durchweg zusammen – schon deshalb nicht, weil das kausale Gewicht eines Kausalfaktors einen objektiven oder zumindest intersubjektiv konsentierten Sachverhalt darstellt (oder darstellen sollte), während die Hervorhebung eines Kausalfaktors als *die* Ursache in starkem Maße von subjektiven Interpretationen, Perspektiven, Zwecksetzungen und Wünschen abhängt.

So entscheidet in der Regel das kausale Gewicht des Fehlverhaltens der beteiligten Autofahrer an einem Verkehrsunfall über die Aufteilung des Schadensersatzes. Zumindest dem Anspruch nach (zumindest solange keine Gesichtspunkte der Schuld einfließen) ist diese Gewichtung objektiv und legt die Aufteilung der Haftung unabhängig davon fest, wie wichtig jedem der Beteiligten die Hervorhebung einer der beteiligten Kausalfaktoren als *die* oder die *wesentliche* Ursache der jeweiligen Wirkung ist. Sie hängen ab von den als objektiv bestehend aufgefassten Wahrscheinlichkeiten, mit denen sich die Wirkung bei einem gegebenen Kausalfaktor ergibt bzw. die Wirkung auch ohne den Kausalfaktor eintritt. Für die letztere Unterscheidung sind dagegen die subjektiven Wahrscheinlichkeitsschätzungen und die Interessen entscheidend, die der jeweilige Sprecher mit einer kausalen Attribuierung verfolgt. Als je unwahrscheinlicher der jeweilige Sprecher einen Kausalfaktor einschätzt und je mehr sich sein Interesse auf ihn richtet, desto wahrscheinlicher ist es, dass er ihn als *die* Ursache eines Folgeereignisses betrachtet (vgl. Birnbacher 1995, 86). Nehmen wir an, ein bestimmter Verkehrsunfall ist sowohl durch Schneefall, unzureichende Ausschilderung und überhöhte Geschwindigkeit bedingt. Welcher der drei Faktoren hat die besten Aussichten, als der – wie man sagen könnte – *fokussierte*[6] *Kausalfaktor* herausgehoben zu werden? Abhängen wird dies erstens von den Wahrscheinlichkeiten, mit denen die Faktoren von einem bestimmten Beurteiler eingeschätzt werden. Findet der Unfall

6 In der angelsächsischen Literatur wird hier in der Regel von „salient" gesprochen (vgl. z. B. Bennett 1995, 133).

etwa in einer Region statt, in der Schneefall nach Einschätzung des Beurteilers extrem selten ist, wird er diese Rolle möglicherweise den Witterungsverhältnissen zusprechen. Hat andererseits die unzureichende Beschilderung in der betreffenden Region den Status einer Ausnahme, ist es nicht unwahrscheinlich, dass diesem Faktor die Rolle des ausschlaggebenden Faktors zugewiesen wird. Zweitens wird es aber auch von den normativen Erwartungen, Wünschen und Interessen des jeweiligen Beurteilers abhängen. Geht es diesem primär darum, das Fahrverhalten der beteiligten Autofahrer zu kritisieren, wird er eher das unangepasste Fahrverhalten als die unzureichende Ausschilderung als *die* oder die *entscheidende* Ursache des Unfalls benennen. Kommt es ihm primär darauf an, die Versäumnisse der Stadtverwaltung anzuprangern, wird er diese Rolle eher der unzureichenden Ausschilderung zuweisen.

Unter diesem Gesichtspunkt ist das Beispiel von Bs versäumten Begießen von As Pflanzen in besonderer Weise dafür prädestiniert, als paradigmatisch für Unterlassungskausalität angeführt zu werden. Ein durchschnittlicher Beurteiler hat in diesem Fall sowohl einen theoretischen als auch einen praktischen Grund, Bs Unterlassen als *die* Ursache des Absterbens von As Pflanzen zu bezeichnen. Erstens hat B durch sein gegenüber A gegebenes Versprechen eine entsprechende Erwartung begründet; zweitens ist einem Beurteiler C in der Regel darüber hinaus daran gelegen, die Verbindlichkeit eines solchen Versprechens zu bekräftigen, sei es aus genuin moralischen oder aus eigeninteressierten Gründen. Beide Gründe können (müssen aber nicht) C dazu bewegen, Bs Unterlassen als *die* Ursache des Absterbens von As Pflanzen hervorzuheben, und zwar gänzlich ungeachtet eines etwaigen objektiven kausalen Gewichts, das diesem Kausalfaktor im Verhältnis zu den weiteren Faktoren aufgrund wahrscheinlichkeitstheoretischer Überlegungen zukommt. Entsprechendes gilt für das Beispiel des durch As Nichtgrüßen vergrätzten Bs. In diesem Beispiel wird C in der Regel nur dann das Nichtgrüßen As als *die* Ursache von Bs Vergrätztsein herausheben, wenn er entweder der Überzeugung ist, dass das Nichtgrüßen As eine seltene Ausnahme ist (sei es, dass A ansonsten stets grüßt oder dass alle anderen außer A regelmäßig grüßen), oder wenn er die Regel, Passanten, mit denen man bekannt ist, zu grüßen, bekräftigen möchte. Beide Beispielfälle sind dazu angetan, als Beispielfälle für Konstellationen zu dienen, in denen Unterlassungen nicht nur als kausale *Faktoren*, sondern auch als *fokussierte Ursachen* fungieren.

Immer dann, wenn Unterlassungen die Rolle von fokussierten Ursachen spielen, wird man Unterlassungen zugestehen wollen, dass sie nicht nur *Bedingungen* dafür sind, dass bestimmte Veränderungen eintreten, sondern auch, dass sie diese Veränderungen *bewirken*. Mögen solche Fälle auch relativ selten sein –

sie zeigen immerhin, dass die Vorstellung, dass die Intuition des kausalen Bewirkens fest mit dem Produktivitätsmodell von Kausalität verknüpft ist, nicht aufrechtzuerhalten ist. Während in anderen Fällen von Unterlassungskausalität die Redeweise von einem „Bewirken" genau deshalb deplatziert erscheint, weil die darin konnotierte Produktivitätsvorstellung auf „passive" Faktoren nicht anwendbar ist, trifft diese Beschreibungsweise immer dann zu, wenn das Unterlassen in einer bestimmten Situation den Charakter des – alleinigen oder wesentlichen – Auslösers einer Ereigniskette annimmt.

Mindestens zwei Fallkonstellationen (es mag mehr geben) weisen dieses Muster auf:

1. As Unterlassen einer bestimmten Handlung ist als Signal vereinbart, das ein bestimmtes Verhalten Bs auslöst. In seiner Eigenschaft als Signal bewirkt As Unterlassen Bs Handeln oder Unterlassen.
2. As Unterlassen bewirkt in einer Situation, in der gehandelt werden muss, dass B an As Stelle handelt.

Beispiele für die erste Fallkonstellation wurden bereits an früherer Stelle diskutiert (vgl. Birnbacher 1995, 95): Wenn das Löschen eines Lichts – wie in Wagners „Tristan und Isolde" und in Grillparzers „Des Meeres und der Liebe Wellen" – als Zeichen für den Geliebten dient, sich der Geliebten zu nähern, kann man sich den Fall auch so abgewandelt denken, dass das Licht von selbst ausgeht und das Nicht-wieder-Anzünden des Lichts das vereinbarte Signal wäre. Hier läge es zweifellos nahe, von einem Bewirken des unterlassenen Anzündens zu sprechen: Dass A das Licht nicht erneut anzündet, *bewirkt* das Verhalten von B.

Ein Beispiel für die zweite Konstellation findet sich bei Hart & Honoré (1985, 370): C droht damit, D zu erschießen, falls nicht A oder B ein bestimmtes Geheimnis preisgibt. A schweigt. Daraufhin gibt B das Geheimnis preis. Auch hier liegt es nahe zu sagen, dass das Schweigen von A das Reden von B *bewirkt*. As Unterlassen bedeutet, dass er unter den gegebenen Umständen B das Handeln überlässt bzw. ihn zum Handeln auffordert.

Die Gemeinsamkeit beider Fallkonstellationen liegt darin, dass das Unterlassen jeweils einen Informationsgehalt besitzt, etwas *bedeutet*. Die „Produktivität" der Kausalität besteht jeweils nicht in der Übertragung von Energie oder einer anderen physikalischen Größe, wie es die Transferenztheorie der Kausalität fordert, sondern in der Übertragung von Information. Eine solche Informationsübertragung setzt eine ganze Reihe von „positiven" Faktoren voraus: die Existenz einer Informationsquelle, die Existenz eines zur Aufnahme und Verarbeitung der übermittelten Information fähigen Rezipienten und die Existenz eines Systems von Bedeutungskonventionen. Sie erfordert jedoch nicht, dass derjenige, der die Information übermittelt, handelt. Gerade das Nicht-Handeln von A kann unter den geeigneten Bedingungen die Information sein, die Bs Verhalten (und was daraus folgt) bestimmt. Solange die Umstände so beschaffen sind, dass diese Information als fokussierte Ursache angesprochen werden kann, wird man von dieser ohne Bedenken sagen wollen, dass sie es ist, die Bs Verhalten bewirkt.

Das heißt nicht, dass die Kausalität von Unterlassungen auf diejenigen Fälle beschränkt werden sollte, in denen Unterlassungen die Rolle von *fokussierten* Ursachen spielen. In dieser Weise lässt sich die Argumentationsstrategie derjenigen Autoren verstehen, die empfehlen, die Ursächlichkeit von Unterlassungen auf Unterlassungen zu beschränken, die in der Nicht-Ausführung von Handlungen bestehen, auf die sich ein Interesse oder eine normative Forderung richtet (McGrath 2005, 145f.; Boniolo/De Anna 2006, 290; ähnlich bereits Thomson 1977, 212ff.). Danach qualifiziert sich nicht jede beliebige Unterlassung, die eine bestimmte Folge zeitigt, als Ursache dieser Folge. Als „Ursache" komme eine Unterlassung vielmehr nur so weit in Betracht, als ein entsprechendes Handeln aus normativen Gründen – etwa aufgrund bestimmter moralischer oder rechtlicher Normen – *verlangt* war oder (wie bei Boniolo und De Anna) zu *erwarten* war.

Eine solche Beschränkung der Ursächlichkeit von Unterlassungen kommt zweifellos verbreiteten Denk- und Sprechweisen entgegen. In vielen praktischen Kontexten orientieren wir uns bei der Zuschreibung von kausaler Verantwortung nicht nur an den tatsächlichen Gegebenheiten, sondern auch an eigenen oder fremden Erwartungen oder Forderungen. Das gilt insbesondere für Nicht-Handeln als kausaler Bedingung für Abläufe, die bei einem aktiven Eingreifen hätten vermieden oder verhindert werden können. Wir meinen (und sagen) im allgemeinen nur dann, dass jemand einen anderen *sterben, in sein Unglück rennen* oder *im falschen Glauben lässt*, wenn entweder wir selbst oder andere von dem jeweiligen Akteur ein alternatives Verhalten (nämlich ein Eingreifen) erwarten oder fordern. Dies lässt sich an unserem Beispielfall verdeutlichen: Nehmen wir an, A beauftragt, bevor er in Urlaub fährt, B damit, seine Pflanzen zu begießen. B könnte As Pflanzen begießen, unterlässt dies jedoch. Aber auch die Kollegen C, D, E, die As Pflanzen begießen könnten, tun dies, da sie sich nicht für zuständig halten, nicht. Zweifellos würde die moralische Verantwortlichkeit in diesem Fall ausschließlich oder primär auf B fallen. Es ist nicht abwegig, anzunehmen, dass genau diejenigen Unterlassungen als fokussierte Ursachen selektiert werden, die eine solche Verantwortlichkeitszuweisung motivieren: Es ist kein weiter Schritt von der Heraushebung eines der beteiligten Kausalfaktoren für einen bestimmten Schaden als *die* Ursache zur Zuweisung der alleinigen oder der Hauptverantwortlichkeit. Es liegt nahe zu sagen: Weil und insofern Bs Untätigkeit für das Absterben von As Pflanzen *normativ* verantwortlich war bzw. weil ein Tätigwerden von ihm *erwartet wurde*, ist er auch *kausal* dafür verantwortlich. Die durch die Annahme des Auftrags begründete Zuständigkeit bzw. die vorherrschenden Erwartungen entscheiden in diesem Fall nicht nur über die moralische, sondern auch über die kausale Zurechnung.

Die Frage ist allerdings, ob damit, dass B und nicht C, D und E der Gegenstand einer Verantwortlichkeitszuweisung – und damit einer fokussierenden Kausalitätsattribution – ist, gezeigt ist, dass nicht auch das Verhalten von C, D und E kausal relevant für das Absterben von As Pflanzen ist, sofern auch sie eingreifen und die von B eher schlecht ausgefüllte Rolle ohne einen ausdrücklichen Auftrag von A übernehmen könnten. Auch wenn ihnen kein Vorwurf zu machen ist, sind sie doch zweifellos durch ihr Untätigbleiben kausal an dem Ergebnis beteiligt.

Der Versuch, die Kausalität von Unterlassungen an Verantwortlichkeit zu binden, begegnet allerdings noch einem grundsätzlicheren Einwand. Ein Junktim zwischen Kausalität und Verantwortlichkeitszuweisung oder, anders ausgedrückt, zwischen kausaler und normativer Verantwortlichkeit beginge nicht weniger als einen Kategorienfehler: Die Frage, ob das eine Phänomen für ein anderes kausal ist, kann nicht davon abhängen, dass bestimmte normative Prinzipien vertreten werden, nach denen ein Akteur dafür verantwortlich war, ein bestimmtes Ereignis zu vermeiden oder zu verhindern. Wie sollte die Gegebenheit oder Nicht-Gegebenheit einer Vermeidungs- oder Verhinderungspflicht einen kausalen Unterschied machen können (vgl. Mack 1979/80, 238)? Immerhin betrifft Kausalität die Verhältnisse zwischen Phänomenen in der Wirklichkeit, während es sich bei den Normen, nach denen sich Verantwortlichkeitszuschreibungen richten, um menschliche Setzungen zu bestimmten gesellschaftlichen Zwecken handelt.

Eine weitere unerwünschte Folge einer Abhängigkeit kausaler Relevanz von normativen Faktoren wäre eine weitreichende Relativierung. Es ergäbe sich die missliche Konsequenz, dass Wertungen und Erwartungen darüber entscheiden würden, ob allein Bs Unterlassen oder auch das Unterlassen von C, D und E für das Absterben von As Pflanzen kausal relevant sind. Die Anwendung eines metaphysischen Begriffs würde abhängig von wechselnden moralischen und anderen normativen Einstellungen. Da sich diese Erwartungen intersubjektiv stark unterscheiden können, ließe sich stets nur perspektivisch und niemals intersubjektiv verbindlich über die kausale Relevanz von Unterlassungen urteilen. So könnte etwa ein Vertreter einer ausgesprochenen Solidaritätsethik der Auffassung sein, dass C, D und E sehr wohl für den säumigen B hätten einspringen sollen, während ein Vertreter eines ethischen Individualismus ein solches Verlangen entschieden ablehnt.[7] Sollten wir also sagen, dass für den einen das Unterlassen der nicht unmittelbar Beauftragten sehr wohl, für den anderen aber nicht kausal relevant für das unerwünschte Ergebnis war? Darüber hinaus muss die Vermischung von deskriptiven und normativen Kategorien und Denkweisen in einem so sensiblen Bereich wie der Attribution von Kausalität und Verantwortlichkeit zwangsläufig nicht nur zu deskriptiven, sondern auch zu normativen Konfusionen führen (vgl. Wright 2007, 307). Da Kausalität eine notwendige, aber keine hinreichende Bedingung für Verantwortlichkeit ist, wäre die Zuweisung von Kausalität aus normativen Gründen ein klarer Fall eines „normativistischen Fehlschlusses".

Theoretiker, die die Kausalität von Unterlassungen an Kontexte binden, in denen dem Unterlassenden eine Verantwortlichkeit für ein Folgeereignis zugeschrieben wird, beziehen sich durchweg auf *negativ* bewertete Folgeereignisse. Gelegentlich wird die Kausalität von Unterlassungen sogar auf negativ bewertete Ereignisse beschränkt (so etwa bei John Harris 1974, 209). Aber Unterlassungen können auch bei positiv bewerteten Folgeereignissen eminent wichtige Ursachen sein, so etwa, wenn ein Verzicht auf einen Eingriff eine natürliche und harmonische Entwicklung ermöglicht, die durch ein Eingreifen gestört würde, im Bereich des Naturschutzes etwa beim sogenannten Prozessschutz.

4.3 Welche Kausalitätstheorien schließen eine Unterlassungskausalität aus?

Die oben genannten Beispiele legen es nahe, von einer Kausalität durch Informationsübertragung auch dann zu sprechen, wenn diese Information nicht durch ein Handeln, sondern ein Nicht-Handeln übermittelt wird. Die Informationsübertragung vollzieht sich in derartigen Fällen ohne die Übertragung von physikalischer Energie oder einer anderen physikalischen Größe. Zwar ist in beiden Beispielen ein Kontext erfordert, der Kausalprozesse beinhaltet, die mit einer Energieübertragung einhergehen. Die Bindung an einen Prozess der Energieübertragung gilt aber nicht für die in diesen Kontext eingebettete Unterlassung selbst.

Allerdings sind physikalistische Theorien, die Kausalität an die Übertragung physikalischer Größen binden, nicht nur in diesen Fällen, sondern in allen Fällen ungeeignet zur Explikation einer Kausalität durch Unterlassen. Rechtfer-

7 Einen entsprechenden Fall aus der Politikwissenschaft zitiert in kritischer Absicht Geser 1986 a, 644.

tigen ließe sich die Redeweise von Unterlassungskausalität nur, wenn das Unterlassen mit den zum Zeitpunkt des Unterlassens ausgeführten Handlungen identifiziert würde, die dann als Ausgangspunkt der Übertragung von Energie oder einer anderen physikalisch definierten Größe dienen könnten. Dieser Weg ist aber oben bereits zurückgewiesen worden.[8]

Es stellt sich jedoch die Frage, wie Vertreter einer physikalistischen Kausalitätskonzeption die verbreiteten Redeweisen von einer Kausalität durch Unterlassen erklären. In der Mehrzahl bedienen sie sich ähnlich wie die Mehrheit der Rechtstheoretiker des Auswegs einer Erweiterung des Kausalitätsbegriffs, der neben „echter" Kausalität auch „hypothetische Kausalität" als Kausalität gelten lässt und die Kausalität durch Unterlassen der letzteren Kategorie zuordnet. Dieser Ausweg wurde, soweit ersichtlich, zuerst von Fair (1979) beschritten und dann insbesondere von Dowe (2000) ausgearbeitet.

Dowe spricht von hypothetischen oder Quasi-Ursachen als „Derivaten" „echter" Ursachen, wobei er sich aus zwei Gründen zu dieser Redeweise berechtigt sieht. Einerseits sind „hypothetische" Ursachen keine bloßen Korrelationen. Die Beziehungen zwischen „hypothetischen Ursachen" und ihren Folgen sind stärker und verlässlicher als die zwischen den Wirkungen einer gemeinsamen Ursache. Zweitens können „hypothetische" oder „Quasi-" Ursachen, auch wenn für sich selbst nicht als „echte" Ursachen gelten können, doch in einer bestimmten Weise auf „echte" Ursachen zurückgeführt werden, und zwar mithilfe einer hypothetischen Konstruktion: „Quasi-Ursachen" sind solche, die unter hypothetischen Bedingungen „echte" Ursachen *wären* – was im Rahmen der physikalistischen Übertragungstheorie heißt, dass sie unter kontrafaktischen Bedingungen Energie oder eine andere physikalische Größe auf ihre Wirkung übertragen *würden*.

Die elaborierte Form des Physikalismus hat also zwei Gründe, im Beispiel der absterbenden Pflanzen das Nicht-Begießen der Pflanzen durch A als Quasi-Ursache für das Nicht-Überleben der Pflanzen zu rekonstruieren. Einer ist, dass das Nicht-Begießen der Pflanzen durch A und ihr Absterben kein bloß zufälliges Zusammenfallen ist oder die Instanziierung einer allgemeinen Regelmäßigkeit, bei der die regelmäßig miteinander einhergehenden Phänomene lediglich korrelieren, aber nicht in irgendeiner anderen Weise zusammenhängen. Der andere

8 Eigentümlicherweise scheinen jedoch selbst einige der Strafrechtswissenschaftler, die an der Idee einer kausalen Konnektivität zweifeln, von der ausschließlichen Konnektivität von aktivem Tun ausgehen zu wollen. So meint der Strafrechtswissenschaftler Roxin, dass „die Begehungskausalität … neben der gesetzmäßigen Verknüpfung des Täterverhaltens mit dem Erfolg einen aktiven „positiven Energieeinsatz" voraussetzt – obwohl er kurz zuvor noch zu Recht betont hat, dass wir von einer „‚Wirkkraft' oder ‚Dynamik' der Kausalität auch bei Begehungsdelikten nichts Näheres wissen" (Roxin 2003, 640 f.)

ist, dass ein Begießen für das Überleben der Pflanzen kausal gewesen *wäre*, d. h. zwischen Begießen und Überleben eine kausale Beziehungen bestanden hätte, die dadurch zur „echten“ Kausalbeziehung geworden wäre, dass das Begießen Energie auf die Pflanze übertragen hätte. Gemäß Dowes Vorschlag würde die in diesem Beispiel vorliegende derivative Kausalität so rekonstruiert werden müssen, dass As Unterlassung das Absterben quasi-verursacht, indem ein Prozess x stattfindet, der das Absterben verursacht, und zugleich gilt, dass wenn die unterlassene Handlung ausgeführt würde, diese auf x so einwirken würde, dass das Ereignis verhindert würde. Die Aussage

(1) Bs Versäumnis, As Pflanzen zu begießen, verursacht das Absterben von As Pflanzen.

wird demnach rekonstruiert als die Konjunktion von

(2) Es findet ein Prozess x statt (x = As Pflanzen welken), der das Absterben von As Pflanzen verursacht.

und

(3) Würde B As Pflanzen begießen, würde er damit das Absterben von As Pflanzen durch Einwirkung auf x verhindern.

In dieser Rekonstruktion benennt (2) einen Vorgang, an dem lediglich „echte“ Kausalität im Sinne des Physikalismus beteiligt ist. (3) dagegen benennt (in hypothetischer Form) mit dem Ausdruck „verhindern“ einen Vorgang, der ebenfalls als ein quasi-kausaler rekonstruiert werden muss, da er eine negative Wirkung enthält. Das Nicht-Eintreten eines Ereignisses kann ja nach dem physikalistischen Kausalkonzept nicht nur als Ursache, sondern auch als Wirkung nicht in Betracht kommen, da sie nichts ist, auf das Energie oder eine andere physikalische Größe übertragen werden kann. Deshalb muss der Konsequens von (3) seinerseits rekonstruiert werden als die Konjunktion von

(4) B begießt As Pflanzen, und As Pflanzen sterben nicht ab, und es gibt einen Prozess x, so dass Bs Begießen auf x einwirkt.

und

(5) Würde B As Pflanzen nicht begießen, würde x das Absterben von As Pflanzen bewirken. (Vgl. Dowe 2001, 221 f.)

Setzt man (4) und (5) in (3) ein, erhält man einen komplexe Formulierung mit eingebetteten Konditionalsätzen, die nur noch „echte“ Kausalitäten beschreiben.

Eine analoge Rekonstruktion kann nach der Transferenztheorie für Kausalaussagen gegeben werden, in denen die Ursache in einem Unterlassen und die Wirkung in einem Handeln besteht wie in dem zu Anfang als Paradigma für Unterlassenskausalität angeführten Beispiel

(6) Dass A heute keinen Kaffee zum Frühstück trinkt, veranlasst B zu der Frage, was mit ihm heute Besonderes los ist.

Hier müsste die physikalistische Rekonstruktion so lauten:

(7) Es findet ein Prozess x statt (x = B wundert sich darüber, dass A keinen Kaffee zum Frühstück trinkt), der verursacht, dass B A fragt, was mit ihm heute Besonderes los ist.
(8) Würde A Kaffee zum Frühstück trinken, würde er damit Bs Frage, was mit ihm heute Besonderes los ist, verhindern.

Entsprechend den Rekonstruktionen (4) und (5) müsste der Konsequens von (8) wiederum durch die Konjunktion der beiden Sätze (9) und (10) ersetzt werden:

(9) A trinkt Kaffee zum Frühstück, und B fragt A nicht, was mit ihm heute Besonderes los ist, und es gibt einen Prozess x, so dass As Kaffeetrinken auf B einwirkt

und

(10) Würde A nicht Kaffee zum Frühstück trinken, würde x Bs Frage bewirken, was mit ihm heute Besonderes los ist.

Setzt man (9) und (10) in (8) ein, wären alle Bezüge auf eine negative Kausalität eliminiert und durch Bezüge auf eine hypothetische Kausalität ersetzt.

Der entscheidende Einwand gegen den Physikalismus ist aber selbstverständlich nicht die Komplexität dieser Rekonstruktion. Der entscheidende Einwand bleibt die durch nichts begründete Voraussetzung der physikalistischen „Rettung“ der Unterlassungskausalität, hypothetische oder Quasi-Kausalität seien Formen von Kausalität.

4.4 Welche Kausalitätstheorien lassen eine Unterlassungskausalität zu?

4.4.1 Regularitätstheorie

Im Gegensatz zu den physikalistischen Theorien, die einen physischen Bezug zwischen Ursache und Wirkung postulieren, ist die Kausalität von Unterlassungen mit einer ganzen Reihe von Theorien vereinbar, die weniger weitreichende Forderungen an die Kausalrelation stellen, etwa der Regularitätstheorie, dem Interventionismus und den unterschiedlichen Ausprägungen einer kontrafaktischen Theorie.

Indem die Regularitätstheorie lediglich minimale Anforderungen an die Kausalitätsrelation stellt und Kausalität als die regelmäßige Abfolge ähnlicher Ereignisse rekonstruiert, erfasst sie auch Unterlassungen als kausale Relata. Die Minimalität ihrer Anforderungen verschafft dieser Theorie die maximale Reichweite. Wir gehen im Folgenden wiederum von Mackies INUS-Schema aus und betrachten Unterlassungen als nicht-redundante Elemente eines kausal (quasi-) hinreichenden Sets von Kausalfaktoren.

Dass ein Set von Kausalfaktoren S in diesem Sinn kausal hinreichend für ein bestimmtes Ereignis W ist, heißt gemäß der Regularitätstheorie nichts anderes, als dass W regelmäßig auf S folgt und dass einzelne Vorkommnisse von S nur solange kausal für W sind, wie diese Regelmäßigkeit besteht. Aussagen über singuläre Kausalbeziehungen zwischen S und W setzen danach notwendig verallgemeinerte Aussagen über die Gesamtheit aller ähnlichen S und W voraus. Diese Bedingungen erfüllen Unterlassungen problemlos, da eine regularitätstheoretische Interpretation des INUS-Schemas die genauere Beschaffenheit ihrer Elemente vollständig offen lässt. D. h. Unterlassungen können sowohl als Elemente von S (in der Position der Ursachen) als auch als W oder Elemente von W (in der Position der Wirkungen) stehen.

Das Nicht-Begießen von As Pflanzen durch B ist danach immer dann ein Kausalfaktor für das Absterben von As Pflanzen, wenn ähnliche Konstellationen von Faktoren, von denen Bs Unterlassen einer ist, das Absterben zur Folge gehabt haben und haben werden, wobei „Folge“ in einem rein zeitlichen Sinn zu verstehen ist. Die Überredungskünste von C (der D von einer geplanten Handlung abbringt) sind immer dann ein Kausalfaktor des Nicht-Handelns von D, wenn ähnliche Konstellationen von Faktoren, von denen Cs verbale Bemühungen einer ist, das Nicht-Handeln von D zur Folge gehabt haben und haben werden, wiederum in einem rein zeitlichen Sinn von „Folge“. Ob diese Bedingung erfüllt ist, lässt sich selbstverständlich stets nur unvollständig überprüfen, es bedarf dazu induktiver Schlüsse über die bisher mit ähnlichen Faktorensets gemachten Erfahrungen. Entscheidend ist, dass sich der *Gehalt* der im Beispielfall gemachten Kausalaussage in der Behauptung einer entsprechenden regelmäßigen Abfolge von S und W in Vergangenheit, Gegenwart und Zukunft erschöpft.

Die Schwäche der Regularitätstheorie liegt, wie oben gezeigt, vor allem in ihrer Unfähigkeit, zwischen Kausalbeziehungen zwischen aufeinanderfolgenden Ereignissen und perfekten Korrelationen zwischen ihnen zu unterscheiden, wobei Korrelationen perfekt sind, bei denen Phänomene ausnahmslos aufeinanderfolgen, zwischen denen aber dennoch keine kausale Beziehung besteht. Ein auf eine Unterlassung bezogener Beispielfall wäre etwa der folgende: As psychische Störung (etwa eine depressive Phase) äußerst sich u. a. darin, dass A am Morgen Dinge, die er sich am Vortag vorgenommen hat, vergisst, als auch darin, dass er am Abend Einschlafstörungen hat und lange wachliegt. Nehmen wir an, dass die Unterlassung am Morgen mit dem Zustand am Abend lückenlos korreliert ist, und zwar nicht nur bei A, sondern bei allen Menschen mit derselben psychischen Störung zu allen Zeiten. Da nach der Regularitätstheorie alle Bedingungen für eine Kausalbeziehung erfüllt wären, müsste sie zu dem Ergebnis kommen, dass zwischen den beiden Phänomene eine Kausalbeziehung besteht, in diesem Fall eine Unterlassungskausalität. De facto sind aber beide Symptome nicht durch eine Kausalrelation miteinander verbunden. Das erste Symptom ist nicht die Ursache des zweiten. Kausal hängen sie lediglich durch ein Drittes, die zugrunde liegende psychische Störung zusammen. Eine Unterlassungskausalität liegt nicht vor. Eine regularitätstheoretische Interpretation des INUS-Schemas reicht nicht aus, zwischen einer kausalen Funktion einer Unterlassung und der bloßen Korrelation zwischen Unterlassung und nachfolgenden Ereignissen zu unterscheiden.

4.4.2 Interventionstheorien

Auch mit einer bestimmten Form der Interventionstheorie ist eine Kausalität von Unterlassungen vereinbar. Es mag auf den ersten Blick paradox klingen, Unterlassungen als interventionistische Mittel zur Erreichung von Zielen zu bezeichnen. Schließlich bestehen Interventionen typischerweise in aktiven Eingriffen und nicht in passivem Geschehenlassen. Aber es ist leicht zu sehen, wie Unterlassungen in das interventionistische Konzept integriert werden können. Wie bereits oben angedeutet, können Unterlassungen ebenso Inhalte von Absichten, Plänen und Strategien zur Erreichung bestimmter Zwecke sein wie Handlungen

Interventionstheorien lassen sich danach unterscheiden, wie sie die Intervention konzipieren. Die *manipulationistischen* Formen der Interventionstheorie fassen Interventionen als handlungsartige Eingriffe in ein natürliches Geschehen auf, die *generalisierte* Form als wie immer geartete (nicht notwendig manipulative) gezielte Veränderung einer bestimmten Variable ohne gleichzeitige Veränderung anderer Variablen.

Nach der manipulationistischen Theorie der Kausalrelation, wie sie Gasking (1955) und von Wright (1971) vorgeschlagen haben, sind Ursachen als Bedingungen zu verstehen, die durch menschliches Handeln realisiert werden können, um eine bestimmte Wirkung hervorzurufen. Das Paradigma von Kausalität ist dieser Auffassung nach das Eingreifen in bestimmte gegebene Zusammenhänge mit der Absicht, bestimmte erwünschte Wirkungen zu zeitigen. Die Variable, die realisiert oder verändert wird, ist die Ursache bzw. eine der beteiligten Kausalfaktoren, die Änderungen, die der Intervention bei anderen Variablen regelmäßig folgen, die Wirkungen. Paradigmatisch für diese Kausalitätsauffassung sind Variationen von Variablen in experimentellen Zusammenhängen, die unter Konstanthaltung aller anderen beteiligten Variablen jeweils auf ihre Wirkungen bei anderen Variablen überprüft werden. Auf diese Weise gelingt vor allem eine Überprüfung von Regularitäten daraufhin, wie weit es sich bei ihnen um echte Kausalbeziehungen und wie weit um bloße Symptomkorrelationen handelt. Von zwei regelmäßig aufeinanderfolgenden Symptomen lässt sich das zweite in der Regel nicht durch manipulative Änderungen des ersten verändern: Interventionen am Barometer ändern nichts an der Wahrscheinlichkeit eines Sturms; eine Senkung des Fiebers als Krankheitssymptom ändert nichts an dem Eintreten von Ausschlag als zeitlich nachgeordnetem Symptom derselben Krankheit; eine Milderung des Symptoms des morgendlichen Vergessens (etwa durch geschriebene Notizen) ändert nichts am Symptom der abendlichen Einschlafstörungen.

Demselben Zweck einer Abgrenzung zwischen Korrelationen und Kausalbeziehungen – und damit der Überwindung der Schwächen der Regularitätstheorie – verfolgt die generalisierte Interventionstheorie etwa im Sinne von Woodward (2003, 94). Diese koppelt das Modell der Intervention von der Vorstellung einer menschlichen Einflussnahme auf ablaufende Prozesse ab und lässt die Bedingung fallen, dass die fraglichen Interventionen von Menschen ausführbar sein müssen. Entscheidend ist stattdessen, dass sich Mechanismen beliebiger Art denken lassen, die eine bestimmte Variable eines Systems (die jeweilige Target-Variable) verändern, ohne zugleich andere Variablen des Systems zu verändern. Hat die gezielte Beeinflussung der Veränderungen in einer Variablen – unter ähnlichen Umständen – regelmäßig Veränderungen in anderen Variablen desselben Systems zur Folge, lässt sich auf eine kausale Beziehung zwischen Target-Variable und diesen anderen Variablen schließen. Auch die generalisierte Theorie verfolgt primär das Ziel, Kausalität von bloßer Korrelation abzugrenzen und bestimmte Variablen auf ihre *eigenständige* kausale Rolle für andere Variablen zu prüfen. Der Unterschied zur manipulationistischen Variante besteht lediglich darin, dass sie nicht voraussetzt, dass die Interventionen handlungsartig sind, und damit den Interventionismus nicht nur auf kausale Zusammenhänge ausdehnt, in denen die „Interventionen" aus kontingenten Gründen unausführbar, sondern – wie etwa bei Sonnenflecken oder Meteoriteneinschlägen – auch auf solche, die allenfalls als naturale Phänomene beobachtbar sind. Es bleibt allerdings auch bei der generalisierten Theorievariante dabei, dass die Interventionen nomologisch möglich, d. h. mit den geltenden Naturgesetzen vereinbar sein müssen.

Eine Kausalität von Unterlassungen ist mit beiden Varianten einer Interventionstheorie vereinbar. Zwar muss die Intervention in beiden Varianten etwas Positives – kein bloßes Unterlassen oder eine bloße Abwesenheit – sein. Aber das heißt nicht, dass auch die Variable, die durch die Intervention realisiert oder verändert wird, etwas in diesem Sinne Positives sein muss. Sie kann auch ein Nicht-Handeln sein, das – nach dem „manipulationistischen" Modell – durch ein Handeln oder – nach dem generalisierten Modell – durch ein beliebiges Ereignis herbeigeführt wird.

Dem „manipulationistischen" Modell entsprechen alle Unterlassungen, die durch ein äußeres Handeln herbeigeführt werden, z. B. eine durch die Einnahme bestimmter Drogen hervorgerufene Gedächtnisstörung: B vergisst es, As Pflanzen zu begießen, weil er Drogen eingenommen hat, die ihn sein gegenüber A abgegebenes Versprechen vergessen lassen. Er manipuliert auf diese Weise – mit oder ohne Absicht – sein zukünftiges Unterlassen und damit die potenzielle Ursache des Absterbens von As Pflanzen. Damit ist die von der „manipulationistischen" Variante der Interventionstheorie geforderte Bedingung für eine kausale Beziehung zwischen Nicht-Begießen und Absterben von As Pflanzen erfüllt. Zwischen beiden Phänomenen besteht eine Kausalbeziehung zumindest immer dann, wenn die Intervention den Kausalfaktor Nicht-Begießen herbeiführt, ohne einen der anderen beteiligten Kausalfaktoren zu verändern.

Dem generalisierten Modell genügen alle Unterlassungen, die durch äußere Faktoren auch nicht-handlungsartiger Art herbeigeführt werden, vorausgesetzt diese sind positiv (d. h. keine bloße Abwesenheiten) und so beschaffen, dass sie ausschließlich auf die Target-Variable und keine andere beteiligte Variable einwirken. In unserem Beispiel der psychischen Störung könnte dies z. B. eine bei B auftretende Depression sein: Ein nicht-handlungsartiges Ereignis führt dazu, dass B sein gegenüber A abgegebenes Versprechen vergisst und in der Folge As Pflanzen absterben. Nach der generalisierten Interventionstheorie ist das Vergessen des Versprechens insoweit eine echte Ursache des späteren Absterbens von As Pflanzen, als es durch ein Ereignis – hier Bs psychische Störung – beeinflusst wird, das ausschließlich diese Variable bestimmt und alle anderen beteiligten Faktoren unverändert lässt.

Eine dritte Variante der Interventionstheorie ließe sich vorstellen, die auch mentales Handeln als Intervention gelten ließe, etwa Intentionen, und damit eine Zwischenposition zwischen der manipulationistischen und der generalisierten Variante einnähme. Die Intervention würde darin bestehen können, bestimmte Intentionen zu haben, die zu einem bestimmten Verhalten führen, wiederum unter der Bedingung, dass diese ausschließlich das Verhalten und nicht auch weitere möglicherweise kausal relevante Faktoren bestimmen. Als eine solche käme dann auch eine Unterlassungsintention in Frage, wie sie in zahlreichen experimentellen und anderen praktischen Kontexten tatsächlich zum Austesten der kausalen Folgen eingesetzt wird: Man probiert aus, wie sich die Nichtausführung einer Handlung, z. B. das Nicht-Essen, das Nicht-Rauchen usw. auf körperlichen Zustand und Befinden auswirkt, indem man diese Unterlassungen bewusst intendiert. Man manipuliert das eigene Verhalten durch eine mentale Intervention, mit dem Ziel, etwas über die Kausalbeziehungen zwischen Verhalten und anderen Variablen herauszufinden. Man entschließt sich, einer bestimmten Handlungsanweisung zu folgen und bestimmte Wirkungen zu erzielen, indem man bestimmte übliche Handgriffe *nicht* ausführt oder bestimmte Dinge *weglässt*. So kann in unserem Beispiel Bs unterlassenes Begießen von As Pflanzen immer dann nach diesem dritten Interventionsmodell verstanden werden, wenn B sich ausdrücklich dazu *entschließt*, As Pflanzen nicht zu begießen. Der Entschluss kann als Intervention aufgefasst werden, die mit dem Unterlassen eine Bedingung setzt, die daraufhin auf ihre Wirkungen untersucht werden kann.

Als Ergebnis kann festgehalten werden, dass auch die Interventionstheorie der Annahme einer Kausalität von Unterlassungen keine unüberwindlichen Hürden in den Weg stellt, und zwar in allen ihren Hauptvarianten. Damit ist allerdings für eine Theorie der Unterlassungskausalität insofern wenig gewonnen, als die Interventionstheorie letztlich auf dieselben Vorbehalte trifft wie die Regularitätstheorie. Sie ist ebenso wenig wie die Regularitätstheorie in der Lage, das Problem der perfekten Korrelationen zu lösen und eine Unterscheidung zwischen perfekten Korrelationen von Symptomen oder Epiphänomenen einerseits und Kausalbeziehungen andererseits zu ermöglichen. Sie vertraut vielmehr in ihren beiden Varianten darauf, dass sich empirische Belege dafür finden lassen, dass jeweils eines der beiden korrelierten Symptome oder Epiphänomene isoliert und unter Konstanthaltung des jeweils anderen durch eine (handlungsartige oder nicht-handlungsartige) Intervention verändert werden kann, so dass geprüft werden kann, sie sich die isolierte Veränderung auf andere Variablen des jeweiligen Systems auswirkt. Für den Fall der perfekten Korrelation ist eine solche isolierte Veränderung aber gerade ausgeschlossen, da die Korrelation andernfalls nicht perfekt wäre. Die Perfektheit der Korrelation liegt gerade darin, dass sich keine empirischen Fälle für eine Aufhebung der Korrelation finden. Deshalb kann diesem Fall nur eine Konzeption von Kausalität gerecht werden, die neben empirisch möglichen auch kontrafaktische und kontranomische Fälle, also selbst nicht empirisch beobachtbare Sachverhalte einbezieht.

4.4.3 Kontrafaktische Theorie

Die kontrafaktische Analyse geht über die Regularitätstheorie, wie wir oben gesehen haben, nur insofern hinaus, als sie die in dieser vorausgesetzte Universalität der Regelmäßigkeit über die faktisch eintretenden Fälle auf kontrafaktische Fälle ausdehnt. Diese Erweiterung berührt die hier anstehende Frage nicht. Die kontrafaktische Theorie ist deshalb mit der Möglichkeit, dass sich unter den Kausalfaktoren Unterlassungen finden, nicht weniger vereinbar als die Regularitätstheorie. Dass eine Unterlassung (unter bestimmten Bedingungen) kausal verantwortlich ist für ein nachfolgendes Ereignis, bedeutet in der Interpretation der kontrafaktischen Theorie, dass die durch die kausale Interpretationen implizierte kausale Relevanz der Unterlassung (unter den gegebenen Bedingungen) nicht nur für alle faktisch vorkommenden gleichartigen Fälle, sondern auch für alle kontrafaktischen Fälle gilt, d. h. in allen nicht-realisierten möglichen Welten mit derselben nomologischen Struktur.

Auf unser Standardbeispiel angewendet würde die Aussage, dass Bs Nicht-Begießen für das Absterben von As Pflanzen kausal ist, in der *kontrafaktischen* Interpretation bedeuten, dass

Bs Nicht-Begießen ∧ a ∧ b ∧ unter den Hintergrundsbedingungen h → Absterben von As Pflanzen [wobei „a", „b" die weiteren beteiligten Faktoren und „→" „kausal hinreichend" bedeuten]

in allen möglichen Welten mit der nomologischen Struktur der existierenden Welt gilt.[9] Dass auch die bisher plausibelste Theorie der Kausalrelation die Einbeziehung von Unterlassungen als genuiner Kausalfaktoren erlaubt, ist ein signi-

9 Bei kontranomischen Gedankenexperimenten, bei denen bestimmte Naturgesetze aufgehoben gedacht werden, um die kausale Relevanz von mutmaßlichen Kausalfaktoren zu überprüfen, (wie im Fall der perfekten Korrelation) muss „mit der nomologischen Struktur der existierenden Welt" ersetzt werden durch „mit der nomologischen Struktur der existierenden Welt abzüglich der lokal aufgehoben gedachten nomologischen Zusammenhänge".

fikantes Ergebnis. Es bedeutet, dass auch von der Seite der Theorie der Kausalrelation keine Gründe gegen eine Anerkennung von Unterlassungskausalität erkennbar sind.[10]

10 Die Tatsache, dass David Lewis als der bekannteste Vertreter einer kontrafaktischen Theorie der Kausalrelation die Kausalität von Unterlassungen ablehnt, erklärt sich nicht aus seiner Theorie der Kausalrelation, sondern aus seinen ontologischen Vorbehalten gegen Unterlassungen als kausale Relata. Dass eine kontrafaktische Analyse selbst noch die Kausalität eines absoluten Nichts explizieren kann, wird von Lewis konzediert. Er hält eine Unterlassungskausalität insofern für problematisch, als negative Ereignisse nicht real als Relata von kausalen Beziehungen in Frage kommen (Lewis 2004, 281f.). Sie sind – was ihre sprachlichen Bezeichnungen möglicherweise verdecken – in ontologischer Hinsicht „bogus" (Lewis 2000, 195).

5 Die normative Asymmetrie von Handeln und Unterlassen

5.1 Der Befund

Wir hatten bereits oben gesehen, dass die verbreitete Differenzierung in der normativen Bewertung von Handeln und Unterlassen in Moral und Recht – und teilweise auch in Ethik und Rechtsethik – keinen Grund dafür liefert, eine Kausalität von Unterlassungen zu bestreiten, und zwar weder aus formalen noch aus inhaltlichen Gründen. Der *formale* Grund ist, dass ein möglicher Schluss von der *normativen* Differenzierung auf eine *deskriptiv-metaphysische* Differenz grundsätzlich problematisch sein muss. Bevor man daran denkt, Handlungen kausale Wirksamkeit zu- und Unterlassungen abzusprechen, sollte man zunächst prüfen, ob es nicht innerhalb der normativen Sphäre selbst Gründe gibt, die eine Differenzierung zwischen der moralischen und rechtlichen Beurteilung folgengleichen aktiven und passiven Verhaltens nahelegen. Die Leugnung einer Kausalität von Unterlassungen erscheint als ein allzu verzweifelter Schritt, wenn es um die Legitimierung der üblichen normativen Differenzierung zwischen Töten und Sterbenlassen, aktiver Leidenszufügung und unterlassener Leidensminderung, Belügen und unterlassener Richtigstellung eines Irrtums geht. Immerhin vermögen auch diejenigen, die eine Unterlassungskausalität ausdrücklich leugnen, nur selten darauf zu verzichten, in der Diskussion konkreter Anwendungsfälle Unterlassungen eine kausale Rolle zu unterstellen.[1] Eine derart gravierende metaphysische These ist schlicht ein zu „schweres Geschütz", um anderweitige Begründungslücken zu füllen.

Der *inhaltliche* Grund ist, dass die normative Differenzierung keineswegs für alle Unterlassungen anerkannt wird, sondern immer dann, wenn auf der Seite des Unterlassenden eine besonders vordringliche Verpflichtung zum Eingreifen besteht, die Differenzierung als suspendiert gedacht und von der normativen Gleichwertigkeit – oder annähernden Gleichwertigkeit – der positiven und negativen, aktiven und passiven Formen des jeweils schädigenden Verhaltens ausgegangen wird: etwa im Fall der unterlassenen Lebensrettung durch einen Arzt oder des Verhungern-Lassens eines Kleinkinds durch seine Mutter. Sobald das

1 Vgl. z. B. Moore im Zusammenhang mit einem Fall, in dem ein Bauarbeiter den Zündschlüssel in einer Baumaschine stecken lässt und dadurch anderen – durch Unterlassen – Gelegenheit zu Vandalismus gibt: „... if the defendant's culpability consisted in providing an opportunity to another to cause harm ... then such opportunity-providing acts are the cause of the harm despite the intentional act of those who seize the opportunity" (Moore 2009, 126).

Unterlassen mitsamt seinen Motiven und Folgen „krass" genug erscheint, soll die ansonsten aufrechterhaltene normative Differenzierung nicht mehr gelten, so dass für diese Fälle an der Zuweisung gleicher Verantwortlichkeit festgehalten wird. Da die Leugner einer Unterlassungskausalität diese nicht mehr auf die kausale Wirksamkeit der Unterlassung zurückführen können, sehen sie sich gezwungen, sie mehr oder wenig *ad hoc* zu rechtfertigen.

Die Unmöglichkeit, die normative Differenzierungen unter Rückgriff auf eine entsprechende deskriptiv-metaphysische Differenzierung zu begründen, lässt allerdings die Frage weiterbestehen, wie es dazu kommt und wie es sich rechtfertigen lässt, dass Unterlassungen, die für unerwünschte Ereignisse und Zustände kausal relevant sind, im allgemeinen deutlich anders – und zwar milder – be- und verurteilt werden als für dieselben Schäden kausal relevante Handlungen. Dass eine solche Differenzierung – wenn auch nicht ausnahmslos – zum Kernbestand weithin geteilter moralischer Intuitionen gehört, ist unbestreitbar. Wie immer anfechtbar die Abstufung unter theoretischen Gesichtspunkten sein mag, sie behauptet sich in der Alltagsmoral mit unverminderter Hartnäckigkeit – mit der Konsequenz, dass dieselben, die ein striktes Tötungsverbot vertreten, vielfach nicht die geringsten Schwierigkeiten damit haben, angesichts des jährlich millionenfachen Sterbens durch Unter- und Mangelernährung gleichgültig zuzusehen und untätig zu bleiben.[2]

Die verbreitete intuitive Differenzierung in der normativen Beurteilung der Schädigungen durch positives Tun und ihren „passiven" Gegenstücken ist insbesondere aus den entsprechenden strafrechtlichen Bestimmungen ersichtlich. Diese sehen für die aktiven Begehungsformen durchweg strengere, für die passiven mildere Strafsanktionen vor. Im deutschen Strafgesetzbuch schränkt der den sogenannten „unechten Unterlassungsdelikten" gewidmete § 13 die Strafbarkeit der passiven Begehungsform in doppelter Weise ein. Erstens trifft eine strafrechtliche Verantwortung nur denjenigen, der zu dem Geschädigten in einer „Garantenstellung" steht, d. h. nach allgemeinen – im StGB nicht ausdrücklich aufgeführten – Rechtsprinzipien „dafür einzustehen hat, dass der Erfolg nicht eintritt". Zweitens sieht der Paragraph die Möglichkeit einer Strafminderung vor. Naturgemäß sind die Auswirkungen der ersten Abschwächung der Strafbarkeit sehr viel massiver als die der zweiten: Strafsanktionen hat nur derjenige zu befürchten, der dem Geschädigten gegenüber in besonderer Weise verpflichtet ist, z. B. weil er ausdrücklich oder unausdrücklich diesem gegenüber bestimmte Schutzverpflichtungen eingegangen oder diesem persönlich so eng verbunden ist, dass dieser entsprechende schützende Eingriffe erwarten konnte. Soweit diese

---

2 Vgl. dazu Singer 2009, 136 und passim.

Bedingung erfüllt ist, erlaubt die zweite Abschwächung eine zusätzliche Reduzierung der Strafsanktion in Übereinstimmung mit verbreiteten Werthaltungen. Auch bei bestehender Schutz- und Fürsorgeverpflichtung scheint immer dann, wenn der Schaden nicht aktiv zugefügt, sondern ein ganz oder teilweise unabhängig eintretender Schaden nicht abgewendet wird, die Tat moralisch weniger schwer zu wiegen.[3] Noch evidenter ist dies bei *moral strangers*, gegenüber denen keinerlei vertragliche oder persönliche moralische Verpflichtung besteht. Bei moralisch Fremden erscheint die Verpflichtung, ihnen keinen Schaden aktiv zuzufügen, ungleich stärker als die Verpflichtung, Schaden von ihnen abzuwenden. In diesem Zusammenhang kann auch auf die unter kompetenten Beobachtern verbreitete Auffassung verwiesen werden, dass viele passiv begangene Tötungsdelikte – wie das vorsätzliche oder intentionale Vorenthalten lebensrettender oder lebensverlängernder Mittel – unentdeckt bleiben oder bewusst nicht gemeldet werden – oft aufgrund der als entlastend oder rechtfertigend betrachteten besonderen Fallkonstellationen (wie in Fällen von Sterbehilfe), aber vielfach auch aufgrund der Einschätzung, dass ein Zu-Tode-Bringen durch Unterlassen moralisch weniger schwer wiegt als eine aktive Tötung.[4]

5.2 Erklärungsansätze

5.2.1 Quantitative Aspekte

Wie lässt sich diese Asymmetrie erklären? Ein erster Erklärungsansatz könnte darin bestehen, die normative Ungleichgewichtung von Aktiv und Passiv schlicht mit den „gefühlten" *quantitativen* Merkmalen zu erklären, und zwar mit der Hintergrundüberzeugung – ob berechtigt oder nicht –, dass die aktiven Begehungsformen in der Regel sehr viel häufiger vorkommen als die passiven

---

3 So berichtete Le Monde am 28. 11. 2010 von dem Prozess gegen eine kinderreiche Mutter, die eines ihrer kleinen Kinder an einem extrem heißen Tag in ihrem Auto über einer Vielzahl anderer Versorgungsaufgaben „vergessen" hatte, worauf das Kind an Überhitzung starb. Die Frau wurde auf dem Hintergrund der an diesem Tag bestehenden akuten Überforderungssituation freigesprochen. Bei einer aktiven Tötung wäre ein derart mildes Urteil wohl undenkbar – auch unter hypothetisch gleichen Bedingungen einschließlich der, dass die Mutter durch den Verlust ihres Kindes bereits möglicherweise „bestraft genug" ist.

4 Auf dieser Tatsache fußen einige von Agatha Christies Kriminalromanen, vgl. Christie 1974, 183: „Als Beispiel führte er einen bestimmten Fall aus seiner Praxis an: den einer alten Dame, die kürzlich gestorben war. Er sei, sagte er, völlig überzeugt, ihr Tod sei dadurch verursacht worden, daß ein bei ihr bedienstetes Ehepaar ihr das nötige spasmolytische Mittel vorenthielt. ...Verbrechen ähnlicher Natur kämen dauernd vor, fügte er hinzu, Fälle vorsätzlichen Mordes."

oder dass es zumindest sehr viel mehr Gelegenheiten gibt, die aktiven statt die passiven Schädigungen auszuführen. In der Tat muss man diese beiden quantitativen Aspekte sorgfältig unterscheiden (vgl. Geser 1986b, 77 f.) Während es hochwahrscheinlich ist, dass mehr Menschen in Folge von Unterlassungen zu Tode kommen (insbesondere, wenn man die Gesamtheit der fahrlässigen Tötungen zu den Unterlassungen rechnet) als durch Mord, Totschlag oder andere aktiven Formen, ist es unwahrscheinlich, dass es für Tötungen durch Unterlassung mehr oder auch nur ebenso viele Gelegenheiten gibt wie für aktive Tötungen. Da passive Schädigungen sehr viel voraussetzungsreicher sind als aktive, scheinen zumindest die Gelegenheiten, zu denen man sie ausführen könnte, sehr viel seltener realisiert zu sein. Um jemanden sterben zu lassen, krank werden zu lassen oder im falschen Glauben zu lassen, muss er zunächst einmal todkrank sein, krankheitsanfällig sein oder sich in einem falschen Glauben befinden. Diese Bedingungen sind im der Regel nur zeitweilig realisiert. Andererseits scheinen wir einen anderen jederzeit töten, verletzen oder belügen zu können. Auch wenn die Gelegenheiten zu der aktiven Form der Schädigung von bestimmten Voraussetzungen abhängen, scheinen diese doch sehr viel häufiger gegeben zu sein als im Fall der passiven Begehungsformen.

Auf diese Weise ließen sich einigermaßen plausible Erklärungen oder zumindest Teilerklärungen für eine Reihe von psychologischen Merkmalen im Zusammenhang mit der Aktiv-Passiv-Unterscheidung geben, darunter

1. die Tatsache, dass bei Schädigungen (über die sprachinduzierte, d. h. durch die aktive Form des Begriffs „Schädigung" bedingte Wirkung hinaus) die Neigung besteht, Schädigungen primär mit aktiven Formen zu assoziieren und die aktiven Begehungsformen als die *typischen* Formen der entsprechenden Verhaltensweisen zu sehen,
2. die höhere Wahrscheinlichkeit, dass aktive kausale Beiträge zu einem Schaden als *fokussierte* Ursachen angegeben werden,
3. die Intuition, dass Handlungsverbote und nicht Unterlassungsverbote (bzw. Handlungspflichten) den „harten Kern" der Moral ausmachen. Im Hintergrund steht die Überzeugung, dass Verbote bestimmter aktiver Schädigungen bereits angesichts ihrer Häufigkeit bzw. der Häufigkeit der Gelegenheiten, sie auszuführen, für das gesellschaftliche Zusammenleben von größerer Bedeutung sind als ein Verbot entsprechender Unterlassungen.

5.2.2 Qualitative Unterschiede

Ein zweiter Versuch, die intuitive normative Differenzierung zwischen folgen- und umstandsgleichen Handlungen und Unterlassungen zu erklären (der mit weiteren

Versuchen kombinierbar ist), ist der Verweis auf die assoziative Verknüpfung der Merkmalsdimension Aktiv-Passiv mit anderen Dimensionen von unbestrittener moralischer Relevanz wie Willensintensität, Absichtlichkeit, Vorsätzlichkeit und Aufwendigkeit. Dieser Erklärungsansatz geht davon aus, dass die normative Ungleichgewichtung der aktiven und passiven Herbeiführung bestimmter erwünschter oder unerwünschter Weltzustände ein abgeleitetes Phänomen ist. Es gehe darauf zurück, dass bestimmte stets oder in der Regel moralisch relevante Verhaltensmerkmale in die Aktiv-Passiv-Dimension hineingedeutet werden, u. a. als denkökonomischer *shortcut* zur Vereinfachung einer ansonsten schwer zu überblickenden Vielzahl zu berücksichtigender normativer Faktoren. Diese Faktoren spielen für die Aktiv-Passiv-Unterscheidung gewissermaßen die Rolle „verborgener Parameter" (vgl. Birnbacher 1995, 129–212). Als eine Art Faustregel scheint diese Vereinfachung insofern berechtigt, als in einigen Fällen statistische Beziehungen zwischen den Dimensionen durchaus naheliegen. So scheinen etwa Akte aktiver Körperverletzungen sehr viel häufiger vorsätzlich – d. h. von dem Wissen begleitet, dass das eigene Verhalten bei einem anderen zu einer körperlichen Schädigung führen wird – als passive, bei denen ein anderer eine körperliche Schädigung erleidet, die der Akteur jedoch nicht verhindert, obwohl er sie verhindern könnte. Entscheidend zur Erklärung der faktischen Differenzierung ist allerdings nur, dass diese statistischen Beziehungen vermutet werden, nicht, dass sie tatsächlich bestehen. Ob sie tatsächlich bestehen, scheint bei vielen dieser Verknüpfungen nicht ausgemacht.

Welche Dimensionen kommen für die Rolle von „verborgenen Parametern" in Frage? Kombiniert man die von Glover (1977, 94 ff.), Feinberg (1984, 169 ff.) und Singer (1994, 284 ff.) vermuteten Dimensionen, ergibt sich für den Fall der – in der Praxis gewichtigeren – schädigenden Akte eine Liste von insgesamt neun Dimensionen, von denen jeweils vier die Seite des Akteurs, vier die des Geschädigten und eine die der Allgemeinheit betrifft. Die Kandidaten für die den *Akteur* betreffenden Dimensionen sind

1. Vorsätzlichkeit,
2. Absichtlichkeit,
3. Aufwand/kriminelle Energie,
4. individuelle im Gegensatz zu geteilter Verantwortung.

Die Hypothese „der verborgenen Parameter" besagt, dass bei den *Akteursmerkmalen* die aktive Begehungsform mit einem höheren Grad von Vorsätzlichkeit und Absichtlichkeit, einer höheren Willensintensität und einem stärker individuellen Handeln assoziiert wird, während die passive Begehungsform mit einer geringeren Willensintensität, mit Unabsichtlichkeit/Fahrlässigkeit, einem geringerem Maß an Individualität und eher mit Gemeinschaftshandeln und kollektiver Verantwortung zusammengedacht wird.

Dem scheinen zumindest die geläufigen Assoziationsweisen zu entsprechen: Ein *typischer* Totschlag oder eine *typische* Körperverletzung werden in der Regel als vorsätzlich, absichtlich, als von großer Willensintensität getrieben und individuell ausgeführt mental repräsentiert. Die passive Begehungsform wird eher mit den untypischen Merkmalen verknüpft.

Diese Tendenz wiederholt sich bei den Parametern auf der Seite des *unmittelbar Betroffenen*. Die aktiven Begehungsformen scheinen hier in der Regel mit Merkmalen assoziiert, die die moralische Verurteilung im Allgemeinen verschärfen:

5. Schädigung im Gegensatz zu entgangenem Nutzen,
6. unmittelbarer im Gegensatz zu verzögertem Schadenseintritt,
7. identifizierter im Gegensatz zu anonymem Geschädigten,
8. Sicherheit der Schädigung im Gegensatz zu bloßem Risiko.

Eine aktive Begehungsform wird eher mit einer Schlechterstellung des Betroffenen gegenüber dem *status quo* assoziiert, eine „passive“ Begehungsform eher mit dem Versäumnis einer möglichen Besserstellung, wobei die erstere im allgemeinen als moralisch schwerwiegender bewertet wird als die letztere – u.a. aufgrund der Vermutung, dass auch der Betroffene selbst eine Schlechterstellung in der Regel für weniger akzeptabel hält als eine unterlassene Besserstellung. Da wir im allgemeinen wissen (oder zu wissen meinen), was wir tun, scheint auch der von diesem Tun Betroffene eher festzustehen als der von einem Unterlassen Betroffene, von dem wir häufig nicht wissen (oder zu wissen meinen), Wenn wir einen anderen aktiv schädigen, etwa indem wir ihn in seiner körperlichen Integrität verletzen, meinen wir in der Regel zu wissen, wen wir schädigen; schädigen wir dagegen andere passiv, etwa indem wir unsere Ressourcen auf Luxuskonsum statt auf die Befriedigung der Grundbedürfnisse Bedürftiger verwenden, wissen wir das normalerweise nicht (oder täuschen uns eher darüber hinweg); die Geschädigten sind nicht unmittelbar betroffen, sie sind – für uns oder objektiv – anonym, und es ist unsicherer, ob wir mit unserem Unterlassen überhaupt jemanden schädigen. Verdeutlichen lässt sich das wiederum an den paradigmatischen Beispielen Totschlag und Körperverletzung. Bei den *typischen* aktiven Begehungsformen beider Verhaltensarten werden die Betroffenen durch das Verhalten schlechtergestellt, sie sind unmittelbar betroffen, sie sind identifiziert und die Sicherheit, dass das entsprechende Verhalten schädigend wirkt, ist höher als im analogen Fall des Nicht-Bewahrens vor Tod und körperlichem Schaden.

Ein weiteres Korrelat der Aktiv-Passiv-Unterscheidung, die nicht die unmittelbar Beteiligten, sondern Dritte bzw. die *Allgemeinheit* betrifft, könnte die größere wahrgenommene Bedrohlichkeit sein, die von den aktiven im Gegensatz zu den „passiven“ Begehungsformen ausgeht: Die Gefahr, bei einem nächtlichen Ausflug in den Park angefallen zu werden, könnte bedrohlicher erscheinen, als die Gefahr, bei einem Unfall auf keine Hilfe rechnen zu können, auch wenn Hilfe möglich wäre. Dass uns von anderen etwas „angetan“ wird, scheint im Allgemeinen stärker angstbesetzt zu sein als dass wir im Fall der Angewiesenheit auf andere bei diesen auf Untätigkeit stoßen.

5.3 Wie und wie weit lässt sich die normative Asymmetrie rechtfertigen?

Die Frage nach der Berechtigung der weit verbreiteten normativen Asymmetrie in der Beurteilung von Handeln und Unterlassen lässt sich auf dem Hintergrund der bisher angestellten Überlegungen präzisieren, indem man eine Reihe von Teilfragen unterscheidet:

Die erste Teilfrage könnte lauten: Ist es berechtigt, ohne nähere Informationen über Hergang und Umstände lediglich aufgrund der Tatsache, dass eine unerwünschte Folge durch Unterlassen statt durch Handeln hervorgerufen worden ist, zu vermuten, dass die positive Begehungsform verurteilenswerter ist als die negative?

Die Antwort auf diese Frage kann wohl nicht anders lauten als: durchaus. Die Begründung dafür liegt in der zum Teil schwachen, zum Teil aber signifikanten Korrelation der Aktiv-Passiv-Dimension mit zumindest einigen der oben aufgeführten beurteilungsrelevanten Dimensionen. Selbstverständlich ist nicht anzunehmen, dass alle Korrelationen gleich signifikant sind. Aber für einige der moralisch relevanten Dimensionen ist das doch plausibel, etwa für die Dimensionen Vorsätzlichkeit und – in schwächerem Maße – Intentionalität. Wir wissen häufiger, was wir tun, als wir wissen, was wir nicht tun. Was wir tun, ist uns mit größerer Wahrscheinlichkeit mental präsent als was wir nicht tun. Was wir nicht tun, ist häufig Resultat von Vergessen, Verdrängen oder Verleugnen, also von unbewusst bleibenden mentalen Mechanismen. Selbstverständlich kennen wir Mechanismen wie Verhaltensroutinen, eingefleischte Gewohnheiten und automatisierte Verhaltensabläufe, die weitgehend unbewusst ablaufen, auch wenn sie in Handlungen bestehen (z. B. wenn wir uns die Zähne putzen oder sich ein Raucher eine Zigarette anzündet). Aber die Liste der Handlungen, die wir aus Gewohnheit *nicht* ausführen, obwohl wir sie ausführen könnten, ist mit großer Wahrscheinlichkeit nicht nur länger als die Liste unserer gewohnheitsmäßigen Routinen, es ist auch sehr wahrscheinlich, dass wir in normalen Lauf der Dinge an diese uns im Prinzip zur Verfügung stehenden Alternativen zu unseren faktischen Gewohnheiten nur in Ausnahmefällen und nur dann, wenn wir darauf hingewiesen werden, denken. In der Regel denken wir sehr viel häufiger an das, was wir tun, als an das, was wir nicht tun, obwohl wir es tun könnten; und auch wenn das Daran-Denken keine notwendige Bedingung dafür ist, dass wir wissen, was wir tun oder nicht tun, scheint es doch ebenso wahrscheinlich, dass auch das Wissen dasselbe eindeutige Muster aufweist. Da Vorsätzlichkeit, d.h. das Wissen um das eigene Tun und Nicht-Tun aber unbestreitbar ein moralisch relevantes – bei negativen Folgen ins Negative tendierendes – Verhaltensmerkmal ist, ist es auch wahrscheinlicher, dass eine aktiv herbeigeführte unerwünschte Folge *ceteris paribus* moralisch kritikwürdiger ist.

Ähnliches könnte für das qualitative Merkmal der Absichtlichkeit gelten. Wissentlichkeit ist eine notwendige, aber keine hinreichende Bedingung für Absichtlichkeit, so dass die höhere Wahrscheinlichkeit, dass ein Handeln wissentlich ist, für sich genommen kein Grund ist, für die aktive Begehungsform auch eine höhere Wahrscheinlichkeit von Absichtlichkeit anzunehmen. Aber diese Annahme ist doch dann berechtigt, wenn man – was nicht unplausibel scheint – davon ausgeht, dass die Proportion der absichtlichen Handlungen unter den wissentlichen Handlungen der der absichtlichen Unterlassungen unter den wissentlichen Unterlassungen ungefähr gleich ist.

Ein weiterer Faktor, der mit der Aktiv-Passiv-Dimension zumindest schwach korreliert scheint, ist die von einem schädigenden Verhalten ausgehende Bedrohungswirkung. Diese Korrelation scheint zumindest soweit zu bestehen, wie das Verhalten die körperliche Integrität anderer tangiert und eine schwerwiegende Verschlechterung ihres gesundheitlichen und psychischen *status quo* beinhaltet. Erkennbar ist dies zum Beispiel im Zusammenhang mit dem geläufigen Bild von Folter: Sie wird nahezu immer spontan als ein aktiver Angriff auf die körperliche und seelische Integrität anderer vorgestellt. Was dabei in den Hintergrund rückt, ist, dass sie auch „passiv" ausgeführt werden kann (und worden ist), z.B. durch die Nicht-Behandlung unabhängig verursachter Verletzungen und die Nicht-Linderung unabhängig verursachter Leidenszustände.[5] Auch dieser Faktor begründet die Vermutung, dass eine in der aktiven Begehungsform ausgeführte Schädigung mit höherer Wahrscheinlichkeit auch in ihrer Wirkung auf Dritte negativere Folgen hat und insofern stärker zu verurteilen ist als ein Begehen durch Unterlassen.

Eine zweite und von der ersten sorgfältig zu unterscheidende Teilfrage ist die nach der relativen *Vordringlichkeit* von Handlungsverboten im Verhältnis zu der von Handlungsgeboten (= Unterlassungsverboten) *im Ganzen der Moral*. Die Ant-

5 Ein Beispiel ist die Folterszene in dem Film „Dirty Harry".

wort auf diese Teilfrage muss nach dem Gesagten lauten, dass dies höchstwahrscheinlich der Fall ist. Erstens sind, wenn die Folgen der Verletzung von Handlungsverboten insgesamt gravierendere schädigende Folgen haben als Verletzungen von Handlungsgeboten, Handlungsverbote insgesamt bedeutsamer für das gesellschaftliche Zusammenleben. Zweitens sprechen die quantitativen Verhältnisse für die höhere Dringlichkeit von Handlungsverboten. Handlungsgebote wie die einer angemessenen Versorgung der Nachkommen sind zwar in der ersten Lebensphase von eminenter Wichtigkeit. Mit der Erlangung von Selbstständigkeit wächst allerdings die Bedeutung von Verboten, etwa bestimmter Formen der Aggression, der Freiheitsberaubung und der Angriffe auf Besitz und Reputation.

Moralische Normen dienen primär der Kontrolle von Übergriffen und nur sekundär der Erbringung von Solidaritätsleistungen. Ein Indiz dafür ist das Überwiegen von Verbotsnormen in den Systemen der Minimalethik. Im alttestamentarischen Dekalog ist lediglich das Gebot der Elternliebe eindeutig als Gebotsnorm formuliert, die übrigen als Verbotsnormen. Auch wenn diese strenggenommen gelegentlich auch durch Unterlassungen verletzt werden können (das Töten durch Sterbenlassen eines auf Hilfe Angewiesenen, das Lügen durch Verschweigen, das Begehren durch unterlassene Impulshemmung usw.), stehen doch die Handlungsverbote eindeutig im Vordergrund. Nichts anderes gilt für Bernard Gerts „Nachfolge-Modell“ des Dekalogs, die zehn „moralischen Regeln“:

1. Du sollst nicht töten.
2. Du sollst keine Schmerzen verursachen.
3. Du sollst nicht unfähig machen.
4. Du sollst nicht Freiheit oder Chancen entziehen.
5. Du sollst nicht Lust entziehen.
6. Du sollst nicht täuschen.
7. Du sollst Deine Versprechen halten.
8. Du sollst nicht betrügen.
9. Du sollst dem Gesetz gehorchen.
10. Du sollst Deine Pflicht tun.

(Gert 1983, 96 ff., Gert 1998, 157 ff.)

Auch wenn man sich von den aktivischen Formulierungen dieser Liste nicht beeindrucken lässt – selbstverständlich kann ein Täuschen oder ein Versprechenhalten auch in einem Unterlassen bestehen –, so ist doch offenkundig, dass mit dieser Liste überwiegend Handlungen statt Unterlassungen mit einem Prima-facie-Verbot belegt werden.

Die Tatsache, dass Handlungsverbote einen gewissen Primat in der Moral haben, ist ein grundlegendes, aber doch letztlich kontingentes Faktum. Wäre die menschliche Natur anders gepolt, als sie es tatsächlich ist, erforderte ein gedeihliches Zusammenleben auch eine andere Moral. Moralische und rechtliche Normen, Werte und Urteile setzen in unserer Welt primär an dem Punkt an, an dem sich bestimmte menschliche Motive in Handlungen umsetzen, die für andere ein Schadensrisiko beinhalten. Ihre größte Wirksamkeit entfalten sie an der Stelle des Übergangs vom Wollen zum Handeln. Handlungsverbote setzen an dieser Stelle an und errichten dort eine mit moralischen oder rechtlichen Sanktionen bewehrte Hemmschwelle. Unter den bestehenden anthropologischen Bedingungen verhindert diese Hemmschwelle primär aktive Schädigungen. Zusätzlich setzen Tugendbegriffe und -ideale bereits den Motiven Grenzen, die für andere risikoträchtig werden könnten. Alles dies wäre anders in einer Welt, in der jeder oder nahezu jeder zeitlebens auf bestimmte Versorgungsleistungen anderer angewiesen wäre. Man stelle sich etwa eine Welt vor, in der jeder auf Medikamente angewiesen wäre, die er sich infolge einer pandemischen Erkrankung nicht selbst beschaffen kann. Für eine solche Welt ist anzunehmen, dass sich die Verhältnisse umkehren und Handlungsverpflichtungen vor Handlungsverboten den ersten Platz einnähmen.

Eine dritte Teilfrage stellt sich für jedes einzelne Handlungsverbot und -gebot: Wie wahrscheinlich ist es, dass ein Handlungsgebot für den dadurch Verpflichteten schwerer zu befolgen ist und einen *größeren Aufwand* fordert als ein Handlungsverbot? Je wahrscheinlicher es ist, dass Handlungsgebote schwerer zu befolgen sind als Handlungsverbote, um so eher lässt sich die Praxis der normativen Differenzierung zwischen schädigenden Handlungen und Unterlassungen rechtfertigen. Zwar würde eine höhere Wahrscheinlichkeit, dass Handlungsgebote vom Verpflichteten einen höheren Aufwand erfordern als Handlungsverbote, nichts darüber sagen, welche Intensität der moralischen und rechtlichen Sanktionierung im Einzelfall angemessen ist. Im Einzelfall könnte es sich ja durchaus so verhalten, dass ein Handlungsverbot schwerer zu befolgen ist als das entsprechende Handlungsgebot. Soweit Handlungsgebote aber im allgemeinen schwerer zu befolgen sind, würde dies zumindest die Vermutung begründen, dass bei Zuwiderhandlungen gegen sie eine schwächere moralische und rechtliche Sanktion angebracht ist als bei Zuwiderhandlungen gegen auf dieselben Folgen abzielenden Handlungsverboten. Dieselbe Vermutung kann auch so ausgedrückt werden: Eine moralische und rechtliche Sanktionierung von Unterlassungen läuft sehr viel eher auf eine normative *Überforderung* des Adressaten hinaus als eine moralische und rechtliche Sanktionierung von folgengleichen Handlungen. Eine Gleichstellung von Handlungsgeboten mit Handlungsverboten wäre der Einstieg in eine „Moralhypertrophie", eine „Einebnung und Aufweichung der Toleranzgrenzen" (Gehlen 1969, 141, 145).

Auch hier wiederum hängt die Antwort großenteils von kontingenten anthropologischen Fakten ab. In einer Welt von fanatischen Altruisten, die sich pausenlos um das Wohl anderer kümmern, oder von fanatischen Workaholics, die dabei das Bedürfnis nach Entspannung, Ruhe, Loslassen und damit die Sorge um sich selbst vernachlässigen, würde möglicherweise das Unterlassen schwerer fallen als das Handeln. Das Handeln würde, wenn es zum Schaden anderer führt, tendenziell weniger scharf verurteilt als das Nicht-Handeln. In der realen Welt dürfte es sich jedoch – allen Aufrufen zu mehr Gelassenheit und „Entschleunigung" zum Trotz – im allgemeinen umgekehrt verhalten. Der Ankerpunkt der Moral ist die menschliche Neigung zur Trägheit – des Körpers wie des Herzens. Eingriffe zur Verhinderung von Schäden scheinen der Tendenz nach aufwendiger als der Verzicht auf aktive Schädigungen. Entsprechend enthalten Handlungsgebote, die ein verhinderndes Eingreifen fordern, gewissermaßen einen Trägheitsbonus: Die Erbringung des zur aktiven Intervention erforderlichen Aufwands – Aufmerksamkeit, Willenskraft, physische Anstrengung – wird zwar weiterhin gefordert, aber weniger nachdrücklich als das Unterlassen aktiver Schädigungen. Im Fall des Zuwiderhandelns wird lediglich eine abgeschwächte Sanktion verhängt. Eine vollständige Angleichung der moralischen Intensität von Handlungsverboten und -geboten würde reale Menschen im Normalfall unter der Bürde ihrer Verpflichtungen zusammenbrechen lassen. Eine vollständige Angleichung der Strenge ihrer Sanktionierung würde die Spielräume zu einer eigenständigen Lebensgestaltung übermäßig einengen.

Letztlich scheint der Differenzierung die (unbewusste) Einsicht zugrunde liegen, dass die Moral ab einer bestimmten Strenge der Sanktionierung von Unterlassungen der Erreichung ihrer eigenen Zwecke im Wege steht. Die Funktionalität der Moral, aber auch die Funktionalität des Strafrechts erfordert ein Maßhalten sowohl mit der Strenge der Forderungen als auch der Sanktionierung von Zuwiderhandlungen. Andernfalls würde sie Verweigerungshaltungen provozieren und die Schwächung ihrer Autorität riskieren. Für die Moral kommt es darauf an, zwischen Unter- und Überforderung die „rechte Mitte" zu finden – vergleichbar der sogenannten Laffer-Kurve, die zu ermitteln erlaubt, welcher Steuersatz in dem Sinne optimal ist, dass er ein hohes Steueraufkommen sicherstellt, ohne ein Ausmaß an Steuerflucht und Steuerbetrug zu provozieren, das den Ertrag an Staatseinnahmen überproportional mindert.

Gezeigt wäre damit allerdings nur eine allgemeine Tendenz. Diese Tendenz ist vereinbar damit, dass sich für den Einzelfall bzw. für bestimmte Fallkonstellationen die genau gegensätzliche Tendenz begründen lässt, z.B. immer dann, wenn der Aufwand für das Unterlassen höher ist als für das Handeln, etwa in Versuchungssituationen oder in Milieus, in denen Aktionismus an der Tagesordnung ist. In Versuchungssituationen – etwa unmittelbar nach einem tätlichen Angriff oder einer heftigen Provokation – ist ein Handlungsverzicht zumeist erheblich schwerer zu bewerkstelligen und kostet mehr Kraft und Selbstüberwindung als ein Eingreifen. In aktionistischen Milieus erfordert es Entschlusskraft und innere Unabhängigkeit, sich aus der Tretmühle „auszuklinken" und kreative Pausen einzulegen.

Es ist nicht unwichtig, die Abhängigkeit der Angemessenheit der Asymmetrie in der Beurteilung von aktiven und passiven Begehungsformen von kontingenten anthropologischen Gegebenheiten und sozialen Faktoren im Blick zu behalten. Sie ist ein starkes Argument gegen jeden Versuch, die normative Differenzierung in der Beurteilung von Handeln und Unterlassen auf *intrinsische* Merkmale dieser Begehungsformen zurückzuführen, oder besser: zur Gänze zurückzuführen. Allerdings wäre ein Rekurs auf eine intrinsische Quelle der Asymmetrie von vornherein wenig befriedigend. An die Stelle einer Rechtfertigung träte die mehr oder weniger dogmatische Berufung auf eine schlichte Intuition. In der Ethik sollten wir aber so weit wie möglich Intuitionen nicht unhinterfragt für sich selbst stehen lassen, sondern auf ihre Quellen und Funktionen befragen. Nur auf diese Weise können wir sie in ihrer (evolutionären, sozialen und individuellen) Genese verstehen als auch nach ihrer jeweiligen Funktionalität bewerten.

Es ist interessant zu sehen, dass die soeben gegebene Antwort auf die dritte Teilfrage – zumindest auf den ersten Blick – mit der von Thomas von Aquin gegebenen übereinstimmt, der im übrigen – auf dem Umweg über den mittelalterlichen Rechtslehrer Accursius – eine der Hauptquellen für die Abstufung der Sanktionen für Handlungen und Unterlassungen im Recht geworden ist (vgl. Honig 1979, 25). In der *Summa theologica* (II-II, q. 79) schreibt Thomas:

> Facilius est abstinere a malo faciendo, quam implere bonum. Ergo gravius peccat qui non abstinet a malo faciendo, quod est transgredi, quam qui non implet bonum, quod est omittere. (Thomas von Aquin 1979, 396)

Interpretiert man in dieser Aussage das „bonum" als das kontradiktorische Gegenteil des „malum" in Bezug auf den infolge des Verhaltens von A bei C eintretenden Zustand, wird damit die Differenz zwischen der Beurteilung des C aktiv schädigenden A und dem C durch Unterlassen schädigenden B darauf zurückgeführt, dass es für A leichter ist, sich von der aktiven Schädigung zurückzuhalten als für B, die Schädigung von C durch handelndes Eingreifen zu verhindern. Dieses Argument entspricht der Begründung der oben getroffenen Tendenzaussage, dass es im Allgemeinen leichter ist, eine aktive Schädigung zu unterlassen, als eine Schädigung durch aktives Eingreifen zu verhindern. Das von Thomas angegebene Beispiel weckt allerdings Zweifel daran, ob er an wirklich folgengleiche und in anderen Hinsichten gleich geartete aktive und passive Verhaltensweisen denkt. Seine zur Illustration gedachte Entgegensetzung von aktiver Schmähung und unterlassener Ehrerbietung lässt sich auch so verstehen, dass er zusätzlich die Dimension Schädigung/Wohltun ins Spiel bringt, die partiell, aber nicht vollständig mit der Dimension Aktiv/Passiv korreliert. Dadurch entwertet er sein Argument unfreiwillig, denn dass ein aktives Schädigen schwerer wiegt als Nicht-Wohltun, ist nicht eigens begründungsbedürftig. Schädigen und Wohltun sind konträre, aber keine kontradiktorische Gegensätze. Eine Alternative zu beiden ist das Aufrechterhalten des *status quo*. Bemerkenswert ist jedenfalls, dass Thomas die von ihm begründete Asymmetrie in Übereinstimmung mit dem soeben Gesagten lediglich als Tendenzaussage verstanden wissen will. Im Einzelfall kann eine Unterlassung durchaus auch schwerer wiegen als die aktive Begehungsform:

> Unde manifestum est quod simpliciter et absolute loquendo, transgressio est gravius peccatum quam omissio: licet aliqua omissio possit gravior aliqua transgressione. (Thomas von Aquin 1979, 397)

Thomas von Aquin kann also keineswegs als Vertreter einer *intrinsischen* Relevanz der Aktiv-Passiv-Unterscheidung gelten. Die normative Differenzierung zwischen aktiver und passiver Begehungsform bedarf vielmehr in jeder Fallkonstellation und auf dem Hintergrund der spezifischen Umstände einer besonderen Prüfung.

6 Erweiterte Fragestellung: Nicht-handlungsartige negative Ursachen

6.1 Die Geläufigkeit negativer Ursachen

Für die Vertreter einer physikalistischen Vorstellung von Kausalität ist Unterlassen zumeist nur ein Fall unter anderen. Was für Unterlassungen – Nicht-Handlungen – gelten soll, soll in gleicher Weise für nicht-handlungsartige Ereignisse und darüber hinaus für alle Nicht-Ereignisse und Abwesenheiten gelten. Diese Erweiterung ist zweifellos einerseits konsequent: Unterlassungen machen nur einen winzigen Bruchteil aller formulierbaren oder denkbaren Nicht-Ereignisse aus und einen noch kleineren Bruchteil aller formulierbaren oder denkbaren negativen Realitäten. Andererseits entfernt sich die Auffassung, dass keine dieser negativen Realitäten kausalen Einfluss ausüben kann, beträchtlich von den Weisen, in denen wir in Alltag und Wissenschaft denken und sprechen, etwa dann, wenn das Nicht-Eintreten eines erwarteten Ereignisses (etwa das nicht pünktliche Eintreffen eines Zugs) zum Eintritt einer Reihe weiterer Ereignisse (Zuspätkommen, Tadel des Vorgesetzten, Verlust des Arbeitsplatzes) führt oder wenn auf das Nicht-Eintreten eines bestimmten Ereignisses (ausbleibender Schneefall im Winter) regelmäßig oder mit einer bestimmten statistischen Wahrscheinlichkeit ein anderes (Änderung der Wintersportpläne) folgt.

Wie bei den Unterlassungen stehen sich auch bei den sonstigen negativen Realitäten die Lager der Leugner und der Befürworter negativer Kausalität unversöhnlich gegenüber. Für die besonders in der Gruppe der Vertreter einer physikalistischen Kausalitätstheorie zu findenden Leugner ist die Annahme einer Kausalität negativer Faktoren in dem einen wie in dem anderen Fall nichts als eine *façon de penser*, eine Art *folk metaphysics*, der unter Gesichtspunkten der Denkökonomie eine gewisse praktische Berechtigung nicht abzusprechen ist, die jedoch – und allein das ist metaphysisch entscheidend – eines *fundamentum in re* ermangelt: Negative Ursachen sind nur scheinbare Ursachen, negative Wirkungen nur scheinbare Wirkungen. Da etwaige nicht-handlungsartige negative Ursachen ebenso wenig wie handlungsartige Energie oder eine andere physikalische Größe auf ihre etwaigen Wirkungen übertragen können, fallen sie ebenso wie Unterlassungen als potenzielle Ursachen aus. Dezidierte Befürworter negativer Ursachen dagegen verteidigen eine negative Kausalität auch von nicht-handlungsartigen negativen Größen, u. a. mit dem Hinweis auf die verbreitete Praxis der Anerkennung negativer Ursachen in Alltagsdenken und Wissenschaft. Für sie liegt nicht nur die Beweislast bei den physikalistischen Skeptikern, sie sind auch überzeugt, dass die Skeptiker, da sie von einer zu engen Kausalitätsauffassung ausgehen, dieser Beweislast nicht gerecht werden.

Diese Beweislast ist in der Tat schwer angesichts der Selbstverständlichkeit, mit der wir bereits im Alltagsdenken und -sprechen von der Existenz nicht-handlungsartiger negativer Ursachen ausgehen. Die Situation ist der bei Unterlassungen weitgehend analog. Unter denselben Umständen, unter denen wir gegen den Gedanken einer Kausalität von Unterlassungen wenig einzuwenden haben, haben wir auch gegen den Gedanken einer Kausalität von nicht-handlungsartigen negativen Faktoren wenig Vorbehalte. Wir neigen immer dann problemlos dazu, bestimmte negative Realitäten wie Abwesenheiten und Funktionsstörungen als ursächlich anzunehmen, wenn sie beinhalten, dass etwas Gesolltes, etwas Erwünschtes oder etwas Erwartetes ausbleibt oder wenn sie in besonderer Weise folgenträchtig sind: Eine Verkehrsampel funktioniert wegen eines technischen Defekts nicht und verursacht ein Verkehrschaos (technische Gesolltheit); ausbleibender Schnee verursacht einen steilen Rückgang des Wintersporttourismus (Erwünschtheit); das Nichteintreten prophezeiter Weltuntergänge führt bei millenarischen Sekten dazu, dass die Untergangserwartungen zeitlich verschoben werden (Erwartung); Mangel an Vitamin C führt bei Schiffsbesatzungen zur Ausbreitung von Skorbut und damit zu Mannschaftsverlusten (Folgenträchtigkeit). In allen vier Konstellationen ist es mehr oder weniger „natürlich“, davon auszugehen, dass das Nicht-Eintreten von Ereignissen oder das Ausbleiben bestimmter Funktionen Auswirkungen auf andere Ereignisse, Zustände und Handlungen hat, ohne dass uns ontologische Bedenken beschleichen und wir zu rätseln beginnen, wie es denn sein kann, dass etwas Nicht-Seiendes Seiendes bewirkt.

Phänomenologisch übernimmt die Annahme von negativen nicht-handlungsartigen Ursachen vor allem in Kontexten eine tragende Rolle, in denen bestimmte Wirklichkeiten als *ungenügend, fehlerhaft* und *verbesserungsbedürftig* erlebt werden. Das Gefühl des Defizitären ist zunächst vielleicht ganz unbestimmt und unartikuliert. Sobald es sich zu der Erkenntnis verdichtet, dass es etwas ganz Bestimmtes ist, das fehlt und – sofern möglich – ergänzt oder ersetzt werden müsste, um einen befriedigenden Zustand zu erreichen, führt es wie von selbst auf den Gedanken, dass der schlechte Zustand auf das Fehlen des Fehlenden zurückzuführen ist, dass die Abwesenheit des Abwesenden die Ursache für den als defizitär empfundenen Zustand ist. Diese Bewegung von einem zunächst diffus empfundenen Unbehagen am Bestehenden zu einer konkreten negativen Ursachendiagnose ist das Lebenselement von Kreativität. In einer großen Vielfalt von Lebensbereichen gehört der Übergang von einem zunächst unproduktiven Unbehagen zu einer produktiven konkreten Imagination von Alternativen und damit zu einer Zurückführung des als unbefriedigend erlebten Zustands auf negative Ursachen zu den Prozessen, die die kleine und große Welt – zum Teil dramatisch – verändern. In der kleinen Welt der Psyche ist die Imagination konkreter Alternativen zum gegenwärtigen Unbehagen – etwa durch Tagtraumtechniken – und zur Klärung und Identifikation der Fehlstellen oft der kürzeste Weg zur therapeutisch wirksamen Änderung von dysfunktionalen Gewohnheiten, Einstellungen und Emotionen. In der großen Welt der Gesellschaft ist soziale Phantasie – die Fähigkeit und Bereitschaft, Alternativen zum Bestehenden zu denken – der Motor von sozialen Experimenten, Reformen und Revolutionen. Das Bestehende wird – hier schließt sich der Kreis von Negativer Kausalität und Negativer Dialektik – in seinen negativen Zügen fokussiert, auf seine defizitären Momente hin analysiert, die schlechte Wirklichkeit als durch das Fehlen alternativer Strukturen, Institutionen und Normen bedingt gedeutet. Die Alternativen können dabei in unterschiedlichem Maße „utopisch" sein. Sie können gedankliche Konstruktionen sein oder imaginative Weiterentwicklungen empirischer Trends. Sie können aber auch Alternativen sein, die zu anderen Zeiten oder an anderen Orten bereits realisiert waren oder sind – siehe etwa geläufige Sprechweisen wie „Uns fehlt eine Steuermoral wie in den Niederlanden" oder „Uns fehlt eine Regelung der Sterbehilfe wie in Oregon".

Am deutlichsten manifestiert sich die Struktur der Erklärung einer als unbefriedigend erlebten Situation durch negative Ursachen vielleicht im Bereich der Technik, d.h. einem Bereich, in dem sich die Phantasie von einer als unvollkommen und mit vielerlei Fehlstellen behafteten Realität zu einer auf Verbesserung und Vervollkommnung zielenden kreativen Imagination in besonderer Weise herausgefordert sieht. Die Fehlerdiagnose ist hier der erste Schritt zur Mobilisierung von Innovativität. Die Frage ist dieselbe wie in der medizinischen Diagnostik: „Woran fehlt's?", „Was verursacht die Störung oder Fehlfunktion?", „Wie lässt sich Abhilfe schaffen?" Man kann es auch so sagen: Für den Blick des Technikers sind die negativen Ursachen des betrachteten Zustands wichtiger als die positiven. Ihm ist weniger daran gelegen, die Genese eines unbefriedigenden Zustands auf die positiven Faktoren zurückzuführen, die zum gegenwärtigen Zustand geführt haben, als vielmehr an der Diagnose, welche Faktoren abwesend sind, die etwas zum Besseren ändern könnten. An einem trivialen Beispiel veranschaulicht: Der Gartentisch wackelt und es stellt sich die Frage warum. Der Alltagswissenschaftler erklärt das, indem er die positiven Kausalfaktoren benennt: Der Tisch ist vierbeinig, das Gelände ist uneben. Der Alltagstechniker erklärt das, indem er benennt, was Abhilfe schaffen könnte: Einer der Tischbeine braucht einen Bierdeckel zum Unterlegen, oder, aufwendiger, aber innovativer: Der Tisch bräuchte eine Stellschraube zum Höhenausgleich.

Zwischen Unterlassungen als handlungsartigen Fehlstellen und nicht-handlungsartigen Fehlstellen wie Abwesenheiten, Fehlfunktionen und dem Nicht-

Eintreten von Ereignissen besteht keine abgrundtiefe logische Kluft, sondern ein Kontinuum. Zur Veranschaulichung lässt sich auf zwei Bereiche hinweisen, in denen der Übergang von handlungsartigen zu nicht-handlungsartigen Beschreibungen von „Fehlstellen" in besonderer Weise deutlich wird. Der erste spielt sich im Gedanklichen ab, der zweite in der Realität.

Der *gedankliche* Übergang ist der der *Säkularisierung der Wahrnehmung von Fehlstellen*, d. h. der Wandel von einer theistischen oder animistischen zu einer naturalistischen Sicht und Erklärung von Abwesenheiten, Mängeln und Dysfunktionen. Im Prozess der Säkularisierung wird das, was für den Theisten Handlungen Gottes und für den Animisten Handlungen von Geistern sind, zu naturalen Ereignissen ohne personalen oder quasi-personalen Hintergrund. In demselben Prozess werden Nicht-Handlungen oder Unterlassungen derselben Götter und Geister zu naturalistisch gedeuteten und naturalistisch erklärten Abwesenheiten, Mängeln und Dysfunktionen. Einschneidende Lebensereignisse wie Partnerwahl, Schwangerschaft, Geburt, schwere Krankheit und Tod werden nicht mehr, sofern sie als positiv erlebt werden, als Gottesgaben, sofern sie negativ erlebt werden, als Prüfungen, Strafen oder Aufforderungen zu Demut und Buße aufgefasst, sondern als Eckpunkte einer von einer nicht-personalen naturgesetzlichen Ordnung vorbestimmten Existenz. Die Frage, warum ein allmächtiger und allgütiger Gott Übel wie Krankheit, Schuld und Tod zulässt, findet keinen Anhaltspunkt mehr. Die Frage nach dem Nicht-Eingreifen Gottes mutiert zur Frage nach den Möglichkeiten einer Verhinderung oder Abmilderung des Übels mit den Mitteln von Bildung, Moral, Technik, Medizin und Psychotherapie. Aus Handlungen sind Naturereignisse geworden, aus Unterlassungen Naturkatastrophen, natural erklärbare Erkrankungen und statistisch erwartbare Funktionsmängel. Ein früher Tod bleibt eine existenzielle Katastrophe. Aber ihre Ursachen werden nicht mehr in den unterlassenen Rettungsanstrengungen eines zur Rettung fähigen Geistes gesucht, sondern in der Abwesenheit naturaler oder zivilisatorischer Gegenmittel. Es wäre jedoch zumindest seltsam, wenn die gedankliche Substitution personaler durch technische Prozesse eine grundlegende Änderung der kausalen Strukturen bewirken könnte. Sofern Unterlassungen als Kausalfaktoren anerkannt sind, wird man auch die kausale Wirksamkeit von negativen nicht-handlungsartigen Realitäten nicht leugnen können. Wenn die unterlassene Rettung von A den Tod von A zur Wirkung hat, dann auch der Mangel an einem lebenswichtigen Vitamin.

Der *reale* Phänomenbereich, in dem Handlungen in nicht-handlungsartige Prozesse, Unterlassungen in nicht-handlungsartige Dysfunktionen übergehen, ist die Tendenz zur *Automatisierung* von Routinehandlungen im Zuge des wissenschaftlich-technischen Fortschritts. Auch dieser Übergang stellt die Eingrenzung von negativer Kausalität auf Unterlassungen in Frage. Mit dem Fortschritt der Automatisierung werden mehr und mehr Verrichtungen von personalen Akteuren an technische Systeme ohne direkten personalen Akteur delegiert. Immer mehr Formen des Handelns werden auf automatische, insbesondere computergestützte nicht-personale Prozesse verlagert. Mit der Grenze zwischen Handlungen und maschinellen Abläufen ist damit auch die zwischen Unterlassungen und maschinellen Fehlfunktionen durchlässig geworden. Wenn heute eine Banküberweisung beim Empfänger nicht wie beabsichtigt eingeht, ist in der Regel nicht mehr ein Fehlverhalten eines Bankangestellten im Spiel, sondern ein Fehler in der Funktionsweise eines Großrechners. Nicht mehr ein Unterlassen – die Nicht- oder Falschausführung der erforderlichen Handlungselemente – ist die Ursache von Irritation und Zusatzaufwand beim Kunden, sondern die Nicht- oder Falschausführung einer technischen Funktion. Es wäre jedoch wenig plausibel, in dem einen Fall das Unterlassen des Bankangestellten als Ursache der nachfolgenden Irritation des Kunden anzuerkennen, in dem anderen die Fehlfunktion des Großrechners aber nicht. Auch in diesem Fall wäre es verwunderlich, wenn die reale Substitution personaler durch technische Prozesse grundlegende Änderungen der kausalen Struktur mit sich bringen würde. Wenn aus der Fehlleistung eines Angestellten Wirkungen folgen, dann auch aus den Fehlfunktionen eines Computers.

6.2 Verhinderungen von Veränderungen: negative Faktoren auf der Wirkungsseite

Nicht weniger geläufig als negative Realitäten auf der Seite der Ursachen sind uns negative Realitäten auf der Seite der Wirkungen. Eine Unmenge von technischen und medizinischen Vorkehrungen zielt auf die *Verhinderung* von negativen Zuständen wie körperlichen und mentalen Funktionsverlusten und auf das Nicht-Eintreten unerwünschter Ereignisse. Verhinderungen sind jedoch nicht zu denken ohne die Negativität einer Realität, die bestehen oder eintreten könnte, aber nicht besteht oder nicht bestehen soll. Eine entscheidende Rolle spielen Verhinderungen auch im außermenschlichen Bereich und vorgängig zu ihrer technischen Nutzung, etwa in der Evolution des Lebens und des Menschen. So hat das Magnetfeld der Erde die Bombardierung der Erdoberfläche mit tödlicher Strahlung verhindert und damit als einer von vielen Faktoren die Entstehung von Leben ermöglicht, hat die Entwicklung eines wirksamen Immunsystems die Vernichtung der höheren Lebewesen durch Pandemien verhindert, hat die Erfindung des Kunstdüngers im 19. Jahrhundert die von Malthus aufgestellte Prognose des Hungertods einer schnell wachsenden Menschheit falsifiziert. Negative Realitäten bilden nicht anders Glieder von Kausalketten als positive. Sie sind Wirkung ihrer kausalen Vorgänger und Ursache ihrer kausalen Nachfolger. Aber nicht nur für das Alltagsdenken, auch für die Wissenschaft ist die Möglichkeit von Verhinderungen und der Aufhebung von bestehenden Zuständen gängige Münze, mit der gerechnet und deren Unverzichtbarkeit von keinem in Zweifel gezogen wird. Selbst noch so grundlegende Prozesse wie die Muskelkontraktion stellt sich physiologisch weniger als positive Wirkung bestimmter neuronaler Auslöser denn als negative Wirkung dar: Der Muskel kontrahiert, indem eine Hemmung in Gestalt einer „Tropomyosin-Blockade" aufgehoben wird (vgl. Schaffer, im Erscheinen, 7).

Es ist insofern kein Zufall, dass Leugner einer negativen Kausalität wie der Rechtstheoretiker Michael Moore in Schwierigkeiten kommen, wenn sie ihren Kausalitätsskeptizismus auch für negative Realitäten in der Wirkungsposition aufrechtzuerhalten versuchen. Die Möglichkeit, dass negative Realitäten zwar nicht als Ursachen, aber als Wirkungen in Frage kommen, ziehen sie zu Recht nicht ernsthaft in Betracht. Sie wissen, dass die Gründe, auf sich ihr Kausalitätsskeptizismus stützt, gegen negative Größen in der Wirkungsposition ebenso sprechen wie gegen negative Größen in der Ursachenposition. Sie wissen aber auch, dass die Behauptung einer Unmöglichkeit von Verhinderungen nicht nur intuitiv wenig für sich hat, sondern dass sie darüber hinaus mit etablierten Beschreibungs- und Erklärungsformen in den Wissenschaften im Widerspruch steht (vgl. Schaffer 2004; Schaffer, im Erscheinen, 3).

6.3 Der Einwand der Kontraintuitivität

Allerdings ist den Leugnern einer Kausalität von nicht eintretenden Ereignissen und Abwesenheiten ein wichtiges Zugeständnis zu machen: Nicht-handlungsartige negative Ursachen wie Abwesenheiten und Nicht-Ereignisse sind ontologisch noch ein gutes Stück mysteriöser als Unterlassungen. Eindeutiger noch als Unterlassungen scheinen Abwesenheiten und das Nicht-Eintreten von Ereignissen ein „Nichts" zu sein, bei dem die Annahme, sie könnten als Ursachen fungieren, intuitiv auf Widerstände stößt. Um Abwesenheiten als Ursachen aufzufassen, muss unsere Vorstellungskraft sogar noch ohne die wenigen Anhaltspunkte auskommen, die uns bei Unterlassungen zur Verfügung stehen: die Person des Akteurs, seine Fähigkeit zum Handeln und die für die nicht-ausgeführte Handlung erforderlichen Situationsbedingungen. Wir können uns B vorstellen, wie er As Pflanzen *nicht* begießt: Er ist gut beschäftigt, bekommt einen Arbeitsauftrag, der seine Aufmerksamkeit in Beschlag nimmt, hat obendrein noch familiäre Sorgen und kommt einfach nicht dazu, sich an sein gegenüber A abgegebenes, im Verhältnis zu den wichtigen Dingen, um die er sich zu kümmern hat, triviales Versprechen zu erinnern. Was bleibt der Vorstellungskraft im Fall einer nicht-handlungsartigen negativen Realität?

Man könnte zunächst denken: Hier gibt es analog zum Akteur zumindest einen nicht-personalen Träger einer nicht realisierten Eigenschaft, der der Vorstellungskraft einen Anhalt bieten könnte. Wenn eine Ampel nicht funktioniert (und dadurch einen Verkehrsstau auslöst), so haben wir doch immerhin die Ampel als Träger der negativen Eigenschaft des Nicht-Funktionierens und können diese als Ursache des Verkehrsstaus dingfest machen, gewissermaßen in Stellvertretung der in ihrem Nicht-Funktionieren bestehenden negativen Realität. Schließlich kann ein materieller Gegenstand wie eine Ampel nicht selbst als Ursache fungieren. Als Ursache fungieren kann stets nur etwas, das kategorial einem Ereignis, einem Zustand oder einer Disposition entspricht.

Aber auch dieser Bedingung müssen negative Realitäten nicht notwendig genügen, und das tun sie insbesondere dann nicht, wenn sie durch Abwesenheiten oder das Nicht-Eintreten von Ereignissen konstituiert sind. Auch die Nicht-Existenz einer Ampel an einer bestimmten Straßenkreuzung kann als Ursache fungieren, z. B. dann, wenn ein Verkehrsplaner dem Verkehrsausschuss erklärt, dass eine Ampel den beklagten chronischen Verkehrsstau verhindern würde und insofern nichts anders als das Fehlen einer Ampel an der fraglichen Kreuzung die Ursache des Verkehrsstaus ist. Analoges gilt für das Nicht-Eintreten von Ereignissen: Wenn der Tourismusmanager das Ausbleiben von Schneefall als Ursache und Erklärung für die magere Tourismusbilanz eines Wintersportorts geltend macht, etwa um sich gegen Vorwürfe unzureichender Bemühungen um Tourismusmarketing zu verteidigen, gibt es in diesem Fall nichts, an dem die zitierte negative Realität als Eigenschaft „festgemacht" werden könnte. Der ausbleibende Schnee kommt so wenig als „Träger" einer wie immer gearteten negativen Eigenschaft in Frage wie die fehlende Ampel, und für die Vorstellung bleibt keine andere Wahl, als sich auf die – kausal irrelevanten – positiven Merkmale zu richten: die Verkehrskreuzung ohne Ampel und den Wintersportort ohne Schnee.

Welche Bedingungen bleiben dann überhaupt noch für negative Realitäten? Wie lassen sie sich gegen ontologischen „Wildwuchs" abgrenzen – z. B. gegen die Nicht-Existenz von Pegasus oder gegen die Abwesenheit eines Nashorns in *diesem* Zimmer, dem Gegenstand eines erbitterten Streits zwischen Russell und Wittgenstein zur Zeit der Abfassung des *Tractatus* (vgl. Monk 1990, 39). Was muss und was kann von negativen Realitäten gefordert werden, wenn sie als negative Ursachen oder Wirkungen ernst genommen werden wollen? Wie lassen sich diese Anforderungen begründen?

6.4 Die Möglichkeitsbedingung für nicht-handlungsartige Ereignisse

Das erste, was man zu den Bedingungen sagen können wird, die negativer Realitäten erfüllen müssen, wenn sie die kausale Relata in Frage kommen sollen, ist, dass sie möglich sind – in einem noch näher zu bestimmenden Sinn von „Möglichkeit“. Diese Bedingung ist der für Unterlassungen geltenden analog – zumindest soweit negative Realitäten als Ursachen fungieren. Wie man von einer Unterlassung nur dann sprechen kann, wenn der jeweilige Akteur die Handlung H ausführen könnte, obwohl er sie nicht ausführt, wird man von einem nicht existierenden Gegenstand oder dem Nicht-Eintritt eines Ereignisses nur soweit sagen können, dass sie für irgendetwas ursächlich sind, soweit sie möglich sind. Der Grund dafür liegt darin, dass Kausalität primär in Erklärungskontexten beheimatet ist und dass eine Minimalbedingung für die Akzeptabilität von Erklärungen die ist, dass die Ursachen, mit denen bestimmte Phänomene erklärt werden, zumindest möglich sind. Eine Realität, die nicht bestehen kann, kann auch nichts erklären – eine Tatsache, die etwa in der Religionsphilosophie gravierende Konsequenzen hat. Wenn sich etwa, in Übereinstimmung mit einer bestimmten Interpretation von Humes Essay über Wunder, zeigen ließe, dass Wunder unmöglich sind, und zwar nicht nur im Sinne physikalischer, sondern logischer Unmöglichkeit, ließe sich auch kein irgendwie geartetes Ereignis durch Wunder erklären. Wunder kämen als kausale Faktoren für Weltereignisse, etwa für anderweitig unerklärliche Genesungen von Krankheiten, nicht in Frage. Deshalb käme aber zugleich auch das *Ausbleiben* eines Wunders als Erklärung nicht in Frage. Das Nicht-Eintreten eines Wunders wäre keine mögliche negative Ursache für irgendetwas.

Die Gesamtheit der potenziell erklärungsrelevanten negativen Realitäten und damit der negativen Ursachen macht danach nur einen kleinen Ausschnitt aus der Gesamtheit der negativen Realitäten insgesamt aus. Die Menge der negativen Realitäten ist sehr viel größer als die Menge der potenziellen negativen Ursachen. Zu den abwesenden Dingen und Ereignissen gehören auch die unmöglichen Dinge und Ereignisse. Ontologisch kann auf diese nicht gänzlich verzichtet werden, denn sie können durchaus eine Rolle spielen, z. B. als intentionale Gegenstände. Auch wenn man sich das logisch Unmögliche nicht erhoffen kann, so kann man es immerhin wünschen, erträumen oder bedauern. Auch wenn man das nomologisch Unmögliche nicht finden kann, so kann man es doch suchen, so wie Forscher das Perpetuum mobile gesucht haben oder die Alchimisten die Herstellung von Gold aus unedlen Elementen. Als Ursachen kommen sie jedoch von Anfang an nicht in Frage. Sie haben keine Aussichten, in Erklärungen akzeptiert zu werden.

Wie sollte dann die Möglichkeitsbedingung für nicht-handlungsartige negative Realitäten gefasst werden? Zunächst einmal so, dass möglichst viele Optionen offen bleiben. Der Kreis der negativen Ursachen sollte nicht so eng gezogen werden, dass respektable, wenn auch vielleicht kontroverse Weltauffassungen ausgeschlossen sind. „Möglichkeit" sollte z. B. nicht auf diejenigen Möglichkeiten eingeschränkt werden, die verbleiben, wenn alle vorausgehenden kausalen Bedingungen feststehen. Für den dezidierten Deterministen würde eine solche Festlegung bedeuten, dass es zum Eintreten oder Nicht-Eintreten eines Ereignisses keine mögliche Alternative gibt. Nur das tatsächlich eintretende Ereignis ist aufgrund der zu ihm führenden kausalen Bedingungen möglich, da die vorhergehenden Glieder der Kausalkette jedes nachfolgende festlegen. Selbst der Begriff der Unterlassung verlöre seine Anwendbarkeit, denn ein zum tatsächlichen Nicht-Handeln alternatives Handeln wäre zwar denkbar, aber real unmöglich. Niemand könnte etwas unterlassen, da er zu keinem Zeitpunkt etwas anderes tun könnte als das, was er faktisch tut. Die Möglichkeitsbedingung für Unterlassungen wäre systematisch verletzt.

Ein anderer Vorschlag, der den Kreis der negativen Ursachen zu stark einengen würde, wäre die Beschränkung der negativen Ursachen auf Ereignisse und Präsenzen, die zu dem Zeitpunkt, zu dem sie ursächlich sind, zwar nicht eintreten oder bestehen, für die sich aber zumindest vorstellen lässt, dass sie zu einem *späteren Zeitpunkt* eintreten oder bestehen. Dieser Vorschlag wäre das wissenschaftstheoretische Gegenstück zu Ernst Blochs geschichtsphilosophischer Idee einer „Ontologie des Noch-nicht-Seienden" (Bloch 1959, 274) bzw. des „Noch-nicht-Seins" (Bloch 1961). Während für Bloch die Gegenstände dieser Ontologie die nicht verwirklichten, aber die für die Zukunft – wenn auch möglicherweise in sehr unbestimmter Weise – erwünschten Ereignisse und Präsenzen umfassen, umfassen diesem Vorschlag gemäß die Gegenstände der „Ontologie des Noch-nicht-Seienden" alle Gegenstände, ob erwünscht oder unerwünscht, für die nicht ausgeschlossen werden kann, dass sie sich in Zukunft realisieren.

Auch diese Bedingung würde den Kreis der negativen Ursache unverhältnismäßig einengen. Viele singuläre Ursachen lassen sich nicht leicht in eine mögliche Zukunft projizieren, etwa im Zusammenhang mit historischen Erklärungen, die singuläre Akteure und unwiederholbare Konstellationen von Umständen zum Gegenstand haben. Das gilt auch für die positiven Ereignisse, deren Möglichkeit gegeben sein muss, wenn ihre negativen Gegenstücke als Ursachen fungieren können sollen. In Stefan Zweigs „Sternstunden der Menschheit" wird eine solche geschichtsträchtige singuläre negative Realität – mit der gebotenen Dramatisierung – geschildert:

> Er [Napoleons Marschall Grouchy] weigert sich, gegen den Befehl des Kaisers zu handeln. Die Offiziere schweigen verdrossen. Es entsteht eine Stille um ihn. Und in ihr entschwebt unwiderruflich, was Worte und Taten dann nicht mehr fassen können – die entscheidende Sekunde. Wellington hat gesiegt. (Zweig 1964, 85)

Die Offiziere hätten ihren Vorgesetzten möglicherweise umstimmen können. Ihre Nicht-Intervention war zumindest einer der Faktoren, die die entscheidende Niederlage Napoleons in Waterloo – und damit den Ausgang der Befreiungskriege insgesamt – herbeigeführt hat.

Wie könnte eine Grenzziehung aussehen, die negativen Ursachen Raum lässt und gleichzeitig den modalen Wildwuchs beschneidet? Unser Vorschlag lautet, „möglich" so zu interpretieren, dass sowohl das logisch Unmögliche als auch nomologisch Unmögliche ausgeschlossen wird, d. h. dass „möglich" auf alle Bedingungen zutrifft, deren Beschreibung keinen logischen Widerspruch enthält und die mit den Naturgesetzen in Einklang sind. Die Gegenstände der Ontologie der negativen Ursachen umfassen damit alle negativen Realitäten, deren positive Gegenstücke möglich im Sinne der Naturordnung sind. Das heißt, dass sowohl die Nicht-Existenz von Pegasus als auch die Nicht-Existenz eines Perpetuum mobile keine Größen sind, die als Ursachen in Frage kommen – im Gegensatz zur Nicht-Existenz von Ampeln an der betreffenden Straßenkreuzung und zum Schweigen der Offiziere Marschall Grouchys bei Waterloo. Dagegen käme die Abwesenheit von Russells Nashorn in *diesem* Zimmer voraussichtlich als Ursache in Frage – vorausgesetzt, es wäre noch nicht so ausgewachsen, dass es nicht mehr hineinpasste.

Um einem bestimmten an dieser Stelle auftretenden Missverständnis zuvorkommen: Selbstverständlich darf ein abwesendes Nashorn nicht wie ein irgendwie *mysteriöses Nashorn* gedacht werden. Ein abwesendes Nashorn ist ebenso wenig ein Nashorn wie Falschgeld Geld ist. Abwesenheiten sind keine mysteriösen Anwesenheiten, ebenso wenig wie nicht realisierte Möglichkeiten mysteriöse Formen von Aktualitäten sind. Nicht das *abwesende Nashorn* – im Sinne eines mysteriösen Nashorn-Gespensts oder -Abbilds – gehört zur Realität, sondern *die Abwesenheit eines Nashorns.*

6.5 Was heißt „negativ"?

Die bisherigen Überlegungen bewegten sich auf einer mehr oder weniger intuitiven Ebene. Wir haben so geredet, als sei bereits klar, was eigentlich Abwesenheiten und andere negative Realitäten sind und wie sie sich von positiven Zuständen und Realitäten unterscheiden. Diese Unterscheidung ist allerdings alles andere als klar. Die Meinung, die geläufigen Sprechweisen wiesen mehr oder weniger sicher den Weg zu einer Unterscheidung zwischen Positiv und Negativ, muss als naiv gelten. Dass uns diese Naivität in Schwierigkeiten bringen muss, ergibt sich bereits daraus, dass die Redeweise etwa von Fehl- und Dysfunktionen in einer Weise normativ aufgeladen und dadurch von wechselnden Wertungen abhängig ist, die uns bereits bei der Grenzziehung zwischen Handlungen und Unterlassungen eine Warnung war: Was für den einen eine Dysfunktion ist, kann für den anderen eine Eufunktion sein, so dass sich die Frage, welche Funktionsweise als positiv und welche als negativ zu werten ist, systematisch zweideutig wird. Wie bei den Unterlassungen dürfen wir die Frage, welche nicht-handlungsartigen Weltzustände positiv oder negativ sind, nicht von Erwartungen, Wünschen, oder Normen abhängig machen, sondern in ausschließlich objektiven Merkmalen fundieren. Wie die Frage, ob, wer *schweigt*, handelt oder nicht handelt, weder danach beantwortet werden darf, ob wir dieses Verhalten überwiegend durch einen positiven oder einen negativen sprachlichen Ausdruck bezeichnen, noch danach, was von dem Schweigenden üblicherweise erwartet, gewünscht oder gefordert wird, darf auch die Frage, ob, wenn es *nicht regnet*, dies als ein positives oder ein negatives Phänomen zu werten ist, weder nach sprachlichen noch nach einstellungsabhängigen Aspekten beantwortet werden. Sprachlich lässt sich das Ausbleiben von Regen ebensogut als Trockenbleiben kennzeichnen, und über seine Erwartetheit, Erwünschtheit oder Erfordertheit braucht keine Einigkeit zu bestehen, abgesehen von den grundsätzlichen Zweifeln daran, wie Einstellungen über den ontologischen Status dieses Etwas entscheiden können sollen.

Gefragt ist demnach nicht nach einem, sondern nach mindestens zwei sprach- und einstellungsunabhängigen Kriterien dafür, dass etwas ein als negative statt als positive Realität gelten kann: einerseits einem Kriterium, das für Phänomene gilt, die an einem „Träger" haften, und andererseits einem Kriterium, das unabhängig davon gilt, ob ein Phänomen eines „Trägers" bedarf oder nicht und das dann auch für negative Phänomene wie das Nicht-Eintreten von Hitzewellen und Regenfällen und für Abwesenheiten gilt.[1] Die Suche nach einem objektiven Kriterium, das zwischen Positiv und Negativ eine Grenzen ziehen kann, ist, wie wir gesehen haben, bei nicht handlungsartigen Phänomenen schon deshalb vertrackter als bei Handlungen, weil es bei einigen nichthandlungsartigen Phänomenen an einem Sockel von Merkmalen fehlt, die bereits mit

1 Im Gegensatz zu großen Teilen der angelsächsischen Diskussion wird „Abwesenheit" hier also in einem engen Sinn verstanden, in dem nur Gegenstände wie Dinge und Personen abwesend sind sein können und nicht auch Ereignisse.

der Existenz eines Akteurs, der handeln und nicht handeln kann, gegeben ist. Wer nicht handelt, existiert zumindest. Dasselbe gilt für *negative Dispositionen*. Auch negative Dispositionen kann nur jemand oder etwas haben, das existiert. Dabei kann man als negative Dispositionen solche Dispositionen bezeichnen, die sich unter bestimmten gegebenen Bedingungen in Unterlassungen (äußeren oder inneren) oder dem Nicht-Eintreten bestimmter (innerer oder äußerer) Ereignisse manifestieren. Eine Unterlassungsdisposition äußerer Art ist etwa Trägheit – die Tendenz, bestimmte Eingriffe zu unterlassen. Ein Beispiel für eine Disposition zu einer inneren Unterlassung ist die Neigung zur Gedankenlosigkeit. Ein Beispiel für eine Disposition zum Nicht-Eintritt eines äußeren Ereignisses ist die Immunität eines Organismus (bei Kontakt mit einem infektiösen Erreger), ein Beispiel für eine negative Disposition zum Nicht-Eintritt eines inneren Ereignisses die Unfähigkeit zu Jähzorn oder Eifersucht.[2] Demgegenüber ist ein nicht eintretendes Ereignis nicht notwendig an die Existenz von irgendetwas, einem Gegenstand oder Träger des Ereignisses, gebunden. Dass ein erwarteter Regen ausbleibt, heißt nicht, dass es etwas gibt, was nicht regnet (und stattdessen etwas anderes tut oder ist). Die Abwesenheit schließlich ist sogar mit der Präsenz zum fraglichen Zeitpunkt unvereinbar.

Welche Arten von Phänomenen können als potenzielle negative Ursachen aufgefasst werden, die in dem Nicht-Eintreten eines Ereignisses bestehen und von vornherein keines „Trägers" bedürfen? Die Alltagssprache ist in diesem Punkt irreführend, indem sie es erlaubt, über Nicht-Ereignisse in grammatisch ähnlicher Weise zu sprechen wie über Ereignisse, etwa wenn sie das „Ausbleiben" des Regens für die Dürre in derselben positiven Weise verantwortlich macht wie eine Hitzewelle, während doch der erstere Ausdruck das Nicht-Eintreten eines Ereignisses und der letztere das Eintreten eines Ereignisses bezeichnet. Die Alltagssprache lässt es so erscheinen, als gäbe es „negative Ereignisse" – die es nicht geben kann, da andernfalls auch negative Ereignisse Ereignisse wären, was sie gerade nicht sind. Negative Ereignisse sind so wenig Ereignisse, wie Unterlassungen Handlungen sind. Wie Unterlassungen in einem Nicht-Handeln bestehen, bestehen Nicht-Ereignisse in dem Nicht-Eintreten von Ereignissen (vgl. Beebee 2004, 304).

Wie kann man dem Nicht-Eintreten von Ereignissen, sofern man es als kausalen Faktor fungieren lassen möchte, einen ontologischen Sinn geben? Ein

2 Offen bleiben soll hier, ob es sinnvoll sein kann, neben negativen Handlungen (Unterlassungen) und negativen Dispositionen im Sinne von Dispositionen zu Unterlassungen sowie dem Nicht-Eintreten von Zuständsänderungen auch „negative Zustände" zu postulieren. Im Folgenden wird davon ausgegangen, dass sich „negativ" im Zusammenhang mit Zuständen oder Eigenschaften lediglich auf die sprachliche Beschreibungsebene bezieht.

naheliegender Vorschlag ist der, den Kontrast zwischen dem Eintreten und dem Nicht-Eintreten von Ereignissen parallel zum Kontrast zwischen Handlungen und Unterlassungen zu konstruieren. Diese Strategie liegt nicht nur aus methodischen Gründen nahe, sondern bereits aus logischen Gründen. Nur so kann sichergestellt werden, dass das, was oben über Unterlassungen gesagt worden ist, mit dem, was im folgenden über das Nicht-Eintreten von Ereignissen gesagt werden wird, kompatibel ist. Denn Handlungen sind zweifellos eine Untergruppe – wenn auch eine besonders herausgehobene – von Ereignissen ebenso wie Unterlassungen eine Untergruppe von Nicht-Ereignissen.

Eine Parallelisierung lässt sich bewerkstelligen, wenn Ereignisse so verstanden werden, dass sie *Zustandsänderungen* beinhalten, also den Wechsel von einem Zustand zu einem anderen. Das Nicht-Eintreten eines Ereignisses beinhaltet dann das unveränderte Fortbestehen eines bestehenden Zustands. Wie derjenige, der H unterlässt, hinsichtlich H in dem Zustand verbleibt, in dem er sich befindet, besteht das Nicht-Eintreten des Ereignisses E in dem Fotbestehen des bestehenden Zustands eines Trägers bzw. eines bestimmten Systems hinsichtlich E.

Dieses Kriterium hat eine Reihe von Vorteilen:

1. Es stimmt mit dem für Handlungen und Unterlassungen gegebenen Kriterien maximal überein. Sowohl die Ausführung relevanter Körperbewegungen als Kriterium für Handlungen als auch die Ausführung mentaler Operationen als Kriterium für innere Handlungen beinhalten Zustandswechsel. Die Nicht-Ausführung relevanter Körperbewegungen oder relevanter mentaler Operationen beinhalten das Fortbestehen des jeweils bestehenden Zustands in der durch die Handlungsbeschreibung vorgegebenen Hinsicht. Entsprechend bedeutet das Nicht-Eintreten eines Ereignisses *qua* Zustandsänderung das Weiterbestehen des vorbestehenden Zustands in der durch die jeweilige Ereignisbeschreibung vorgegebenen Hinsicht. Wer weiterhin schweigt, also etwas unterlässt, verbleibt im Zustand der Schweigsamkeit. Eine Blüte, die ihre Farbe trotz allmählichen Vertrocknens beibehält, verbleibt im vorher bestehenden farblichen Zustand. Das Ereignis bzw. der Prozess des allmählichen Vertrocknens verläuft ohne einen entsprechendes Ereignis bzw. einen entsprechenden Prozess der Verfärbung.
2. Eine weitere Übereinstimmung besteht darin, dass negative Ereignisse (das Fortbestehen des jeweils relevanten Zustands) dieser Definition zufolge in ähnlicher Weise mit einer Vielzahl von zeitgleichen positiven Zuständen koexistieren kann. Wie jemand gleichzeitig singen und das Pflanzengießen unterlassen kann, kann eine Pflanze gleichzeitig wachsen und an Ort und Stelle bleiben. Wie Handlungen und Unterlassungen jeweils verschiedene Dimensionen des Verhaltens ein und desselben Akteurs betreffen können,

können Zustandsänderungen und Zustandsfortdauern verschiedene Zustandstypen ein und desselben „Trägers" oder verschiedene in ein und derselben Situation mögliche Zustandstypen betreffen.

3. Das Kriterium ist maximal sprachunabhängig. Ob sich ein Zustand ändert oder nicht, ist als relative Größe unabhängig davon, wie der vorherige Zustand, auf den sich die Änderung zurückbezieht, beschrieben wird. Keine positive Beschreibung eines Phänomens, das das Nicht-Eintreten einer Veränderung beinhaltet, etwa „Frieden" (in Friedenszeiten) oder „Gesundheit" (in gesunden Zeiten) beschreibt ein Ereignis oder eine Ereignisfolge, etwa einen Vorgang oder Prozess.
4. „Negative Ereignisse", als Nicht-Eintritt von Ereignissen verstanden, bedürfen keines „Trägers", an dem sie stattfinden, etwa eines materiellen Gegenstands oder einer Person. Auch das Nicht-Eintreten von „trägerlosen" Phänomenen wie Schneefall zählt als Nicht-Eintreten eines Ereignisses, insofern der bestehende Zustand in einer bestimmten, durch die Beschreibung spezifizierten Weise fortbesteht.
5. Das Kriterium macht negative Ereignisse weitgehend einstellungsunabhängig. Ob ein Ereignis nicht eintritt, ist unabhängig davon, ob sein Eintritt erwartet, erwünscht oder erfordert ist.
6. Ein weiterer Vorzug dieses Kriteriums liegt darin, dass der Wechsel von einer Anwesenheit zu einer Abwesenheit und *vice versa* stets als Ereignis gilt. Auf diese Weise wird die kontraintuitive Schlussfolgerung einiger alternativer Ansätze vermieden, dass das Verschwinden bestimmter Dinge und das Aufhören bestimmter Prozesse als das Nicht-Eintreten eines Ereignisses gelten. Für Jonathan Schaffer etwa ist der Tod ein „negatives Ereignis" in dem Sinne, dass Lebensfunktionen nicht (mehr) vorliegen. Sterben führt nicht zu einem Ereignis „Tod", sondern zu dem Nicht-Eintreten von Ereignissen, die zuvor eingetreten sind (vgl. Schaffer 2008). Dagegen sind nach der hier vorgeschlagenen Definition sowohl der Beginn als auch das Ende der Anwesenheit Ereignisse. Geburt und Tod sind Ereignisse – im Gegensatz zu den Nicht-Ereignissen Noch-nicht-Geborensein und Totsein.

Versteht man das Nicht-Eintreten von Ereignissen in diesem Sinn, ergibt sich, dass die Annahme einer Kausalität für negative Realitäten dieser Art weder mit verbreiteten Intuitionen noch mit den in der Kausalitätstheorie überwiegend gemachten Annahmen unvereinbar ist. Als kausale Faktoren sind Konstanzen – das Fortbestehen eines Zustands – unverdächtig. Zustände spielen in nahezu allen kausalen Relationen eine Rolle, als „standing conditions", die zusätzlich zu den „auslösenden" Veränderungen gegebenen sein müssen, wenn die Wirkung herbeigeführt werden soll.

6.6 Bedenken gegen eine Ursächlichkeit von negativen Realitäten

Einer der am häufigsten geäußerten Einwände gegen eine kausale Funktion von negativen Realitäten ist das, was Dowe (2000, 218) die *intuition of difference* genannt hat: die intuitive Überzeugung, dass negative Realitäten sich in grundlegenden Hinsichten von positiven unterscheiden, u. a. der, dass sie im Gegensatz zu Anwesenheiten, positiven Zuständen und Ereignissen nicht als Relata kausaler Relationen fungieren können. Diese intuitive Überzeugung sollte nicht – was bei dem physikalistischen Kausaltheoretiker Dowe naheliegt – als Konsequenz einer Produktivitätsauffassung von Kausalität verstanden werden, die Kausalität mit der Übertragung einer physikalischen Größe identifiziert. Zugrunde liegt vielmehr ein ontologisches Bedenken. Analog zu den Bedenken der Rechtstheoretiker gegen die Kausalität von Unterlassungen stützt es sich weniger auf die Tatsache, dass es sich bei den negativen Realitäten, die als kausale Relata fungieren, um physikalisch nicht fassbare Formen von Realität handelt, als vielmehr auf die Tatsache, dass es sich um überhaupt keine Realitäten handelt: Negative Realitäten existieren nicht, und was nicht existiert, kann auch nicht wirken (vgl. Moore 2009, 454). Wenn gilt, dass *agere sequitur esse*, dann kann es nach dem Gesetz der Kontraposition nicht sein, dass etwas, was nicht ist, etwas – physikalisch oder auf andere Weise – bewirkt.

Diese Folgerung ergibt sich allerdings nur, wenn man das *agere* in dem scholastischen Prinzip *agere sequitur esse* wortwörtlich als Handeln, Tätigsein oder aktives Bewirken versteht, also in der Produktivitätsinterpretation von Kausalität, die wir oben zurückgewiesen haben. Wird Kausalität in dieser Weise verstanden, fällt es in der Tat schwer, negative Realitäten als Ursachen zu verstehen. Nach der Produktivitätskonzeption können negative Entitäten weder kausal wirksam noch kausal relevant sein. Sie können allenfalls als Hintergrundbedingungen fungieren, aber nicht als *operative* Bedingungen, die Veränderungen bewirken oder zu Veränderungen beitragen.[3] Aber auch dann wäre dies Argument nur dann stichhaltig, wenn kausale Beziehungen stets Veränderungen als zweites Relatum haben. Das ist jedoch nicht der Fall. Das Ergebnis einer kausalen Beziehung kann auch das Weiterexistieren eines Dings oder einer Person oder das Konstantbleiben eines Zustands oder einer Disposition sein.

Mit dem Übergang von der Produktivitätsvorstellung von Kausalität zu einer Bedingungsvorstellung entfallen diese Bedenken. Sobald Ursachen mit John Stu-

---

3 Vgl. z. B. Martin 1996, 94: „Absences and voids are causally relevant but not causally operative."

art Mill als Bedingungen verstanden werden, d.h. als wie immer geartete Vorgängerereignisse oder -zustände ihrer Wirkungen, und jede Bedingung als ein Kausalfaktor, der als nicht-redundantes Element zu einem Set von Bedingungen gehört, das für die Wirkung kausal hinreichend ist, verliert die Auffassung, dass aus etwas Negativem nichts Positives folgen könne, ihren Angriffspunkt. Wie das Fehlen eines Mitglieds des Vorstands bei einer Sitzung Auswirkungen auf das Sitzungsergebnis haben kann, kann auch das Fehlen von Brennstoff Auswirkungen auf das Zünden eines Motors haben.

Das heißt nicht, dass die *intuition of difference* eine schlichte Fehlwahrnehmung ist. Aber diese Intuition lässt sich auf eine theoretisch gänzlich harmlose Weise erklären, nämlich als die berechtigte, aber triviale Intuition, dass positive Ursachen positiv und negative negativ sind. Es ist klarerweise etwas anderes, wenn ein Ergebnis einmal durch aktives Tun oder positive Ursachen, ein andermal durch Unterlassen oder Abwesenheiten herbeigeführt wird. Aber dieser Unterschied ist ein ontischer Unterschied, kein ontologischer. Die Differenz zwischen Positiv und Negativ besteht selbstverständlich auch für eine Bedingungsanalyse der Kausalität.

6.7 Negative Realitäten als Auslöser?

Als Hintergrundbedingungen und als kausal mitbeteiligte Zustände und andere im Zeitverlauf konstante Kausalfaktoren haben negative Realitäten sehr viel häufiger Anerkennung gefunden denn als *Auslöser* von Zustandsänderungen. Bereits Mill hat, wie oben vermerkt, angenommen, dass zu den negativen Bedingungen zumindest eine weitere positive Bedingung hinzukommen muss, um etwas zu bewirken. Man kann dieselbe Auffassung auch so ausdrücken, dass negative Realitäten stets nur als *Hintergrundbedingungen* und als kausal mitbeteiligte Zustände fungieren können, nicht aber als auslösende Faktoren. Die Frage stellt sich: Ist, um ein Ereignis zu bewirken, stets ein positiver Faktor notwendig? Können negative Faktoren die Wirkung zwar ermöglichen oder vorbereiten, aber nicht selbst triggern? Das scheint Judith Jarvis Thomson anzunehmen, wenn sie schreibt:

> A [negative] state of affairs lies there, placidly and quietly. If a [negative] state of affairs is to cause an outcome O, some non-boring event has to occur, such that it causes O.“ (Thomson 2003, 83)

Die Pointe scheint hier die zu sein, dass negative Faktoren anders als positive lediglich den relativ konstanten Hintergrund bilden, in den die hier und jetzt wirksamen positiven Faktoren eingebettet sind. Nur die auslösenden Bedingungen sind echte Ursachen. Aber wenn das gemeint ist, scheinen sich in dieser Aussage gleich zwei Fehlwahrnehmungen zu verbergen: Erstens sind dann, wenn auf dem Hintergrund von lauter negativen Bedingungen eine einzige positive Ursache als Auslöser fungiert, die Ermöglichungsbedingungen ebenso kausal an der Wirkung beteiligt wie die auslösende Bedingung. Auch wenn das Attentat von Sarajewo der Auslöser des Ersten Weltkriegs war, so war es doch gewiss nicht seine einzige Ursache. Zweitens gibt es einen die Wirkung auslösenden kausalen Faktor immer nur dann, wenn es sich bei der Wirkung um ein Ereignis handelt. Das „outcome" einer kausalen Beeinflussung kann aber auch darin bestehen, dass ein Zustand aufgrund einer negativen Ursache weiterbesteht, dass also keine Änderung eintritt, wie etwa dann, wenn jemand weiterschläft, weil der Wecker nicht klingelt. Drittens scheint es aber auch dann, wenn es sich bei O um ein Ereignis handelt, keineswegs so zu sein, dass es in jedem Fall von Kausalität eine auslösende positive Bedingung geben muss. Eine Wirkung kann auch aufgrund des Fortdauerns eines Zustands zustande kommen, etwa das Absterben einer Pflanze aufgrund fortdauernden Nicht-Begießens und fortdauernder Sonneneinstrahlung. Das heißt: Nicht nur Ereignisse kommen als kausale Relata in Frage, sondern auch nicht-ereignishafte Zustände.

Bietet die Unterscheidung zwischen Ereignissen und dem Nicht-Eintreten von Ereignissen, wenn sie als die Unterscheidung zwischen Zustandsänderungen und der Fortdauer von Zuständen gefasst wird, Stoff für eine *intuition of difference*, die eine Leugnung der Kausalität negativer Faktoren legitimieren könnte? Zweifellos besteht eine Differenz, nämlich die zwischen Konstanzen und Veränderungen in einer bestimmten Dimension. Aber es ist nicht zu sehen, dass diese Differenz auf die Art der von positiven und negativen Faktoren ausgehenden Kausalität durchschlägt. Sie ist auch ungeeignet, eine Aufspaltung des Kausalitätsbegriffs in einen Abhängigkeits- und einen Produktivitätsbegriff nahezulegen, wie es von Ned Hall vorgeschlagen worden ist. Nach Hall soll der Produktivitätsbegriff nur auf produktive, der Abhängigkeitsbegriff dagegen auf positive wie negative Faktoren anwendbar sein (vgl. Hall 2004, 252ff.). Aber worin sollte die Differenz in der kausalen Bedeutung positiver und negativer Faktoren bestehen? Zweifellos wird man nicht sagen können, dass nur im Fall der Kausalität positiver Faktoren eine *konnektive* Kausalrelation vorliegt in dem Sinn, dass es nur in diesem Fall etwas gibt, das von der Ursache zur Wirkung „durchgereicht" wird und die aufeinander folgenden Kettenglieder wie der Faden einer Kette zusammenhält.[4] Denn wie wir oben gesehen haben, ist auch eine

4 So allerdings – überraschenderweise – Schaffer im Erscheinen, 19.

Kausalität mit ausschließlich positiven Relata nicht durchgehend konnektivistisch interpretierbar, z. B. nicht für den Fall psychischer Kausalität.

6.8 Negative Realitäten als Wirkungen

Die Annahme, dass negative Realitäten in der Wirkungsposition stehen können stößt gemeinhin auf sehr viel weniger Bedenken als die Annahme negativer Realitäten als Ursachen. Abwesenheiten und negative Ereignisse alias Konstanzen sind uns als Wirkungen positiver und negativer Ursachen wohlvertraut. Abwesenheiten können die Wirkungen anderer Arten von Abwesenheit sein oder die Wirkungen positiver Ereignisse, etwa von Prozessen der Löschung und Hemmung. Die fortdauernde Funktionsunfähigkeit eines Streichholzes kann die kausale Folge der fortdauernden Abwesenheit von Sauerstoff sein, aber auch die Folge eines plötzlichen Sauerstoffentzugs. Eine wichtige Funktion übernehmen Konstanzen als Wirkungs- und Zielgrößen, etwa von Stabilisierungsprozessen wie der Homöostase, aber gleichermaßen im Bereich der Handlungen, etwa wortwörtlich in der „Stabilitätspolitik".

Wie oben bereits angemerkt, ist es eine Konsequenz, die sich aus Festlegung von negativen Ereignisse auf Nicht-Veränderungen ergibt, dass der Leugner der Möglichkeit negativer Kausalität nicht mit der Paradoxie konfrontiert werden kann, behaupten zu müssen, dass ein für die Moral- und Rechtssphäre so elementarer Begriff wie der der Zerstörung, Vernichtung oder Tötung unanwendbar wird. Würden diese Vorgänge als die Herbeiführung negativer Ereignisse oder Zustände konstruiert, müsste sie der Skeptiker, da er die Möglichkeit negativer Realitäten in kausalen Beziehungen zu stehen, leugnet, ebenfalls leugnen. Es ist klar, dass Begriffe wie „Zerstörung" jeweils eine Kausalbeziehung beinhalten. Eine Sache zu zerstören oder einen Menschen zu töten läuft darauf hinaus, dass ein handlungsartiges Ereignis und ein zeitlich nachfolgendes nichthandlungsartiges Ereignis in einer Kausalrelation stehen: Die Zerstörung bzw. der Tod muss eine *Wirkung* der zerstörenden bzw. der Tötungshandlung sein. Ein Problem ergibt sich für den Skeptiker aber nur dadurch, dass der Tod eine negative Realität ist, nämlich die (irreversible) Abwesenheit von Lebensfunktionen wie Atmung und Blutkreislauf. Ein Ausschluss dieser Realität aus dem Kreis möglicher Wirkungen würde darauf hinauslaufen zu bezweifeln, ob es so etwas wie die Zerstörung eines Geräts, die Vernichtung eines Organismus oder eine Tötung überhaupt gibt. Das wäre, wie Schaffer (im Erscheinen, 3) zu Recht gegen Michael Moore geltend macht, krass kontraintuitiv. Mit der Konstruktion negativer Ereignisse als Abwesenheit von Veränderung ist dieses Ergebnis vermieden. Da sie jeweils Zustandsänderungen beinhalten, können die Übergänge von der

Funktionsfähigkeit zur Funktionsunfähigkeit, vom Stoffwechsel zur Auflösung, vom Leben zum Tod als genuine Ereignisse gelten. Nur die Fortdauer der einmal bewirkten Zustandsänderungen würde als negative Realität aufgefasst.[5]

5 vgl. das Heidegger-Zitat in FN 2 Seite 2.

7 Der Inflationierungseinwand

Die Nicht-Existenz eines Nashorns in diesem Zimmer ist eines der zahlreichen Beispiele für die kuriosen, wenn nicht sogar rundheraus absurden Konsequenzen, die die Anerkennung negativer Ursachen nach der Auffassung vieler ihrer Gegner unweigerlich nach sich zieht. Solange die Existenz eines Nashorns in diesem Zimmer möglich ist, ist – so kann man ihre Argumentation rekonstruieren – auch die Nicht-Existenz eines Nashorns in diesem Zimmer eine mögliche Ursache. Sie ist deshalb auch eine der Ursachen bzw. Faktoren, die kausal an dem Umstand beteiligt sind, dass ich bei meiner Arbeit relativ ungestört bleibe. Würde man in dem Set von kausalen Faktoren, der zusammengenommen meine Ungestörtheit bedingt, die Abwesenheit des Nashorns durch seine Anwesenheit ersetzen, wäre es mit meiner Ungestörtheit vorbei. Daraus lasse sich schließen, dass die oben vorgenommene Eingrenzung der negativen Ursachen offensichtlich unzureichend ist. Zur Vermeidung einer mehr oder weniger absurden Aufblähung der möglichen negativen Kausalfaktoren müssten die Bedingungen, unter denen die Abwesenheit von etwas als Ursache aufgefasst wird, sehr viel stärker eingeengt werden.

Man kann diesen Einwand den *Inflationierungseinwand* nennen.[1] Er besteht im Grunde aus zwei eng aufeinander bezogenen Teileinwänden. Der erste Teileinwand besagt, dass die Annahme negativer Ursachen dazu führt, dass jedes Ereignis, ob positiv oder negativ, mit einer Unzahl von negativen Kausalfaktoren ausgestattet wird, von denen es, wenn nicht bewirkt, dann doch mitbedingt ist, da diese aus dem Set der am Zustandekommen des Ereignisses beteiligten Kausalfaktoren nicht herausgekürzt werden können, ohne die Wirkung aufzuheben. Würde die negative Bedingung der Abwesenheit des Nashorns *nicht* zu den Kausalfaktoren gehören, wäre auch der Wirkungszustand, meine relative Ungestörtheit bei der Arbeit, nicht mehr gewährleistet. Während die positiven Faktoren, die an der Verursachung eines bestimmten Ereignis beteiligt sind, überschaubar sind und zumindest annähernd vollzählig beschrieben werden können, ist der Kreis der negativen Faktoren unüberschaubar, nur lückenhaft bestimmbar und um mehrere Größenordnung größer, da er sämtliche Faktoren umfasst, die die Wirkung nicht verhindern haben, aber verhindern könnten. Man kann sich dies wiederum am Beispiel von As nicht begossenen Pflanzen veranschaulichen: Da außer Bs vereinbarungsgemäßem Begießen nicht nur auch ein ersatzweises Begießen durch C, D und E das Absterben der Pflanzen hätte verhindern können, sondern darüber hinaus auch das Tätigwerden einer Unzahl

1 Im Englischen wird üblicherweise von „proliferation“ gesprochen.

anderer, räumlich entfernter Personen, die von dem Drama des Absterbens hätten erfahren können, sowie eine sich durch einen Wasserrohrbruch in As Dienstzimmer ausbreitende Feuchtigkeit oder die Erfindung und Anwendung einer automatischen Bewässerungsanlage für Büropflanzen usw., scheint der Kreis der negativ an der Wirkung beteiligten Akteure und Sachverhalte grenzenlos.[2] Würden die kausalen Faktoren auf die positiven beschränkt, würde diese Inflationierung vermieden. Die Büchse der Pandora der absurden, weil praktisch irrelevanten negativen Ursachen bliebe geschlossen.

Der zweite Teileinwand ist das Pendant zum ersten und besagt, dass jede negative Ursache eine Vielzahl von Folgen hätte, die durch sie (mit)bedingt sind, auch wenn wir weit davon entfernt sind, diese als „Wirkungen" oder „Ergebnisse" der Ursache bezeichnen zu wollen. Abwesenheiten und das Nicht-Eintreten von Ereignissen hätten sämtliche Ereignisse und Zustände zur Wirkung, die, wäre ihr positives Gegenstück eingetreten, verhindert worden wären. So müsste etwa die urlaubsbedingte Abwesenheit jedes Mitarbeiters des Unternehmens, in dem A und B beschäftigt sind, während der Zeit von As Urlaub u. a. das Absterben von As Pflanzen zum Ergebnis haben. Wären sie nicht gleichzeitig mit A in Urlaub gewesen, hätten sie möglicherweise das traurige Ergebnis von Bs Pflichtvergessenheit verhindern können. Ihre Abwesenheit war einer der negativen Faktoren, die zu diesem Ergebnis beigetragen haben. Entsprechendes gilt für das Ausbleiben einer möglicherweise Ersatz schaffenden Erfindung. Nicht nur hätte jedes Ereignis, ob positiv oder negativ, eine Unzahl von negativen Kausalfaktoren, jede negative Realität hätte, soweit sie als eine der Kausalfaktoren an deren Herbeiführung beteiligt ist, auch eine Unzahl von Wirkungen.

Es ist nicht leicht zu sehen, wie diese Aporie vermieden werden kann. Jedenfalls vermögen die Strategien, die bisher zu ihrer Auflösung vorgeschlagen worden sind oder die man – obwohl sie primär zu anderen Zwecken entwickelt worden sind – zum Ausgangspunkt eines Lösungsversuchs machen könnte, allesamt wenig zu überzeugen. Insofern stellt sich die Frage, ob es sich hier, wie der Ausdruck „Inflationierung" nahelegt, tatsächlich um eine Aporie handelt oder nicht vielmehr um eine in Kauf zu nehmende Konsequenz.

Die Ausdrücke „Inflationierung und „proliferation" setzen voraus, dass sich Unterlassungen und andere negative Realitäten auf irgendeine Weise *zählen* lassen. Das wirft die Frage auf: Wie zählt man Unterlassungen, Abwesenheiten

---

2 Allerdings wird diese Grenzenlosigkeit in vielen Darstellungen „grenzenlos" übertrieben, indem die Möglichkeitsbedingung übersehen wird und nicht nur kontrafaktische, sondern real unmögliche Fälle konstruiert werden (vgl. z. B. McGrath 2005, 134).

und nicht eintretende Ereignisse? Und grundsätzlicher: Wie individuiert man diese verschiedenen negativen Realitäten?

Die Antwort darauf lautet, dass man so viele Dinge unterlässt, wie man in der jeweiligen Situation aktiv tun könnte, und dass so viele Ereignisse nicht eintreten, wie eintreten könnten.

Exemplarisch sie dies an Unterlassungen gezeigt: Unterlassungen sind logisch abhängig von möglichen ausgeführten Handlungen. So viele Dinge, wie jemand tun könnte, aber nicht tut, unterlässt er. Als Beispiel diene etwa der von der Arbeit heimkehrende Mann, an dem Schopenhauer in seiner *Preisschrift zur Freiheit des Willens* die kausale Determiniertheit des Willens zu demonstrieren versucht:

> Wollen wir uns einen Menschen denken, der, etwa auf der Gasse stehend, zu sich sagte: „Es ist 6 Uhr Abends, die Tagesarbeit ist beendigt. Ich kann jetzt einen Spatziergang machen; oder ich kann in den Klub gehn; ich kann auch auf den Thurm steigen, die Sonne untergehn zu sehn; ich kann auch ins Theater gehn; ich kann auch diesen, oder aber jenen Freund besuchen; ja, ich kann auch zum Thor hinauslaufen, in die weite Welt, und nie wiederkommen. Das Alles steht allein bei mir, ich habe völlige Freiheit dazu; thue jedoch davon jetzt nichts, sondern gehe eben so freiwillig nach Hause, zu meiner Frau." (Schopenhauer 1988, 42)

Vorausgesetzt, wir betrachten ausschließlich die Unterlassungen, die seine Bewegungsrichtung betreffen, wie viele Dinge unterlässt dieser Mann, falls er auf der Gasse stehen bleibt? Offensichtlich so viele, wie die Zahl seiner möglichen Gehrichtungen beträgt. Die Zahl der Unterlassungen ist ebenso groß wie die Zahl der möglichen Handlungen, die er ausführen könnte, aber nicht ausführt, sofern diese – anders als etwa sein Unterlassen von Singen oder Philosophieren – in den Kreis der betrachteten Art von Handlungen fallen. Je größer die Zahl der „Freiheitsgrade" für ein Handeln in der jeweiligen Situation, desto größer die Zahl der Unterlassungen, die dem Mann zu dem gegebenen Zeitpunkt zugeschrieben werden können.

Diese Zahl hängt ihrerseits von mehreren Größen ab: 1. der Zahl der situativ gegebenen *Möglichkeiten*. Diese ist zu einem Teil durch die Naturgesetze, zu einem Teil aber auch durch situative – zeitlich konstante und zeitlich variable – Faktoren bestimmt. Reduzieren sich die Möglichkeiten, etwa durch räumliche Beschränkungen, reduziert sich auch die Zahl der Unterlassungen. Vermehren sich die Möglichkeiten des Handelns, etwa infolge des wissenschaftlichen-technischen Fortschritts, vermehren sich auch die Unterlassungen. Lebte der Mann im 21. Jahrhundert. könnte er nicht nur „in die Welt hinauslaufen", er könnte auch Auto, Bahn oder Flugzeug benutzen. 2. der Beschreibungsebene. Je *basishafter* die Beschreibung seiner möglichen Körperbewegungen, desto geringer die Zahl der Handlungen, die er unterlässt, wenn er sich nicht bewegt. Es gibt eine grenzenlose Zahl von Zielen und Zwecken, die man mit einer Bewegung verfolgen kann. Aufgrund der Beschränkungen des menschlichen Bewegungsapparats gibt es jedoch nur eine endliche Zahl von Körperbewegungen, die man ausführen kann, um diese Ziele zu erreichen. So können die Bewegungen, die von Balletttänzern ausgeführt werden sollen, in der Laban-Notation zur Aufzeichnung von Choreographien nahezu erschöpfend erfasst werden. 3. der *Spezifizität* der Beschreibung: Je feinkörniger die verfügbaren Handlungsbeschreibungen, desto höher die Zahl der Handlungen und entsprechend die der Unterlassungen. Schopenhauers Mann könnte z. B. in sehr unterschiedlichen Geschwindigkeiten in die weite Welt hinauslaufen. Je genauer die Differenzierung der Geschwindigkeiten, desto höher die Zahl der Geschwindigkeiten, mit denen er sich, indem er stehen bleibt, *nicht* bewegt. Da die „Körnigkeit" der Beschreibung gemeinhin den jeweiligen Beschreibungszwecken angepasst wird, hängt die Zahl der Unterlassungen, die dem Mann zuschreibbar sind, indem er sich nicht bewegt, in hohem Maße vom pragmatischen Kontext ab.

Dies alles gilt entsprechend auch für nicht eintretende Ereignisse. Auch für Ereignisse ist die Zahl der Ereignisse, die eintreten, abhängig von der Basishaftigkeit und der Körnigkeit der Beschreibungen. Die Zahl der nicht-eintretenden Ereignisse hängt dann zusätzlich von der Zahl der Ereignisse ab, die in der jeweiligen Situation eintreten können, also von den in der Situation gegebenen Freiheitsgraden.

7.1 Vermeidungsstrategien bei Unterlassungen

Eine erste Gruppe von Vermeidungsstrategien zielt auf die Vermeidung des Inflationierungsproblems speziell bei Unterlassungen. Nicht nur bei negativen Ereignissen und Zuständen, auch bei Unterlassungen drängt sich der Eindruck auf, dass einer tatsächlich ausgeführten Handlung eine Unzahl von Unterlassungen, ein „unendliches Universum des bloßen Nichthandelns" (Geser 1986 a, 644) entspricht. Es gehört zu den fundamentalen Annahmen unserer Sichtweise der Handlungen anderer und unserer selbst, dass derjenige, der H tut, stattdessen eine Vielzahl von alternativen Handlungen ausführen könnte. Handlungen, so könnte man sagen, müssen durch das Nadelöhr der Wirklichkeit, während Nicht-Handlungen „ins Unbestimmte verfließen" (Geser 1986 a, 643). Dadurch, dass sie nicht ausgeführt werden, tragen sie jedoch vielfach als negative kausale Faktoren zu den durch sie nicht verhinderten Ereignissen und Zuständen bei.

Eine Reihe von Ansätzen verfolgt die Absicht, den Begriff der Unterlassung bzw. die Verursachungsrelation zwischen Unterlassen und seinen Folgen so zu bestimmen, dass das Absterben von As Pflanzen zwar auf nicht ausgeführte Handlungen von B, nicht aber auf nicht ausgeführte Handlungen von C, D und E zurückgeführt werden kann. Diese Ansätze versuchen, Kriterien zu formulieren, nach denen sich die relevanten von den nicht-relevanten negativen Ursachen abgrenzen lassen, wobei diese Kriterien im Einzelnen kategorial höchst heterogen sind. Dennoch ist ihnen ein wesentlicher Zug gemeinsam: Sie versuchen die Frage, ob eine Unterlassung als Ursache aufgefasst werden kann, dadurch zu beantworten, dass sie die Frage *kontextualisieren*, d.h. von den Umständen abhängig machen, unter denen kausale Erklärungen gesucht werden (vgl. Menzies 2010, 353).

Eines der vorgeschlagenen Kriterien zur Abgrenzung von kausal relevantem und nicht-relevantem Nicht-Handeln ist bereits oben mit Fragezeichen versehen worden: der Vorschlag, den Begriff der Unterlassung auf die Nicht-Ausführung von Handlungen zu beschränken, die *erwartet* oder *gefordert* werden. Kausal für ihre Folgen wären danach Unterlassungen stets nur insoweit, als sich an den Unterlassenden bestimmte Erwartungen oder Forderungen richten, die durch sein Nicht-Handeln enttäuscht werden. So würde in dem bewährten Beispiel von den absterbenden Pflanzen nur das Verhalten von B, nicht aber auch das Verhalten der Kollegen C, D und E als ein Unterlassen beschrieben werden können. Zwar könnten auch C, D oder E die Aufgabe von B übernehmen. Aber nur von B wird sowohl erwartet als auch gefordert, dass er sich der übernommenen Aufgabe entledigt. Nur B unterlässt etwas. Insofern kann auch nur in seinem Fall ein Unterlassen kausal für das Absterben von As Pflanzen sein.

Dieses Kriterium trifft, wie bereits oben eingeräumt, eine wichtige sprachpragmatische Eigentümlichkeit des Begriffs „Unterlassen“, nämlich dass er zumindest konnotiert, dass es sich bei dem bezeichneten Nicht-Handeln um etwas handelt, das irgendwie „aus der Reihe fällt“ und nicht der Normalität entspricht, sei es der Normalität einer Gewohnheit oder der normativ definierten Normalität des Verhaltens in Übereinstimmung mit den dafür geltenden moralischen oder anderweitigen Anforderungen. Für die Lösung des Inflationierungsproblems ist es aber offensichtlich ungeeignet. Denn es schließt zwar aus, dass wir das Nicht-Handeln von C, D, und E als Unterlassen beschreiben können, es ändert jedoch nichts daran, dass dieses Nicht-Handeln eine negative kausale Bedingung für das Absterben von As Pflanzen ist – eine Bedingung, die, wenn sie nicht realisiert gewesen wäre, das Absterben von As Pflanzen verhindert hätte. Cs, Ds und Es Nicht-Handeln wäre nur dann keine kausale Bedingung, wenn C, D und E gar nicht die Möglichkeit gehabt hätten, As Pflanzen zu begießen, etwa weil sie in der fraglichen Zeit außer Landes waren. Außerdem gibt es erwartete oder erwünschte Unterlassungen, etwa das Schweigen der Konzertbesucher im Konzertsaal – mit der gelegentlichen Aufforderung, falls sich jemand nicht daran hält, „doch bitte das Reden zu unterlassen“. Auch wenn das Nicht-Handeln von C, D und E also nur unter bestimmten Umständen als Unterlassen charakterisiert werden könnte, bliebe es bei der kausalen Abhängigkeit des Resultats von diesem Nicht-Handeln. Ob ein Nicht-Handeln als Unterlassen beschrieben werden kann (und erst recht, ob dies unter pragmatischen Gesichtspunkt angebracht oder opportun wäre), ändert nichts an den kausalen Verhältnissen. Ein Wechsel der Beschreibungsweise würde weder an den Tatsachen noch an unserem kognitiven Zugang zu ihnen etwas ändern. In metaphysischer wie in epistemischer Hinsicht bliebe alles beim Alten. Ändern würde er allenfalls unsere Bewertung dieser Tatsachen, etwa im Zuge einer geänderten Zuschreibung von Verantwortlichkeiten.

Ein zweiter Vorschlag ist der, die kausale Rolle von Unterlassungen auf diejenigen Unterlassungen zu beschränken, die in der Nicht-Ausführung der von einem Akteur erwarteten, erwünschten oder geforderten Handlungen bestehen (McGrath 2005; Boniolo/De Anna 2006). Als „Ursache“ der Wirkung käme eine Unterlassung nur soweit in Frage, als ein entsprechendes Handeln zu erwarten war oder dieses aus normativen Gründen – etwa aufgrund bestimmter moralischer oder rechtlicher Normen – verlangt war. Statt eine rigorose Einengung des Unterlassungsbegriffs vorzunehmen, beschränkt dieser Vorschlag die Möglichkeit, Unterlassungen als Ursachen aufzufassen, nimmt also statt einer semantischen eine metaphysische Beschränkung vor. Es ist klar, dass, folgte man diesem Vorschlag, zumindest die Zahl der ursächlichen Unterlassungen drastisch reduziert wäre. Zwar würden die Unterlassungen von C, D und E im Beispiel diesem Vorschlag nach weiterhin als Unterlassungen im Vollsinn gelten. Sie würden aber nicht mehr als kausal für das Absterben von As Pflanzen aufgefasst werden können. Ausschließlich Bs Unterlassen erfüllte diese Bedingung – es sei denn, der Sprecher wolle der Überzeugung Ausdruck geben, dass er das fragliche Handeln auch von C, D und E erwartet oder fordert.

Dieser Vorschlag scheint ebenso wenig akzeptabel wie der erste. Erstens wird er der Tatsache nicht gerecht, dass gelegentlich auch alltagssprachlich die Nicht-Ausführung von unerwarteten und unverlangten Handlungen infolge ihrer Folgenträchtigkeit als Ursache für eine nachfolgende Kette von Ereignissen zitiert wird. Stellen wir uns etwa vor, C überlegte sich in unserem Beispielfall, ob er B an As Auftrag erinnert oder ob er statt B As Pflanzen begießt, setzt diese Überlegung aber nicht in die Tat um. Sowohl die Überlegung als auch deren Realisierung wären unerwartet und unverlangt. Die Nicht-Ausführung der erwogenen Handlung wäre nach dem gegenwärtigen Vorschlag zwar als Unterlassung aufzufassen, nicht aber als kausal für das Resultat. Das erscheint wenig plausibel. Zweitens verletzt damit, dass er das Bestehen von Kausalität von Erwartungen und Bewertungen abhängig macht, das Desiderat eines objektiven

Begriffs von Kausalität. Indem er kausale Verknüpfungen zu einer Sache wechselnder Erwartungen und Forderungen macht, lässt er keine intersubjektiv verbindlichen Aussagen über das Bestehen oder Nicht-Bestehen kausaler Zusammenhänge zu. Kausalität verliert ihren deskriptiven Charakter und wird zu einer perspektivischen Zuschreibung. Das scheint ein allzu großes Opfer zugunsten der Anpassung an verbreitete Denk- und Sprechweisen.

Aus denselben Gründen scheint ein dritter Vorschlag noch weniger annehmbar, nach dem eine kausale Beteiligung an einem Resultat nur denjenigen handlungsartigen Faktoren zugeschrieben wird, die in der Nicht-Ausführung *moralisch zulässiger* Handlungen bestehen (vgl. Mack 1988, 64). Dieser Vorschlag zielt darauf, moralisch unzulässige Verfahrensweisen von vornherein aus dem Kreis der möglichen Ursachen für ein unerwünschtes Ereignis auszuschließen, etwa – in einem *ticking bomb*-Szenario – die Folterung eines Terroristen, der nicht preisgeben will, wo er die Bombe angebracht hat, zur Verhinderung der nachfolgenden Detonation und ihrer Folgewirkungen. Da die Folterung moralisch unzulässig ist, soll sie auch metaphysisch tabu sein, so dass ihr Unterlassen nicht als einer der ursächlichen Faktoren des eingetretenen Schadens benannt werden kann. Ähnlich haben katholische Moraltheologen versucht, die Nicht-Abtreibung eines Fötus als mögliche Ursache des Tods einer Schwangeren auszuschließen. Da die Abtreibung moralisch unzulässig sei, sei ihre Unterlassung keine mögliche Ursache für den Tod der betreffenden Frau, auch dann nicht, wenn ihr Leben hätte gerettet werden können.

Auch wenn dieser Vorschlag nicht unmittelbar auf die quantitative Reduktion der Zahl der zitierbaren Unterlassungsursachen zielt, wirkt er sich doch in dieser Richtung aus, vor allem wenn er mit dem zweiten Vorschlag kombiniert wird und nicht nur die Nicht-Ausführung moralisch unzulässiger, sondern auch die Nicht-Ausführung unerwarteter und unverlangter Handlungen als potenzielle Ursachen ausschließt. Es ist allerdings offenkundig, dass mit diesem Vorschlag die Tendenz, die Annahme kausaler Beziehungen von perspektivischen und pragmatischen Faktoren abhängig zu machen, noch ein Stück weitergetrieben würde. So wäre es etwa dem Vertreter einer katholischen Position verwehrt, die Bevölkerungszunahme in einigen Entwicklungsländern u.a. auf die mangelnde Verfügbarkeit und Nutzung von Antikonzeptionsmitteln zurückzuführen. Da die Verfügbarmachung und Verwendung dieser Mittel aus dieser Perspektive moralisch nicht in Frage kommt, kommt auch ihre Nicht-Verwendung als mögliche Ursache der ungebremsten Bevölkerungszunahme nicht in Frage (vgl. Casey 1971, 183). Diese Relativierung metaphysischer Beziehungen auf moralische Bewertungen geht klarerweise zu weit. Er würde die kausalen Verhältnisse gänzlich entnaturalisieren und die Wahrheit und Falschheit von Aussagen über kausale Beziehungen davon abhängig machen, von welchen normativen Überzeugungen der jeweilige Beurteiler ausgeht. Auch wenn Vertreter einer derartigen „Kontextualisierung" der Kausalität nur geringe Bedenken haben, diese Folgerung zu akzeptieren (vgl. z.B. Menzies 2010, 353), halten wir sie dennoch für prohibitiv, jedenfalls solange, wie man von einer objektiven Auffassung von Kausalität ausgeht, nach der kausale Prozesse etwas in der Welt sind und nicht nur als Interpretationen der Wirklichkeit oder als Zuschreibungen zum Zweck der Denkökonomie existieren. Zwar versuchen die „Kontextualisten" dem Vorwurf des Idealismus entgegenzutreten, indem sie leugnen, dass sie Kausalität zu einem bloßen Konstrukt des Denkens machen wollen. Es ist dennoch nicht zu sehen, wie sie, solange sie die kausale Ordnung der Dinge von der jeweiligen Perspektive abhängig machen, dieser Konsequenz entgehen können. Akzeptabel wäre der normative Perspektivismus allenfalls als Theorie darüber, welche negativen kausalen Faktoren die Vertreter verschiedener moralischer Positionen als *fokussierte* Ursachen zulassen würden. Es leuchtet ein, dass ein Vertreter katholischer Positionen größte Bedenken hätte – bzw. konsequenterweise haben müsste –, die päpstliche moralische Strategie als eine der *wesentlichen* oder *ausschlaggebenden* Ursachen von ungebremster Bevölkerungszunahme und AIDS-Ausbreitung zu akzeptieren, während ein Vertreter säkularer moralischer Position guten Grund dazu hätte. Eine relativierende Zuweisung von *fokussierten* negativen Ursachen ist metaphysisch unschuldig, da der Begriff der fokussierten Ursache von vornherein perspektivisch definiert ist: Fokussiert sind die Ursachen, die – aus einer bestimmten Perspektive – als hervorhebenswürdig erscheinen. Fokussierungen ändern allerdings an den zugrunde liegenden kausalen Strukturen nichts. Sie sind lediglich (wechselnde) Schlaglichter auf eine intersubjektiv geteilte und realistisch deutbare Struktur.

7.2 Vermeidungsstrategien bei anderweitigen negativen Ursachen

Im Gegensatz zu den ausschließlich auf Unterlassungen zielenden Strategien sind ähnliche Strategien zur Ursachenreduktion im Bereich der nicht-handlungsartigen negativen Ursachen bisher, soweit ersichtlich, nicht vorgeschlagen worden. Das ist insofern nicht weiter verwunderlich, als bei nicht-handlungsartigen negativen Ursachen ein deutlich geringeres Interesse daran besteht, Kausalitätszuweisungen abzuwehren, da in diesem Fall ein allenfalls indirekter Bezug zu Verantwortlichkeits- und Schuldzuweisungen besteht. Alltagssprachlich werden Attributionen von personaler negativer Kausalität bei unerwünschten Ereignissen leicht als Verantwortlichkeitszuweisungen verstanden: Wird der Abwärtstrend beim Tourismus im Wintersportort auf das mangelnde oder schlechte Marketing des Tourismusmanagers zurückgeführt, wird das leicht als Vorwurf verstanden (und ist möglicherweise auch so gemeint), während Attributionen apersonaler negativer Kausalität – der ausbleibende Schnee als „Hauptschuldiger" – diese Konnotation nicht haben. Die Vielzahl der nicht-handlungsartigen kausalen Faktoren, die der Inflationierungseinwand für einen zu hohen Preis für die Annahme negativer Kausalität hält, tut niemandem weh – im Gegensatz etwa zu der These von Ethikern wie Unger (1996), Pogge (2007) und Singer (2010), dass die teilweise katastrophale Ernährungssituation in der Dritten Welt wesentlich durch die mangelnde Bereitschaft der Politiker der hochindustrialisierten Welt bedingt sei, ihren Bevölkerungen Einschränkungen der gegenwärtigen Übernutzung der globalen Ressourcen zuzumuten. Die Metaphysik – einschließlich der Metaphysik der Kausalität – können diese pragmatischen Dimensionen nicht berühren. Die Hauptfunktion von kausalen Relationen ist die theoretische Erklärung und nicht die praktische Rechtfertigung. Bereits in der Tatsache, dass aus pragmatischen Gründen nur potenziell erklärungsrelevante negative Faktoren in den Horizont unserer Aufmerksamkeit treten, liegt ein starker deflationierender Faktor.

Theoretische Gründe für ein Platzenlassen der „Blase" der negativen Ursachen sind allerdings schwer zu finden. Analog zum zweiten Vorschlag für Unterlassungen, negative Bedingungen nur dann als ursächlich gelten zu lassen, wenn sie das Nicht-Eintreten oder Nicht-Vorliegen von erwarteten Ereignissen oder Präsenzen beinhalten, scheint keine attraktive Option. Ob erwartet oder nicht, ausbleibender Schneefall ist in jedem Fall eine gute Erklärung für einen Rückgang des Wintersporttourismus und die darauf folgenden Änderungen der Tourismuspolitik der Stadtväter. Widerstände gegen eine Zitierung negativer nicht-handlungsartiger Ursachen für unerwünschte Ereignisse sind allenfalls dann zu erwarten, wenn die kausale Erklärung Faktoren benennt, die als politisch unkorrekt gelten, weil sie möglicherweise moralisch problematische Interventionen nahelegen. Ein Beispiel wäre die Zurückführung der Zunahme bestimmter Krankheitsbilder oder Störungen des Sozialverhaltens auf eine „mangelnde natürliche Auslese". Diese Diagnose würde möglicherweise als bedenklich zurückgewiesen, da sie eugenische Maßnahmen nahelegen könnte. Aber in diesem Fall würde der Begriff „Auslese" handlungsartig gedeutet (als Unterlassung) und nicht naturalistisch. Würde eine ähnliche Erklärung für wildlebende Tiere gegeben, bestünden diese Bedenken nicht.

An die Stelle von Strategien eines selektiven Ausschlusses negativer Ursachen nach bestimmten Kriterien tritt im Bereich der nicht-handlungsartigen negativen Ursachen die Strategie ihrer Ausschlusses *in toto*, etwa in Gestalt einer physikalistischen Kausalitätstheorie. Eine derartige Radikallösung hat den Vorzug, die Begründungslast nicht schultern zu müssen, die die Festlegung auf das eine oder andere Ausschlusskriterium mit sich bringt – eine Last die, wie wir bei den Unterlassungen gesehen haben, eine Theorie in erhebliche Schwierigkeiten bringen kann. Andererseits ist diese Lösung, wie oben gezeigt, unbefriedigend, da sie bereits im Ansatz und ganz unabhängig vom Problem der negativen Ursachen den Phänomenen nicht gerecht zu werden vermag.

7.3 Antworten auf den Inflationierungseinwand

Wie sieht die Antwort auf den Inflationierungseinwand aus? Angesichts der Defizite der Reduktionsstrategien kann sie nur so aussehen, dass die Inflationierung keine ist, dass jedenfalls die mit der Anerkennung von negativen Bedingungen verbundene „wundersame Vermehrung" von Ursachen und Wirkungen immer noch eher akzeptabel ist als eine moderate oder radikale Beschränkung der Ursachen auf positive oder – wie bei den Vorschlägen für Unterlassungen – ein Ausschluss aufgrund inhaltlich oder kategorial problematischer Kriterien.

Stattdessen wäre zu klären, worauf die Widerstände zurückgehen, die gegen eine Vermehrung von Ursachen und Wirkungen sprechen, und wie weit sie berechtigt sind. Bei den Unterlassungen scheinen sich die Bedenken im Wesentlichen der assoziativen Verknüpfung von Kausalitäts- mit Verantwortlichkeitszuweisungen zu verdanken. Aber abgesehen davon, dass eine solche Verknüpfung nur in sehr begrenzten Kontexten sinnvoll ist, nämlich da, wo ein Interesse an Verantwortlichkeitszuweisung besteht (in Moral und Recht eher als etwa in der Geschichtswissenschaft), ist sie auch sachlich fragwürdig, da kausale Verantwortlichkeit allenfalls eine notwendige, aber keine hinreichende Bedingung für moralische oder rechtliche Verantwortlichkeit ist.

Bei den nicht-handlungsartigen negativen Ursachen wurzeln die Widerstände vor allem in der *mangelnden Erklärungsrelevanz* vieler negativer Ursachen. Viele an der Verursachung von Ereignissen und Zuständen beteiligte nicht-handlungsförmige negative Faktoren sind trivial, weil über längere Zeiträume konstant und insofern uninteressant für die Erklärung von Veränderungen. Ein Ereignis durch sie erklären zu wollen, wäre eine pragmatisch wenige empfehlenswerte Strategie. Die resultierende Erklärung wäre wenig informativ. Sie wäre eine schlechte Erklärung insofern, als sie die Erwartungen, die üblicherweise an Erklärungen gestellt werden, nicht erfüllt (vgl. Beebee 2004, 307). Handelt es sich um Bedingungen, von denen angenommen wird, dass sie so konstant sind, dass sie im jeweiligen Erklärungskontext als selbstverständlich vorausgesetzt werden können, werden sie sinnvollerweise den Randbedingungen (im Hempelschen Sinn) bzw. dem „kausalen Feld" (Mackie 1974, 35) zugeordnet und in der Rekonstruktion kausaler Aussagen nur pauschal und ohne weitere Spezifikationen berücksichtigt. Wenn ein Streichholz nicht zündet, wenn es angerieben wird, wird man als negative Ursache allenfalls den Mangel an Sauerstoff in Erwägung ziehen, nicht aber das Nicht-Eintreten eines Blitzschlags, der das Streichholz auch ohne die in der Regel dafür notwendigen Bedingungen entzündet. Was für Ursachen generell gilt, nämlich dass in der Regel in kausale Erklärungen nur Ursachen aufgenommen werden, von denen man annimmt, dass sie räumlich oder zeitlich variieren oder variieren können, gilt auch für negative Ursachen. Die Abwesenheit von Schnee im Winter ist „kein Thema" in Acapulco, sehr wohl aber in Zakopane – anders als die Abwesenheit von Touristen, die an beiden Orten ein Thema ist oder sein könnte. Soweit es um die Abgrenzung von Ursachen und kausalen Hintergrundbedingungen im Sinne des „kausalen Felds" geht, erscheint eine bestimmte Form von Kontextualismus unvermeidbar.

Ein positiver Grund, negative Ursachen, auch dann, wenn sie vermutlich trivial sind, nicht gänzlich zu ignorieren, ist, dass sich diese Vermutung als voreilig herausstellen kann. Ein zunächst den Randbedingungen zugeordneter negativer Faktor kann sich aufgrund neuer Sachverhalte oder aufgrund neuen Wissens als sehr viel erklärungsrelevanter als vermutet herausstellen. So werden heute etwa sehr viel mehr Gesundheitsstörungen auf den lokalen Mangel an bestimmten Spurenelementen wie Selen oder Zink zurückgeführt als in früheren Zeiten, als andere und drastischere Formen von Mangelernährung im Mittelpunkt der Aufmerksamkeit standen. Mit der zunehmenden Lebenserwartung werden Abwesenheiten, die in der langen Zeit der Entwicklung der menschlichen Gattung ohne kausale Relevanz waren, brisant, etwa die Nicht-Existenz eines Gens, das Krebs, Alzheimer-Demenz und Osteoporose im höheren Alter verhindert. Ein anderes Beispiel sind die klimatischen Verhältnisse. Ihre scheinbare Konstanz hat seit längerem einer dynamischeren Betrachtungsweise Platz gemacht, die auch kurz- und mittelfristige Klimaschwankungen berücksichtigt. Was über lange Zeiträume als selbstverständlich galt und in die *black box* der Randbedingungen gesteckt wurde, wird nunmehr als genuiner Kausalfaktor ernst genommen und als Ursache – wenn nicht sogar als *die* Ursache – für das Ausbleiben von Schnee in Wintersportorten gehandelt. Negative Ursachen lassen sich unter diesem Gesichtspunkt als *potenzielle Erklärungsressourcen* betrachten. Mögen sie auch über lange Zeiträume ohne Erklärungsrelevanz sein, kann sich dies unter veränderten sachlichen oder epistemischen Bedingungen anders darstellen. Kurioserweise gilt dies selbst für so scheinbar absurde Beispiele wie die Ungestörtheit des Philosophen infolge der Abwesenheit eines Nashorns in seinem Arbeitszimmer. Die Ungestörtheit des Philosophen Mark Rowlands hing in der Tat über die Zeit von mehr als zehn Jahren zwar nicht von der An- und Abwesenheit eines Nashorns, aber doch immerhin von der An- und Abwesenheit eines Wolfs in seinem Arbeitszimmer ab – wobei es seine eigene

Abwesenheit war, die mit seiner Seelenruhe unvereinbar war, also eine negative Realität, da der Wolf in diesem Fall für Verwüstungen in anderen Teilen der Wohnung sorgte (vgl. Rowlands 2010, 35).

8 Negative Kausalität im Kontext von Mehrfachversursachung

Kausalität ist eine so grundlegende wie rätselhafte Kategorie. Zu den zahlreichen Rätseln, die sie aufgibt, gehört eins, das nicht nur in der Theorie, sondern auch in der konkreten Urteilspraxis, nicht zuletzt der moralischen und rechtlichen, zu Fragen Anlass gibt, auf die nur schwer eine überzeugende und entsprechend verbindliche Antwort zu finden ist: die Frage nach der kausalen Situation in Fällen, in denen mehre kausale Prozesse an einer Wirkung beteiligt sind, sei es bei mehreren an einer bestimmten Wirkung gemeinsam beteiligten Akteuren, sei es bei mehreren an einem bestimmten Ereignis beteiligten natürlichen Wirkungsketten bzw. in gemischten Fällen.

Bei handlungsbedingten Wirkungen stellt sich insbesondere die Frage nach der Aufteilung der kausalen Verantwortlichkeit: Wenn ein und dieselbe Wirkung durch mehrere jeweils für sich hinreichende Ursachen bedingt ist, wie sind die kausalen Gewichte zu verteilen? Ist, wenn es sich um die gleichzeitige Wirkung von unabhängigen Handlungen handelt (wie wenn zwei Mitglieder eines Erschießungskommandos zu gleicher Zeit das Herz des Erschossenen treffen), die Verantwortlichkeit für jede einzelne Kausalität anders, als wenn es sich um einen einzigen Akteur handelte? Gibt es Gründe, die kausale Verantwortlichkeit in irgendeiner Weise aufzuteilen, etwa so, dass beide Akteure jeweils die halbe Verantwortlichkeit trifft?

Diese Fragen sind, da sie sich in der Rechtspraxis überwiegend für Handlungen, in der Wissenschaftstheorie überwiegend für Veränderungen (positive Ereignisse) stellen, hauptsächlich für Fallkonstellationen diskutiert worden, in denen sowohl die Ursachen als auch die Wirkungen positiv (Handlungen oder Zustandsänderungen) sind. Uns geht es im folgenden darum zu prüfen, wie sich diese Fragen für negative Größen stellen, also in Fallkonstellationen, in denen die Ursachen oder die Wirkungen oder beide negativ, d. h. durch Unterlassungen oder Abwesenheiten/Konstanzen konstituiert sind. Methodisch vereinfachen wir die Diskussion im Folgenden dadurch, dass wir durchgehend von Fällen ausgehen, in denen die negativen Größen handlungsförmig sind, d. h. in denen die Rolle der Ursachen von *Unterlassungen* übernommen wird. Es ist zu vermuten, dass dieselben Überlegungen dann analog für nicht-handlungsförmige negative Realitäten wie Abwesenheiten und Konstanzen gelten.

8.1 Varianten von Mehrfachkausalität bei Unterlassungen

8.1.1 Präemption

Als „Präemption“ wird in der Kausalitätstheorie ein Vorgang bezeichnet, bei dem eine Kausalkette K eine von K verschiedene Kausalkette K‘ darin hindert, ihr Ziel W‘ zu erreichen. K‘ würde ihr Ziel W‘ erreichen, würde K nicht gleichzeitig eintreten. K führt stattdessen zu der Wirkung W, eine der hypothetischen Wirkung W‘ der Kausalkette K‘ qualitativ gleichartige, aber nicht zeitgleich eintretende Wirkung. Präemption liegt vor, wenn eine Kausalkette K eine andere Kausalkette K‘ gleichsam depotenziert. Nur eine von zwei (oder mehr) gleichzeitigen Kausalverläufen erreicht ihr Ziel. Die präemptive Kausalkette K „überholt“ eine (oder mehrere) andere und verhindert, dass sie zum Zuge kommen.

Dieses „Überholen“ kann dabei zweierlei Formen annehmen:

1. Eine Kausalkette K kommt einer anderen Kausalkette K‘ in dem Sinne „zuvor“, dass sie W herbeiführt, bevor K‘ in Abwesenheit von K W‘ herbeiführen würde, wobei das Eintreten von W ein Eintreten von W‘ ausschließt. W und W‘ sind verschiedene Token desselben Type-Ereignisses. Diese Variante lässt sich im Rahmen des INUS-Modells so rekonstruieren, dass der K entsprechende Set von kausal hinreichenden Faktoren S die Wirkung W zum Zeitpunkt t herbeiführt, während der K‘ entsprechende Set von kausal hinreichenden Faktoren S‘ die Wirkung W‘ zum Zeitpunkt t+n herbeiführen würde. K schaltet eines der *negativen* Elemente des Sets S‘ aus, nämlich die negative Bedingung, nicht von einer Kausalkette, die W zeitlich vor W‘ eintreten lässt, überholt zu werden.

Ein Beispiel dazu ist das folgende: A und B wollen C, der zum Überleben auf ein bestimmtes Medikament angewiesen ist, zu Tode bringen. A stiehlt das Medikament, um C auf diese Weise sterben zu lassen. Gleichzeitig gibt B C ein tödliches Gift, „durchkreuzt“ also As Absichten und führt Cs Tod herbei, bevor C aus Gründen des fehlenden Medikaments sterben würde. In diesem Fall verhindert die Kausalkette K, dass K‘ ihr Ziel erreicht, indem es unabhängig von K‘ ein W‘ qualitativ gleichartiges, aber mit W‘ unvereinbares Ziel erreicht.

2. Eine Kausalkette K kommt der Kausalkette K‘ „zuvor“, indem sie auf K‘ einwirkt und eins oder mehrere der nicht-redundanten Elemente des W‘ herbeiführenden Sets S‘ „ausschaltet“. Da keines der in S‘ enthaltenen Faktoren redundant ist, schaltet K damit auch W‘ aus. Stattdessen realisiert sie W. Die präemptive Kausalkette setzt sich gewissermaßen an die Stelle der Kausalkette K‘, indem sie diese durchkreuzt, abbricht oder in ihrer kausalen Richtung ändert.

Ein in der juristischen Debatte diskutiertes Beispiel ist etwa das folgende: C droht in der Wüste zu verdursten. A vergiftet den einzig noch verbliebenen Rest Wasser im Tank. B leert den Tank. C verdurstet. In diesem Fall „durchkreuzt“ B den von A angestoßenen und zu Cs Tod führenden Kausalverlauf, indem er mit dem Leeren des Tanks die hypothetische Ursache von Cs Tod und damit eines der *positiven* Elemente des Sets S‘ „ausschaltet“ und seinerseits eine zu Cs Tod führende Kausalkette in Gang setzt. Dieses Beispiel zeigt, dass anders als bei der ersten Variante von Präemption das tatsächlich eintretende W nicht notwendig zeitlich vor dem hypothetisch eintretenden W‘ liegen muss. Es kann, wie in diesem Beispiel, auch später als W‘ eintreten. Entscheidend ist nicht die zeitliche Abfolge, sondern die Tatsache, dass die Kausalkette K die Wirksamkeit der Kausalkette K‘ ausschaltet und ihrerseits die gleiche Wirkung herbeiführt, die K, käme sie zum Zuge, herbeiführen würde.

Da es uns im Folgenden um die Rolle negativer Realitäten in der Präemption geht, stellt sich exemplarisch für Unterlassungen die Frage: Wie stellen sich diese Konstellationen für den Fall dar, dass eine der beteiligten Ursachen in einer Unterlassung besteht?

Ein Fall, bei dem eine Unterlassung einem Kausalverlauf im Sinne der ersten Variante von Präemption „zuvorkommt“, könnte so aussehen:

(1) B unterlässt es, As Pflanzen zu begießen. Die Pflanzen würden zum Zeitpunkt t absterben (W‘). Eine tödliche Pflanzenkrankheit (K) kommt dem Vertrocknen zuvor. Die Pflanzen sterben ab zum Zeitpunkt t-n (W), bevor sie durch Vertrocknen absterben würden (W‘).

In diesem Fall wirkt die hinzukommende Kausalkette K unabhängig von der zunächst durch das Unterlassen in Gang gesetzten Kausalkette K‘. K kommt der Wirkung W‘ zuvor, indem sie das zeitlich vor t liegende W herbeiführt.

Ein anderer Fall entspricht Variante 2 der Präemption:

(2) B unterlässt es, As Pflanzen zu begießen. Die Pflanzen würden zum Zeitpunkt t absterben. C ist A übel gesonnen und begießt As Pflanzen mit einem in Wasser gelösten Pflanzengift. Das Pflanzengift wirkt bei gesunden wie bei kranken Pflanzen tödlich. Die giftige Lösung verzögert den Tod der Pflanzen durch Vertrocknen (W‘), führt aber ihrerseits zum Absterben der Pflanzen (W) noch vor dem Zeitpunkt t.

In diesem Fall wirkt die durch C hinzukommende Kausalkette auf die durch Bs Unterlassen in Gang gesetzte Kausalkette, die zum Absterben der Pflanzen führt, durch ein aktives Eingreifen. Die von B in Gang gesetzte Kausalkette K‘ wird abgebrochen (ein negatives Element des für W‘ hinreichenden Sets S‘ – die Abwesenheit von Störfaktoren – ist nicht erfüllt), K setzt sich an die Stelle von K‘ und führt W zum Zeitpunkt t-n herbei.

An den Verläufen in (1) und (2) ist ein Unterlassen jeweils nur in Gestalt der den Prozess auslösenden Ursache beteiligt, nicht als die Ursache, die diesen Prozess „überholt" oder sich an dessen Stelle setzt. In den folgenden Versionen besteht jeweils auch die „überholende" Ursache aus einer Unterlassung, d.h. beide beteiligten Kausalketten werden (u.a.) durch Unterlassungen in Gang gesetzt:

(3) B unterlässt es, As Pflanzen zu begießen. Die Pflanzen würden zum Zeitpunkt t absterben (W‘). Eine Pflanzenkrankheit kommt hinzu, die zum Absterben der Pflanzen zum Zeitpunkt t-n führt, es sei denn, die Pflanzen würden mit dem geeigneten Pflanzenschutzmittel behandelt,. B weiß von der Pflanzenkrankheit und verfügt über das Mittel, unterlässt es jedoch, die Pflanzen damit zu behandeln. Die Pflanzen sterben ab (W), bevor sie vertrocknen würden.

Dieser zu (1) analoge Fall exemplifiziert wiederum das „Überholen" einer durch Bs Unterlassen in Gang gesetzten Kausalkette, die ungestört zu W‘ führen würde, durch zwei Störfaktoren (einen positiven und einen negativen), von denen der positive nicht-handlungsartig, der negative handlungsartig ist. Bs zweites Unterlassen durchkreuzt die Kausalkette K‘ nicht dadurch, dass es sie abbricht, sondern indem sie ihrer Kulmination in W‘ zuvorkommt und ihrerseits zu einem vor t liegenden Zeitpunkt zu W führt. Ein zu (3) analoger Fall der zweiten Variante ist:

(4) B unterlässt es, As Pflanzen zu begießen. Die Pflanzen würden zum Zeitpunkt t absterben. C ist A übel gesonnen und begießt As Pflanzen mit einem in Wasser gelösten Pflanzengift. Das Pflanzengift wirkt bei gesunden wie bei kranken Pflanzen tödlich. Die giftige Lösung verzögert den Tod der Pflanzen durch Vertrocknen (W,), führt aber ihrerseits zum Absterben der Pflanzen (W) noch vor dem Zeitpunkt t. B weiß von Cs Anschlag und verfügt über ein Gegengift, das die Pflanzen retten könnte. Er unterlässt es jedoch, die Pflanzen damit zu behandeln.

In diesem Fall tritt die Wirkung W u.a. infolge des zweiten Unterlassens von B ein. Der Set von kausalen Bedingungen, der zu W‘ führen würde, ist durch das Eingreifen von C, aber auch durch das sich anschließende Nicht-Eingreifen von B, nicht mehr vollständig. Zwei handlungsartige Störfaktoren treten hinzu (der eine positiv, der andere negativ), die zusammen einen neuen Set S bilden, der für W statt für W‘ hinreichend ist.

Rekonstruktionen der Kausalverläufe in komplexen Konstellationen dieser Art könnten als akademische Fingerübungen erscheinen, sind es jedoch keineswegs. Dass sie auch unter praktischen Gesichtspunkten bedeutsam sind, ergibt sich aus den Bedingungen für die Zuschreibung moralischer und rechtlicher Verantwortlichkeit. Solange man mit der überwiegenden Mehrzahl der Ethiker und Strafrechtswissenschaftler davon ausgeht, dass moralische und (straf-)rechtliche Verantwortlichkeit kausale Beteiligung voraussetzt, ist vor der Zuschreibung normativer Verantwortlichkeit zunächst die Frage der kausalen Verantwortlichkeit zu klären. Eine solche Prüfung kann jedoch im Fall der Präemption zu teilweise überraschenden, wenn nicht sogar befremdlichen Resultaten führen. (Man ersetze dazu das Absterben von As Pflanzen durch den Tod eines Menschen.) So ergibt sich, dass in den ersten zwei betrachteten Fallkonstellationen, in denen die Kausalkette K‘ jeweils durch Bs Unterlassen in Gang gesetzt wird, Bs Unterlassen keinen kausalen Anteil an der Wirkung W hat, da die hinzukommende Kausalkette K jeweils für sich genommen hinreichend ist, das unerwünschte Ereignis herbeizuführen. Entsprechend gehört auch in den Fällen (3) und (4) lediglich Bs zweites Unterlassen zu den uneliminierbaren Elementen des für das Absterben der Pflanzen hinreichenden Sets von Kausalfaktoren.

Anders wäre das in den zwei anders strukturierten Fallkonstellationen (5) und (6):

(5) B unterlässt es, As Pflanzen zu begießen. Die Pflanzen würden zum Zeitpunkt t absterben. C ist A übel gesonnen und begießt As Pflanzen mit einem in Wasser gelösten Pflanzengift. Das Pflanzengift wirkt nur bei kranken und vertrocknenden Pflanzen tödlich. Die giftige Lösung verzögert den Tod der Pflanzen durch Vertrocknen (W,), führt aber ihrerseits zum Absterben der Pflanzen (W) noch vor dem Zeitpunkt t.

(6) B unterlässt, es As Pflanzen zu begießen. Die Pflanzen würden zum Zeitpunkt t absterben (W‘). Eine tödliche Pflanzenkrankheit, die nur vertrocknende Pflanzen befällt, kommt dem Vertrocknen zuvor. Die Pflanzen sterben zum Zeitpunkt t-n ab (W), bevor sie durch Vertrocknen absterben würden (W‘).

In (5) und (6) ist Bs (erstes) Unterlassen sehr wohl an der Wirkung kausal beteiligt, da ohne Bs Unterlassen die Kausalkette K jeweils nicht hätten in Gang gesetzt werden können. Bs Unterlassen ist ein uneliminierbares Element in dem für W hinreichenden kausalen Set.

Ein in der amerikanischen Strafrechtswissenschaft in diesem Zusammenhang diskutierter realer Fall ist der sogenannte Fall Saunders. In diesem Fall kam es zu einem Autounfall in einer Situation, in der zwei Unterlassungen vorlagen: das Nicht-Reparieren der defekten Bremsen des Autos durch die Autowerkstatt und der unterlassene Bremsversuch des Fahrers. Hätte der Autofahrer vorschriftsmäßig gebremst, wäre der Unfall dennoch nicht vermieden worden. Auch bei pflichtgemäßem Bremsen wäre es zu dem Unfall gekommen. Die Frage lautet: Wen trifft die rechtliche Verantwortlichkeit – den Fahrer oder die Autowerkstatt oder beide? Und – sofern rechtliche Verantwortlichkeit kausale Verantwortung voraussetzt – wessen Unterlassen war für den Unfall ursächlich?

Die intuitiven Beurteilungen der Ursächlichkeit der in diesem Fall beteiligten negativen Faktoren ergeben kein einheitliches Bild. Die Intuitionen – unter Laien wie unter Rechtswissenschaftlern – sind „gemischt" (Wright 2007, 289). Wrights Auffassung ist jedoch zuzustimmen, dass im Saunders-Fall ausschließlich der unterlassene Bremsversuch für den Unfall kausal ist. Der Grund liegt darin, dass das unterlassene Bremsen als präemptive Ursache wirkt, d.h. für sich genommen (zusammen mit den weiteren im Augenblick des Bremsversuchs gegebenen Faktoren) kausal hinreichend ist für den Unfall. Zwar würde auch die andere negative Bedingung (das unterlassene Reparieren) den Unfall herbeiführen. Aber die von dieser ausgehende Kausalkette kommt nicht zum Zug, weil die von dem unterlassenen Bremsen ausgelöste Kausalkette ihr zuvorkommt, und zwar nach dem Muster von Beispiel (3): Zwar würde das Unterlassen der Autowerkstatt zu W' (dem Unfall zum Zeitpunkt t) führen. Der unterlassene Bremsversuch führt aber unabhängig zu derselben Wirkung, wobei der unterlassene Bremsversuch um eine geringfügige Zeitspanne vor dem Versagen der Bremsen liegt. Erst der Bremsversuch würde das Versagen manifest werden lassen. Das heißt: Beide negative Bedingungen sind hypothetisch je für sich zusammen mit den übrigen in der Situation beteiligten Bedingungen kausal hinreichend für den Unfall. Aber nur der Set von Kausalfaktoren, der den unterlassenen Bremsversuch als negative Bedingung enthält, ist real erfüllt. In dem real erfüllten INUS-Set von kausal hinreichenden Bedingungen ist die fehlende Reparatur der Bremsen, da redundant, nicht enthalten. Also trifft die Autowerkstatt auch keine rechtliche Verantwortlichkeit für den Unfall. Wie Wright zu Recht geltend macht, wäre es ein Fehlschluss zu meinen, dass die Tatsache, dass eine bestimmte Bedingung das Ergebnis garantiert, hinreichend sei, ihre Kausalität zu behaupten. Auch eine eine bestimmte Wirkung garantierende Bedingung garantiert nicht, dass die Wirkung, wenn sie eintritt, durch genau diese Ursache eintritt (Wright 2007, 305).

Eine ähnliche Behandlung ist bei dem u.a. von Moore diskutierten Fall der doppelten Brandstiftung angebracht: Zwei Brandstifter legen je einen Brandherd, von denen der eine sehr viel stärker ist als der andere und sehr viel schneller zum Abbrennen des ganzen Hauses führt. Zwar hätte auch der schwächere Brand zum Abbrennen des Hauses geführt. Die von ihm ausgehenden Kausalkette wird jedoch von der von dem stärkeren Brand ausgehenden „überholt“. Der reale Brand verdankt sich ausschließlich dem stärkeren Brand. Der sekundäre Brandstifter ist lediglich für den von ihm unmittelbar angerichteten Schaden, aber, was den Brand des gesamten Hauses betrifft, allenfalls für den Versuch verantwortlich.

8.1.2 Kausale Überdetermination durch Unterlassungen

Kausale Überdetermination unterscheidet sich von Präemption dadurch, dass zwar auch hier zwei oder mehr Kausalketten zugleich ablaufen, dass sich diese sich aber nicht stören oder ersetzen, sondern unabhängig voneinander in derselben Wirkung W resultieren. Während W im Fall der Präemption in der Regel gegenüber W‘, der hypothetischen Wirkung der „überholten“ Kausalkette, zeitlich versetzt ist, resultieren im Fall der kausalen Überdetermination zwei oder mehr Kausalketten in exakt derselben Wirkung W, wobei keine der Kausalketten die andere(n) in ihrer Wirksamkeit einschränkt. Während bei der Präemption von mehreren Kausalketten jeweils nur eine real an der Herbeiführung einer bestimmten Wirkung beteiligt ist, sind bei der kausalen Überdetermination alle gleichzeitig wirkenden Kausalketten aktual wirksam. Nur dann stellen das gleichzeitige Nicht-Begießen von As Pflanzen durch B und das Vergiften von As Pflanzen durch C einen Fall von kausaler Überdetermination dar, wenn beide Kausalketten unabhängig voneinander zum exakten gleichen Zeitpunkt t zu W, dem Absterben von As Pflanzen führen. Würden As Pflanzen infolge des Nicht-Begießens durch B zum Zeitpunkt t absterben, infolge des Vergiftens durch C jedoch dazu, dass sie zu einem späteren Zeitpunkt t+n absterben, wäre das Absterben der Pflanzen ausschließlich durch den negativen Faktor des Nicht-Begießens und nicht gleichzeitig auch durch das Vergiften bedingt. Das Vergiften würde zu dem Absterben der Pflanze lediglich unter der de facto nicht erfüllten Bedingung führen, dass die Pflanzen zum Zeitpunkt t+n noch lebten.

Kausale Überdetermination ist ein Sonderfall u. a. deswegen, weil hier nicht mehr gilt, dass jede einzelne Kausalkette für W notwendig ist. W würde vielmehr auch dann eintreten, wenn eine – bzw. alle bis auf eine – der gleichzeitig eintreffenden Kausalketten abwesend wären. Das in der Rechtswissenschaft des Öfteren angewandte Verfahren der Sine-qua-non-Bedingung (bzw. das sogenannte „Wegdenk“-Verfahren) verliert in diesem Fall seine Anwendbarkeit. Wenn zwei Mitglieder eines Erschießungskommandos gleichzeitig das Herz des zu Erschießenden treffen, treffen zwei Kausalketten exakt zusammen, so dass eine eindeutige kausale Zuordnung nicht mehr möglich ist. In INUS-Bedingungen ausgedrückt: Zwei Sets von zusammen hinreichenden Kausalfaktoren sind genau gleichzeitig erfüllt.

Das Beispiel des Erschießungskommandos exemplifiziert einen Falltyp, den man *alternative* Mehrfachkausalität nennen kann.[1] Für diesen Falltyp ist kennzeichnend, dass jede einzelne von mehreren gleichzeitig ausgeführten Handlungen oder gegebenen Bedingungen für die Wirkung W kausal hinreichend ist. Ein Kausalfaktor, der Teil eines kausal hinreichenden Sets ist, ist nicht-redundant lediglich in dem Sinne, dass seine Unerfülltheit den Gesamtset nicht mehr kausal hinreichend werden ließe, nicht aber in dem Sinne, dass seine Unerfülltheit die Wirkung W nicht mehr eintreten ließe. Die Wirkung würde, falls einer der Faktoren in einem der beteiligten Sets unerfüllt bliebe, jeweils durch die Elemente eines oder mehrerer weiterer Sets herbeigeführt. Damit W eintritt, reicht es, dass mindestens einer der gleichzeitig erfüllten Sets von Kausalfaktoren erfüllt ist.

Ein davon grundlegend verschiedener Falltyp liegt vor, wenn die Handlungen mehrerer Akteure bzw. mehrere anderweitige Bedingungen zusammenwirken müssen, damit eine hinreichende Bedingung für W zustande kommt. In diesem Fall kann man von *kumulativer* Mehrfachkausalität sprechen. Dieser Fall liegt vor, wenn zwei Personen jeweils mit einem besonderen Schlüssel das Schloss eines Tresorfachs betätigen müssen, um das Tresorfach zu öffnen oder wenn drei starke Männer erforderlich sind, um ein stehengebliebenes Auto anzuschieben. In diesem Fall sind alle zusammenkommenden Elemente unter den gegebenen weiteren Bedingungen zur Herbeiführung von W notwendig.

Diese Falltypen lassen sich auf Konstellationen mit negativen Ursachen bzw. mit Unterlassungen übertragen. Hart und Honoré geben dafür folgendes realistische Beispiel:

A unterlässt es, termingerecht Steine zu liefern, B unterlässt es, termingerecht Material für den Mörtel zu liefern, mit der Folge, dass sich die Fertigstellung des Hauses verzögert (Hart & Honoré 1985, 128). Offensichtlich handelt es sich hierbei um einen Fall von *alternativer* Mehrfachunterlassung: Jede einzelne Unterlassung genügt, um den Bau zu verzögern. Auch wenn A rechtzeitig liefern würde, wäre angesichts von Bs Säumigkeit für die Fertigstellung des Baus nichts gewonnen und *vice versa*. Die Unterlassungen von A und B gehören zu zwei verschiedenen Ursachen-Sets, die jeweils für sich kausal hinreichend für W (die verzögerte Fertigstellung) sind. Beide Ursachen-Sets sind gleichzeitig erfüllt.

Dasselbe gilt für die Situation des stehengebliebenen Autos. Um es in Fahrt zu bringen, ist das Zusammenwirken dreier kräftiger Männer erforderlich. Von den drei in der Situation verfügbaren starken Männern A, B, und C stellt sich nur A für die Hilfeleistung zur Verfügung, während B und C, statt sich zu beteiligen,

---

1 Das ist dem von Wright verwendeten Ausdruck „duplikativ" vorzuziehen, um offen zu lassen, wie viele Kausalketten beteiligt sind.

ihres Weges gehen. Auch hier handelt es sich um einen Fall von alternativem Mehrfachunterlassen. Jeder der sich verweigernden starken Männer setzt eine hinreichende Bedingung für W, das Stehenbleiben des Autos, gleichgültig, wie sich die beiden anderen verhalten. W könnte nur verhindert werden, wenn alle drei gemeinsam tätig würden – ähnlich wie im Fall des Baus die Verzögerung nur durch die rechtzeitige Lieferung aller erforderlichen Materialien verhindert werden kann.

Im *kumulativen* Fall von Mehrfachunterlassung ist die Situation komplizierter. Ein kumulativer Fall von Mehrfachunterlassung liegt vor, wenn zwei oder mehr Unterlassungen Elemente ein und desselben Ursachen-Sets sind. Es sind jedoch zwei Varianten zu unterscheiden: eine erste Variante, bei der alle beteiligten Akteure H unterlassen müssen, um W herbeizuführen, und eine zweite Variante, bei der es für W hinreicht, dass ein (im Einzelnen noch zu bestimmender) Teil der beteiligten Akteure H unterlässt.

Ein Beispiel für die erste Variante des kumulativen Unterlassens ist das Vertuschen der Fehlbehandlung eines Patienten durch einen Arzt der Abteilung. Das Personal wird vom Chefarzt auf Stillschweigen verpflichtet. Alle bewahren Stillschweigen. Die Vertuschung gelingt. In diesem Fall wird W, die Vertuschung, erreicht, indem sich alle an ihre Verpflichtung halten und eine Meldung unterlassen. Keine Unterlassung ist für sich genommen hinreichend für W. W realisiert sich vielmehr erst infolge der Kumulation der Unterlassungen aller, denen ein Handeln und damit eine Verhinderung von W möglich wäre.

Entscheidend ist, dass bei dieser Variante einer kumulativen Unterlassung keine kausale Überdetermination vorliegt. Vielmehr sind zwei oder mehr handlungsförmige Elemente in ein und demselben kausal hinreichenden Bedingungsset enthalten. Es gibt nur ein Set, der W herbeiführt, hier das Stillschweigen der Gesamtheit der Beteiligten.

Ein Beispiel für die zweite Variante des kumulativen Unterlassens ist das in der Rechtswissenschaft diskutierte „Gremienproblem". Definiert ist es dadurch, dass eine bestimmte aus moralischen oder anderen Gründen unerwünschte Regel bestehen bleibt, weil keiner der Angehörigen eines Gremiums die Initiative zur Änderung der Regel ergreift, obwohl er sie ergreifen könnte. Dabei entscheidet das Gremium nach einer Regel, nach der für eine Änderung der von dem Gremium zu verantwortenden Regeln mindestens n Voten notwendig sind (vgl. Puppe 2011, 17).[2] Auch in diesem Fall ist die Aufrechterhaltung der unerwünsch-

2 In dessen Rahmen ist vom BGH u. a. der sogenannte „Politbüro-Fall" verhandelt worden, bei dem es um das unterlassene Protestieren einer Mehrheit der Mitglieder des Politbüros der DDR gegen den Schießbefehl ging, das zum Fortbestand des Schießbefehls führte.

ten Regel durch das unterlassene Ergreifen der Initiative durch alle Mitglieder des Gremiums kausal bedingt. Anders als im Fall der Vertuschung kommt das unerwünschte Ergebnis aber bereits dann zustande, wenn nicht alle, sondern alle bis auf n-1 Mitglieder darauf verzichten, initiativ zu werden.

Anders als bei der ersten Variante liegt hier sehr wohl eine kausale Überdetermination vor. Verschiedene Gruppen von Mitgliedern (bzw. allgemein: Teilursachen) sind gleichzeitig für das Zustandekommen der Wirkung kausal hinreichend. Nehmen wir an, dass das Gremium aus fünf Mitgliedern besteht und dass eine Mehrheit von drei Mitgliedern ausreichen würde, bei einem entsprechenden Votum die Regel zu ändern. Die Beibehaltung der Regel ist dann mehrfach bedingt durch das Schweigen jedes einzelnen der zehn kombinatorisch möglichen Sets von je drei Teilnehmern.

Kumulative Mehrfachunterlassungen spielen in der Praxis eine bedeutendere Rolle als alternative Mehrfachunterlassungen. Alternative Mehrfachunterlassungen sind stets nur dann gegeben, wenn, wie im Beispiel des Tresorfachs oder der Zulieferer von Baumaterialien das Zusammenwirken einer Mehrzahl von Akteuren für die Herbeiführung einer Wirkung W notwendig ist und bereits der unterlassene kausale Beitrag eines einzigen Akteurs W verhindert. Die Situation ist so bestimmt, dass sie von vornherein das Risiko birgt, dass die angezielte Wirkung durch das Ausbleiben einer der kontribuierenden Faktoren verhindert wird. Diese Bedingung sorgt dafür, dass die Häufigkeit von alternativen Mehrfachunterlassungen eng begrenzt ist.

Häufiger sind Situationen, in denen es deshalb zu einer bestimmten Wirkung W kommt, weil keiner eingreift, obwohl er im Alleingang W verhindern könnte – analog zu dem Vertuschungsfall, in dem eine einzige Meldung die Vertuschung auffliegen lassen könnte. Man denke etwa an die realen und unter Laborbedingungen simulierten Fälle unterbleibender *bystander intervention*. In diesen Fällen kommt es zu der Wirkung W – dem Tod oder der schweren Verletzung des Opfers – nicht dadurch, dass ein Zusammenwirken mehrerer Akteure erforderlich ist, um W zu verhindern. Zu W kommt es vielmehr dadurch, dass *keiner* der möglichen Akteure eingreift, obwohl das Eingreifen eines einzigen Akteurs hinreichend wäre, W zu verhindern.

Bei der Zuschreibung von kausaler Verantwortlichkeit bestehen zwischen dem alternativen und dem kumulativen Typ der Mehrfachunterlassung gravierende Unterschiede. Im Allgemeinen wird man die Zuschreibung von Kausalität danach abstufen müssen, wie weit der jeweilige kausale Beitrag der Unterlassung für die unerwünschte Wirkung W hinreichend ist bzw. wie weit ihr kausaler Beitrag für die Verhinderung der unerwünschten Wirkung W notwendig ist. Ein klarer Fall liegt vor, wenn A im Beispiel des verzögerten Hausbaus die Steine rechtzeitig liefert, während sich Bs Lieferung von Mörtel verspätet.

In diesem Fall ist die kausale Verantwortlichkeit für die Verzögerung des Baus allein B zuzuschreiben: Bs Versäumnis ist – unter den vorausgesetzten weiteren Bedingungen – die einzige handlungsförmige negative Bedingung der Verzögerung. Nur B ist für die Verzögerung kausal verantwortlich in dem Sinn, dass, hätte auch er rechtzeitig geliefert, die Verzögerung verhindert worden wäre.

Unklarer ist, wie sich die Verantwortlichkeit auf die beiden Unterlassungen verteilt, wenn A und B die erwartete Lieferung unterlassen und damit gemeinsam den Bau verzögern. Ist die Verantwortlichkeit jedes einzelnen dadurch reduziert, dass er nicht allein für die Verzögerung kausal ist, sondern diese Verantwortlichkeit mit einem anderen Lieferanten „teilt"? Lassen sich A und B jeweils nur Teile der kausalen Verantwortlichkeit zuschreiben?

Die angemessene Antwort scheint in diesem Fall die zu sein, dass den beiden Unterlassenden in diesem Fall jeweils die vollständige Verantwortlichkeit für die Verzögerung zuzuschreiben ist, und zwar aufgrund der Tatsache, dass beide je für sich hinreichende Ursachen für die Verzögerung setzen. Jedem an einer Situation beteiligten kausal hinreichenden Set von Bedingungen ist die vollständige Kausalität zuzuschreiben, gleichgültig, welche weiteren kausal hinreichenden Sets von Bedingungen in der Situation zusätzlich beteiligt sind. Für die kausale Verantwortlichkeit von A und B ist es gleichgültig, ob und wieviel andere Akteure dieselbe Verantwortlichkeit übernehmen müssen.

Eine Konsequenz daraus ist, dass sich in Fällen einer *alternativen* Unterlassungskausalität die Summe der kausalen Verantwortlichkeiten auf einen Wert größer als 1 belaufen kann. Auch wenn dieses Ergebnis auf den ersten Blick schwer zu akzeptieren erscheint,[3] so ist es doch dadurch begründet, dass es sich bei der alternativen Mehrfachkausalität um separate und vollständige Kausalketten handelt, die in ein und derselben Wirkung konvergieren und nicht um ein „Zusammenwirken" von Ursachen in dem (kumulativen) Sinne, dass mehrere Teilursachen zu ein und derselben vollständigen Kausalkette gehören und die Wirkung nur dann zustande kommt, wenn alle oder die erforderliche Mehrheit der Kausalfaktoren realisiert sind. Entscheidend ist, dass bei der alternativen Mehrfachunterlassung (wie bei der alternativen Mehrfachkausalität durch Handeln) jeder einzelne Beitrag unter den gegebenen weiteren Bedingungen kausal hinreichend für W ist.

---

3 So z. B. Engisch: Es sei unplausibel, dass mehrere zusammenwirkende Faktoren in der Summe der kausalen Anteile einen Wert größer als 1 ergeben: „Wenn m + n + o = p ist, so ist weder m noch n noch o gleich p". (Engisch 1931, 191, 33 f.)

Anders stellt sich die Situation bei der *kumulativen* Mehrfachunterlassung dar. Hier wäre zwar das Eingreifen jedes einzelnen der Akteure hinreichend, das unerwünschte Ereignis W zu verhindern. Aber dafür, dass das unerwünschte Ereignis W zustande kommt, ist das Unterlassen der einzelnen zusammenwirkenden Akteure alles andere als hinreichend. Das Unterlassen jedes einzelnen ist vielmehr nur ein Element des Sets von Unterlassungen, die zusammengenommen das unerwünschte Ereignis W herbeiführen. Anders als im Fall der ausbleibenden Lieferungen, bei dem jedes einzelne Unterlassen zur Verzögerung des Baus führt, ist das Unterlassen jedes einzelnen der in der Situation der *bystander intervention* Nicht-Hilfeleistenden nicht hinreichend, das unerwünschte Ereignis, den Tod oder die Verletzung des Hilfebedürftigen, herbeizuführen. Damit es zu diesem Ergebnis kommt, ist vielmehr erforderlich, dass *alle* Beteiligten die mögliche Hilfeleistung unterlassen. Das folgt aus der Tatsache, dass in diesem Fall alle Beteiligten „zusammenwirken" müssen, um das unerwünschte Ergebnis herbeizuführen, wobei dieses „Zusammenwirken" hier in einem (kommunikativ abgestimmten oder unabgestimmten) kollektiven Unterlassen[4] besteht.

In diesem Falltyp – der ersten Variante der kumulativen Mehrfachunterlassung – scheint es insofern unangemessen, jedem einzelnen der Unterlassenden die vollständige kausale Verantwortlichkeit für W zuzuschreiben. In diesem Fall liegt, wie wir gesehen haben, keine eigentliche Mehrfachkausalität vor, sondern lediglich ein einziges Ursachenset, zu dem alle einzelnen Akteure beitragen. Diesem Ursachenset kommt, da es als einziges kausal hinreichend ist, die gesamte und einzige Kausalität für W zu, so dass auf die einzelnen Elemente lediglich ein Anteil der Kausalität entfällt, und zwar ein Anteil, der garantiert, dass die Summe aller einzelnen Anteile nicht größer als 1 (der Wert der Kausalität des gesamten hinreichenden Sets) wird. Das heißt, dass je mehr Akteure an der kumulativen Unterlassung beteiligt sind – je mehr Akteure W nicht verhindert haben, obwohl sie es hätten verhindern können – sich desto stärker die kausale Verantwortung jedes einzelnen Akteurs „verdünnt". Solange jeder einzelne der n kausalen Beiträge in demselben Maße zu W beiträgt, läuft das auf eine Verantwortung jedes Beteiligten vom Maß 1/n hinaus.

Dies kann allerdings nur soweit gelten, als die Unterlassungen der Beteiligten *unabhängig* voneinander erfolgen, d.h. die Wahrscheinlichkeit jeder einzelnen Unterlassung nicht in irgendeiner Weise von der Faktizität der übrigen Unterlassungen abhängig ist. Orientieren sich etwa die Unterlassenden B, C und D in ihrem Verhalten – im Sinne eines *bandwagon*-Effekts – an dem Verhalten von A, fällt auf A ein um so höherer Anteil der Kausalität für W, je stärker sein

4 Zu den einzelnen Modalitäten des kollektiven Unterlassens vgl. Schweikard 2010.

Unterlassen von H die Wahrscheinlichkeit erhöht, dass auch B, C und D H unterlassen. Je größer der kausale Einfluss von A auf die übrigen Beteiligten, desto größer sein Anteil an der kausalen Verantwortlichkeit für W. Was für Handlungen gilt, muss schließlich auch für Unterlassungen gelten, nämlich dass die Formen und die Intensität der Beteiligung „danach zu unterscheiden (sind), dass ihnen eine unterschiedliche Art und Stärke der Beherrschung des Geschehens eigen ist“ (Grünwald 1959, 111). Im Fall des kumulativen Unterlassens ist diese Beherrschung das Ausmaß, in dem ein Unterlassender das Ergebnis durch sein Verhalten bestimmen kann. Dieses Ausmaß bestimmt sich u. a. auch nach dem Ausmaß des Einflusses, den er auf andere an der kumulativen Unterlassung Beteiligte hat.

So intuitiv naheliegend diese Überlegungen auch erscheinen mögen, zumindest im Recht sind sie keineswegs universal und zu allen Zeiten akzeptiert worden. Insbesondere im deutschen Strafrecht war lange Zeit eine Auffassung verbreitet, nach der auf jeden einzelnen (situativ) notwendigen Faktor nicht nur ein bestimmter Anteil an der Gesamtkausalität entfällt, sondern die vollständige Kausalität (vgl. Hart & Honoré 1985, 444). Anstatt die Gesamtkausalität im wörtlichen Sinne zu „teilen“, sollte jedem einzelnen der beteiligten Faktoren die volle Verantwortlichkeit zukommen – quasi in Analogie zu der Praxis, dass jedem der an einem Mannschaftssieg beteiligten Sportler dieselbe Goldmedaille verliehen wird, auch wenn er nur einen mehr oder weniger großen Anteil an der prämierten Leistung hat. Wollte man diese Auffassung auf das kumulative Unterlassen anwenden, bedeutete das, alternatives und kumulatives Unterlassen gleichzubehandeln und die Unterscheidung zwischen den jeweiligen verschiedenen Kausalitätsmustern zu nivellieren. Intuitiv ist eine solche Radikallösung kaum akzeptabel.

Wie lässt sich diese Konsequenz vermeiden? Entscheidend ist auch hier wieder die Überlegung, dass die Intensität der kausalen Beteiligung mehrerer kausaler Faktoren an einer Wirkung abgestuft werden kann, und zwar entsprechend dem oben für Handlungen Gesagten. Zunächst ist auch bei Unterlassungen zwischen der kausalen *Bedeutung* von Type-Unterlassungen für Type-Wirkungen und dem kausalen *Gewicht* singulärer Unterlassungen für singuläre Wirkungen zu unterscheiden. Wirkungen eines bestimmten Typs können üblicher- und typischerweise durch bestimmte Unterlassungen bedingt sein, ohne dass diese typischen Unterlassungen in jedem einzelnen Fall das Hauptgewicht der Kausalität tragen. Das Nicht-Notieren von Terminen kann die typische und bedeutsamste Ursache des Nicht-Einhaltens von Terminen sein. Im Einzelfall kann das Hauptgewicht der Kausalität aber durchaus auch bei anderen negativen Faktoren liegen, etwa in dem Versäumnis, rechtzeitig den Terminkalender zu konsultieren.

Wie es auch bei Unterlassungsdelikten Haupttäter und Gehilfen geben kann (wobei diese den Haupttäter in seinem Unterlassen durch ein zusätzliches Unterlassen unterstützen, etwa durch den unterlassenen Hinweis auf die Notwendigkeit eines Eingreifens), gibt es auch bei Unterlassungen paradigmatische Fallkonstellationen, in denen das Unterlassen des einen von eindeutig höherem Gewicht ist als das Unterlassen anderer, wobei allerdings sowohl das Unterlassen des einen als auch das Unterlassen des anderen für die jeweilige Wirkung notwendig (im Sinne von: unter den gegebenen Umständen nicht-redundant) sind. Das Kriterium des kausalen Gewichts ist auch hier wieder die (aufgrund von Induktion und kontrafaktischen Überlegungen ermittelte) Wahrscheinlichkeit, mit der das Ergebnis ohne das betreffende Unterlassen nicht eintreten würde.

Am eindeutigsten ist die Möglichkeit einer Gewichtung von Unterlassungen als Kausalfaktoren auch hier wieder bei Fällen, die dem *bandwagon*-Effekt entsprechen: Ein bestimmtes Ergebnis kommt in einem Gremium nur dadurch zustande, dass einer der beteiligten Teilnehmer eine bestimmte mögliche Handlung unterlässt und alle weiteren Teilnehmer daraufhin ebenfalls diese Handlung unterlassen. Z. B. wird der Vorstand einer Aktiengesellschaft nur deshalb von der Aktionärsversammlung entlastet, weil ein Großaktionär, der 40% der Stimmrechte auf sich vereinigt, einen skandalösen Managementfehler des Vorstands nicht zur Sprache bringt. Die übrigen Aktionäre, auf die zusammengenommen die Mehrheit der Stimmrechte entfällt, könnten zwar ihrerseits den Skandal ansprechen, tun dies – weil sie sich am Verhalten des Hauptaktionärs orientieren – jedoch nicht. Die wesentliche Ursache der Entlastung des Vorstands ist in diesem Fall das Verhalten des Großaktionärs. der infolge des *bandwagon*-Effekts die übrigen Teilnehmer gewissermaßen „in der Hand hat". Das Hauptgewicht der Kausalität liegt auf dem Unterlassen des „Vorreiters", auch wenn der „Vorreiter" nur über eine Minderheit der Stimmrechte verfügt und überstimmt werden könnte.

Aber auch dann, wenn die einzelnen Unterlassungen kausal unabhängig voneinander sind, lassen sich oftmals Gewichte aufgrund einsichtiger Kriterien zuordnen, etwa wenn sich einige von den Personen, die zur gemeinsamen Bewältigung einer Aufgabe erforderlich sind, unabhängig voneinander verweigern, so dass die Aufgabe unbewältigt bleibt, eine dieser Personen aber für die Bewältigung der Aufgabe in besonderer Weise geeignet ist. Der Nicht-Teilnahme dieser besonders geeigneten Person kommt in der Regel ein höheres kausales Gewicht für die Nichtbewältigung der Aufgabe zu als den übrigen Personen. Nehmen wir etwa an, dass es entweder dreier normalstarker Männer oder eines überdurchschnittlich starken Mannes und eines normalstarken Mannes bedarf, um ein liegengebliebenes Auto anzuschieben. Unter den gegeben Umständen ist jedoch nur die letztere Kombination verfügbar: ein normalstarker und ein überdurchschnittlich starker Mann. Beide weigern sich jedoch, bei der Aktion mitzuhelfen. In diesem Fall liegt es nahe zu sagen, dass die Verweigerung des überdurchschnittlich starken Mannes einen größeren kausalen Anteil an dem Liegenbleiben des Autos hat als die Verweigerung des normalstarken Mannes, und zwar aufgrund der Überlegung, dass die Wahrscheinlichkeit, dass das Ergebnis ohne die Weigerung des überdurchschnittlich starken Mannes vermieden werden könnte, größer ist als die Wahrscheinlichkeit, dass das Ergebnis ohne die Weigerung des normalstarken Mannes vermieden werden könnte. Wäre der überdurchschnittlich starke Mann zur Mithilfe bereit, wäre es sehr viel leichter, für den normalstarken Mann Ersatz zu finden als im umgekehrten Fall, in dem entweder ein anderer überdurchschnittlich starker Mann oder zwei normalstarke Männer für die Bewältigung der gestellten Aufgabe erforderlich wären.

Auch aus dieser Perspektive stellt sich die zweite Variante der kumulativen Mehrfachunterlassung anders dar. Wie wir gesehen haben, handelt es sich bei dieser Art von kumulativem Unterlassen um eine Form von kausaler Überdetermination. Wie bei der alternativen Form der Mehrfachunterlassung existieren jeweils mehrere gleichzeitig eintretende kausal hinreichende Sets. Dass in einem Gremium eine moralisch kritikwürdige Norm aufrechterhalten bleibt, hängt zwar nicht davon ab, dass A es unterlässt, das Thema auf die Tagesordnung zu setzen, aber es hängt doch davon ab, dass n Mitglieder dies unterlassen. Nicht jeder einzelne Beitrag für sich genommen ist für W kausal hinreichend, aber hinreichend wäre er zusammen mit n-1 anderen vergleichbaren kausalen Beiträgen.

Intuitiv sollte die kausale Verantwortlichkeit jedes einzelnen Unterlassens in diesem Fall zwischen dem Wert 1, der für das alternative Mehrfachunterlassen gilt, und dem Wert 1/n, der für die erste Variante des kumulativen Mehrfachunterlassens gilt, liegen. Keiner der einzelnen Unterlassenden ist in der Lage, im „Alleingang“ W zu bewirken. Sein Schweigen garantiert nicht, dass W eintritt – so wie die verspätete Lieferung die Verzögerung des Baus garantiert. Erst zusammen mit dem Schweigen mehrerer anderer führt As Schweigen zur Wirkung W, hier der Aufrechterhaltung der moralisch problematischen Norm. Auf der anderen Seite kommt ihm aber ein höheres Maß an Verantwortlichkeit zu als dem Einzelnen in den Fällen der ersten Variante, bei denen W nur zustande kommt, wenn sich alle gleichermaßen beteiligen (wie bei der Vertuschung der Fehlbehandlung). Dafür, dass W zustande kommt, reicht es vielmehr hin, dass sich eine Teilmenge von n Mitgliedern des Gremiums zusammentun, wobei der einzelne A mehreren solcher Untermengen angehört.

Wenn wir auch hier wieder davon ausgehen, dass jedem kausal hinreichenden Set von Faktoren die vollständige Kausalität für W zugeschrieben wird, liegt die Lösung des Problems der Verteilung der Anteile an der kausalen Verantwortlichkeit auf der Hand: Ein einzelner Beitrag A bekommt denjenigen Anteil an der Kausalität zugeschrieben, der seiner Beteiligung an den theoretisch möglichen hinreichenden Sets entspricht. Gegeben, dass A Mitglied in einem fünfköpfigen Gremium (A, B, C, D, E) ist, in dem mit einfacher Mehrheit abgestimmt wird, so ist A Mitglied in sechs Sets aus jeweils drei Mitgliedern, deren Voten das Ergebnis determinieren (ABC, ABD, ABE, ACD, ACE, ADE). Von den zehn möglichen Dreierkombinationen von Stimmen gibt es sechs, in denen A als einer der Faktoren vorkommt. Da aber jedem Set die vollständige Kausalität für das Ergebnis zukommt, kommt A für jedes der sechs Dreier-Sets, in dem er vorkommt, ein Drittel der vollen kausalen Verantwortlichkeit zu. Da es keinen Grund gibt, die Kausalität einer möglichen Dreierkombination gegenüber irgendeiner anderen zu privilegieren, scheint es das Naheliegendste, die Kausalität nach dem „Prinzip des unzureichenden Grundes" auf alle Mitglieder des Gremiums gleichmäßig zu verteilen. Das wäre in diesem Fall 1/3. Allgemein käme bei kumulativen Mehrfachunterlassungen der zweiten Variante, sofern n Unterlassungen für W hinreichend sind, jedem Einzelnen eine kausale Verantwortlichkeit von 1/n zu.[5] Analog zur ersten Variante ist allerdings auch hier das Gewicht der einzelnen Unterlassung in einem zweiten Schritt nach dem jeweiligen Einfluss des einzelnen Unterlassenden auf das Unterlassen anderer zu modifizieren. Das Schweigen eines einflussreichen Gremienmitglieds trägt mehr für das Ergebnis der Abstimmung aus als das Schweigen anderer, die sich an dessen Verhalten orientieren.

Sind diese Ergebnisse auch dann akzeptabel, wenn es sich bei W – anders als in den bisher betrachteten Fällen – um eine erwünschte Wirkung handelt?

Betrachten wir zunächst wieder den Fall der alternativen Mehrfachunterlassung. Ein Beispiel für ein alternatives Mehrfachunterlassen mit erwünschter Wirkung ist die Erhaltung des Friedens durch die von mehreren potenziellen Lieferanten unterlassene Lieferung von Materialien für eine für terroristische Zwecke vorgesehene Bombe. In diesem Fall gehört jedes einzelne Unterlassen eines Eingriffs zu einem eigenen Ursachenset, der hinreichend für W – die Friedenserhaltung – ist. Zur Herstellung der erwünschten Wirkung ist nicht das Unterlassen aller erfordert, sondern hinreichend ist bereits das Unterlassen einer der beteiligten Akteure. Indem er auf Maßnahmen, die zu terroristischen Anschlägen führen könnten, verzichtet, hat es jeder der Akteure selbst in der Hand,

5 Zu dieser Lösung scheint auch Wright zu tendieren, wenn er schreibt: „A NESS condition need merely be part of the instantiation of one of the abstract conditions in the antecedent of an applicable causal law, all the conditions of which were at least minimally instantiated. It does not matter if some or all of them were more than minimally instantiated" (Wright, im Erscheinen, 23).

den Frieden zu bewahren. Wie sich im negativ bewerteten Fall der Hausbau bereits dann verzögert, wenn auch nur einer der Lieferanten zu spät liefert, lässt sich im positiv bewerteten Fall der Frieden oftmals bereits dadurch wahren, dass einer der Akteure mögliche Interventionen unterlässt. In diesem Fall würde jedem einzelnen potenziellen Lieferanten, der diesen Schritt vollzieht, die volle kausale Verantwortlichkeit für die Friedenserhaltung zukommen. Dieses Ergebnis erscheint annehmbar.

Dasselbe scheint für die erste Variante einer kumulativen Mehrfachunterlassung mit positiv bewertetem W zu gelten. Ein Beispiel ist das Sauberhalten von Autobahnrastplätzen durch das kollektive Unterlassen von Verunreinigungen. Die Sauberkeit hängt davon ab, dass keiner der dort anhaltenden Autofahrer Abfall wegwirft. W kommt nur dann zustande, wenn sich jeder an die Regel hält. Da das Unterlassen jedes einzelnen für W notwendig ist, liegt ein Fall kumulativen Mehrfachunterlassens der ersten Variante vor, d. h. ein Mehrfachunterlassen ohne kausale Überdetermination. Es gibt nur eine Kausalkette aus Unterlassungen, die zu W führt. Alle individuellen Unterlassungen sind Teil desselben Ursachensets S, der insgesamt W herbeiführt. Gemäß dem oben Gesagten „verdünnt" sich auch hier die kausale Verantwortlichkeit. Jedem der Beteiligten kommt derselbe Teil der Gesamtverantwortlichkeit zu und damit *ceteris paribus* auch derselbe Teil des Gesamtverdiensts. Auch dieses Ergebnis scheint akzeptabel.

Ein Beispiel für eine kumulative Mehrfachunterlassung der zweiten Variante mit positivem W ist die Erhaltung einer Rasenfläche dadurch, dass zumindest eine Mehrheit derer, die über den Rasen gehen könnten, dies unterlässt – etwa aufgrund der Regel, dass nur Dozenten, aber keine Studenten einen College-Rasen überqueren dürfen. Auch für dieses Beispiel scheint das Ergebnis befriedigend: Die kausale Verantwortlichkeit – und damit *ceteris paribus* das Verdienst für die Erhaltung der Rasenfläche – kommt allen Studenten zu, die den Umweg über die gepflasterten Wege nehmen, und zwar im Maße 1/n, sofern n die Zahl der zur Erhaltung der Rasenfläche notwendigen Personen ist, die den Umweg nehmen.

8.2 Zusammenfassung: Kausale und normative Verantwortlichkeit für Mehrfachunterlassungen

Insgesamt sind demnach vier Konstellationen von Mehrfachkausalität durch Unterlassen zu unterscheiden:

1. *Präemption*: Eine Unterlassung ¬H „überholt" bzw. „verdrängt" andere Unterlassungen ¬H', ¬H" ... In diesem Fall sind die Unterlassungen ¬H', ¬H" ... an der Verursachung von W *nicht* beteiligt. Für die „überholte(n)" Unter-

lassung(en) ist eine notwendige Bedingung für kausale Verantwortlichkeit nicht erfüllt, nämlich die, nicht-redundanter Teil eines Ursachensets zu sein, der als ganzer für W kausal hinreichend ist. Die kausale Verantwortlichkeit liegt allein bei der „überholenden“ bzw. „verdrängenden“ Kausalkette mit ¬H.

2. *Alternative Mehrfachkausalität durch Unterlassen*: Jedes einzelne Unterlassen ist unabhängig von den weiteren an der Situation beteiligten Unterlassungen für W kausal hinreichend. In diesem Fall ist jeder einzelne Unterlassende in demselben vollen Umfang für W kausal verantwortlich. Eine der notwendigen Bedingungen für normative Verantwortlichkeit ist vollumfänglich erfüllt.
3. *Kumulative Mehrfachunterlassung der ersten Variante*: Kein einzelnes Unterlassen ist unabhängig von weiteren Unterlassungen für W kausal hinreichend. Um W unter den gegebenen Bedingungen herbeizuführen, ist erforderlich, dass alle, die handeln/eingreifen könnten, einen Eingriff unterlassen. In diesem Fall ist jeder einzelne Unterlassende in einem gewissen Umfang für W kausal verantwortlich, u. a. in Abhängigkeit von seinem Einfluss auf das Unterlassen anderer.
4. *Kumulative Mehrfachunterlassungen der zweiten Variante*: Kein einzelnes Unterlassen ist unabhängig von weiteren Unterlassungen kausal hinreichend. Um W herbeizuführen, ist erforderlich, dass eine bestimmte Anzahl anderer, die handeln/eingreifen könnten, einen Eingriff unterlassen. In diesem Fall ist jeder der Unterlassenden in einem gewissen Umfang für W kausal verantwortlich. Dieser ist abhängig ist von dem für W erforderlichen Quorum, aber auch von seinem Einfluss auf das Unterlassen anderer.

Es ist kaum plausibel, die *kausale* Verantwortlichkeit aufzuteilen, ohne zugleich die *normative* (moralische oder rechtliche) Verantwortlichkeit aufzuteilen. Kausale Verantwortlichkeit ist nicht nur eine notwendige Bedingung für die Zuschreibung normativer Verantwortlichkeit, es ist bei geteilter kausaler Verantwortlichkeit zugleich ein Faktor, der in die Bemessung und Aufteilung der normativen Verantwortlichkeit eingeht, wenn auch nur als ein Faktor unter anderen. Neben der kausalen Verantwortlichkeit gehen in die Bemessung der normativen Verantwortlichkeit weitere deskriptive und normative Faktoren ein. Zu den deskriptiven gehören u. a. die unterschiedlichen *Eingriffsfähigkeiten* der Beteiligten, ihr unterschiedlicher *Informationsstand* sowie *Willentlichkeit* und *Absichtlichkeit* der Unterlassung. Zu den normativen Bestimmungsgrößen gehören die *Zumutbarkeit* eines Eingreifens sowie das Bestehen oder Nicht-Bestehen von *besonderen Verpflichtungen* zum Eingreifen, etwa im Rahmen von Institutionen, Verträgen und sozialen Rollen. Diese weiteren Faktoren überlagern den

Faktor der kausalen Verantwortlichkeit vielfach so weitgehend, dass die Verteilung der normativen Verantwortlichkeit von der Verteilung der kausalen Verantwortlichkeit bei Mehrfachunterlassungen signifikant abweicht.

Von entscheidender Bedeutung für die normative Verantwortlichkeit ist die kausale Verantwortlichkeit allerdings in zwei Arten von Fällen: erstens in Fällen, in denen das Fehlen kausaler Verantwortung eine normative Verantwortlichkeit ausschließt, und zweitens in Fällen von geteilter kausaler Verantwortung.

Die erste Konstellation ist etwa bei Präemption gegeben. Bei präemptiver Kausalität liegt die normative Verantwortlichkeit ausschließlich bei den Akteuren, deren kausaler Beitrag zu einer Wirkung W in die präemptive Kausalkette eingeht. Da die Elemente der durch Präemption „überholten" oder „ersetzten" Kausalkette kausal für W nicht relevant werden, kann auch deren sonstige Qualität für die Beurteilung der normativen Verantwortlichkeit nicht relevant werden.

Wie immer negativ die moralische Qualität der fehlerhaften Bremsenreparatur (bzw. des Autoverleihers, der den Ausfall der Bremsen übersehen hat) im Saunders-Fall einzuschätzen ist, sie ändert nichts daran, dass die Verursachung des Unfalls allein beim unterlassenen Bremsversuch des Fahrer liegt und diesen deshalb auch die gesamte normative Verantwortlichkeit für die Unfallfolgen trifft.

Die erste Konstellation ist auch immer dann gegeben, wenn zu einem bereits feststehenden Set von Unterlassungen, die zusammen für W hinreichend sind, weitere Unterlassungen hinzukommen. Da sie redundant sind, können die zusätzlichen Unterlassungen nicht als ursächlich für W gelten, es sei denn, sie bildeten (wie bei der alternativen Mehrfachunterlassung) ihrerseits einen hinreichenden Set. Ein einschlägiges Beispiel ist das des stehen gebliebenen Autos, das nur mit den Kräften dreier starker Männer angeschoben werden kann. Nehmen wir an, die fraglichen drei starken Männer stehen um das Auto herum und lassen einen dazu kommenden vierten starken Mann unmissverständlich wissen, dass sie nicht bereit sind, Hand anzulegen. Der vierte Mann hat keine Chance, einen oder mehrere der drei anderen umzustimmen, so dass auch dann, wenn er guten Willens ist, das erforderliche Quorum nicht zustande kommt. In diesem Fall ist die Weigerung des vierten starken Mannes nicht kausal dafür, dass das Auto stehen bleibt. Für das Stehenbleiben sind bereits die drei vorher bestehenden Unterlassungen zusammengenommen hinreichend. In diesem Fall entfällt – sofern man an der Notwendigkeit von kausaler Beteiligung für normative Verantwortlichkeit festhält – auch die normative Verantwortlichkeit des vierten starken Mannes für das Stehenbleiben des Autos. Dasselbe gilt, wenn einzelne Gremiumsmitglieder dann schweigen, wenn bereits feststeht, dass eine hinreichende Mehrheit – unabhängig davon, ob sie schweigen oder nicht – auf jeden Fall schweigt, geschwiegen hat oder schweigen wird, so dass für sie an dem Ergebnis nichts zu ändern ist. Handelt es sich um zwei Mitglieder eines fünfköpfigen Gremiums, das mit Mehrheit entscheidet, so steht in dem Fall, dass feststeht, dass drei schweigen, auch das Ergebnis bereits fest. Wegen des Fehlens kausaler Verantwortlichkeit sind die beiden Dazukommenden auch von normativer Verantwortlichkeit entlastet (vgl. Puppe 1992, 33 f.).

Die zweite Konstellation ist bei der kumulativen Mehrfachunterlassung gegeben. Hier ist die kausale Verantwortlichkeit jeweils nach Maßgabe der für die Bewirkung von W erforderlichen Zahl der gleichzeitig erfolgenden Unterlassungen aufgeteilt. Es ist zu vermuten, dass sich diese Aufteilung in einem gewissen Umfang auch auf die Bemessung der normativen Verantwortlichkeit überträgt. Dazu wären weiterführende Überlegungen anzustellen. Ein Sonderfall ist auch in dieser Hinsicht wieder die Konstellation, dass einer der an W beteiligten Unterlassungen nicht nur das kausale Hauptgewicht trägt, sondern seinerseits die Unterlassungen anderer nach sich zieht, wie etwa dann, wenn ein Hauptunterlassungstäter A so viel Macht über die weiteren in einer Situation beteiligten Akteure B, C hat, dass diese ihm quasi „willenlos" folgen und ebenfalls ein Eingreifen H unterlassen. In diesem Fall – in dem sich die Wahrscheinlichkeit, dass B, C A „bedingungslos" folgen und ebenfalls H unterlassen, sofern A H unterlässt, dem Wert 1 nahekommt – würde nahezu die gesamte kausale und damit auch die normative Verantwortlichkeit für W auf A entfallen.

9 Literatur

Anscombe, G. E. M. (1981): Causality and determination, In: Anscombe, *The collected philosophischal papers of G. E. M. Anscombe, vol 2: Metaphysics and the philosophy of mind*. Minneapolis, 133–147.

Baker, L. R. (1993). Metaphysics and mental causation. In J. Heil & A. R. Mele (Hrsg.), *Mental causation* (S. 75–96). Oxford: Clarendon Press.

Barker, S. & Jago, M. (2011). Being positive about negative facts. Philosophy & Phenomenological Research. Online unter: http://onlinelibrary.wiley.com/doi/10.1111/j.1933-1592.2010.00479.x/pdf [17.4.2012].

Baron, J. (2006). *Against Bioethics*. Cambridge, Mass: MIT Press.

Beebee, H. (2004). Causation and nothingness. In J. D. Collins, E. J. Hall & L. A. Paul (Hrsg.), *Causation and counterfactuals*. Cambridge, Mass: MIT Press, 291–308.

Bennett, J. (1988) *Events and their names*. Indianapolis: Hackett.

Bennett, J. (1995). *The act itself*. Oxford: Clarendon Press.

Bentham, J. (1948): *An introduction to the principles of morals and legislation* (1789). New York: Hafner.

Berger, A. (2004). *Unterlassungen: Eine philosophische Untersuchung*. Paderborn: mentis.

Bieri, P. (1992). Trying out epiphenomenalism. *Erkenntnis, 36*, 283–309.

Birnbacher, D. (1995). *Tun und Unterlassen*. Stuttgart: Reclam.

Birnbacher, D. (2006). *Natürlichkeit*. Berlin/New York: de Gruyter.

Bloch, E. (1959). *Das Prinzip Hoffnung*. Frankfurt am Main: Suhrkamp.

Bloch, E. (1961). *Philosophische Grundfragen I. Zur Ontologie des Noch-Nicht-Seins. Ein Vortrag und zwei Abhandlungen*. Frankfurt am Main: Suhrkamp.

Bogen, Jim (2008): Causally productive activities. *Studies in the History of Philosophy of Science,* 39, 112–123.

Boniolo, G. & De Anna, G. (2006). The four faces of omission. *Philosophical Explorations*, 9, 277–293.

Braham, M. & van Hees, M. (2009). Degrees of causation. *Erkenntnis*, 71, 323–344.

Casati, R. & Varzi, A. (2010). Events. *The Stanford Encyclopedia of Philosophy (Spring 2010 Edition)*, Verfügbar unter http://plato.stanford.edu/archives/spr2010/entries/events/ [6.6.2012].

Casey, J. (1971). Actions and consequences. In J. Casey (Hrsg.), *Morality and moral reasoning. Five essays in ethics*. London: Methuen, 155–206.

Castañeda, H.-N. (1980). Causes, energy and constant conjunction. In P. van Inwagen (Hrsg.), *Time and cause. Essays presented to Richard Taylor*. Dordrecht: Reidel, 81–108.

Christie, A. (1974). *Letztes Weekend*. Berlin: Ullstein.

Danto, A. C. (1977). Basis-Handlungen. In G. Meggle (Hrsg.), *Analytische Handlungstheorie. Band 1: Handlungsbeschreibungen*. Frankfurt/M.: Suhrkamp, 89-110.

Danto, A. C. (1978). Basishandlungen und Basisbegriffe. In: H. Lenk (Hrsg.), *Handlungstheorien – interdisziplinär Band 2. Erster Halbband*. München: Wilhelm Fink, 373–390.

Davidson, D. (1969). The individuation of events. In: N. Rescher (Hrsg.), Essays in Honor of Carl G. Hempel. Dordrecht: Reidel, 216–234.

Dowe, P. (2000). *Physical causation*. Cambridge: Cambridge University Press.

Dowe, P. (2001). A counterfactual theory of prevention and ‚causation' by omission. *Australasian Journal of Philosophy*, 79, 216–226.

Dray, W. (1964). *Laws and explanations in history*. Oxford: Clarendon Press.

Dretske, F. I. (1979). Referring to events. In P. A. French, T. E. Uehling, H. K. Wettstein (Hrsg.), *Contemporary perspectives on the philosophy of language*. Minneapolis: University of Minnesota Press, 369–378.

Ehring, D. (2010). Causal relata. In H. Beebee/C. Hitchcock/P. Menzies (Hrsg.), *The Oxford handbook of causation*. Oxford: Oxford University Press, 387–413.

Engisch, K. (1931). *Die Kausalität als Merkmal der strafrechtlichen Tatbestände*. Nachdruck 1995. Goldbach: Kelp.

Esfeld, M. (2007). Kausalität. In A. Bartels (Hrsg.), *Wissenschaftstheorie. Ein Studienbuch* Paderborn: mentis, 89–108.

Fair, D. (1979). Causation and the flow of energy. *Erkenntnis*, 14, 219–250.

Feinberg, J. (1984). *Harm to others*. New York: Oxford University Press.

Gasking, D. (1955). Causation and recipes. *Mind*, 64, 479–487. Deutsche Fassung in G. Posch (Hrsg.) *Kausalität: Neue Texte*. Stuttgart: Reclam 1981.

Gehlen, A. (1969). *Moral und Hypermoral. Eine pluralistische Ethik*. Frankfurt am Main 1969.

Gert, B. (1983). *Die moralischen Regeln. Eine neue rationale Begründung der Moral* (1966). Frankfurt am Main: Suhrkamp.

Gert, B. (1998). *Morality. Its nature and justification*. New York: Oxford University Press.

Geser, H. (1986 a). Elemente zu einer soziologischen Theorie des Unterlassens. *Kölner Zeitschrift für Soziologie und Sozialpsychologie*, 38, 643–669.

Geser, H. (1986 b). Über die wachsende Bedeutung des Unterlassens in der „aktiven Gesellschaft". *Schweizerische Zeitschrift für Soziologie*, 12, 71–90.

Glover, J. (1977). *Causing death and saving lives*. Harmondsworth: Penguin.

Graßhoff, G. & May, M. (2001). Causal regularities. In W. Spohn, M. Ledwig & M. Esfeld (Hrsg.), *Current issues in causation*. Paderborn: mentis, 85–114.

Gross, H. (1979). *A theory of criminal justice*. New York: Oxford University Press.

Grünwald, G. (1959). Die Beteiligung durch Unterlassen. *Goldtammers Archiv* 1959, 110–123.

Hall, N. (2004). Two concepts of causation. In: J. D. Collins, E. J. Hall & L. A. Paul (Hrsg.), *Causation and counterfactuals*. Cambridge, Mass: MIT Press, 225–276.

Harris, J. (1973/74). The Marxist conception of violence. *Philosophy & Public Affairs* 3, 192–220.

Hart, H. L. A. & Honoré, A. (1985). *Causation in the law* (2. Aufl.). Oxford: Clarendon Press.

Heidegger, M. (1969). *Was ist Metaphysik?* 10. Aufl. Frankfurt am Main: Klostermann.

Heidegger, M. (2004). *Die Grundbegriffe der Metaphysik*. Frankfurt am Main: Klostermann.

Heider, F. (1977). *Psychologie der interpersonalen Beziehungen* (1958). Stuttgart: Klett.

Hitchcock, Ch. (1996). The Role of Contrast in Causal and Explanatory Claims. *Synthese*, 107, 395–419.

Honig, R. (1979): Die Entwicklungslinie des Unterlassungsdelikts vom römischen bis zum gemeinen Recht. In: *Festgabe für Richard Schmidt zu seinem siebzigsten Geburtstag. Band 1: Straf- und Prozeßrecht*. Leipzig 1932. Neudruck Aalen, 3–31.

Hume, D. (1740). *An Abstract of A Treatise of Human Nature*. London.

Jonas, H. (1981). *Macht oder Ohnmacht der Subjektivität? Das Leib-Seele-Problem im Vorfeld des Prinzips Verantwortung*. Frankfurt am Main: Insel.

Kim, J. (1976). Events as property exemplifications. In: M. Brand & D. Walton (Hrsg.). *Action Theory*. Dordrecht: Reidel, 159–177.

Larenz, K. (1953). Ursächlichkeit der Unterlassung. *Neue Juristische Wochenzeitschrift*, 6, 686–687.

Lewis, D. (1973). Causation. *Journal of Philosophy,* 70, 556–572. Deutsche Fassung in G. Posch (Hrsg.) *Kausalität: Neue Texte*. Stuttgart: Reclam 1981.
Lewis, D. (1986). Postcripts to „Causation". In D. Lewis, *Collected Papers II*. Oxford: Oxford University Press, 172–213.
Lewis, D. (2000). Causation as influence. *Journal of Philosophy*, 97, 182–197.
Lewis, D. (2004). Void and object. In J. D. Collins, E. J. Hall & L. A. Paul (Hrsg.), *Causation and counterfactuals*. Cambridge, Mass: MIT Press, 277–290.
Mack, E. (1979/80). Bad Samaritanism and the causation of harm. *Philosophy and Public Affairs*, 9, 230–259.
Mack, E. (1988). Moral rights and causal casuistry. In B. A. Brody (Hrsg.), *Moral theory and moral judgments in medical ethics*. Dordrecht: Kluwer, 57–74.
Mackie, J. L. (1974). *The cement of the universe: A study of causation*. Oxford: Clarendon Press.
Martin, C. B. (1996). How it is: entities, absences and voids. *Australasian Journal of Philosophy*, 74, 57–65.
McGrath, S. (2005). Causation by omission: a dilemma. *Philosophical Studies*, 123, 125–148.
Mellor, D. H. (1995). *The facts of causation*. London: Routledge.
Menzies, P. (2010). Platitudes and counterexamples. In H. Beebee/C. Hitchcock/P. Menzies (Hrsg.), *The Oxford handbook of causation*. Oxford: Oxford University Press, 341–367.
Monk, R. (1990) *Ludwig Wittgenstein. The duty of genius*. London: Vintage.
Moore, M. S. (2009). *Causation and responsibility: An essay in law, morals and metaphysics*. Oxford: University Press.
Noelle-Neumann, E. (1989). *Öffentliche Meinung. Die Entdeckung der Schweigespirale*. Frankfurt am Main: Ullstein.
Nozick, R. (1981). *Philosophical explanations*. Oxford: Clarendon Press.
Paul, L. A. (2010). Counterfactual theories. In H. Beebee/C. Hitchcock/P. Menzies (Hrsg.), *The Oxford handbook of causation*. Oxford: Oxford University Press, 158–184.
Perten, P. (1918). *Die Beihilfe zum Verbrechen. Eine Untersuchung de lege ferenda*. Breslau: Schletter.
Pogge, T. W. (2007).*Weltarmut und Menschenrechte. Kosmopolitische Verantwortungen und Reformen*. Berlin: de Gruyter.
Puppe, I. (1980). Der Erfolg und seine kausale Erklärung im Strafrecht. *Zeitschrift für die gesamte Strafrechtswissenschaft*, 92, 863–911.
Puppe, I. (1992. Anmerkung. *Juristische Rundschau* 1/1992, 30–34.
Puppe, I. (2006). *Strafrechtsdogmatische Analysen*. Göttingen: V&R Unipress/Bonn: Bonn University Press.
Puppe, I. (2011). *Strafrecht. Allgemeiner Teil – im Spiegel der Rechtsprechung*. 2. Auflage Baden-Baden: Nomos.
Quine, W. V. O. (1985). Events and reification. In E. Lepore (Hrsg.), *Actions and Events. Perspectives on the philosophy of Donald Davidson*. Oxford: Blackwell, 162–171.
Rippe, K. P. (2010). *Ethik in der Wirtschaft*. Paderborn: mentis.
Roth, G./Schwegler, H. (1995). Das Geist-Gehirn-Problem aus der Sicht der Hirnforschung und eines nicht-reduktionistischen Physikalismus. *Ethik und Sozialwissenschaft*, 6, 69–77.
Rowlands, M. (2009). *Der Philosoph und der Wolf*. München/Zürich: Piper.
Roxin, C. (2003). *Strafrecht. Allgemeiner Teil. Bd. 2*. München: Beck.
Roxin, C. (2006): *Täterschaft und Tatherrschaft*. 8. Aufl. Berlin: de Gruyter Recht.

Schaffer, J. (2004). Causes need not be physically connected to their effects: The case for negative causation. In C. Hitchcock (Hrsg.), *Contemporary debates in philosophy of science* Malden, Mass.: Blackwell, 197–216.
Schaffer, J. (2005). Contrastive causation. *Philosophical Review*, 114, 327–358.
Schaffer, J. (2008). The Metaphysics of Causation. *Stanford Encyclopedia of Philosophy (Fall 2008 Edition)*, Verfügbar unter: http://plato.stanford.edu/archives/fall2008/entries/causation-metaphysics/ [19.6.2011].
Schaffer, J. (im Erscheinen). Disconnection and responsibility: On Moore's Causation and Responsibility. *Legal Theory*. Verfügbar unter: http://www.jonathanschaffer.org/moore.pdf [17.4.2012]
Schlick, M. (1949). Causality in everyday life and in recent science. In H. Feigl & W. Sellars (Hrsg.), *Readings in philosophical analysis*. New York: Appleton-Century-Crofts, 515–533.
Schmidhäuser, E. (1970). *Strafrecht, allgemeiner Teil*. Tübingen: Mohr.
Schopenhauer, A. (1988). *Sämtliche Werke*, hrsg. Arthur Hübscher, Bd 4. Mannheim: Brockhaus.
Schroeder-Heister, P. (1984). Koexistenzgesetz. In: J. Mittelstraß (Hrsg.): *Enzyklopädie Philosophie und Wissenschaftstheorie*. Bd. 2 Mannheim: Bibliographisches Institut, 416.
Schünemann, B. (1971). *Grund und Grenzen der unechten Unterlassungsdelikte. Zugleich ein Beitrag zur strafrechtlichen Methodenlehre*. Göttingen: Schwartz.
Schweikard, D. P. (2010). Verantwortung für kollektives Unterlassen. In D. Gerber & V. Zanetti (Hrsg.), *Kollektive Verantwortung und internationale Beziehungen*. Frankfurt am Main: Suhrkamp, 94–133.
Singer, P. (1994). *Praktische Ethik*. Revidierte und erweiterte Neuauflage. Stuttgart: Reclam.
Singer, P. (2010): *Leben retten: Wie sich Armut abschaffen lässt – und warum wir es nicht tun*. Zürich: Arche.
Sober, E. (1984). Two Concepts of Cause. *PSA: Proceedings of the Biennial Meeting of the Philosophy of Science Association, Volume Two: Symposia and Invited Papers*, 405–424.
Thomas von Aquin (1953). *Summa theologica*. Bd. 18, Heidelberg/München: Kerle.
Thomson, J. J. (1977). *Acts and other events*. Ithaca, N.Y.: Cornell University Press.
Thomson, J. J. (2003). Causation: Omissions. *Philosophy and Phenomenological Research*, 66, 81–103.
Trapp, R. W. (1988). *"Nicht-klassischer" Utilitarismus: Eine Theorie der Gerechtigkeit*. Frankfurt am Main: Klostermann.
Unger, P. K. (1996). *Living high and letting die: Our illusion of innocence*. New York: Oxford University Press.
Weinert, F. (1993). Laws of Nature. A Structural Approach. *Philosophia Naturalis*, 30, 147–171.
Werner, M. (2004). *Am Hang*. Frankfurt am Main: Fischer.
Wolff, E. A. (1965). *Kausalität von Tun und Unterlassen: Eine strafrechtliche Untersuchung*. Heidelberg: Winter.
Woodward, J. F. (1984). A theory of singular causal explanation. *Erkenntnis* 21, 231–262.
Woodward, J. F. (2003). *Making things happen: A theory of causal explanation*. Oxford: Oxford University Press.
Woodward, J. F. (2010). Agency and interventionist theories. In H. Beebee/C. Hitchcock/P. Menzies (Hrsg.), *The Oxford handbook of causation*. Oxford: Oxford University Press, 233–264.
Wright, G. H. von (1963). *Explanation and understanding*. Ithaca, N.Y.: Cornell University Press.
Wright, R. W. (1985): Causation in Tort Law. *California Law Review* 1735, 1788–1791.

Wright, R. W. (2007). Acts and omissions as positive and negative causes. In J. W. Neyers (Hrsg.), *Emerging issues in tort law*. Oxford: Hart, 287–307.
Wright, R. W. (im Erscheinen). The NESS account of natural causation: A response to criticism. In: Goldberg, R. (Hrsg.), *Perspectives on causation*. Oxford: Hart Publishing.
Zweig, S. (1964). *Sternstunden der Menschheit*. Frankfurt am Main: Fischer.

Sach- und Personenregister

Kolibri 360 GmbH
Ferdinand-Jühlke-Straße 7
99095 Erfurt, Deutschland
produktsicherheit@kolibri360.de

Moritz Büchele

Eingriff in Gesellschafterrechte im Insolvenzplan

PETER LANG
Internationaler Verlag der Wissenschaften

Bibliografische Information der Deutschen Nationalbibliothek
Die Deutsche Nationalbibliothek verzeichnet diese Publikation in der Deutschen Nationalbibliografie; detaillierte bibliografische Daten sind im Internet über http://dnb.d-nb.de abrufbar.

Zugl.: Regensburg, Univ., Diss., 2011

D 355
ISSN 1619-344X
ISBN 978-3-631-63027-3

www.peterlang.de

Meinen Eltern

Vorwort

Das Manuskript zur vorliegenden Arbeit wurde im Dezember 2009 fertig gestellt. Die Arbeit wurde im Wintersemester 2010/2011 von der Rechtswissenschaftlichen Fakultät der Universität Regensburg als Dissertation angenommen. Literatur konnte bis April 2011 berücksichtigt werden.

Dank gebührt an erster Stelle meinem verehrten Doktorvater Prof. Dr. Dr. h.c. Peter Gottwald für die Anregung des Themas, die hervorragende Betreuung und die Aufnahme der Arbeit in diese Reihe. Dankbar blicke ich auf die Zeit als wissenschaftlicher Mitarbeiter an seinem Lehrstuhl zurück, die sehr lehrreich war und in der ich stets die nötige Freiheit erhielt, mich dieser Arbeit zu widmen.

Für die Erstellung des Zweitgutachtens danke ich Herrn Prof. Dr. Wolfgang Servatius.

Danken möchte ich auch meinen Freunden und Kollegen für vielfältige Unterstützung nicht nur in fachlicher Hinsicht. Ein besonderer Dank geht an meine Freundin Stefanie, die nicht nur bei den Mühen des Korrekturlesens viel Geduld aufbrachte.

Schließlich danke ich meiner Familie und insbesondere meinen Eltern. Sie haben mich zu allen Zeiten bedingungslos unterstützt und mir meine Ausbildung und damit auch die vorliegende Arbeit erst ermöglicht. Ihnen ist die Arbeit gewidmet.

München im Mai 2010 — Moritz Büchele

Inhaltsverzeichnis

Einleitung

Problemdarstellung

In Zeiten, in denen nahezu täglich Meldungen über Großunternehmen, die von der Insolvenz bedroht sind, die Schlagzeilen füllen[1], ist es um ein Rechtsinstitut verdächtig still, das sich gerade in dieser Hinsicht bewähren sollte. Der Insolvenzplan[2] ist als eine der bedeutsamsten Neuerungen[3] der Insolvenzrechtsreform, vielfach sogar als deren „Kernstück"[4] bezeichnet worden. Dies steht in einem gewissen Widerspruch zu der Beachtung, die ihm seit seiner Einführung mit Inkrafttreten der Insolvenzordnung (InsO) am 1.1.1999 in der Praxis zuteil geworden ist[5]. Während dies gerade zu Beginn häufig mit der fehlenden Vertrautheit aller Beteiligten mit einem Rechtsinstitut, wie es in dieser Form im deutschen Recht bislang nicht existiert hatte, erklärt wurde[6], mehren sich die Stimmen, die den Grund für das bisherige Schattendasein in rechtlichen Unzulänglichkeiten des zur Verfügung stehenden Regelwerks sehen[7]. Dabei wird trotz einiger Achtungserfolge[8] vor allem

1 Zu nennen sind etwa Arcandor, Schiesser, Woolworth oder Quimonda. Eine Übersicht Insolvenzen für das Jahr 2009 findet sich in der Studie „Insolvenzen, Neugründungen, Löschungen, Jahr 2009" des Verbands Creditreform (abrufbar unter www.creditreform.de).

2 Geregelt in §§ 217–269 InsO.

3 RegE InsO, BT-Drucks. 12/2443, S. 90; *Schiessler,* Insolvenzplan, S. 2; HK-InsO/*Flessner,* Vor § 217 ff., Rn. 2.

4 BT-Drucks. 12/7302, S. 181; *Ehlers/Drieling,* Unternehmenssanierung, S. 3; *Maus* in KS (2. Aufl.), 931 (931); *Burger/Schellberg,* DB 1994, 1833 (1833); *Uhlenbruck,* GmbHR 1995, 195 (209); *Eidenmüller,* Unternehmenssanierung, S. 49, MüKo-InsO/*Drukarczyk,* § 245 Rn. 2.

5 MüKo-InsO/*Eidenmüller,* Vor §§ 217–269 Rn. 58; *Hölzle,* NZI 2011, 124 (125); *Morshäuser/Falkner,* NZI 2009, 526 (528); *Jungmann,* KTS 2008, 218 (226); vgl. auch *Ehlers,* NZI 2008, 211 (213), wonach seit 1999 nicht einmal in ein Prozent aller Unternehmensinsolvenzen ein Planverfahren beantragt wurde. Die Tendenz ist dennoch leicht steigend: Während im Jahr 1999 auf 1000 eröffnete Verfahren durchschnittlich 2,5 Insolvenzpläne kamen, waren es 2007 immerhin 13,6 (Nachweis unter www.ifm-bonn.org/assets/documents/Insolvenzen+EV+Plaene_1999–2007.pdf). Weitere Nachweise bei *Take/Rattunde* in *Smid,* Neue Fragen des Insolvenzrechts, S. 95 f.; *Kranzusch,* ZInsO 2007, 804 (805 f.); *Frank,* FS Braun, 219 (226 f.); *Verse,* ZGR 2010, 299 (300 f.).

6 Dazu FK-InsO/*Jaffé,* Vor §§ 217 ff. Rn. 15; *Gerster,* ZInsO 2008, 437 (438).

7 *Amend,* ZIP 2009, 589 (595); *Eidenmüller/Engert,* ZIP 2009, 541 (542); *Sassenrath,* ZIP 2003, 1517 (1517); *C. Paulus,* ZIP 2005, 2301 (2301 f.).

8 Das Bundesministerium der Justiz verweist in einer Pressemitteilung vom 10.06.2009 anlässlich der Arcandor-Insolvenz auf die Fälle „Babcock Borsig", „Herlitz" (dazu Falldarstellung

auf Defizite des Planverfahrens im Zusammenhang mit Unternehmensinsolvenzen hingewiesen[9], mithin auf Mängel in jenem Bereich, in dem sich der Insolvenzplan nach den Vorstellungen des Gesetzgebers als Alternative zum gesetzlichen Regelinsolvenzverfahren etablieren sollte[10]. Der Terminus „Unternehmensinsolvenz" darf nicht darüber hinwegtäuschen, dass es die Insolvenzfähigkeit eines Unternehmens nicht gibt[11]. Insolvenzfähig ist stets nur der jeweilige Unternehmensträger[12], der in der Mehrzahl der Fälle eine Gesellschaft sein wird[13]. Das Unternehmen wird im Regelfall einen Hauptteil des Vermögens dieser Gesellschaft, mithin deren Haftungsmasse darstellen[14]. Dem Gesellschaftsrecht kommt somit auch in der Insolvenz eine nicht zu unterschätzende Bedeutung zu. Das Planverfahren ist nicht auf die Insolvenz von Gesellschaften als Unternehmensträger beschränkt, muss sich aber gerade auf diesem Feld bewähren und wird vor allem dort als Handlungsalternative eine Rolle spielen. Angesichts der Tatsache, dass sich der Gesetzgeber, was die InsO im Allgemeinen und die Regelungen über den Insolvenzplan im Besonderen anbelangt, gesellschaftsrechtliche Enthaltsamkeit auferlegt hat[15], ist die Bewährung dieses Instituts ganz entscheidend von seiner sinnvollen Verzahnung mit gesellschaftsrechtlichen Maßnahmen abhängig[16]. Als einer der Hauptkritikpunkte stellt sich aber gerade die vergleichsweise starke Stellung der Altgesellschafter einer insolventen Gesellschaft dar, die eben daraus resultiert, dass der Gesetzgeber ausdrücklich auf Zwangseingriffe in die Vermögensstellung der Beteiligten verzichtet hat[17], was auch einen Verzicht auf einen Eingriff in die Vermögensrechte der an der Schuldnergesellschaft beteiligten Personen beinhalten soll. Es wird bemängelt, dass die Gesellschafter einer insolventen Gesellschaft dadurch ein Blockadepotential an die Hand bekämen, mit dem sie eine aus Gläubigersicht sinnvolle Sanierung der Gesellschaft scheitern lassen könnten, da eine Fortführung des Unternehmens durch den insolventen Unternehmensträger ohne eine Neuord-

bei *Rattunde*, ZIP 2003, 596 ff.), „Ihr Platz" (vgl. dazu Buth/Hermanns/*Kuhlwein von Rathenow/Heumann*, Restrukturierung, § 2 Rn. 16) und „Sinn Leffers"; vgl. auch „Senator Entertainment AG" (Falldarstellung bei *Fritze*, DZWIR 2007, 89 ff.).

9 *Sassenrath*, ZIP 2003, 1517 (1517); *Westpfahl/Janjuah*, ZIP 2008, Beil. Heft 3, 1 ff.; *Eidenmüller*, ZIP 2007, 1729 (1735 ff.).

10 Vgl. *K. Schmidt* in KS (2. Aufl.), 1199 (1201).

11 *K. Schmidt*, FS 100 Jahre KO, 247 (250).

12 *Uhlenbruck* in KS (2. Aufl.), S. 1157 (1159); *K. Schmidt*, Handelsrecht, § 6 V 2; zur Abgrenzung auch *Servatius*, Gläubigereinfluss durch Covenants, S. 6; in den *Principles of European Insolvency Law* (zitiert bei *Flessner*, FS Raiser, 827 (836)) heisst es dazu: „...; a debtor may *have* but not *be* an enterprise" (Hervorhebungen im Original).

13 *Brüning*, Gesellschafter und Insolvenzplan, S. 1.

14 *Noack*, FS Zöllner, S. 411 (412 f.).

15 *Noack*, Gesellschaftsrecht, Rn. 5 f.; näher u. S. 64 ff.

16 *K. Schmidt* in KS (2. Aufl.), 1199 (1212).

17 RegE InsO, BT-Drucks. 12/2443, S. 78.

nung der Kapital- und Beteiligungsverhältnisse oftmals nicht realistisch[18] und eine übertragende Sanierung als Alternative nicht in allen Fällen durchführbar sei. Dies stehe zur wirtschaftlichen Position der Gesellschafter in der Insolvenz in keinerlei Verhältnis[19] und verwundere umso mehr, wenn man das Ganze vor dem Hintergrund ihrer relativ schwachen Stellung bei Anwendung der alternativen Verwertungsformen im Fall der Gesellschaftsinsolvenz betrachte. Um diesen Missstand zu beheben, sei mithin eine Reform der Regelungen über den Insolvenzplan dringend geboten[20]. Dass das Problem der Gesellschafterobstruktion dem Gesetzgeber nicht unbekannt ist, zeigt die jüngere Vergangenheit. Die Schaffung des Rettungsübernahmegesetzes (RettungsG)[21] steht zwar in einem anderen Zusammenhang[22],

---

18 *Noack*, Gesellschaftsrecht, Rn. 110; *Eidenmüller*, NJW 2001, 1041 (1051), spricht insofern von einem „strategischen Vorteil, den der Gesetzgeber ihnen (den Anteilseignern, Anm. d. Verf.) nehmen sollte".

19 Kübler/Prütting/Bork/*Otte*, § 217 Rn. 60; MüKo-InsO/*Eidenmüller*, § 217 Rn. 1, 74 ff.; *Westpfahl/Janjuah*, ZIP 2008, Beil. Heft 3, 1 (13 ff.); *Sassenrath*, ZIP 2003, 1517 (1518); Nerlich/Römermann/*Braun*, § 217 Rn. 38 ff.; *Achsnick*, Options-Modelle, S. 168.

20 Vgl. *Eidenmüller*, ZIP 2010, 649 (649); *Amend*, ZIP 2009, 589 (595); *Bitter*, ZGR 2010, 147 (162 f.) führt das Ergebnis einer Befragung von Unternehmensinsolvenzverwaltern an, bei der mehr als 75 % der Befragten einen umfassenden Eingriff in Gesellschafterrechte als hilfreich oder sogar sehr hilfreich ansahen; Vorschläge *de lege ferenda* finden sich bei *Sassenrath*, ZIP 2003, 1517 (1528 ff.) sowie *Westpfahl/Janjuah*, ZIP 2008, Beil. Heft 3, 1 (15 ff.); dazu näher u. S. 161 ff.

21 Gesetz zur Rettung von Unternehmen zur Stabilisierung des Finanzmarktes, BGBl I 2009, S. 729. Das RettungsG selbst bildet Art. 3 des Finanzmarkstabilisierungsergänzungsgesetzes, BGBl I 2009, S. 725.

22 Aus diesem Grund kann die Untersuchung auch nur am Rande darauf eingehen. Das RettungsG ist Teil eines Maßnahmenpakets im Rahmen der Finanzmarktstabilisierungsgesetze (vgl. u. Fn. 152). Auf seiner Grundlage können Aktionäre systemrelevanter Kreditinstitute als ultima ratio enteignet werden, um eine zeitweilige uneingeschränkte Kontrolle des Staates über das betreffende Institut zu ermöglichen (das Gesetz ist dabei ersichtlich auf die Münchener Immobilienbank Hypo Real Estate zugeschnitten). Durch die vorübergehende (s. § 6 II RettungsG) Verstaatlichung soll der Zusammenbruch der Bank, der aufgrund der Systemrelevanz des Instituts gesamtwirtschaftlich fatale Folgen nach sich zöge, vermieden und die Stabilität des Finanzmarktes gesichert werden. Die zeitliche Befristung des Gesetzes (§ 6 I RettungsG) ist mittlerweile abgelaufen, ohne dass es zur Anwendung gelangt wäre. Festzuhalten bleibt aber, dass es dabei gerade um die Vermeidung eines Insolvenzverfahrens um jeden Preis ging, während die vorliegende Arbeit von einem bereits eröffneten Verfahren ausgeht. Obwohl dies nicht der einzige Unterschied ist, ist es nicht ausgeschlossen, dass die teilweise parallel verlaufende Problematik auch im vorliegenden Kontext aufschlussreich sein kann. *Noack*, AG 2009, 227 (228) spricht in Bezug auf die Enteignung durch das RettungsG denn auch von einer „Art von Sonderinsolvenz, die den Anteilseignern sogar noch den Vorteil einer Auszahlung zum aktuellen Börsenpreis bringt". Weiterführend zum RettungsG etwa *Engels*, BKR 2009, 365; *Wolfers/Rau*, NJW 2009, 1297; eingehend zum Fall der Hypo Real Estate *Servatius* in *Roth*, Europäisierung des Rechts, S. 243 ff.; *Schuster*, ZGR 2010, 325.

dürfte aber im Ausgangspunkt auf weitgehend vergleichbaren Motiven gründen[23]. Die mit der weltweiten Finanzkrise einhergehenden Unternehmensinsolvenzen haben den Bedarf nach einem funktionsfähigen Restrukturierungsgesetz deutlich gemacht[24]. Dass die Reformforderungen nicht ungehört blieben, zeigen der Diskussionsentwurf[25] und der Referentenentwurf[26] für ein Gesetz zur weiteren Erleichterung der Sanierung von Unternehmen (ESUG) des Bundesministeriums der Justiz sowie der am 23.2.2011 vorgelegte Regierungsentwurf[27].

Dabei spielte auch eine Rolle, dass im Lichte der zunehmenden Internationalisierung unternehmerischen Handelns unter dem Stichwort des sog. *forum shopping* zuletzt auch verstärkt auf die damit verbundenen Gefahren für den Insolvenzstandort Deutschland hingewiesen wird, der um seine Konkurrenzfähigkeit im internationalen Vergleich bangen müsse[28].

Gang der Untersuchung

Gegenstand der vorliegenden Untersuchung wird die Frage sein, ob die laut gewordenen Reformforderungen begründet sind und wie sie sich gegebenenfalls in die Tat umsetzen ließen. Bereits an dieser Stelle sei klarstellend erwähnt, dass es natürlich auch Fälle gibt, in denen sich Gesellschafter kooperativ verhalten. Davon soll jedoch im weiteren Verlauf nicht ausgegangen werden. Um die Problematik und die sich insoweit ergebenden Folgerungen herauszuarbeiten, muss zunächst die Annahme obstruktiven Gesellschafterverhalten die der Untersuchung zugrunde liegende Arbeitshypothese bilden. Ob diese Hypothese sich letztlich aufrechterhalten lässt und es gerechtfertigt scheint, die dabei gefundenen Ergebnisse in Form einer Eingriffsbefugnis umzusetzen, muss sich freilich an einem späteren Punkt der Arbeit noch erweisen[29].

23 Auch *Hopt/Fleckner/Kumpan/Steffek*, WM 2009, 821 (823) und *Kaserer*, ZBB 2009, 142 (143) weisen in diesem Zusammenhang auf das Erpressungspotential hin.

24 *Eidenmüller*, ZIP 2010, 649 (650).

25 DiskE ESUG, Beil. 1 zu ZIP 28/2010.

26 RefE ESUG, Beil. 1 zu ZIP 6/2011.

27 Der Regierungsentwurf (RegE ESUG) stimmt mit dem Referentenentwurf überein und ist abrufbar unter: www.bmj.de/SharedDocs/Downloads/DE/pdfs/RegE_ESUG_23022011.pdf?__blob=publicationFile (in der Folge zitiert nach der dort vorgenommenen Paginierung).

28 *Vallender*, NZI 2007, 129 (136f.), der allerdings Zweifel anmeldet, ob die fehlende Eingriffsmöglichkeit in die Gesellschafterstellung tatsächlich eines der Haupthindernisse für erfolgreiche Unternehmenssanierungen ist; *Bork*, ZIP 2010, 397 (397); *Eidenmüller*, ZGR 2006, 467ff.; RefE ESUG, Beil. 1 zu ZIP 6/2011, S. 17.

29 Dazu u. S. 161ff.

Neben der Frage, ob eine Gesetzesänderung tatsächlich vonnöten ist, oder ob nicht nach geltender Rechtslage ein ausreichendes Instrumentarium zur Bewältigung von Gesellschaftsinsolvenzen zur Verfügung steht, muss erörtert werden, welche Änderungen erforderlichenfalls im Einzelnen vorzunehmen wären und wie sich diese in das bestehende Recht eingliedern ließen.

Dies ist eine Frage, die alle insolvenzfähigen Privatverbände gleichermaßen angeht, weshalb die Untersuchung sich nicht auf einen bestimmten Gesellschaftstypus beschränkt. Die Mehrzahl der Überlegungen kann – jedenfalls theoretisch – allgemeine Geltung für die verschiedenen Gesellschaftstypen beanspruchen. Stellenweise sind freilich Differenzierungen unumgänglich. In diesen Bereichen erfolgt eine Unterteilung in Personengesellschaften und Kapitalgesellschaften. Darstellungen zu den letzteren beschränken sich auf die GmbH und die AG als prominenteste Vertreter dieser Gattung. Eine Darstellung der Insolvenzproblematik im Konzern muss unterbleiben, wiewohl auch dieser Bereich interessante Probleme birgt[30]. Gleiches gilt für das Themenfeld grenzüberschreitender Insolvenzen[31].

Die Arbeit gliedert sich in fünf Teile. Der erste Teil handelt von den rechtlichen Grundlagen der Reorganisation einer Gesellschaft im Planverfahren. Er folgt dem Ziel, das rechtliche Umfeld, in dem die zu behandelnde Problematik auftritt, zu beleuchten und Anwendungsfälle aufzuzeigen, in denen sie zutage treten kann. Dies soll zur besseren Verständlichkeit der nachfolgenden Ausführungen beitragen, kann dabei aber keinen umfassenden Überblick über das weite Feld der Gesellschaftssanierung bieten. Dargestellt werden Fälle, bei denen die relevante Problematik besonders deutlich zum Vorschein kommt, wobei die Behandlung des *debt equity swap* den Schwerpunkt bildet. Diese themenbedingte Einschränkung soll nicht verschweigen, dass im Rahmen von Reorganisationen eine Vielzahl anderer Maßnahmen, z. B. umwandlungsrechtlicher Natur, Relevanz erlangen können, die hier nicht allesamt Erwähnung finden können. Mit der gesellschaftsrechtlichen Neutralität der Insolvenzordnung wird zum Abschluss dieses Teils auf das Faktum eingegangen, welches das Problem einer möglichen Gesellschafterobstruktion erst hervorruft.

Im Anschluss daran geht der zweite Teil der Untersuchung den Fragen nach, ob das geltende Recht Möglichkeiten zur Überwindung dieses Problems bereithält, worin diese bestehen könnten und ob diese mit Blick auf eine interessengerechte Lösung ausreichen. Verschiedene Ansatzpunkte werden unter diesem Blickwinkel einer kritischen Prüfung unterzogen. Erst aus der negativen Beant-

30 Vgl. etwa die Beiträge von *C. Paulus*, ZGR 2010, 270 ff.; *Jaffé/Friedrich*, ZIP 2008, 1849 (1850) und *Piepenburg*, NZI 2004, 231.

31 Vgl. zur grenzüberschreitenden Konzerninsolvenz *Leithaus/Riewe*, NZI 2008, 598 ff.; allgemein zu diesem Thema *Westpfahl/Goetker/Wilkens*, Grenzüberschreitende Insolvenzen.

wortung der letzten Frage bezieht die Arbeit ihre legitimatorische Grundlage, sich weiter mit Reformüberlegungen auseinanderzusetzen.

Den Mittelpunkt der Betrachtungen des dritten Teils bildet der Gesellschaftsteil als potentielles Objekt einer Eingriffsnorm. Die Arbeit setzt hier bewusst einen ersten Schwerpunkt, weil nur vor dem Hintergrund der rechtlichen Struktur des möglichen Eingriffobjekts ersichtlich wird, woraus in diese Richtung gehende Reformüberlegungen ihre Rechtfertigung ableiten und wie sie vor verfassungs- und europarechtlichen Anforderungen bestehen können. Nicht zuletzt erhellt sich der Aspekt, wie es angehen kann, dass im Insolvenzverfahren gegen die Gesellschaft womöglich auf Eigentum des Gesellschafters zugegriffen wird.

Wenn sich die Arbeit im vierten Teil rechtsvergleichenden Betrachtungen im Hinblick auf das Reorganisationsrecht der USA und Englands zuwendet, geschieht das nicht mit dem Anspruch, diese Rechtsgebiete in ihrer Gesamtheit darzustellen, sondern beschränkt auf den Gegenstand der Untersuchung einen Einblick zu gewähren. Da beide in den Blick genommenen Rechtsordnungen Eingriffsbefugnisse kennen, wie sie hier diskutiert werden, kann die Rechtsvergleichung insofern womöglich wertvolle Ergebnisse für die im weiteren Verlauf der Arbeit vorzunehmenden Reformüberlegungen liefern.

Der fünfte Teil, der konkrete Reformüberlegungen zum Inhalt hat, bildet den thematischen Schwerpunkt der Arbeit, dem die bisherigen Teile in gewisser Weise unterstützend vorangestellt sind. Eingangs wendet sich die Arbeit dabei der Entwicklungsgeschichte der Insolvenzrechtsreform zu, was wiederum mit der Zielsetzung erfolgt, in diesem Zusammenhang bereits angestellte Erwägungen unter Umständen für eigene Reformvorschläge fruchtbar zu machen. Es wird im Einzelnen erörtert, welche Impulse die vormalige Diskussion der aktuellen verleihen kann und inwieweit sich gewisse Vorschläge möglicherweise übernehmen lassen. Darauf aufbauend erfolgen konkret formulierte Vorschläge *de lege ferenda.* Sie sollen zeigen, auf welche Weise das Gesetz zu reformieren wäre, damit das Problem der Gesellschafterobstruktion unter Berücksichtigung der schützenswerten Interessen aller Beteiligter überwunden werden kann.

Die Arbeit schließt mit einer Zusammenfassung der gefundenen Ergebnisse.

Teil 1: Rechtliche Grundlagen zur Reorganisation einer Gesellschaft im Insolvenzplan

A. Das Planverfahren

I. Konzept des Planverfahrens

Nach der Intention des Gesetzgebers ist es Zweck des Insolvenzplans[32], „einen Rechtsrahmen für die einvernehmliche Bewältigung der Insolvenz im Wege von Verhandlungen und privatautonomen Austauschprozessen zu ermöglichen“[33]. Er ist, anders als nach alter Rechtslage der Vergleich, dem Insolvenzverfahren (nach alter Rechtslage: Konkursverfahren) nicht vorgeschaltet, sondern Bestandteil eines einheitlichen Insolvenzverfahrens und stellt eine gleichrangige Alternative zur Liquidation des Schuldnervermögens nach den gesetzlichen Vorschriften dar. Ebenso wie diese dient er aber der bestmöglichen Gläubigerbefriedigung als primärem Ziel der Insolvenzordnung[34]. Dadurch dass die Beteiligten die Möglichkeit erhalten, im Planverfahren von den gesetzlichen Vorschriften abweichende Regelungen hinsichtlich der Befriedigung der absonderungsberechtigten Gläubiger und der Insolvenzgläubiger, der Verwertung der Insolvenzmasse und deren Verteilung an die Beteiligten sowie der Haftung des Schuldners zu treffen, das gesetzliche Regelverfahren mithin zu plandispositivem Recht wird[35], soll ein entscheidender Beitrag zur Deregulierung des Insolvenzverfahrens geleistet werden[36]. In einem Wettbewerb um die beste Verwertungsart soll auf diese Weise die für alle Beteiligten günstigste Lösung gefunden werden, das Planverfahren soll gleichsam eine Art Entdeckungsverfahren sein[37]. Damit soll die gesetzliche Implementierung des Insolvenzplans einem der ausdrücklichen Ziele der Insolvenzrechtsreform dienen: der marktkonformen Ausgestaltung des Insolvenzverfahrens[38]. Da die im Einzelfall günstigste Lösung zur Bewältigung der Insolvenz

32 Umfassend zum Insolvenzplan *Schiessler*, Insolvenzplan, sowie *Smid/Rattunde*, Insolvenzplan; zur Rechtsnatur des Plans etwa *Leipold*, KTS 2006, 109ff.; *Schiessler*, Insolvenzplan, S. 17ff.

33 RegE InsO, BT-Drucks. 12/2443, S. 90; *Häsemeyer*, Insolvenzrecht, S. 756.

34 MüKo-InsO/*Eidenmüller*, Vor §§ 217–269 Rn. 5.

35 *Balz* in KS (2. Aufl.), 1 (8).

36 RegE InsO, BT-Drucks. 12/2443, S. 78, 90.

37 RegE InsO, BT-Drucks. 12/2443, S. 92.

38 Vgl. RegE InsO, BT-Drucks. 12/2443, S. 77ff.

nicht vorab allgemein festgelegt werden könne und die Erfahrung zeige, dass privatautonome Entscheidungen in der Regel wirtschaftlich effizienter seien als hoheitlich oktroyierte, müsse den Beteiligten hinsichtlich des Planinhalts eine – unter Berücksichtigung eines ausreichenden Minderheitenschutzes – möglichst weit reichende Entscheidungsfreiheit eingeräumt werden, ihnen mithin auch keinerlei Vorgaben hinsichtlich der besten Verwertungsart des Schuldnervermögens gemacht werden. Dies ist Ausdruck eines weiteren wichtigen gesetzgeberischen Anliegens im Zusammenhang mit der Reform: der Stärkung der Gläubigerautonomie[39], der aber vor allem insoweit eine Grenze gesetzt ist, als kein Beteiligter gegen seinen Willen durch den Plan schlechter gestellt werden darf, als er ohne Plan stünde[40]. Den Gläubigern bleibt es selbst überlassen, zu beurteilen, ob ein den gesetzlichen Anforderungen entsprechender Insolvenzplan ihren wirtschaftlichen Interessen womöglich besser entspricht als die Liquidation des Schuldnervermögens nach den Vorschriften des Gesetzes und ob es sich mithin für sie lohnt, im Rahmen der Durchführung des Insolvenzplans gewisse Zugeständnisse zu machen. Auf diesem Wege soll eine Lösung gefunden werden, die mindestens einen Beteiligten besser und keinen Beteiligten schlechter stellt als jede andere und damit dem wirtschaftlichen Optimum[41] so weit wie möglich angenähert ist[42]. Um zu verhindern, dass unter diesem Gesichtspunkt sinnvolle Sanierungsvorhaben scheitern, wurden Neuerungen wie die Abstimmung über den Plan in Gruppen (§ 222 InsO) und das sog. Obstruktionsverbot (§ 245 InsO) aufgenommen. Die gesetzlichen Vorschriften beschränken sich dem oben genannten Leitbild entsprechend weitestgehend auf die Statuierung des verfahrensrechtlichen Rahmens dieser Entscheidungsfindung[43]. Dem Insolvenzgericht kommt lediglich die Stellung eines Kontrollorgans zu. Der Insolvenzplan wird, wenn er auch nicht auf Unternehmensinsolvenzen beschränkt ist, doch ganz überwiegend im Zusammenhang mit solchen (und hier insbesondere mit Gesellschaftsinsolvenzen) eine Rolle spielen[44].

---

39 RegE InsO, BT-Drucks. 12/2443, S. 100; vgl. auch *Pape*, ZinsO 1999, 305 ff.

40 Vgl. §§ 245 I Nr. 1, 251 I Nr. 1 InsO; dazu in jüngster Zeit *BGH* ZIP 2009, 1384.

41 Zum sog. Pareto-Optimum vgl. Gottwald/*Braun*, Insolvenzrechts-Hdb., § 66 Rn. 8 ff.

42 RegE InsO, BT-Drucks. 12/2443, S. 78.

43 *Schiessler*, Insolvenzplan, S. 2.

44 *Smid/Rattunde*, Insolvenzplan, Rn. 16; gegen eine Anwendung eines Planverfahrens auf Privatinsolvenzen *K. Schmidt*, Wege zum Insolvenzrecht der Unternehmen, S. 5 f.

II. Verfahrensablauf in Grundzügen

Das Planverfahren beginnt mit der Vorlage des Insolvenzplans an das Insolvenzgericht. Hierzu sind gem. § 218 I InsO der Schuldner und der Insolvenzverwalter berechtigt. Die Gläubiger haben kein unmittelbares Initiativrecht, können den Verwalter aber mit der Ausarbeitung eines Plans beauftragen (vgl. § 157 S. 2 InsO). Der Plan kann frühestens mit dem Antrag auf Eröffnung des Insolvenzverfahrens[45], spätestens bis zum Schlusstermin (§ 197 InsO) eingereicht werden[46]. Erscheint die Durchführung eines Insolvenzplans andernfalls gefährdet, kann das Gericht auf Antrag des Verwalters oder des Schuldners die Fortsetzung der Verwertung und Verteilung gem. § 233 InsO aussetzen.

Inhaltlich gliedert sich der Plan in einen darstellenden und einen gestaltenden Teil. Ersterer hat vor allem die Funktion, das Konzept des Plans in einer Weise darzulegen, die es den Beteiligten ermöglicht, eine Entscheidung über den jeweiligen Planinhalt zu treffen. Ein fester Inhalt ist dabei nicht vorgegeben[47]; soll das Unternehmen fortgeführt werden, wird das jeweilige Sanierungskonzept den Mittelpunkt der Ausführungen bilden[48]. Im gestaltenden Teil wird hingegen festgelegt, wie die Rechtsstellung der Beteiligten durch den Plan geändert werden soll. Dies ist so zu verstehen, dass die dort getroffenen Regelungen die Beteiligten ab Rechtskraft der Planbestätigung binden, auch wenn sie dem Plan womöglich nicht zugestimmt haben. Die Rechte der Gesellschafter können nach derzeitiger Rechtslage nicht Gegenstand des gestaltenden Teils sein[49]. Diesbezügliche Regelungen und andere, die nicht dem Regelungsbereich des § 221 InsO unterfallen, können mit Hilfe der Vorschrift des § 249 InsO in das Plankonzept eingebunden werden[50].

Über den Plan stimmen die Gesellschafter in Gruppen ab[51]. Gläubiger mit unterschiedlicher Rechtsstellung sollen in unterschiedlichen Gruppen zusammengefasst werden. Unter den Gläubigern mit gleicher Rechtsstellung können wiederum solche mit gleichen wirtschaftlichen Interessen eigene Gruppen bilden. Insoweit hat der Planersteller einen gewissen Gestaltungsspielraum, den er unter Berücksichtigung des mutmaßlichen Abstimmungsverhaltens der verschiedenen

---

45 Vgl. § 218 I 2 InsO. Zu den Vorteilen eines solchen *prepackaged plans Braun/Uhlenbruck*, Unternehmensinsolvenz, S. 627 ff.; *Pape*, NJW 1999, 29 (31).

46 Ein später eingereichter Plan wird gem. § 218 I 3 InsO nicht mehr berücksichtigt.

47 MüKo-InsO/*Eilenberger*, § 220 Rn. 2.

48 Vgl. Gottwald/*Braun*, Insolvenzrechts-Hdb., § 67 Rn. 56; FK-InsO/*Jaffé*, § 220 Rn. 74 ff.

49 Dazu ausführlich S. 64 ff.

50 Näheres u. S. 68 f.

51 Kritisch *Smid*, InVo 1997, 169 (176); *Häsemeyer*, Insolvenzrecht, S. 770 f.

Gläubiger taktisch zu nutzen bemüht sein wird[52]. Innerhalb der Gruppen sind den Beteiligten gleiche Rechte zuzuweisen.

Jede der Gruppen stimmt gesondert über den Plan ab. Alle Gruppen müssen dem Plan zustimmen, damit dieser als angenommen gilt. Dabei ist grundsätzlich innerhalb jeder Gruppe eine Kopf- und Summenmehrheit erforderlich. Wird diese verfehlt, gilt die Zustimmung der Gruppe dennoch als erteilt, wenn die Voraussetzungen des § 245 InsO erfüllt sind. Diese Vorschrift, das sog. Obstruktionsverbot, regelt, unter welchen Bedingungen ein negatives Votum einer Gruppe als obstruktiv einzustufen ist und deshalb nicht zulässig ist. Liegen diese vor, wird die Zustimmung der Gruppe fingiert. Das Obstruktionsverbot stellt ein wichtiges Mittel dar, um Gläubiger auch gegen deren Willen in ein Plankonzept einzubinden, wobei bereits die Möglichkeit an sich disziplinierende Wirkung entfalten soll[53]. Die Plannahme bedarf der in § 245 InsO geregelten Voraussetzungen hingegen nicht, wenn ohnehin ein Konsens der Gläubigergruppen besteht[54].

Ist der Plan durch die Gläubiger und den Schuldner angenommen, bedarf er noch der Bestätigung durch das Insolvenzgericht. Sobald diese rechtskräftig ist, endet das Insolvenzverfahren und werden die im gestaltenden Teil des Plans vorgesehenen Regelungen rechtswirksam[55].

III. Formen der Masseverwertung

1. Ausrichtung am Verfahrensziel

Hauptziel eines Insolvenzverfahrens nach der InsO ist die gemeinschaftliche Befriedigung der Gläubiger (vgl. § 1 InsO)[56]. Für Unternehmensinsolvenzen bedeutet das, dass die zur Verfügung stehende Haftungsmasse möglichst maximiert wird, um die Befriedigungsmöglichkeiten der Gläubiger zu optimieren[57].

52 Dazu Kübler/Prütting/Bork/*Otte*, InsO, § 222 Rn. 22ff.; kritisch insoweit *Häsemeyer*, Insolvenzrecht, S. 770f.

53 *Schiessler*, Insolvenzplan, S. 171, bemerkt, dass dieser verhaltenssteuernden Wirkung im Vorfeld der Abstimmung größere Bedeutung zukomme als der tatsächlichen Anwendung des Obstruktionsverbots selbst.

54 Aus Sicht des Einzelgläubigers besteht dann noch die Möglichkeit des Rechtsschutzes über § 251 InsO.

55 Vgl. §§ 254, 258 InsO; zum Verfahrensablauf vgl. auch die Übersicht bei Gottwald/*Braun*, Insolvenzrechts-Hdb., § 73 Rn. 2.

56 MüKo-InsO/*Ganter*, § 1 Rn. 20, mit weiteren Nachweisen; *Servatius*, Gläubigerschutz durch Covenants, S. 161 spricht von der Herstellung von Verteilungsgerechtigkeit unter Knappheitsbedingungen.

57 *Eidenmüller*, Unternehmenssanierung, S. 18.

Der Erhalt des Unternehmens stellt hingegen, auch wenn er in § 1 S. 1 InsO ausdrücklich genannt wird, kein eigenständiges Ziel der Insolvenzordnung dar[58]. Dies kommt nicht nur in der Begründung des Gesetzgebers, der keiner der Verwertungsarten den Vorrang zuweisen wollte[59], zum Ausdruck, sondern wird auch aus dem Wortlaut des Gesetzes deutlich. Die Gläubigerbefriedigung wird in § 1 S. 1 InsO als Ziel der Insolvenzordnung vorangestellt, bevor in einem Nebensatz die Mittel zur Umsetzung dieses Ziels genannt werden[60]. Neben der Verwertung des Schuldnervermögens gemäß den gesetzlichen Vorschriften wird auf die Möglichkeit einer davon abweichenden Abwicklung mittels eines Insolvenzplans hingewiesen. Die explizite Nennung des Unternehmenserhalts in diesem Zusammenhang ist dabei wohl dem Umstand geschuldet, dass der Erhalt des Unternehmens unter Beibehaltung des bisherigen Unternehmensträgers nunmehr im Rahmen eines Insolvenzplans realisierbar ist und die Sanierungsfeindlichkeit des bisherigen Rechts einen der meistgenannten Gründe für die Notwendigkeit einer Reform darstellte. Dies erklärt, weshalb eingangs des neuen Gesetzes sogleich auf diese nunmehr bestehende Sanierungsmöglichkeit hingewiesen wird.

Zur Erreichung des Gesetzesziels stehen indes mehrere Wege offen, von denen zunächst keiner per se den Vorzug erhält, vielmehr muss die Wahl ausgerichtet am oben genannten Ziel der bestmöglichen Haftungsverwirklichung erfolgen. Mit der Insolvenzordnung sollte zwar nach dem Willen des Gesetzgebers eine Abkehr von der Zerschlagungsautomatik des alten Rechts erfolgen, das keinen geeigneten Rahmen für Sanierungen zur Verfügung stellte[61]. Umgekehrt wird damit aber auch kein Sanierungsleitbild für das Insolvenzverfahren festgeschrieben[62]. Die Sanierung ist in keinem Fall als Selbstzweck anzusehen. Sie kommt entsprechend den Zielsetzungen der InsO nur dann zum Zuge, wenn sie sich für die Gläubiger als vorteilhafter darstellt als die anderen Verwertungsarten[63]. Gerade im fortgeschrittenen Stadium einer Unternehmenskrise wird sehr sorgsam abzuwägen sein, ob ein Sanierungsversuch noch Aussicht auf Erfolg verspricht oder ob vielmehr die Gefahr besteht, dass auf diesem Weg auch noch die

58 RegE InsO, BT-Drucks. 12/2443, S. 109; *Balz* in KS (2. Aufl.), 3 (15); *Cranshaw*, ZInsO 2008, 421 (421); *Servatius*, Gläubigerschutz durch Covenants, S. 206f.; a. A. *Prütting* in KS (2. Aufl.), 221 (240).

59 RegE InsO, BT-Drucks. 12/2443, S. 77f.; anders noch bei der Kommission für Insolvenzrecht, welche die Reorganisation des Schuldnervermögens als eigenständiges Verfahrensziel vorsah, vgl. EB, LS 1.1.1, S. 27, 90f.

60 So Jaeger/*Henckel*, InsO, Einl. Rn. 44 a. E. sowie § 1 Rn. 2.

61 RegE InsO, BT-Drucks. 12/2443, S. 73 f; s. auch u. S. 166ff.

62 Im von der Reformkommission für Insolvenzrecht vorgeschlagenen Reorganisationsverfahren stellte sich das noch anders dar, vgl. dazu u. S. 169.

63 *Eidenmüller*, Unternehmenssanierung, S. 26.

letzten verbliebenen Werte des Unternehmens verloren gehen[64]. Die verschiedenen Arten der Masseverwertung stehen somit gleichberechtigt nebeneinander[65]. Hierbei handelt es sich um die Liquidation, die übertragende Sanierung sowie die Sanierung bzw. Reorganisation[66]. Bevor auf die Einzelheiten der Reorganisation einer Gesellschaft im Insolvenzplan eingegangen wird, sollen diese Verwertungsarten kurz übersichtsartig dargestellt werden.

2. Die einzelnen Verwertungsarten

a) Liquidation und übertragende Sanierung

Bei der Liquidation werden die Vermögensgegenstände des Gemeinschuldners einzeln nach den gesetzlichen Vorschriften verwertet und der auf diese Weise erzielte Erlös an die Gläubiger verteilt. Eine aus Schuldnersicht besondere Spielart der Liquidation ist die übertragende Sanierung[67]. Sie zeichnet sich dadurch aus, dass das Schuldnervermögen als Ganzes oder jedenfalls in zusammenhängenden Einheiten an eine eigens zu diesem Zweck gegründete Auffanggesellschaft oder an einen Dritten übertragen wird. Saniert wird bei der übertragenden Sanierung das Unternehmen, während der Unternehmensträger – und nur dieser ist Subjekt des Insolvenzverfahrens, weil er im Gegensatz zum Unternehmen ein taugliches Zuordnungssubjekt von Rechten und Pflichten darstellt – liquidiert wird[68]. Da sich der Wert des Unternehmens in der Regel nicht in der Summe der Einzelgegenstände erschöpft, vielmehr das in seiner konkreten Zusammensetzung bestehende Unternehmen als fortführungsfähige Einheit (*going concern*) höher zu bewerten ist[69], kann auf diese Weise häufig ein deutlich höherer Erlös erzielt werden als bei der stückweisen Veräußerung der Einzelgegenstände des Schuldnervermögens. Das schuldnerische Unternehmen wird in diesem Fall (ganz oder teilweise) fortgeführt, allerdings getrennt vom alten und übertragen auf einen neuen Unternehmensträger. Insolvenzschuldner bleibt freilich der bisherige Unternehmensträger; der Insolvenzverwalter verwendet den erzielten Kaufpreis zur Befriedigung der Gläubiger. Der Vorteil dieser Vorgehensweise

---

64 *Hess/Fechner/Freund/Körner*, Sanierungshandbuch, Abschnitt A, Rn. 31 f.

65 RegE InsO, BT-Drucks. 12/2443, S. 91.

66 *Braun/Uhlenbruck*, Unternehmensinsolvenz, S. 169.

67 Der Begriff wurde von *Karsten Schmidt* in ZIP 1980, 328 ff. geprägt und wird seitdem nahezu einhellig verwendet; auch *Gottwald*, KTS 1984, 1 (16) und *Kilger*, ZRP 1984, 46 (47) stufen die übertragende Sanierung als Unterfall der Liquidation ein; ebenso *Huelsdunk*, KTS 1999, 291 (292); Kritik am Begriff bei *Kluth*, ZInsO 2002, 258 (260 ff.).

68 *K. Schmidt*, Wege zum Insolvenzrecht der Unternehmen, S. 143.

69 *Großfeld*, Unternehmens- und Anteilsbewertung, S. 4.

liegt für den Erwerber in der vorgenannten Trennung von Unternehmen und Altschulden[70]. Alternativ zur Befriedigung aus dem erlösten Kaufpreis ist auch eine Befriedigung der Gläubiger aus den erwirtschafteten Erträgen des übertragenen Unternehmens oder eine Kombination dieser beiden Befriedigungsmöglichkeiten denkbar[71].

b) Sanierung bzw. Reorganisation

Soll das Unternehmen hingegen vom bisherigen Unternehmensträger fortgeführt werden, der zu diesem Zweck möglicherweise umgestaltet wird, handelt es sich um die dritte Variante der Masseverwertung, die gemeinhin als Sanierung bezeichnet wird. Dieser rechtlich nicht genau fassbare, „schillernde“[72] Begriff lässt sich in einem weiteren Sinne als Gesamtheit aller organisatorischen, finanziellen und rechtlichen Maßnahmen verstehen, die ein Unternehmen aus einer ungünstigen wirtschaftlichen Situation herausführen und so seine Weiterexistenz sichern sollen[73]. Anstelle des Begriffs „Sanierung“ wird häufig gleichbedeutend derjenige der „Reorganisation“ gebraucht. Gerade im Zusammenhang mit dem Gegenstand der vorliegenden Untersuchung, der Frage nach der Möglichkeit des Zugriffs auf Gesellschaftsanteile im Insolvenzplan, erscheint dieser anschaulicher, da er plastisch zum Ausdruck bringt, dass eine erfolgreiche Sanierung für gewöhnlich auch Eingriffe in das Organisations- und Beteiligungsgefüge des Unternehmensträgers voraussetzt[74]. Im weiteren Verlauf der Arbeit soll daher der Begriff „Sanierung“ als Oberbegriff für unternehmenserhaltende Maßnahmen verwendet werden, während, wenn es um die Sanierung des Unternehmensträgers durch Neuordnung der Beteiligungsverhältnisse geht, von „Reorganisation“ die Rede sein soll[75].

Eine Sanierung muss nicht zwingend erst in der Insolvenz als einem Stadium, in dem die Unternehmenskrise ein die Existenz des Unternehmens bedrohen-

70 S. auch *Gottwald*, KTS 1984, 1 (17); zu Risiken K. Schmidt/Uhlenbruck/*K. Schmidt*, GmbH in Krise, Sanierung und Insolvenz, S. 205 f.

71 Vgl. MüKo-InsO/*Eidenmüller*, § 217 Rn. 169.

72 So *Kilger*, ZIP 1982, 779 (781).

73 *Flessner*, Sanierung, S. 2; ähnliche Definition bei Nerlich/Kreplin/*Tautorus/Janner*, Sanierung und Insolvenz, § 17 Rn. 1; *Wellensiek*, NZI 2002, 233 (233).

74 Die Terminologie ist uneinheitlich, für die Verwendung des Begriffs „Reorganisation“ *Kilger*, ZIP 1982, 779 (781); für „Sanierung“ *Flessner*, ZIP 1981, 1283 (1283); wie hier *Noack*, FS Zöllner, S. 411 (414); *Schwalme*, DZWIR 2004, 230 (230); *Uhlenbruck*, KTS 1981, 513 (537 f.) möchte unter Reorganisation die verfahrensrechtliche Umsetzung der im Einzelfall zu ergreifenden Sanierungsmaßnahmen verstanden wissen.

75 Eine begriffliche Einordnung in diesem Sinne findet sich auch bei Nerlich/Kreplin/*Tautorus/Janner*, Sanierung und Insolvenz, § 17 Rn. 1, 8.

des Ausmaß angenommen hat, erfolgen. Wirtschaftlich sinnvoll ist stattdessen die Einleitung von Sanierungsbemühungen bereits vor Erreichen dieses Stadiums. Da insoweit im Gegensatz zur Insolvenz noch kein zwingender rechtlicher Rahmen für die im konkreten Fall zu ergreifenden Maßnahmen vorgegeben ist und die Beteiligten in ihren Entscheidungsmöglichkeiten noch nicht limitiert sind, hat sich dafür der Begriff der freien Sanierung eingebürgert[76]. Eine solche hat gegenüber einem Insolvenzverfahren den Vorteil des diskreten Ablaufs für sich, da dieses negative Publizitätsauswirkungen mit sich bringt[77]. Die auf diesen Umstand zurückzuführenden wirtschaftlichen Nachteile werden auch als indirekte Insolvenzkosten bezeichnet[78]. Als weitere Vorteile werden häufig die raschere, flexiblere und kostengünstigere Abwicklung gegenüber einem gerichtlichen Verfahren und die auf Dauer höhere Akzeptanz der gefundenen Lösung seitens der Beteiligten genannt[79]. Nachteilig ist jedoch vor allem, dass keine rechtliche Handhabe besteht, Akkordstörer in das Sanierungsvorhaben einzubinden[80]. Dies kann unter Umständen dazu führen, dass nach langwierigen, aber letztendlich ergebnislosen außergerichtlichen Sanierungsverhandlungen schließlich doch die Eröffnung des Insolvenzverfahrens beantragt werden muss, in welchem als einzige Option die Liquidation verbleibt, da die Ressourcen des Unternehmens im Lauf der Verhandlungen auf ein Maß geschrumpft sind, das eine Fortführung als unrealistisch erscheinen lässt[81]. Für die vorliegende Arbeit spielen indes Kooperationsmängel auf der Gläubigerseite allenfalls am Rande eine Rolle[82]. Den Mittelpunkt der Betrachtungen bildet die Sanierung im Insolvenzplanverfahren

---

76 Der Begriff geht auf das Gutachten von *Karsten Schmidt* zum 54. Deutschen Juristentag zurück, *K. Schmidt,* Gutachten 54. DJT, D 103; in diesem Zusammenhang taucht immer wieder die hier nicht zu behandelnde Frage nach der Notwendigkeit, ein vorinsolvenzliches Sanierungsverfahren gesetzlich zu regeln, auf, vgl. dazu statt vieler *Bork,* ZIP 2010, 397 (399 ff.).

77 Insoweit relativierend *H.-F. Müller,* Verband in der Insolvenz, S. 263 ff. Gegen die historisch bedingte Stigmatisierung des insolventen Unternehmers als wirtschaftlichen Versager mit zahlreichen Nachweisen *C. Paulus,* ZGR 2005, 309 ff.

78 Gottwald/*Drukarczyk/Schöntag,* Insolvenzrechts-Hdb., § 3 Rn. 1, 42; *Drukarczyk,* BFuP 47 (1995), 40 (40); *Eidenmüller,* Unternehmenssanierung, S. 331 ff.; zum daraus resultierenden gewünschten Vorrang der stillen Sanierung s. auch *Servatius,* Gläubigerschutz durch Covenants, S. 68 f., 160.

79 *H.-F. Müller,* Verband in der Insolvenz, S. 263 f., mit weiteren Nachweisen.

80 *Gottwald,* KTS 1984, 1 (19); *Eidenmüller,* Unternehmenssanierung, S. 5, 345 ff., der in diesem Zusammenhang auf die Entscheidung BGHZ 116, 319 hinweist.

81 *Zirener,* Sanierung, S. 2; u. a. *Wimmer,* DStR 1996, 1249 (1249) erwähnt im Zusammenhang mit dem Erfordernis der eingehenden Prüfung der Sanierungswürdigkeit die Gefahr, dass gutes Geld dem schlechten nachgeworfen wird.

82 Vgl. zu verschiedenen Aspekten dieser gleichfalls praxisrelevanten Problematik z. B. *Eidenmüller/Engert,* ZIP 2009, 541 (552); *Cranshaw,* ZInsO 2008, 421 (423 f.); *Bitter,* ZGR 2010, 147 (167 ff.); sehr ausführlich *Eidenmüller,* Unternehmenssanierung, S. 583 ff.

und dabei die Frage, wie Kooperationsmängeln im Gesellschafterbereich, also auf der Innenseite der Gesellschaft zu begegnen ist[83].

Im Fall einer gelungenen Reorganisation erfolgt die Befriedigung der Gläubiger regelmäßig aus den künftig erzielten Erträgen des reorganisierten Unternehmensträgers. Während die beiden erstgenannten Verwertungsarten auch und gerade im Regelinsolvenzverfahren zur Anwendung kommen, kann eine Reorganisation nur im Insolvenzplanverfahren erfolgen[84]. Dies bedeutet, wie oben angedeutet, nicht, dass der Insolvenzplan auf eine bestimmte Verwertungsart festgelegt wäre, er muss also keineswegs auf die Reorganisation des Unternehmensträgers gerichtet sein. Stattdessen kann er auch eine modifizierte Form der Liquidation bzw. der übertragenden Sanierung vorsehen[85]. Insofern ist beispielsweise eine zeitweilige Fortführung des Unternehmens mit anschließender Liquidation denkbar[86]. Je nachdem welche Verwertungsart im Insolvenzplan bestimmt ist, wird auch von Liquidations-, Übertragungs- bzw. Fortführungsplänen gesprochen[87]. Gerade weil die Liquidation bzw. die übertragende Sanierung aber auch ohne Insolvenzplan im Regelinsolvenzverfahren zur Verfügung stehen, während die Fortführung eines Unternehmens durch den bisherigen Unternehmensträger nur im Rahmen eines solchen möglich ist, wird es sich bei der überwiegenden Mehrheit der Insolvenzpläne um Reorganisationspläne handeln[88].

Was die Auswahl der jeweiligen Verwertungsform im Einzelfall angeht, so kann als Entscheidungsgrundlage ein Vergleich zwischen dem Liquidationswert des Unternehmens und seinem Fortführungswert dienen. Ist ersterer höher als letzterer, scheidet eine Reorganisation von vornherein als für die Gläubiger wirtschaftlich nachteilig aus. Die umgekehrte Konstellation ist zwar notwendige, aber keineswegs hinreichende Bedingung dafür, dass überhaupt sinnvoll über eine Reorganisation nachzudenken ist[89]. Sie muss daher nicht zwingend zu einer Entscheidung zugunsten einer solchen führen[90]. Es bleibt in diesem Fall

83 Vgl. zu den verschiedenen Seiten eines Reorganisationsvorhabens *Eidenmüller*, Unternehmenssanierung, S. 8 ff.

84 Ganz h. M., u. a. MüKo-InsO/*Eidenmüller*, Vor §§ 217 bis 269 Rn. 9; *Schiessler*, Insolvenzplan, S. 31; *H.-F. Müller*, Verband in der Insolvenz, S. 286; offenbar a. A. ohne Angabe von Gründen *Engberding*, DZWIR 1998, 94 (94).

85 Buth/Hermanns/*Seagon*, Restrukturierung, § 27 Rn. 89; *Vallender*, GmbHR 2004, 642 (646); insoweit zumindest missverständlich Nerlich/Kreplin/*Nerlich*, Sanierung und Insolvenz, § 4 Rn. 300.

86 *Maus* in KS (2. Aufl.), 931 (934).

87 FK-InsO/*Jaffé*, § 217 Rn. 71 ff.

88 So auch MüKo-InsO/*Eidenmüller*, § 223 Rn. 2.

89 *Buchanan*, Economics of Corporate Enterprise, S. 375 f.; zu den Anforderungen an eine Fortführungsprognose *Ehlers*, NZI 2011, 161.

90 *Balz*, Sanierung, S. 19 f.

den über den Plan abstimmenden Gläubigern überlassen, ob sie auf den ihnen zustehenden Liquidationsanteil verzichten, um ihn im Rahmen des Insolvenzplans zu investieren oder ob sie, weil sie dies für gewinnträchtiger erachten, das betreffende Kapital anderweitig investieren wollen[91]. Dies entspricht der Vorstellung des Gesetzgebers von einem marktkonformen, vermögensorientierten Insolvenzverfahren, in dem die Gläubiger die Rentabilitätsrechnung anhand derselben Kriterien wie bei jeder außergerichtlichen Investitions- bzw. Desinvestitionsentscheidung treffen[92].

B. Reorganisation einer Gesellschaft im Planverfahren

I. Gesellschaftsinsolvenz (allgemein)

Gerät eine Gesellschaft in eine Krise, befindet sie sich in einer Notsituation, die entweder durch Sanierungsmaßnahmen überwunden werden kann oder das Ende der Gesellschaft nach sich zieht[93]. Je nach der Schwere der Krise ist das Überleben der Gesellschaft mehr oder minder wahrscheinlich, weshalb der Krisenfrüherkennung anhand bestimmter Indikatoren[94] eine gar nicht zu überschätzende Bedeutung zukommt, da Rettungsmaßnahmen größeren Erfolg versprechen, je früher sie ergriffen werden. Bis zum Eintritt der Insolvenz – womit hier der Zustand, der ab Eröffnung eines Insolvenzverfahrens gegeben ist, bezeichnet werden soll – liegt es beim Unternehmer selbst, entsprechende Maßnahmen einzuleiten. In der Insolvenz hat sich die Unternehmenskrise so weit verfestigt, dass der Gesetzgeber nicht länger auf das selbstverantwortliche Handeln des Unternehmers vertraut, sondern diesen in ein gesetzlich geregeltes Verfahren verweist, um insbesondere die Rechte der Gläubiger nicht weiter zu gefährden. Die Möglichkeit einer freien Sanierung ist nun nicht mehr gegeben. Dies muss unter der Geltung der InsO aber, wie gesehen, nicht zwangsläufig zum endgültigen Ende der betreffenden Gesellschaft als Rechtsträger des Unternehmens führen. Die Eröffnung des Insolvenzverfahrens führt zwar bei juristischen

91 Gottwald/*Braun*, Insolvenzrechts-Hdb., § 66, Rn. 4.

92 RegE InsO, BT-Drucks. 12/2443, S. 77.

93 *Groß*, Fortführungsgesellschaften, S. 3; ausführlich zu den verschiedenen Stadien der Unternehmenskrise sowie zur Krisenerkennung Gottwald/*Drukarczyk/Schöntag*, Insolvenzrechts-Hdb., § 2; *Crone/Werner*, Sanierungsmanagement, S. 2ff.; *Zirener*, Sanierung, S. 15ff.

94 Dazu Buth/Hermanns/*Wilden*, Restrukturierung, § 3 Rn. 14ff.

Personen sowie bei Gesellschaften ohne Rechtspersönlichkeit zur Auflösung[95], aber in keinem Fall bereits zur Beendigung der Gesellschaft, da sich insofern ein Organisations-, Finanz- und Haftungsgefüge etabliert hat, das der Abwicklung bedarf[96]. Außerhalb des Insolvenzverfahrens wird diese Aufgabe von den Liquidatoren übernommen, die meist mit den bisherigen Geschäftsführern der Gesellschaft personengleich sind. In einem eröffneten Insolvenzverfahren treten dessen verfahrensrechtliche Vorgaben an die Stelle der gesellschaftsrechtlichen Liquidationsvorschriften[97]. Das Regelinsolvenzverfahren führt dabei ebenso wie die außergerichtliche Liquidation zur Vollbeendigung der Gesellschaft. Gem. § 199 S. 2 InsO ist an die Gesellschafter der Betrag herauszugeben, der ihnen bei einer Abwicklung außerhalb des Insolvenzverfahrens zustünde. Da die Forderungen der Fremdkapitalgeber im Rang vor den Ansprüchen der Gesellschafter stehen, erhalten diese in dieser Variante zumeist nichts[98], worin sich der Residualcharakter der Eigenkapitalinvestition[99] spiegelt. Die mit Eintritt der Insolvenz verbundene Auflösung muss jedoch nicht irreversibel sein[100]. In bestimmten Konstellationen ist eine Fortführung der Gesellschaft, zu der ein entsprechender Beschluss der Gesellschafter vonnöten ist, möglich. Dies ist zum einen der Fall, wenn das Insolvenzverfahren gem. § 212 InsO auf Antrag des Schuldners eingestellt wird, weil dieser glaubhaft macht, dass der Eröffnungsgrund, der zur Einleitung des Verfahrens führte, in dessen Verlauf weggefallen ist. Dies stellt jedoch den Ausnahmefall dar. Die weitaus realistischere Variante ist es, dass sich die Beteiligten rechtskräftig auf einen Insolvenzplan in Gestalt eines Reorganisationsplans einigen, worauf das Insolvenzverfahren vom Insolvenzgericht gem. § 258 I InsO aufgehoben wird. Auch insoweit muss natürlich vermittels des Plans der Insolvenzgrund, der zugleich den Auflösungsgrund darstellt, beseitigt werden[101]. In diesem Fall bedarf es ebenfalls eines Fortführungsbeschlusses der Gesellschafter. Ein Insolvenzplan wird von den Beteiligten freilich nur akzeptiert werden, wenn er anhand konkreter Maßnahmen einen Weg aufzeigt, der einen Fortbestand der Gesellschaft als realistisch erscheinen lässt. Dazu bedarf

95 Vgl. § 42 I 1 BGB, § 728 I 1 BGB, § 131 I Nr. 3 HGB (i. V. m. § 9 I PartGG), § 262 I Nr. 3 AktG, § 60 I Nr. 4 GmbHG, § 101 GenG.

96 *Noack,* Gesellschaftsrecht, Rn. 83.

97 RegE InsO, BT-Drucks. 12/2443, S. 83 f.

98 *K. Schmidt,* ZGR 1998, 633 (636 f.) sieht angesichts dieser Tatsache die Funktion des § 199 S. 2 InsO v. a. darin, programmatisch zum Ausdruck zu bringen, dass das Verfahren nach der InsO auf die Vollbeendigung der Gesellschaft gerichtet ist, mithin ein Nebeneinander von insolvenzrechtlicher und gesellschaftsrechtlicher Liquidation nicht besteht; s. auch Buth/Hermanns/*Kuhlwein von Rathenow/Heumann,* Restrukturierung, § 2 Rn. 4.

99 Buth/Hermanns/*Kuhlwein von Rathenow/Heumann,* Restrukturierung, § 2 Rn. 15.

100 *H.-F. Müller,* Verband in der Insolvenz, S. 16.

101 *K. Schmidt,* GesR, § 11 V 5.

es wie bei einer freien Sanierung vor Eintritt der Insolvenz eines Katalogs von Maßnahmen, der je nach den im Einzelfall vorliegenden Krisensymptomen verschiedene Bereiche der Gesellschaft berührt. Der bedeutende Unterschied zur freien Sanierung besteht darin, dass die Beteiligten sich an den gesetzlich vorgegebenen Rahmen des Insolvenzplanverfahrens halten müssen, wodurch ihr Verhandlungsspielraum eingeengt wird und zulässige und nicht zulässige Lösungsmuster unterscheidbar werden[102]. Dies ändert gleichwohl nichts an der Tatsache, dass, auch wenn sich die Möglichkeiten der Umsetzung diverser Maßnahmen in der freien Sanierung und im Insolvenzplan unterscheiden, die Maßnahmen zur Bewältigung der Krise weitestgehend dieselben sind.

II. Reorganisationsmaßnahmen

1. Allgemeines

a) Interne/externe Sanierung

Welche Sanierungsmaßnahmen im Einzelfall vernünftigerweise zu ergreifen sind, kann nicht pauschal beurteilt werden, sondern erst nach einer eingehenden Schwachstellenanalyse des betroffenen Unternehmens. Anhand welcher Kriterien eine solche Analyse zu erfolgen hat, kann im Rahmen dieser Arbeit nicht ausgeführt werden[103]. Die Frage, welche Maßnahmen konkret zu ergreifen sind, geht mit der Frage einher, ob das Unternehmen überhaupt sanierungsfähig bzw. -würdig[104] ist. Dies ist der Fall, wenn nach Durchführung der Sanierungsmaßnahmen nachhaltig ein Überschuss der Einnahmen über die Ausgaben erzielt werden

102 Gottwald/*Drukarczyk/Schöntag*, Insolvenzrechts-Hdb., § 3 Rn. 8 f., die sich von den strengeren Verfahrensregeln des Planverfahrens, welche die Verhandlungspartner stets mit bedenken müssen, einen positiven Effekt auf die Erzielung einvernehmlicher Lösungen im Rahmen der freien Sanierung erhoffen.

103 Vgl. hierzu statt vieler *Groß*, Fortführungsgesellschaften, S. 22 ff. sowie *Picot/Aleth*, Unternehmenskrise und Insolvenz, Rn. 240 ff., jeweils mit weiteren Nachweisen.

104 Sanierungsfähigkeit im hier verstandenen Sinne bedeutet die Möglichkeit der Restrukturierung des Unternehmens in einer Weise, dass es wieder einen positiven Ertragswert abwirft; vgl. hierzu *Eidenmüller*, Unternehmenssanierung, S. 290 f., der zutreffend darauf hinweist, dass dies mit entsprechendem Mitteleinsatz so gut wie immer möglich sein sollte. Davon zu unterscheiden ist indes die Frage nach der Sanierungswürdigkeit, die nach *Eidenmüller*, aaO, dann vorliegt, wenn die im Rahmen der Reorganisation verwendeten Ressourcen in der konkreten Verwendungsform wertvoller sind als in einer anderen. Übertragen auf die Situation in der Insolvenz bedeutet dies, dass sorgfältig zu prüfen ist, ob eine Fortführung des Unternehmens der Zerschlagung vorzuziehen ist.

kann[105]. Dies kann nur beurteilt werden, wenn man Vergleiche auf der Basis verschiedener Sanierungskonzepte, die ihrerseits bestimmte Sanierungsmaßnahmen beinhalten, anstellt, um auf diese Weise die Entwicklung der Ertragslage des Unternehmens prognostizieren zu können. Ein in diesem Zusammenhang entwickeltes Sanierungskonzept muss, um eine realistische Aussicht auf Akzeptanz durch die jeweils Beteiligten zu haben, deren Interessen angemessen berücksichtigen. Dabei wird es im Regelfall vor allem notwendig sein, verschiedene Sanierungsmaßnahmen zu kombinieren und die Sanierungsbeiträge auf die Beteiligten unter Berücksichtigung ihrer jeweiligen Stellung zu verteilen[106].

In diesem Zusammenhang wird vielfach zwischen der Innen- und Außenseite einer Sanierung oder interner und externer Sanierung[107] unterschieden, d. h. zwischen Sanierungsbeiträgen aus der Sphäre des Krisenunternehmens und solchen, die von Gläubigern oder sonstigen außen stehenden Dritten erbracht werden. Interne Sanierungsmaßnahmen stellen z. B. Zuzahlungen der Gesellschafter oder die Durchführung einer Kapitalerhöhung dar. Unter den Begriff der externen Sanierungsmaßnahme fallen beispielsweise Maßnahmen zur Schuldenreduzierung wie Forderungsverzichte[108] und/oder Stundungs- bzw. Rangrücktrittsvereinbarungen, aber auch und vor allem auch auf dieser Seite die Zuführung neuen Kapitals, da die Gesellschafter häufig nicht in der Lage oder auch gar nicht willens sein werden, solches in einem den jeweiligen Insolvenzgrund beseitigenden Maße aufzubringen[109]. Bereits bei Betrachtung dieser kurzen beispielhaften Aufzählung wird klar, dass eine trennscharfe Unterscheidung nach den vorgenannten Kategorien weder möglich noch sinnvoll ist. Die Maßnahmen auf der Innen- und Außenseite werden in den seltensten Fällen isoliert voneinander ergriffen werden, vielmehr werden sie im Normalfall nur in Kombination konsensfähig und erfolgsversprechend sein. Die enge Verknüpfung der beiden Bereiche zeigt sich insbesondere auch in der noch näher zu behandelnden Konstellation, wenn Gläubiger im Rahmen einer Kapitalerhöhung gegen Einbringung ihrer Forderungen Anteile an der zu sanierenden Gesellschaft erhalten sollen[110]. Dazu werden sie sich nur bereit erklären, wenn die Maßnahmen die nicht nur vorübergehende

105 *Wellensiek*, NZI 2002, 233 (234).

106 Nerlich/Kreplin/*Tautorus/Janner*, Sanierung und Insolvenz, § 17 Rn. 6.

107 *Gottwald*, KTS 1984, 1 (3); *Uhlenbruck*, KTS 1981, 513 (536); *Eidenmüller*, Unternehmenssanierung, S. 262; *H.-F. Müller*, Verband in der Insolvenz, S. 262, *Häsemeyer*, ZHR 160 (1996), 109 (127); K. Schmidt/Uhlenbruck/*Uhlenbruck*, GmbH in Krise, Sanierung und Insolvenz, S. 247.

108 Zur Frage, ob insoweit ab Planbestätigung eine bestehende Aufrechnungsmöglichkeit verloren geht, *OLG Celle* NZI 2009, 59 u. *OLG Celle* NZI 2009, 183; dazu auch *Braun*, NZI 2009, 409.

109 Vgl. *Gottwald*, KTS 1984, 1 (3); *Groß*, Fortführungsgesellschaften, S. 265; *Flessner*, ZRP 1982, 244 (245).

110 Vgl. u. S. 43 ff.

Beseitigung des jeweiligen Insolvenzgrundes bedeuten, sondern das Gesamtpaket aus organisatorischen, finanziellen und rechtlichen Maßnahmen eine endgültige Abwendung der schlechten Wirtschaftslage und die langfristige Wiederherstellung der Ertragsfähigkeit des Unternehmens erwarten lassen[111].

b) Finanz-/leistungswirtschaftliche Sanierung

Ferner lässt sich eine Unterteilung der Sanierungsmaßnahmen in finanzwirtschaftliche und leistungswirtschaftliche Maßnahmen vornehmen[112]. Finanzwirtschaftliche Maßnahmen sind dabei alle Maßnahmen, „die bestimmt und geeignet sind, die Zahlungs- und Ertragsfähigkeit der Unternehmung sowie die eine Überschuldung vermeidende Bilanzrelationen wiederherzustellen"[113]. Wichtige Maßnahmen in dieser Hinsicht sind vor allem die Zuführung neuen Eigenkapitals und die Verringerung der Schuldenlast[114]. Die leistungswirtschaftlichen Maßnahmen betreffen Änderungsmaßnahmen innerhalb der betrieblichen Sphäre, die geeignet und bestimmt sind, die Ertragsfähigkeit des Unternehmens wiederherzustellen und auf längere Sicht zu erhalten[115]. Insofern lassen sich Maßnahmen, die auf eine Veränderung der Führungsstruktur, der Fertigungsabläufe oder der marktstrategischen Ausrichtung des Unternehmens gerichtet sind, als Beispiele anführen. Dem Recht kommt in beiden Bereichen die Aufgabe zu, den betriebswirtschaftlich notwendigen Maßnahmen eine rechtmäßige sowie rechtsverbindliche Form zu geben[116].

Finanzwirtschaftliche Maßnahmen sind bei einer Reorganisation einer Gesellschaft im Insolvenzplan unerlässlich, da nur durch sie der jeweils vorliegende materielle Insolvenzgrund beseitigt werden kann[117], was zur Fortführung des Unternehmens unter demselben Unternehmensträger erforderlich ist. Zur Beseitigung der Zahlungsunfähigkeit wie auch der drohenden Zahlungsunfähigkeit bedarf es regelmäßig der Zuführung neuen Kapitals, zumindest aber der Neuverhandlung der bestehenden Verbindlichkeiten. Bei Vorliegen einer Überschuldung muss die Aktivseite gestärkt bzw. die Passivseite entlastet werden[118]. Leistungs-

111 *Gottwald,* KTS 1984, 1 (3 ff.), bei dem sich auch eine Aufzählung möglicher Maßnahmen auf der Außen- bzw. Innenseite des Unternehmens findet.

112 *Crone/Werner,* Sanierungsmanagement, S. 82; Priester/Mayer/*Wellensiek/Oberle,* Münch. Hdb. Gesellschaftsrecht/III, § 66, Rn. 30.

113 So die Definition von *Uhlenbruck,* KTS 1981, 513 (534).

114 Siehe auch die Beispiele bei Priester/Mayer/*Wellensiek/Oberle,* Münch. Hdb. Gesellschaftsrecht/III, § 66 Rn. 30.

115 *Uhlenbruck,* KTS 1981, 513 (535); *Wellensiek,* NZI 2002, 233 (234).

116 *Patzschke,* Reorganisation der Kapitalgesellschaften, S. 57.

117 *Frank,* FS Braun, 219 (223).

118 *Braun/Uhlenbruck,* Unternehmensinsolvenz, S. 571.

wirtschaftliche Maßnahmen sind demgegenüber nicht notwendiger Bestandteil eines Reorganisationsplans, werden aber im Regelfall erforderlich sein. Denn der Insolvenzeintritt muss zwar nicht auf leistungswirtschaftlichen Ursachen beruhen, in einer Vielzahl der Fälle wird dies aber eine Rolle spielen. In diesen Fällen wären finanzwirtschaftliche Maßnahmen ohne flankierende leistungswirtschaftliche Schritte für eine dauerhafte Sanierung des Unternehmens nicht ausreichend und ohne solche ließen sich wohl auch keine Investoren zur Finanzierung der Planmaßnahmen finden[119]. Vereinfacht lässt sich auch eine Differenzierung dahingehend treffen, dass die Sanierung des Unternehmens vor allem leistungswirtschaftliche, die Sanierung seines Rechtsträgers in erster Linie finanzielle Schritte erfordert[120]. Damit gilt das bereits oben zur Innen- bzw. Außenseite der Sanierung Gesagte: Auch hinsichtlich der finanz- bzw. leistungswirtschaftlichen Sanierungsmaßnahmen wird es für eine erfolgreiche Sanierung auf eine sinnvolle Verknüpfung von Maßnahmen aus beiden Bereichen ankommen. Eine nähere Auseinandersetzung mit den leistungswirtschaftlichen Maßnahmen unterbleibt im Folgenden, da es sich insofern vor allem um eine betriebswirtschaftliche Problematik handelt, mit der zwar ihrerseits rechtliche Probleme verbunden sind, die sich aber von denjenigen, die im Folgenden erörtert werden sollen, unterscheiden[121]. Aus dem Bereich der finanzwirtschaftlichen Maßnahmen sollen diejenigen herausgegriffen werden, die im Zusammenhang mit dem Zwangseingriff in Anteilseignerrechte relevant werden können. Zivilrechtliche Vereinbarungen mit den Gläubigern, wie z. B. ein Forderungsverzicht, eine Rangrücktrittsvereinbarung oder eine Stundung bergen diesbezüglich kein Problempotential, da solche Vereinbarungen ohne Mitwirkung der Altgesellschafter vorgenommen werden können und die Gesellschafterstellung dadurch nicht beeinträchtigt wird. Virulent wird die zu untersuchende Problematik vielmehr im Zusammenhang mit Sanierungsmaßnahmen, die auf eine Veränderung der bestehenden Beteiligungsverhältnisse an der Gesellschaft gerichtet sind. In finanzwirtschaftlicher Hinsicht dient eine solche vor allem der Rekapitalisierung des Unternehmensträgers. Kombiniert mit der Frage, inwieweit die Ausnahmesituation der eingetretenen Insolvenz bei der Durchführung solcher Maßnahmen ein von der außerinsolvenzlichen Vorgehensweise abweichendes Handeln bis hin zur zwangsweisen Durchsetzung rechtfertigt, befindet man sich an der hier zu behandelnden Schnittstelle zwischen Insolvenz- und Gesellschaftsrecht.

Zusammenfassend lässt sich sagen, dass, wenn man sich im Rahmen der soeben erörterten Begriffspaare halten möchte, vor allem die Differenzierung

---

119 *Braun/Uhlenbruck*, Unternehmensinsolvenz, S. 572.

120 So *Maus* in KS (2. Aufl.), 931 (937).

121 Ausführlich zur Sanierung im leistungswirtschaftlichen Bereich Buth/Hermanns/*Blatz/Hien et al.*, Restrukturierung, 3. Teil (§§ 8–15).

nach der Innen- und Außenseite eines Reorganisationsvorhabens von Belang ist, da sich die zu behandelnde Frage nach möglichen Zwangseingriffen gar nicht stellt, wenn ausnahmsweise einmal eine rein interne Sanierung vorliegen sollte. Die Unterscheidung nach finanz- und leistungswirtschaftlichen Maßnahmen wird an dieser Stelle nur der Vollständigkeit halber erwähnt und ist für die weitere Untersuchung nicht von entscheidender Bedeutung. Ein Sanierungskonzept, das erfolgreich sein soll, wird – wie gesagt – im Regelfall sowohl finanz- als auch leistungswirtschaftliche Maßnahmen enthalten. Die rechtlichen Probleme, die hier diskutiert werden sollen, stellen sich indes nur im Zusammenhang mit ersteren, da die betreffenden Reorganisationsmaßnahmen auch stets einen finanzwirtschaftlichen Aspekt beinhalten, auf den sie indes nicht reduziert werden können.

2. Sanierung unter Übernahme einer Gesellschafterstellung

a) Motive für Beteiligung

Nachdem eine allgemeine Einordnung von Sanierungsmaßnahmen erfolgt ist, wendet sich die Untersuchung nun den konkreten Gestaltungsmöglichkeiten zu.

Die Maßnahmen, die angesichts des Themas dieser Arbeit von Interesse sind, sind diejenigen, aufgrund derer in die gesellschaftsrechtliche Organisation der Schuldnergesellschaft eingegriffen wird. Solche können nach derzeitiger Rechtslage nur unter Beachtung der allgemeinen gesellschaftsrechtlichen Bestimmungen, d.h. unter Einbeziehung und Mitwirkung der bisherigen Gesellschafter umgesetzt werden[122]. Entschließen sich aber die Gläubiger[123] zur Reorganisation der insolventen Gesellschaft im Planverfahren, also zur Fortführung des Unternehmens unter Beibehaltung des bisherigen Unternehmensträgers, weil sie diese als die günstigste Verwertungsart erachten, werden sie sich zu den dazu erforderlichen Zugeständnissen nur bereit erklären, wenn damit kein endgültiger Verlust ihrer Kreditforderung verbunden ist[124]. Mögliche Instrumente sind dabei z. B. die Besserungsabrede oder der Rangrücktritt[125]. Die Gläubiger werden aber häufig auch daran interessiert sein, über die Erlangung einer Gesellschafterstellung

122 Zur gesellschaftsrechtlichen Neutralität der Insolvenzordnung vgl. u. S. 64ff.

123 Diesbezüglich werden auf Gläubigerseite in erster Linie die Kreditinstitute eine Rolle spielen, da sie über die nötige finanzielle Leistungsfähigkeit verfügen und insofern ein bestimmtes Vorgehen leichter zu koordinieren ist als in den Gruppen der Lieferanten oder Arbeitnehmer; vgl. K. Schmidt/Uhlenbruck/*Wittig*, GmbH in Krise, Sanierung und Insolvenz, S. 255ff., der insoweit von einer „Schlüsselstellung" der Kreditinstitute spricht.

124 Vgl. auch *Lutter/Hommelhoff/Timm*, BB 1980, 737 (740).

125 Näher dazu K. Schmidt/Uhlenbruck/*Uhlenbruck*, GmbH in Krise, Sanierung und Insolvenz, S. 250 ff.

unmittelbar an etwaigen Erträgen in der Zukunft teilzuhaben[126]. Dies ist verständlich, da ansonsten von den Zugeständnissen der Gläubiger in erster Linie die Gesellschafter der insolventen Gesellschaft über eine Revalutierung ihrer Gesellschaftsanteile profitierten[127]. Dazu kommt, dass mit einer Beteiligung unternehmerischer Einfluss innerhalb der zu reorganisierenden Gesellschaft verbunden ist, den die Gläubiger häufig – und angesichts der eingetretenen Insolvenz verständlicherweise – nicht oder nur in beschränktem Maß den Altgesellschaftern überlassen wollen[128]. Unter diesen Gesichtspunkten kann mithin ein starkes Interesse der Gläubiger bestehen, neben den bisherigen Gesellschaftern oder anstelle dieser in den Organisationsverband der Schuldnerin einzutreten[129] oder jedenfalls eine in wirtschaftlicher Hinsicht der Gesellschafterstellung vergleichbare Position zu erlangen[130]. Nebenbei sei bemerkt, dass auch die Altgesellschafter in vielen Fällen ein Interesse daran haben können, ihr Engagement in der insolventen Gesellschaft zu beenden. Vielfach wird sich die Aufnahme neuer Gesellschafter als Bestandteil des Sanierungskonzepts sogar als unentbehrlich erweisen[131]. Dies kann soweit gehen, dass keiner der Altgesellschafter in der reorganisierten Gesellschaft verbleibt[132]. Eine Beteiligung muss indes nicht stets mit dem Ziel der dauerhaften Erlangung einer Gesellschafterstellung geschehen; es ist auch denkbar, dass der Gesellschaftsanteil von Anfang an in der Absicht übernommen wird, ihn später an Dritte zu veräußern. Dabei ist auch immer häufiger zu beobachten, dass notleidende Forderungen der Banken von Investoren mit dem Ziel aufgekauft werden, diese in Eigenkapital umzuwandeln[133].

---

126 Vgl. zu diesem Motiv der Partizipation am *upside potential* und weiteren Motiven für einen Gesellschaftsbeitritt aus Sicht von Gläubigerbanken *Wittig,* FS K. Schmidt, 1743 (1744); *ders.,* FS Uhlenbruck, 685 (686 ff.); weitere Argumente für die Übernahme einer Gesellschafterstellung durch die Gläubiger finden sich bei *Groß,* Fortführungsgesellschaften, S. 107 f.

127 *Cranshaw,* ZInsO 2008, 421 (424).

128 *Ekkenga,* ZGR 2009, 581 (582); vgl. auch *Wittig,* FS Uhlenbruck, 685 (689), der in diesem Zusammenhang auch auf die häufig bestehende Notwendigkeit eines zumindest teilweisen Austauschs des Managements hinweist.

129 Bei börsennotierten Aktiengesellschaften kann ab einer bestimmten Beteiligungshöhe die Abgabe eines Pflichtgebots gem. § 35 II WpÜG erforderlich werden, dazu *Eilers,* GWR 2009, 3 (4).

130 Sowohl der RefE, S. 259 f. als auch der DiskE, S. 226 betonen, dass es ohne eine Änderung der Beteiligungsverhältnisse häufig schwer sein dürfte, neue Kapitalgeber zu gewinnen; ebenso *Heinzmann,* Neuordnung der Kapitalverhältnisse, S. 7.

131 K. Schmidt/Uhlenbruck/*K. Schmidt,* GmbH in Krise, Sanierung und Insolvenz, S. 209.

132 S. auch *Groß,* Fortführungsgesellschaften, S. 256.

133 Vgl. zu diesen sog. *distressed debt investments Pesch,* FS Lüer, S. 77 ff.; *Kestler/Striegel/Jesch,* NZI 2005, 417 ff.; *Himmelsbach/Achsnick,* NZI 2006, 561 ff; *Toth-Feher/Schick,* ZIP 2004, 491 ff. sowie u. S. 50 ff.

Im folgenden Abschnitt soll ein kurzer Überblick über diejenigen Maßnahmen, die bei der Reorganisation einer Gesellschaft unter dem vorgenannten Blickwinkel relevant werden können, gegeben werden. Die Frage nach der Notwendigkeit von Zwangseingriffen soll dabei vorerst noch weitestgehend ausgeklammert bleiben. Die Darstellung der verschiedenen Gestaltungsmöglichkeiten erfolgt deswegen, weil die anschließend zu erörternde Problematik, ob ein Reformbedarf hinsichtlich der Möglichkeit eines Zugriffs auf Anteilseignerrechte im Zwangswege besteht, ohne die vorherige Darstellung des konkreten Anwendungsbereichs gleichsam in der Luft hinge. Aus insolvenzverfahrensrechtlicher Sicht ist vorab allgemein darauf hinzuweisen, dass die Festlegung der Übernahme von Gesellschaftsanteilen durch Gläubiger im Insolvenzplan gem. § 230 II InsO zwingend der zustimmenden Erklärung durch die betreffenden Gläubiger bedarf, die bereits dem Planvorschlag beizufügen ist[134]. Hintergrund dieser Regelung ist, dass niemandem anstelle einer Befriedigung in Geld die Mitgliedschaft in der Schuldnergesellschaft aufgezwungen werden soll[135].

b) Direkter Beteiligungserwerb

aa) Erwerb vom Gesellschafter

Eine Möglichkeit, die Gesellschafterstellung in der Schuldnergesellschaft zu erlangen, ist der direkte Erwerb der Gesellschaftsanteile von veräußerungswilligen Altgesellschaftern[136]. Zwischen diesen und den eintrittswilligen Gläubigern kommt ein Kaufvertrag zustande, aufgrund dessen eine (volle oder teilweise) Übertragung der Anteile erfolgt. Je nach Ausgestaltung der Verträge erfolgt auf diese Weise ein kompletter oder teilweiser Wechsel im Mitgliederbestand der Gesellschaft. Der Erwerber wird natürlich darauf bedacht sein, sich durch einen entsprechenden Beteiligungsumfang sowohl ausreichende Mitbestimmungsmöglichkeiten als auch die Aussicht, beim Erfolg der Sanierung in möglichst hohem Umfang an diesem teilzuhaben, zu sichern. Bei Erwerb eines Anteils an einem insolventen Unternehmen wird es die Regel darstellen, dass der Erwerber keinen Kaufpreis für die Übertragung der entwerteten Anteile zahlt, vielmehr wird es sogar vielfach so sein, dass die Altgesellschafter eine Zahlung an den Erwerber leisten, um im Gegenzug von Verpflichtungen und Risiken freigestellt zu

134 Kritisch zu diesem frühen Zeitpunkt der Erklärungsabgabe *H.-F. Müller,* Verband in der Insolvenz, S. 399; keine derartigen Bedenken hingegen bei MüKo-InsO/*Eidenmüller,* § 230 Rn. 42; eine Zustimmungsfiktion ab einem bestimmten Zeitpunkt (Abstimmungstermin) befürworten im Fall der Nichterklärung *Eidenmüller/Engert,* ZIP 2009, 541 (554).

135 RegE InsO, BT-Drucks. 12/2443, S. 203; *Noack,* FS Zöllner, 411 (420).

136 Vgl. insoweit *Groß,* Fortführungsgesellschaften, S. 307 ff.

werden[137]. Allerdings ist auch der umgekehrte Fall denkbar, dass ein Gesellschafter die Abtretung von einer Gegenleistung in Form einer Geldzahlung abhängig macht[138]. Insoweit wird die hier zu behandelnde Problematik bereits augenfällig.

Bei Personengesellschaften ist zu beachten, dass eine Beteiligungsveräußerung der Zustimmung der übrigen Gesellschafter bedarf[139]. Bei der GmbH ist dies vorbehaltlich anderweitiger gesellschaftsvertraglicher Bestimmung nicht der Fall, allerdings ist insofern stets die notarielle Beurkundung sowohl des schuldrechtlichen als auch des dinglichen Geschäfts vonnöten[140]. An dieser Stelle sei noch erwähnt, dass § 228 InsO den Vertragsparteien die Möglichkeit bietet, die zur Begründung, Änderung, Übertragung oder Aufhebung erforderlichen Willenserklärungen in den gestaltenden Teil des Insolvenzplan aufzunehmen. Über § 254 I 2 InsO kann auf diese Weise auch die bei der GmbH erforderliche notarielle Form ersetzt werden[141].

bb) Erwerb von der Gesellschaft

Bei Kapitalgesellschaften (vgl. §§ 71 ff. AktG, § 33 GmbHG) ist neben dem Erwerb der Anteile der Altgesellschafter auch noch die Konstellation denkbar, dass Anteile der Gesellschaft selbst übernommen werden[142]. Weil aber in diesem Fall die der Gesellschaft gehörigen Anteile in die Insolvenzmasse und damit in die Verwaltungs- und Verfügungsgewalt des Insolvenzverwalters im Sinne des § 80 I InsO fallen, können die am Insolvenzplanverfahren Beteiligten auch ohne Mitwirkung der Altgesellschafter über diese disponieren, so dass das Problem einer etwaigen Gesellschafterobstruktion gar nicht erst auftreten kann[143].

Im Hinblick auf eine finanzwirtschaftliche Sanierung des Unternehmensträgers ist mit der soeben geschilderten Vorgehensweise freilich noch nichts gewonnen. Allein durch den Erwerb der Beteiligung kommt es weder zur Entlastung der Bilanz bzw. des Überschuldungsstatus noch zur Zuführung neuer Liquidität. Es bedarf in dieser Konstellation in jedem Fall noch weiterer Sanierungsbeiträge seitens der Gläubiger, damit die Reorganisation der Gesellschaft Erfolg haben kann[144]. Wird allerdings der Anteilserwerb auf Seiten des erwerbenden Gläu-

137 *Wittig*, FS Uhlenbruck, 685 (708); *Groß*, Fortführungsgesellschaften, S. 313 f.

138 Vgl. *H.-F. Müller*, Verband in der Insolvenz, S. 402 f., der auch auf die angesichts der Regelung in § 245 I, II Nr. 2 InsO damit zusammenhängende Problematik eingeht.

139 *K. Schmidt*, GesR, § 45 III 2 b.

140 Vgl. § 15 III, IV GmbHG.

141 Zur Problematik des Beteiligtenbegriffs innerhalb dieser Vorschriften s. u. S. 65 ff.

142 Vgl. zur Rechtsqualität solcher Anteile *Geissler*, GmbHR 2008, 1018 (1021 ff.).

143 *H.-F. Müller*, Verband in der Insolvenz, S. 403.

144 *Wittig*, FS Uhlenbruck, 685 (710).

bigers mit einem Forderungsverzicht verbunden, lässt sich ein dem *debt equity swap*[145] vergleichbarer Effekt erzielen[146].

c) Beteiligung im Wege einer Kapitalerhöhung

Unter Sanierungsaspekten vorteilhafter erscheint insofern der Gesellschafterbeitritt im Wege einer Kapitalerhöhung, da je nach deren Ausgestaltung der Gesellschaft neues Haftkapital zugeführt oder die Bilanz auf der Passivseite entlastet wird, wodurch die Insolvenzgründe der (drohenden) Zahlungsunfähigkeit bzw. Überschuldung beseitigt werden können[147]. Dabei ist sowohl eine Kapitalerhöhung aus Barmitteln wie auch gegen Einbringung der gegen die Gesellschaft bestehenden Forderungen (sog. *debt equity swap*) möglich. Die Vornahme einer Kapitalerhöhung gestaltet sich in rechtlicher Hinsicht aufgrund des Bestehens von Kapitalschutzvorschriften bei den Kapitalgesellschaften komplizierter als bei den Persongesellschaften. Sie ist aber gerade in diesem Bereich sehr praxisrelevant und soll daher als Erstes behandelt werden[148], bevor auf die Situation bei den Personengesellschaften eingegangen wird.

aa) Kapitalgesellschaften

(i) Kapitalerhöhung aus Gesellschaftsmitteln

Grundsätzlich ist sowohl bei der GmbH (§§ 57c ff. GmbHG) als auch bei der AG (§§ 207 ff. AktG) eine Kapitalerhöhung aus Gesellschaftsmitteln möglich, die auch als nominelle Kapitalerhöhung bezeichnet wird. Dabei werden von der Gesellschaft gebildete Rücklagen in Haftkapital umgewandelt[149]. Im Fall des

---

145 Dazu sogleich S. 43 ff.

146 Siehe *Redeker*, BB 2007, 673 (679 f.); die Einschätzung bei *Ekkenga*, ZGR 2009, 581 (584), der direkte Anteilserwerb von den Altgesellschaftern spiele in der Regel nur eine Begleitrolle, trifft somit zu.

147 Zu der im Gegensatz zur hier zu behandelnden Situation des bereits eröffneten Insolvenzverfahrens bestehenden Problematik der Umsetzung von Kapitalmaßnahmen gerade zur Abwendung der Insolvenzeröffnung unter der Einhaltung der Dreiwochenfrist des § 15a InsO n. F. (bisher § 64 I GmbHG, § 92 AktG) und der damit zusammenhängenden Frage der Möglichkeit von Vorauseinzahlungen vgl. KK/*Lutter*, AktG, Vorb. § 182 Rn. 26 ff.; *Lutter/Hommelhoff/Timm*, BB 1980, 737 (743 f.); *K. Schmidt*, ZGR 1982, 519 (528 ff.); *Kautz*, Neuordnung der GmbH, S. 230 ff. weist auf die seiner Ansicht nach auch im Insolvenzverfahren mitunter bestehende Notwendigkeit von Vorauseinzahlungen hin.

148 Eine Übersicht zu Kapitalmaßnahmen bei börsennotierten Gesellschaften in der Insolvenz findet sich bei *Pleister/Kindler*, ZIP 2010, 503.

149 Vgl. im Einzelnen etwa Baumbach/Hueck/*Zöllner*, GmbHG, §§ 57 c ff.; *Hüffer*, AktG, §§ 207 ff. jeweils mit weiteren Nachweisen.

bereits eröffneten Insolvenzverfahrens wird diese Variante allerdings kaum einmal eine Rolle spielen[150]. Ein einstellungsfähiger Ertrag könnte durch einen Forderungsverzicht der Gläubiger entstehen. Da jedoch das um Verlustbeträge geminderte Jahresergebnis der Gesellschaft den Forderungsbetrag decken muss (vgl. § 272 II Nr. 4 HGB), mithin ein Gewinn vorgelegen haben muss, dürfte in der vorliegend relevanten Situation eine Kapitalerhöhung auf diesem Wege regelmäßig schon aus diesem Grund hinfällig sein[151].

(ii) Kapitalerhöhung gegen Bareinlagen

Zur Durchführung einer Kapitalerhöhung bedarf es zunächst eines entsprechenden, mit Dreiviertelmehrheit der Gesellschafter gefassten Beschlusses (vgl. §§ 55, 53 GmbHG, § 182 AktG)[152]. Anschließend können die neuen Anteile übernommen bzw. gezeichnet werden (§ 55 II GmbHG, § 185 AktG). Da nach dem Reorganisationsplan ein Teil der Gläubiger in die Gesellschafterstellung einrücken soll, muss das grundsätzlich sowohl bei der AG wie auch bei der GmbH bestehende Bezugsrecht der Altgesellschafter[153] ausgeschlossen werden[154]. Neben der Einhaltung bestimmter verfahrensrechtlicher Vorschriften wird in Rechtsprechung und Literatur insoweit zusätzlich das Vorliegen eines sachlichen Grundes verlangt[155] [156]. Da die Altgesellschafter die zur Sanierung erforderlichen Mittel im Normalfall nicht aufbringen können oder wollen, lässt sich ein dementsprechen-

150 So auch *H.-F. Müller*, ZGR 2004, 842 (844).

151 S. insoweit und zu weiteren Problemen dieser Vorgehensweise *Himmelsbach/Achsnick*, NZI 2006, 561 (562) (dort Fn. 4).

152 Durch § 7 II des Finanzmarktstabilisierungsbeschleunigungsgesetzes (FMStBG) wird das Quorum für Unternehmen aus dem Bereich des Finanzsektors (bzgl. des Anwendungsbereichs vgl. § 2 FMStBG), die Leistungen aus dem Sonderfonds Finanzmarktstabilisierung (SoFFin) in Anspruch nehmen, auf die einfache Mehrheit abgesenkt. Das FMStBG wurde seinerseits durch Art. 2 des Finanzmarktstabilisierungsgesetzes (FMStG) v. 17.10.2008 (BGBl I, S. 1982) geschaffen. Durch das Finanzmarktstabilisierungsergänzungsgesetz (FMStEG) v. 7.4.2009 (BGBl I, S. 725) wurde dieses noch einmal Änderungen unterworfen. Zusammen mit dem durch Art. 1 FMStG begründeten Gesetz zur Errichtung eines Finanzmarktstabilisierungsfonds (FMStFG) bildet das FMStBG den institutionellen Rahmen eines legislativen Maßnahmenpakets zur Überwindung der Finanzkrise; ein Überblick zum FMStG findet sich bei *Wieneke/Fett*, NZG 2009, 8 ff.; speziell zur hier erwähnten Absenkung des Mehrheitsquorums *Bachmann*, ZIP 2009, 1249 (1250).

153 Zur GmbH vgl. K. Schmidt/Uhlenbruck/*K. Schmidt*, GmbH in Krise, Sanierung und Insolvenz, S. 209.

154 S. *Scheunemann/Hoffmann*, DB 2009, 983 (984).

155 BGHZ 71, 40 (45 ff.); *K. Schmidt*, GesR, § 29 III 2 d.

156 Auch insofern sieht das FMStBG (vgl. o. Fn. 152) für Gesellschaften, die dem Anwendungsbereich des Gesetzes unterfallen, Erleichterungen vor. In § 7 III 4 FMStBG wird ein Ausschluss als „in jedem Fall zulässig und angemessen" erachtet; zur verfassungs- und europarechtlichen

der Bezugsrechtsausschluss nach Eröffnung eines Insolvenzverfahrens sachlich rechtfertigen[157]. Der Kapitalerhöhungsbeschluss ist zum Handelsregister anzumelden, was aber erst geschehen darf, wenn die Einlagen im erforderlichen Mindestumfang erbracht worden sind. Bei der hier zunächst geschilderten Variante sind die Einlagen in bar zu erbringen.

Eine Kapitalerhöhung wird in der Sanierungssituation nicht isoliert erfolgen, ihr wird vielmehr so gut wie immer eine Kapitalherabsetzung vorangehen[158]. Dies geschieht vor dem Hintergrund, dass andernfalls die bereits aufgelaufenen Verluste von den Gläubigern mit zu tragen wären, die Ausschüttungssperre für künftige Gewinne sich am Nominalwert des Stammkapitals orientieren würde und die Gläubiger als Neugesellschafter kein ihrem wirtschaftlichen Beitrag entsprechendes Stimmrecht erhalten würden[159]. Dies kann mithilfe einer nominellen Kapitalherabsetzung, bei der im Gegensatz zur effektiven Kapitalherabsetzung keinerlei Mittel zur Verteilung an die Gesellschafter frei werden, sondern welche lediglich die bisherigen Verluste buchtechnisch nachvollzieht und eine so entstandene Unterbilanz ausgleicht, vermieden werden. Sowohl das Aktien- wie auch das GmbH-Gesetz tragen diesem Bedürfnis durch die Regelung einer vereinfachten (nominellen) Kapitalherabsetzung, die in ihren Anforderungen unter denen einer effektiven Kapitalherabsetzung liegt, Rechnung[160].

Die Kombination von nomineller Kapitalherabsetzung und effektiver Kapitalerhöhung wird auch als Kapitalschnitt bezeichnet[161]. Es wird heute nicht mehr bestritten, dass dieses gesellschaftsrechtliche Instrumentarium auch in einem eröffneten Insolvenzverfahren einsetzbar ist[162].

Problematik *Bachmann*, ZIP 2009, 1249 (1251 f.); diese führt nach *Gurlit*, NZG 2009, 601 (601) zur Nichtnutzung dieses Instruments.

157 *Wittig*, FS Uhlenbruck, 685 (692).

158 *Noack*, FS Zöllner, 411 (421).

159 Siehe dazu *K. Schmidt*, ZGR 1982, 519 (520 f.).

160 Vgl. §§ 229 ff. AktG, §§ 58a ff. GmbHG; die Schaffung einer solchen Regelung für die GmbH wurde bereits lange vor ihrer Einführung (Inkrafttreten aufgrund Art. 48 Nr. 4 EGInsO, BGBl. I 1994, 2911) gefordert, vgl. *K. Schmidt*, ZGR 1982, 519 (534 f., 538).

161 Die Terminologie ist uneinheitlich. Während bspw. *Krull*, Bedingter Insolvenzplan, S. 34 und *Achsnick*, Options-Modelle, S. 104 den Begriff in der hier verwendeten Bedeutung benutzen, wollen ihn Gottwald/*Drukarczyk/Kippes*, § 3 Rn. 69; *Maser/Sommer*, GmbHR 1996, 22 (24) oder *Redeker*, BB 2007, 673 (674) nur als andere Bezeichnung für die vereinfachte Kapitalherabsetzung verstanden wissen; eine anschauliche Bezeichnung findet die französische Lehre, wo von einem *coup d'accordéon* die Rede ist, dazu *Pujol*, Sanierung der Schuldnergesellschaft, S. 10, 228.

162 *Krull*, Bedingter Insolvenzplan, S. 37; *Kautz*, Neuordnung der GmbH, S. 206 ff.; *Lau*, Börsennotierte Aktiengesellschaft in der Insolvenz, S. 111; *H.-F. Müller*, ZGR 2004, 842 (843), jeweils mit weiteren Nachweisen.

Dabei ist es auch möglich und angesichts des Umfangs der Verluste für den Ausgleich einer Unterbilanz auch häufig unumgänglich, dass eine Kapitalherabsetzung bis auf Null erfolgt[163], sofern im selben Gesellschafterbeschluss eine Kapitalerhöhung, mit der das für die jeweilige Gesellschaftsform erforderliche Mindestkapital wiederhergestellt wird, beschlossen wird. Aus Sicht der Gläubiger bedeutet dies, dass der Einfluss der Altgesellschafter in der zu reorganisierenden Gesellschaft beendet wird und ihnen selbst eine etwaige Wertsteigerung in vollem Umfang zugute kommt. Angesichts der geltenden Regelung, unter der die erforderlichen Beschlüsse aber von den Altgesellschaftern durchzuführen sind, ist allerdings nicht ohne weiteres damit zu rechnen, dass diese sich auf die geschilderte Art und Weise selbst aus der Gesellschaft ausschließen[164].

Eine Kapitalerhöhung kann grundsätzlich durch Erhöhung des Nennbetrags der schon bestehenden Anteile oder durch Ausgabe neuer Anteile vollzogen werden, wobei es auch möglich ist, die bisherigen Anteile einzuziehen und sodann neue Anteile zu bilden[165]. Vom Standpunkt der Gesellschaft aus gesehen, hat eine Barkapitalerhöhung mit vorangehender nomineller Kapitalherabsetzung den Vorteil, dass eine etwaige Überschuldung beseitigt und der Gesellschaft zugleich neue Liquidität in Form von Eigenkapital zugeführt wird. Dennoch erscheint es unwahrscheinlich, dass die Gläubiger sich zu einer solchen Gestaltung, bei der sie Geldleistungen zu erbringen haben, ohne dass ihre gefährdeten Forderungen sinnvoll verwertet werden und stattdessen weiter in voller Höhe offen bleiben, entschließen, zumal mit der Kapitalerhöhung gegen Forderungseinbringung (*debt equity swap*) ein Mittel zur Verfügung steht, mithilfe dessen ebendiese Forderungen zur Erlangung einer Gesellschafterstellung instrumentalisiert werden können.

(iii) Kapitalerhöhung unter Forderungseinbringung (debt equity swap)

Der *debt equity swap* unterscheidet sich von der soeben geschilderten Vorgehensweise dadurch, dass die Kapitalerhöhung nicht aus Barmitteln, sondern gegen Einbringung der Forderungen gegen die Gesellschaft erfolgt. Es findet mithin eine Umwandlung der betreffenden Forderungen der Gläubiger in Eigenkapital statt. Zugleich werden Verbindlichkeiten abgebaut, womit auch eine Zinsentlastung verbunden ist[166]. Die Einbringung der Forderung erfolgt entweder durch

---

163 Zur Zulässigkeit einer Herabsetzung auf Null und damit zusammenhängenden Problemen *Priester*, DNotZ 2003, 592 (593 ff.).

164 Darauf weist zu Recht *Wittig*, FS Uhlenbruck, 685 (699) hin.

165 *Himmelsbach/Achsnick*, NZI 2006, 561 (562).

166 *R. Paulus*, DZWIR 2008, 6 (7); *Kautz*, Neuordnung der GmbH, S. 224; *Himmelsbach/Achsnick*, NZI 2006, 561 (562); *H.-F. Müller*, Verband in der Insolvenz, S. 398.

Abtretung der Forderung an die Schuldnerin, woraufhin die Forderung durch Konfusion erlischt, oder durch Erlassvertrag im Sinne des § 397 BGB[167]. Bei der Einbringung der Forderungen auf diesem Weg wird keine Barleistung erbracht, so dass die jeweiligen Vorschriften über Sacheinlagen zu beachten sind[168]. Da solche gem. § 58a IV 1 GmbHG bzw. § 228 I AktG a. E. im Rahmen einer Kapitalerhöhung nach Durchführung einer vereinfachten Kapitalherabsetzung, bei der das Stamm- bzw. Grundkapital unter das gesetzliche Mindestniveau herabgesetzt wurde, unzulässig sind, scheint das Gesetz in solchen Fällen ein Hindernis für die Durchführung eines *debt equity swap* zu errichten. Nach überzeugender Auffassung gilt dieses Verbot allerdings nur in dem Ausmaß, das das Wiedererreichen des gesetzlichen Mindestkapitals sicherstellt. In diesem Umfang müssen also Bareinlagen erbracht werden, darüber hinausgehend können indes auch Sacheinlagen wie die Forderungen der Gläubiger gegen die Gesellschaft eingebracht werden[169]. Die Einlagefähigkeit der Forderung als Sacheinlage darf als unstreitig gelten[170], bei ihrer Einbringung ist jedoch zu beachten, dass diese als Einlagegegenstand genau bezeichnet werden muss und strenge formelle Voraussetzungen erfüllt sein müssen. Eine Umgehung der Sacheinlagevorschriften dahingehend, dass die Forderungsumwandlung unter dem Deckmantel einer Barkapitalerhöhung vonstatten geht, führt zur Anwendung der Regeln über die sog. verdeckte Sacheinlage. Nach bisheriger Rechtslage hatte dies zu Folge, dass die Einlageverpflichtung unabhängig vom realen Wert der Forderung in voller Höhe bestehen bleibt[171]. Durch das MoMiG[172] ist es zu einer Änderung gekommen, als nunmehr die Einlageschuld bei Vorliegen einer verdeckten Sacheinlage zwar nach wie vor fortbesteht, aber eine Anrechnung in Höhe des Werts der Sacheinlage erfolgen kann[173]. Problematisch bei Einbringung der Forderung als Sacheinlage bleibt aber, mit welchem Wert die Forderungen auf die Einlageverpflichtung

167 *Redeker,* BB 2007, 673 (674); *Reuter/Buschmann,* ZIP 2008, 1003 (1003); *Toth-Feher/Schick,* ZIP 2004, 491 (495); *v. Sydow/Beyer,* AG 2006, 635 (636).

168 *Paape,* DZWIR 2009, 9 (11); *Krolop,* GmbHR 2007, 117 (118); *Drouven,* ZIP 2009, 1052 (1052) mit weiteren Nachweisen.

169 Vgl. BGHZ 119, 305 (319 f.); Scholz/*Priester,* GmbHG, Bd. 3, § 58a Rn. 40; K. Schmidt/Lutter/*Veil,* AktG, Bd. 2, § 228 Rn. 2; *Ekkenga,* ZGR 2009, 581 (592 f.), jeweils mit weiteren Nachweisen; a. A. *Maser/Sommer,* GmbHR 1996, 22 (30 f.); zu diesem Problem auch *Achsnick,* Options-Modelle, S. 21 f.

170 Jeweils mit weiteren Nachweisen *Eilers,* GWR 2009, 3 (3); *Ekkenga,* ZGR 2009, 581 (589).

171 Nachweise bei K. Schmidt/Uhlenbruck/*K. Schmidt,* GmbH in Krise, Sanierung und Insolvenz, S. 162 (dort Fn. 3).

172 Gesetz zur Modernisierung des GmbH-Rechts und zur Bekämpfung von Missbräuchen v. 23.1.2008 (BGBl I, S. 2026).

173 Vgl. § 19 IV GmbHG n. F. Ausführlich zur verdeckten Sacheinlage nach der neuen Rechtslage *Maier-Reimer/Wenzel,* ZIP 2008, 1449 ff.; Kritik an der Neuregelung bei *Ulmer,* ZIP 2008, 45 (50 ff.).

angerechnet werden sollen. Im Plan müssen die diesbezüglichen Bedingungen für die Einbringung angegeben werden. Wegen der angesichts der Insolvenz der Schuldnergesellschaft regelmäßig fehlenden Vollwertigkeit der Forderungen scheidet eine Einbringung zum Nennwert aus[174]. Dabei ist bei der Bewertung der Forderungen strikte Zurückhaltung angebracht, da der die Forderung im Wege der Sacheinlage einbringende Gläubiger für den Betrag, um den der tatsächliche hinter dem zugrunde gelegten Forderungswert zurückbleibt[175], im Rahmen der Differenzhaftung in bar einzustehen hat[176]. Da die Bewertung der Forderung mit erheblichen Schwierigkeiten verbunden ist[177], muss, um diesem Risiko zu begegnen, ein deutlicher Abschlag vom Nominalbetrag der Forderung vorgenommen werden.

Zu bedenken ist im Hinblick auf eine erfolgreiche Reorganisation der Gesellschaft freilich, dass allein durch die Einbringung der Forderungen noch kein neues Haftkapital generiert wird[178]. Eine gelungene Reorganisation wird stets von der planmäßigen Umsetzung weiterer Maßnahmen finanz- und leistungswirtschaftlicher Natur abhängen[179].

Neben der bereits erwähnten Gefahr des Eintritts einer Differenzhaftung[180] wegen Überbewertung der Forderung bestehen aus Sicht des Gläubigers, der

174 Vgl. BGHZ 90, 370 (373); 125, 141 (146); s. auch die Nachweise bei *Priester*, DB 2010, 1445; *Redeker*, BB 2007, 673 (675) (dort Fn. 34); *Wittig*, FS Uhlenbruck, 685 (702); *Maser/Sommer*, GmbHR 1996, 22 (30); aus Sicht der Gesellschaft erfolgt die Entlastung freilich in Höhe des nominellen Forderungswerts, *Krolop*, GmbHR 2007, 117 (119).

175 In Höhe des nicht werthaltigen Teils der Forderung entsteht der Gesellschaft ein sog. Sanierungsgewinn. Durch die Abschaffung des § 3 Nr. 66 EStG a. F., der die Steuerfreiheit solcher Gewinne vorsah, ist hier ein Sanierungshemmnis entstanden, das zwar durch das BMF-Schreiben vom 27.03.2003, BStBl I 2000 (dazu *Geist*, BB 2008, 2658), in gewissem Umfang beseitigt wurde. Dennoch herrscht in diesem Bereich seither eine Rechtsunsicherheit (vgl. *FG München* DStR 2008, 1687; *FG Köln* DStR 2008, 1445, Revision beim *BFH* Az. X R 34/08), die dringend beseitigt werden sollte, in diesem Sinn auch *Fox/Scheidle*, GWR 2009, 51 (52); zu gesetzgeberischen Reformvorhaben in dieser Hinsicht vgl. *Altrichter-Herzberg*, GmbHR 2009, 466.

176 *Paape*, DZWIR 2009, 9 (10); *Toth-Feher/Schick*, ZIP 2004, 491 (496).

177 *Maser/Sommer*, GmbHR 1996, 22 (30); *Brinkmann*, WM 2011, 97 (101).

178 *K. Schmidt*, ZGR 1982, 519 (522) lehnt daher die Umwandlung von Forderungen in haftendes Kapital als förderungswürdiges Sanierungskonzept noch ab; weiterhin kritisch, insbesondere mit Blick auf die Anwendung im bereits eröffneten Insolvenzverfahren aber deutlich versöhnlicher K. Schmidt/Uhlenbruck/*K. Schmidt*, GmbH in Krise, Sanierung und Insolvenz, S. 204 ff., 687 ff.

179 So auch *Eilers*, GWR 2009, 3 (3); *Achsnick*, Options-Modelle, S. 104, 170 (dort Fn. 528).

180 Ein Lösungsmodell zur Problematik der Differenzhaftung in Rekapitalisierungsfällen entwirft *Achsnick*, Options-Modelle, S. 166 ff.; der RegE ESUG (o. Fn. 27) möchte das Problem durch Schaffung eines neuen § 254 IV InsO ausschalten, wonach der Schuldner nach Bestä-

seine Forderungen im Wege des *debt equity swap* in Eigenkapital umwandelt, noch weitere Risiken.

Dabei stand in der Literatur die drohende Anwendung der Eigenkapitalersatzregeln gem. § 32a GmbHG a. F., die auch im Aktienrecht analog herangezogen wurden[181], bislang im Vordergrund[182]. Durch die Erlangung einer Gesellschafterstellung fielen die Gläubiger nach bisheriger Rechtslage grundsätzlich in den persönlichen Anwendungsbereich dieser Vorschrift[183]. Bestanden neben den im Wege der Sacheinlage eingebrachten Forderungen noch weitere Forderungen des jeweiligen Gläubigers, etwa weil er nur einen Teil seiner gegen die Gesellschaft bestehenden Forderungen in Eigenkapital umgewandelt hatte oder weil er der Gesellschaft zur Beschaffung von Liquidität neue Kredite gewährte[184], drohten diese als eigenkapitalersetzend behandelt zu werden. Dies hatte zur Folge, dass bei einem Scheitern der Reorganisation im Planverfahren der Gläubiger seine noch offenen Forderungen gem. § 39 I Nr. 5 InsO nur nachrangig geltend machen konnte[185]. Mit Inkrafttreten des MoMiG am 1. November 2008[186] und dem damit verbundenen Wegfall der §§ 32a, 32b GmbHG a. F. entfällt die Kategorie kapitalersetzender Gesellschafterdarlehen[187]. Dem der Finanzierung durch Gesellschafterdarlehen immanenten Missbrauchsrisiko[188] wird nunmehr dadurch Rechnung getragen, dass Forderungen auf Rückgewähr eines Gesellschafterdarlehens (sowie aus Rechtshandlungen, die einem Darlehen wirtschaftlich entsprechen) nach § 39 I Nr. 5 InsO n. F. im Insolvenzverfahren nachrangig zu berücksichtigen sind[189]. Für die hier zu behandelnde Problematik stellt sich das Problem aus

tigung des Plans keine Ansprüche gegen die bisherigen Gläubiger wegen Überbewertung der Forderungen geltend machen kann; ablehnend *Hölzle*, NZI 2011, 124 (129).

181 BGHZ 90, 381 (390 ff.) = NJW 1984, 1893. Dies galt allerdings nur für Aktionäre mit Finanzierungsverantwortung, die der *BGH* ab einer Beteiligung von 25 % annahm.

182 Vgl. Buth/Hermanns/*Buth/Hermanns*, Restrukturierung, § 16 Rn. 49; *H.-F. Müller*, Verband in der Insolvenz, S. 407 ff.; *Wittig*, FS Uhlenbruck, 685 (693 f.). Selbstverständlich besteht dieses Risiko auch im Rahmen jeder anderen Gesellschafterbeteiligung in der Krise; die Thematik soll aber wegen der Bedeutung des *debt equity swap* für die Problemstellungen der vorliegenden Arbeit hier mitbehandelt werden

183 Dies gilt nicht für nicht geschäftsführende Gesellschafter mit einer Beteiligung bis zu zehn Prozent, § 32a III 2 GmbHG, sog. Kleinbeteiligungsprivileg. Wie gesehen, werden Gläubiger aber häufig an einem umfangreicheren Engagement interessiert sein.

184 Sog. *fresh money*, vgl. *Wittig*, FS K. Schmidt, 1743 (1744).

185 Dies kann auch nicht durch Aufnahme eines Darlehens in den Kreditrahmen i. S. des § 264 InsO verhindert werden, vgl. § 264 III InsO.

186 BGBl I, S. 2026.

187 Dies wird deutlich an § 30 I 3 GmbHG n. F., der Gesellschafterdarlehen ausdrücklich vom Rückzahlungsverbot des § 30 I GmbHG ausnimmt.

188 Dazu *Grigoleit/Rieder*, GmbH-Recht nach dem MoMiG, Rn. 228.

189 Vgl. RegE MoMiG, BT-Drucks. 16/6140, S. 26. Dieser Ansatz gilt rechtsformübergreifend für alle Gesellschaften, bei denen keine natürliche Person persönlich haftet, vgl. § 39 IV 1 InsO

der Sicht von Gläubigern, die eine Gesellschafterstellung erlangen, damit unverändert, da in den relevanten Fällen ein Insolvenzverfahren stets schon eröffnet ist[190]. Allerdings bleiben auch die bisherigen Lösungsmöglichkeiten gleich. Das Sanierungsprivileg des § 32a III 3 GmbHG a. F. lebt in angepasster Form in § 39 IV 2 InsO n. F. fort[191]. Die Kriterien, die der *BGH*[192] aufgestellt hat, um zu beurteilen, wann der Erwerb von Geschäftsanteilen einer Gesellschaft dem Sanierungsprivileg unterfällt, weil er „zum Zweck der Überwindung der Krise" erfolgt, können somit unter Beachtung der reformbedingten Unterschiede weiterhin herangezogen werden. Dem *BGH* zufolge ist der Sanierungszweck vorrangig objektiv zu bestimmen, wenn das Privileg überhaupt einen Sinn haben solle. Ein subjektiver Sanierungswille sei im Regelfall selbstverständlich zu vermuten und reiche schon deswegen nicht aus, weil ansonsten die schutzwürdigen Interessen der übrigen Gläubiger allein durch die Behauptung des betreffenden Gläubigers, er verfolge Sanierungsabsichten, beeinträchtigt werden könnten. Für den Nachweis des Tatbestandsmerkmals sei vielmehr das Vorliegen eines dokumentierten Sanierungskonzepts entscheidend, aus dem sich für einen objektiven Dritten die Sanierungsfähigkeit der Gesellschaft sowie die Geeignetheit der dafür konkret vorgeschlagenen Maßnahmen ergebe. Auf den Eintritt des tatsächlichen Sanierungserfolgs komme es für die Anwendbarkeit des § 32a III 3 GmbHG hingegen nicht an[193]. Der *BGH* setzt mit dem genannten Urteil seine Rechtsprechung im Hinblick auf die Erforderlichkeit der Sanierungsfähigkeit konsequent fort[194]. Die Reform hat an der Motivlage für die Sonderbehandlung von Gesellschafterdarlehen (und Ausnahmen davon) nichts verändert[195], so dass diese Rechtsprechung auch weiter Geltung beanspruchen kann[196]. Dies ist begrüßenswert, da aus Sicht der Gläubiger ein Mehr an Rechtssicherheit geschaffen wurde und das Risiko,

---

n. F. Dazu auch *Grigoleit/Rieder*, GmbH-Recht nach dem MoMiG, Rn. 236.

190 Zweifel, ob das neue Recht überhaupt zu anderen Ergebnissen führt als das Kapitalersatzrecht, finden sich bei *Bork*, ZGR 2007, 250 (255).

191 S. BT-Drucks. 16/6140, S. 57. Eingehend zur neuen Regelung *Hirte/Knof*, WM 2009, 1961. Auch das Kleinbeteiligungsprivileg (§ 32a III 2 GmbHG) bleibt in geänderter Form in § 39 V InsO erhalten. Nunmehr gilt auch für die Beteiligung an einer AG die 10%-Grenze (vgl. o. Fn. 181), s. auch *Wittig* in FS K. Schmidt, 1743 (1749).

192 *BGH* ZIP 2006, 279 (mit Anm. *Pentz*, aaO, S. 1169) = *BGH* NZI 2006, 604 (mit Bspr. *Himmelsbach/Achsnick*, aaO, S. 561); vgl. auch *Westpfahl/Janjuah*, EWiR 2006, 525.

193 Vgl. *BGH* ZIP 2006, 279 (280) = NZI 2006, 604 (605); in diesem Sinne auch schon zuvor viele Stimmen in der Literatur, z. B. Priester/Mayer/*Rümker*, Münch. Hdb. Gesellschaftsrecht/III (2. Aufl.), § 52 Rn. 137; für ein subjektiv geprägtes Verständnis der Regelung plädiert hingegen *H.-F. Müller*, Verband in der Insolvenz, S. 410.

194 Vgl. insoweit BGHZ 10, 228 (234) = NJW 1953, 1665 (1666) sowie *BGH* NJW 1998, 1562 (1563 f.).

195 *Grigoleit/Rieder*, GmbH-Recht nach dem MoMiG, Rn. 228, 239.

196 So auch *Wittig* in FS K. Schmidt, 1743 (1760).

mit den eigenen Forderungen nur nachrangig berücksichtigt zu werden, bei sorgfältiger Prüfung des Vorliegens dieser Voraussetzungen einem *debt equity swap* nicht mehr im Weg stehen sollte[197]. Dadurch dass der Begriff der Krise durch die Neuregelung entfällt[198], stattdessen vielmehr der Zeitpunkt des Vorliegens eines Insolvenzeröffnungsgrunds für den Beginn und das Erreichen einer nachhaltigen Sanierung zum Ende relevant sind, lässt sich künftig der zeitliche Anwendungsbereich des Sanierungsprivilegs zudem besser eingrenzen[199]. Als Vorteil sollte sich insofern auch erweisen, dass im Rahmen eines Insolvenzplanverfahrens die Seriositätsgewähr des Sanierungskonzepts aufgrund der Beteiligung aller Gläubiger, der Transparenz des Verfahrens und der gerichtlichen Kontrolle ohnehin höher sein dürfte als bei einer außergerichtlichen Sanierung[200]. Aus dem letztgenannten Grund dürfte auch ein weiterer, im Zusammenhang mit *debt equity swaps* häufig erwähnter Risikofaktor aus Sicht der Gläubiger keine Rolle spielen: die Haftung als faktischer Geschäftsführer[201].

Zusammenfassend lässt sich somit sagen, dass *debt equity swaps* als Sanierungsinstrument nach deutschem Recht durchaus eine wichtige Rolle spielen können[202], auch wenn das deutsche Gesellschaftsrecht[203] zu gewissen Schwierigkeiten führen kann. Diese erscheinen indes nicht unüberwindbar[204] [205]. Wenn im weiteren Verlauf von *debt equity swaps* die Rede ist, geht es denn auch nicht um die erwähnten (und auch nach geltendem Recht überwindbaren) Problemstellun-

197 *Himmelsbach/Achsnick*, NZI 2006, 561 (564) gehen (noch zur alten Rechtslage) davon aus, dass die Entscheidung „*debt equity swaps* in der Krise erleichtern und beflügeln wird"; *Redeker*, BB 2007, 673 (677) und *Westpfahl/Janjuah*, EWiR 2006, 525 (526) begrüßen die Entscheidung ebenfalls, bedauern aber, dass der *BGH* keine weitergehende Konkretisierung der aufgestellten Kriterien vorgenommen hat.

198 S. RegE MoMiG, BT-Drucks. 16/6140, S. 57.

199 Allgemein zu dieser Problematik Scholz/*K. Schmidt*, GmbHG, Bd. 2, §§ 32a, 32b, Rn. 220.

200 *H.-F. Müller*, Verband in der Insolvenz, S. 410f.

201 Dazu vgl. *BGH* DB 2005, 1787; *Redeker*, BB 2007, 673 (677); *Kestler/Striegel/Jesch*, NZI 2005, 417 (422).

202 *Undritz*, ZGR 2010, 201 (210) bezeichnet den *debt equity swap* denn auch als gängiges Werkzeug bei der Gestaltung eines Insolvenzplans.

203 Ein insoweit motivierter gesellschaftsrechtlicher Reformvorschlag findet sich bei *Krolop*, GmbHR 2007, 117 (121 ff.).

204 Als alternative Gestaltungsmöglichkeit zu einem *debt equity swap* wird häufig auf die Umwandlung von Forderungen in Genussrechte hingewiesen, vgl. z. B. *Hofert/Möller*, GmbHR 2009, 527 (530 f.); *Wittig*, FS Uhlenbruck, 685 (704 ff.); *Toth-Feher/Schick*, ZIP 2004, 491 (496 f.). Bei einer Ausgestaltung als Wandel- bzw. Optionsrechte besteht für den Inhaber sogar die Möglichkeit, zu einem späteren Zeitpunkt eine Gesellschafterstellung zu erlangen, dazu K. Schmidt/Lutter/*Merkt*, AktG, Bd. 2, § 221 Rn. 14 ff.

205 Zu den steuerrechtlichen Implikationen eines *debt equity swap* vgl. *Morzfeld*, Status:Recht 2009, 95 (96); *Scheunemann/Hoffmann*, DB 2009, 983 (985 f.).

gen, sondern um die Frage, wie sich bei der Umsetzung dieses Instruments das Problem der Gesellschafterobstruktion vermeiden lässt.

bb) Kapitalerhöhung bei einer Personengesellschaft

Im Recht der Personengesellschaften, bei denen im Gegensatz zu den Kapitalgesellschaften kein gesetzliches Mindestkapital festgelegt ist, bestehen keine speziellen Regelungen für Kapitalerhöhungen. *Braun/Uhlenbruck* wollen gerade deswegen in diesem Bereich ein geeignetes Anwendungsfeld für *debt equity swaps* sehen[206].

Eine Kapitalerhöhung unterfällt den allgemeinen Regeln über die Vermehrung von Beitragspflichten[207]. Es handelt sich um eine Vertragsänderung[208], die vorbehaltlich einer anderweitigen Regelung im Gesellschaftsvertrag[209] der Zustimmung aller Gesellschafter bedarf.

Die hier interessierende Variante einer Kapitalerhöhung unter Eintritt eines Gläubigers in die Gesellschaft vollzieht sich nach den Regeln über den Beitritt eines neuen Gesellschafters. Auch insoweit bedarf es, falls keine abweichende Vertragsregelung besteht, eines einstimmigen Gesellschafterbeschlusses[210]. Die Erhöhung des Gesellschaftskapitals erfolgt dann dadurch, dass den neu eintretenden Gesellschafter auch eine Beitragspflicht trifft, die im Gesellschaftsvertrag festgesetzt ist. Der Beitrag muss dabei nicht in einer Geldzahlung bestehen, es kommen Beiträge verschiedenster Art in Betracht[211], darunter auch Forderungen. Damit ist auch bei den Personengesellschaften grundsätzlich die Möglichkeit des *debt equity swap* gegeben. Ein besonderes Verfahren für Sacheinlagen ist nicht vorgesehen. Indes ist wie bei den Körperschaften darauf zu achten, dass die Forderung nicht zum Nennwert, sondern nur zu ihrem tatsächlichen Wert mit der Beitragsverpflichtung verrechnet werden kann. Dies spielt vor allem beim Eintritt eines Gläubigers als Kommanditist eine Rolle, weil insoweit gem. § 171 I HGB Haftungsbefreiung nur in Höhe des tatsächlich geleisteten Beitrags eintritt. Bei der Bewertung der Forderung ist daher auch hier äußerste Vorsicht geboten. Eine Lösung des Problems kann darin bestehen, dass die Einlageverpflichtung höher festgesetzt wird als die Haftsumme und vereinbart wird, dass sie mit der

---

206 *Braun/Uhlenbruck*, Unternehmenssanierung, S. 571, 587.

207 *Struckmeier*, Kapitalerhöhungen, S. 120. Dabei können entweder bestehende Beitragspflichten ausgeweitet oder neue Beitragspflichten geschaffen werden.

208 MüKo-BGB/*Ulmer*, § 707 Rn. 1.

209 Zu den Anforderungen an eine solche Vereinbarung im Gesellschaftsvertrag vgl. MüKo-BGB/*Ulmer*, § 707 Rn. 6.

210 *Grunewald*, GesR, S. 68, 118, 148; *Groß*, Fortführungsgesellschaften, S. 332.

211 MüKo-BGB/*Ulmer*, § 706 Rn. 10

Einbringung der Forderung erlischt[212]. Auf diese Weise lässt sich insoweit sowohl im Verhältnis zur Gesellschaft als auch zu den Gläubigern ein Haftungsrisiko ausschließen.

Aus Sicht des eintretenden Gläubigers ist vor allem auch zu bedenken, dass er – mit Ausnahme der Kommanditistenstellung – unbeschränkt für die Altverbindlichkeiten der Gesellschaft haftet[213], weshalb ein solches Vorgehen extrem selten sein wird. Zur Erreichung einer Haftungsbeschränkung wäre in solchen Fällen an umwandlungsrechtliche Maßnahmen zu denken[214].

Hinsichtlich der Gefahr des Eingreifens der Eigenkapitalersatzregeln, die über die §§ 129a, 172a HGB auch für Personenhandelsgesellschaften, bei denen keine natürliche Person unbeschränkt persönlich haftet, Anwendung finden[215], kann auf die obigen Ausführungen[216] verwiesen werden.

Schließlich sei auch an dieser Stelle noch angemerkt, dass der Eintritt des Gesellschafters allein in aller Regel nicht ausreichend ist, um die Gesellschaft erfolgreich zu reorganisieren, sondern auch hier weitere Sanierungsmaßnahmen ergriffen werden müssen.

cc) Einsatz des debt equity swap im Rahmen sog. distressed debt investments

Gerade in jüngerer Zeit lässt sich auch in Deutschland verstärkt eine Entwicklung feststellen, die im angloamerikanischen Rechtsraum schon länger gang und gäbe ist: sog. *distressed debt investments*[217]. Dabei erwerben Investoren (hierbei handelt es sich zumeist um Fonds, die als Sammelbecken für Kapitalanleger fungieren[218]) notleidende Verbindlichkeiten (*distressed debt*) von den Gläubigern – auch in diesem Zusammenhang kommt den Kreditinstituten unzweifelhaft eine Schlüsselstellung zu einer in die Krise geratenen Gesellschaft[219]. Dabei steht natürlich die Erzielung einer bestmöglichen Rendite im Vordergrund, die sich

---

212 *H.-F. Müller*, Verband in der Insolvenz, S. 407.

213 *Grunewald*, GesR, S. 69, 118, 148.

214 *Achsnick*, Options-Modelle, S. 101.

215 Eingehend zur neuen Rechtslage Staub/*Habersack*, HGB, § 129 Anh Rn. 1 ff.

216 S. o. S. 44 ff.

217 Vgl. *R. Paulus*, DZWIR 2008, 6 (7); K. Schmidt/Uhlenbruck/*Wittig*, GmbH in Krise, Sanierung und Insolvenz, S. 279, mit weiteren Nachweisen. Gleichbedeutend wird auch der Begriff der *non performing loans* verwendet, vgl. *v. Sydow/Beyer*, AG 2006, 635 (635); *Reuter/Buschmann*, ZIP 2008, 1003 (1003); zur Entwicklung dieses Marktes in Deutschland Buth/Hermanns/*Kuhlwein von Rathenow/Heumann*, Restrukturierung, § 2 Rn. 17 ff.; umfassend *Richter*, Distressed Debt.

218 Vgl. die Aufzählung einiger der größten international agierenden *distressed debt funds* bei *Kestler/Striegel/Jesch*, NZI 2005, 417 (418) (dort Fn. 6).

219 Zu den rechtlichen Aspekten dieses Forderungskaufs, vgl. *Reuter/Buschmann*, ZIP 2008, 1003 (1004 ff.); der dingliche Erwerb der Forderung wird meist über eine Abtretung gem. § 398

aber in bestimmten Fällen womöglich gerade durch eine Reorganisation der Gesellschaft im Insolvenzplanverfahren erzielen lässt. Dabei beschränken sich solche Investments natürlich nicht auf bereits im Insolvenzverfahren befindliche Gesellschaften. Da aber ein wesentlicher Bestandteil dieses Modells der möglichst günstige, mit einem deutlichen Abschlag gegenüber dem Nominalwert der Forderungen versehene Erwerb der Verbindlichkeiten ist, kann ein Einstieg auch im Stadium der Insolvenz noch lohnend sein, da der Abschlag umso höher ausfallen wird, je weiter sich die Krise der Gesellschaft verfestigt hat. Auf der anderen Seite werden die bisherigen Gläubiger (Kreditinstitute), für die der Vorteil dieser Vorgehensweise in der Befreiung von einer mittlerweile äußerst risikobehafteten Investition zu einem zwar unter dem Nennwert liegenden, aber sicheren Preis liegt[220], mit fortschreitender Vertiefung der Krise bis hin zum möglichen Eintritt der Insolvenz auch eher geneigt sein, sich von den betreffenden Forderungen zu trennen[221].

Die Investoren können mit dem Erwerb der Forderungen unterschiedliche Strategien verfolgen. Vorliegend sind vor allem die Möglichkeiten innerhalb eines eröffneten Insolvenzverfahrens von Interesse. Dem Grundsatz nach gibt es aber sowohl im Insolvenzverfahren als auch davor zwei grundlegende Möglichkeiten des Vorgehens. Diese können als Verwertungsstrategie bzw. Eigenkapitalstrategie bezeichnet werden[222]. Vor Eröffnung des Insolvenzverfahrens ist die erstgenannte Variante auf Einziehung der Forderung bzw. Verwertung der dafür bestellten Sicherheiten (gegebenenfalls im Wege der Zwangsvollstreckung) in einer Weise gerichtet, dass ein höherer Betrag als der für den Erwerb der Forderungen aufgewendete Kaufpreis erzielt wird[223]. Übertragen auf das Insolvenzverfahren bedeutet das, dass die erzielte Quote den Erwerbspreis übersteigen soll. In Anlehnung an die vorgenannten Begriffe könnte man im Insolvenzverfahren insoweit von einer Liquidationsstrategie sprechen. Dabei kann eine solche aber wiederum nicht auf das Erzielen einer bestmöglichen Quote im gesetzli-

BGB erfolgen. Zum Problem des Bankgeheimnisses vgl. *BGH*, Urt. v. 27.10.2009, Az. XI ZR 225/06 sowie *BGH* WM 2007, 643 = BB 2007, 793 (mit Anm. *Büttner/Aigner*).

220 Näher zu den aus Sicht eines Kreditinstituts bestehenden Anreizen zur Veräußerung von Krediten *Reuter/Buschmann*, ZIP 2008, 1003 (1003) sowie *v. Sydow/Beyer*, AG 2006, 635 (635).

221 *Richter*, Distressed Debt, S. 149f. weist aber richtig darauf hin, dass die Chancen für ein erfolgreiches *distressed debt investment* schwinden, je später der Insolvenzantrag erfolgt, da dann häufig nur noch die Liquidationsvariante verbleibt.

222 Diese beiden Begriffe finden sich in dem Beitrag von *Reuter/Buschmann*, ZIP 2008, 1003 (1003) und werden hier übernommen; K. Schmidt/Uhlenbruck/*Wittig*, GmbH in Krise, Sanierung und Insolvenz, S. 280f. verwendet die Begriffe „passiver Investor“ bzw. „aktiver Investor“.

223 Das Vorhandensein entsprechender Sicherheiten bildet in diesen Fällen ein entscheidendes Kriterium für den Erwerb der Forderungen.

chen Regelverfahren beschränkt werden. Vielmehr ist es auch hier denkbar, im Rahmen eines Liquidationsplans[224] eine günstigere Verwertung anzustreben. Als Varianten der Liquidation sind wiederum die Veräußerung der Einzelgegenstände als auch die übertragende Sanierung möglich. Unter Eigenkapitalstrategie ist hingegen ein Vorgehen mit dem Ziel der Erlangung der Gesellschafterstellung zu verstehen, um auf diese Weise am Sanierungserfolg der Gesellschaft teilzuhaben. Auch diese Strategie steht sowohl vor als auch nach der Eröffnung eines Insolvenzverfahrens zur Verfügung. Im eröffneten Verfahren muss diese Strategie mithilfe eines Insolvenzplans verfolgt werden. Eine Möglichkeit zur Erlangung einer Gesellschafterstellung unter Verwertung der erworbenen Forderungen stellt aus Sicht der Investoren der *debt equity swap* dar, der somit in diesem Bereich äußerst relevant werden kann[225]. Dabei wird den Investoren häufig daran gelegen sein, eine Mehrheit in der betreffenden Gesellschaft zu erlangen, da sie auf diese die Geschicke des Unternehmens maßgeblich mitbestimmen können[226]. Auch insoweit kann mithin eine Blockadehaltung der Altgesellschafter ein Problem darstellen. Andererseits wird angesichts des ausschließlich renditeorientierten Handelns solcher *distressed debt funds* auch deutlich, dass mit der Zulassung von Zwangseingriffen in Anteilseignerrechte im Insolvenzplanverfahren auch Gefahren verbunden sein können, die bei einer Gesetzesreform entsprechend zu bedenken wären[227].

dd) Debt equity swap im Rahmen alternativer Reorganisationsmodelle, insbesondere Optionsmodelle

(i) Ausgangsüberlegung

Eine weitere Variante, in der ein *debt equity swap* zur Anwendung gelangen kann, stellen sog. Optionsmodelle dar. Sie wurden ursprünglich in den USA entwickelt, um einzelne Defizite des dortigen Reorganisationsverfahrens nach Chapter 11[228] zu beseitigen und auf diese Weise die Verfahrensergebnisse zu optimieren[229]. Im

---

224 S. dazu o. S. 29.

225 *Kestler/Striegel/Jesch*, NZI 2005, 417 (422) scheinen dies aufgrund der mit dem *debt equity swap* verbundenen Risiken anders zu beurteilen; insoweit optimistischer zeigen sich *Himmelbach/Achsnick*, NZI 2006, 561 ff.

226 Vgl. Buth/Hermanns/*Kuhlwein von Rathenow/Heumann*, Restrukturierung, § 2 Rn. 22; *Kestler/ Striegel/Jesch*, NZI 2005, 417 (418), die auch auf die höhere Erfolgsquote der Mehrheitsinvestoren im Bereich der sog. Turnaround Investments hinweisen.

227 Vgl. dazu *Streit*, Status:Recht 2009, 94 (95), der vor einem „Ausverkauf des Mittelstands" warnt; zur Vorsicht mahnend auch *Noack*, AG 2009, 227 (228).

228 Näher u. S. 142 ff.

229 *Eidenmüller*, Unternehmenssanierung, S. 96 f.

Vordergrund stehen dabei Probleme, die auch im vom US-amerikanischen Chapter 11-Verfahren beeinflussten deutschen Insolvenzplanverfahren gegeben sind. Die Verwirklichung des Ziels, mithilfe des Planverfahrens der jeweils ökonomisch sinnvollsten Lösung zum Durchbruch zu verhelfen, mag oft daran scheitern, dass sich die betroffenen Gläubiger bei der Entscheidung, mit welcher Verwertungsart sich eine optimale Haftungsverwirklichung am besten verwirklichen lässt, nicht an den Auswirkungen auf den Gesamtwert des Unternehmens, sondern an den Zahlungen, die sie konkret erwarten können, orientieren. Weil bei der Abstimmung über den Plan aber die Entscheidung über die Zukunft des Unternehmens und die Verteilung des Unternehmenswerts zusammenfallen, kann dies dazu führen, dass fortführungswürdige Gesellschaften liquidiert und liquidierungsbedürftige fortgeführt werden[230]. Durch eine Entkoppelung dieser Vorgänge könnte das Verfahren womöglich in ökonomischer Sicht optimiert werden. Ein weiteres Problem ist darin zu sehen, dass die als Vergleichsmaßstab im Rahmen der Auswahl der günstigsten Verwertungsart unverzichtbare Bewertung des reorganisierten (!) Unternehmens in der Praxis mit erheblicher Unsicherheit behaftet ist[231], was wiederum zur Auswahl einer unter wirtschaftlichen Gesichtspunkten suboptimalen Verwertung des Unternehmens führen kann. Abhängig von der Stärke ihrer Position im Regelinsolvenzverfahren werden die Gläubiger hinsichtlich der Einschätzung des Erfolgspotentials einer Reorganisation zu deutlich unterschiedlichen Ergebnissen kommen[232]. Auch das Insolvenzgericht muss angesichts der höchst komplexen Vorgänge im Rahmen der Bewertung fast zwangsläufig an die Grenzen seiner Kompetenz stoßen[233]. Die zu schildernden Modelle wollen diese missliche Lage vermeiden, indem sie sich des Marktes als Bewertungsinstrument bedienen[234].

Im Zusammenhang mit *debt equity swaps* sind diese Modelle deshalb interessant, weil sie auf eine rein eigenkapitalbasierte Reorganisation der Schuldnergesellschaft ausgerichtet sind, wozu die bestehenden Verbindlichkeiten in Gesellschaftsbeteiligungen umgewandelt werden müssen. Man könnte auch sagen, dass die aus der Nachrangigkeit des Eigenkapitals gegenüber dem Fremdkapital resul-

---

230 *Achsnick*, Optionsmodelle, S. 48 f.; zum selben Problem im Rahmen des Chapter 11-Verfahrens *Aghion/Hart/Moore*, Journal of Law, Economics & Organization, Vol. 8, 523 (529). Für das Verständnis dieses Problems sehr hilfreich sind die Beispiele bei *Hart*, Firms, Contracts and Financial Structure, S. 166 ff., die sich in leicht abgewandelter Form auch bei *Eidenmüller*, Unternehmenssanierung, S. 71 ff. und *Achsnick*, Options-Modelle, S. 46 ff. finden.

231 Vgl. MüKo-InsO/*Drukarczyk*, § 245 Rn. 51 ff.; MüKo-InsO/*Eidenmüller*, Vor §§ 217–269 Rn. 25, mit weiteren Nachweisen.

232 *Huelsdunk*, KTS 1999, 291 (293).

233 *Achsnick*, Options-Modelle, S. 53; MüKo-InsO/*Drukarczyk*, § 245 Rn. 52; *Smid/Rattunde*, Insolvenzplan, Rn. 585 ff.; a. A. *Braun/Uhlenbruck*, Unternehmenssanierung, S. 621 ff.

234 *Achsnick*, Options-Modelle, S. 51.

tierende faktische Verdrängung der Eigentümer auf diese Weise gesellschaftsrechtlich nachvollzogen wird[235]. Im Folgenden soll zunächst die Funktionsweise einiger Modelle, die wie das Insolvenzplanverfahren zur Bewältigung der Insolvenz innerhalb eines gesetzlichen Rahmens konzipiert sind[236], kurz erläutert werden. Im Einzelnen handelt es dabei um die Modelle von *Roe, Bebchuk* sowie *Aghion, Hart* und *Moore.* Danach wird der Frage nachgegangen, inwieweit sich diese Modelle auch im Insolvenzplanverfahren nach der InsO umsetzen ließen.

(ii) Funktionsweise der Optionsmodelle

(1) Modell von Roe

Bei *Roes* Modell[237] handelt es sich nicht um ein Optionsmodell. Der Grund, weshalb es hier trotzdem kurz ausgeführt werden soll, ist der, dass es bereits eine Reorganisation auf Eigenkapitalbasis, also unter Durchführung eines *debt equity swap* vorsieht und es gerade die ihm eigenen Schwachpunkte sind, die zu einer Fortentwicklung in Gestalt der Optionsmodelle geführt haben[238]. *Roe* möchte die Unsicherheiten bei der Bewertung des Schuldnerunternehmens dadurch umgehen, dass zehn Prozent der Anteile des reorganisierten Unternehmens am Markt platziert werden, um sodann aus dem erzielten Erlös den Gesamtwert des Unternehmens zu errechnen[239]. Auf dieser Grundlage werden die verbliebenen 90 Prozent der Unternehmensanteile wie auch der erzielte Erlös entsprechend der gesetzlichen Rangfolge an die Gläubiger verteilt, deren Forderungen sich somit in Eigenkapital wandeln. Dadurch erhofft sich *Roe* neben dem Effekt einer realitäts-

235 *Engel,* Insolvenz und optionsbasierte Reorganisationsmodelle, S. 7.

236 Vgl. *Achsnick,* Options-Modelle, S. 64; zu präventiven Modellen der Insolvenzabwicklung, bei denen eine Einigung über die beste Verwertungsart auf privater Ebene getroffen wird, s. *Huelsdunk,* KTS 1999, 291 (295 ff.). Das von *Bradley/Rosenzweig* entworfene Modell, das ebenfalls auf einer Umwandlung der Gläubigerforderungen in Eigenkapital basiert, soll hier nicht erörtert werden, da es einen Reorganisationsautomatismus enthält, der mit der autonomen Entscheidung der Gläubiger über das weitere Schicksal des Unternehmens in der Insolvenz schwer in Einklang zu bringen ist, s. dazu ebenfalls *Huelsdunk,* aaO, 291 (298 ff.).

237 *Roe,* 83 Columbia Law Review, S. 527 ff., in der Folge zitiert nach der Veröffentlichung in *Bhandari/Weiss,* Corporate Bankruptcy, S. 351 ff.; eine Beschreibung des Modells findet sich auch bei *Eidenmüller,* Unternehmenssanierung, S. 97 ff.; *Achsnick,* Options-Modelle, S. 65 ff.; *Huelsdunk,* KTS 1999, 291 (304 f.).

238 Dass es sich beim nachfolgend zu schildernden Modell von *Bebchuk* um eine Weiterentwicklung des Ansatzes von *Roe* handelt, wird durch die ausdrückliche Bezugnahme bei *Bebchuk* in *Bhandari/Weiss,* Corporate Bankruptcy, 370 (382 f.) deutlich.

239 *Roe* in *Bhandari/Weiss,* Corporate Bankruptcy, 351 (352): „...the reorganization value of the public firm could be found by selling a slice, say 10 percent, of new common stock into the market, and extrapolating enterprise value from the sale price.“

näheren Bewertung des Unternehmens vor allem einen schnelleren und kostengünstigeren Verlauf der Reorganisation[240].

Hierdurch wird zwar Interessenskonflikten unter den Gläubigern entgegengewirkt, weil diese als Eigentümer des Unternehmens nunmehr alle an einer Maximierung des Unternehmenswerts interessiert sind. Auch das Problem der Unternehmensbewertung scheint durch Nutzung des Markts als Bewertungsinstrument gelöst. Dies ist aber tatsächlich nicht der Fall. Das Modell von *Roe* ist hilfreich, wenn es um die Verteilung der Anteile am reorganisierten Unternehmen geht. Es lässt die Gläubiger jedoch mit der Frage allein, ob eine Reorganisation des Unternehmens überhaupt sinnvoll erscheint, da es insoweit von ihnen eine Entscheidung verlangt, bevor der Unternehmenswert unter Heranziehung des Markts ermittelt wird. Es bedarf einer Vorhersage des künftigen Unternehmenswerts, die gerade nicht exakt möglich ist, weshalb die Meinungen unter den Gläubigern dementsprechend geteilt ausfallen werden[241]. Darüber hinaus wird an der Geeignetheit der Bewertungsmethode Kritik geübt. Diese setzt nicht nur das Bestehen eines Markts für die Anteile voraus, der nur bei einem Teil der insolventen Gesellschaften gegeben sein dürfte[242], sondern es ist überdies fragwürdig, ob über den Verkauf eines relativ geringen Anteilspakets ein repräsentativer Unternehmenswert errechnet werden kann[243].

Aus diesen Gründen erscheint eine funktionelle Verbesserung des Planverfahrens durch das Modell von *Roe* nicht gegeben, weshalb es in der Folge auch nicht weiter erörtert werden soll.

(2) Modell von Bebchuk

Auch *Bebchuks* Modell[244] sieht eine vollständige Umwandlung der Gläubigerforderungen in Gesellschaftsanteile vor. Die Forderungen aller Gläubiger sind damit erloschen. Die Verteilung der Anteile erfolgt dabei aber unter strikter Ein-

240 *Roe*, aaO, 351 (353).

241 So *Eidenmüller*, Unternehmenssanierung, S. 99f. Kritisch auch *Huelsdunk*, KTS 1999, 291 (305).

242 Insoweit dürfte es sich vorrangig um große Kapitalgesellschaften handeln, vgl. *Eidenmüller*, Unternehmenssanierung, S. 100f.; *Huelsdunk*, KTS 1999, 291 (305).

243 *Achsnick*, Options-Modelle, S. 66f.

244 *Bebchuk*, 101 Harvard Law Review (1988), S. 775ff., in der Folge zitiert nach der Veröffentlichung in *Bhandari/Weiss*, Corporate Bankruptcy, S. 370ff. AaO, 370 (375ff.) wird die Funktionsweise des Modells erläutert; Beschreibungen des Modells bei MüKo-InsO/*Drukarczyk*, § 245 Rn. 93f.; *Eidenmüller*, Unternehmenssanierung, S. 102ff.; *Achsnick*, Options-Modelle, S. 68ff., *Huelsdunk*, KTS 1999, 291 (305ff.).

haltung der Rangfolge der Vorinsolvenzrechte[245]. Ausgehend vom Vorhandensein dreier relevanter Personengruppen (gesicherte/ungesicherte Gläubiger, Altgesellschafter)[246] bedeutet dies, dass zunächst die gesicherten Gläubiger alle Anteile erhalten, während die ungesicherten Gläubiger und die Altgesellschafter nur Optionen auf den Erwerb einer Gesellschaftsbeteiligung erhalten. Diese können sie innerhalb eines bestimmten Zeitraums ausüben, indem sie die ihnen im Rang vorgehenden Gruppen befriedigen, wobei es sich aus Sicht der ungesicherten Gläubiger um die gesicherten Gläubiger, aus Sicht der Altgesellschafter sowohl um die ungesicherten als auch um die gesicherten Gläubiger handelt. Der für die Ausübung der Option zu zahlende Betrag richtet sich nach dem Nominalwert der jeweils vorrangigen, im Rahmen des Reorganisationsverfahrens erloschenen Forderungen. Für die ungesicherten Gläubiger sind das die Forderungen der gesicherten Gläubiger, für die Altgesellschafter diejenigen beider Gläubigergruppen. Üben die jeweiligen Gruppen ihre Optionen aus, rücken sie auf diese Weise in die Eigentümerstellung ein. Geschieht dies von Seiten einer Gruppe nur teilweise, kommt es zu einer proportionalen Verteilung des Erlöses[247].

Somit kommt das Modell von *Bebchuk* – und das ist das Bestechende daran – ohne die Unwägbarkeiten einer für den Fortgang des Verfahrens relevanten Unternehmensbewertung aus. Die Bewertung erfolgt vielmehr subjektiv durch die Ausübung der Optionen, von denen die Inhaber nur Gebrauch machen werden, wenn sie den Wert der in Aussicht gestellten Unternehmensbeteiligung höher einschätzen als den dafür aufgewendeten Betrag. Es ist allein die Entscheidung der Optionsinhaber, welchen Wert sie dem Unternehmen zumessen[248].

Bebchuk geht zwar kaum auf die Entscheidung über die Verwertung des Unternehmens nach Durchführung der Kapitalisierung ein, allerdings wäre diese erst nach der Verteilung des vorhandenen Vermögens durch die sich zu diesem Zeitpunkt in der Eigentümerstellung befindlichen Personen zu treffen[249]. Dies hat

245 *Bebchuk* in *Bhandari/Weiss*, Corporate Bankruptcy 370 (381); *Eidenmüller*, Unternehmenssanierung, S. 105.

246 *Bebchuk* in *Bhandari/Weiss*, Corporate Bankruptcy, 370 (378 f.), unterscheidet zwischen *senior creditors, junior creditors* und *equity holders;* das Modell ließe sich aber auch beim Vorhandensein von mehr als zwei Gläubigergruppen entsprechend umsetzen.

247 Vgl. *Bebchuk* in *Bhandari/Weiss*, Corporate Bankruptcy, 370 (380 f.), der das Auftreten einer solchen Situation aber für unwahrscheinlich hält, weil im Fall der Nichtausübung der Optionen seitens lediglich eines Teils der Optionsinhaber (*Bebchuk* nennt sie die Pessimisten) diejenigen, die ihre Optionen ausgeübt haben (die Optimisten), auch die Optionen der Pessimisten aufkaufen würden, um die ihrer Meinung nach günstige Marktchance zu nutzen.

248 *Bebchuk* in *Bhandari/Weiss*, Corporate Bankruptcy, 370 (372) sieht hier zu Recht einen Vorteil des Modells: "Whether or not the market's price is accurate, no participant will have a justifiable basis for complaining about the method's outcome".

249 *Eidenmüller*, Unternehmenssanierung, S. 107 f.

den Vorteil, dass die Entscheidung über die Verteilung die Entscheidung über die Verwertung noch nicht vorwegnimmt. Zugleich wird sichergestellt, dass niemand mehr erhält, als ihm im Regelverfahren zustünde, da die Rangfolge der Vorinsolvenzrechte gewahrt bleibt. Im – zugegebenermaßen unrealistischen – Fall einer Ausübung aller Optionen, käme es zu einer vollen Befriedigung der Gläubiger bei gleichzeitiger Wiedererlangung der Eigentümerstellung durch die Altgesellschafter.

Probleme können sich bei diesem Modell vor allem im Bereich der Finanzierung des für die Optionsausübung erforderlichen Betrags ergeben[250]. Hat ein Optionsinhaber diesen nicht zur Verfügung und muss daher auf einen Kredit zurückgreifen, wird dessen Gewährung in der Regel von der Bewertung des Unternehmens (und damit des als Sicherheit fungierenden Unternehmensanteils) seitens des Kreditgebers abhängen[251]. Daneben dürfte auch dieses Modell vorrangig nur für große Kapitalgesellschaften praktikabel sein[252]. Schließlich kann sich ein Problem hinsichtlich der fortdauernden Nutzung von Verlustvorträgen ergeben[253].

(3) Modell von Aghion, Hart und Moore

Bei dem von *Aghion, Hart* und *Moore* erarbeiteten Modell handelt es sich um eine Verfeinerung des Modells von *Bebchuk*[254]. Es unterscheidet sich bei gleicher Grundkonzeption von diesem dadurch, dass während der Phase der Rekapitalisierung des Unternehmensträgers von Seiten einer unabhängigen Stelle (Insolvenzgericht oder Insolvenzverwalter) Gebote für das Unternehmen eingeholt werden, wobei diese sowohl von Verfahrensbeteiligten als auch von Dritten abgegeben werden können. Die Abgabe der Gebote erfolgt geheim, damit niemand dem Risiko ausgesetzt ist, eine in der Regel kostspielige Unternehmensanalyse vorgenommen zu haben, um dann von einem anderen, sich zunächst passiv verhaltenden Bieter

250 Vgl. insoweit *Drukarczyk*, BFuP 47 (1995), 40 (53 f.).

251 *Eidenmüller*, Unternehmenssanierung, S. 107 spricht in diesem Zusammenhang davon, das Problem einer möglichen Unterbewertung des Unternehmens durch den Markt schleiche sich auf diese Weise gewissermaßen „durch die Hintertür" ein. *Bebchuk* in *Bhandari/Weiss*, Corporate Bankruptcy, 370 (388) selbst sieht dieses mögliche Problem, spricht ihm jedoch die praktische Relevanz ab.

252 *Eidenmüller*, Unternehmenssanierung, S. 109.

253 Dazu *Drukarczyk/Schöntag*, Insolvenzplan, S. 22 f.

254 *Aghion/Hart/Moore*, Journal of Law, Economics & Organization, Vol. 8, 523 (524, 535 f.) beziehen sich ausdrücklich auf *Bebchuk*. AaO, 523 (524) findet sich auch eine Beschreibung des von ihnen entworfenen Modells in seinen wichtigsten Details; Darstellungen des Modells auch bei *Achsnick*, Options-Modelle, S. 72 ff.; *Eidenmüller*, Unternehmenssanierung, 109 ff.; *Huelsdunk*, KTS 1999, 291 (310 ff.).

nach Abgabe des eigenen Gebots knapp überboten zu werden[255]. Die Besonderheit dieses Modells besteht nun darin, dass neben Bar-Geboten auch Nicht-Bar-Gebote zulässig sind. Ein Nicht-Bar-Gebot könnte beispielsweise darin bestehen, dass das bisherige Management vorschlägt, die Geschäfte weiterzuführen, und dafür Anteile an der reorganisierten Gesellschaft erhält. Ein solches Vorgehen ist auch von Seiten eines neuen Managementteams denkbar[256]. Durch diese Möglichkeit kann eine etwaige Unterbewertung des Unternehmens aufgefangen werden, was wiederum dazu führt, dass das oben geschilderte Problem der Finanzierungsrestriktionen abgemildert wird[257]. Außerdem soll durch die Zulassung von Nicht-Bar-Geboten auch der Weg für eine etwaige Reorganisation bereitet werden[258].

Die soeben beschriebene Phase des Verfahrens endet mit der Veröffentlichung der eingegangenen Gebote. Anhand dieser können sich die Optionsinhaber einen Überblick über den potentiellen Wert des Unternehmens verschaffen und entscheiden, ob sie ihre Optionen ausüben wollen oder nicht[259]. Dies wird davon abhängen, ob die abgegebenen Bar- bzw. Nicht-Bar-Gebote über dem Ausübungspreis liegen oder nicht[260]. Nach Ausübung bzw. Nichtausübung der Optionen, entscheiden dann die neuen Anteilseigner (die rein theoretisch die alten sein können) über das weitere Schicksal der Gesellschaft (Liquidation oder Reorganisation).

In einer abgewandelten Form ihres Modells schlagen *Aghion/Hart/Moore* nur noch einen eingeschränkten *debt equity swap* vor[261]. Dabei sollen Forderungen, soweit sie durch Kreditsicherheiten gedeckt sind, stehen bleiben. Der ungedeckte Teil dieser Forderungen sowie Forderungen ungesicherter Gläubiger sollen hingegen in Eigenkapital umgewandelt werden. Dies könnte eine weitere Abmilderung des Finanzierungsproblems darstellen, da die Ausübungspreise der Optionsrechte sinken[262].

---

255 *Huelsdunk*, KTS 1999, 291 (311). Diese Phase des Verfahrens, in der auch die Forderungen festgestellt werden müssen, erstreckt sich nach den Vorstellungen von *Aghion/Hart/Moore*, Journal of Law, Economics & Organization, Vol. 8, 523 (524) über einen Zeitraum von 3–4 Monaten.

256 Diese Beispiele finden sich bei *Aghion/Hart/Moore*, Journal of Law, Economics & Organization, Vol. 8, 523 (524). Sie werden von *Achsnick*, Options-Modelle, S. 74 übernommen.

257 Vgl. *Aghion/Hart/Moore*, Journal of Law, Economics & Organization, Vol. 8, 523 (536): „The major advantage of our proposal is that, by permitting noncash bids, it reduces (or even eliminates) the financing problem".

258 *Aghion/Hart/Moore*, Journal of Law, Economics & Organization, Vol. 8, 523 (524): "Noncash bids allow for reorganization and/or recapitalization of the firm as a going concern."

259 *Achsnick*, Options-Modelle, S. 81; *Drukarczyk/Schöntag*, Insolvenzplan, S. 8.

260 Vgl. *Hart*, Firms, Contracts and Financial Structure, S. 174.

261 Zu den Einzelheiten des abgewandelten Modells vgl. *Hart*, Firms, Contracts and Financial Structure, S. 174 ff.

262 Diesen Vorteil hebt MüKo-InsO/*Drukarczyk*, § 245 Rn. 95 hervor, der aber auch auf die damit zusammenhängende Notwendigkeit einer Bewertung der Sicherungsgüter hinweist.

Das Modell nach *Aghion/Hart/Moore* bietet somit viel versprechende Lösungsansätze für die eingangs beschriebenen Probleme des Insolvenzverfahrens. Durch die Rekapitalisierung kommt es zu einer Gleichschaltung der Gläubigerinteressen, da nunmehr alle Beteiligten als zumindest potentielle Anteilseigner an einer Maximierung des Unternehmenswerts interessiert sind. Aufwendige Vergleichsrechnungen durch das Gericht werden hinfällig, was gleichzeitig zu einer Beschleunigung des Verfahrens führen kann. Dabei bleibt zunächst noch offen, auf welche Weise die Wertmaximierung erreicht werden soll. Die Verwertungsentscheidung folgt somit auf die Verteilungsentscheidung; diese Entkoppelung der Entscheidungsprozesse kann im Hinblick auf eine optimale Verwertung des Schuldnervermögens nur von Vorteil sein. Die strikte Wahrung der Rangfolge der Vorinsolvenzrechte kann als weiterer Vorteil dieser Vorgehensweise angesehen werden, weil somit gewährleistet ist, dass keiner der Beteiligten schlechter steht als bei einer Insolvenzabwicklung im Regelverfahren. Weil sich durch die Zulassung von Nicht-Bar-Geboten schließlich Finanzierungsprobleme der Optionsinhaber zumindest reduzieren lassen, scheint das letztgenannte Modell von *Aghion, Moore* und *Hart* eine für das Planverfahren erwägenswerte Handlungsalternative.

Da die Umsetzung des Modells – jedenfalls in der Grundversion – eine umfassende Umwandlung der Gläubigerforderungen in Gesellschaftsanteile erfordert, treten die bereits angesprochenen gesellschaftsrechtlichen Probleme im Rahmen eines *debt equity swap* freilich auch hier auf. Zudem ist zu bedenken, dass das Modell seinem Wesen nach zwar nicht auf einen bestimmten Gesellschaftstypus beschränkt ist, in der Praxis aber doch vor allem börsennotierte Kapitalgesellschaften, deren Anteile leicht handelbar sind, die geeigneten Objekte darstellen werden[263]. Ob der drohende Ausschluss der Alteigentümer hingegen dazu führte, dass Insolvenzanträge durch den Schuldner später erfolgten als bisher, darf zumindest bezweifelt werden[264].

Die möglichen Probleme des Verfahrens wiegen jedenfalls nicht so schwer, als dass man deswegen die Umsetzung des Optionsmodells im Rahmen eines Insolvenzplanverfahrens – sollte sie denn rechtlich möglich sein – von vornherein ausschließen sollte. Es stellt sich daher die Frage, ob eine solche Implementierung nach den Vorschriften der InsO überhaupt möglich wäre.

263 *Eidenmüller*, Unternehmenssanierung, S. 115 f.; *Achsnick*, Options-Modelle, S. 99 ff.

264 Zu Recht skeptisch *Drukarczyk/Schöntag*, Insolvenzplan, S. 19.

(iii) Umsetzung eines Optionsmodells im Insolvenzplanverfahren

Es wurde bereits gezeigt, dass, wenn die Altgesellschafter sich insoweit kooperationsbereit zeigen, ein dem Optionsmodell zugrunde liegender *debt equity swap* im Insolvenzplanverfahren grundsätzlich erfolgen kann, obschon er mit gewissen Risiken verbunden ist. Die Umsetzung wird allerdings nicht leichter, als es sich im Rahmen des diskutierten Optionsmodells (in der Grundversion) um den weitestmöglichen *debt equity swap* handelt, da alle Gläubiger ihre Forderungen verlieren und alle Altgesellschafter (zumindest vorläufig, d. h. vorbehaltlich einer Ausübung der ihnen zugeteilten Optionsrechte) ihre Gesellschafterstellung aufgeben müssen. Während auf Seiten der Altgesellschafter somit auch hier die Frage nach der Zulassung etwaiger Zwangseingriffe zutage tritt, lässt sich das Problem auf Gläubigerseite womöglich mithilfe des in § 245 InsO statuierten Obstruktionsverbots in den Griff bekommen. Denn durch die Wahrung der vorinsolvenzlichen Befriedigungsrangfolge ist sichergestellt, dass niemand infolge der planmäßigen Umsetzung des Optionsmodells schlechter gestellt wird, als er ohne Plan stünde. Die gesicherten Gläubiger werden entweder voll befriedigt oder erhalten die Anteile an der Schuldnergesellschaft. Die ungesicherten Gläubiger bzw. die Altgesellschafter erhalten nur etwas, wenn die ihnen jeweils vorgehenden Gruppen befriedigt worden sind. Damit besteht eine Situation, die der bei Vornahme einer Liquidation ohne Plan im Wesentlichen vergleichbar ist[265]. Zwar ist theoretisch auch die Situation denkbar, dass die gesicherten Gläubiger bei Nichtausübung der Optionen durch ungesicherte Gläubiger und Altgesellschafter einen Unternehmenswert realisieren können, der über die Liquidationsquote, die ihnen im Regelverfahren zuteil geworden wäre, hinausgeht, während die ungesicherten Gläubiger in diesem Fall gar nichts erhalten. Doch ist eher nicht mit dem Eintreten dieses Falls zu rechnen, da in einem solchen Fall eine Ausübung der Optionsrechte zu erwarten ist. Im Fall einer Nichtausübung lässt sich – vom Fall der gescheiterten Finanzierung abgesehen – auch sagen, dass die Optionsinhaber hinsichtlich der Bewertung des Unternehmenswerts einer Fehleinschätzung erlegen sind, deren Konsequenzen sie genauso tragen müssen, wie sich die gesicherten Gläubiger gegebenenfalls auch mit einem im Vergleich zum Regelverfahren geringeren Betrag zufrieden geben müssen.

Aus diesem Grund wäre es auch falsch, die Anwendbarkeit des Obstruktionsverbots wegen fehlender Angemessenheit im Sinne des § 245 I Nr. 2, II Nr. 1 InsO verneinen zu wollen. Auch insoweit stünde es den ungesicherten Gläubigern bzw. den Altgesellschaftern frei, einen etwaigen Mehrwert durch Optionsausübung selbst zu realisieren. Tun sie dies nicht, weil ihnen das Risiko einer

265 *Achsnick*, Options-Modelle, S. 128 f.

Fehleinschätzung als zu hoch erscheint, können sie sich in der Folge angesichts eines etwaigen Mehrerlöses der gesicherten Gläubiger, denen dann dieses Risiko samt den übrigen mit der Gesellschafterstellung verbundenen Risiken zufällt, nicht beschweren[266].

Auch § 245 II Nr. 2 InsO sollte richtigerweise in diesem Zusammenhang der Anwendbarkeit des Obstruktionsverbots nicht im Wege stehen. Zwar erhalten die Altgesellschafter als ursprünglich am Schuldner beteiligte Personen insoweit einen möglichen wirtschaftlichen Wert, als sie im Fall der Ausübung ihrer Optionen wieder in die Gesellschafterstellung eintreten. Es ist allerdings zu berücksichtigen, dass diese Konstellation nur eintritt, wenn die Gläubiger zuvor voll befriedigt worden sind. Da es aber gerade die Intention der Vorschrift ist, eine Beeinträchtigung der Befriedigungsinteressen der Gläubiger, wie sie bei Zuwendungen an den Schuldner eintreten kann, zu verhindern, ist die Vorschrift für den Fall, dass eine solche Beeinträchtigung gerade nicht mehr möglich ist, weil die Gläubiger bereits voll befriedigt sind, von ihrem Zweck her gar nicht anwendbar.

Teilweise wird zudem der Einwand erhoben, es könne bei einer Wiedererlangung der Gesellschafterstellung durch die Alteigentümer nicht stets auch von der Erlangung eines wirtschaftlichen Werts durch den Schuldner oder die an diesem beteiligten Personen ausgegangen werden, weil es durch die Rekapitalisierung häufig nur zu einer Bilanzsanierung komme und erst wieder für eine neue Kapitalausstattung der Gesellschaft zu sorgen sei[267]. Es sei eine wirtschaftliche Betrachtungsweise angebracht, weil es dem Reformziel, mittels des Insolvenzplans Unternehmensfortführungen durch den Schuldner zu ermöglichen, widerspreche, wollte man allein in der Gewährung der Fortführungsmöglichkeit (und den damit in aller Regel verbundenen Verzichten auf Gläubigerseite) stets die unzulässige Zuwendung eines wirtschaftlichen Werts sehen[268]. Diese Leistungen könnten den vorhandenen Unternehmenswert durchaus aufwiegen[269], wes-

266 Im Ergebnis ebenso, wenn auch mit teils anderer Begründung *Achsnick*, Options-Modelle, S. 129 ff.

267 *Achsnick*, Options-Modelle, S. 133 f. *Achsnick* weist allerdings in diesem Zusammenhang auch zutreffend darauf hin, dass eine Optionsausübung mit anschließender Unternehmensfortführung durch die Altgesellschafter unwahrscheinlich ist, da man sich, wenn diese die dazu erforderlichen Mittel ohne weiteres aufbringen können, fragen müsse, weshalb es überhaupt zu einer Insolvenz gekommen ist; s. auch Nerlich/Römermann/*Braun*, § 245 Rn. 26, der einen wirtschaftlichen Wert nur bei einer Entlastung der Passivseite in dem Maße, dass wieder positives Kapital entsteht, als gegeben ansieht.

268 Nerlich/Römermann/*Braun*, § 245 Rn. 25; *Braun*, NZI 1999, 473 (477).

269 In Bezug auf das US-amerikanische Chapter 11-Verfahren wird dieses Problem unter dem Stichwort der *new value exception* diskutiert. Danach soll eine Ausnahme von der *absolute priority rule*, die besagt, dass kein nachrangiger Gläubiger durch einen Plan etwas gegen den

halb grundsätzlich eine bilanzielle Sichtweise zugrunde zu legen sei[270]. Sei kein Dritter bereit, das Unternehmen anstelle der Alteigentümer zu den im Plan vorgesehenen Bedingungen fortzuführen, könne nicht davon ausgegangen werden, dass diese durch die Fortführungsmöglichkeit einen wirtschaftlichen Wert erhielten[271]. Auch wenn das Zugrundelegen einer wirtschaftlichen Sichtweise richtig ist – was auch bei Zuwendungen an am Schuldner beteiligte Personen zutrifft[272] –, wäre diese Argumentation im Rahmen des beschriebenen Optionsmodells schon unter dem letztgenannten Gesichtspunkt mitunter problematisch, da durch die etwaige Abgabe von Geboten auch von Seiten Dritter eine solche Bereitschaft manifestiert sein kann. Durch die Ingangsetzung eines solchen Bieterprozesses soll ja gerade herausgefunden werden, welcher wirtschaftliche Wert durch das Unternehmen verkörpert wird[273]. Zudem weist *Drukarczyk* richtigerweise darauf hin, dass mit der Optionsausübung durch die Alteigentümer nur dann zu rechnen sei, wenn diese gerade von einem Wert der Option (d. h. der potentiellen Gesellschaftsbeteiligung) ausgingen, der über dem Wert der von ihnen zu erbringenden Leistungen liegt[274]. Mithin erscheint es zumindest diskussionswürdig, einen wirtschaftlichen Wert in Gestalt der Gesellschaftsbeteiligung zu verneinen. Dies steht auch keineswegs in Widerspruch zu der These, die gemeinhin eine Wertlosigkeit der Gesellschaftsanteile in der Insolvenz unterstellt[275], da dort der Wert des in die Insolvenz gefallenen Unternehmens entscheidend ist, während vorliegend auf das nach den Planvorstellungen sanierte Unternehmen abzustellen ist.

Im Rahmen des Optionsmodells ist die Frage nach dem Vorliegen eines wirtschaftlichen Werts aber nicht relevant, da bei einer vollen Befriedigung der Gläubiger, wie sie im Zuge der Optionsausübung zu erfolgen hat, die etwaige Zuwen-

---

Widerspruch einer bevorrechtigten Gläubigergruppe erhalten darf, bevor diese nicht vollständig befriedigt worden ist, zulässig sein, wenn die Gesellschafter im Gegenzug für ihre wirtschaftliche Beteiligung der Gesellschaft einen Wert (*new value*) zuführen, der dem der Beteiligung entspricht. Vgl. dazu *Wittig*, ZInsO 1999, 373 ff.

270 *Braun*, NZI 1999, 473 (478); Nerlich/Römermann/*Braun*, § 245 Rn. 26, der dabei auch die ersichtlichen Fortführungs- und Haftungsrisiken wertend einfließen lassen möchte.

271 So die Gesetzesbegründung in RegE InsO, BT-Drucks. 12/2443, S. 209. Vgl. auch *LG Traunstein*, Beschl. v. 27.08.1999 – 4 T 2966/99 = NZI 1999, 461 = ZinsO 1999, 577 (mit Anm. *Pöllmann*). Das *LG Traunstein* NZI 1999, 461 (464) = ZInsO 1999, 577 (581 f.) verneinte einen wirtschaftlichen Wert, weil ein Drittangebot trotz insoweit unternommener Anstrengungen nicht vorlag. Bei der Entscheidung handelt es sich um eine Beschwerdeentscheidung zur erstinstanzlichen Entscheidung des *AG Mühldorf*, Beschl. v. 27.07.1999 – 1 IN 26/99 = NZI 1999, 422.

272 *Wittig*, ZInsO 1999, 373 (376).

273 Auch MüKo-InsO/*Drukarczyk*, § 245 Rn. 84 weist auf diese Möglichkeit der Wertbestimmung hin.

274 MüKo-InsO/*Drukarczyk*, § 245 Rn. 78.

275 Dazu u. S. 105 ff.

dung eines wirtschaftlichen Werts an die Altgesellschafter unschädlich ist. In einem solchen Fall sollte eine Prüfung des in § 245 II Nr. 2 InsO statuierten Angemessenheitskriteriums unterbleiben, die Vorschrift ist insoweit teleologisch zu reduzieren[276].

Sind Gläubiger auch unter Zuhilfenahme des Obstruktionsverbots nicht in das Plankonzept mit einzubinden, wäre das Angebot einer hypothetischen Liquidationsquote ein möglicher Ausweg[277].

Ferner stellt sich die Frage, auf welchen Personenkreis § 230 II InsO im Rahmen eines optionsbasierten Insolvenzplans Anwendung findet, wessen zustimmende Erklärungen dem Plan also beizufügen sind. Unproblematisch ist das bei denjenigen Gläubigern, hinsichtlich deren Forderungen der Plan eine Umwandlung in Eigenkapital vorsieht. Wie aber verhält es sich mit den Optionsberechtigten, deren Anteilsübernahme zwar möglich, aber noch unsicher ist? Insoweit sollte eine Anwendung der Vorschrift schon deshalb unterbleiben, weil die Gefahr einer unfreiwilligen Anteilsübernahme bei der Optionslösung nicht besteht. Die Inhaber der Optionen können frei darüber entscheiden, ob sie diese ausüben und damit Gesellschafter werden oder nicht[278].

Vorbehaltlich der Umsetzung der erforderlichen gesellschaftsrechtlichen Maßnahmen lässt sich damit festhalten, dass Optionsmodelle auch *de lege lata* einen möglichen Inhalt von Insolvenzplänen bilden können. Da aber insoweit die Mitwirkung der Altgesellschafter vonnöten ist, besteht das angesprochene Blockadepotential dieser Personengruppe auch in diesem Zusammenhang. Weil aber das soeben beschriebene Modell zugleich unbestreitbare Vorteile aufweist, ist auch in dieser Hinsicht ein Anreiz gegeben, die rechtlichen Möglichkeiten zur Überwindung einer etwaigen Gesellschafterobstruktion auszuloten.

---

276 Ebenso, richtigerweise nicht nur auf die hier angesprochenen Optionsmodelle beschränkt MüKo-InsO/*Drukarczyk*, § 245 Rn. 86, der darauf hinweist, dass vollständig befriedigte Gläubiger bereits angemessen am wirtschaftlichen Wert beteiligt sind; für eine teleologische Reduktion auch Nerlich/Römermann/*Braun*, § 245 Rn. 25.

277 *Eidenmüller*, Unternehmenssanierung, S. 115; *Achsnick*, Options-Modelle, S. 137 f.

278 So auch unter Anführung weiterer Argumente *Achsnick*, Options-Modelle, S. 135 ff.

C. Die gesellschaftsrechtliche Neutralität der Insolvenzordnung

I. Wortlaut des § 217 InsO

In § 217 InsO werden die möglichen Regelungsgegenstände eines Insolvenzplans genannt. Dabei handelt es sich um (1) die Befriedigung der absonderungsberechtigten Gläubiger und der Insolvenzgläubiger, (2) die Verwertung und Verteilung der Insolvenzmasse und (3) die Haftung des Schuldners nach Beendigung des Insolvenzverfahrens. Im Umkehrschluss könnte man daraus eine Unzulässigkeit von Eingriffen in die Organisationsverfassung der Gesellschaft bzw. die Rechtsposition der Gesellschafter ableiten[279]. Weil es sich um eine abschließende Aufzählung handelt, liegt der zwingende Charakter dieser Annahme[280] nahe, da angesichts der Tatsache, dass der Gesetzgeber die Gesellschafter in der entsprechenden Vorschrift des Regierungsentwurfs noch erwähnte[281], auch nicht davon ausgegangen werden kann, dass er die Gesellschafterrechte bei der Nennung der möglichen Eingriffsobjekte nicht im Blick hatte. Vielmehr ist von einem bewussten gesetzgeberischen Verzicht auf Eingriffe in die Rechtsstellung der Gesellschafter auszugehen. Es erscheint auch nicht möglich, einen solchen Eingriff einer der oben genannten Regelungsgruppen zuzuordnen. Der Zugriff auf Gesellschafterrechte stellt keinesfalls eine Möglichkeit der Verwertung der Insolvenzmasse dar. Die zu verwertende Insolvenzmasse gem. § 35 InsO umfasst nur das Vermögen des Schuldners. Schuldner ist jedoch bei der Gesellschaftsinsolvenz nur die Gesellschaft, nicht die an ihr beteiligten Personen[282]. Aus diesem Grund scheitert auch eine Zuordnung zur planweisen Regelung der Schuldnerhaftung. Am ehesten ließe sich ein solcher Eingriff noch dem Regelungsbereich der Gläubigerbefriedigung zuordnen, da die in Frage stehenden gesellschaftsrechtlichen Maßnahmen zu einer von den gesetzlichen Vorschriften abweichenden Befriedigung der Gläubiger führen können (so z. B. im Fall eines *debt-equity swap*). Dies kann aber nicht darüber hinwegtäuschen, dass mit einer vom Gesetz abweichenden Gläubigerbefriedigung stets eine vom Gesetz abweichende Haftungsregelung korreliert. Während das Schuldnervermögen als Haftungsmasse in § 217 InsO jedoch ausdrücklich genannt ist, fehlt eine Erwähnung der Gesellschafterrechte.

---

279 So *H.-F. Müller*, Verband in der Insolvenz, S. 319.

280 *H.-F. Müller*, Verband in der Insolvenz, S. 319.

281 § 253 RegE InsO, BT-Drucks. 12/2443, S. 49, 195.

282 Zu der sich daraus ergebenden Problematik eines Zugriffs auf schuldnerfremdes Vermögen vgl. u. S. 130 ff.

Aufgrund dieser Überlegung erscheint es überzeugend, bereits den Wortlaut des § 217 InsO als Beleg für die gesellschaftsrechtliche Enthaltsamkeit des Insolvenzrechts ausreichen zu lassen.

Zur zusätzlichen Untermauerung dieser These soll aber noch dargelegt werden, dass die Gesellschafter als Nichtverfahrensbeteiligte des Planverfahrens keinen Zwangseingriffen durch den Plan ausgesetzt sein können.

II. Die Beteiligten als Zwangsunterworfene des Planverfahrens

§ 221 InsO bestimmt, dass im gestaltenden Teil des Insolvenzplans festgelegt werden soll, „wie die Rechtsstellung der Beteiligten durch den Plan geändert werden soll". Und in § 254 InsO wird in Abs. 1 Satz 1 bestimmt, dass „mit der Rechtskraft der Bestätigung des Insolvenzplans (...) die im gestaltenden Teil festgelegten Wirkungen für und gegen alle Beteiligten" eintreten. Damit wird zunächst einmal klargestellt, dass der Insolvenzplan gegenüber Nichtverfahrensbeteiligten keine direkte Wirkung zu entfalten vermag[283]. Allerdings wird der Begriff des „Beteiligten", der noch an zahlreichen anderen Stellen innerhalb des Regelungskomplexes der §§ 217 ff. InsO auftaucht[284], nirgends definiert. Beim unbefangenen Leser könnte bei der weiteren Lektüre des § 254 I InsO so der Eindruck entstehen, dass zu den Maßnahmen mit gestaltender Wirkung auch gesellschaftsrechtliche rechnen und die Gesellschafter einer insolventen Gesellschaft mithin auch als Beteiligte des Insolvenzverfahrens anzusehen sind, ist doch in Satz 2 wiederholt von der Abtretung von Gesellschaftsanteilen einer GmbH die Rede[285]. Im Gesamtkontext des Regelungskomplexes wird hingegen klar, dass eine zwangsweise Einbeziehung der Gesellschafterebene im Insolvenzplanverfahren nach der InsO gerade nicht möglich ist[286] und dass, wenn das Gesetz von den Beteiligten des Planverfahrens spricht, damit nicht die Gesellschafter gemeint sind[287]. Beteiligte sind alle Personen, deren Rechtsstellung im Planver-

283 Gottwald/*Braun*, Insolvenzrechts-Hdb., § 69 Rn. 1.

284 Siehe §§ 217, 220 I, 222 I 1, 226, 228 S. 1, 231 I Nr. 3, 234, 245 I Nr. 2 InsO.

285 Vgl. insoweit auch Gottwald/*Braun*, Insolvenzrechts-Hdb., § 69 Rn. 1, der die Fassung des § 254 I InsO, insbesondere die Aufnahme des Satzes 2, kritisch hinterfragt, sowie MüKo-InsO/*Eidenmüller*, § 217 Rn. 65, der in diesem Zusammenhang von „rudimentären und kryptischen Regelungen" spricht.

286 *Braun/Uhlenbruck*, Unternehmensinsolvenz, S. 582.

287 Dies bestätigt *LG Mühlhausen*, Beschl. v. 17.9. 2007 – 2 T 190/06 – = KTS 2008, 210 (210, 212). Ebenso die ganz überwiegende Auffassung im Schrifttum, vgl. MüKo-InsO/*Eidenmüller*, § 217 Rn. 65; HK-InsO/*Flessner*, § 221, Rn. 3; Kübler/Prütting/*Otte*, § 217 Rn. 61a; *Noack*, FS Zöllner, 411 (419); *H.-F. Müller*, Verband in der Insolvenz, S. 320; *Sassenrath*, ZIP 2003,

fahren unmittelbar beeinflusst werden kann, wobei die Planwirkung unabhängig von der Zustimmung des Einzelnen oder seiner Teilnahme am Verfahren überhaupt eintritt[288]. In dieser Weise Planunterworfene sind die Insolvenzgläubiger, die nachrangigen Insolvenzgläubiger, die Absonderungsberechtigten sowie der Schuldner[289]. Dies ergibt sich zunächst aus § 217 InsO, der als möglichen Regelungsgegenstand eines Plans die Befriedigung der absonderungsberechtigten Gläubiger und der Insolvenzgläubiger sowie die Haftung des Schuldners nennt, und aus den §§ 223–225, 227 I InsO, die Ausführungen dazu enthalten, inwieweit in die Rechte dieser Gruppen eingegriffen werden kann. Dass zu den Insolvenzgläubigern nicht nur die Gläubiger aus § 38 InsO zu rechnen sind, sondern auch die nachrangigen Insolvenzgläubiger gem. § 39 InsO, ergibt sich aus § 222 InsO und § 225 InsO, wonach diese zwingend bei der Gruppenbildung zu berücksichtigen sind, sofern ihre Forderungen nicht nach § 225 InsO als erlassen gelten. Schuldner im Sinne des Insolvenzplanverfahrens ist derjenige, über dessen Vermögen gem. §§ 11, 12 InsO das Insolvenzverfahren eröffnet wurde[290]. Im Fall der Gesellschaftsinsolvenz ist dies nur die Gesellschaft, nicht etwa die an ihr beteiligten Personen. Dies wird nicht zuletzt in § 227 II InsO deutlich, der ausdrücklich zwischen Gesellschaft und Gesellschaftern differenziert[291]. Die Gesellschafter werden nicht bei der Gruppenbildung berücksichtigt, ihnen wird der Plan auch nicht gem. § 232 InsO zur Stellungnahme zugeleitet und konsequenterweise sind sie auch nicht im Rahmen der Verfahrensvorschriften über die Planabstimmung in §§ 235 ff. InsO erwähnt. Dass ihnen gegenüber keine Eingriffe durch den Plan vorgesehen sind, zeigt auch die Nichterwähnung in den Schutzvorschriften der §§ 251, 253 InsO[292].

Als einzige Vorschrift, die möglicherweise zur Untermauerung der These von der Beteiligtenstellung der Gesellschafter herangezogen werden könnte, kommt § 227 II InsO in Betracht. Dort findet sich die Regelung, dass § 227 I InsO, wonach vorbehaltlich einer anders lautenden Regelung im Insolvenzplan der Schuldner nach der durch den Plan vorgesehenen Befriedigung der Gläubiger Befreiung von seinen restlichen Verbindlichkeiten diesen gegenüber erlangt, auch entsprechend für die persönliche Haftung der Gesellschafter einer Gesellschaft ohne Rechtspersönlichkeit oder einer KGaA gilt. Damit wird vordergründig eine Selbstverständlichkeit geregelt. Denn bei Wegfall bzw. Nichtdurchsetzbarkeit

1517 (1518); *Smid/Rattunde*, Insolvenzplan, Rn. 336 ff.; *Maus* in KS (2. Aufl.), 931 (945 f.); anders wohl *Delhaes*, NZI 1999, 47 (50); *Uhlenbruck*, GmbHR 1995, 195 (210).

288 Vgl. § 254 I 3 InsO; *Schiessler*, Insolvenzplan, S. 72.

289 MüKo-InsO/*Eidenmüller*, § 217 Rn. 59 ff.

290 MüKo-InsO/*Eidenmüller*, § 217 Rn. 64.

291 *Eidenmüller*, ZGR 2001, 680 (682).

292 *Sassenrath*, ZIP 2003, 1517 (1518).

der Gesellschaftshaftung entfällt auch die akzessorische Gesellschafterhaftung bzw. ist nicht durchsetzbar. Dies ergibt sich bereits aus §§ 128, 129 HGB (analog) bzw. den entsprechenden Normen[293]. Auch wenn man davon ausgeht, dass die Restschuldbefreiung im Insolvenzplan die jeweiligen Forderungen nicht zum Erlöschen bringt, sondern diese als Naturalobligationen fortbestehen, was angesichts des Fortbestands einer akzessorischen Haftung eines Mitschuldners bzw. Bürgen, wie er in § 254 II InsO vorausgesetzt wird, und der Tatsache, dass die Forderung nach der Regelung in § 254 III InsO immer noch einen Rechtsgrund darstellt, zumindest nahe liegt[294], wäre damit die Forderung gegen den Gesellschafter angesichts § 129 HGB nicht durchsetzbar[295]. Umstritten ist indes, ob angesichts der Tatsache, dass hinsichtlich der Haftung des Schuldners (der Gesellschaft) gem. § 227 I InsO eine abweichende Regelung zulässig ist, auch hinsichtlich der Haftung des persönlichen Gesellschafters vom gesetzlichen Regelfall abgewichen werden kann, ob also im Insolvenzplan eine Regelung zuungunsten des persönlich haftenden Gesellschafters getroffen werden darf, wonach dieser nicht oder jedenfalls in geringerem Umfang als die Gesellschaft von der Haftung befreit wird. Richtigerweise ist dies nur zulässig, wenn der betroffene Gesellschafter zustimmt, da es sich bei einer solchen Regelung um eine Durchbrechung der gesetzlich angeordneten Akzessorietät der Gesellschafterhaftung handelt, die der Gesellschafter auch in der Insolvenz nicht hinzunehmen braucht[296]. Die unterschiedliche Behandlung im Vergleich zum Mitschuldner bzw. Bürgen, dessen Haftung unter Aufhebung der Akzessorietät gem. § 254 II InsO in vollem Umfang fortbesteht, lässt sich damit rechtfertigen, dass diese Haftung vertraglich begründet ist, während die Gesellschafterhaftung gesetzlich angeordnet ist.

Selbst unter Zugrundelegung der Ansicht, die in § 227 II InsO eine hinreichende Grundlage für eine zwangsweise Planunterworfenheit der Gesellschafter hinsichtlich ihrer persönlichen Haftung sieht, ist aber an der grundsätzlichen Feststellung festzuhalten, dass Gesellschafter – abgesehen von der nach dieser

293 So auch *H.-F. Müller*, KTS 2002, 209 (249), der § 227 II InsO insoweit eine klarstellende Funktion zuschreibt.

294 Für die Einstufung als Naturalobligation Kübler/Prütting/Bork/*Otte*, § 254 Rn. 14; HK-InsO/*Flessner*, § 254 Rn. 13; MüKo-InsO/*Huber*, § 254 Rn. 6, 27, 33; *Häsemeyer*, Insolvenzrecht, S. 802 f.; alternativ auf § 814 BGB abstellend Leipold/*Bork*, Insolvenzrecht im Umbruch, S. 51 (53).

295 *H.-F. Müller*, Verband in der Insolvenz, S. 416 f.

296 *H.-F. Müller*, Verband in der Insolvenz, S. 417; *Noack*, GesR, Rn. 540; MüKo-InsO/*Breuer*, § 227 Rn. 12; HK-InsO/*Flessner*, § 227 Rn. 8; grundlegend zur Problematik, allerdings mit dem Unterschied, dass ein Erlass und keine Umwandlung in eine Naturalobligation zugrunde liegt BGHZ, 47, 376 (379 ff.); a. A. MüKo-InsO/*Eidenmüller*, § 217 Rn. 66 ff.; *Eidenmüller*, ZGR 2001, 680 (682 ff.), der den Gesellschaftern folgerichtig insoweit auch die Schutzrechte aus §§ 251, 253 InsO analog zugesteht.

Auffassung möglichen Haftungsverschärfung – keinen Zwangseingriffen ausgesetzt sind[297]. Die etwaige Ausnahme aus § 227 II InsO würde sich nach dieser Ansicht als gegenständlich begrenzte Ausnahme zur Regel darstellen.

Nebenbei sei bemerkt, dass im vorliegend interessierenden Fall der Reorganisation der Gesellschaft der Meinungsstreit ohnehin nicht relevant wird, da für die Fortführung der Gesellschaft ohne Rechtspersönlichkeit bzw. einer KGaA auf Grundlage eines Verwalterplans gem. § 230 I 2 InsO die Zustimmung der persönlich haftenden Gesellschafter einzuholen ist. Mit der Zustimmung zum Plan erklären diese gegebenenfalls auch die Zustimmung zu einer vom Gesetz abweichenden Regelung über die persönliche Haftung[298].

III. Verzahnung gesellschafts- und insolvenzrechtlicher Maßnahmen im bedingten Plan

Somit ist klar, dass gesellschaftsrechtliche Maßnahmen nicht Teil des gestaltenden Teils eines Insolvenzplans sein können, sondern, sollen sie Teil des Plankonzepts sein, auf anderem Wege herbeigeführt werden müssen. Dass gesellschaftsrechtliche Regelungen regelmäßiger Bestandteil eines tragfähigen Konzepts zur Unternehmenssanierung sind, wurde bereits dargestellt und wird offensichtlich auch vom Gesetz (vgl. § 254 I 2 InsO) vorausgesetzt. Als Teil des Plankonzepts sind sie in den darstellenden Teil des Insolvenzplans aufzunehmen. Ihre Umsetzung richtet sich aber nach Gesellschaftsrecht, die entsprechenden Beschlüsse müssen von den zuständigen Organen der Gesellschaft getroffen werden[299]. Maßnahmen des Gesellschaftsrechts sind mithin unabhängig von solchen des Insolvenzplanrechts[300]. Als Mittel zur Koordination der gesellschafts- und insolvenzrechtlichen Maßnahmen sieht das Gesetz das Institut des bedingten Plans gem. § 249 InsO vor. Danach kann die Planbestätigung von der vorherigen Erbringung bestimmter Leistungen oder der Verwirklichung anderer Maßnahmen abhängig gemacht werden. Die Regelungen im gestaltenden Teil des Plans sowie Maßnahmen, die nicht unmittelbar durch den Plan erzwungen werden können, sollen auf diese Weise in ein wechselseitiges Abhängigkeitsverhältnis gebracht werden[301]. Auf diese Weise sollen nach der Vorstellung des Gesetzgebers gesellschaftsrecht-

297 MüKo-InsO/*Eidenmüller*, § 217 Rn. 74.

298 *H.-F. Müller*, Verband in der Insolvenz, S. 417; HK-InsO/*Flessner*, § 230 Rn. 3 weist darauf hin, dass die Zustimmung nach § 230 InsO nicht mit dem gesellschaftsrechtlichen Fortführungsbeschluss gleichzusetzen ist.

299 *Uhlenbruck*, NZI 2008, 201 (203).

300 *Eidenmüller/Engert*, ZIP 2009, 541 (542).

301 *H.-F. Müller*, KTS 2002, 209 (213).

liche und insolvenzrechtliche Beschlussfassungen sinnvoll miteinander verzahnt werden[302]. Für die Chronologie des Verfahrens bedeutet das, dass zunächst die Gläubiger über den Planvorschlag abstimmen, sodann die im Plan vorgesehenen gesellschaftsrechtlichen Beschlüsse zu treffen sind und erst danach der Plan vom Insolvenzgericht bestätigt werden kann[303].

Die Gesellschafter können auf diesem Wege zu Planunterworfenen werden, angesichts der fehlenden Zwangswirkung, die der Plan ihnen gegenüber zu entfalten vermag, kann man sie auch als „freiwillig" Beteiligte bezeichnen[304]. Wird der Beteiligtenbegriff in § 254 I 2 InsO im Zusammenhang mit der Übertragung von Gesellschaftsanteilen in diesem Sinne gelesen, löst sich auch der angesichts der gesellschaftsrechtlichen Neutralität des Insolvenzrechts zunächst auftretende Widerspruch auf. Der eigentliche Sinn der Vorschrift, die außerhalb eines Insolvenzplans notwendige notarielle Beurkundung gem. § 15 III GmbHG zu ersetzen und somit die Übertragung von Gesellschaftsanteilen zu erleichtern, tritt dann klar zutage. Dennoch ist nicht ganz nachvollziehbar, weshalb der Gesetzgeber die mit dem unterschiedlichen Bedeutungsgehalt des Beteiligtenbegriffs verbundene Verwirrung, die dem Gesetzesverständnis hinderlich ist, in Kauf genommen hat.

IV. Ergebnis: Obstruktionspotential

Die gesellschaftsrechtliche Neutralität und die damit verbundene Nichtbeteiligtenstellung der Altgesellschafter führen zu dem eingangs bereits erwähnten Obstruktionspotenzial[305] und damit zu dem der Untersuchung zugrunde liegenden Problem. Mit dem bedingten Plan steht zwar ein Instrument zur Verfügung, das eine rechtssichere Integration gesellschaftsrechtlicher Maßnahmen in ein Plankonzept und damit interessengerechte Lösungen ermöglicht. Voraussetzung ist jedoch stets die Kooperationsbereitschaft der Anteilseigner. Ist diese nicht gegeben, mündet das Obstruktionspotenzial also in die tatsächliche Obstruktion – wovon hier ausgegangen werden soll – , bleibt das Problem bestehen.

302 RegE InsO, BT-Drucks. 12/2443, S. 211.

303 *H.-F. Müller*, KTS 2002, 209 (214); dieser behandelt aaO, 209 (217 ff.) auch eingehend die Möglichkeiten zur Minimierung des sich aus dieser Reihenfolge ergebenden Vorleistungsrisikos der Gesellschafter.

304 S. *Sassenrath*, ZIP 2003, 1517 (1519, 1521).

305 *Bitter*, ZGR 2010, 147 (150); *Scheunemann/Hoffmann*, DB 2009, 983 (983).

Teil 2: Möglichkeiten de lege lata

Wenn es somit nach dem Gesagten der Mitwirkung der Gesellschafter zur Einbeziehung gesellschaftsrechtlicher Maßnahmen in den Insolvenzplan bedarf, so stellt sich trotzdem die Frage, ob nicht die Gesellschafter unter gewissen Umständen zur Mitwirkung dahingehend verpflichtet sein können, ihre Anteilsrechte der Zwangswirkung eines Insolvenzplans zu unterwerfen[306]. Verschiedene in diese Richtung gehende Ansätze sollen im Folgenden dargestellt werden. Dabei sollen sie vor allem darauf untersucht werden, inwieweit sie geeignet sind, Reformüberlegungen in diesem Bereich hinfällig zu machen.

A. Ansatz von Braun

Braun möchte dem Insolvenzverwalter einen schuldrechtlichen Anspruch gegen die Gesellschafter einer insolventen Gesellschaft auf Abtretung ihrer Gesellschaftsanteile zur Insolvenzmasse einräumen, wenn die Vermögenswerte der Gesellschaft nur durch Verfügung über die Gesellschaftsanteile realisiert werden können[307]. Dies ist dann der Fall, wenn die Realisierung des Fortführungswerts im Wege der übertragenden Sanierung nicht möglich ist[308]. In einem solchen Fall ist man angesichts der gesellschaftsrechtlichen Neutralität der Insolvenzordnung auf die Kooperationsbereitschaft der Gesellschafter angewiesen, die nicht stets vorbehaltlos gegeben sein wird. Ein schuldrechtlicher Anspruch auf Abtretung der Gesellschaftsanteile böte einen Ausweg aus diesem Dilemma. Geht man vom Bestehen eines solchen Anspruchs aus, wäre eine Verfügung über diese Rechte im gestaltenden Teil des Insolvenzplans möglich[309]. *Braun* hält dies angesichts der im Regelfall anzunehmenden Wertlosigkeit der Gesellschaftsanteile in der Insolvenz für geboten, da ein Festhalten der Gesellschafter an einer organisationsrechtlichen Formalposition der im Gläubigerinteresse stehenden Haftungsverwirklichung nicht im Wege stehen dürfe[310]. Ein nach Durchführung

306 Vgl. *Sassenrath*, ZIP 2003, 1517 (1519).

307 Nerlich/Römermann/*Braun*, § 217 Rn. 41; vgl. auch *Braun*, FS Gero Fischer, 53 (69 f.).

308 Dazu u. S. 91 ff.

309 Nerlich/Römermann/*Braun*, § 217 Rn. 42.

310 Nerlich/Römermann/*Braun*, § 217 Rn. 36, 38, 40.

des Insolvenzplans verbleibender, die Gesamtverbindlichkeiten der Gesellschaft übersteigender Mehrwert müsse dann dem jeweiligen Gesellschafter entsprechend § 199 InsO zustehen.

Der Ansatz *Brauns* ist im Schrifttum ganz überwiegend auf Ablehnung gestoßen[311]. Er stehe im krassen Widerspruch zum Wortlaut des Gesetzes und der dazu gehörigen Gesetzesbegründung, nach der die Gesellschafter als Nichtbeteiligte des Planverfahrens gerade keine Zwangunterworfenen des Insolvenzplans sein sollten[312]. Vor allem bleibe *Braun* auch eine Erläuterung der zur Begründung eines schuldrechtlichen Anspruchs erforderlichen Sonderbeziehung zwischen Gesellschafter und Insolvenzverwalter bzw. Insolvenzmasse schuldig[313].

Das Problem als Ausgangspunkt der Überlegungen *Brauns* ist bekannt. Dass es sich hierbei um eine Schwäche des geltenden Rechts handelt, die zu den Gläubigern, von denen im Rahmen eines Planverfahrens Zugeständnisse verlangt werden, schwer vermittelbaren Konstellationen führen kann, wurde bereits dargelegt. Auch erscheint es keinesfalls abwegig, zumindest im Regelfall in der Insolvenz von der Wertlosigkeit der Gesellschafteranteile auszugehen[314]. Der Ansatz *Brauns* besticht vielleicht durch seine Einfachheit, er krankt jedoch daran, dass allein das Bestehen eines Problems noch keine hinreichende Rechtfertigungsgrundlage für eine bestimmte Lösung desselben bietet und keineswegs von der rechtsdogmatischen Begründung eines Lösungsansatzes entbindet. Jedoch ist nicht einmal im Ansatz ersichtlich, auf welche rechtliche Grundlage der angenommene schuldrechtliche Anspruch des Insolvenzverwalters gestützt werden kann[315]. Die Herleitung der insoweit erforderlichen Sonderbeziehung zwischen Insolvenzverwalter und Anteilseignern bleibt völlig offen. Da strikt zwischen der Gesellschaftsinsolvenz und der Gesellschafterinsolvenz zu unterscheiden ist und eine Beteiligtenstellung der Gesellschafter im Insolvenzplan *de lege lata* nicht besteht, lässt sich eine solche Sonderbeziehung auch nicht konstruieren. Man kommt nicht umhin, trotz einiger im Ausgangspunkt zustimmungswürdiger Aspekte den oben geschilderten eindeutigen Widerspruch zur geltenden Gesetzeslage zu konstatieren. Eine Pflicht zur Planunterwerfung der Gesellschafter lässt sich auf diesem Weg nicht begründen. *Brauns* Lösung des

---

311 FK-InsO/*Jaffé*, § 217 Rn. 85; MüKo-InsO/*Eidenmüller*, § 217 Rn. 74; Uhlenbruck/*Lüer*, InsO, § 217 Rn. 18; *Sassenrath*, ZIP 2003, 1517 (1519); relativierend *Bitter*, ZGR 2010, 147 (190); zustimmend allein *Hess*, Insolvenzrecht, § 217 Rn. 24.

312 *Sassenrath*, ZIP 2003, 1517 (1519); *Eidenmüller*, ZGR 2001, 680 (687); Uhlenbruck/*Lüer*, InsO, § 217 Rn. 18, Uhlenbruck/*Lüer*, aaO, Rn. 19f., verneint allerdings bereits die Prämisse der Wertlosigkeit der Gesellschaftsanteile in der Insolvenz.

313 *Sassenrath*, ZIP 2003, 1517 (1519).

314 Dazu u. S. 105ff.

315 *Uhlenbruck*, FS Lüer, 461 (471).

Problems gleicht dem *deus ex machina,* den es aber rechtsdogmatisch[316] gesehen nicht geben darf[317].

B. Ansatz über gesellschafterliche Treupflichten

I. Ausgangsüberlegung

Einen weiteren Ansatz zur Lösung des Problems stellt die Heranziehung der gesellschafterlichen Treupflichten als Rechtsausübungsschranke[318] des Stimmrechts der Gesellschafter in einer insolvenzrechtlichen Sanierungssituation dar, wie sie vornehmlich unter Berufung auf das *Girmes*-Urteil des *BGH*[319] diskutiert wird. In diesem Urteil hat der *BGH* die Treupflicht des Minderheitsaktionärs anerkannt, womit neben den Personengesellschaften, bei denen das Bestehen von Treupflichten nie ernsthaft in Zweifel stand, auch im Bereich der Kapitalgesellschaften die letzte Lücke auf diesem Gebiet höchstrichterlich geschlossen wurde[320]. Das grundsätzliche Bestehen von Treupflichten kann im Gesellschaftsrecht sowohl im Verhältnis der Gesellschafter zur Gesellschaft als auch im Verhältnis der Gesellschafter untereinander spätestens seitdem rechtsformübergreifend als anerkannt gelten[321], wenn auch keine Einigkeit im Hinblick auf die rechtsdogmatische Begründung besteht[322]. Das grundsätzliche Bestehen der Treupflicht darf aber nicht dahingehend missverstanden werden, dass diese einen klar umrissenen, immer gleichen Inhalt hätte. Vielmehr bedarf es zur Ermitt-

316 Vgl. in diesem Zusammenhang zum Verhältnis von Rechtsdogmatik und Rechtspolitik *K. Schmidt* in K. Schmidt, Rechtsdogmatik und Rechtspolitik, 1 (17 ff.).

317 In diese Richtung auch *Tashiro,* FS Braun, 375 (390).

318 Vgl. *Wiedemann,* FS Heinsius, S. 949 (951); zu dieser Funktion der Treupflichten auch *Immenga,* FS 100 Jahre GmbHG, 189 (204).

319 BGHZ 129, 136 ff. = JZ 1995, 1064 ff. = NJW 1995, 1739 ff. (mit Anm. *Altmeppen*) = BB 1995, 1201 ff. = DB 1995, 1064 ff. = AG 1995, 368 ff. = ZIP 1995, 819 ff. = WiB 1995, 548 ff. (mit Anm. *Witte*).

320 Vgl. zur Rechtsprechungsentwicklung auf diesem Gebiet die Darstellungen bei *Lutter,* JZ 1995, 1053 (1053 f.) und *Flume,* ZIP 1996, 161 (161 ff.).

321 Grundlegend für die GmbH BGHZ 65, 15 ff. (*ITT*), für die AG BGHZ 103, 184 ff. (*Linotype*); vgl. auch *Häsemeyer,* ZHR 160 (1996), 109 (113); *Lutter,* ZHR 162 (1998), 164 (166); *Henze,* ZHR 162 (1998), 186 (186); *v. Schorlemer/Stupp,* NZI 2003, 345 (347); Ebenroth/Boujong/Joost/Strohn/*Märtens,* HGB, § 109 Rn. 20; *Korehnke,* Treuwidrige Stimmen, S. 29; das Konzept der Treupflicht generell als „Leerformel" ablehnend *Flume,* ZIP 1996, 161 ff.; eine Erwiderung auf diesen Beitrag *Flumes* findet sich bei *Marsch-Barner,* ZIP 1996, 853 (853).

322 Vgl. *Hennrichs,* AcP 195 (1995), 221 (225 f., 228 ff.); *Korehnke,* Treuwidrige Stimmen, S. 26 ff.; sowie Scholz/*Emmerich,* GmbHG, Bd. 1, § 13 Rn. 38, 38a, jeweils mit den dort aufgeführten Nachweisen.

lung ihres Inhalts der wertenden Konkretisierung im Einzelfall[323]. Je nach Sachlage kann sich die allgemeine Loyalitätspflicht des Gesellschafters zu konkreten Förderungs- und Interessenwahrungspflichten verschiedener Art verdichten[324]. Dabei sind die Treupflichten nicht auf den Minderheitenschutz im Wege der Begrenzung der Mehrheitsmacht beschränkt, sondern können unter Umständen auch die Rechte der Minderheit begrenzen[325]. So soll sich auch das einem Gesellschafter grundsätzlich zustehende Entscheidungsermessen bei der Stimmrechtsausübung auf Null reduzieren, wenn nur eine einzige sachlich vertretbare Handlungsmöglichkeit besteht, deren Verwirklichung dringend geboten ist[326]. In einer Sanierungssituation kann die Treupflicht sich unter Umständen zu dem Verbot verdichten, eine sinnvolle und mehrheitlich angestrebte Sanierung eigennützig zu verhindern[327] und unter Umständen sogar zu dem Gebot, einer solchen Maßnahme zuzustimmen, also zu einer positiven Stimmpflicht[328]. Hier setzt auch die Ansicht an, die eine solche Treupflichtkonkretisierung im Fall der geplanten Sanierung einer Gesellschaft dahingehend annehmen will, dass die Gesellschafter unter gewissen Voraussetzungen zur Zustimmung zu den insofern erforderlichen Maßnahmen verpflichtet sind, anstatt solche durch die Ausnutzung von Sperrminoritäten zu verhindern. Besonders augenfällig wird die Problematik der Frage nach einer etwaigen Zustimmungspflicht im Fall eines bedingten Insolvenzplans im Sinne des § 249 InsO, bei dem die Realisierung des Plans von der vorherigen Durchführung bestimmter gesellschaftsrechtlicher Beschlüsse abhängig gemacht wird[329]. Eine solche Pflicht käme in ihrer Wirkung einer Art gesellschaftsrechtlichem Obstruktionsverbot gleich[330]. Anders formuliert sollen die Gesellschafter gehalten sein, mittels der angestrebten Sanierung die Chance wahrzunehmen, Schaden von der Gesellschaft abzuwenden, sofern ihnen daraus kein eigener Schaden erwächst[331]. Es geht mithin um die Frage, was für den Erhalt der Gesellschaft notwendig und zugleich für die Gesellschafter zumutbar ist[332].

---

323 Scholz/*Emmerich*, GmbHG, § 13 Rn. 39d; *Marsch-Barner*, ZIP 1996, 853 (853).

324 *K. Schmidt*, GesR, §§ 5 IV 5, 20 IV 2.

325 *Korehnke*, Treuwidrige Stimmen, S. 33; *Timm*, WM 1991, 481 (483); *K. Schmidt*, GesR § 20 IV 3; *Immenga*, FS 100 Jahre GmbHG, 189 (195).

326 *Beckerhoff*, Treupflichten, S. 80; *Lutter*, JZ 1995, 1053 (1055); *Winter*, Treuebindungen, S. 172.

327 *K. Schmidt*, ZGR 1982 519 (525), der zu Recht darauf hinweist, dass damit aber grds. keine Nachschusspflicht des Gesellschafters begründet werden kann.

328 Vgl. insoweit *Zöllner*, Stimmrechtsmacht, S. 353 ff.; *K. Schmidt*, ZGR 1982, 519 (524 f.).

329 *K. Schmidt*, GesR, § 5 IV 5.

330 *Häsemeyer*, ZHR 160 (1996), 109 (110); *Krull*, Bedingter Insolvenzplan, S. 66.

331 *Häsemeyer*, ZHR 160 (1996), 109 (114).

332 BGHZ 44, 40 (41 f.); weitere Rechtsprechungsnachweise bei Ebenroth/Boujong/Joost/Strohn/*Goette*, HGB, § 119 Rn. 26 (Fn. 84); Scholz/*Emmerich*, GmbHG, Bd. 1, § 13 Rn. 39g, 42, 46; *Beckerhoff*, Treupflichten, S. 81; s. auch *Timm*, WM 1991, 481 (484).

Dabei ist klar, dass eine Einschränkung der Stimmrechtsausübung angesichts des grundsätzlich gegebenen Abstimmungsermessens des Gesellschafters nur in Ausnahmefällen und unter engen Voraussetzungen mit der Entscheidungsfreiheit des Gesellschafters in Einklang gebracht werden kann[333].

II. Konkretisierung der Voraussetzungen durch das Girmes-Urteil

In seinem *Girmes*-Urteil[334] hat der *BGH* die Voraussetzungen, unter denen eine Zustimmungspflicht einzelner Gesellschafter zu einer sinnvollen und mehrheitlich angestrebten Sanierung angenommen werden kann, konkretisiert[335]. Ein obstruktives Verhalten eines Gesellschafters soll dieser Entscheidung zufolge dann unzulässig sein, wenn (1) der Zusammenbruch der Gesellschaft bei Scheitern der Sanierungsmaßnahme unvermeidlich ist, (2) die Stellung des einzelnen Gesellschafters dann ungünstiger ist als bei einem Austritt aus der fortbestehenden Gesellschaft, (3) die Durchführung der Sanierungsmaßnahme die Verfolgung des Gesellschaftszwecks nach objektiver Einschätzung nachhaltig sicherstellt und (4) keine schonendere Sanierungsmöglichkeit besteht[336]. Damit hat der *BGH* recht strenge Kriterien an die Zustimmungspflicht angelegt, die einerseits die Interessen der Gesellschafter angemessen berücksichtigen, bei deren Vorliegen man andererseits aber auch davon ausgehen kann, dass es keine vernünftigen Einwände seitens einzelner Gesellschafter geben kann, der geplanten Sanierung zuzustimmen. Die genannten Kriterien lassen sich nicht nur auf die im konkreten Fall betroffene Gesellschaftsform der Aktiengesellschaft, sondern auch auf alle anderen Verbandsformen anwenden[337]. Das Urteil hat denn insoweit auch breite Zustimmung in der Literatur erhalten[338]. *Hans-Friedrich Müller* weist allerdings darauf hin, dass das hier unter (2) aufgeführte Kriterium, der Gesellschafter

333 *Korehnke*, Treuwidrige Stimmen, S. 123.

334 S. o. Fn. 319.

335 Eine gegenständlich beschränkte Anknüpfung an das *Girmes*-Urteil erfolgte durch § 7 VII FMStBG (dazu bereits o. Fn. 152). Danach sollen Aktionäre, die eine für den Fortbestand der Gesellschaft erforderliche Maßnahme durch ihre Stimmrechtsausübung verzögern oder vereiteln, für den daraus entstehenden Schaden haften; zu den damit verbundenen rechtlichen Problemen *Bachmann*, ZIP 2009, 1249 (1252 f.).

336 Vgl. BGHZ 129, 136 (153) unter Verweis auf *K. Schmidt*, GesR, § 5 IV 5 und *Timm*, WM 1991, 481 (484 f.).

337 *H.-F. Müller*, Verband in der Insolvenz, S. 333.

338 *Lutter*, JZ 1995, 1053 (1053) bezeichnet die Entscheidung als „*grand arrêt*"; zustimmend auch *Häsemeyer*, ZHR 160 (1996), 109 ff.; *Marsch-Barner*, ZIP 1996, 853 ff.; *Krull*, Bedingter Insolvenzplan, S. 70.

müsse bei einem Scheitern der Sanierung schlechter stehen als bei einem Austritt aus der fortbestehenden Gesellschaft, zu eng sei. Vielmehr müsse es ausreichen, wenn die Position des Gesellschafters mindestens ebenso ungünstig sei wie bei einem sofortigen Ausscheiden[339]. Dem ist beizupflichten, da eine Zustimmungspflicht ansonsten in den Fällen, in denen bei bereits eingetretener Insolvenz von der Wertlosigkeit der Gesellschafteranteile ausgegangen werden kann, eine Verschlechterung der gesellschafterlichen Position mithin nicht mehr möglich ist, ausscheiden müsste. Gerade in dieser Konstellation, in der die Gesellschafter nichts mehr zu verlieren haben und nur noch gewinnen können, kann es ihnen – wie *Müller* zu Recht anmerkt[340] – am ehesten zugemutet werden, dem vorgeschlagenen Sanierungskonzept zuzustimmen.

Zuletzt hat der *BGH* auch im Bereich der Personengesellschaften zur Problematik der Treupflichtbindung in einer Sanierungssituation judiziert[341]. Dabei ging es – stark verkürzt – um einen Sachverhalt, in dem die Gesellschafter einer zahlungsunfähigen OHG aufgrund eines von der Mehrheit der Gesellschafter gefassten Beschlusses vor der Wahl standen, entweder im Rahmen eines Sanierungskonzepts eine neue Beitragspflicht einzugehen oder aus der Gesellschaft auszuscheiden. Der *BGH* geht davon aus, dass auch die Gesellschafter, die dem zugrunde liegenden Beschluss ihre Zustimmung versagt hatten, aufgrund ihrer Treupflichten zur Zustimmung verpflichtet sind[342]. Interessant im vorliegenden Zusammenhang ist dabei insbesondere, dass das Gericht in der Begründung auf das Alternativszenario einer Liquidation abhebt[343].

III. Rechtsfolgen des Treupflichtverstoßes

Bei der nachfolgenden Darstellung der Rechtsfolgen eines treupflichtwidrigen Abstimmungsverhaltens soll sich der Blick auf die Konstellation, wie sie für die vorliegende Untersuchung relevant ist und auch dem *Girmes*-Urteil zugrunde liegt, konzentrieren. Es geht also um den Fall, dass ein Beschluss nicht mit der erforderlichen Mehrheit zustande kommt, wobei zwischen den Abstimmungs-

339 *H.-F. Müller,* Verband in der Insolvenz, S. 334; so aber auch schon *K. Schmidt,* ZIP 1980, 328 (336), auf den sich der *BGH* in seinem Urteil ausdrücklich bezieht, vgl. BGHZ 129, 136 (153).

340 *H.-F. Müller,* Verband in der Insolvenz, S. 334.

341 *BGH* NJW 2010, 65 („Sanieren oder Ausscheiden"); dazu u. a. *Priester,* ZIP 2010, 497; *Goette,* GWR 2010, 1; *Wagner,* NZG 2009, 1378.

342 *BGH* NJW 2010, 65 (67).

343 *BGH* NJW 2010, 65 (67 f.). Vgl. zur Maßgeblichkeit der Liquidationsalternative u. S. 124 f.

gruppen streitig ist, ob das Stimmverhalten der dissentierenden Gesellschafter gegen die gesellschaftsrechtliche Treupflicht verstößt[344].

1. Personengesellschaften

a) Meinungsstand

Im Recht der Personengesellschaften wird hinsichtlich der Folgen, die eine treuwidrige Stimmrechtsausübung nach sich zieht, größtenteils eine Differenzierung dahingehend vorgenommen, ob es sich um einen Beschluss mit Einstimmigkeitserfordernis, wie es dem gesetzlichen Leitbild der Personengesellschaften entspricht[345], oder um einen mit der Mehrheit der abstimmenden Gesellschafter zu fassenden Beschluss handelt. Im erstgenannten Fall ist nach überwiegender Ansicht in Literatur und Rechtsprechung die fehlende Zustimmung grundsätzlich im Wege der Leistungsklage gegen den dissentierenden Gesellschafter, dessen Stimmabgabe durch das stattgebende rechtskräftige Urteil gem. § 894 ZPO ersetzt wird, zu erzwingen[346]. Der *BGH* hat von diesem Grundsatz aber einige Ausnahmen gemacht und geht in einigen Fällen von der Wirksamkeit des Beschlusses ohne das Erfordernis der Klageerhebung aus. Der Beschluss kommt dann so zustande, als habe der treuwidrig abstimmende Gesellschafter diesem zugestimmt. Der *BGH* hat sich dabei unter anderem unter Betonung der Besonderheiten von Publikumsgesellschaften auf das Interesse an der Erhaltung der Funktionsfähigkeit der Gesellschaft berufen[347]. Die Beschränkung auf den Bereich der Publikumsgesellschaft wurde in einer späteren Entscheidung nicht mehr erwähnt, sondern nur mehr auf das Vorliegen eines Beschlusses, der für die Gesellschaft von existentieller Bedeutung ist, abgestellt[348]. Im Schrifttum wird im Bereich der einstimmig zu fassenden Beschlüsse überwiegend zwischen Angelegenheiten der Geschäftsführung und Grundlagengeschäften der Gesellschaft unterschieden. Im erstgenannten Fall könne es dem dissentierenden Gesellschaf-

---

344 Eine umfassende Darstellung dieses Problembereichs ohne die bezeichnete Einschränkung findet sich bei *Zöllner,* Stimmrechtsmacht, S. 93 ff. et passim (umfassend zu allen Gesellschaftsformen); zur GmbH *Korehnke,* Treuwidrige Stimmen, S. 43 ff., 87 ff., 110 ff., 131 ff. et passim; *Winter,* Mitgliedschaftliche Treuebindungen, S. 167 ff., 295 ff. et passim.

345 Vgl. § 709 I BGB, § 119 I HGB.

346 Vgl. die Rechtsprechungsnachweise bei *Korehnke,* Treuwidrige Stimmen, S. 44; außerdem *Winter,* Treuebindungen, S. 37; *Zöllner,* Stimmrechtsmacht, S. 419 f.

347 In *BGH* NJW 1985, 974 (974 f.) wird so über die treuwidrig versagte Zustimmung zu einem Beschluss, mit dem die Kommanditisten auf die Verzinsung ihrer Darlehen verzichten sollten, hinweggeholfen.

348 Vgl. *BGH* WM 1986, 1566 (1567), wobei in diesem Fall die existenzielle Bedeutung des Beschlusses vom Gericht verneint wird.

ter zugemutet werden, dass seine ablehnende Stimme auch ohne Erhebung einer Leistungsklage auf Zustimmung als unbeachtlich und der Beschluss als zustande gekommen angesehen werde. Bei Grundlagenänderungen müsse die Wirksamkeit des Beschlusses hingegen stets mit der Leistungsklage erzwungen werden[349]. *Wiedemann* hingegen möchte in jedem Fall zunächst den durch die Stimmabgabe manifestierten Willen des Gesellschafters respektieren. Über diesen könne man sich auch bei Vorliegen von Treuwidrigkeit nur im Klageweg hinwegsetzen[350]. Eine Ausnahme möchte er nur bei offenkundigen Treupflichtverletzungen machen[351]. Für die Frage, wem die Last zufällt, seine Rechtsauffassung gegebenenfalls gerichtlich durchzusetzen, kommt es somit einerseits darauf an, welcher Ansicht man folgt, und andererseits auf das Vorliegen der nach den verschiedenen Ansichten jeweils relevanten Unterscheidungskriterien. In den Fällen, in denen es bei der Beachtlichkeit der abgegebenen Stimmen verbleiben soll, liegt es an den Befürwortern, den Beschluss mit der Leistungsklage gegen die dissentierenden Gesellschafter durchzusetzen. In den Fällen, in denen die Stimmen aber unbeachtlich sein sollen, hängt es von den dann überstimmten dissentierenden Gesellschaftern ab, ob sie das Beschlussergebnis bzw. den Beschlussinhalt mit der Feststellungsklage überprüfen möchten.

Bei Mehrheitsbeschlüssen zieht die treurechtswidrige Ausübung des Stimmrechts nach überwiegender Auffassung die Nichtigkeit der Stimmabgabe ipso iure nach sich[352], wobei es insofern auch nicht auf den Inhalt des jeweiligen Beschlusses ankommen soll. Die nichtigen Stimmen bleiben nach einer Ansicht im Rahmen des Beschlussergebnisses unberücksichtigt, so dass der Beschluss zustande kommt, falls die verbleibenden Stimmen die erforderliche Mehrheit erreichen, womit eine Umkehrung des zunächst negativen in ein den Treubindungen entsprechendes positives Beschlussergebnis erfolgt[353]. Nach einer anderen Auffassung soll hingegen die Nichtigkeit der Einzelstimmen auch zur Nichtigkeit des Beschlusses führen[354]. Je nachdem welcher Ansicht man folgt, kommt man bei Vorliegen eines negativen, mit treuwidrigen Stimmen zustande gekommenen Beschlusses zu unterschiedlichen Ergebnissen. Bei Zugrundelegung der ersten

---

349 Schlegelberger/*Martens*, HGB, § 119 Rn. 48; *Winter*, Treubindungen, S. 37.

350 *Wiedemann*, FS Heinsius, S. 949 (956f.).

351 *Wiedemann*, aaO, spricht in diesem Zusammenhang davon, das Stimmverhalten des Gesellschafters müsse den Makel der Treuwidrigkeit gleichsam „auf der Stirn" tragen.

352 Ebenroth/Boujong/Droost/Strohn/*Goette*, HGB, § 119 Rn. 73; *Zöllner*, Stimmrechtsmacht, S. 366ff.; Schlegelberger/*Martens*, HGB, § 119 Rn. 136; *Winter*, Treuebindung, S. 36; *Spengler*, FS Möhring, S. 165 (181); weitere Nachweise bei *Korehnke*, Treuwidrige Stimmen, S. 52 (dort Fn. 158).

353 Vgl. *BGH* ZIP 1988, 22 (24).

354 Baumbach/Hopt/*Hopt*, § 119 Rn. 31, der aber von Teilnichtigkeit des Beschlusses ausgeht, wenn im Übrigen ein sinnvoller Beschluss verbleibt.

Ansicht wandelt sich das Beschlussergebnis durch Wegfall der treuwidrigen Stimmen in ein positives, während nach der letztgenannten Auffassung zunächst einmal gar kein Beschluss mehr vorläge. Für den Rechtsschutz bedeutet dies im erstgenannten Fall, dass die Klagelast bei den Gesellschaftern liegt, deren Stimmen als nichtig behandelt wurden. Auch im zweiten Fall kann es aber sein, dass die dissentierenden Gesellschafter, mithin jene, die sich gar nicht auf eine Treupflichtverletzung berufen, die gerichtliche Feststellung des ihrer Ansicht nach richtigen Beschlussinhalts betreiben müssen, weil die Mehrheit unter Außerachtlassung der vermeintlich treuwidrigen Stimmen vom Vorliegen eines wirksamen positiven Beschlusses ausgeht[355].

In diesem Zusammenhang sei noch auf die Ansicht hingewiesen, die, vor allem unter Hinweis auf die mit einem inter omnes geltenden Anfechtungsurteil verbundene Rechtssicherheit, auch im Bereich der Personengesellschaften, soweit die jeweilige Verbandsverfassung Mehrheitsentscheidungen vorsieht, die Bestimmungen der §§ 241 ff. AktG sinngemäß zur Anwendung bringen will[356]. Will man sich dieser Ansicht anschließen, kommt man bei der Frage nach den Folgen treuwidrigen Stimmverhaltens zu den Ergebnissen, wie sie im Folgenden für die Kapitalgesellschaften dargestellt werden.

b) Stellungnahme

Die Behandlung der vermeintlich treuwidrigen, ablehnenden Stimmen als nichtig (bei Mehrheitsbeschlüssen) oder gar als Zustimmung (wie es der *BGH* in bestimmten Konstellation bei einstimmig zu fassenden Beschlüssen annimmt) als sehr weit reichende Sanktion für die treuwidrige Stimmrechtsausübung erschiene nur dann nicht problematisch, wenn sich die im Raum stehende Treupflichtverletzung stets unzweifelhaft feststellen ließe. Gerade dies wird beinahe nie der Fall sein, da die dissentierenden Gesellschafter ihr Stimmverhalten fast immer als nicht treuwidrig einstufen werden. Dann läuft die Sanktionierung auf eine Bevorzugung der zustimmenden Gesellschafter heraus, da ihrem Willen unter Berufung auf eine zunächst nur vermeintliche Treuwidrigkeit und damit gleichsam auf Verdacht zur Geltung verholfen, während der Wille der dissentierenden Gesellschafter als unbeachtlich behandelt wird. Die Regel sollte es aber darstellen, dass bei Meinungsverschiedenheiten zwischen den Gesellschaftern

355 Kritisch hierzu *Wiedemann*, FS Heinsius, S. 949 (955f.); *Korehnke*, Treuwidrige Stimmen, S. 175 f.

356 Vgl. *Karsten Schmidt*, FS Stimpel, S. 217 ff.; *ders.*, GesR, § 15 II 3; *H.-F. Müller*, Verband in der Insolvenz, S. 217ff.; ablehnend Staub/*Schäfer*, HGB, § 119 Rn. 77; Schlegelberger/*Martens*, HGB, § 119 Rn. 9f.; MüKo-BGB/*Ulmer/Schäfer*, § 709 Rn. 105, mit weiteren Nachweisen.

der durch die Stimmabgabe geäußerte Wille aller Gesellschafter, gleich welchen Inhalts, respektiert wird. Dem lässt sich auch nicht entgegenhalten, dadurch würden die Interessen der zustimmenden Gesellschafter über die Maßen beeinträchtigt, weil durch die damit verbundene Verzögerung des Beschlusses mitunter irreversible Zustände geschaffen würden. Denn geht man unter Zugrundelegung der Zustimmungsfiktion bzw. der Nichtigkeit von der jedenfalls vorläufigen Vollziehbarkeit des Beschlusses aus, so bietet sich das gleiche Problem aus der Sicht der dissentierenden Gesellschafter[357]. Es ist nicht ersichtlich, weshalb deren Interessen hinter denen der zustimmenden Gesellschafter zurückstehen sollten, so dass ein Eingriff in deren Freiheit der Willensausübung dahingehend, ihren Stimmen zumindest vorläufig die Beachtlichkeit abzuerkennen, gerechtfertigt erschiene. In dieser Situation ist vielmehr angesagt, mit *Wiedemann* zunächst von der grundsätzlichen Beachtlichkeit der ablehnenden Einzelstimmen auszugehen und es denjenigen, die von einer Unbeachtlichkeit als Abweichung von diesem Grundsatz ausgehen, zu überlassen, dies gerichtlich geltend zu machen. Eine Differenzierung nach dem Beschlussinhalt bietet keine zufrieden stellende Lösung des geschilderten Interessenkonflikts, da zu Recht darauf hingewiesen wird, dass auch Beschlüsse über Geschäftsführungsangelegenheiten von existentieller Tragweite für die Gesellschaft sein können[358]. Das von der Rechtsprechung gewählte Kriterium der existenziellen Bedeutung hat den Makel, dass es sich einer klaren Bestimmbarkeit ebenso entzieht wie das Vorliegen der Treuwidrigkeit an sich[359]. Könnte man in bestimmten Konstellationen ohne weiteres von der existenziellen Bedeutung eines Beschlusses ausgehen, wäre der Weg dahin, ein sich diesem Beschluss verweigerndes Stimmeverhalten als treuwidrig zu qualifizieren, nicht mehr weit. Aber gerade dies wird von den Gesellschaftern in einer solchen Situation unterschiedlich beurteilt, so dass es angeraten erscheint, die Frage der Treuwidrigkeit gleich einer gerichtlichen Klärung zuzuführen. Der Vorschlag *Wiedemanns,* eine Ausnahme von der grundsätzlichen Beachtlichkeit der im Verdacht der Treuwidrigkeit stehenden Stimme zu machen, wenn das Stimmverhalten offenkundig treuwidrig sei, erscheint zunächst begrüßenswert, begegnet jedoch denselben, bereits erwähnten Bedenken[360]. Es wird nicht verkannt, dass die Inanspruchnahme von Rechtsschutz in Gestalt der Leistungsklage gegen die dissentierenden Gesellschafter – auch und gerade in einer Sanierungssituation – im Konflikt mit der etwaigen Eilbedürftigkeit der zu beschließenden Maßnahme

357 Vgl. zu diesem Interessenkonflikt *Korehnke,* Treuwidrige Stimmen, S. 181 ff.

358 So richtig *H.-F. Müller,* Verband in der Insolvenz, S. 349.

359 Die Unbestimmtheit des Kriteriums hervorhebend auch *H.-F. Müller,* Verband in der Insolvenz, S. 349.

360 So auch *H.-F. Müller,* Verband in der Insolvenz, S. 349; *Korehnke,* Treuwidrige Stimmen, S. 157 ff.

steht. Insoweit muss auf den einstweiligen Rechtsschutz verwiesen werden, auf den im weiteren Verlauf noch einzugehen sein wird[361]. Ebenfalls nicht von der Hand zu weisen sind die praktischen Probleme, die sich ergeben, wenn die Zahl der zu verklagenden Gesellschafter bei einer Publikumsgesellschaft entsprechend hoch ist. Abgesehen davon, dass es auch insoweit schwierig erscheint, eine Schwelle festzulegen, ab der von einer Publikumsgesellschaft auszugehen ist, lässt sich auch allein mit Praktikabilitätsgründen eine so deutliche Reduzierung der Stimmfreiheit nicht rechtfertigen[362]. Um in dieser Hinsicht auch den Besonderheiten kapitalistisch geprägter Personengesellschaften ausreichend Rechnung zu tragen, erscheint vielmehr die entsprechende Anwendung der Beschlussmängelregeln der §§ 241 ff. AktG[363] als zumindest erwägenswerter Ansatz.

2. Kapitalgesellschaften

a) Meinungsstand

Im Kapitalgesellschaftsrecht ist im Gegensatz zu den Personengesellschaften die Mehrheitsentscheidung das gesetzliche Leitbild der Beschlussfassung[364]. Anders als im umgekehrten Fall bei den Personengesellschaften wird es auch nur höchst selten zu Gunsten des Einstimmigkeitsprinzips abbedungen. In diesen Fällen soll gegen die treuwidrig abgegebene Stimme – wie im Bereich der Personengesellschaften grundsätzlich auch – mit der Leistungsklage auf Zustimmung gegen den dissentierenden Gesellschafter vorgegangen werden[365].

Handelt es sich jedoch, wie im Normalfall, um eine Mehrheitsentscheidung, ist zwischen den Fällen zu unterscheiden, in denen eine verbindliche Feststellung des Beschlussergebnisses erfolgt[366], und denen, wo es an einer solchen Feststellung fehlt. Dort, wo ein Beschlussergebnis verbindlich festgestellt wurde, ist der Beschluss zunächst einmal verbindlich und kann nur noch im Wege der Anfechtungsklage gem. § 243 AktG – bei der GmbH gilt das Beschlussmängel-

---

361 S. u. S. 87 ff.

362 A. A. *H.-F. Müller*, Verband in der Insolvenz, S. 348 ff., der aber das Problem als auf einstimmig zu fassende Beschlüsse begrenzt sieht und ihm angesichts der üblichen Praxis der Mehrheitsentscheidung bei Publikumsgesellschaften folgerichtig geringe praktische Relevanz zubilligt.

363 Vgl. die Nachweise in Fn. 356.

364 Vgl. § 47 I GmbHG, § 133 AktG.

365 *Korehnke*, Treuwidrige Stimmen, S. 74.

366 Dies ist bei der AG stets der Fall, da die Feststellung gem. § 130 AktG Wirksamkeitsvoraussetzung für den Beschluss ist (dazu *Hüffer*, AktG, § 130 Rn. 22 f.); bei der GmbH hingegen ist die Feststellung fakultativ.

recht der §§ 241 ff. AktG nach ganz herrschender Auffassung entsprechend[367] – aus der Welt geschafft werden. Auch im Bereich der Kapitalgesellschaften geht die überwiegende Anzahl der Stimmen in Rechtsprechung und Literatur von der Nichtigkeit der treuwidrig abgegebenen Einzelstimme aus[368] und zieht daraus den Schluss, dass die treuwidrig abgegebene Stimme bei der Stimmauszählung nicht mitzuzählen sei. Der Versammlungsleiter dürfe bei der Feststellung des Abstimmungsergebnisses die seiner Ansicht nach nichtigen, weil treuwidrig abgegebenen Stimmen von vornherein unberücksichtigt lassen. Auf diese Weise verbleibe dennoch auch noch ein Anwendungsbereich für die §§ 243 ff. AktG, wenn solche Stimmen doch einmal mitgezählt würden, was zur Fehlerhaftigkeit und Anfechtbarkeit des Beschlusses führte[369]. Folgt man dieser Ansicht, käme bei Vorhandensein der erforderlichen Mehrheit ohne die treuwidrigen Stimmen ein der Treupflicht entsprechender positiver Beschluss zustande, ohne dass es hierfür des Rückgriffs auf die Anfechtungsregeln bedürfte. Die Anfechtungslast bezüglich des Beschlusses liegt dann vielmehr bei der dissentierenden Minderheit.

Andere Stimmen gehen hingegen nur von der Fehlerhaftigkeit und Anfechtbarkeit des mit treuwidrigen Stimmen gefassten Beschlusses[370] oder von der Anfechtbarkeit der treuwidrigen Einzelstimmen[371] aus. Ein Außerachtlassen dieser Stimmen von vornherein kommt nach diesen Ansichten nicht in Betracht. Die Anfechtungslast bei dem mit den treuwidrigen Stimmen verbindlich festgestellten negativen Beschluss läge bei den Befürwortern der Maßnahme, die Gegenstand der Beschlussfassung ist. Geht man mit einer der beiden zuvor genannten Ansichten davon aus, dass durch die Anfechtung der gesamte Beschluss beseitigt wird, reicht die Anfechtung allein nicht aus. Zur Herbeiführung eines positiven Beschlusses bedarf es vielmehr zusätzlich der Erhebung einer positiven Beschlussfeststellungsklage, die mit der Anfechtungsklage verbunden werden kann[372]. Streitig ist, ob dieser nur stattgegeben werden kann, wenn die positive Stimmabgabe der dissentierenden Gesellschafter vermittels der Leistungsklage

367 Scholz/*K. Schmidt*, GmbHG, Bd. 2, § 45 Rn. 45 mit weiteren Nachweisen.

368 *BGH* ZIP 1991, 23 (24); *OLG Hamburg* (*Mr. Musical (II)*) GmbHR 1992, 43 (47) = ZIP 1991, 1430 (1434); *Zöllner*, Stimmrechtsmacht, S. 359 ff., 366 ff.; Scholz/*K. Schmidt*, GmbHG, Bd. 2, § 47 Rn. 32; *Hüffer*, AktG, § 53a Rn. 22, K. Schmidt/Lutter/*Fleischer*, AktG, Bd. 1, § 53a Rn. 63 schließt sich dem nur insoweit an, als es sich um einen evidenten Treupflichtverstoß handelt.

369 *Zöllner*, Stimmrechtsmacht, S. 363.

370 K. Schmidt/Lutter/*Schwab*, AktG, Bd. 2, § 243 Rn. 5

371 So noch BGHZ 88, 320 (331); in seiner späteren Rechtsprechung weicht der *BGH* indes von dieser Linie ab und geht von der Nichtigkeit der Einzelstimme aus, vgl. *BGH* ZIP 1991, 23 (24).

372 Scholz/*K. Schmidt*, GmbHG, Bd. 2, § 45 Rn. 174, 180, § 47 Rn. 32, mit weiteren Nachweisen.

gem. § 894 ZPO ersetzt wird[373]. Geht man indes von der Anfechtbarkeit der Einzelstimmen aus, ließe sich auf diese Weise bei erfolgreicher Anfechtung ein Wegfall der ablehnenden Stimmen und mithin eine Umkehrung des Beschlussergebnisses erreichen, welches sodann mit der positiven Beschlussfeststellungsklage festgestellt werden kann[374].

Die Frage nach der Sanktionierung treuwidriger Einzelstimmen ist also insoweit bedeutsam, als von ihrer Beantwortung abhängt, wem die Anfechtungslast hinsichtlich des Beschlusses zukommt. Übertragen auf die Abstimmung über eine Sanierungsmaßnahme, bei der die vorgenannten Kriterien des *Girmes*-Urteils vorliegen, würde sich die zumindest vorläufige Berücksichtigung der Stimmen dergestalt auswirken, dass die angestrebte, zu beschließende Sanierungsmaßnahme an der Sperrminorität scheitern würde und dieser Beschluss – die tatsächliche Treuwidrigkeit der ablehnenden Einzelstimmen unterstellt – zwar fehlerhaft, aber zunächst wirksam wäre. Im umgekehrten Fall würde die Maßnahme hingegen mit ausreichender Mehrheit beschlossen, weil die treuwidrig abgegebenen Gegenstimmen bei der Zählung außen vor blieben. Je nachdem, welcher Ansicht man folgt, liegt es entweder an den Befürwortern oder den Gegnern, ihrem Willen gegebenenfalls mit gerichtlichen Schritten zum Durchbruch zu verhelfen.

Wenn eine formelle Beschlussfeststellung nicht stattfindet, wie es vor allem bei der GmbH der Fall sein kann, sollen nach der wohl überwiegenden Auffassung die vermeintlich treuwidrigen Einzelstimmen wegen ihrer Nichtigkeit unberücksichtigt bleiben, so dass der Beschluss durch Wegfall der Sperrminorität zustande kommt. Will einer der dissentierenden Gesellschafter gegen das dann positive Beschlussergebnis vorgehen, muss er eine Feststellungsklage erheben[375]. Würde man mit der Gegenansicht die treuwidrigen Stimmen hingegen zunächst gelten lassen, mit der Folge, dass zunächst ein wirksamer negativer Beschluss zustande käme, läge die Klagelast bei den Befürwortern des Beschlusses. Das Problem stellt sich also in gleicher Weise wie bei der formellen Beschlussfeststellung, wenn auch in Bezug auf eine andere Klageart.

Unabhängig von der Form der Beschlussfassung ist auch stets eine Leistungsklage gegen den dissentierenden Gesellschafter auf Erteilung der Zustimmung

373 So *Korehnke*, Treuwidrige Stimmen, S. 164; a. A. Scholz/*K. Schmidt*, GmbHG, Bd. 2, § 47 Rn. 32, der eine Leistungsklage gegen den Gesellschafter in diesem Fall für entbehrlich hält.

374 BGHZ 88, 320 (330 f.).

375 A. A. *Korehnke*, Treuwidrige Stimmen, S. 106, 108, der davon ausgeht, bei Annahme der Wirksamkeit der treuwidrigen Stimmen könne es auch keine Meinungsverschiedenheiten zwischen den Gesellschaftern bzgl. des Beschlussergebnisses geben, so dass eine Konstellation vorliege, die einer verbindlichen Beschlussfeststellung gleichstehe, weshalb in diesem Fall die Anfechtungsklage die richtige Klageart sei.

möglich. Insofern ist aber zu beachten, dass der Erfolg einer solchen Klage noch nicht zu einem positiven Beschluss führt, sondern es vielmehr einer erneuten Abstimmung der übrigen Gesellschafter bedarf[376].

b) Stellungnahme

Die Annahme der Nichtigkeit einer treuwidrigen Einzelstimme stellt sich als schwerwiegender Eingriff in die privatautonome Willensgestaltung des abstimmenden Gesellschafters dar, so dass sich – wie schon im Bereich der Personengesellschaften – die Frage stellt, ob sich ein solcher Eingriff unter Berücksichtigung der beidseitigen Interessenlage rechtfertigen lässt.

Dies ist auch hier zu verneinen. Stattdessen sollte auch im Bereich der Kapitalgesellschaften das grundsätzliche Recht des Gesellschafters zur privatautonomen Willensausübung anerkannt werden, die zunächst nur vermeintlich treuwidrige Einzelstimme mithin nicht als nichtig, sondern nur als anfechtbar angesehen werden. Damit verbleibt die Anfechtungslast bei denjenigen, die sich auf die Abweichung von der Regel, nämlich auf die ausnahmsweise Unwirksamkeit der Stimmen berufen wollen. Daraus ergibt sich auch, dass ein Versammlungsleiter nicht die – bei Unterstellung der Nichtigkeit der Einzelstimmen einzig folgerichtige[377] – Befugnis erhält, diese Stimmen bei der Auszählung von vornherein als unbeachtlich zu behandeln. Eine solche Praxis wäre auch schon unter dem Gesichtspunkt bedenklich, dass der Versammlungsleiter, der sich häufig aus dem Gesellschafterkreis rekrutiert, nicht als neutrale Instanz angesehen werden kann, der es obliegen sollte, darüber zu entscheiden, welcher Seite die Anfechtungslast bezüglich des zu treffenden Beschlusses zufallen sollte[378]. Darüber hinaus handelt es sich bei der Frage, ob die Stimmausübung treuwidrig ist, in den allermeisten Fällen um ein äußerst diffiziles Problem. Insoweit sei nur an die hohen Anforderungen, die der *BGH* im *Girmes*-Urteil aufgestellt hat, erinnert, deren Vorliegen nicht ohne weiteres zu klären sein wird. Überließe man es dem Versammlungsleiter, nach seinem Ermessen von der Treuwidrigkeit auszugehen, würde man den Grundsatz, dass eine Stimme bis zum Beweis des Gegenteils als treugemäß und wirksam anzusehen ist, auf bedenkliche Weise ins Gegenteil verkehren[379].

Geht man hingegen von der Anfechtbarkeit der Einzelstimmen aus, bietet dies auch den Vorteil, dass sich rechtskonstruktiv ohne weiteres herleiten lässt, dass sich ein zunächst ablehnender Beschluss bei tatsächlicher Treuwidrigkeit und

376 *H.-F. Müller*, Verband in der Insolvenz, S. 343; *Winter*, Treuebindungen, S. 185.

377 So richtig *Koppensteiner*, ZIP 1994, 1325 (1325); *Korehnke*, Treuwidrige Stimmen, S. 152.

378 Vgl. zu den dahingehenden Bedenken *Korehnke*, Treuwidrige Stimmen, S. 154 f.

379 In diese Richtung auch *Marsch-Barner*, ZHR 157 (1993), 172 (189); *Timm*, WM 1991, 481 (486); K. Schmidt/Lutter/*Schwab*, AktG, § 243 Rn. 5; *Oelrichs*, GmbHR 1995, 863 (868).

dem daraus resultierenden Wegfall der Nein-Stimmen in einen positiven wandelt. Was wiederum das Problem der möglichen Eilbedürftigkeit betrifft, so muss auch hier auf die Mittel, die der einstweilige Rechtsschutz bereithält, zurückgegriffen werden[380].

3. Bewertung

In der Insolvenz befindet sich die Gesellschaft in einer existenzbedrohenden Lage, so dass alle Maßnahmen, die dazu beitragen, durch Verwirklichung eines Plankonzepts das Überleben der Gesellschaft zu sichern, objektiv im Interesse der Gesellschaft liegen[381]. Vor die Alternativen der Durchführung eines Insolvenzplans mit dem Ziel der Reorganisation der Gesellschaft oder der Liquidation nach den gesetzlichen Vorschriften gestellt, ist angesichts der Tatsache, dass die Liquidation zwingend das Ende der Gesellschaft bedeutet, die Verweigerung der Zustimmung zum Insolvenzplan seitens eines Gesellschafters nur unter gewissen Umständen mit einer im obigen Sinne verstandenen Treupflicht in Einklang zu bringen. Denkbar ist dies, wenn sich entweder ein die Zustimmung verweigernder Gesellschafter darauf beruft, ein Einvernehmen mit den Gläubigern im Wege des Insolvenzplans wäre auch bei geringeren Zugeständnissen erreichbar gewesen, was er im Zweifel aber beweisen müssen wird[382], oder wenn im Fall der Liquidation ein nach § 199 InsO an die Gesellschafter auszukehrender Mehrerlös als sicher erscheint, dessen Erhalt im Fall der Reorganisation stets mit einem Risiko behaftet ist. In diesem letztgenannten Fall könnte der Gesellschafter einer Zustimmungspflicht entgegenhalten, dass er dadurch einer sicheren Rechtsposition, des Anspruchs auf den Liquidationsüberschuss, verlustig ginge. Den Regelfall wird es aber darstellen, dass die Gesellschafter im Liquidationsfall nicht nur angesichts der Beendigung der Gesellschaft ihre Mitgliedschaft verlieren, sondern auch nichts erhalten, weshalb sie regelmäßig auch keinen Grund gegen die Zustimmung zum Reorganisationsplan anführen können werden. Sie erleiden durch die Zustimmung zu der Sanierungsmaßnahme auch keinen Nachteil, der in irgendeiner Form auszugleichen wäre[383], mögen die Mitwirkungsrechte in der reorganisierten Gesellschaft, wie im Fall einer Kapitalerhöhung ohne Beteiligung der Altgesellschafter, auch geringer als in der Gesellschaft in ihrer vorherigen Form sein. Denn man muss sich stets vor Augen halten, dass die Alternative zur Sanierung die Liquidation, mithin der Verlust der gesellschafterlichen Position schlechthin, darstellt und das Anstellen eines Vergleichs mit der Position in der

---

380 S. sogleich S. 87 ff.

381 *H.-F. Müller,* Verband in der Insolvenz, S. 326.

382 *H.-F. Müller,* Verband in der Insolvenz, S. 327.

383 Vgl. *v. Schorlemer/Stupp* NZI 2003, 345 (350 f.).

gesunden Gesellschaft daher verfehlt wäre[384]. Im Fall des eröffneten Insolvenzverfahrens haben sich die Kriterien, bei deren Vorliegen sich eine Treupflicht konkretisiert, im Vergleich zur Situation vor der Insolvenz deutlich reduziert[385]. Während in der Phase der freien Sanierung noch über das Erfordernis und den richtigen Zeitpunkt einer Sanierung sowie die mögliche Alternative der Durchführung eines Insolvenzverfahrens gestritten werden kann, haben sich die Handlungsmöglichkeiten im eröffneten Insolvenzverfahren drastisch verringert, da es nun nur noch um den Inhalt und die Erfolgsaussichten einer Sanierung im Planverfahren gehen kann[386].

Somit erscheint das anhand der Treupflichten entwickelte Modell zunächst als erwägenswerte Lösung für das Problem der Gesellschafterobstruktion. Zumindest erscheint es folgerichtig unter den oben genannten Voraussetzungen einen Treupflichtverstoß in der Verweigerung des Gesellschafters zu sehen. Bei genauerer Betrachtung gerät jedoch die Geeignetheit des Ansatzes zur Bewältigung des Problems in einer Weise, welche die vorgetragenen Reformforderungen obsolet machen könnte, wieder in Zweifel. Dabei ist bereits problematisch, dass – wie gesehen – die Behandlung treuwidriger Stimmen in Rechtsprechung und Literatur keineswegs einheitlich ist, was in der Konsequenz auch für die Möglichkeiten der prozessualen Handhabung eines Treupflichtverstoßes gilt.

Angesichts der Vielzahl von Meinungen in Rechtsprechung und Literatur stellt sich zunächst die Frage, welcher Auffassung bei der Behandlung treuwidriger Stimmen zu folgen ist. Von der Beantwortung dieser Frage hängt es ab, ob die zustimmenden oder die dissentierenden Gesellschafter die Wirksamkeit bzw. Nichtigkeit des Beschlusses gerichtlich durchsetzen müssen. Dabei wäre es aus Sicht der Befürworter eines Sanierungskonzepts natürlich deutlich günstiger, wenn man bei Mehrheitsentscheidungen mit der wohl überwiegenden Anzahl der Stimmen von der Nichtigkeit der treuwidrigen Einzelstimme ausginge, die gegebenenfalls auch sogleich vom Versammlungsleiter berücksichtigt werden kann, mit der Folge, dass in diesem Fall (jedenfalls zunächst) ein wirksamer Beschluss vorläge. Diese Ansicht ist jedoch dem schwerwiegenden Einwand ausgesetzt, dass sie die grundsätzliche Willensfreiheit des Gesellschafters drastisch reduziert, indem sie ihm die Bürde aufträgt, die Wirksamkeit seiner Stimme gegebenenfalls gerichtlich durchsetzen zu müssen. Freilich ließe sich einwenden, dass der sich treuwidrig verhaltende Gesellschafter insoweit nicht schutzbedürftig sei, was bei eindeutigem Vorliegen des Treupflichtverstoßes auch richtig ist. Allerdings stellt gerade das Vorliegen der Treuwidrigkeit den Kernpunkt der

384 So richtig *v. Schorlemer/Stupp*, NZI 2003, 345 (350).
385 *Häsemeyer*, ZHR 160 (1996), 109 (131).
386 *Häsemeyer*, ZHR 160 (1996), 109 (131); *Eidenmüller*, ZHR 169 (2005), 528 (559).

Streitigkeit dar und wird oftmals nicht leicht zu klären sein. Unter Berücksichtigung dieses Punkts erscheint es aber bedenklich, die zunächst einmal nur nach Auffassung der Befürworter des Beschlusses vorliegende Treuwidrigkeit zum Anlass zu nehmen, die Stimmen der dissentierenden Gesellschafter gleichsam auf Verdacht als nichtig zu bewerten. Denn die Grundregel stellt es dar, dass die von einem Gesellschafter abgegebene Stimme als wirksam anzusehen ist. Diese Regel würde aber in der beschriebenen Situation zur Ausnahme gemacht, wenn es in den Händen der zustimmenden Gesellschafter läge, sich unter Berufung auf die vermeintlich gegebene Treuwidrigkeit über den Willen der anderen Gesellschafter hinwegzusetzen. Mag dies in vielen Fällen auch praktikabler erscheinen, so muss dennoch zunächst der Wille eines jeden Gesellschafters respektiert werden und obliegt es denjenigen, die von der Fehlerhaftigkeit der Willensäußerung ausgehen, gegen diese gegebenenfalls mit rechtlichen Mitteln vorzugehen. Es erscheint daher vorzugswürdig, von der jedenfalls vorläufigen Beachtlichkeit der Einzelstimmen auszugehen. Auf diese Art und Weise kann den Interessen beider Seiten ausreichend Rechnung getragen werden. Aus Sicht der dissentierenden Gesellschafter bedeutet dies die zumindest vorübergehende Respektierung ihres durch die Stimmabgabe geäußerten Willens, aus Sicht der Befürworter des Beschlusses die Möglichkeit, das negative Beschlussergebnis mittels der Anfechtung der vermeintlich treuwidrigen Einzelstimmen doch noch in das von ihnen gewünschte positive Beschlussergebnis umzukehren.

Nimmt man den hier vertretenen Standpunkt ein, ließe sich immer noch einwenden, mit Eröffnung eines Insolvenzverfahrens liege eine außergewöhnliche Situation vor, die außergewöhnliche, auf sie zugeschnittene Regelungen verlange. Dagegen lässt sich einwenden, dass es nahezu unmöglich sein dürfte, eine solche Sonderregelung im Gesellschaftsrecht zu normieren. Denn für den „Normalfall" (vor Eröffnung des Verfahrens) existiert ja – was sich in der geschilderten Meinungsvielfalt niederschlägt – gerade keine positivierte Regelung. Dazu kommt, dass das Gesellschaftsrecht nicht der richtige Ort sein dürfte, um insolvenzbedingte Sonderregelungen zu treffen[387].

Vor dem Hintergrund der im Regelfall sehr knapp bemessenen Zeit zur Umsetzung des Plankonzepts zur Fortführung der Gesellschaft stellt sich sodann das Problem, dass die gerichtliche Durchsetzung der Wirksamkeit des Beschlusses womöglich zu lange dauert[388]. Noch stärker als bei einer freien Sanierung ist das Fortbestehen der Gesellschaft nach Eröffnung des Insolvenzverfahrens von der schnellstmöglichen Umsetzung von Sanierungsmaßnahmen abhängig. Rechtsschutz im regulären Verfahren erweist sich unter diesen Umständen als zu

387 Zu dieser Thematik auch u. S. 188 ff.

388 So auch *Maesch*, Corporate Governance, S. 274.

zeitaufwendig. Die Möglichkeit einstweiligen Rechtsschutzes zur Durchsetzung des Stimmverhaltens eines bestimmten Gesellschafters ist umstritten[389]. Wenn auch eine pauschale Versagung einstweiligen Rechtsschutzes auf diesem Gebiet als nicht tragbar erscheint, vor allem die bloße Berufung auf das Argument des Verbots der Vorwegnahme der Hauptsache nicht überzeugt[390], weil eine irreversible Verfestigung der Zustände oftmals nicht nur zu einer Seite hin droht[391], ist dennoch fraglich, ob dieser Weg zur Durchsetzung von Sanierungsmaßnahmen als Teil eines Insolvenzplans geeignet ist. Der Ansicht, dass einstweilige Verfügungen zur Durchsetzung von Strukturmaßnahmen, wozu auch Sanierungsmaßnahmen zu rechnen sind, generell ausgeschlossen seien[392], ist nicht beizupflichten. Gerade in der Sanierungssituation in der Insolvenz wird deutlich, dass die Versagung von einstweiligem Rechtsschutz auf diesem Gebiet zu einer „fatalen Präjudizialisierung"[393] eines Sachverhalts führen kann, wenn die insolvente Gesellschaft nämlich wegen des zeitlich bedingten Scheiterns der Sanierungsbemühungen endgültig aufgelöst wird. In der Tat können die Sanierungspflichten, wie sie das *Girmes*-Urteil statuiert, regelmäßig wohl nur im Falle ihrer Durchsetzung mithilfe eines Eilverfahrens zu einer erfolgreichen Sanierung beitragen. Die Vorbehalte *Häsemeyers,* der anmerkt, dass es angesichts einer möglichen Änderung der Entscheidung im Hauptsacheverfahren und der damit verbundenen Unsicherheit schwer sein dürfte, Gläubiger bzw. Dritte für Investitionen in die Gesellschaft zum Zwecke der Sanierung zu gewinnen[394], haben dennoch erhebliches Gewicht. Denn es mag zwar richtig sein, dass in vielen Fällen die vorläufige Entscheidung zugleich die endgültige sein wird[395], doch wird das dennoch verbleibende Unsicherheitsmoment in psychologischer Hinsicht der positiven Entscheidungsfindung eines potentiellen Investors in einer Situation, in der jeder Investition ein nicht unerhebliches Verlustrisiko innewohnt, trotz alledem nicht gerade zuträglich sein. Gerade in der Insolvenz ist eine Sanierung ohne die Zuführung neuer Mittel von Seiten Dritter meist nicht machbar[396]. Schon unter diesem Gesichtspunkt bestehen erhebliche Zweifel, ob der Ansatz über die gesell-

389 Umfassende Nachweise bei *v. Gerkan,* ZGR 1985, 169 ff.; *Krull,* Bedingter Insolvenzplan, S. 71 ff.; Scholz/*K. Schmidt,* GmbHG, Bd. 2, § 45 Rn. 183; *Damm,* ZHR 154 (1990), 413 ff.

390 *Damm,* ZHR 154 (1990), 413 (432) spricht in diesem Zusammenhang von einer gleichsam „formalen Berufung auf das Vorwegnahmeverbot".

391 Darauf weisen u. a. *v. Gerkan,* ZGR 1985, 169 (170, 174) und *H.-F. Müller,* Verband in der Insolvenz, S. 344 zutreffend hin.

392 S. die Nachweise bei *H.-F. Müller,* Verband in der Insolvenz, S. 344 (dort Fn. 166, 167).

393 So *H.-F. Müller,* Verband in der Insolvenz, S. 345 in Anlehnung an *v. Gerkan,* ZGR 1985, 169 (175).

394 *Häsemeyer,* ZHR 160 (1996), 109 (122).

395 *H.-F. Müller,* Verband in der Insolvenz, S. 346.

396 *Buchanan,* Economics of Corporate Enterprise, S. 375; *K. Schmidt,* ZGR 1982, 519 (519).

schafterlichen Treupflichten ein ebenso effizientes Mittel zur Überwindung einer etwaigen Gesellschafterobstruktion ist, wie es der diskutierte Zwangseingriff in Gesellschafterrechte wäre[397].

Es gibt aber noch einen weiteren Aspekt, der gegen die vorgenannte Überlegung spricht. Unabhängig davon, ob man das Bestehen der Treubindung im Sinne des *Girmes*-Urteils nur im Verhältnis des einzelnen Gesellschafters zu seinen Mitgesellschaftern[398] oder zusätzlich auch im Verhältnis zur Gesellschaft selbst annimmt, ist man auf jemanden innerhalb der Gesellschaft zur Geltendmachung der aus der Treupflicht resultierenden Ansprüche angewiesen, da Treupflichten nach einhelliger Ansicht jedenfalls nicht im Verhältnis zu außen stehenden Dritten, wie z. B. den Gläubigern, bestehen. Damit ist man in den Fällen, in denen die Gesellschafter allesamt ihre Zustimmung verweigern[399], vor ein unüberwindbares Problem gestellt. Nach dem vorgestellten Ansatz benötigt man zumindest einen Gesellschafter, der aus Sicht der Gläubiger vernünftig handelt und sich den Sanierungsbestrebungen nicht zur Erlangung eigener Sondervorteile verweigert. Gerade bei kleineren Gesellschaften mit wenigen Gesellschaftern erscheint dies aber keineswegs selbstverständlich. Es handelt sich nicht um rein theoretische Erwägungen, wenn man sich beispielsweise vorstellt, dass von drei GmbH-Gesellschaftern sich alle drei der Sanierung verweigern, weil sie übereinstimmend beschlossen haben, dass ein Verkauf ihrer Gesellschaftsanteile zum sog. Lästigkeitswert unter Ausnutzung ihrer Blockadehaltung für sie wenn auch nicht unbedingt die lukrativere so doch die sicherere Variante ist, da sie dabei nicht dem jeder Sanierung immanenten Verlustrisiko ausgesetzt sind. In diesem Fall fehlt es dem hier geschilderten Ansatz an dem erforderlichen Hebel innerhalb der Gesellschaft, der die Durchsetzung der Treupflichten ermöglicht[400]. Die Geltendmachung des durch die Treupflicht begründeten Anspruchs auf Zustimmung unterfällt nämlich auch nicht der Kompetenz des Insolvenzverwalters. Denn dem

397 So im Ergebnis auch *Schuster*, ZGR 2010, 325 (334 f.); skeptisch insbesondere im Hinblick auf die Umsetzbarkeit von *debt equity swaps* auch *Scheunemann/Hoffmann*, DB 2009, 983 (983) (dort Fn. 1).

398 So der *BGH* (*Girmes*), vgl. o. Fn. 319.

399 Nach der *BGH*-Rechtsprechung im Fall *Girmes* dürfte auch der Fall ausreichen, in dem sich die obstruierenden Gesellschafter gegenüber den zustimmenden in der Überzahl befinden, da die Treupflichten dort nur im Hinblick auf ein von der Mehrheit der Gesellschafter getragenes Sanierungskonzept bestehen; zur Kritik hieran vgl. *Eidenmüller*, Unternehmenssanierung, S. 780.

400 Ein interessanter Ansatz, der auch zur Lösung dieses Problems beitragen könnte, findet sich bei *Bitter*, ZGR 2010, 147 (172 ff.), der mit der Annahme von Aufopferungspflichten in Krise und Insolvenz operiert, die er aus der Einwirkungsmacht einzelner Vermögenspositionen bestimmter Gesellschafter bzw. Gläubiger auf Vermögenspositionen anderer Beteiligter herleitet.

Anspruch auf Zustimmung fehlt die Massebezogenheit[401], die aber jedenfalls nach der herrschenden Amtstheorie[402] zur Geltendmachung von Ansprüchen seitens des Insolvenzverwalters im Rahmen des § 80 I InsO erforderlich ist. Die Sanierungsmaßnahme wird zwar im Fall ihrer Durchführung im Allgemeinen zu einer Mehrung des Gesellschaftsvermögens und damit auch zu einer Anreicherung der Masse im Sinne des § 35 InsO führen. Dies führt indes nicht zur Massebezogenheit des durch die Treupflicht vermittelten Anspruchs. Die Treupflicht bezieht sich nämlich auf die Zustimmung zu dem Beschluss, der die Durchführung der betreffenden Maßnahme zum Gegenstand hat, nicht auf die Durchführung der Maßnahme selbst. Die Beschlussfassung kann sich zwar mittelbar auf die Insolvenzmasse auswirken, stellt aber zunächst einen verbandsinternen Vorgang dar, der dem Einflussbereich des Insolvenzverwalters entzogen ist.

C. Möglichkeit des Ausschlusses von Gesellschaftern

Neben der Herbeiführung positiver Gesellschaftsbeschlüsse kann im Rahmen der Reorganisation einer Gesellschaft überdies der Ausschluss eines Gesellschafters relevant werden[403]. Dabei taucht auch hier die Frage auf, ob insoweit das im Gesellschaftsrecht vorgesehene Instrumentarium ausreicht, Reformüberlegungen in diesem Bereich hinfällig werden zu lassen. Dazu ist zunächst zu sagen, dass der Ausschluss eines Gesellschafters aus wichtigem Grund mittlerweile überwiegend als verbandsübergreifendes Prinzip anerkannt ist[404], obgleich er nicht für alle Gesellschaftsformen ausdrücklich geregelt ist[405]. Die Auflösung der Gesellschaft, z. B. infolge der Eröffnung eines Insolvenzverfahrens, steht der Ausschlussmöglichkeit dabei nicht entgegen[406]. Dies leuchtet gerade im vorliegenden Kontext im Hinblick auf die unter Umständen unzumutbare Zusammenarbeit mit einem Gesellschafter in der zunächst aufgelösten, dann aber fortgeführten

401 Auch *H.-F. Müller,* ZGR 2004, 842 (847) betont, dass es sich bei der Beschlussfassung um einen verbandsinternen Vorgang ohne unmittelbare Auswirkungen auf die Masse handelt.

402 Zu den verschiedenen Theorien mit zahlreichen Nachweisen vgl. *Bork,* Insolvenzrecht, Rn. 63 ff.; für eine Aufgabe des Theorienstreits Gottwald/*Klopp/Kluth,* Insolvenrechts-Hdb., § 22 Rn. 20 ff.

403 Diesem Bedürfnis entsprechend sieht der Bericht der Insolvenzrechtskommission neben der gerichtlichen Ersetzungsbefugnis auch Ausschlusstatbestände vor, vgl. EB, LS 2.4.9.5, 2.4.9.6. Die Bedeutung eines etwaigen Ausschlusses betont auch der *Gravenbrucher Kreis,* BB 1986/ Beil. 15, S. 8.

404 *Grunewald,* Ausschluß, S. 58.

405 Vgl. z. B. § 737 S. 1 BGB, § 140 HGB.

406 Nachweise bei *Kautz,* Gesellschaftsrechtliche Neuordnung, S. 153 f.

Gesellschaft ohne weiteres ein[407]. Der wichtige Grund muss sich aus Umständen ergeben, die eine weitere Zusammenarbeit mit dem jeweiligen Gesellschafter für seine Mitgesellschafter unzumutbar erscheinen lassen.

In diesem Bereich entspricht nicht nur die Fragestellung derjenigen bei den Zustimmungspflichten. Es treten auch die entsprechenden Probleme auf, aufgrund derer ein Ausreichen des gesellschaftsrechtlichen Instrumentariums im vorigen Abschnitt abgelehnt wurde. Zum einen muss auch hier der Ausschluss in aller Regel gerichtlich durchgesetzt werden, was wiederum zu Verzögerungen führen kann, die sich nachteilig auf die Reorganisationsaussichten auswirken. Vor allem stellt das gesellschaftsrechtliche Institut des Ausschlusses aus wichtigem Grund wiederum allein auf die innergesellschaftlichen Verhältnisse ab[408]. Den Gläubigern, denen durchaus daran gelegen sein kann, einen bisherigen Gesellschafter aus der zu reorganisierenden Gesellschaft zu verdrängen, fehlt erneut der Hebel, ihren Interessen ohne Mithilfe anderer Altgesellschafter Geltung zu verschaffen[409].

D. Übertragende Sanierung

Die vorhergehenden Ansätze waren – mit Ausnahme desjenigen von *Braun* – darauf angelegt, „sanierungsfeindliches" Verhalten der Gesellschafter in der einen oder anderen Weise zu sanktionieren und auf diese Weise die Herbeiführung der zur Sanierung erforderlichen gesellschaftsrechtlichen Beschlüsse zu ermöglichen. Der Gesetzgeber hielt insolvenzrechtliche Eingriffe in die gesellschaftsrechtlichen Verhältnisse der Schuldnergesellschaft aber insbesondere auch deshalb für verzichtbar, weil es den Gläubigern unbenommen bleibe, den prognostizierten Fortführungswert des Unternehmens im Wege der übertragenden Sanierung zu realisieren[410]. Träfe die darin enthaltene Annahme, mit Hilfe der übertragenden Sanierung lasse sich stets ein der Reorganisation wirtschaftlich gleichwertiges Ergebnis erzielen, zu, läge auch darin eine *de lege lata* begründete Möglichkeit, die Reformüberlegungen womöglich entbehrlich machte. Aus Sicht der Gläubiger ist es zunächst

407 Vgl. mit weiteren Nachweisen *H.-F. Müller,* Verband in der Insolvenz, S. 353. Dieser führt als weiteres Argument die Unzumutbarkeit einer Liquidation unter Beteiligung des betreffenden Gesellschafters hin, stellt aber klar, dass dieser Grund im Insolvenzverfahren mit dem Verwalter als Liquidator nicht trägt.

408 *Grunewald,* Ausschluß, S. 58 weist zu Recht darauf hin, dass bei dem von der Kommission für Insolvenzrecht vorgeschlagenen Ausschlussrecht nicht mehr das Interesse der Mitgesellschafter, sondern die Durchführung der Reorganisation ausschlaggebend sein sollte.

409 Vgl. bereits o. S. 89 f.

410 RegE InsO, BT-Drucks. 12/2443, S. 83.

einmal unerheblich, auf welche Weise sie den dem Unternehmen beigemessenen Fortführungswert realisieren. Aus ihrer Sicht vorteilhaft ist zunächst, dass es nicht der Zustimmung der Gesellschafter bedarf, um eine übertragende Sanierung umzusetzen[411]. Sind sie nicht auf der Käuferseite an dem Unternehmenskauf beteiligt, ist ihnen im Fall der übertragenden Sanierung sogar das Sanierungsrisiko abgenommen. Die übertragende Sanierung stellt im Vergleich zur Reorganisation die besser kalkulierbare Variante dar[412]. Es soll daher keineswegs in Abrede gestellt werden, dass die übertragende Sanierung nicht nur eine bewährte Verwertungsart ist[413], sondern in vielen Fällen sogar die aus Sicht der Gläubiger vorzugswürdige Alternative[414]. Die Aussage, es gebe wirtschaftspolitisch keinen Grund, die Sanierung des Schuldners generell der übertragenden Sanierung vorzuziehen[415], verdient soweit sicherlich Zustimmung. Die Perpetuierung von Unternehmensträgern um ihrer selbst willen, dies sei noch einmal herausgestellt, kann nicht Ziel des Insolvenzrechts sein. Daraus lässt sich indes nicht ableiten, dass nicht auch Fälle denkbar sind, in denen die übertragende Sanierung an ihre Grenzen gerät und ein Fortführungswert mithin nur mithilfe einer Reorganisation realisierbar ist. Dies kann vor allem in speziellen Eigenschaften des Schuldnerunternehmens begründet sein[416]. Bilden schuldrechtliche Positionen, wie z. B. Lizenzen oder Mietverträge, die aus rechtlichen oder tatsächlichen Gründen nicht übertragen werden können, einen wesentlichen Bestandteil des Schuldnervermögens, führt die übertragende Sanierung nicht ans Ziel[417] [418]. Auch wenn eine Übertragung möglich sein sollte, ist diese häufig mit erheblichen Kosten verbunden, die bei einer Reorganisation nicht

---

411 *K. Schmidt* in KS (2. Aufl.), 1199 (1211).

412 *Schmittmann,* VR 2009, 289 (292); *Wellensiek,* NZI 2002, 233 (238).

413 Vgl. RegE InsO, BT-Drucks. 12/2443, S. 94.

414 S. die Nachweise bei *Bitter,* ZGR 2010, 147 (155), der feststellt, dass die übertragende Sanierung ganz eindeutig die Sanierungspraxis dominiert; laut *Undritz,* ZGR 2010, 201 (205) erfolgen weit über 90% der erfolgreichen Restrukturierungen infolge eines Insolvenzverfahrens auf diesem Wege.

415 RegE InsO, BT-Drucks. 12/2443, S. 77 f.; vor allem *Balz,* Sanierung, S. 71 ff.

416 Mit konkretem Beispiel *Fritze,* DZWIR 2007, 89 (89).

417 *Braun/Uhlenbruck,* Unternehmensinsolvenz, S. 569, 582 f.; *Bitter,* ZGR 2010, 147 (157 ff.); *Smid/Rattunde,* Insolvenzplan, Rn. 82; ausführlich *Bitter/Laspeyres,* ZIP 2010, 1157 ff.; a. A. Leipold/*Stürner,* Insolvenzrecht im Umbruch, 41 (44); kritisch zur Frage, ob im Rahmen einer Reorganisation dasselbe Problem zutage treten kann, *Brinkmann,* WM 2011, 97 (101 f.).

418 Häufig findet sich innerhalb der Aufzählung der Vorteile einer Reorganisation auch der Verweis auf die im Gegensatz zur übertragenden Sanierung mögliche Nutzung von Verlustvorträgen, z. B. *Braun/Uhlenbruck,* Unternehmensinsolvenz, S. 583. Dieser mögliche Vorteil wird durch die jüngste Steuergesetzgebung (vgl. § 8c KStG) weitgehend zunichte gemacht, s. *Weitnauer,* GWR 2009, 29; K. Schmidt/Uhlenbruck/*Crezelius,* GmbH in Krise, Sanierung und Insolvenz, S. 321 ff. *Eidenmüller/Engert,* ZIP 2009, 541 (554) ist beizupflichten, wenn sie insofern im Rahmen eines zu Sanierungszwecken durchgeführten *debt equity swap* eine Ausnahme fordern.

in dieser Form anfallen[419]. Eine weitere Schwierigkeit besteht in der Praxis darin, einen dem Fortführungswert des Unternehmens weitestgehend entsprechenden Kaufpreis zu erzielen[420]. Die im Gesetz vorgesehen Schutzmechanismen[421] sind zu einem gewissen Grad geeignet, einen Ausverkauf des Unternehmens zu unterbinden. Dennoch bleibt zu bedenken, dass der mit der übertragenden Sanierung verbundene Vorteil der besseren Kalkulierbarkeit im Guten wie im Schlechten gilt. Dem Vorteil, dass der über die übertragende Sanierung erzielte Betrag die Insolvenzmasse sicher bereichert, steht die Tatsache gegenüber, dass es schwierig sein dürfte, dabei angemessene Beträge zu erzielen[422]. Der Grund dafür liegt darin, dass potentielle externe Käufer – sofern es Interessenten gibt[423] – oftmals nicht hinreichend über das Unternehmen informiert sind[424] bzw. versuchen, unter Ausnutzung der misslichen Lage der Schuldnerin das Unternehmen zu einem seinem Wert nicht angemessenen Kaufpreis zu erwerben. Mit dem Insolvenzplan steht den Gläubigern ein Mittel zur Verfügung, unter Inkaufnahme eines regelmäßig höheren Risikos eine womöglich höhere Befriedigung zu erlangen[425]. Nimmt man den Anspruch an die Gleichwertigkeit der Verwertungsmethoden ernst, muss man den Gläubigern insoweit die freie Wahl lassen. Ohne die Möglichkeit, notfalls zwangsweise, eine Beteiligung an der Gesellschaft und damit an einem späteren Sanierungserfolg zu erhalten[426], ist diese Entscheidungsfreiheit von vornherein nicht verwirklicht, sondern die Entscheidung bereits in eine Richtung beeinflusst. Da die Möglichkeit, dass die übertragende Sanierung einer Reorganisation im Hinblick auf die Masse im Einzelfall unterlegen ist, nicht ausgeschlossen werden kann[427], wäre dies der falsche Weg[428].

---

419 Auf den Aspekt einer solchen Kostenersparnis weisen *Morshäuser/Falkner,* NZG 2009, 526 (530) hin.

420 Skeptisch *H.-F. Müller,* Verband in der Insolvenz, S. 283 f.; *Balz* in KS (2. Aufl.), 3 (18).

421 Vgl. §§ 160 ff. InsO.

422 *Morshäuser/Falkner,* NZG 2009, 526 (527); *Müller-Feldhammer,* ZIP 2003, 2186 (2188 f.); Leipold/*K. Schmidt,* Insolvenzrecht im Umbruch, 67 (75). Dieser, aaO, 67 (88) sieht in der Legitimation der übertragenden Sanierung gegenüber den Gläubigern insofern das Hauptproblem.

423 Bedenken meldet insoweit *Schaaf* in IDW, Beiträge zur Reform des Insolvenzrechts, S. 194 f. an.

424 Vgl. *Bebchuk* in Bhandari/Weiss, Corporate Bankruptcy, 370 (371).

425 Auf das Problem eines zu niedrigen Kaufpreises weist *Wellensiek* in IDW, Beiträge zur Reform des Insolvenzrechts, S. 196 hin. Unter Umständen lässt sich freilich ein ähnliches Ergebnis über Gründung einer Sanierungsauffanggesellschaft erzielen, vgl. dazu den Beitrag von *Lieder,* DZWIR 2004, 452.

426 S. ausführlich u. S. 172 ff.

427 *Streit,* Status:Recht 2009, 94 (95); trotz einiger Vorbehalte gegen Eingriffsbefugnisse räumt dies auch Kübler/*Ulmer,* Neuordnung des Insolvenzrechts, 119 (122) ein.

428 Im Ergebnis auch *Krull,* Bedingter Insolvenzplan, S. 84.

E. Ergebnis

Als Ergebnis dieses Abschnitts lässt sich festhalten, dass *de lege lata* in einem gewissen Umfang Möglichkeiten bestehen, der gesellschaftlichen Enthaltsamkeit zum Trotz annehmbare Ergebnisse zu erzielen, diese jedoch nicht ausreichen, Reformüberlegungen auf diesem Gebiet hinfällig zu machen.

Was zunächst den Vorschlag *Brauns* betrifft, besticht dieser zwar durch seine Einfachheit, ihm fehlt aber jeglicher Rückhalt im Gesetz.

Der Ansatz über die gesellschafterlichen Treupflichten ist demgegenüber ein durchaus beachtenswerter Weg, um Obstruktionsproblemen im Rahmen von Sanierungsbemühungen Herr zu werden. Dabei sind die Treupflichten mittlerweile nicht nur rechtsformübergreifend anerkannt, sondern infolge ihrer Konkretisierung durch die *Girmes*-Rechtsprechung leichter handhabbar. Probleme ergeben sich indes im Hinblick auf ihre prozessuale Durchsetzbarkeit. Geht man von einer grundsätzlichen Beachtlichkeit des geäußerten Gesellschafterwillens aus und lehnt eine Ausnahme hiervon im eröffneten Verfahren als nicht systemgerecht ab, kommt es zu dem Problem, dass die Durchsetzung tendenziell mehr Zeit in Anspruch nimmt, als im Hinblick auf eine angestrebte Sanierung zur Verfügung steht. Unabhängig davon findet man in diesem Bereich ein schwer überschaubares Meinungsspektrum vor, was zu Unsicherheiten in der rechtlichen Bewertung führt; eine Tatsache, die sich, will man Sanierungsinvestoren gewinnen, als kontraproduktiv erweisen könnte.

Im Hinblick auf den möglichen Ausschluss von Gesellschaftern sind die gesellschaftsrechtlichen Möglichkeiten, gerade was den Zeitaspekt anbelangt, ähnlichen Bedenken ausgesetzt.

Vor allem spricht aber generell gegen die Konzentration auf die Instrumentarien des allgemeinen Gesellschaftsrechts, dass ihre Anwendung der Situation im Insolvenzverfahren nicht gerecht wird. Es ist nicht stimmig, den Gläubigern einerseits die Entscheidung über das künftige Schicksal der Gesellschaft einzuräumen, sie andererseits bei der Durchsetzung der insoweit notwendigen Maßnahmen von den Gesellschaftern abhängig zu machen. Im eröffneten Verfahren verlagert sich der Fokus der rechtlichen Betrachtungen merklich von den Anteilseignern auf die Gläubiger[429]. Dies sollte auch das Gesetz nachvollziehen. Überdies ist nicht einsichtig, warum den Gläubigern die Hände gebunden sein sollten, wenn ihnen die Hilfe aus dem Kreis der Gesellschafter und damit der gesellschaftsrechtliche Hebel fehlt.

429 *Haas*, Gutachten 66. DJT, E 19 weist richtig, darauf hin, dass ab diesem Zeitpunkt das Gesellschaftsvermögen allein dem Befriedigungsinteresse der Gläubiger dient.

Zuletzt macht auch die Verwertungsalternative der übertragenden Sanierung die Reformdiskussion nicht überflüssig. Zu Recht wird vielfach darauf hingewiesen, dass gewisse Rechtsposition auf diesem Weg nicht genutzt werden können. Darüber hinaus sollte man, meint man es mit dem ergebnisoffenen Verfahren wirklich ernst, die Entscheidung über die Verwertungsalternative den Gläubigern überlassen. Dies setzt aber voraus, dass diese tatsächlich gleichwertige Verwertungsalternativen vorfinden.

Teil 3: Der Gesellschaftsanteil als potentielles Eingriffsobjekt

Nachdem sich gezeigt hat, dass nach geltendem Recht keine zufrieden stellenden Mittel zur Überwindung einer Gesellschafterobstruktion in der Insolvenz zur Verfügung stehen[430], bleibt die Frage, ob und wie in dieser Hinsicht Abhilfe geschaffen werden kann. Bevor an eine konkrete Ausgestaltung etwaiger Eingriffmöglichkeiten zu denken ist, muss geklärt werden, ob sich ein solcher Eingriff unter spezieller Berücksichtigung des potentiellen Eingriffsobjekts überhaupt legitimieren ließe. Soweit ersichtlich geht die Mehrzahl der Autoren, die einen Eingriff in den Gesellschaftsanteil im Rahmen eines Insolvenzplans grundsätzlich in Erwägung ziehen, auf diesen Punkt nicht genauer ein, sondern stellt nahezu apodiktisch den Gesellschaftsanteil als zulässigen Zugriffsgegenstand in den Raum, wobei sie sich mit der – oftmals nicht näher begründeten – Feststellung der Wertlosigkeit des Anteils begnügt. Die Wertlosigkeit des Anteils ist dabei zwar eine alles andere als abwegige Annahme, dennoch bedarf es insoweit einer näheren Untersuchung. Vor allem erscheint in diesem Zusammenhang problematisch, dass der Gesellschaftsanteil zum Vermögen des Gesellschafters gehört, welches aufgrund des gesellschaftsrechtlichen Trennungsprinzips strikt vom Vermögen der Gesellschaft abzugrenzen ist[431]. Insolvenzschuldnerin ist jedoch im Fall der Gesellschaftsinsolvenz die Gesellschaft und nicht der Gesellschafter.

Im folgenden Teil der Arbeit soll daher der Gesellschaftsanteil in seiner Eigenschaft als potentielles Objekt eines insolvenzgesellschaftsrechtlichen Zwangseingriffs den Mittelpunkt der Betrachtungen bilden.

A. Terminologie

Vorab ist zu klären, was mit dem Begriff „Gesellschaftsanteil" bezeichnet werden soll. Der Begriff findet als solcher keine gesetzliche Erwähnung. Er wird wohl überwiegend synonym mit dem Begriff der Mitgliedschaft[432] verwendet[433]. Unter

430 Vgl. o. S. 71 ff.

431 Vgl. *Schön,* FS Ulmer, 1359 (1369); *Habersack,* Mitgliedschaft, S. 84.

432 Wenn hier von Mitgliedschaft die Rede ist, beschränkt sich dies allein auf deren Einordnung als rechtliches Phänomen, vgl. insoweit *K. Schmidt,* GesR, § 19 I 2.

433 Vgl. BGHZ 81, 82 (84); 98, 48 (50); MüKo-BGB/*Ulmer,* § 705 Rn. 159, 179. Teilweise wird der Gesellschaftsanteil aber auch von der Mitgliedschaft dahingehend abgegrenzt, dass darunter

Mitgliedschaft wird im Allgemeinen die auf der Zugehörigkeit zu einem Verband beruhende Rechtsstellung einer Person bezeichnet[434]. Verband ist dabei eine rechtsgeschäftlich konstituierte Zweckgemeinschaft, deren Gemeinsphäre gegenüber der Privatsphäre der Mitglieder organisationsrechtlich mehr oder weniger verselbständigt ist[435]. Unter diesen Begriff fallen vor allem die handelsrechtlichen Körperschaften, der bürgerlich-rechtliche eingetragene Verein, die Personenhandelsgesellschaften und auch die Außengesellschaft bürgerlichen Rechts[436]. Wegen des Fehlens des organisationsrechtlichen Elements können hingegen die reine Innengesellschaft bürgerlichen Rechts sowie die stille Gesellschaft nicht unter einen so verstandenen Verbandsbegriff subsumiert werden[437]. Die Mitgliedschaft besteht richtiger Ansicht nach unabhängig von der Verbandsform in grundsätzlich artgleicher Weise, auch wenn sich hinsichtlich ihres Inhalts entsprechend der verschiedenen strukturellen Ausprägungen der einzelnen Verbandsformen Unterschiede ergeben[438]. Nach mittlerweile wohl vorherrschender und zustimmungswürdiger Auffassung stellt die Mitgliedschaft dabei sowohl ein Rechtsverhältnis – und zwar sowohl im Verhältnis des Gesellschafters zur Gesellschaft wie auch zu seinen Mitgesellschaftern[439] – als auch ein subjektives Recht dar[440]. In der Mitgliedschaft sind Befugnisse und Pflichten, deren Umfang und konkrete Ausgestaltung aufgrund der Tatsache, dass ein jeder Verband zwar durch den mit ihm verfolgten Zweck festgelegt, darüber hinaus aber „nach vorne offen" ist[441], nicht abschließend umrissen werden kann, zu einer Einheit zusammengefasst. Allerdings ist eine gewisse Kategorisierung anhand der mit den jeweiligen Rech-

das subjektive Vermögensrecht des Gesellschafters an den mitgliedschaftlichen Befugnissen verstanden wird, während die Mitgliedschaft das subjektive Personenrecht als Status in der Personenvereinigung verkörpert. Dies folge daraus, dass die Mitgliedschaft als personenrechtlicher Status nicht übertragen werden könne, sondern originär in der Person eines jeden beitretenden Gesellschafters begründet werde (und umgekehrt durch den Austritt beendet); fungibel sei nur das im Gesellschaftsanteil verkörperte subjektive Vermögensrecht; so *Hepp-Schwab,* Mitgliedschaft des Personengesellschafters, S. 110ff. im Anschluss an *Bälz,* ZGR 1980, 1 (55ff.).

434 *K. Schmidt,* GesR, § 19 I 1; *Wiedemann,* Übertragung von Mitgliedschaftsrechten, S. 23, 32; ähnlich *Lutter,* AcP 180 (1980), 84 (86).

435 *Habersack,* Mitgliedschaft, S. 17f.

436 Grundlegend für die Einordnung der Gesamthandsgesellschaft als Personenverband *Flume,* Personengesellschaft, S. 50ff.

437 *Habersack,* Mitgliedschaft, S. 18.

438 *K. Schmidt,* GesR, § 19 I 3 b.

439 *Lutter,* AcP 180 (1980), 84 (98, 122ff.).

440 *Habersack,* Mitgliedschaft, S. 62ff.; *Lutter,* AcP 180 (1980), 84 (97, 102); *K. Schmidt,* GesR, § 19 I 3 a; *Wiedemann,* Übertragung von Mitgliedschaftsrechten, S. 39; *Flume,* Personengesellschaft, S. 127; a. A. *Hadding,* FS Steindorff, S. 37f.

441 *Lutter,* AcP 180 (1980), 84 (91); *Habersack,* Mitgliedschaft, S. 99.

ten und Pflichten verbundenen Funktionen möglich und üblich. Was die aus der Mitgliedschaft erwachsenden Rechte anbetrifft, erfolgt überwiegend eine Untergliederung in Verwaltungs- und Vermögensrechte[442]. Zu den ersteren rechnet z. B. das Stimmrecht oder das Recht zur Teilnahme an Versammlungen, auch die Klagerechte der Gesellschafter sind insoweit anzuführen. Die wichtigsten Vermögensrechte sind der Anspruch auf Beteiligung am Gewinn und am Liquidationserlös. Hinsichtlich der mitgliedschaftlichen Pflichten kann in Anlehnung an *K. Schmidt* eine Einteilung in Sozialpflichten und Individualpflichten erfolgen[443]. Sozialpflichten betreffen das Verhältnis des einzelnen Mitglieds zum Verband, Individualpflichten dasjenige der Mitglieder untereinander. Daneben sind in diesen Beziehungen freilich auch Pflichten denkbar, die ihre Grundlage nicht in der Mitgliedschaft haben[444]. Ein Charakteristikum der Mitgliedschaft ist es, dass die in ihr verkörperten Rechte nicht von ihr abgetrennt werden können (sog. Abspaltungsverbot[445]), die als einheitliches subjektives Recht zu verstehende Mitgliedschaft mithin den Bezugspunkt für die in ihr verkörperten Rechte bildet. Eine gesetzliche Ausprägung findet dieser Grundsatz in § 717 S. 1 BGB, der trotz seines systematischen Standorts innerhalb der Regelungen über die Gesellschaft bürgerlichen Rechts ein allgemeines Prinzip des Verbandsrechts zum Ausdruck bringt[446]. Der leicht missverständliche Wortlaut des zweiten Satzes dieser Vorschrift darf nicht darüber hinwegtäuschen, dass das Abspaltungsverbot dem Grundsatz nach auch für die in der Mitgliedschaft verkörperten Vermögensrechte gilt. Insofern ist zwischen den der Mitgliedschaft zwingend immanenten Vermögensrechten – diese fallen nicht unter § 717 S. 2 BGB und sind folglich nicht abtretbar – und deren Aktualisierung zu eigenständigen schuldrechtlichen Ansprüchen zu unterscheiden, die neben die Mitgliedschaft treten und vorbehaltlich einer anderweitigen Regelung im Gesellschaftsvertrag auch frei abtretbar sind[447]. Damit soll der vermögensrechtlichen Komponente innerhalb der Mitgliedschaft keine selbständige, von den übrigen, die Mitgliedschaft konstituierenden Positionen trennbare Rolle zugeschrieben werden[448]. Die Unterscheidung

442 Vgl. MüKo-BGB/*Ulmer*, § 705 Rn. 185, 189ff., s. auch *F. Kübler*, GesR, S. 48, 74, 181, 236f., der statt von Verwaltungsrechten teils von Mitwirkungsrechten spricht; eine Aufteilung der Verwaltungsrechte in Teilhaberechte und Schutzrechte unternimmt *K. Schmidt*, GesR, § 19 III 3; ihm folgend *Habersack*, Mitgliedschaft, S. 78ff.

443 *K. Schmidt*, GesR, § 19 III 2.

444 Bei *K. Schmidt*, aaO, werden diese als Drittpflichten bezeichnet.

445 Grundlegend BGHZ 3, 354 (357); s. auch *Wiedemann*, Übertragung von Mitgliedschaftsrechten, S. 283ff.; *Westermann*, Vertragsfreiheit und Typengesetzlichkeit, S. 382ff.

446 *Habersack*, Mitgliedschaft, S. 79, mit weiteren Nachweisen.

447 *Habersack*, Mitgliedschaft, S. 83; MüKo-BGB/*Ulmer/Schäfer*, § 717 Rn. 15.

448 Gegen die Annahme eines eigenständigen „Gewinnstammrechts“ auch *Wiedemann*, Übertragung von Mitgliedschaftsrechten, S. 400f.

lässt sich aber durch die Bezeichnung der nicht abtretbaren Vermögensrechte als unveräußerliches Stammrecht[449] veranschaulichen, das dem Gesellschafter unter gewissen Umständen ein Recht auf Entwidmung eines bestimmbaren Teils des Gesellschaftsvermögens verleiht, während die abtretbaren Ansprüche diejenigen sind, in Gestalt derer sich diese Entwidmung materialisiert[450]. Der Unterschied wird noch deutlicher vor dem Hintergrund, dass die in § 717 S. 2 BGB bezeichneten Ansprüche zwar auch als künftige Ansprüche abtretbar sind, diese Vorausverfügung jedoch im Fall einer Übertragung der Mitgliedschaft hinfällig wird, weil auf den Erwerber auch die in der Mitgliedschaft verkörperten Vermögensrechte übergehen[451].

Wenn in der Folge vom Gesellschaftsanteil die Rede ist, soll damit rechtsformübergreifend die einheitliche und als solche sowohl übertrag- wie auch belastbare Mitgliedschaft in einem privatrechtlichen Verband mit personen- und vermögensrechtlichem Doppelcharakter bezeichnet werden.

B. „Vermögenswert" des Gesellschaftsanteils?

Im vorherigen Abschnitt wurde festgestellt, dass die im Gesellschaftsanteil verkörperten Rechte, gleich ob personen- oder vermögensrechtlicher Art, eine untrennbare Einheit bilden und folglich auch nicht Objekt einer gesonderten Verfügung sein können. Dies trifft nach richtiger Auffassung auch auf die vermögensmäßige Berechtigung des einzelnen Verbandsmitglieds zu[452]. Damit ist aber noch nicht zwangsläufig etwas darüber ausgesagt, ob vermittels der vermögensrechtlichen Komponente der Mitgliedschaft den Gesellschaftern ein Anteil am Gesellschaftsvermögen zugewendet wird.

---

449 Vgl. dazu *Habersack*, Mitgliedschaft, S. 86ff.; *Huber*, Vermögensanteil, S. 163; *Wiedemann*, WM 1992, Sonderbeil. VII, S. 23, 29f.; eine andere Bezeichnung für dasselbe Phänomen findet sich bei MüKo-BGB/*Ulmer*, § 705 Rn. 188, der insofern von einer Rechtsquelle „als unselbständiger Teil der Mitgliedschaft" spricht.

450 *Wiedemann*, Übertragung von Mitgliedschaftsrechten, S. 36f.; *Habersack*, Mitgliedschaft, S. 86.

451 S. zu diesem sog. Dogma vom Vorrang der Stammrechtsverfügung im Fall einer nachträglichen Pfändung des Gesellschaftsanteils BGHZ 88, 205 (208f.); *BGH* ZIP 1988, 1546 (1547); kritisch dazu *Marotzke*, ZIP 1988, 1509ff.

452 Anders BGHZ 97, 392 (394) und auch noch *Ulmer*, der zunächst von einem abspaltbaren Vermögenswert der Beteiligung ausging, diese Auffassung mittlerweile aber ausdrücklich aufgegeben hat, vgl. MüKo-BGB/*Ulmer*, § 705 Rn. 188 (dort Fn. 512, ebda. auch Nachweis zur früheren Ansicht).

Insbesondere *Huber* geht vom Bestehen eines solchen „Wertrechts" am Gesellschaftsvermögen aus[453], womit er „die Befugnis des Gesellschafters, an den Vorteilen des Gesellschaftsvermögens in einem bestimmten Ausmaß zu partizipieren"[454] bezeichnet. Dabei legt er jedoch auch die Einheitlichkeit der Mitgliedschaft zugrunde, verneint also ebenfalls die eigenständige Übertragbarkeit dieses Wertanteils wie auch der daneben bestehenden Mitwirkungsrechte bei der Willensbildung[455]. Den Terminus des Wertrechts möchte er dahingehend verstanden wissen, dass über dieses Recht seinem Inhaber der Wert an einer Sache zugewiesen wird, die dinglich einem anderen (hier der Gesellschaft) zugeordnet ist[456]. Die Grundlage für diese mittelbare Zuweisung stelle die Zugehörigkeit zu dem Verband als dem Träger des betreffenden Vermögens dar. *Huber* stellt das Wertrecht des Gesellschafters dem Eigentum vergleichend gegenüber und sieht den maßgeblichen Unterschied darin, dass letzteres neben der Funktion der Wertzuweisung stets auch die Funktion der Herrschaftszuweisung beinhalte, während das Wertrecht als Teil der Mitgliedschaft nur die erstgenannte Funktion umfasse, die Mitgliedschaft aber je nach Ausgestaltung der Stellung innerhalb des Verbands auch das Element der Herrschaftszuweisung in sich tragen und auf diese Weise der Eigentümerstellung angenähert sein könne[457].

Die Auffassung *Hubers* ist nicht ohne Kritik geblieben. *Wiedemann* verneint die Existenz eines Wertrechts mit der Begründung, der Wert des gesellschaftlichen Sondervermögens stelle schon gar kein zuordnungsfähiges Rechtsobjekt dar. Nur einzelne Vermögensgegenstände bildeten taugliche Zuordnungsobjekte, weshalb der Wert des Gesellschaftsvermögens weder unmittelbar der Gesellschaft noch mittelbar den Gesellschaftern zugeordnet werden könne[458]. Ferner sei zu bedenken, dass die Summe aller Gesellschaftsanteile wertmäßig nicht zwingend dem Gesamtwert des Gesellschaftsvermögens entsprechen müsse, sondern sowohl über als auch unter diesem liegen könne[459].

---

453 Vgl. *Huber*, Vermögensanteil, S. 164 ff.

454 *Huber*, Vermögensanteil, S. 164.

455 *Huber*, Vermögensanteil, S. 163 f.

456 *Huber*, Vermögensanteil, S. 166; damit grenzt er den Begriff von der Sichtweise *Kohlers* ab, der diesen erstmalig untersuchte (*Kohler*, AcP 91 (1901), 155 ff.) und darunter jedes Recht fassen wollte, das seinem Inhaber einen Anteil am Wert einer Sache oder eines Vermögens vermittelte; *Huber*, aaO, S. 165 f. kritisiert dieses Verständnis des Begriffs als zu weit und spricht im Hinblick auf die begriffliche Einbeziehung u. a. des Eigentums von einem „Pleonasmus".

457 *Huber*, Vermögensanteil, S. 168 f.

458 *Wiedemann*, WM 1975, Sonderbeil. IV, S. 33 sowie zur Übertragung von Mitgliedschaftsrechten, S. 36; ihm folgend *Habersack*, Mitgliedschaft, S. 90.

459 *Wiedemann*, WM 1975, Sonderbeil. IV, S. 33.

Nur der Klarstellung halber sei an dieser Stelle noch einmal angemerkt, dass die Gesellschafter hinsichtlich der Gegenstände, welche das Gesellschaftsvermögen ausmachen, selbstverständlich nicht dinglich berechtigt sind; Rechtsträger ist insoweit der Verband selbst. Eine wie auch immer geartete Berechtigung kommt deshalb von vornherein nur in Gestalt einer mittelbaren Berechtigung, vermittelt durch die Mitgliedschaft in der Gesellschaft, in Betracht. Daneben dürfte auch die Tatsache, dass dem einzelnen Gesellschaftsanteil als Gegenstand etwaiger Verfügungen ein gewisser Wert zukommt, unbestritten sein. Dabei ist auch klar, dass der Wert der einzelnen Gesellschaftsanteile nicht beziehungslos neben dem Wert des Gesellschaftsvermögens steht, sondern sich in Abhängigkeit zu diesem entwickelt[460]. Der Wertsteigerung des Gesellschaftsvermögens wird also in der Regel ein Anstieg des Anteilswerts korrelieren, für eine Wertminderung gilt Entsprechendes. Insofern muss jedoch erwähnt werden, dass diese vermögensbezogene Komponente nicht den einzigen wertbildenden Faktor im Hinblick auf den Gesellschaftsanteil darstellt. Auch die oben erwähnten anderen Bestandteile, insbesondere die Mitbestimmungsrechte, spielen dabei eine Rolle[461]. Dennoch dürfte aber in diesem Zusammenhang der ideelle Anteil am Gesellschaftsvermögen von entscheidender Bedeutung sein, anhand dessen sich stets sagen lässt, welchen Anteil vom Vermögen der jeweilige Gesellschafter im Falle einer sofort erfolgenden Liquidation der Gesellschaft erhielte. Dies darf nicht dahingehend missverstanden werden, dass sich dieser Anteil zu jeder Zeit exakt beziffern ließe, sondern ist so zu verstehen, dass sich für jedes bestimmte Liquidationsergebnis ein bestimmter Anteil ergibt[462]. Es ist denn wohl auch nicht strittig, dass der einzelne Gesellschafter über seinen Gesellschaftsanteil in wirtschaftlicher Hinsicht einen Wert am Gesellschaftsvermögen vermittelt bekommt. Problematisch ist vielmehr die Frage, ob diese Beteiligung nicht als lediglich wirtschaftliche, sondern auch als rechtliche Beteiligung am Vermögen qualifiziert werden kann[463].

Schon an dieser Stelle kann – unabhängig von der letztendlichen Einstufung des Anteils am Gesellschaftsvermögen – festgehalten werden, dass das Argument *Wiedemanns,* gegen die Annahme einer rechtlichen Beteiligung der Gesellschafter am Gesellschaftsvermögen spreche auch der Umstand, dass der Wert der Gesellschaftsanteile und der des Gesellschaftsvermögens häufig nicht deckungsgleich seien, nicht trägt. Wiewohl dieser Feststellung die Richtigkeit nicht abgesprochen werden kann, ist doch nicht ersichtlich, weshalb das der angesprochenen

460 Vgl. Roth/Altmeppen/*Altmeppen,* GmbHG, § 14 Rn. 5.

461 In diese Richtung weisend Scholz/*H. Winter/Seibt,* GmbHG, Bd. 1, § 14 Rn. 3.

462 Siehe dazu *Huber,* Vermögensanteil, S. 145 f.

463 In letzterem Sinne *Huber,* Vermögensanteil, S. 146 f.; *Würdinger,* Aktienrecht, S. 48 f.; Scholz/*H. Winter/Seibt,* GmbHG, Bd. 1, § 14 Rn. 3; a. A. *Wiedemann,* Übertragung von Mitgliedschaftsrechten, S. 36; *Habersack,* Mitgliedschaft, S. 89 ff.

Annahme entgegenstehen sollte. Sieht man mit der hier vertretenen Auffassung den über die Gesellschafterstellung vermittelten Anteil am Gesellschaftsvermögen zwar als wichtigen, aber nicht als alleinigen Faktor im Rahmen der Wertbestimmung des Gesellschaftsanteils an, ergibt sich ohne Weiteres, dass die beiden Werte differieren können. Auch *Huber* weist zutreffend darauf hin, dass aus diesem Argument *Wiedemanns* nur folge, dass dem Wertanteil vor seiner Realisierung noch kein absoluter, sondern nur ein relativer Wert beigelegt werden könne[464]. Entsprechendes gilt auch für den Wert des Gesellschaftsanteils an sich. Auch dessen Wert kann absolut nur durch Veräußerung des Anteils ermittelt werden. Schon aufgrund der damit verbundenen Bewertungsunsicherheiten kann von einer wertmäßigen Deckungsgleichheit von Gesellschaftsanteilen und Gesellschaftsvermögen allenfalls in ideeller Hinsicht ausgegangen werden, was aber nicht gleichbedeutend mit der Tatsache ist, dass eine solche auch stets vorliegen müsste.

Die Annahme einer mittelbaren rechtlichen Beteiligung am Gesellschaftsvermögen führt auch nicht zu einer Negation des gesellschaftsrechtlichen Trennungsprinzips[465]. Der Verband ist eigenständiges Subjekt von Rechten und Pflichten und als solches auch eigenständiger Träger des Gesellschaftsvermögens. Dies ist auch notwendig, um die Verwirklichung des Verbandszwecks, dessen Erreichung der Einsatz der als Gesellschaftsvermögen gebundenen Vermögensgüter dient, sicherzustellen und nicht durch den Zugriff einzelner Gesellschafter zu gefährden. Andererseits muss auch gewährleistet sein, dass die Gesellschafter am Gesellschaftsvermögen in seinem wechselnden Bestand partizipieren[466]. Dies erfolgt dadurch, dass unter bestimmten Voraussetzungen das Gesellschaftsvermögen in Teilen oder als Ganzes an die Gesellschafter ausgekehrt wird (Gewinnausschüttung, Liquidation), d. h. die in der Mitgliedschaft verkörperten Vermögensrechte realisiert werden. Nicht mehr und nicht weniger soll mit der Annahme einer mittelbaren rechtlichen Beteiligung am Gesellschaftsvermögen gesagt werden. Die Gesellschafter erlangen keinerlei dingliche Berechtigung, sondern nur das Recht auf Teilhabe in den dafür vorgesehenen Konstellationen und unter Berücksichtigung der dafür vorgesehenen (gesellschaftsvertraglichen oder gesetzlichen) Regelungen. Insofern erscheint es durchaus gerechtfertigt, von einer Beteiligung rechtlicher Art zu sprechen. Damit wird auch keine unzulässige Vermengung der Beteiligung als Ausfluss des Stammrechts und den konkreten Einzelansprüchen (auf Gewinnauszahlung, Auskehrung des Liquidationserlöses etc.) vorgenommen, da diesbezüglich klar zu unterscheiden ist. Über die Beteili-

464 *Huber*, Vermögensanteil, S. 147 f.
465 Kritik in diese Richtung übt *Habersack*, Mitgliedschaft, S. 90 f.
466 Vgl. *Huber*, Vermögensanteil, S. 152 f.

gung kommt lediglich zum Ausdruck, dass die konkreten Einzelansprüche unter bestimmten Umständen zugunsten des Gesellschafters entstehen und dieser sie geltend machen kann[467]. Sie sind schuldrechtliche Ansprüche, während jene gerade in der Stellung als Verbandsmitglied als solche wurzelt.

Der zunächst schwerwiegend erscheinende Einwand, eine rechtliche Beteiligung am Gesellschaftsvermögen sei abzulehnen, weil der Wert einer Sache kein taugliches Zuordnungsobjekt sei[468], ist deshalb zwar im Kern richtig, geht aber im Grunde an der Sache vorbei. Es geht nicht um die Zuordnung eines Werts, sondern um die Tatsache, dass die Mitgliedschaft in einer Gesellschaft eine gewisse, als rechtlich zu qualifizierende Beteiligung am Vermögen der Gesellschaft vermittelt, ohne dass damit dessen Eigenschaft als Sondervermögen des Verbands in irgendeiner Weise bestritten werden soll. Diese Beteiligung lässt sich mit den Begriffen anderer Rechtsgebiete als des Gesellschaftsrechts – insbesondere des Sachen- und Schuldrechts – nicht vollständig fassen[469]. Sie ist stattdessen als eigener, verbandsrechtlicher Begriff anzusehen und wird nur angesichts der Besonderheit der Mitgliedschaft verständlich. Diese ist vor allem darin zu sehen, dass der Einzelne über die Mitgliedschaft die Stellung innerhalb eines anderen Rechtssubjekts – des Verbands – erlangt, das seinerseits Träger von Rechten und Pflichten ist. Dabei müssen die unterschiedlichen Rechtssphären zwar einerseits klar voneinander abgegrenzt werden, andererseits kann auch nicht geleugnet werden, dass eben über die Mitgliedschaft auch diverse Berührungspunkte zwischen ihnen entstehen, die nicht zuletzt auch eine verbandsrechtliche Beteiligung des einzelnen Gesellschafters am Gesellschaftsvermögen mit einbeziehen. Diese Beteiligung ist je nach Gesellschaftsform unterschiedlich stark mit der Person des Gesellschafters verknüpft, im Grundsatz besteht sie aber für die hier interessierenden Verbände in gleicher Weise.

Zuzugeben ist, dass es entgegen *Huber* für die Anerkennung einer solchen rechtlichen Beteiligung nicht der Schaffung des eigenständigen Begriffs des Wertrechts bedarf. Dieser Umweg mag vor dem Hintergrund, dass die Anerkennung der Mitgliedschaft als subjektives Rechts zur damaligen Zeit noch nicht gerade fortgeschritten war, erklärbar sein. Insbesondere ließ sich auf diesem Wege eine Belastbarkeit des Gesellschaftsanteils dogmatisch rechtfertigen. Wenn schon *Huber* aber das Wertrecht als nicht abtrennbaren Bestandteil der Mitgliedschaft ansieht, ist heute, da die Mitgliedschaft mit der überwiegenden herrschen-

467 Vgl. dazu auch *Marotzke*, ZIP 1988, 1509 (1511), der im Hinblick auf den Anspruch auf das Auseinandersetzungsguthaben davon spricht, dass dieser Anspruch vor Eintritt eines Ereignisses, das die Auflösung der Gesellschaft oder das Ausscheiden des Gesellschafters bedeutet, eigentlich gar nicht existiere.

468 *Wiedemann*, Übertragung von Mitgliedschaftsrechten, S. 36.

469 So auch *Würdinger*, Aktienrecht, S. 49.

den Meinung richtigerweise als subjektives Recht eingeordnet wird[470] und daher auch Gegenstand von Belastungen sein kann[471], nicht mehr erkennbar, welche Berechtigung die Kategorie des Wertrechts noch haben sollte[472]. Die Anerkennung einer rechtlichen Beteiligung am Gesellschaftsvermögen erfolgt direkt über die Anerkennung einer einheitlichen, als subjektives Recht zu qualifizierenden Mitgliedschaft[473].

C. Wertlosigkeit der Gesellschaftsanteile in der Insolvenz

I. Wertlosigkeit vor dem Hintergrund der Eröffnungstatbestände

Nachdem die Untersuchung gezeigt hat, dass über den Gesellschaftsanteil eine rechtliche Beteiligung am Gesellschaftsvermögen vermittelt wird, ist als nächstes zu prüfen, ob es gerechtfertigt ist, im Fall der Insolvenz der Gesellschaft grundsätzlich von der – jedenfalls wirtschaftlichen – Wertlosigkeit der Gesellschaftsanteile auszugehen[474]. Wäre dem so, ließe sich darin möglicherweise ein erster Schritt hin zur Legitimation eines insolvenzbedingten Zugriffs auf die Gesellschaftsanteile erblicken[475].

470 S. Nachweise in Fn. 440.

471 Vgl. insoweit MüKo-BGB/*Ulmer/Schäfer*, § 725 Rn. 10; *K. Schmidt*, GesR, § 19 I 3.

472 MüKo-BGB/*Ulmer/Schäfer*, § 725 Rn. 10 sehen eine Differenzierung als „überholt“ an.

473 Insofern ist *Habersack*, Mitgliedschaft, S. 91 beizupflichten, wenn er eine Verabschiedung der Kategorie des Wertrechts fordert.

474 Dies tun z. B. *Noack*, Gesellschaftsrecht, Rn. 7; *Uhlenbruck* in KS (2. Aufl.), 1157 (1174); MüKo-InsO/*Eidenmüller*, § 217 Rn. 75; Nerlich/Römermann/*Braun*, § 217 Rn. 40; *Groß*, Fortführungsgesellschaften, S. 267; Kübler/*Balz*, Neuordnung des Insolvenzrechts, S. 4; *Gravenbrucher Kreis*, BB 1986/Beil. 15, S. 11; *Jaffé/Friedrich*, ZIP 2008, 1849 (1853); *Drukarczyk/Schöntag*, Insolvenzplan, S. 18 ff.; *Link*, ZIP 2007, 1397 (1398); *Tashiro*, FS Braun, 375 (381, 386); *Herweg*, Obstruktionsverbot, S. 5, 36; *Morshäuser/Falkner*, NZG 2009, 526 (527); nicht ausdrücklich, aber offensichtlich davon ausgehend *Braun/Uhlenbruck*, Unternehmensinsolvenz, S. 582; a. A. Uhlenbruck/*Lüer*, InsO, § 217 Rn 18 f.; *Kluth*, ZInsO 2002, 258 (263); Smid/*Smid/Rattunde*, InsO, § 221 Rn. 19 bestreiten bei Zugrundelegung einer „wirtschaftlichen Betrachtungsweise“ zwar nicht generell eine Anteilsentwertung, sehen diese aber als Legitimationsgrundlage vor allem im Hinblick auf Art. 14 GG als nicht ausreichend an.

475 Vgl. auch EB, LS 2.4.9.5, S. 59, S. 282 f., in dem die Kommission die mögliche („Anteilsrechte in einem insolventen Unternehmen können wertlos sein“, aaO, S. 282) Wertlosigkeit der Anteilsrechte als Legitimationsgrundlage für den Ausschluss von Gesellschaftern durch das Insolvenzgericht heranzieht.

Da der Eintritt der Insolvenz in Gestalt der Eröffnung eines Insolvenzverfahrens insofern kriteriengebunden ist, als das Vorliegen eines der in §§ 17–19 InsO genannten Insolvenzeröffnungstatbestände erforderlich ist[476], ist die Wertlosigkeitshypothese jeweils vor dem Hintergrund des Vorhandenseins der diversen Kriterien, sprich der Tatbestände der Zahlungsunfähigkeit (§ 17 InsO), der drohenden Zahlungsunfähigkeit (§ 18 InsO) sowie der Überschuldung (§ 19 InsO) zu überprüfen.

Begonnen werden soll hier mit dem Eröffnungstatbestand der Überschuldung, der zwar nur auf bestimmte Gesellschaftstypen anwendbar ist, anhand dessen sich die Hypothese von der wirtschaftlichen Wertlosigkeit aber relativ einfach nachvollziehen lässt. Der Tatbestand der Überschuldung ist gem. § 19 I, III 1 InsO nur auf Gesellschaften anwendbar, die kraft ihrer Rechtsform oder mangels Vorhandenseins persönlich haftender Eigenkapitalgeber nur beschränkt haften[477]. Überschuldung tritt im Sinne des § 19 II 1 Hs. 1 InsO grundsätzlich ein, wenn das Gesellschaftsvermögen die bestehenden Verbindlichkeiten nicht mehr deckt[478]. Ist dieser Zustand aber erreicht, können aus ökonomischer Sicht die Gläubiger als wirtschaftliche Eigentümer des Unternehmens angesehen werden[479]. In dieser Situation muss folgerichtig auch von der wirtschaftlichen Wertlosigkeit der Gesellschaftsanteile ausgegangen werden, da kein ausreichendes Vermögen vorhanden ist, an welchem diese eine Beteiligung vermitteln könnten[480].

Schwieriger gestaltet sich die Lage bei den Insolvenzeröffnungstatbeständen der Zahlungsunfähigkeit bzw. der drohenden Zahlungsunfähigkeit. Das aktuelle

---

476 Vgl. hierzu *Drukarczyk/Schüler* in KS, 28 ff.; Gottwald/*Uhlenbruck/Gundlach*, Insolvenzrechts-Hdb., § 6.

477 MüKo-InsO/*Drukarczyk*, § 19 Rn. 1.

478 Im Rahmen der befristeten Neufassung des Überschuldungstatbestands durch Art. 5 des Finanzmarktstabilisierungsgesetzes (Übersicht in ZIP 2008, 2040) vom 17.10.2008 (BGBl I, S. 1912) ist diese rechnerische Überschuldung nur hinreichend, um den Insolvenzeröffnungstatbestand zu bejahen, wenn die Fortführung des Unternehmens nach den Umständen nicht überwiegend wahrscheinlich ist (vgl. zu diesem neuen Überschuldungsbegriff u. a. *Thonfeld*, NZI 2009, 15; *Ahrendt/Plischkaner*, NJW 2009, 964; *Dahl*, NZI 2008, 719; *Hölzle*, ZIP 2008, 2003). Für das hier erörterte Problem ändert sich durch die Neuregelung im Wesentlichen nichts. Es kommt insoweit auf das Vorliegen einer Überschuldung i. S. des § 19 InsO an. Diese mag, wie vom Gesetzgeber intendiert, nun seltener bzw. später auftreten (kritisch aus ökonomischer Sicht insoweit *Körnert/Wagner*, ZBB 2009, 320), liegt sie aber vor, führt die stets vorliegende rechnerische Überschuldung zu den gleichen Schlussfolgerungen wie unter dem alten Überschuldungsbegriff.

479 So *Eidenmüller*, Unternehmenssanierung, S. 18; *Drukarczyk*, Unternehmen und Insolvenz, S. 73; *R. H. Schmidt*, Ökonomische Analyse, S. 63; *Engel*, Insolvenz und optionsbasierte Reorganisationsmodelle, S. 76; zustimmend *Tashiro*, FS Braun, 375 (392).

480 Vgl. o. S. 100 ff.; auch *H.-F. Müller*, Verband in der Insolvenz, S. 364 betont, dass bei einem negativen Wert des Gesellschaftsvermögens von der Entwertung der Anteile ausgegangen werden müsse.

Vorliegen von Illiquidität bzw. das Drohen künftiger Illiquidität sagt nicht zwingend etwas über den gesamten Vermögensstatus der Gesellschaft aus. Theoretisch sind Konstellationen denkbar, in denen trotz des Vorliegens von (drohender) Zahlungsunfähigkeit die Gesellschaft noch über ein die Verbindlichkeiten deckendes Vermögen verfügt[481]. In der Praxis dürfte dies gleichwohl nur äußerst selten der Fall sein[482]. Regelmäßig wird im Zeitpunkt des Eintritts der Zahlungsunfähigkeit bereits Überschuldung vorliegen. Dies lässt sich überzeugend damit erklären, dass bei Vorliegen unvollkommener Märkte und dem daraus resultierenden Vorhandensein von Informationsasymmetrien zwischen Eigentümern bzw. Managern auf der einen und Kapitalgebern auf der anderen Seite oft auch noch Kredite an eine Gesellschaft ausbezahlt werden, wenn diese bereits überschuldet ist[483]. Diese Feststellung deckt sich auch mit dem Ziel, das der Gesetzgeber verfolgt, wenn er für Gesellschaften, in denen keine natürliche Person unbeschränkt haftet, einen zusätzlichen Eröffnungstatbestand zur Verfügung stellt[484]. Dies macht unter anderem auch vor dem Hintergrund des empirischen Befunds, dass Überschuldung regelmäßig vor Zahlungsunfähigkeit eintritt, und der dadurch erreichten Vorverlagerung der Insolvenzauslösung Sinn[485].

Nicht viel anders verhält es sich in den Fällen der drohenden Zahlungsunfähigkeit. Abgesehen davon, dass von diesem Antragsrecht des Schuldners bislang höchst zurückhaltend Gebrauch gemacht wird[486], geschieht es wenn dann zu einem Zeitpunkt, in dem bereits auch Überschuldung gegeben ist[487].

Insofern ist noch zu erwähnen, dass Überschuldung zwar keinen allgemeinen Insolvenztatbestand nach der InsO statuiert, sondern nur auf juristische Personen sowie Personengesellschaften ohne natürlichen Komplementär anwendbar ist, aber nicht denknotwendig auf diese Gesellschaftsformen beschränkt ist[488]. Wie bereits angedeutet, soll dadurch lediglich ein mit der beschränkten Haftung in solchen Gesellschaften korrelierendes erhöhtes Schutzniveau für die Gläubi-

481 So *Ulmer*, ZHR 149 (1985), 541 (557), der aber einräumt, dass es sich dabei um einen Ausnahmefall handelt.

482 *Gravenbrucher Kreis*, BB 1986/Beil. 15, S. 11.

483 Darauf weist *Eidenmüller*, EBOR 7 (2006), 239 (242) zu Recht hin, der zugesteht, dass auch der umgekehrte Fall durchaus denkbar sei, jedoch weit weniger wahrscheinlich.

484 Vgl. *Haas*, Gutachten 66. DJT, E 21.

485 MüKo-InsO/*Drukarczyk*, § 19 Rn. 4; Kübler/Prütting/Bork/*Pape*, § 19 Rn. 1.

486 Vgl. *Servatius*, Gläubigerschutz durch Covenants, S. 168.

487 Zum Überschneidungsbereich dieser beiden Eröffnungstatbestände s. MüKo-InsO/*Drukarczyk*, § 18 Rn. 52ff., § 19 Rn. 123ff. *Haas*, Gutachten 66. DJT, E 22 spricht sogar von „weitgehender Deckungsgleichheit".

488 So hat denn auch *K. Schmidt* eine Ausweitung des Überschuldungstatbestands auf sämtliche Gesellschaftsformen gefordert, vgl. *K. Schmidt*, Gutachten 54. DJT, D 64f.; JZ 1982, 165 (171 ff.); ZGR 1986, 178 (186); ZIP 1985, 713 (720).

ger erreicht werden. Von den materiellen Voraussetzungen her ist Überschuldung aber auch bei allen anderen Gesellschaftsformen möglich und wird auch dort in der Mehrzahl der Fälle bei Eintritt eines der beiden anderen Eröffnungstatbestände bereits gegeben sein. Da in diesen Fällen aber auf die persönliche Haftung zurückgegriffen werden kann, hat sich der Gesetzgeber in diesen Fällen gegen die Aufnahme der Überschuldung als gesetzliche Terminierungsregel entschieden.

Aufgrund des vorstehend Gesagten kann im Fall der Eröffnung eines Insolvenzverfahrens bei Überschuldung stets, bei Zahlungsunfähigkeit bzw. drohender Zahlungsunfähigkeit in der wohl ganz überwiegenden Mehrzahl der Fälle von der wirtschaftlichen Wertlosigkeit der Gesellschaftsanteile ausgegangen werden[489].

II. Wertlosigkeit nicht entscheidender Maßstab

1. Liquidation als Alternative

Es erscheint indes fraglich, ob im Zusammenhang mit der Legitimation eines zwangsweisen Zugriffs auf die Gesellschaftsanteile überhaupt vorrangig auf den wirtschaftlichen Wert der Beteiligung in einer Weise abgestellt werden sollte, dass ein solcher nur bei derart festgestellter Wertlosigkeit zulässig erscheint. Insoweit ergeben sich nämlich bereits in terminologischer Hinsicht Unschärfen, als nicht klar ist, was mit wirtschaftlicher Wertlosigkeit ausgedrückt werden soll. Da nicht ausgeschlossen werden kann, dass sich auch nach Eröffnung des Insolvenzverfahrens jemand findet, der bereit ist, den „wertlosen" Gesellschaftsanteil zu erwerben, könnte man unter diesem Blickwinkel einen gewissen Wert des Anteils nicht abstreiten[490]. Dies ist die Argumentationslinie all jener, die mit Hinweis auf einen Fortführungswert die Wertlosigkeit der Anteile in der Insolvenz in Abrede stellen[491]. Folgt man dem nicht, kann mit Wertlosigkeit nur gemeint sein, dass die über den Anteil vermittelten Vermögensrechte in der aktuellen Situation keinen positiven Wert haben. Mit anderen Worten: Im Regelverfahren erhielte der Anteilsinhaber vermittels seiner Anteilsrechte nichts. Unabhängig vom konkreten wirtschaftlichen Wert erscheint es daher zutreffender und konkreter, eine Beurteilung des Werts des Gesellschaftsanteils in erster Linie vor dem Hintergrund des Alternativszenarios einer Liquidation (gegebenenfalls in

489 Zur Entwertung in personenrechtlicher Hinsicht vgl. u. S. 123 f.

490 Aus diesem Grund auch kritisch zur Werthaltigkeit als entscheidendem Kriterium *Tashiro*, FS Braun, 375 (395).

491 So *Kluth*, ZInsO 2002, 258 (263); Uhlenbruck/*Lüer*, InsO, Vor §§ 217–269 Rn. 40; *Pujol*, Sanierung der Schuldnergesellschaft, S. 181.

Gestalt einer übertragenden Sanierung) nach den gesetzlichen Vorschriften zu treffen. Eine solche findet schließlich statt, sollte die Umsetzung eines erarbeiteten Insolvenzplans am obstruktiven Verhalten der Altgesellschafter scheitern. Diese erhielten in diesem Fall gem. § 199 InsO einen ihrem Beteiligungsumfang entsprechenden Prozentsatz eines etwaigen nach Befriedigung aller Gläubiger verbleibenden Überschusses[492]. Angesichts der erzielten Insolvenzquoten stellt ein solcher Überschuss nicht die Regel, sondern die krasse Ausnahme dar, so dass die Altgesellschafter in dieser Variante im Normalfall völlig leer ausgehen. Selbst wenn dies einmal anders sein sollte, sind sie in jedem Fall auf den Liquidationswert ihrer Beteiligung beschränkt. Insoweit ist denn auch unstreitig, dass dieser auch bei einer möglichen Entziehung des Gesellschaftsanteils im Insolvenzplanverfahren gewährleistet sein und den Altgesellschaftern auch das notwendige rechtliche Instrumentarium zur Sicherung dieser Position an die Hand gegeben werden muss[493].

2. Keine andere Beurteilung bei Fortführung

An dieser Stelle stellt sich jedoch die Frage, warum sich daran etwas ändern sollte, wenn es anstelle der Liquidation und dem damit verbundenen Ende der Gesellschaft zu deren Fortführung auf Grundlage eines Insolvenzplans kommt, die dadurch ermöglicht wird, dass von Gläubigerseite Zugeständnisse gemacht und darüber hinaus regelmäßig Investitionen getätigt werden. Die Gläubiger stellen auf diese Weise – weil sie dies für die aus ihrer Sicht günstigste Vorgehensweise halten – den Fortbestand der Gesellschaft sicher und erbringen damit ein Vermögensopfer, zu dem die Altgesellschafter entweder nicht willens oder nicht in der Lage sind und zu dem sie im Planverfahren auch ihre Mitwirkung versagt haben[494]. Die genannte Konstellation eines obstruktiven Gesellschafterverhaltens bildet, wie eingangs erwähnt[495], die Arbeitshypothese, da auf ihrer Grundlage die Problemstellungen erwachsen, die über Reformen des geltenden Rechts nach-

492 Darauf weist auch *Bitter*, ZGR 2010, 147 (191 ff.) hin, der deshalb in Übereinstimmung mit der hier vertretenen Meinung die Wertlosigkeit der Anteile nicht als entscheidendes Kriterium sieht.

493 *Westpfahl/Janjuah*, ZIP 2008, Beil. Heft 3, 1 (16).

494 Letzteres taugt freilich vor allem dann zu einem Vorwurf, wenn die Gesellschafter laut Planentwurf eine gewisse Beteiligung beibehalten sollen. Bei einer vollständigen Verdrängung aus der Gesellschafterposition ist eine Verweigerungshaltung der Gesellschafter eher nachvollziehbar, was aber nicht bedeutet, dass in diesem Fall eine zwangsweise Entziehung nicht dennoch zu legitimieren wäre.

495 Vgl. o. S. 18.

denken lassen[496]. Weshalb die Altgesellschafter davon profitieren sollten, indem sie sich die zur Verwirklichung dieser Variante benötigten Gesellschaftsteile, die alternativ nach Beendigung der Liquidation untergingen, zum Lästigkeitswert abkaufen lassen, ist nicht einsichtig[497].

Wenig überzeugend in diesem Zusammenhang ist auch das Argument, die Tatsache, dass die Gläubiger sich zur Fortführung der Gesellschaft auf Basis eines Plans entschlossen hätte, belege gerade, dass Anteile der Altgesellschafter noch einen Wert besäßen, der ihnen ungerechtfertigter Weise entzogen würde, ließe man insoweit einen Zwangseingriff in die Gesellschafterstellung zu[498]. Es kann nicht geleugnet werden, dass die Anteile einen gewissen Wert im Sinne eines Wertentwicklungspotentials besitzen. Nur damit lässt sich ja erklären, warum die Gläubiger unter den gegebenen Umständen die Fortführung des Unternehmens unter Beibehaltung des bisherigen Unternehmensträgers der Liquidation bzw. der übertragenden Sanierung vorziehen.

Treffend wird aber insofern von einem „Hoffnungs- oder Residualwert" der Beteiligung gesprochen[499]. Die Hoffnung auf eine Revalutierung der Beteiligung besteht aber gerade nur unter der Hypothese einer Fortführung der Gesellschaft. Dazu bedarf es – wie bereits mehrfach erwähnt – neben Maßnahmen zur Beseitigung des jeweiligen Insolvenzgrundes für gewöhnlich noch weiterer Schritte[500]. Die Gläubiger sind im Hinblick auf die potentielle Wertsteigerung im Gegensatz zu den Altgesellschaftern zur Erbringung dieser für die Reorganisation erforderlichen Maßnahmen bereit und nehmen dabei auch ein gewisses Risiko in Kauf, weshalb ihnen eine etwaige Wertsteigerung auch zufallen sollte. Unter diesen Gegebenheiten für die Altgesellschafter einen Fortführungswert der Beteiligung zu reklamieren und dabei eine Fortführung der Gesellschaft zu unterstellen, welche von Seiten der Altgesellschafter gerade nicht realisiert werden kann, ja welche in ihrer im konkreten Fall einzig realistischen Form (denn diese stellt der Insolvenzplan, der die Zustimmung der erforderlichen Gläubigermehrheit gefunden hat, dar) gerade an der fehlenden Kooperationsbereitschaft der Anteilseigner

496 Dass die Annahme in dieser Allgemeinheit gewissen Einwänden ausgesetzt ist, wird nicht geleugnet, soll aber vorerst hingenommen werden. Dazu u. S. 161 ff.

497 In diesem Sinne auch *Sassenrath,* ZIP 2003, 1517 (1524), der eine Eingriffsbefugnis auch bei Vorliegen eines Restwerts der Beteiligung nicht ausschließen will, solange den Anteilseignern eine Entschädigung in Höhe des Liquidationswerts ihres jeweiligen Anteils zusteht.

498 In dieser Weise argumentieren v. a. Uhlenbruck/*Lüer,* InsO, Vor §§ 217–269 Rn. 40; *K. Schmidt,* Gutachten 54. DJT, D 83; unter den Befürwortern einer Eingriffsmöglichkeit *Eidenmüller/Engert,* ZIP 2009, 541 (546).

499 So bei *Achsnick,* Optionsmodelle, S. 123 (dort Fn. 393).

500 In diese Richtung geht auch die Argumentation von *H.-F. Müller,* Verband in der Insolvenz, S. 364.

gescheitert ist, ist nicht überzeugend[501]. Der Gesellschaftsanteil[502] stellt im Hinblick auf eine Reorganisation, an deren Erfolg auch und vor allem die bisherigen Gläubiger gerade durch Erlangung einer Gesellschafterstellung teilhaben wollen, ein zwar notwendiges, aber zunächst einmal wertloses bzw. auf den jeweiligen Liquidationswert beschränktes Vehikel dar.

Unter diesem Blickwinkel erscheint ein Entzug der Anteile im Planverfahren zu rechtfertigen. Im folgenden Abschnitt ist zu untersuchen, ob ein Eingriff auch im Hinblick auf den Eigentumsschutz aus Art. 14 GG eine Rechtfertigung erfahren kann.

D. Eigentumsschutz gem. Art. 14 GG

Bedenken im Hinblick auf Eingriffe in Anteilseignerrechte wurden seit Anbeginn der diesbezüglichen Diskussion vor allem im Hinblick auf die Vorschrift des Art. 14 GG geäußert[503]. Dies ist nahe liegend, da zum einen der grundrechtliche Schutz von Anteilseigentum nahezu einhellig anerkannt ist[504]. Zum anderen sieht man sich vor allem auch in diesem Kontext mit dem der gesamten Problematik anhaftenden Dilemma konfrontiert. Dieses besteht darin, dass es vor dem Hintergrund der im Gesellschaftsrecht geltenden strikten Trennung von Gesellschafts- und Gesellschaftervermögen und dem insolvenzrechtlichen Grundsatz des Beschlags des Schuldnervermögens zunächst geradezu systemwidrig erscheint, wenn in der Insolvenz der Gesellschaft auf Vermögen zugegriffen werden soll, das den Gesellschaftern zu Eigentum zusteht. Auch diese nicht genuin verfassungsrechtliche Problematik soll wegen des Zusammenhangs mit der verfassungsrechtlichen Eigentumsproblematik im folgenden Abschnitt mitbehandelt werden. Trotz des erheblichen Gewichts, das der verfassungsrechtlichen Norm als Hürde auf dem Weg zu einem Eingriff in die Anteilseignerstellung

501 In diesem Sinne auch *Achsnick*, Optionsmodelle, S. 123 (dort Fn. 393); im Ansatz klingt der Gedanke auch in EB, S. 287 an; a. A. *Verse*, ZGR 2010, 299 (311) sowie *Pujol*, Sanierung der Schuldnergesellschaft, S. 181, der den Gesellschaftern „die durch eine Sanierung absehbaren Ertragsaussichten wenigstens zu einem Bruchteil" zuweisen will. Wie der Umfang dieses Bruchteils ermittelt werden soll, bleibt dabei offen.

502 Natürlich ist neben der Übernahme bereits bestehender Beteiligungen grds. auch die Schaffung neuer Gesellschaftsanteile denkbar, wozu aber ebenfalls die Mitwirkung der bisherigen Gesellschafter erforderlich ist.

503 *K. Schmidt*, Gutachten 54. DJT, D 83; *Ulmer*, ZHR 149 (1985), 541 (556ff.); Uhlenbruck/*Lüer*, InsO, § 217 Rn. 16ff.; *Smid/Rattunde*, Insolvenzplan, Rn. 347; relativierend aber *Smid*, DZWIR 2010, 397 (402).

504 Vgl. diesbzgl. BVerfGE 50, 290 (*Mitbestimmung*); BVerfGE 14, 263 (*Feldmühle*); BVerfGE 100, 289 (*DAT/Altana*).

unzweifelhaft zukommt, soll im Folgenden der Versuch unternommen werden, aufzuzeigen, dass bei entsprechender Ausgestaltung einer Eingriffsnorm diese Hürde letztlich doch überwunden werden kann.

I. Schutzbereich

Der Schutz des Art. 14 GG umfasst nach bislang nahezu einhelliger Meinung auch das Anteilseigentum als vermögensrechtliche Position[505]. Das *BVerfG* spricht in diesem Zusammenhang von gesellschaftsrechtlich vermitteltem Eigentum hinsichtlich des mitgliedschaftsrechtlichen und des vermögensrechtlichen Elements des Anteils[506]. Folgerichtig können auch beide Elemente des Anteilseigentums Gegenstand von Eingriffen sein[507]. Dabei muss man sich stets vor Augen halten, dass es dabei nicht um den Schutz an den sich im Gesellschaftsvermögen befindlichen Vermögensgegenständen geht, sondern um den Schutz des Anteilsrechts an sich, wobei dieses sowohl eine vermögens- als auch eine personenrechtliche Dimension aufweist[508]. Die Anteilsentziehung wäre diesbezüglich der denkbar größte Eingriff, da in diesem Fall weder vermögens- noch personenrechtliche Befugnisse beim ursprünglichen Anteilseigner verblieben. Als weniger schwerwiegender Eingriff käme die Übertragung bestimmter Anteilsrechte, z. B. des Stimmrechts in einzelnen Gesellschaftsangelegenheiten, in Betracht.

II. Abgrenzung zwischen Enteignung und Inhalts- und Schrankenbestimmung

Da der Schutzbereich des Art. 14 GG folglich eröffnet ist und sich eine Beeinträchtigung der Anteilseignerrechte mithin auch als Beeinträchtigung der von der Verfassungsnorm geschützten Vermögensposition darstellt, ist der Frage nach-

505 BVerfGE 14, 263 (276 f.); BVerfGE 25, 371 (407); BVerfGE 50, 290 (341); BVerfGE 100, 289 (301); *Leibholz/Rinck*, GG, Art. 14 Rn. 151 ff.; in jüngerer Zeit jedoch kritisch *Leuschner*, NJW 2007, 3248 (3249); *Mülbert/Leuschner*, ZHR 170 (2006), 615.

506 Die Terminologie des *BVerfG* unterscheidet sich insoweit von der hier und in weiten Teilen der gesellschaftsrechtlichen Literatur verwendeten, als vorliegend der Gesellschaftsanteil bzw. die Mitgliedschaft als Oberbegriffe verwendet werden, die ein personenrechtliches und vermögensrechtliches Element beinhalten, während das *BVerfG* die personenrechtliche Seite des Anteils als mitgliedschaftsrechtliches Element bezeichnet. Inhaltlich sind damit indes – soweit ersichtlich – keine Unterschiede verbunden.

507 BVerfGE 50, 290 (347, 351); *Bachmann*, ZIP 2009, 1249 (1249).

508 *Jung*, JZ 2001, 1004 (1012).

zugehen, wie dieser Eingriff im Rahmen des Art. 14 GG zu qualifizieren wäre. In Betracht kommt dabei einerseits eine Inhalts- und Schrankenbestimmung des Eigentums im Sinne des Art. 14 I 2, II GG und andererseits eine Enteignung im Sinne des Art. 14 III GG.

Die Abgrenzung zwischen diesen beiden Gruppen von Eigentumsbeeinträchtigungen[509] ist nicht immer leicht zu treffen, was sich bereits daraus ersehen lässt, dass sich im Hinblick auf eine zwangsweise Entziehung eines Gesellschaftsanteils sowohl eine Einordnung dieser Vorgehensweise als Inhalts- und Schrankenbestimmung[510] wie auch als Enteignung[511] findet. Sie muss jedoch zwingend getroffen werden, da sich die Inhalts- und Schrankenbestimmung nach den Voraussetzungen des Art. 14 I, II GG, die Enteignung nach denen des Art. 14 III GG richtet[512] und eine Doppelqualifikation in dieser Hinsicht in jedem Fall ausgeschlossen ist[513].

1. Formale Abgrenzung

Es stellt sich die Frage, auf welches Kriterium zur Abgrenzung zwischen Inhalts- und Schrankenbestimmung und Enteignung abgestellt werden soll[514]. Man könnte zunächst daran denken, eine Inhalts- und Schrankenbestimmung dann anzunehmen, wenn es „lediglich" um die Beschränkung der eigentümerischen Nutzungsbefugnisse geht, eine Enteignung hingegen dann, wenn dem bisherigen Eigentümer die von Art. 14 GG geschützte Eigentumsposition an sich ganz oder teilweise entzogen werden soll, das Zuordnungsverhältnis also vollständig aufgehoben wird[515]. Allein aus der Tatsache, dass eine mögliche Regelung unter gewissen

509 Daneben existieren als dritte Gruppe im Rahmen des Art. 14 GG noch die sonstigen Eigentumsbeeinträchtigungen. Eine solche kommt vorliegend nicht in Betracht, weil hierunter insbesondere Einzelfallregelungen, die nicht unter den Begriff der Enteignung subsumiert werden können, fallen. Bei der möglichen Eingriffsbefugnis würde es sich indes in jedem Fall um eine abstrakt-generelle Regelung handeln. Vgl. zu den sonstigen Eigentumsbeeinträchtigungen *Jarass*, NJW 2000, 2841 (2841).

510 So *Sassenrath*, ZIP 2003, 1517 (1523); *Westpfahl/Janjuah*, ZIP 2008, Beil. Heft 3, 1 (15).

511 Von einer Enteignung gehen ganz offensichtlich, allerdings ohne nähere Begründung *Smid/Rattunde*, Insolvenzplan, Rn. 347 aus.

512 Grundlegend zur Unterscheidung BVerfGE 58, 300 (*Naßauskiesung*).

513 *BVerfG* NJW 1998, 367 (368); hingegen die Zulässigkeit einer Doppelqualifikation noch bejahend BVerfGE 58, 300 (331 f.).

514 Der Raum dieser Untersuchung ist zu begrenzt, als dass er eine umfassende Darstellung der zahlreichen Abgrenzungskriterien erlaubte; insoweit sei auf die Monographien von *Rozek*, Eigentumsbindung und Enteignung sowie *Eschenbach*, Schutz des Eigentums, S. 369 ff., 472 ff. verwiesen.

515 Für eine Unterscheidung in dieser Weise plädiert z. B. *Dürig*, JZ 1954, 4 (10 f.), weitere Nachweise bei *Eschenbach*, Schutz des Eigentums, S. 458 ff.

Voraussetzungen auch die vollständige Entziehung des Gesellschaftsanteils vorsähe, kann jedoch nach der Rechtsprechung des Bundesverfassungsgerichts noch nicht auf das Vorliegen einer Enteignung im Sinne des Art. 14 III GG geschlossen werden. Eine solche setze zwar stets den Entzug einer konkreten Rechtsposition voraus, allerdings sei nicht jeder Entzug einer Rechtsposition eine Enteignung nach Art. 14 III GG[516]. Gegen eine streng formalistische Differenzierung im vorgenannten Sinne spricht, dass unter diesen Umständen eine Einschränkung der Nutzungsbefugnis, mag sie im Einzelfall unter wirtschaftlichen Gesichtspunkten noch so schwerwiegend sein, nicht unter die Entschädigungsregelung des Art. 14 III GG fiele, während dies bei einer Eigentumsentziehung, unabhängig davon wie schwer diese aus Sicht des Betroffenen wiegt, stets der Fall wäre[517]. Im Fall der Insolvenz kann die Möglichkeit des Auftretens diesbezüglicher Unstimmigkeiten an einem Beispiel illustriert werden: Würde man die Befugnis zur Stimmrechtsausübung im Hinblick auf Kapitalmaßnahmen unter bestimmten Voraussetzungen auf die Gläubigerschaft übertragen, könnte diese eine Kapitalherabsetzung auf Null beschließen und die bisherigen Gesellschafter ebenso ihrer vermögenswerten Position entäußern[518], wie dies bei einem sofortigen Entzug des Gesellschaftsanteils der Fall wäre. Unter Zugrundelegung der angesprochenen Kriterien wäre jedoch im erstgenannten Fall von einer Inhalts- und Schrankenbestimmung, im letztgenannten von einer Enteignung auszugehen. Dies vermag nicht zu überzeugen. Ist damit also kein taugliches Abgrenzungskriterium zur Hand, spricht zunächst nichts dagegen, auch den vollständigen Entzug der Eigentumsposition unter bestimmten Voraussetzungen als Inhalts- und Schrankenbestimmung zu bewerten[519].

2. Abgrenzung öffentliche/private Interessen

In der Rechtsprechung des Bundesverfassungsgerichts finden sich verschiedene Kriterien zur Unterscheidung der beiden Beeinträchtigungsformen[520]. Dabei wird die Qualifikation eines Eingriffs als Inhalts- und Schrankenbestimmung teils auch damit begründet, dass es insofern um den Ausgleich privater Interessen und nicht um die Erfüllung bestimmter öffentlicher Aufgaben gehe, weshalb eine

516 BVerfGE 20, 350 (359); 22, 387 (422); 24, 367 (394 f.); in jüngerer Zeit auch BVerfGE 104, 1 (10) = NVwZ 2001, 1023.

517 *Eschenbach,* Schutz des Eigentums, S. 390.

518 Vgl. dazu *Priester,* DNotZ 2003, 592 ff.

519 Jarass/Pieroth/*Jarass,* GG, Art. 14 Rn. 73; *Eschenbach,* Schutz des Eigentums, S. 382; vgl. auch BVerfGE 22, 387 (422).

520 Mit umfangreichen Nachweisen zu den nicht stets widerspruchsfreien Abgrenzungskriterien der Rechtsprechung *König,* JA 2001, 345 ff.; auch *Haas,* NVwZ 2002, 272 (274 f.).

Enteignung nicht in Frage komme[521]. Soll damit allerdings auf eine Differenzierung zwischen öffentlichen und privaten Interessen, die mit der Eigentumsbeeinträchtigung verfolgt werden, abgehoben werden, so überzeugt dies zumindest in dieser Knappheit nicht. Denn aus der Sicht des tätig werdenden Hoheitsträgers stellt auch der Ausgleich privater Interessen ein öffentliches Interesse dar[522]. Es erscheint außerdem nicht ausgeschlossen, dass auch das mit einer Enteignung verfolgte Allgemeinwohlziel letztlich zum Ausgleich privater Interessen beiträgt. Der Vollständigkeit halber sei an dieser Stelle auch angemerkt, dass die in Bezug genommenen, vom *BVerfG* entschiedenen Fälle sich zudem von der hier zu untersuchenden Konstellation teilweise dadurch unterscheiden, dass darin die Eigentumsbeeinträchtigung gerade auch im Interesse der betroffenen Eigentümer erfolgte[523]. Davon kann bei der Entziehung von Anteilsrechten im Insolvenzplanverfahren indes nicht die Rede sein. Von den dort beteiligten Privatpersonen kommt die Entziehung den Gläubigern, nicht aber den Alteigentümern zugute, deren Interessen zwar unbedingt zu berücksichtigen sind, jedoch bestimmt nicht das Motiv für den Zugriff bilden[524]. Durch den bloßen Verweis auf den Ausgleich privater Interessen wird die Problematik jedenfalls verkürzt dargestellt. Gleichwohl ist zuzugeben, dass die Bezugnahme auf einen privaten Interessenausgleich in die richtige Richtung zielt und – in einem etwas weiteren Kontext betrachtet – jedenfalls ein gewichtiges Indiz für die Einstufung der Beeinträchtigung als Inhalts- und Schrankenbestimmung liefern kann.

3. Abgrenzung nach Unmittelbarkeit des Eingriffs

Im Zusammenhang mit der hier zu untersuchenden Problematik berufen sich indes diejenigen Autoren, die sich für eine Einstufung der Entziehung von Gesellschaftsanteilen im Insolvenzplanverfahren als Inhalts- und Schrankenbestimmung aussprechen, vor allem darauf, dass eine Vorschrift, die es den Gläubigern unter gewissen Voraussetzungen erlaube, auf die Anteile der bisherigen Gesellschafter zuzugreifen, nicht als Enteignung gesehen werden könne, weil es insofern an einem unmittelbaren staatlichen Eingriff in die Rechte der Letztgenannten fehle. Stattdessen handle es sich lediglich um eine gesetzliche Abgren-

521 Vgl. BVerfGE 20, 351 (357, 359); 101, 239 (259); *Westpfahl/Janjuah*, ZIP 2008, Beil. Heft 3, 1 (15).

522 In diesem Sinne auch *Sachs*, JuS 2005, 454 (455).

523 Vgl. BVerfGE 20, 351 (357), wo auf BVerwGE 7, 257 Bezug genommen wird. In jüngerer Zeit kommt dies auch in BVerfGE 104, 1 (10) zum Ausdruck.

524 Insoweit ist die Ausgangslage noch eher der in BVerfGE 101, 239 vergleichbar, wo es um den Interessenstreit zwischen alten und neuen Eigentümern zur Zeit der DDR entzogener Vermögenswerte geht.

zung der Befugnisse von Gläubigern und Anteilseignern, eine Beeinträchtigung der geschützten Eigentumsposition komme nicht bereits durch das betreffende Gesetz, sondern erst durch einen entsprechenden Beschluss der im Planverfahren abstimmungsberechtigten Gruppen zustande[525]. Daran ändere auch die erforderliche Bestätigung des Insolvenzplans durch das Insolvenzgericht nichts, da diesem keine materiellen Befugnisse hinsichtlich des Planinhalts zustünden, es stattdessen vielmehr auf eine bloße Rechtmäßigkeitsprüfung beschränkt sei[526]. Diese Argumentation rekurriert auf das *Feldmühle*-Urteil des *BVerfG*[527], in dem das Gericht eine Enteignung aufgrund eines gesellschafterlichen Mehrheitsbeschlusses für ausgeschlossen hielt, weil eine solche „stets vom Staat oder doch von dem mit staatlichen Zwangsrechten beliehenen Unternehmer ausgehen"[528] müsse.

Der Schluss, es liege eine Inhalts- und Schrankenbestimmung vor, weil die Herbeiführung der Beeinträchtigung durch Anwendung der abstrakt-generellen Gesetzesnorm letztlich durch Private erfolgt, begegnet jedoch Bedenken. Insoweit lässt sich vorbringen, dass dem Eigentümer, in dessen Eigentum eingegriffen wird, bereits durch die Fixierung des gesetzlichen Tatbestands, den der private Rechtsanwender gleichsam nur noch nachvollzieht, eine Duldungspflicht auferlegt wird, die das Rechtsverhältnis zwischen den Betroffenen – sozusagen latent – bereits im Zeitpunkt ihrer gesetzlichen Positivierung gestaltet[529]. Dieser Kritik kann eine gewisse Berechtigung nicht abgesprochen werden[530]. Man kann sich fragen, ob die rechtliche Einordnung der Entziehung der Gesellschaftsanteile aufgrund eines Beschlusses von Privaten, die wiederum auf der Grundlage einer vom Staat ausgehenden gesetzlichen Ermächtigung handeln, anders aus-

525 *Sassenrath,* ZIP 2003, 1517 (1523); auch *Westpfahl/Janjuah,* ZIP 2008, Beil. Heft 3, 1 (15), die zusätzlich aber noch den Aspekt ins Spiel bringen, dass es bei einer solchen Regelung primär um den Ausgleich privater Interessen gehe, weshalb eine Enteignung nicht in Frage kommen könne.

526 *Sassenrath,* aaO.

527 In dem BVerfGE 14, 263 ff. zugrunde liegenden Fall ging es um die Verdrängung von Minderheitsgesellschaftern aus einer AG infolge eines Umwandlungsbeschlusses der Mehrheitsgesellschafter, die etwa 79% des Grundkapitals auf sich vereinigten.

528 BVerfGE 14, 263 (277).

529 *Eschenbach,* Schutz des Eigentums, S. 392 hält aus diesem Grund eine so verstandene Abgrenzung für nicht überzeugend; *Schwabe,* Drittwirkung, S. 125 erkennt gar einen Bruch in der Dogmatik; *Schulte,* DVBl 1965, 386 (387 ff.) setzt sich mit dem Problem auseinander, inwieweit dem Gesetzgeber durch eine so verstandene Abgrenzung eine Möglichkeit zur Umgehung des Enteignungstatbestands an die Hand gegeben wird.

530 In diese Richtung auch *Mülbert/Leuschner,* ZHR 170 (2006), 615 (627 f.), die daraus ableiten, dass im Zusammenhang mit eigentumsrelevanten Zugriffsmöglichkeiten die Bestandsschutzgarantie des Art. 14 GG nur Wirkung hinsichtlich im Zeitpunkt der Normsetzung bereits bestehender Eigentumspositionen entfalten könne.

fallen sollte, als beispielsweise bei einer Entziehung durch eine Anordnung des Insolvenzgerichts, für die es ebenso einer gesetzlichen Ermächtigung bedürfte.

4. Abgrenzung nach Mittel-Zweck-Relation

Überzeugender erscheint es, aus den Aussagen des Bundesverfassungsgerichts, eine Enteignung sei stets „auf die Erfüllung bestimmter, öffentlicher Aufgaben gerichtet"[531], bei einer Inhalts- und Schrankenbestimmung gehe es dem Staat hingegen nicht primär um die Entziehung des Eigentums, um dieses wirtschaftlich oder in anderer Weise zu nutzen, vielmehr verhalte er sich defensiv und gehe „gegen das Eigentum nur vor, um Rechtsgüter der Gemeinschaft (...) vor Gefahren zu schützen, die von dem Eigentum ausgehen"[532], ein anders formuliertes Abgrenzungskriterium herzuleiten. Dabei wird auf das Verhältnis zwischen dem Entzug der Rechtsposition und dem damit verfolgten Zweck abgestellt[533]. Es ist zwar unstreitig, dass sowohl bei einer Inhalts- und Schrankenbestimmung wie auch bei einer Enteignung (jedenfalls auch) Gemeinwohlbelange verfolgt werden müssen[534]. Eine Unterscheidung kann jedoch in der Weise vorgenommen werden, als einerseits das zum Wohl der Allgemeinheit verfolgte Ziel bereits durch den Entzug der eigentumsrechtlich geschützten Position erreicht werden, andererseits der Entzug aber auch nur eine Vorbedingung für die Realisierung eines im öffentlichen Interesses verfolgten Ziels setzen kann, der Staat also noch weitere Schritte zu bewältigen hat. In letzterem Fall soll eine Enteignung, in ersterem eine Inhalts- und Schrankenbestimmung vorliegen. Dies ergibt auch im Lichte einer begrifflichen Auslegung Sinn. Schon der Terminus der Inhalts- und Schrankenbestimmung deutet an, dass es hierbei um etwas geht, dass die jeweilige Eigentumsposition gleichsam aus dieser selbst heraus beschränkt, wobei diese Beschränkung nur durch die angestrebte Auflösung einer in der Art der Eigentumsposition begründeten Konfliktsituation gerechtfertigt sein kann. Bei einem Ziel, welches durch eine Einwirkung auf die Ausgestaltung der Eigentumsposition selbst erreicht werden kann, liegt es nahe, davon auszugehen, dass die bisherige Nichtverwirklichbarkeit des Ziels ihre Ursache in der inhaltlichen Eigenart der jeweiligen eigentumsrechtlichen Position hat. Deshalb kann die konkrete Zielsetzung auch als das Eigentum beschränkend herangezogen werden, wenn dieses seiner Funktion, auch dem Allgemeinwohl zu dienen, seiner Sozialbindung, gerecht werden soll. Ist das Ziel hingegen derart beschaffen, dass die

531 BVerfGE 115, 97 (112); 101, 239 (259), mit weiteren Rechtsprechungsnachweisen.

532 S. vor allem BVerfGE 20, 351 (359).

533 Ausführlich dazu *Eschenbach,* Schutz des Eigentums, S. 380 ff., 463 ff.

534 Vgl. BVerfGE 14, 263 (282); *Eschenbach,* Schutz des Eigentums, S. 380; Sachs/*Wendt,* GG, Art. 14 Rn. 84.

Einwirkung auf die in Frage stehende Eigentumsposition im Einzelfall zwar zu seiner Erreichung notwendig, nicht aber ausreichend ist, schafft der Staat also nur die Vorbedingung zur staatlichen Durchsetzung oder Förderung eines legitimen Zwecks[535], so dass notwendigerweise weitere staatliche Maßnahmen erfolgen müssen, kann darin keine Inhalts- und Schrankenbestimmung gesehen werden, weil es schon gar nicht die allgemeine Beschaffenheit der eigentumsrechtlichen Position ist, die der Zielverwirklichung im Wege steht. Der „störende" Charakter der Eigentumsposition liegt dann nicht so sehr in dieser selbst als vielmehr in ihrer Einbindung in den jeweiligen Lebenssachverhalt begründet[536]. Dies allein rechtfertigt es aber nicht, der Zielsetzung in diesem Fall eine inhaltsbestimmende bzw. -beschränkende Funktion beizumessen, da ihre Verwirklichung in einem anders gelagerten Fall von anderen Bedingungen abhängig sein kann. Dem Staat geht es in diesen Fällen nicht um eine inhaltliche Neudefinition der eigentumsrechtlichen Position, sondern um einen Wechsel in der eigentumsrechtlichen Zuordnung. Er will selbst Eigentümer werden, weil er das jeweils verfolgte Allgemeinwohlziel nur als Inhaber des im Einzelfall relevanten Eigentumsobjekts erreichen kann[537].

In diesem Zusammenhang soll auch nochmals kurz auf die zuvor erwähnte Auffassung, eine Enteignung scheide bereits immer dann aus, wenn Private aufgrund einer gesetzlichen Ermächtigung in das Eigentum anderer eingreifen[538], weil es insoweit an einem für das Vorliegen einer Enteignung notwendigen hoheitlichen Eingriff fehle, eingegangen werden. Auch wenn dieser Ansicht aus den oben angeführten Gründen nicht gefolgt wurde, so werden ihre Ergebnisse mit denen der hier vertretenen Meinung im Regelfall doch übereinstimmen. Dies

---

535 S. *Eschenbach,* Schutz des Eigentums, S. 384.

536 *Eschenbach,* Schutz des Eigentums, S. 383 spricht in diesem Zusammenhang von einer „nicht per se „sozialschädlichen" Rechtsposition".

537 Hinsichtlich der in den Finanzmarktstabilisierungsgesetzen vorgesehenen Maßnahmen (vgl. Fn. 152) fällt eine Einteilung indessen schwer. Während das RettungsG ausdrücklich eine Enteignung vorsieht, was auch nirgends bezweifelt wird, sperren sich die vorrangig vorgesehenen Modifikationen des Gesellschafts- und Kapitalmarktrechts gegen eine solch klare Einordnung. Nach den hier angelegten Kriterien erscheinen sie grundsätzlich als Inhalts- und Schrankenbestimmung, weil durch die Herabsetzung der entsprechenden Quoren eine dem Anteilseigentum immanente Beschränkung abgesenkt wird. Problematisch ist aber, dass die geänderten Vorschriften allein auf die öffentliche Hand Anwendung finden (§ 12 III, IV FMStBG). Daran zeigt sich, dass es dem Staat, um das Ziel der Sicherung der Finanzmarktstabilität zu erreichen, darauf ankommt, die Anteile in jedem Fall selbst zu Eigentum zu erwerben. Aus diesem Grund wollen *Hopt/Fleckner/Kumpan/Steffek,* WM 2009, 821 (829) wie auch *Böckenförde,* NJW 2009, 2484 (2488) in den betreffenden Regeln auch eine Enteignung sehen; a. A. *Gurlit,* NZG 2009, 601 (604). Die in dieser Arbeit zu thematisierende Problematik unterscheidet sich davon grundlegend, als eine zu schaffende Eingriffsbefugnis in ihrem persönlichen Anwendungsbereich nicht derart beschränkt wäre.

538 S. o. S. 116ff.

liegt daran, dass, verneint man das Unmittelbarkeitskriterium im oben verstandenen Sinn, in aller Regel Fälle betroffen sind, bei denen es an der hier für maßgeblich gehaltenen Unmittelbarkeitsbeziehung zwischen Eigentumsbeeinträchtigung und Zweckerreichung fehlt und umgekehrt.

Unter Berücksichtigung der vorstehenden Ausführungen wird auch klar, wie der Hinweis einiger Autoren auf den Ausgleich privater Interessen verstanden werden muss. Wird der Interessenausgleich unmittelbar durch die eigentumsrelevante Maßnahme herbeigeführt, liegt aus den vorgenannten Gründen eine Inhalts- und Schrankenbestimmung vor[539]. Nur in diesen Fällen einer konkret feststellbaren, unmittelbar auf diese Maßnahme zurückzuführenden Auswirkung auf die Interessen Privater erscheint es gerechtfertigt, den bewirkten Ausgleich privater Interessen besonders herauszustellen. Dies erklärt auch, weshalb sich ein solcher Hinweis nur in den Urteilen des *BVerfG* findet, in denen eine Beeinträchtigung des Eigentums als Inhalts- und Schrankenbestimmung qualifiziert wird[540].

Übertragen auf den Fall der Entziehung von Gesellschaftsanteilen wäre ein solches Vorgehen nach dem soeben Gesagten als Inhalts- und Schrankenbestimmung einzustufen. Sieht man als unter dem Blickwinkel des Art. 14 GG legitimes Ziel eines solchen Eingriffs den Erhalt sanierungswürdiger[541] Unternehmen (mitsamt der gegebenenfalls damit zusammenhängenden Arbeitsplätze) sowie einen Interessenausgleich zwischen den Beteiligten derart, dass eine bestmögliche Befriedigung der Gläubiger unter gleichzeitiger Vermeidung von Nachteilen für die Gesellschafter im Vergleich zur Liquidation der Gesellschaft erreicht werden soll, an[542], kommt man zwar nicht umhin zuzugeben, dass dieses Ziel allein durch den gesetzlich ermöglichten Zugriff auf die Gesellschaftsanteile noch nicht erreicht wird. Vielmehr handelt es sich nur um eine Voraussetzung für die erfolgreiche Implementierung des jeweiligen Insolvenzplans. Von der Geeignetheit des in diesem Plan festgelegten Sanierungskonzepts und der darin vorgesehenen Einzelmaßnahmen hängt es ab, ob die Durchführung des Planverfahrens letztlich zur angestrebten Sanierung des Unternehmens bzw. seines Trägers führt. Dies steht dennoch nicht im Widerspruch zu dem vorher Gesagten. Denn ungeachtet der Abhängigkeit von weiteren Maßnahmen handelt es sich bei der in Rede stehenden Eingriffsbefugnis doch um das Hindernis, zu dessen Behebung

539 *Eschenbach*, Schutz des Eigentums, S. 381, 383.

540 So etwa in BVerfGE 104, 1 (10).

541 An dieser Stelle sei noch einmal darauf hingewiesen, dass im Rahmen eines marktkonformen Insolvenzverfahrens nur die Erhaltung sanierungswürdiger Unternehmen Ziel sein kann. Die Erhaltung nicht sanierungswürdiger Unternehmen liefe dem Zweck eines marktorientierten Verfahrens hingegen zuwider, vgl. insoweit S. 24 ff.

542 Vgl. hierzu *Sassenrath*, ZIP 2003, 1517 (1524), der die Ziele eines solchen Eingriffs ähnlich umreißt.

es staatlichen Handelns – mit der hier vertretenen Auffassung stellt die Schaffung einer gesetzlichen Eingriffsgrundlage, von der letztlich Private Gebrauch machen, im Hinblick auf die Abgrenzung zwischen Enteignung und Inhalts- und Schrankenbestimmung keinen durchgreifenden Unterschied zum unmittelbaren staatlichen Eingriff dar – bedarf. Die grundlegende Voraussetzung, die Möglichkeit der Umsetzung eines Plankonzepts trotz einer etwaigen Verweigerungshaltung seitens der Altgesellschafter, ist damit geschaffen. Die Konfliktsituation, die daraus erwächst, dass die Altgesellschafter ungeachtet des Insolvenzeintritts Eigentümer der Gesellschaft bleiben und im Grundsatz die damit verbundenen Herrschaftsbefugnisse weiterhin ausüben können, wird aufgelöst. Es sind dazu keine weiteren hoheitlichen Schritte notwendig, die nach der hier zugrunde gelegten Ansicht eine Qualifikation des Eingriffs als Enteignung rechtfertigten. Auch die Tatsache, dass es insoweit womöglich der vollständigen Entziehung der Eigentümerstellung bedarf, kann dann nichts an der Einstufung als Inhalts- und Schrankenbestimmung ändern.

III. Rechtfertigung der Inhalts- und Schrankenbestimmung

Auch wenn die Zulässigkeit bzw. Unzulässigkeit einer Regelung nichts an deren Charakter als Inhalts- und Schrankenbestimmung ändert[543], muss natürlich untersucht werden, ob sich der Eingriff[544] in Anteilseignerrechte als Inhalts- und Schrankenbestimmung rechtfertigen ließe und somit in rechtskonformer Weise möglich wäre. Die schutzwürdigen Interessen der Eigentümer sind in einer Abwägung den betroffenen Belangen des Gemeinwohls bzw. Privater gegenüberzustellen[545].

Da der Gesetzgeber keine der beiden Seiten willkürlich bevorzugen bzw. benachteiligen darf, müsste die zu schaffende Rechtsnorm[546] dem Grundsatz der Verhältnismäßigkeit genügen[547], also zur Erreichung eines legitimen Ziels geeignet und erforderlich sein, und die Belastung der betroffenen Eigentümer müsste zu den verfolgten Interessen in einem angemessenen Verhältnis stehen[548].

543 Maunz/Dürig/*Papier*, GG, Art. 14 Rn. 328; Jarass/Pieroth/*Jarass*, GG, Art. 14 Rn. 36, jeweils mit weiteren Nachweisen.

544 Zur hier nicht näher zu erörternden Frage nach der Eingriffsqualität von Inhalts-und Schrankenbestimmungen s. *Grochtmann*, Rechtsfragen der Eigentumsdogmatik, S. 227 ff.

545 *Sellmann*, NVwZ 2003, 1417 (1420).

546 Vgl. zu dieser formellen Voraussetzung Jarass/Pieroth/*Jarass*, GG, Art. 14, Rn. 37.

547 *König*, DVBl 1999, 954 (954), mit weiteren Nachweisen.

548 Sachs/*Wendt*, GG, Art. 14 Rn. 57, 70.

1. Ziel

Als Ziel eines solchen Eingriffs käme – wie bereits angemerkt – der Erhalt fortführungswürdiger Unternehmen und der damit verbundenen Arbeitsplätze in Betracht. Im Vordergrund dürfte indes der Interessenausgleich zwischen den am Insolvenzschuldner beteiligten Personen und den Insolvenzgläubigern stehen. Dies ist in dem Sinne zu verstehen, dass unter den Umständen der Insolvenz einer Gesellschaft eine Lösung zu finden ist, die dem Haftungsinteresse der Gläubiger bestmöglich dient, ohne dabei die schutzwürdigen Interessen der Gesellschafter in rechtswidriger Weise zu beeinträchtigen. Die Herbeiführung eines solchen Interessenausgleichs liegt durchaus auch im öffentlichen Interesse[549], wenn sich durch eine geeignete Gestaltung eine größere Praktikabilität und damit einhergehend eine größere Akzeptanz des Insolvenzplanverfahrens ergibt und auf diese Weise ein geeignetes Instrument zur Sanierung fortführungswürdiger Gesellschaften zur Verfügung steht[550]. Dass damit auch unmittelbar den Interessen Privater – in Gestalt der Gläubiger – gedient ist, steht einer rechtmäßigen Inhalts- und Schrankenbestimmung nicht entgegen[551].

2. Geeignetheit und Erforderlichkeit

Was die Geeignetheit des betreffenden Eingriffs zur Erreichung dieses Ziels anbelangt, so wurde bereits dargelegt, dass unter gewissen Umständen aus Gläubigersicht die Fortführung des Unternehmens durch denselben Unternehmensträger gegenüber anderen Verwertungsarten vorzugswürdig ist. Der Liquidationswert liegt dann unter dem Fortführungswert und eine übertragende Sanierung ist aus diversen Gründen nicht in sinnvoller Weise realisierbar[552]. Sind die Gläubiger in diesen Fällen grundsätzlich mit der Fortführung der Gesellschaft auf der Grund-

549 Besonders betont wird dieses staatliche Interesse an der Erhaltung von Unternehmen im US-amerikanischen Rechtssystem (vgl. dazu u. S. 141 ff.), dessen Chapter 11-Verfahren im Gegensatz zur deutschen Insolvenzordnung vollständig auf eine Sanierung ausgerichtet ist. "The right of the State (Nation) to the use of the unimpaired faculties of its citizens as producers... is paramount to any rights or relations which can be created between citizen and citizen. [...] This is the great principle which lies at the bottom of all bankrupt laws." (*Warren*, Bankruptcy In United States History, zitiert nach *Bienenstock*, Bankruptcy Reorganization, S. 2 (dort Fn. 3)).

550 Die Hoffnung, die Attraktivität des Planverfahrens könnte durch Schaffung einer Eingriffsnorm erhöht werden, äußert z. B. Hommel/Knecht/Wohlenberg/*Giessler*, Hdb. Unternehmensrestrukturierung, 157 (180 f.).

551 Auch *Sellmann*, NVwZ 2003, 1417 (1418) betont, dass mit einer Inhalts- und Schrankenbestimmung sowohl öffentliche als auch private Interessen verfolgt werden können.

552 S. o. S. 91 ff.

lage eines Planverfahrens einverstanden und scheitert diese nur an der Blockadehaltung der Altgesellschafter, stellt sich ein Eingriff in die Anteilseignerrechte durchaus als geeignetes Mittel dar.

Ferner dürfte keine aus Sicht der Altgesellschafter mildere Alternative existieren, um das Ziel zu erreichen. Insoweit besteht aber allenfalls innerhalb des möglichen Eingriffsspektrums, d. h. in Bezug auf die Eingriffsintensität, ein Spielraum. Die Untersuchung hat bereits gezeigt, dass es kein praktikables Alternativmodell gibt, mit dessen Hilfe das Obstruktionsproblem gelöst werden könnte[553]. Eine Lösung im Sinne einer Änderung des Gesellschaftsrechts, durch die bereits die Entstehung des Problems verhindert werden könnte, erscheint wenig sinnvoll und erschließt sich nicht. Will man nicht grundlegend an die Regelungen des Organisationsgefüges der Gesellschaften rühren – wobei dann immer noch zu fragen bliebe, wie dies überhaupt bewerkstelligt werden sollte – wird sich das Problem in der beschriebenen Situation stets stellen. Was indes die Eingriffsintensität betrifft, stößt man auf die bereits erwähnte Frage, ob es einer vollständigen Entziehung des Gesellschaftsanteils bedarf oder ob ein Zugriff auf bestimmte Elemente des Anteils womöglich ausreicht. Letzteres könnte sich dabei als milderes Mittel erweisen. Um hier nicht den Ausführungen über eine mögliche konkrete Ausgestaltung einer *de lege ferenda* zu schaffenden Eingriffsmöglichkeit vorzugreifen, soll die Frage an dieser Stelle noch offen bleiben. Es lässt sich aber bereits konstatieren, dass zum Eingriff in die Anteilseignerrechte – wie immer dieser dann konkret ausgestaltet sein mag – keine Alternative ersichtlich ist und die Erforderlichkeit eines solchen Vorgehens damit zu bejahen ist.

3. Verhältnismäßigkeit

a) Vollständiger Entzug als Ausgangspunkt

Schließlich müsste der Eingriff in einem angemessenen Verhältnis zu den damit verfolgten Interessen stehen. Anders ausgedrückt geht es um die Frage, was den Altgesellschaftern unter Berücksichtigung der Insolvenzsituation zuzumuten ist. Dabei soll zur Vereinfachung im Folgenden zunächst von der vollständigen Entziehung des Gesellschaftsanteils ausgegangen werden. Dem liegt die Überlegung zugrunde, dass ein Eingriff in die Anteilseignerrechte, der das grundlegende Zuordnungsverhältnis unberührt lässt, hinsichtlich der Belastungsintensität einem vollständigen Entzug des Eigentums allenfalls gleichkommen kann. Lässt sich aber bereits letzterer unter dem Gesichtspunkt der Verhältnismäßigkeit im engeren Sinne rechtfertigen, muss ein solcher Befund *a maiore ad minus* auch

553 S. o. S. 71 ff.

für alle sonstigen Eingriffe gelten. In diesem Fall erübrigen sich, ungeachtet der späteren Ausgestaltung der Eingriffsbefugnis, weitere Ausführungen, da die Verhältnismäßigkeit stets gegeben wäre. Anderenfalls wäre zu überprüfen, wie weit der Eingriff reichen dürfte, um noch als zumutbar gelten zu können.

b) Entwertung in vermögens- wie personenrechtlicher Hinsicht

Die „Expropriierung"[554] der Altgesellschafter beendet deren Gesellschafterstellung. Dieser vollständige Verlust der Eigentumsposition stellt aus der Sicht der bisherigen Gesellschafter eine sehr schwerwiegende Beeinträchtigung ihrer grundrechtlich geschützten Stellung dar. Teilweise wird denn auch der Schluss gezogen, angesichts der Schwere der Beeinträchtigung ließe sich ein solches Vorgehen vor Art. 14 GG nicht rechtfertigen[555]. Dem wird entgegengehalten, dass das Anteilseigentum in der konkreten Situation nichts weiter als eine „formale Hülle" darstelle[556]. Dafür, das Anteilseigentum in der Insolvenz als bloße Formalposition einzustufen, sprechen, wie sich gezeigt hat, gute Gründe. Der Anteil ist in wirtschaftlicher Hinsicht vollständig oder jedenfalls stark entwertet.

Damit ist bislang allerdings nur etwas über die Auswirkung des Insolvenzeintritts auf die vermögensrechtliche Seite der Beteiligung ausgesagt. Insofern könnte der Einwand erhoben werden, dass der Gesellschaftsanteil bzw. die Mitgliedschaft sich nicht in diesem Aspekt erschöpft, sondern daneben auch eine personenrechtliche Beteiligung vermittelt[557], die bei der Beurteilung des Anteilswerts nicht einfach außer Acht gelassen werden kann[558]. Dem ist im Grundsatz zuzustimmen. Mag die Beteiligung, insbesondere bei großen börsennotierten Aktiengesellschaften, auch bisweilen einer reinen Kapitalanlage stark angenähert sein und der vermögensrechtliche Aspekt somit stark im Vordergrund stehen[559], ändert dies doch nichts an der Tatsache, dass die Mitgliedschaft untrennbar mit der angesprochenen personenrechtlichen Komponente verbunden ist[560]. Allerdings trifft auch dieses Element des Gesellschaftsanteils in der Insolvenz eine

554 So *K. Schmidt,* Gutachten 54. DJT, D 84 im Hinblick auf den von der Kommission im Ersten Bericht vorgesehenen Ausschluss von Gesellschaftern.

555 Vgl. die Nachweise in Fn. 503.

556 Ausdrücklich Nerlich/Römermann/*Braun,* § 217 Rn. 40.

557 Dieser Einwand findet sich z. B. bei *H.-F. Müller,* Verband in der Insolvenz, S. 368.

558 So hat der Gesetzgeber auch bei Einführung des aktienrechtlichen Squeeze Out betont, im Rahmen einer für die Entschädigung relevanten Anteilswertbestimmung seien neben Vermögensrechten auch Herrschaftsrechte zu berücksichtigen, s. BT-Drucks. 14/7034, S. 72.

559 S. BVerfGE 100, 289 (305); *BVerfG* NJW 2001, 279 (280).

560 Ebenfalls kritisch gegenüber einer Reduzierung des Anteilseigentums auf die vermögensrechtliche Komponente *Wiedemann,* FS K. Schmidt, 1731; *Badura/Rittner/Rüthers,* Gemeinschaftsgutachten, S. 204 f.; *Hanau,* NZG 2002, 1040 (1042 ff.).

starke Einschränkung. Zwar behalten die Gesellschafter im Grundsatz im innergesellschaftlichen Bereich ihre Befugnisse; sie bleiben insbesondere für die gesellschaftliche Willensbildung zuständig und sind weiterhin befugt, ihre Weisungsrechte (soweit solche bestehen) gegenüber dem Leitungsorgan auszuüben. Dieses ist jedoch in dem Bereich, in dem die Verwaltungs- und Verfügungsbefugnisse auf den Insolvenzverwalter übergehen[561], seiner Kompetenzen entkleidet, was sich mittelbar auch auf die Befugnisse der Gesellschafter auswirkt[562]. In dem Bereich, für den nunmehr der Insolvenzverwalter zuständig ist, bestehen somit de facto auch keine Verwaltungsbefugnisse der Gesellschafter mehr. Auch in dieser Hinsicht lässt sich gewissermaßen von einer „Entwertung“ des Gesellschaftsanteils sprechen[563]. Auch dieser Aspekt kann mithin angeführt werden, will man die Gesellschafterstellung in der Insolvenz als bloße Formalposition bewerten.

c) Maßgeblichkeit der Liquidationsalternative

Vor allem aber ist der Gesellschaftsanteil sowohl in seiner vermögens- als auch in seiner personenrechtlichen Komponente stets vor der Alternative der Nichtfortführung der Gesellschaft, also der Liquidation bzw. der übertragenden Sanierung zu sehen. Diese stellt immer noch das Grundmodell der insolvenzrechtlichen Haftungsverwirklichung dar[564]. In dieser Variante geht der Gesellschaftsanteil unter, die Gesellschafter sind auf den Liquidationswert ihrer Beteiligung verwiesen, der regelmäßig bei Null liegen wird. Darin ist der in der Insolvenz relevante Wert der Gesellschaftsbeteiligung zu sehen. Aus der bisherigen Untersuchung ging bereits hervor, dass es auch keinen Anlass gibt, bei Fortführung der Gesellschaft einen anderen Ansatz zu wählen[565]. Ein Rückgriff auf einen höheren Fortführungswert der Gesellschaftsbeteiligung verbietet sich in dieser Situation, da ein solcher nur unter der Hypothese der Fortführung besteht und die Gesellschafter zu einer solchen entweder nicht willens oder nicht fähig sind. Auch die Verwaltungsbefugnisse der Gesellschafter erlöschen im Fall der Liquidation durch den Insolvenzverwalter mit der Vollbeendigung der Gesellschaft. Dass auch hier die Liquidationsalternative den Maßstab bilden muss, zeigt sich auch an der Tatsache, dass es zur Fortführung der Gesellschaft zwar eines entsprechenden

561 Grundlegend zur sog. Verdrängungstheorie *Weber*, KTS 1970, 73 (77ff.); s. auch Gottwald/*Haas/Hossfeld*, Insolvenzrechts-Hdb., § 92 Rn. 290.

562 *H.-F. Müller*, Verband in der Insolvenz, S. 167.

563 Dieser Aspekt klingt auch in BVerfGE 100, 289 (304) an, allerdings im Zusammenhang mit einer aktienrechtlichen Eingliederung.

564 So bereits zum Diskussionsentwurf *Uhlenbruck*, GmbHR 1989, 101 (105).

565 S. o. S. 109ff.

Beschlusses der Gesellschafter bedarf, dieser aber seinerseits nur im Fall der Bestätigung des Insolvenzplans gefasst werden kann[566]. Der Plan wird jedoch im hier zu untersuchenden Fall gerade nicht bestätigt, weil die Gesellschafter ihre Kooperation verweigern. Auch insoweit müsste man also, um einen über dem Liquidationswert liegenden Fortführungswert der Beteiligung zu konstruieren, aus Sicht der Gesellschafter von Voraussetzungen ausgehen, die im konkreten Fall gerade nicht vorliegen[567]. Die Anteilseigner wären diejenigen, die diese Voraussetzungen schaffen müssten, um die für sie günstigen Folgen für sich zu reklamieren. Mit Recht wird darauf hingewiesen, dass sie sich als Eigenkapitalgeber durch die Beteiligung an der Gesellschaft in eine Position begeben haben, in der sie von einem wirtschaftlichen Scheitern der Unternehmung stärker betroffen sind als Fremdkapitalgeber[568]. Gelingt es ihnen nicht, den Eintritt der Insolvenz zu verhindern, sind sie damit auch bewusst den damit verbundenen gesetzlichen Eingriffsmöglichkeiten ausgesetzt[569].

Die Interessen der Altgesellschafter stellen sich nach alledem als relativ schwach gegenüber den mit einer Eingriffsregelung verfolgten Interessen der Gläubiger und der Allgemeinheit dar. Während es mit Blick auf diese durchaus gerechtfertigt erscheint, vom Gesellschaftsanteil als einer weitgehend entwerteten eigentumsrechtlichen Formalposition zu sprechen, vermag dieser in der Hand der Gläubiger ein wichtiges Instrument zu verkörpern, um das Ziel einer bestmöglichen Befriedigung in der Insolvenz zu erreichen. Betrachtet man also die sich gegenüberstehenden Interessen, erscheint der Entzug des Gesellschaftsanteils als verhältnismäßige Maßnahme.

d) Parallele zu anderen gesellschaftsrechtlichen Strukturveränderungsmaßnahmen

Schließlich lässt sich auch eine Parallele zur verfassungsrechtlichen Zulässigkeit gesellschaftsrechtlicher Ausschlussmöglichkeiten ziehen. Das Bundesverfassungsgericht hat in mehreren Entscheidungen den (faktischen) Ausschluss von Minderheitsgesellschaftern infolge eines Mehrheitsbeschlusses für verfas-

566 Vgl. § 728 I BGB, § 144 I HGB, § 60 I Nr. 4 GmbHG, § 274 II Nr. 1 AktG; die daneben bestehende Möglichkeit der Einstellung des Verfahrens auf Antrag des Schuldners spielt für die vorliegende Arbeit keine Rolle, da hier gerade davon ausgegangen wird, dass eine Beseitigung des Insolvenzgrundes durch den Schuldner nicht erfolgt.

567 An dieser Stelle sei auch auf die Entscheidung *BVerfG* ZIP 2000, 1670 (1672) hingewiesen, wonach die Gewinnerwartungen einer Aktie nicht für die Bemessung der nach Art. 14 GG erforderlichen Entschädigung eines ausgeschiedenen Gesellschafters maßgeblich sind; kritisch *Schön*, FS Ulmer, 1359 (1389 f.).

568 *Sassenrath*, ZIP 2003, 1517 (1524).

569 *Sassenrath*, aaO.

sungsgemäß gehalten[570]. Dies könnte, auf den Fall einer Eingriffsbefugnis in der Insolvenz angewandt, auch für deren Zulässigkeit sprechen. *Sassenrath* sieht sich insofern auch durch die Tatsache, dass der Beschluss das eine Mal von der Mehrheit der Gesellschafter, das andere Mal von den Gruppen des Planverfahrens zu fassen ist, nicht zu einer anderen Beurteilung veranlasst[571]. In der Insolvenz bestehe zwischen dem Anteilseigner und den einzelnen Gläubigergruppen „eine rechtliche Beziehung, die verfassungsrechtlich dem Konnex zwischen Mehrheits- und Minderheitsgesellschafter gleichzustellen" sei[572]. Es leuchtet in der Tat nicht recht ein, weshalb man die beiden Konstellationen in verfassungsrechtlicher Hinsicht voneinander abweichend bewerten sollte[573]. Wenn das Gericht den Verlust der Gesellschafterstellung seitens einiger Gesellschafter aus Gründen des Gemeinwohls (und im Interesse der Gesellschaftermehrheit) für hinnehmbar hält und das Interesse der Minderheitsgesellschafter an der Erhaltung ihrer Vermögenssubstanz diesen Interessen unterordnet[574], erscheint es alles andere als abwegig, dies unter Heranziehung der vorstehenden Gründe auch für einen Eingriff von Gläubigerseite in der Insolvenz zu reklamieren. In Übereinstimmung mit *Sassenrath*[575] kann dabei vor allem darauf abgestellt werden, dass sich die Rolle der Gläubiger im Verhältnis zur Schuldnergesellschaft mit Eröffnung des Insolvenzverfahrens im Vergleich zur bis dahin bestehenden Rechtslage entscheidend wandelt. Stehen die Gläubiger zunächst „außerhalb" der Gesellschaft und haben im Grundsatz keinerlei Handhabe, auf deren Verwaltung unmittelbar einzuwirken, werden ihnen mit Verfahrenseröffnung diverse Befugnisse zugewiesen, die ihnen eine Einflussnahme im Hinblick auf das weitere Schicksal der Gesellschaft gestatten. Wenn in der Vorschrift des § 157 InsO die Entscheidung zwischen sofortiger Liquidation und zumindest vorläufiger Fortführung der Gesellschaft in die Hände der Gläubigerversammlung gelegt wird, handelt es sich dabei um eine Befugnis, die auch für die einzelnen Gesellschafter weit reichende Folgen haben kann, da bereits in diesem Verfahrensstadium das Ende der Gesellschaft

---

570 BVerfGE 14, 263 („*Feldmühle*") = NJW 1962, 1667 (vgl. o. Fn. 527); BVerfGE 100, 289 („*DAT/Altana*") = NJW 1999, 3769; *BVerfG* NJW 2001, 279 („*Moto-Meter*"); in allen Fällen handelte es sich um Aktiengesellschaften.

571 So *Sassenrath*, ZIP 2003, 1517 (1523); *Sassenrath* möchte dabei auch die Anteilseigner als eigene Abstimmungsgruppe berücksichtigen, dazu u. S. 207 ff.

572 *Sassenrath*, aaO.

573 Zur Verfassungsmäßigkeit des Squeeze Out K. Schmidt/Lutter/*Schnorbus*, AktG, Bd. 2, Vor §§ 327a-327f Rn. 5 und *Lenz/Leinekugel*, Eigentumsschutz beim Squeeze out, jeweils mit weiteren Nachweisen.

574 Vgl. BVerfGE 14, 263 (281 f.); 100, 289 (302 f.).

575 Vgl. *Sassenrath*, ZIP 2003, 1517 (1523).

und damit der an ihr bestehenden Anteile besiegelt werden kann[576]. Die Stellung der Gläubiger wird in dieser Hinsicht zudem dadurch gestärkt, dass ihnen nach der InsO auch Einfluss auf die Tätigkeit des Insolvenzverwalters, der im Verfahren umfangreiche Verwaltungs- und Verfügungsbefugnisse hat, zusteht[577]. Auch wenn sich die Stellung der Gläubiger im Insolvenzverfahren damit immer noch in mannigfaltiger Weise von der des Mehrheitsgesellschafters unterscheidet, scheinen beide zumindest soweit vergleichbar, dass man die Folgerungen, die das Bundesverfassungsgericht für die Eingriffe seitens letzterer Gruppe trifft, auf die erstgenannten übertragen kann. Ebenso wie einer Person, die sich als (Minderheits-) Gesellschafter an einer Gesellschaft beteiligt, klar sein muss, dass diese Gesellschafterstellung in ihren Rechtsfolgen und mitunter in ihrem Bestand von den Entscheidungen eines oder mehrerer Mehrheitsgesellschafter abhängig ist, muss ihr auch bewusst sein, dass mit Eröffnung des Insolvenzverfahrens eine Situation eintritt, in der sowohl der einzelne Gesellschafter als auch die Gesellschaftergesamtheit der bisherigen Entscheidungsmacht in weitem Umfang beraubt ist. Man kann sogar noch weiter gehen und sagen, dass der Gesellschaftsanteil, wenn er schon in der Normalsituation der Gesellschaft keine vorbehaltlose Bestandsgewähr genießt, erst recht in der Extremsituation der Insolvenz nicht unter allen Umständen unangetastet bleiben kann. Während es das eine Mal um den Verlust der Beteiligung an einer gut gehenden Gesellschaft gehen kann, geht es das andere Mal um die Reorganisation einer Gesellschaft, die andernfalls liquidiert werden müsste. Einmal hat der Anteil in jedem Fall noch einen in voller Höhe zu ersetzenden Wert, das andere Mal wird er, wie gesehen, häufig entwertet sein. Fragen nach einer von Verfassungs wegen gebotenen Entschädigung erweisen sich somit im Zweifel in den erstgenannten Fällen als problemträchtiger und werden vom Gesetzgeber doch offensichtlich als lösbar erachtet[578]. Auch die Gegenüberstellung mit in ihrer Wirkung vergleichbaren gesellschaftsrechtlichen, vom Bundesverfassungsgericht als verfassungsmäßig eingestuften Maßnahmen spricht somit für die Rechtmäßigkeit der Inhalts- und Schrankenbestimmung[579].

576 Die Verfassungsmäßigkeit dieser Norm wurde – wie *Sassenrath*, ZIP 2003, 1517 (1523) (dort Fn. 95) zu Recht bemerkt – im Gegensatz zur hier diskutierten Eingriffsbefugnis nie angezweifelt.

577 Vgl. z. B. §§ 57, 160 InsO.

578 Vgl. *Lenz/Leinekugel*, Eigentumsschutz beim Squeeze out, S. 27 ff.

579 Noch weiter geht in jüngerer Zeit *Bitter*, ZGR 2010, 147 (194 f.), der nicht nur im Eingriff in Gesellschafterrechte keinen Verstoß gegen Art. 14 GG sieht, sondern einen solchen umgekehrt gerade darin erblickt, dass den Gläubigern mit den Anteilen eine zu ihrer Befriedigung dienende Vermögensposition vorenthalten wird.

4. Erfordernis einer Entschädigung

Die vorgenannten Punkte sprechen dafür, dass sich die Inhalts- und Schrankenbestimmung selbst in der Form einer Anteilsentziehung vor Art. 14 GG rechtfertigen ließe. Allerdings wird im Schrifttum auch von den Autoren, die einen solchen Eingriff befürworten, überwiegend darauf hingewiesen, dass die Inhalts- und Schrankenbestimmung in diesem Fall nicht entschädigungslos erfolgen könne[580]. Dies steht im Einklang mit dem hier verfolgten Ansatz, in der Insolvenz den Liquidationswert einer Beteiligung als relevanten Maßstab heranzuziehen. Verfährt man in dieser Weise, muss gewährleistet sein, dass ein solcher Wert – sollte er denn gegeben sein – dem betreffenden Gesellschafter zufällt. Das Interesse der Gläubiger ist auf den Erhalt der Gesellschaftsanteile als notwendiges Vehikel für die im Plan vorgesehene Fortführung der Gesellschaft gerichtet. Weiter gehen auch die mit der Regelung verfolgten öffentlichen Interessen nicht. Diese Interessen sind aus den genannten Gründen, vor allem vor dem Hintergrund der Liquidationsalternative, in einer Abwägung höher zu bewerten als das Interesse der Altgesellschafter, die Anteile zu behalten. Das Interesse der Gläubiger geht indes nicht so weit, auch den unter Umständen bestehenden Liquidationswert der Beteiligung zu erhalten. Ein solcher liegt ohnehin nur in der unwahrscheinlichen Konstellation vor, dass in der Liquidation die Gläubigeransprüche voll befriedigt werden könnten[581]. Ein schützenswertes Interesse der Gläubiger an diesem Wert kann dann nicht bestehen. Vielmehr wäre eine Regelung, die nicht sicherstellte, dass bei Vorliegen eines Restwerts ein Ausgleich gewährt wird, unverhältnismäßig und damit letztlich verfassungswidrig[582]. Durch Gewährung eines Ausgleichs in Form des etwaigen Liquidationswerts wird diese Härte gegenüber den Altgesellschaftern vermieden und die Verhältnismäßigkeit der Regelung gesichert[583]. Nach der Rechtsprechung des Bundesverfassungsgerichts soll zwar in erster Linie eine unverhältnismäßige Belastung des Eigentums gänzlich vermieden werden. Nur wenn dies nicht möglich sei, dürfe zur Wahrung der Verhältnismäßigkeit ein

---

580 *Eidenmüller/Engert,* ZIP 2009, 541 (546); *Sassenrath,* ZIP 2003, 1517 (1524); *Westpfahl/Janjuah,* ZIP 2008, Beil. Heft 3, 1 (16 f.).

581 An dieser Stelle mag man zu Recht einwenden, dass es in einer solchen Konstellation wohl kaum zur Durchführung eines Planverfahrens kommen wird, da die Gläubiger die für sie risikoarme Variante der Liquidation wählen werden. Dies entbindet dennoch nicht davon, im Hinblick auf eine verfassungskonforme Regelung auch diesen – zugegebenermaßen eher theoretischen – Fall ins Auge zu fassen.

582 Vgl. dazu *Kischel,* JZ 2003, 604 (604 f.).

583 Die Figur der ausgleichspflichtigen Inhalts- und Schrankenbestimmung ist ganz überwiegend anerkannt, vgl. BVerfGE 58, 137 (149 f.); 79, 174 (192); Jarass/Pieroth/*Jarass,* GG, Art. 14 Rn. 40, 46; *König,* DVBl 1999, 954 (954); *Kischel,* JZ 2003, 604 (605). Grundlegend *Schulze-Osterloh,* Prinzip der Eigentumsopferentschädigung, S. 235 ff.

finanzieller Ausgleich zugebilligt werden[584]. Der Bestandsschutzgarantie wird innerhalb des Art. 14 GG somit im Grundsatz ein Vorrang vor der Wertschutzgarantie eingeräumt[585]. An dieser Stelle sähe man sich nunmehr erneut mit dem bereits erwähnten Problem konfrontiert, ob anstelle eines vollständigen Entzugs des Gesellschaftsanteils vorrangig ein anders gearteter Eingriff in die Anteilseignerrechte zu erwägen wäre. Es ist allerdings zu verzeichnen, dass das Gericht den von ihm statuierten Grundsatz selbst nicht ausnahmslos durchhält[586]. Gerade im Rahmen der oben bereits erwähnten aktienrechtlichen Rechtsprechung[587] geht das Gericht ohne Weiteres von der Zulässigkeit eines Entzugs der Rechtsposition aus, ohne zuvor auf eine etwaige, dem Bestandsschutz des Eigentums Rechnung tragende Alternativlösung auch nur einzugehen[588]. Stattdessen wird auf die Notwendigkeit einer vollen wirtschaftlichen Entschädigung für den Verlust der Rechtsposition hingewiesen[589]. Gerade im hier relevanten Bereich wird es vom Bundesverfassungsgericht also offensichtlich für ausreichend erachtet, wenn der Gesetzgeber zur Vermeidung einer unverhältnismäßigen Belastung eine geeignete finanzielle Ausgleichsregelung trifft. Wenn das Bundesverfassungsgericht dann ferner feststellt, eine Ausgleichsregelung käme nur in Betracht, falls die Anwendung des Gesetzes nicht regelmäßig, sondern nur in Ausnahmefällen zu einer unverhältnismäßigen Beeinträchtigung führe[590], so ist auch diesem Erfordernis Genüge getan. Eine unverhältnismäßige Beeinträchtigung (die es durch die Gewähr einer Entschädigung zu beseitigen gilt) ist nämlich nur bei Vorliegen eines Liquidationswerts des Anteils gegeben, mithin einer Fallgestaltung, welche keinesfalls die Regel bildet. Im Hinblick darauf, dass die Inhalts- und Schrankenbestimmung zuvorderst den Gläubigern, mithin Privaten, zugute kommt, kann hier noch ergänzend auf die Rechtsprechung des Bundesverfassungsgerichts verwiesen werden. Komme der Ertrag der Eigentumsnutzung nicht vorrangig der Allgemeinheit zugute, so das Gericht, ließe sich eine unentgeltliche Duldungspflicht nicht rechtfertigen[591]. Dieser Befund stützt wiederum das angesprochene Erfordernis, den Gesellschaftern einen etwaigen Restwert zukommen zu lassen.

Folgt man dieser Argumentation, bedeutet dies im Umkehrschluss aber auch, dass selbst bei Vorliegen eines Restwerts einer Eingriffsbefugnis nicht die

---

584 BVerfGE 100, 226 (245 f.).

585 Siehe zu dieser Unterscheidung *König*, DVBl 1999, 954 (957).

586 Darauf weist *Sellmann*, NVwZ 2003, 1417 (1421 f.) hin.

587 Vgl. o. Fn. 570.

588 In BVerfGE 263 (278) heißt es apodiktisch: „Das in der Aktie verkörperte gesellschaftsrechtliche Eigentum ist in seinem Bestand gegen Beschlüsse der Mehrheit nicht gesichert."

589 BVerfGE 14, 263 (284); 100, 289 (303). Danach muss der Ausscheidende das erhalten, was seine Beteiligung an dem Unternehmen wert ist.

590 BVerfGE 100, 226 (244).

591 *BVerfG* NJW 2003, 196 (198).

Berechtigung versagt werden kann. Aus der Tatsache, dass die Beteiligung noch einen Wert – den Liquidationswert – aufweist, erwächst lediglich die Verpflichtung, diesen dem Gesellschafter auch zukommen zu lassen[592]. Weist der Anteil noch einen Wert im hier verstandenen Sinne auf, wäre es unverhältnismäßig, diesen den Gesellschaftern ohne die Gewährung eines Ausgleichs zu entziehen. Die Ausgleichsgewährung dient somit dem Zweck, die Verhältnismäßigkeit der Maßnahme wiederherzustellen[593].

Damit bleibt festzuhalten, dass es, um unzulässige Härten zu vermeiden, einer Ausgleichsregelung einerseits zwingend bedarf, eine solche, am hypothetischen Liquidationswert der Beteiligung orientierte Regelung andererseits aber auch ausreicht, um den Erfordernissen einer verfassungsmäßigen Inhalts- und Schrankenbestimmung Genüge zu tun.

IV. Zulässigkeit des Zugriffs auf schuldnerfremdes Vermögen?

1. Problem

In der Diskussion um die rechtliche Zulässigkeit eines Eingriffs in Anteilseignerrechte im Rahmen des Insolvenzplanverfahrens bleibt, soweit ersichtlich, ein Punkt weitgehend unbeleuchtet, dessen Nichtbeachtung doch einigermaßen verwundert. In § 35 InsO ist der Begriff der Insolvenzmasse als das vom Insolvenzverfahren erfasste Vermögen, das dem Schuldner zur Zeit der Eröffnung des Verfahrens gehört und das er während des Verfahrens erlangt, legaldefiniert. Negativ formuliert erstreckt sich der insolvenzrechtliche Zugriff damit nicht auf das Vermögen dritter, vom Schuldner verschiedener Personen[594]. Nach dem im gesamten Gesellschaftsrecht geltenden Grundsatz der Trennung von Gesellschafts- und Gesellschaftervermögen hat dies zur Folge, dass in der Insolvenz der Gesellschaft das Vermögen des Gesellschafters nicht zur Masse rechnet[595]. Umgekehrt bleibt auch das Gesellschaftsvermögen von der Insolvenz des Gesellschafters unberührt, wobei allerdings der Gesellschaftsanteil des betreffenden Gesellschafters in die Insolvenzmasse fällt[596]. Im Rahmen dieser Untersuchung

592 Zu diesem Schluss gelangt auch *Sassenrath,* ZIP 2003, 1517 (1524).

593 S. *Sellmann,* NVwZ 2003, 1417 (1420).

594 *Becker,* Insolvenzrecht, Rn. 390 ff.; *Häsemeyer,* Insolvenzrecht, S. 231 ff.

595 Diese Trennung gilt auch für den Fall des Bestehens einer persönlichen Haftung des Gesellschafters; insoweit ist aber die Vorschrift des § 93 InsO zu beachten.

596 Dabei wird die im Anteil verkörperte Vermögensbeteiligung als Inbegriff der dem Gesellschafter zustehenden Vermögensrechte vom insolvenzrechtlichen Beschlag erfasst; so mit

interessiert indes nur die Gesellschaft als Insolvenzschuldnerin und damit das Gesellschaftsvermögen als das dem Zugriff der Gläubiger ausgesetzte Vermögen im Sinne des § 35 InsO. Damit taucht zwangsläufig das Problem auf, wie es sich mit den soeben geschilderten Grundsätzen des Insolvenz- bzw. Gesellschaftsrechts vertragen soll, wenn auf die Gesellschaftsanteile zugegriffen werden soll, die wie gesehen zum Vermögen der Gesellschafter zählen, obwohl Insolvenzschuldnerin die Gesellschaft ist. Nachdem bereits geklärt ist, dass ein Zugriff auf das Anteilseigentum im Hinblick auf das Eigentumsgrundrecht des Art. 14 GG zu rechtfertigen wäre, bietet sich nunmehr das Problem, wie der Zugriff auf schuldnerfremdes Vermögen legitimiert werden kann, ohne dabei einen Systembruch zu riskieren.

2. Strukturunterschiede zwischen Sach- und Anteilseigentum

Ein möglicher Ansatz zur Lösung des Problems könnte darin bestehen, zunächst auf die strukturellen Unterschiede zwischen dem Anteilseigentum und dem Sacheigentum einzugehen, und auf Grundlage dieser Unterschiede sowie der besonderen Situation des Anteilseigentums im eröffneten Insolvenzverfahren sodann einen Weg zur Rechtfertigung des Zugriffs auf das Anteilseigentum der Gesellschafter zu eröffnen.

Vorangestellt sei folgende Überlegung: Schwerlich käme jemand auf den Gedanken, im Insolvenzverfahren über das Vermögen einer GmbH bzw. dem sich an ein solches anschließenden Planverfahren auf, um nur ein Beispiel zu nennen, Grundeigentum eines GmbH-Gesellschafters[597] zugreifen zu wollen. Wenn Derartiges hinsichtlich des Geschäftsanteils des Gesellschafters, der zu dessen grundrechtlich geschütztem Eigentum gehört, in Erwägung gezogen wird, muss man sich fragen, weshalb dem so ist. Die Ursache dafür könnte in den Unterschieden zwischen Anteilseigentum und Sacheigentum liegen. Während letzteres als „substanzhaftes Eigentum“ gewissermaßen räumlich konkret vorstellbar ist, entzieht sich letzteres einer solchen „Verräumlichung“[598]. Im Schrifttum wird darauf hingewiesen, dass das Anteilseigentum nicht nach den Maßstäben des Sacheigentums beurteilt werden könne[599]. *Schmidt-Aßmann* spricht von der „Marktbezogenheit“ und der „Organisationsabhängigkeit“ als den Merkma-

weiteren Nachweisen *Häsemeyer*, Insolvenzrecht, S. 234 (dort Fn. 76); s. auch *Becker*, Insolvenzrecht, Rn. 394; *Noack*, Gesellschaftsrecht, Rn. 481.

597 Der größeren Klarheit halber soll hier ein Gesellschafter, der nicht persönlich für Gesellschaftsschulden haftet, als Beispiel dienen, obwohl für einen persönlich haftenden Gesellschafter nichts anderes gälte.

598 Vgl. *Schmidt-Aßmann* in FS Badura, 1009 (1011).

599 *Badura/Rittner/Rüthers*, Gemeinschaftsgutachten, S. 206.

len des Anteilseigentums, die dessen Substanz erst konstituierten[600]. Gerade der Begriff der Organisationsabhängigkeit bringt treffend den assoziativen Grundgedanken des Anteilseigentums zum Ausdruck. Es besteht eine Art wechselseitiges Abhängigkeitsverhältnis zwischen der Gesellschaft als dem Träger der Organisation und den einzelnen Gesellschaftsanteilen. Genauso wie die Gesellschaft erst durch die einzelnen Anteile konstituiert wird[601], ist der Gesellschaftsanteil losgelöst vom Organisationsverbund der Gesellschaft nicht denkbar. Die Qualität der Gesellschaft als Summe der einzelnen Gesellschaftsanteile stellt ja gerade die Ursache des Problems, für das hier eine Lösung gefunden werden soll, dar. Weil ein isoliertes Nebeneinander dieser Begriffe nicht möglich ist, sondern sie untrennbar miteinander verwoben sind, kann eine Gesellschaft als Träger eines Unternehmens nicht ohne die sie konstituierenden Gesellschaftsanteile fortgeführt werden. Gerade dies könnte aber zugleich einen Ansatzpunkt dafür bilden, unter bestimmten Umständen auch in einem Verfahren, in dem die Gesellschaft Insolvenzschuldnerin ist, auf die Gesellschaftsanteile zuzugreifen. Der Entwurf eines Insolvenzplans, der die Fortführung des Unternehmens durch denselben Unternehmensträger vorsieht, macht nur Sinn, wenn infolge dieses Plans die einigermaßen realistische Aussicht auf Erzielung eines Mehrwerts im Vergleich zu den anderen Verwertungsarten besteht[602]. Ist dem aber so, erlangt die Schuldnergesellschaft als Träger des Unternehmens aus Sicht der Gläubiger einen eigenen Wert. Im Sinne der bestmöglichen Gläubigerbefriedigung als vorrangigem Ziel der Insolvenzordnung[603] erscheint ein Zugriff auf diesen Wert als durchaus erstrebenswert. Die Gesellschaftsanteile, auf die dafür zwingend zugegriffen werden muss, weil sie konstituierender Bestandteil der Entität „Gesellschaft" sind, weisen gemäß dem Gesagten – ungeachtet eines etwaigen Liquidationswerts – nur noch in dieser Fortführungsvariante einen „Hoffnungswert" auf. In allen anderen Varianten gehen sie mit der Gesellschaft unter. Es wurde bereits erläutert, dass die Gesellschafter diesen „Hoffnungswert" nicht für sich reklamieren dürfen, weil sie dazu etwas unterstellen müssten, zu dessen Herbeiführung sie gerade nicht in der Lage oder gewillt sind: die Fortführung der Gesellschaft. In der Insolvenz der Gesellschaft herrscht somit eine Situation vor, in welcher die Markt- und Organisationsbezogenheit des Gesellschaftsanteils besonders deutlich zum Tragen kommt: Zieht die Insolvenz den Marktaustritt der Gesellschaft und deren Ende als organisationsrechtliches Gefüge nach sich, führt das auch zum Untergang der Gesellschaftsanteile. Das Anteils-

600 *Schmidt-Aßmann* in FS Badura, 1009 (1012).

601 Soergel/*Hadding*, BGB, § 719 Rn. 5; *K. Schmidt*, GesR, § 19 I 3; *Habersack*, Mitgliedschaft, S. 85.

602 Vgl. o. S. 24ff.

603 RegE InsO, BT-Drucks. 12/2443, S. 77.

eigentum erweist sich in dieser Hinsicht als eine gegenüber dem Sacheigentum eigenständige Kategorie. Es weist nicht die dem Sacheigentum eigene Stabilität der Rechtsbeziehungen auf, sondern ist infolge seiner Organisationsabhängigkeit einem steten Wandel unterworfen[604]. Dieser Unterschied schwingt auch in den bereits erwähnten Entscheidungen des Bundesverfassungsgerichts mit[605], wenn dort dem Anteilseigentum ein geringeres Bestandsschutzniveau als dem Sacheigentum eingeräumt wird[606]. Diese Wandelbarkeit des Anteilseigentums zeigt sich für den Eigentümer im Insolvenzverfahren der Gesellschaft von ihrer schlechtesten Seite. Während Sacheigentum des Gesellschafters von der Verfahrenseröffnung im Grundsatz unberührt bleibt[607], bedeutet diese für die durch die Insolvenz der Gesellschaft bereits weitestgehend entwerteten Gesellschaftsanteile häufig das Ende. Auch wenn die Gesellschafter ihre Befugnisse behalten[608], kann der Gesellschaftsanteil als „Ausdruck assoziierter unternehmerischer Nutzung des Eigentums"[609] in dieser Situation seine Funktion als vermittelndes Element zwischen Anteilseigner und Gesellschaft nicht mehr oder allenfalls noch rudimentär erfüllen. Die Gesellschafter erhalten gem. § 199 S. 2 InsO lediglich noch das, was ihnen im Rahmen einer Liquidation zustünde[610]. Es wurde bereits aufgezeigt, dass sich unter diesen Umständen sogar eine Entziehung des Anteils verfassungsrechtlich rechtfertigen ließe, solange die Gewährung eines etwaigen Liquidationswerts der Beteiligung an die Gesellschafter sichergestellt ist. Wenn dies so ist, so scheint es – unter bestimmten, engen Voraussetzungen – auch hinnehmbar, dass man auf die Anteile zugreift, obwohl Insolvenzschuldnerin die Gesellschaft ist. Die einzige Möglichkeit, einen Untergang der Gesellschaft und der damit zusammenhängenden Gesellschaftsanteile zu vermeiden, ist die erfolgreiche Implementierung eines Reorganisationsplans. Wenn ein solcher nur realisierbar ist, sofern Gläubiger die Gesellschaftsanteile erhalten, ist das in der Gesamtbetrachtung, auch wenn dadurch die Altgesellschafter ihre Anteile verlieren, immer noch besser, als wenn die Gesellschaft endgültig aufgelöst wird, obwohl wirtschaftliche Gesichtspunkte eigentlich dagegen sprechen. Die Interes-

604 Vgl. *Schmidt-Aßmann*, FS Badura, 1009 (1015).

605 S. o. Fn. 570.

606 Dies konstatiert auch *Schmidt-Aßmann*, FS Badura, 1009 (1019).

607 Anderes gilt, wenn es infolge nach §§ 129 ff. InsO anfechtbarer Rechtshandlungen erlangt wurde. Auch das etwaige Bestehen einer persönlichen Haftung kann sich natürlich insoweit wiederum auswirken; dies ist aber keine spezifische Folge des eröffneten Verfahrens.

608 Zur faktischen Entwertung dieser Befugnisse im Insolvenzverfahren vgl. aber o. S. 123 f.

609 *Badura/Rittner/Rüthers*, Gemeinschaftsgutachten, S. 206.

610 *Bitter*, ZGR 2010, 147 (195 f.) schließt daraus, dass die Gesellschafter ihre Anteile ab Insolvenzeröffnung nicht mehr für eigene Rechnung, sondern für Rechnung der vorrangig zu befriedigenden Gläubiger halten. Er leitet daraus ein bereits *de lege lata* bestehendes Verwertungsrecht des Insolvenzverwalters im Hinblick auf die Anteile her.

sen der Altgesellschafter sind dadurch, dass ihnen der Erhalt einer Geldsumme, die einem etwaigen hypothetischen Liquidationswert entspricht, garantiert wird, hinreichend gewahrt[611].

E. Schutz der Vereinigungsfreiheit gem. Art. 9 I GG

I. Keine Verletzung des Art. 9 GG

Vereinzelt werden im Zusammenhang mit insolvenzbedingten Eingriffsbefugnissen auch Bedenken im Hinblick auf den durch Art. 9 I GG gewährten Grundrechtsschutz laut[612]. Der Schutzbereich der Vereinigungsfreiheit ist für privatrechtliche Gesellschaften aller Art eröffnet[613]. Die hier relevante Ausformung des Grundrechts ist der Grundsatz der privatautonomen Organisation bzw. freiheitlichen Selbstbestimmung der Vereinigung[614]. In diesem Bereich will *H.-F. Müller* gleich ob in der satzungsrechtlichen Umgestaltung der Gesellschaft oder in der Veränderung des Gesellschafterbestands durch die Entziehung von Gesellschaftsanteilen einen Eingriff erkennen, der einer verfassungsrechtlichen Überprüfung – dies deutet er jedenfalls an – nicht standhielte[615]. Dem ist nicht zu folgen. Zunächst ist die Vereinigungsfreiheit hinsichtlich ihrer Ausgestaltung auf Regelungen angewiesen[616]. Dabei richtet sich die konkrete Gestalt der Regelung nach dem zu regelnden Sachbereich. Es darf allerdings nicht verschwiegen werden, dass solche Regelungen das Prinzip freier Assoziation und Selbstbestimmung grundsätzlich zu wahren haben[617]. Im Gesellschaftsinsolvenzrecht hat der Gesetzgeber einen Regelungsbereich vorgefunden, innerhalb dessen er eine Einschränkung der Vereinigungsfreiheit offenbar für zweckmäßig und gerechtfertigt hielt. Mit der Eröffnung eines Insolvenzverfahrens findet nicht nur die Selbstbestimmung ein Ende, soweit die Verfügungs- und Verwaltungsbefugnisse

---

611 Auf diese Weise scheinen auch die Interessen von Gläubigern eines Gesellschafters in einem etwaigen Parallelverfahren über dessen Vermögen gewahrt. Der Liquidationswert der Beteiligung fällt dort in die Masse; auf einen möglichen Fortführungswert haben Gläubiger des Gesellschafters ebensowenig Anspruch wie dieser selbst.

612 Vor allem *H.-F. Müller,* Verband in der Insolvenz, S. 364 f., der hier sogar die im Vergleich zu Art. 14 I GG größeren Schwierigkeiten sieht.

613 Maunz/Dürig/*Scholz,* Art. 9 Rn. 60.

614 Vgl. BVerfGE 50, 290, 354; Maunz/Dürig/*Scholz,* Art. 9 Rn. 68, 81 ff.

615 *H.-F. Müller,* Verband in der Insolvenz, S. 365.

616 BVerfGE 50, 290, 354.

617 BVerfGE 50, 290, 355.

auf den Insolvenzverwalter übergehen, die Entscheidung über den Fortbestand der Gesellschaft ist überdies zur Disposition verbandsexterner Personen gestellt. Zunächst einmal, d. h. vorbehaltlich eines späteren Fortsetzungsbeschlusses, ist die Gesellschaft sogar aufgelöst. Kommt es zur Liquidation, zieht dies das Ende der Gesellschaft nach sich. Verfassungsrechtliche Bedenken im Hinblick auf diese Regelung wurden, soweit ersichtlich, bislang nicht vorgetragen. Dieses mögliche Szenario muss aber auch hier der entscheidende Maßstab sein. Legt man diesen zugrunde, ist wiederum nicht einzusehen, weshalb bei einer durch einen Insolvenzplan vorgesehenen Fortführung der Gesellschaft etwas anderes gelten sollte. Die Position der Gesellschafter – aus deren Sicht letztlich zufällig – aufzuwerten, weil die Gesellschaft als Vehikel auf dem Weg zu einer bestmöglichen Haftungsverwirklichung benötigt wird, erscheint vor dem Hintergrund der Liquidationsalternative nicht richtig. Zur Rechtfertigung eines Eingriffs kann man im Übrigen die oben im Rahmen der Diskussion zu Art. 14 I GG angestellten Überlegungen weitestgehend auf die vorliegende Problematik übertragen[618]. Die Interessenabwägung muss, auch was Art. 9 I GG angeht, zugunsten der Gläubiger und der mit dem Eingriff verfolgten öffentlichen Interessen ausfallen[619]. Sofern sichergestellt ist, dass die Gesellschafter nicht schlechter stehen als im Fall der Liquidation, muss diesen bezüglich ihrer Beteiligung kein Bestandsschutz gewährt werden. Die positive Vereinigungsfreiheit stößt in der Insolvenz an ihre Grenzen.

II. Austrittsrecht

In ihrer negativen Ausprägung[620] führt die Vereinigungsfreiheit allerdings zu einem Erfordernis, welches eine künftige Eingriffsnorm in jedem Fall zu respektieren hätte. Niemand kann zur Mitgliedschaft in der reorganisierten Gesellschaft gezwungen werden. Dies gilt nicht nur für die Übernahme einer Gesellschafterstellung seitens eines Gläubigers[621], sondern auch für den Verbleib der bisherigen Gesellschafter in der Gesellschaft. Bereits die Vorschläge der Insolvenzrechtskommission sahen ein Austrittsrecht aus wichtigem Grund für persönlich haftende Gesellschafter vor, falls der Reorganisationsplan eine wesent-

618 Dies deckt sich mit der Auffassung, wonach bei der Garantie und Inhaltsbestimmung des Beteiligungsrechts an einer Gesellschaft Art. 9 I GG und Art. 14 GG „idealkonkurrieren", vgl. Maunz/Dürig/*Scholz*, Art. 9 Rn. 93 (dort allerdings nur auf die AG bezogen).

619 A. A. *H.-F. Müller*, Verband in der Insolvenz, S. 365, der allerdings zu Unrecht die Erhaltung insolventer Rechtsträger als eigenständiges Ziel des Eingriffs sieht.

620 Dazu mit weiteren Nachweisen Maunz/Dürig/*Scholz*, Art. 9 Rn. 42, 88.

621 Insofern bietet die InsO bereits heute Schutz über § 230 II InsO; vgl. *Hess*, Insolvenzrecht, § 230 Rn. 7; FK-InsO/*Jaffé*, § 230 Rn. 8.

liche Veränderung der Beteiligungsverhältnisse an der Schuldnergesellschaft mit sich brachte[622]. Dies geschah allerdings nicht unter Bezugnahme auf Art. 9 I GG, sondern vielmehr unter Rekurs auf das gesellschaftsrechtsrechtliche Belastungsverbot[623]. Die in Art. 9 I GG enthaltene negative Vereinigungsfreiheit kann sich allein damit nicht begnügen. Sie erfordert für den Fall, dass der Insolvenzplan in die gesellschaftsrechtlichen Verhältnisse der Schuldnerin eingriffe, ein Austrittsrecht für jeden der bisherigen Gesellschafter. Niemand kann zur Mitgliedschaft in einem privatrechtlichen Verband gezwungen werden, jeder muss frei sein, aus dem Verband auszutreten[624]. Im bisherigen Recht ist diese Freiheit dadurch gewährleistet, dass nur die Gesellschafter selbst gesellschaftsrechtliche Maßnahmen treffen, mithin auch nur sie über die Fortführung der Gesellschaft entscheiden können. Ändert man dies, indem man Eingriffsbefugnisse schafft, die die gesellschaftsrechtliche Autonomie der Altgesellschafter aufheben, bedarf es eines anderen Weges, um der grundrechtlich verbürgten Freiheit Genüge zu tun. Dieser wird durch die Bereitstellung eines Austrittsrechts eröffnet. Sieht der Plan gesellschaftsrechtliche Maßnahmen vor, die sich nur durch Zwang durchsetzen lassen, weil es an der Kooperationsbereitschaft der Gesellschafter fehlt, müssen diese die Möglichkeit haben, aus dem Verband auszutreten[625]. Dies beinhaltet auch das Recht, eine Abfindung in Höhe eines etwaigen Restwerts des Gesellschaftsanteils zu verlangen. Sieht man die Liquidationsalternative als relevanten Maßstab für die Beurteilung der Verfassungsmäßigkeit einer Eingriffsbefugnis an, ist dies letztlich nur die Kehrseite ein und derselben Medaille. Leitet sich daraus nämlich ab, dass die Gesellschafter kein Recht darauf haben, besser zu stehen, als sie im Fall der Liquidation stünden, muss umgekehrt auch ein Verbot der Schlechterstellung daraus folgen. Für den Fall der geplanten Entziehung des Gesellschaftsanteils bedeutet dies, wie gesehen, dass der Gesellschafter eine Abfindung in Höhe eines verbliebenen Restwerts fordern kann. Aber darüber hinaus umfasst das Gebot, den Gesellschafter nicht schlechter zu stellen als in der Liquidation, auch das Gebot, dem Gesellschafter die Möglichkeit zur Beendigung seiner Gesellschafterstellung einzuräumen, auch wenn dies im Plan nicht vorgesehen ist. Denn genau dazu führte die Liquidationsalternative schließlich auch.

---

622 S. EB, LS 2.4.9.3 Abs. 1. Grundsätzlich zustimmend *Ulmer*, ZHR 149 (1985), 541 (549).

623 Zu diesem „allgemeinen Institut des Gesellschaftsrechts" *K. Schmidt*, GesR, § 16 III 3b) cc). Diesbezüglich findet sich eine Kautel in § 230 I InsO.

624 BVerfGE 50, 290, 354; vgl. auch BVerfGE 10, 89, 102, dort auch zur Zwangsmitgliedschaft in einem öffentlich-rechtlichen Verband.

625 So auch *Brinkmann*, WM 2011, 97 (100 f.).

F. Vereinbarkeit mit Europarecht

Soweit es um die zwangsweise Umsetzung gesellschaftsrechtlicher Kapitalmaßnahmen, insbesondere eines *debt equity swap*, in einem Insolvenzplan geht, eröffnet sich im Hinblick auf Aktiengesellschaften auch eine europarechtliche Problematik. Die zweite gesellschaftsrechtliche Kapitalrichtlinie[626] sieht in Art. 25 I, 29 IV, 30 vor, dass eine Kapitalerhöhung, ein Bezugsrechtsausschluss sowie eine Kapitalherabsetzung jeweils eines Beschlusses durch die Hauptversammlung bedürfen. Diese Maßnahmen spielen im Rahmen von Unternehmenssanierungen eine gewichtige Rolle[627]. Zugleich ist auch klar, dass im Bereich der Aktiengesellschaft das Problem einer möglichen Gesellschafterobstruktion fortbesteht, sofern dieses Beschlusserfordernis auch im Zusammenhang mit einem Insolvenzplan uneingeschränkte Geltung beanspruchen kann.

Einen Ansatz, wie sich dieses europarechtliche Hindernis unter Heranziehung der Rechtsprechung des *EuGH* überwinden lässt, entwickeln *Eidenmüller/ Engert*[628]. Sie verweisen darauf, dass der *EuGH* es in mehreren Entscheidungen abgelehnt habe, wegen einer „bloßen Sanierungsregelung" Ausnahmen vom in der Richtlinie festgelegten Erfordernis eines Hauptversammlungsbeschlusses zuzulassen[629]. Entsprechend ihrer Zwecksetzung steht die Richtlinie nach dieser Rechtsprechung hingegen Zwangsvollstreckungsmaßnahmen, durch die die Gesellschaft zum Erlöschen gebracht werden soll, insbesondere Abwicklungsregelungen, die die Gesellschaft zum Schutz der Rechte der Gläubiger Zwangsverwaltungsregelungen unterstellen, nicht entgegen[630]. Entscheidend ist demnach, ob ein Insolvenzplan in die letztgenannte Kategorie (Vollstreckungsmaßnahme) fällt, oder ob es sich um einen Regelungskomplex handelt, mit dem der Fortbestand der Gesellschaft gesichert werden soll[631]. Nur im erstgenannten Fall käme es durch gesellschaftsrechtlich relevante Planregelungen zu keinem Konflikt mit dem Europarecht. *Eidenmüller/Engert* bemerken, dass der Insolvenzplan zwar vom Gesetzgeber zwar als universelles Instrument der Masseverwertung konzipiert worden sei, in der Praxis jedoch nahezu ausschließlich im Bereich der

626 RL 77/91/EWG v. 13.12.1976 (Amtsblatt Nr. L 26 v. 31.01.1977, S. 1–13).

627 Vgl. o. S. 40 ff.

628 *Eidenmüller/Engert*, ZIP 2009, 541 (547 f.).

629 *Eidenmüller/Engert*, ZIP 2009, 541 (548); vgl. dazu *EuGH* 30.05.1991 – Rs C-19/90, C-20/90 (*Karella*), Rz. 30; 24.03.1992 – Rs C-381/89 (*Syndesmos Melon*), Rz. 27; 12.03.1996 – Rs C-441/93 (*Pafitis*), Rz. 57.

630 *EuGH* aaO.

631 Vgl. *EuGH* 12.03.1996 – Rs C-441/93 (*Pafitis*), Rz. 57, 24.03.1992 – Rs C-381/89 (*Syndesmos Melon*), Rz. 29.

Unternehmenssanierung eine Rolle spiele[632]. Diese Feststellung könnte zunächst dafür sprechen, den Insolvenzplan als bloße Sanierungsregelung dem Diktat der Zweiten Kapitalrichtlinie zu unterwerfen. *Eidenmüller/Engert* weisen sodann jedoch mit Recht darauf hin, dass die Tatsache, dass die Gesellschaft fortbesteht, in dieser Hinsicht nicht allein ausschlaggebend sein kann. Die Ausnahmetatbestände könnten sich vielmehr nicht auf Sachverhalte beschränken, in denen die Gesellschaft abgewickelt und aufgelöst werde. Denn in diesem Zusammenhang bestünde für die in Frage stehenden Kapitalmaßnahmen gar kein Bedürfnis[633]. Die *EuGH*-Rechtsprechung und mithin auch die Richtlinie seien demzufolge so zu interpretieren, dass die Mitwirkung der Aktionäre in der Hauptversammlung dann entbehrlich sei, wenn die Gesellschaft und ihr Vermögen in einem kollektiven Verfahren nur noch als Befriedigungsgegenstand für die Gläubiger dienten[634]. Damit wird ein überzeugendes Abgrenzungskriterium geliefert, das sich auch mit den hier bislang gefundenen Ergebnissen deckt. Wenn eine Gesellschaft im Planverfahren fortgeführt wird, geht es nicht um ihre Sanierung an sich, sondern darum die für die Gläubiger zur Verfügung stehende Masse möglichst zu maximieren. Die Fortführung der Gesellschaft ist dann Folge des Ziels der bestmöglichen Gläubigerbefriedigung. Diese lässt sich, wie gezeigt wurde, unter Umständen nur dadurch realisieren, dass nicht lediglich das Vermögen der Gesellschaft, sondern die Gesellschaft selbst Gegenstand der Befriedigung ist[635]. Mit der Eröffnung des Insolvenzverfahrens ist ein Zeitpunkt erreicht, ab dem die Interessen der Gläubiger Vorrang genießen. Das Insolvenzverfahren kann zur Auflösung der Gesellschaft führen. In diesem Fall liegt zweifelsfrei ein Abwicklungsverfahren, das den Bestimmungen der Kapitalrichtlinie nicht unterfällt, vor. Die Frage nach der Anwendbarkeit der Richtlinie in Bezug auf Kapitalmaßnahmen stellt sich in diesem Fall schon gar nicht. Bei einer Fortführung der Gesellschaft mittels Insolvenzplans verhält es sich anders. Dennoch handelt es sich auch hier um ein Verfahren zur Gläubigerbefriedigung[636]. Auch hier ist das Ganze vor dem Hintergrund der Liquidationsalternative zu sehen. Auch wenn es jedenfalls nicht ausgeschlossen ist, dass die Altgesellschafter ihrer gesellschaftlichen Stellung dabei nicht enthoben werden[637], geht es hier nicht mehr vorrangig um

632 *Eidenmüller/Engert*, ZIP 2009, 541 (548).

633 *Eidenmüller/Engert*, ZIP 2009, 541 (548).

634 *Eidenmüller/Engert*, ZIP 2009, 541 (548).

635 Vgl. dazu o. S. 130ff.; auch *Eidenmüller/Engert*, ZIP 2009, 541 (548) weisen auf diesen Aspekt hin.

636 Dies betont auch *BGH* ZIP 2006, 39 (41), wo der Insolvenzplan als „spezifisch insolvenzrechtliches Instrument, mit dem die Gläubigergesamtheit ihre Befriedigung aus dem Schuldnervermögen organisiert", bezeichnet wird; auch *Gaul*, FS Huber, 1187 (1189f.) bezeichnet den Plan unter Hinweis auf BR-Drucks. 1/92, S. 83 als „Instrument der Haftungsverwirklichung".

637 S. zu diesem Kriterium *EuGH* 30.05.1991 – Rs C-19/90, C-20/90 (*Karella*), Rz. 30.

ihren Schutz. Diesen hat die Kapitalrichtlinie hingegen gerade im Blick[638]. *Eidenmüller/Engert* ist somit darin zu folgen, dass das Planverfahren nach deutschem Recht als Abwicklungsverfahren im Sinne der *EuGH*-Rechtsprechung anzusehen ist und folglich nicht den Bestimmungen der Kapitalrichtlinie unterfällt[639].

---

638 *Drouven*, ZIP 2009, 1052 (1052) hält das Ergebnis zwar für wünschenswert, sieht aber insoweit die Grenzen zulässiger Auslegung überschritten; so auch *Schuster*, ZGR 2010, 325 (350); *Verse*, ZGR 2010, 299 (312 ff.) sieht hingegen im Anschluss an *Eidenmüller/Engert*, ZIP 2009, 541 in den Vorgaben der Kapitalrichtlinie kein unüberwindbares Hindernis.

639 *Eidenmüller/Engert*, ZIP 2009, 541 (548) weisen auch darauf hin, dass es sich bei den vom *EuGH* entschiedenen Fällen (in denen Ausnahmen von der Kapitalrichtlinie durchweg abgelehnt wurden) stets um Fälle im Vorfeld einer Insolvenz handelte. Zweifelhaft erscheint hingegen, ob eine Ausnahme im Zusammenhang mit Kapitalherabsetzungen sich schon begründen lässt, weil diese im Fall einer gerichtlichen Anordnung gem. Art. 30 RL keines Hauptversammlungsbeschlusses bedürften. Die gerichtliche Bestätigung gem. § 248 InsO kann eher nicht als solche Anordnung gesehen werden, da dem Gericht insoweit nur die Aufgabe zufällt, die Rechtmäßigkeit des Plans zu überprüfen. Inhaltlich hat es keine Entscheidungsbefugnisse. Darüber hinaus dürfte es einen europarechtswidrigen Plan schon gar nicht bestätigen.

Teil 4: Insolvenzbedingte Eingriffsnormen in rechtsvergleichender Hinsicht

A. Vergleich mit US-amerikanischem und englischem Reorganisationsrecht

Wenn nach dem Verlauf der bisherigen Untersuchung feststeht, dass ein Eingriff in Anteilseignerrechte im Insolvenzplanverfahren sich im Grundsatz mit den Vorgaben des deutschen Grundgesetzes vereinbaren ließe, bleibt freilich noch zu klären, wie ein solcher Eingriff im Einzelnen auszugestalten wäre. Bevor die Arbeit sich in einem weiteren Abschnitt[640] dieser Frage zuwendet, erscheint es sinnvoll, einen vergleichenden Blick auf Rechtsordnungen zu werfen, in denen entsprechende Eingriffsbefugnisse bereits eine Kodifikation erfahren haben. Auf diese Weise lassen sich womöglich Einblicke gewinnen, die für den Entwurf einer Neuregelung in Deutschland von Nutzen sein können. Dabei wird nicht nur ersichtlich, wie die zu behandelnde Materie normativ festgelegt werden kann, sondern es treten auch Punkte zutage, die in einer hiesigen Regelung aufgrund der Unterschiede in den jeweiligen Rechtssystemen anders geregelt werden müssen.

Exemplarisch sollen hier das US-amerikanische[641] sowie das englische Reorganisationsrecht[642] herangezogen werden. Das erstere bietet sich schon infolge der Tatsache, dass die dortigen Regelungen bei der Schaffung des neuen Instituts des Insolvenzplans – trotz aller bestehenden Unterschiede – Pate standen[643], an. Darüber hinaus kennen aber beide Rechtsordnungen die hierzulande bisher nicht gegebene Möglichkeit eines insolvenzrechtlichen Zugriffs auf Anteilseignerrechte und nehmen in dieser Hinsicht gewissermaßen eine Vorreiterstellung ein. Die Untersuchung soll an dieser Stelle keinen umfassenden Vergleich zwischen dem US-amerikanischen bzw. dem englischen Reorganisationsrecht einerseits

---

640 S. u. S. 161 ff.

641 In jüngerer Zeit im Zusammenhang mit dem Verfahren von General Motors auch hierzulande diskutiert, vgl. Handelsblatt v. 2.6.2009; s. auch Gottwald/*Gottwald*, Insolvenzrechts-Hdb., § 1 Rn. 66.

642 Untersuchungen zur Vorbildfunktion des englischen Insolvenzrechts sind keine neue Erscheinung, vgl. dazu *Gottwald*, KTS 1981, 17 (17).

643 Vgl. BR-Drucks. 1/92, S. 105 f.; RegE InsO BT-Drucks. 12/2443, S. 195, 205, 208.

und dem deutschen Reorganisationsrecht andererseits leisten[644]. Vielmehr erfolgt eine Konzentration auf die Möglichkeit von Eingriffen in Gesellschaftsanteile. Wenn darüber hinaus an einigen Stellen auf grundlegendere Fragen der jeweiligen Regelungen eingegangen wird, soll dies lediglich der besseren Verständlichkeit der für diese Untersuchung relevanten Ausführungen dienen.

B. Vergleich mit dem Verfahren nach Chapter 11 US Bankruptcy Code

I. Übersicht zur Reorganisation nach Chapter 11

Das auch in der deutschsprachigen Insolvenzrechtsliteratur häufig in Bezug genommene Chapter 11 ist Bestandteil des United States Bankruptcy Code[645], der wiederum den Titel 11 des United States Code bildet[646].

Die Vorbildfunktion des amerikanischen Verfahrens bei der Schaffung des Planverfahrens nach der Insolvenzordnung ist unbestritten[647] und Parallelen sind unverkennbar. Das zeigt sich beispielsweise an den Vorschriften über die Gruppenbildung, die Abstimmung in Gruppen, das Obstruktionsverbot[648] sowie den Minderheitenschutz[649]. Daneben sind jedoch auch deutliche Unterschiede zu verzeichnen, anhand derer eine vom Insolvenzplanverfahren nach deutschem Recht abweichende Ausrichtung des US-Verfahrens deutlich wird[650]. Während erste-

---

644 Diesbezüglich kann für das amerikanische Recht auf *Herzig*, Insolvenzplanverfahren sowie *Kemper*, Erfahrungen mit „Chapter 11" verwiesen werden, die jeweils einen ausführlichen Vergleich zwischen den Regelungen über den deutschen Insolvenzplan und denjenigen des Chapter 11 BC vornehmen, ohne dabei allerdings auf die hier zu behandelnde Problematik einzugehen. Zum englischen Recht *Müller-Seils*, Rescue Culture.

645 Im Folgenden „BC" genannt. Zur Geschichte des BC und des US-Insolvenzrechts allgemein vgl. *Flessner*, Sanierung und Reorganisation, S. 33 ff.; zur Geschichte speziell von Chapter 11 *Baird*, Elements of Bankruptcy, S. 64 ff.; bei *Baird*, aaO, S. 4 ff. findet sich auch ein Überblick über die einzelnen Kapitel des BC.

646 Beim United States Code handelt es sich um eine aus 50 Titeln bestehende Gesetzessammlung, die Bundesrecht (*federal law*) darstellt; die Kompetenz zur bundesrechtlichen Regelung ergibt sich aus Art. I, Sec. 8, cl. 4 U.S. Constitution; Zugriff auf eine Volltextversion des United States Code besteht z. B. über den Link http://www.law.cornell.edu/uscode/.

647 Vgl. BT-Drucks. 12/2443, S. 106; MüKo-InsO/*Eidenmüller*, Vor §§ 217 bis 269 Rn. 15 ff.

648 Vgl. ausführlich zum Verfahren des sog. *cram down* bei *Klee*, American Bankruptcy Journal Vol. 53 (1979), S. 133 ff.

649 S. dazu MüKO-InsO/*Eidenmüller*, Vor §§ 217 bis 269 Rn. 17.

650 Der *BGH* hat das Verfahren aber als ausländisches Insolvenzverfahren i. S. des § 343 InsO anerkannt, *BGH* ZInsO 2009, 2145; dazu *Podewils*, ZInsO 2010, 209.

res sich an der der gesamten Insolvenzordnung zugrunde liegenden Zielsetzung der bestmöglichen Gläubigerbefriedigung orientiert, rückt das letztgenannte vor allem den Aspekt, dem Schuldner mithilfe des Reorganisationsverfahrens einen *fresh start* zu ermöglichen[651], in den Vordergrund. Beim Verfahren nach Chapter 11 BC handelt es sich im Gegensatz zum deutschen Planverfahren um ein eigenständiges Verfahren, welches sich ausschließlich mit der Reorganisation des Schuldners befasst und beispielsweise vom Verfahren nach Chapter 7 BC (Liquidation) abzugrenzen ist[652]. Diese Ausrichtung am Ziel der Reorganisation schlägt sich über weite Teile in einer schuldnerfreundlicheren Gestaltung des Verfahrens nieder und wird bereits bei der Einleitung des Verfahrens erkennbar. Im Gegensatz zum deutschen Recht bedarf es zur Verfahrenseröffnung auf Initiative des Schuldners nicht des Nachweises eines Insolvenzeröffnungsgrundes. Der Schuldner – darunter fallen sowohl natürliche als auch juristische Personen[653] – kann ein Reorganisationsverfahren nach Chapter 11 samt den damit verbundenen Wirkungen[654] jederzeit durch einen entsprechenden Antrag beim Insolvenzgericht herbeiführen, ohne dass es auf das Vorliegen einer Insolvenz im materiellen Sinne ankäme[655]. Dies hat zur Folge, dass Gesellschaften, deren Vermögensstatus nach den Maßstäben des deutschen Insolvenzrechts die Einleitung eines Insolvenzverfahrens noch gar nicht erlaubte, in ein Reorganisationsverfahren nach Chapter 11 eintreten können.

Auch was die Verteilung der Verfügungs- und Verwaltungsbefugnisse nach Verfahrenseröffnung anbelangt, differieren das Insolvenzverfahren und das

---

651 Vgl. auch *Terhart*, Chapter 11, S. 53 f.; *Braun/Uhlenbruck*, Unternehmensinsolvenz, S. 427 f.; *Herzig*, Insolvenzplanverfahren, S. 99, mit weiteren Nachweisen.

652 Die einzelnen Kapitel des BC sind historisch bedingt fast ausschließlich mit ungeraden Ziffern versehen, vgl. dazu *Baird*, Elements of Bankruptcy, S. 5. In den Kapiteln 1, 3 und 5 sind allgemeine Vorschriften enthalten, die grds. für alle der in den Kapiteln 7, 9, 11, 12 und 13 normierten Verfahrensarten Geltung beanspruchen.

653 Der persönliche Anwendungsbereich von Chapter 11 ist in § 109 (d) i. V. m. 109 (b) BC geregelt.

654 Als wichtigste Folge ist hier der sog. *automatic stay* (vgl. § 362 BC) zu nennen, der die zwingende Einstellung von Verwertungshandlungen zu Lasten des Schuldnervermögens vorsieht; vgl. dazu *Baird*, Elements of Bankruptcy, S. 169 ff. Die formelle Verfahrenseröffnung wird als *order for relief* bezeichnet.

655 Dieser Fall des Antrags durch den Schuldner wird im BC als *voluntary case* bezeichnet (vgl. § 301 BC); zur insoweit bestehenden Gefahr von Missbräuchen vgl. *Kemper*, Erfahrungen mit „Chapter 11“, S. 26 f. und *Habscheid*, Grenzüberschreitendes (internationales) Insolvenzrecht, S. 390 ff. Letzterer weist aaO auch darauf hin, dass die Missbrauchsgefahr bereits durch die erschwerte Möglichkeit einer Verfahrensbeendigung sowie die etwaige Überleitung in ein Liquidationsverfahren nach Chapter 7 reduziert wird. Vom *voluntary case* zu unterscheiden ist der *involuntary case* als Antrag auf Verfahrenseröffnung von Gläubigerseite, der an deutlich strengere Bedingungen geknüpft ist; s. hierzu sec. 303 BC sowie *Kemper*, aaO, S. 29 ff.; *Terhart*, Chapter 11, S. 79 ff.

Reorganisationsverfahren nach Chapter 11 erheblich. Während in Deutschland die Ernennung eines Insolvenzverwalters trotz der Möglichkeit der Eigenverwaltung (vgl. §§ 270 ff. InsO) zumindest bislang[656] die nahezu ausnahmslose Regel ist, verhält es sich in den USA gerade umgekehrt. Die Verfügungs- und Verwaltungsbefugnisse verbleiben zunächst beim Schuldner (sog. *debtor in possession*[657]) und die gem. § 1104 BC mögliche Übertragung auf einen Verwalter (*trustee*) erfolgt in der Praxis äußerst selten. § 1121 (b) BC stellt eine weitere, den Schuldner begünstigende Vorschrift dar. Danach liegt die ausschließliche Befugnis zur Vorlage eines Plans für eine Zeitdauer von 120 Tagen ab Verfahrenseröffnung grundsätzlich beim Schuldner[658]. Gläubiger dürfen einen eigenen Planentwurf sogar erst nach dem Ablauf weiterer 60 Tage vorlegen. Auch wird dem Schuldner nach dem amerikanischen Recht als Regelfall Entschuldung (*discharge*) gewährt[659], wie sie unter bestimmten Voraussetzungen auch im deutschen Insolvenzplanverfahren möglich ist[660].

Es lässt sich somit festhalten, dass sich das Chapter 11-Verfahren trotz seiner unbestrittenen Einflüsse auf das deutsche Insolvenzplanverfahren von diesem doch in vielen einzelnen Punkten wie überhaupt in seiner allgemeinen Ausrichtung deutlich unterscheidet[661]. Zu Recht wird daher konstatiert, dass eine von manchen Autoren befürchtete „Amerikanisierung"[662] des deutschen Insolvenzrechts ausgeblieben ist[663]. Bezogen auf die vorliegende Untersuchung bedeutet das, dass eine vorbehaltlose Übernahme bestimmter Elemente des US-amerikanischen Rechts bereits aufgrund dieser Unterschiede ausscheiden muss, vielmehr

656 Zu dieser Möglichkeit *Bales*, NZI 2008, 216 ff.; ein Praxisbeispiel stellt die Modekette Sinn-Leffers dar, vgl. SZ v. 11.02.2009; vgl. auch RegE ESUG (o. Fn. 27), S. 28.

657 Vgl. die Definition in § 1101 (1) BC.

658 Kritisch dazu *Funke*, FS Helmrich, 627 (632 f.); vgl. dazu nun § 270b InsO des RegE ESUG (o. Fn. 27), mit dem ein „Schutzschirmverfahren" im deutschen Recht eingeführt werden soll; näher dazu *Desch*, BB 2011, 841; *Hirte*, ZInsO 2011, 401.

659 Vgl. § 1141 (d) BC. Dies gilt in der überwiegenden Mehrzahl der Fälle trotz der Vorschrift des § 1141 (d) (3) (C) auch für Gesellschaften, da diese Vorschrift die *discharge* nur beim relativ seltenen Vorliegen eines Liquidationsplans (*... if the case were a case under chapter 7...*) versagt. Eingehend zur Entschuldung *Kemper*, Erfahrungen mit „Chapter 11", S. 183 ff.

660 Zur größeren Reichweite der *discharge* gegenüber § 227 II InsO vgl. FK-InsO/*Jaffé*, § 227 Rn. 3 f. Im Zusammenhang mit dem Verbot der Schlechterstellung aus § 247 InsO ist freilich auch die Möglichkeit der Restschuldbefreiung zu beachten, s. MüKo-InsO/*Breuer*, § 227 Rn. 2.

661 Trotz dieser Unterschiede wird das Verfahren nach Chapter 11 aber als ausländisches Insolvenzverfahren i. S. des § 343 InsO anerkannt, so *BGH* ZIP 2009, 2217.

662 Insoweit kritisch *Gravenbrucher Kreis*, ZIP 1992, 657 (658, 661); *Smid/Rattunde*, Insolvenzplan, S. 6 f.

663 Richtig *Bork*, ZZP 109 (1996), 473 (474).

mit größter Sorgfalt geprüft werden muss, ob sich etwas übernehmen lässt oder nicht[664].

II. Behandlung der Gesellschaftsanteile

Das Chapter 11-Verfahren kennt die für das deutsche Recht festgestellte gesellschaftsrechtliche Enthaltsamkeit nicht. Das dort geregelte Reorganisationsverfahren ist viel mehr geprägt vom „Primat des Insolvenzrechts gegenüber dem Gesellschaftsrecht"[665]. Die hier diskutierte Möglichkeit, im Plan mit gestaltender Wirkung gesellschaftsrechtliche Regelungen zu treffen, besteht ohne weiteres[666]. Deutlich zeigt sich dieser „Nachrang" des Gesellschaftsrechts an der Regelung des § 1141 (d) (1) (B) BC. Nach dieser erlöschen mit Bestätigung des Plans – vorbehaltlich einer anderweitigen Planregelung – alle Rechte der bisherigen Gesellschafter an den Gesellschaftsanteilen[667]. Hier wird keine Zugriffsmöglichkeit auf die Anteilseignerrechte statuiert, hier wird deren Erlöschen qua Gesetz als Regelfall konzipiert[668]. Durch die Regelungswirkung des Plans selbst kann den Altgesellschaftern somit nichts genommen werden, ihre Situation kann durch die im Plan vorgesehenen Regelungen gegenüber dem gesetzlichen Normalfall nur verbessert werden.

Ein größerer Gegensatz zur vergleichsweise starken Stellung der Altgesellschafter in Deutschland lässt sich zunächst kaum denken. Der amerikanische Gesetzgeber sieht Gläubiger und Gesellschafter beide als Kapitalgeber an, räumt dabei aber den Fremdkapitalgebern unter Anwendung der *absolute priority rule*[669] den klaren Vorrang gegenüber den Eigenkapitalgebern ein[670]. Es kommt auch häufig vor, dass es bei der vom Gesetz vorgesehenen Regel bleibt und die Rechte der Altgesellschafter erlöschen, zumindest aber deutlichen Einschrän-

664 Insoweit zur Vorsicht mahnend *Smid/Rattunde*, Insolvenzplan, Rn. 142.

665 *H.-F. Müller*, Verband in der Insolvenz, S. 314.

666 *Fassbach*, Cram down power, S. 179.

667 § 1141 (d) (1) lautet: Except as otherwise provided in this subsection, in the plan, or in the order confirming the plan, the confirmation of a plan –
(A) …
(B) terminates all rights and interests of equity security holders and general partners provided for by the plan.

668 S. auch *Balz*, Sanierung von Unternehmen, S. 6.

669 Diese besagt vereinfacht, dass die Gesellschafter erst etwas erhalten dürfen, wenn die Fremdkapitalgeber vollständig befriedigt sind, näher *Jungmann*, ZGR 2006, 638 (645 ff.), mit weiteren Nachweisen.

670 *H.-F. Müller*, Verband in der Insolvenz, S. 308; *Baird*, Elements of Bankruptcy, S. 64, 73 f.; *Bienenstock*, Bankruptcy Reorganization, S. 623; vgl. auch *Balz*, Sanierung, S. 5.

kungen unterworfen sind[671]. Dies wird vor allem bei insolventen Gesellschaften der Fall sein[672], da hier nach Maßgabe der *absolute priority rule* kein Vermögen übrig bleibt, das den Gesellschaftern zugewiesen werden könnte[673]. Ein Verbleiben der Gesellschafter in ihrer bisherigen Stellung ist in diesem Fall streng genommen als Verstoß gegen die *absolute priority rule* zu sehen. Auf der anderen Seite wird die Stellung der Gesellschafter dadurch aufgewertet, dass sie nach Chapter 11 im Gegensatz zum deutschen Recht Verfahrensbeteiligte im Planverfahren sind, womit ihnen das Recht zusteht, über diesen mit abzustimmen, wobei sie eine eigene Gruppe bilden[674]. Allerdings kann bei insolventen Gesellschaften angesichts der Wertlosigkeit der Anteile ein Widerspruch der Gesellschafter im dem Obstruktionsverbot entsprechenden Verfahren des *cram down* überwunden werden[675]. Die Gesellschafter werden aber insoweit geschützt, als kein Gläubiger (wozu nach der amerikanischen Regelung die Gesellschafter, wenn auch mit dem untersten Rang, zu rechnen sind) durch den Plan weniger erhalten darf, als er unter Zugrundelegung einer Liquidation erhielte[676]. Dies entspricht im deutschen Recht den Regelungen in § 245 I Nr. 2 InsO bzw. § 247 II Nr. 1 InsO sowie der hier vertretenen Auffassung, dass die Liquidationsalternative der relevante Vergleichsmaßstab bei der Beurteilung der Zulässigkeit eines Eingriffs in Anteilseignerrechte sein muss.

Eine Ausnahme von der strikten Einhaltung der *absolute priority rule* und dem damit verbundenen Diktat, dass zunächst alle Gläubiger befriedigt werden müssen, bevor die Altgesellschafter aufgrund des Plans Anteile an der Gesell-

---

671 In der Informationsbroschüre der US-Börsenaufsichtsbehörde SEC zum Thema "corporate bankruptcy" (abrufbar unter http://www.sec.gov/investor/pubs/bankrupt.htm) heißt es: "Although a company may emerge from bankruptcy as a viable entity, generally, the creditors and the bondholders become the new owners of the shares. *In most instances, the company's plan of reorganization will cancel the existing equity shares* (Hervorhebung im Original). This happens in bankruptcy cases because secured and unsecured creditors are paid from the company's assets before common stockholders. And in situations where shareholders do participate in the plan, their shares are usually subject to substantial dilution."

672 *Lo Pucki/Whitford,* Cornell Law Review Vol. 78 (1992/93), 597 (610f.) weisen auf den beträchtlichen Unterschied hinsichtlich der Behandlung von Altbeteiligungen hin, je nachdem ob die Gesellschaft zum Zeitpunkt der Antragstellung solvent oder insolvent war.

673 Unter Verweis auf *Klee,* Bankruptcy Law Journal Vol. 53 (1979), 133 (145f.) *H.-F. Müller,* Verband in der Insolvenz, S. 310.

674 Die dem § 237 II InsO im Ansatz ähnelnde Vorschrift des § 1126 (f) BC ("..., a class that is not impaired under the plan, and each holder of a claim or interest of such class, are conclusively presumed to have accepted the plan, ...") dürfte für die Gruppe der Altgesellschafter kaum in Frage kommen.

675 Vgl. *H.-F. Müller,* Verband in der Insolvenz, S. 312, der zugleich aber auf die dabei bestehende Notwendigkeit einer Unternehmensbewertung hinweist und darin ein Motiv für das Streben nach einer einvernehmlichen Regelung erblickt.

676 Man spricht vom *best-interests-of-creditors-test,* vgl. *Baird,* Elements of Bankruptcy, S. 202.

schaft zugewiesen bekommen können, stellt die sog. *new value exception* dar. Verkürzt gesagt besteht für einen Altgesellschafter auf diesem Weg die Möglichkeit, eine Beteiligung an der Gesellschaft zu erhalten, wenn er sich im Gegenzug dazu bereit erklärt, der Gesellschaft neues Kapital zuzuführen, welches wirtschaftlich betrachtet seiner künftigen Beteiligung gleichwertig ist[677].

III. Impulse im Hinblick auf Reformbestrebungen im deutschen Recht

Nachdem die Behandlung der Gesellschaftsanteile im Chapter 11-Verfahren nunmehr aufgezeigt wurde, ist danach zu fragen, inwieweit es sich hierbei um ein Modell handelt, welches sich gegebenenfalls – jedenfalls in seinen Grundzügen – ins deutsche Recht transponieren ließe. Anders ausgedrückt: Kann eine Vorschrift, die vorbehaltlich einer anderweitigen Regelung im Insolvenzplan das vollständige Erlöschen der Anteilseignerrechte vorsieht, in das deutsche Rechtssystem integriert werden? Die in dieser Untersuchung bereits konstatierte generelle Wertlosigkeit der Anteile kann zunächst als Argument für einen solch radikalen Schnitt vorgebracht werden. Insoweit taucht aber die – im Abschnitt über die Verfassungsmäßigkeit eines Eingriffs vorerst noch ausgesparte – Frage auf, ob ein derartiges Vorgehen auch vor dem Hintergrund des verfassungsrechtlichen Erforderlichkeitskriteriums zu rechtfertigen wäre. Das Problem der Gesellschafterobstruktion als solches ist kein zwingendes; es ist vielmehr durchaus vorstellbar, dass Gläubiger und Gesellschafter eine Lösung auf dem Verhandlungsweg erreichen, die unter den gegebenen Umständen beide Seiten zufrieden stellt. Vor diesem Hintergrund sind Zweifel angebracht, ob eine Regelung nach dem Vorbild des § 1141 (d) (1) (B) BC in ihrer Rigidität erforderlich wäre. Womöglich wäre es als ausreichend anzusehen, schüfe man eine Vorschrift, die einen Eingriff auf die Fälle des Vorliegens eines obstruktiven Gesellschafterverhaltens beschränkt und damit vor allem auch als Druckmittel zur Herbeiführung einer einvernehmlichen

677 Grundlegend 308 US 106, 118 (*Case v. Los Angeles Lumber Products Co.*). Zu den Kriterien, die an eine wirtschaftlich gleichwertige Leistung der Gesellschafter anzulegen sind, vgl. 526 US 434 (*Bank of America National Trust and Savings Association vs. North LaSalle Street Partnership*); dazu eingehend, *Wittig*, ZinsO 1999, 373 ff. Einen der *new value exception* jedenfalls auf den ersten Blick verwandten Grundgedanken greift der Erste Bericht der Kommission für Insolvenzrecht auf, der in LS 2.4.9.5 Abs. 1 den Ausschluss eines Gesellschafters seitens des Insolvenzgerichts nur dann für zulässig erachtete, wenn dieser sich nicht bereit fand, neues Kapital zuzuführen, s. EB S. 59, 282 f.; zu den Unterschieden aber u. S. 204 ff.

Lösung dienen könnte[678]. Dabei kann freilich nicht geleugnet werden, dass die Formulierung eines entsprechenden Tatbestands Schwierigkeiten bereiten dürfte und sich wohl nur unter Verwendung ausfüllungsbedürftiger, von der Rechtsprechung im jeweiligen Fall zu konturierender Begriffe erreichen ließe[679].

Was die Beurteilung der Übertragbarkeit der US-amerikanischen Regelung angeht, kann die betreffende Norm nicht losgelöst von dem sie beinhaltenden Regelungskomplex betrachtet werden. Ebenso wenig darf das Normengefüge, welches sie im Falle ihrer Übertragung vorfände, außer Acht gelassen werden. Insofern wirken sich aber die bereits benannten erheblichen Unterschiede zwischen Chapter 11 und der deutschen Insolvenzordnung aus. Berücksichtigt man diese, verliert die US-amerikanische Regelung einiges von der Schärfe, die ihr auf den ersten Blick anhaftet. Das Nichtvorhandensein von Insolvenzeröffnungsgründen im amerikanischen Recht führt dazu, dass eine Gesellschaft, nicht „insolvent" nach hiesigem Verständnis sein muss, um in das Verfahren einzutreten. Sie muss also weder überschuldet noch zahlungsunfähig sein. Konsequenterweise lässt sich eine verallgemeinernde Aussage über die Werthaltigkeit der Gesellschaftsanteile nicht treffen. Es liegt durchaus im Bereich des Möglichen und kommt auch in der Praxis vielfach vor, dass es sich um eine nach deutschen Maßstäben „solvente" Gesellschaft handelt, deren Anteile mithin noch werthaltig sind. Weil die Gesellschafter in Chapter 11 auch abstimmungsberechtigte Verfahrensbeteiligte sind und als solche den Minderheitenschutz, insbesondere nach dem *best interest test* genießen, wäre ein Plan, der es in diesen Fällen bei der Anordnung des § 1141 (d) (1) (B) BC beließe, zum Scheitern verurteilt. Die Gesellschafter würden ihm die Zustimmung versagen und dies könnte angesichts der Werthaltigkeit der Anteile auch nicht im Wege des *cram down* überwunden werden. Überdies erscheint es auch angesichts des vorläufig exklusiven Planinitiativrechts des Schuldners äußerst unwahrscheinlich, dass ein Plan den vollständigen Ausschluss der Gesellschafter vorsieht. Schließlich darf auch nicht übersehen werden, dass das Verfahren nach Chapter 11 die Weiterführung der Gesellschaft zum klaren Ziel hat, während das Insolvenzverfahren und auch das Insolvenzplanverfahren nach der InsO jedenfalls ergebnisoffen sind.

Löst man aber die Vorschrift aus dem soeben beschriebenen Zusammenhang heraus und setzt sie in denjenigen der aktuellen §§ 217 ff. InsO ein, ohne wei-

---

678 Der mögliche Einwand, bei dieser Lösung handle es sich gleichsam nur um ein Negativ der amerikanischen Regelung, wobei die Ergebnisse im Wesentlichen gleich seien, liegt dabei nicht ganz fern. Dennoch nähert man sich diesem Ergebnis von verschiedenen dogmatischen Ausgangspunkten. Dieser Umstand kann sich in der amerikanischen Variante bezüglich der Bereitschaft der Gläubiger, einvernehmliche Lösungen zu erzielen, durchaus als Hemmnis erweisen.

679 Näher u. S. 196 ff.

tere, begleitende Änderungen vorzunehmen, erwiese sie sich als deutlich schärferes Schwert. Den Gesellschaftern verbliebe keinerlei Möglichkeit, gegen den Ausschluss vorzugehen, da sie keine Beteiligten des Planverfahrens sind und nicht über diesen mit abstimmen. Es wäre nicht einmal gewährleistet, dass sie den etwaigen Liquidationswert ihrer Beteiligung erhielten. Zumindest letzteres ist aber nach dem Lauf der bisherigen Untersuchung unabdingbar, um die Verfassungsmäßigkeit eines Eingriffs zu gewährleisten. Es zeigt sich somit, dass je nachdem, in welchen Kontext man eine Regelung dieser Art einbettet, ihre Wirkung deutlich differiert. Die nach dem deutschen Rechtsverständnis zunächst sehr weit reichend anmutende Regelung ist in ihrer Wirkung sicher keinesfalls zu unterschätzen, büßt aber im insgesamt schuldnerfreundlichen Regelungsgefüge von Chapter 11 doch erheblich an Heftigkeit ein[680]. Anders sieht es aus, denkt man sich eine entsprechende Norm im deutschen Planverfahren. Dort wäre die damit verbundene Löschung aller Anteilsrechte mit Bestätigung des Plans angesichts der Verfahrensstellung der Gesellschafter für diese deutlich nachteiliger. Die Eingliederung einer dem § 1141 (d) (1) (B) BC vergleichbaren Regelung müsste zumindest von einer Vorschrift flankiert werden, die den Erhalt eines etwaigen Liquidationswerts seitens der Gesellschafter sicherstellte. Diskussionswürdig erscheint daneben, ob die Gesellschafter der US-Regelung entsprechend zu Beteiligten des Insolvenzplanverfahrens werden sollten. Die ähnliche Ausgestaltung der Verfahren, die aus der angesprochenen Patenschaft des Chapter 11-Verfahrens für das deutsche Insolvenzplanverfahren herrührt, lässt es zumindest als keineswegs illusorisch erscheinen, eine Eingriffsregelung in das deutsche Recht zu integrieren. Diese müsste freilich die Unterschiede zwischen beiden Regelungskomplexen beachten und wäre wohl auch nur unter Vornahme flankierender Ergänzungen denkbar.

Ungeachtet der Frage, wie man eine etwaige Eingriffsbefugnis gesetzlich ausgestaltet, ob man sie als gesetzlichen Regelfall, von dem durch die Planbestimmungen abgewichen werden kann oder als bei Vorliegen bestimmter Tatbestandsmerkmale mögliche Ausnahme vom Grundsatz, dass die Gesellschafterrechte zunächst unangetastet bleiben, konzipiert, kann auch über die Übertragbarkeit der angesprochenen *new value exception* in das deutsche Recht nachgedacht werden. Finden sich Altgesellschafter im Rahmen der Reorganisation bereit, einen ihrem Gesellschaftsanteil wirtschaftlich entsprechenden finanziellen Beitrag zu leisten, spricht zunächst einiges dafür, diese von der Eingriffsbefugnis auszunehmen. Ob dies im Wege einer ausdrücklichen gesetzlichen Regelung

680 Ist die Gesellschaft allerdings beim Verfahrenseintritt tatsächlich insolvent, weichen die Unterschiede bereits auf, da obstruierenden Gesellschaftern dann der *cram down* droht.

oder – wie in den USA – durch Richterrecht zu bewerkstelligen wäre, soll vorerst noch dahingestellt bleiben[681].

C. Vergleich mit dem englischen Recht

I. Überblick

Das englische Insolvenzrecht weist im Gegensatz zur InsO eine Zweiteilung in Unternehmensinsolvenzrecht und Individualinsolvenzrecht auf. Im ersteren – hier relevanten – Bereich zeichnet es sich durch eine Vielzahl verschiedener Verfahrensarten aus. Zu nennen sind hier vor allem die *administrative receivership,* die *administration,* das *company voluntary arrangement (CVA)* und das *winding up* (in der Form des *voluntary* bzw. *compulsary winding up*)[682]. Die diesbezüglichen Regelungen finden sich überwiegend im *Insolvency Act 1986* sowie in den *Insolvency Rules 1986*[683]. Die letztgenannten *winding up*-Verfahren sind auf die Liquidation der Gesellschaft ausgerichtet und spielen mithin im zu untersuchenden Zusammenhang keine tragende Rolle, obwohl zahlenmäßig der Großteil der Unternehmensinsolvenzen in England auf diesem Weg abgewickelt wird[684].

Die Rechtslage in England hat sich, insbesondere auch im Hinblick auf Unternehmensinsolvenzen, durch den *Enterprise Act 2002* in weiten Teilen geändert[685]. Diese umfassende Reform sollte vor allem dazu dienen, eine *rescue culture* zu fördern und zu etablieren, sollte also ein System zur Verfügung stellen, mit dessen Hilfe Sanierungen bzw. Reorganisationen von Gesellschaften leichter zu realisieren sind[686]. Einer der wichtigsten Punkte[687] ist dabei die faktische Abschaffung des *administrative receivership*-Verfahrens durch eine Verschärfung der forma-

681 S. dazu u. S. 204 ff.

682 Ein Überblick zu den verschiedenen Verfahrensarten findet sich bei *Meyer-Löwy/Poertzgen/de Vries,* ZInsO 2005, 293.

683 *Meyer-Löwy/Poertzgen/de Vries,* ZInsO 2005, 293 (293).

684 Siehe *Meyer-Löwy/Poertzgen/de Vries,* ZInsO 2005, 293 (296).

685 Vgl. dazu *Ehricke/Köster/Müller-Seils,* NZI 2003, 409 (409); *Müller-Seils,* Rescue Culture, S. 70 ff.

686 *Müller-Seils,* Rescue Culture, S. 70; *Ehricke/Köster/Müller-Seils,* NZI 2003, 409 (409).

687 Daneben sind noch die Abschaffung bestimmter Insolvenzvorrechte des Fiskus (sog. *crown preferences*) und die durch die Zurückdrängung der *administrative receivership* bedingte Neuregelung der *administration* zu erwähnen, s. im Einzelnen *Ehricke/Köster/Müller-Seils,* NZI 2003, 409 (411 ff.).

len Zugangsvoraussetzungen[688]. Bei der *administrative receivership* handelt es sich um ein Verfahren, in dem der durch eine sog. *floating charge*[689] gesicherte Gläubiger der Gesellschaft diese Sicherheit über die Bestellung eines *administrative receiver* verwerten kann. Erst wenn dieser Gläubiger voll befriedigt ist, kann ein etwaiges Restvermögen in einem zusätzlichen Verfahren an die übrigen Gläubiger verteilt werden[690]. Das Verfahren ist somit allein auf den es einleitenden Sicherungsgläubiger zugeschnitten und steht damit im Gegensatz zum Gesamtvollstreckungscharakter des deutschen Insolvenzverfahrens wie auch des oben dargestellten US-amerikanischen Chapter 11-Verfahrens[691]. Daraus ergaben sich Schwachpunkte in Bezug auf die Befriedigung der weiteren Gläubiger wie auch auf die Chancen einer erfolgreichen Unternehmensfortführung[692], die den Gesetzgeber, der die *administrative receivership* zunächst als das vorrangige Sanierungsverfahren konzipiert hatte[693], zu einer Kursänderung bewogen. Der Schwerpunkt soll im Bereich der Sanierung nunmehr im zu diesem Zweck angepassten *administration*-Verfahren und dem *CVA* liegen[694]. Im Folgenden soll der Ablauf dieser beiden Sanierungsverfahren, die auch in Kombination auftreten können, kurz skizziert werden, wobei zugleich auch auf die Möglichkeit eines zwangsweisen Zugriffs auf Anteilseignerrechte eingegangen wird.

---

688 *Müller-Seils*, Rescue Culture, S. 71 f.; *Meyer-Löwy/Poertzgen/de Vries*, ZInsO 2005, 293 (294); einige Bereiche blieben im Rahmen der Reform jedoch ausgespart, vgl. zu den Ausnahmen *Davies*, Insolvency and EA 2002, S. 44 ff.

689 Bei einer *floating charge* handelt es sich um ein in England zwar gesetzlich nicht geregeltes, aber weit verbreitetes Sicherungsmittel. Im Gegensatz zur *fixed charge*, die einen bestimmten Vermögensgegenstand erfasst, bezieht sie sich typischerweise auf einen wechselnden Vermögensbestand (z. B. Warenlager), der bis zum Eintritt des Sicherungsfalls (sog. *crystallisation*) weiter der Verfügungsgewalt des Schuldners unterfällt, vgl. *Gottwald*, KTS 1981, 17 (33 ff.). Nach dem *Enterprise Act 2002* berechtigt nur noch die Inhaberschaft einer sog. *qualifying floating charge* (vgl. zu den Voraussetzungen *Fletcher*, EBOR 5 (2004), 119 (149); *Ehricke/Köster/Müller-Seils*, NZI 2003, 409 (410 f.)) zur Einleitung des Verfahrens.

690 *Finch*, Corporate Insolvency Law, S. 240 ff.; vgl. auch *Ehricke/Köster/Müller-Seils*, NZI 2003, 409 (411), die darauf hinweisen, dass es sich bei dem zusätzlichen Verfahren zumeist um eine Liquidation handelt.

691 *Müller-Seils*, Rescue Culture, S. 54.

692 *Armour/Mokal*, LMCLQ 2005, 28 (28 f., 31).

693 Vgl. *Davies*, Insolvency and EA 2002, S. 38; *Müller-Seils*, Rescue Culture, S. 44. Insbesondere konnte durch Bestellung eines *administrative receiver* die Einleitung einer *administration* verhindert werden; *Müller-Seils*, aaO, S. 55.

694 *Ehricke/Köster/Müller-Seils*, NZI 2003, 409 (416); *Müller-Seils*, Rescue Culture, S. 76.

II. Administration und CVA als Sanierungsverfahren

1. Administration

Das Verfahren der *administration* wurde im Rahmen des *Enterprise Act 2002* weit reichenden Änderungen unterzogen. Diese sind vor allem darauf zurückzuführen, dass die *administrative receivership* durch die Neuregelung an Bedeutung verloren hat[695], weshalb die dadurch aufgewertete *administration* in mehrfacher Hinsicht vereinfacht wurde[696]. Zur Eröffnung des Verfahrens durch Einsetzung eines *administrator* muss nicht mehr zwingend der Weg über das Gericht beschritten werden. Unter gewissen Voraussetzungen besteht auch eine *non-court route into administration*[697]. Durch die Eröffnung des Verfahrens tritt ein umfassendes Moratorium in Kraft, infolgedessen kein Gläubiger mehr eigenmächtig gegen die Gesellschaft vollstrecken darf[698]. Die Einleitung einer *administration* setzt im Grundsatz die tatsächliche oder drohende Insolvenz des Unternehmens voraus[699], eine Ausnahme gilt im Fall der Verfahrenseinleitung durch den Inhaber einer *qualifying floating charge*[700].

Bemerkenswert ist aber vor allem die neu gestaltete Ausrichtung des Verfahrens. Im Gegensatz zum *receiver* ist der *administrator* bei Ausübung seiner Tätigkeit keinem einzelnen Gläubiger, sondern der gesamten Gläubigerschaft verpflichtet[701]. Dabei sind drei Ziele als möglicher Gegenstand einer *administration* vorgesehen[702]. Es handelt sich um (1) den Erhalt der Gesellschaft als *going concern*, (2) eine im Vergleich zur Liquidation vorteilhaftere Verwertung des Gesellschaftsvermögens und (3) die Verwertung des Gesellschaftsvermögens zur Befriedigung der gesicherten und vorrangigen Gläubiger. Diese Ziele stehen dabei nicht etwa gleichberechtigt nebeneinander, sondern in einem Stufenver-

695 S. *Sealy/Milman,* Guide to the Insolvency Legislation, S. 520.

696 Insoweit ist vom *„streamlining"* des Verfahrens die Rede, vgl. *Ehricke/Köster/Müller-Seils,* NZI 2003, 409 (412).

697 *Müller-Seils,* Rescue Culture, S. 82 ff.; *Sealy/Milman,* Guide to the Insolvency Legislation, S. 525.

698 Sch. B1 para. 43 IA 1986; s. auch *Müller-Seils,* Rescue Culture, S. 98 ff.

699 S. Sch. B1 subpara. 11(a), 27(2)(a) IA 1986 („... company is or is likely to become unable to pay its debts, ..."). Vgl. dazu auch Sch. B1 para. 111(1), sec. 123 IA 1986.

700 Sch. B1 para. 35(2)(a) IA 1986; *Armour/Mokal,* LMCLQ 2005, 28 (33) sehen darin eine Kompensation zugunsten der Sicherungsgläubiger für den Verlust der Befugnisse, wie sie nach alter Rechtslage in der *administrative receivership* bestanden. Zugleich halten sie diese Eröffnungsmöglichkeit für die in der Praxis bedeutsamste.

701 Sch. B1 para. 3(2) IA 1986: "..., the administrator must perform his functions in the interests of the company's creditors as a whole."

702 Vgl. Sch. B1 para. 3(1) IA 1986.

hältnis der Art, dass der *administrator* das jeweils nachrangige Ziel erst zum Gegenstand des Verfahrens machen darf, wenn sich das vorrangige Ziel aus seiner Sicht vernünftigerweise nicht umsetzen lässt bzw. seine Umsetzung aus Sicht der Gläubiger im Einzelfall ungünstiger ist[703]. An oberster Stelle steht dabei der Erhalt des Unternehmens[704].

Der *administrator* hat innerhalb einer bestimmten Frist[705] darzulegen, welches Ziel im jeweiligen Verfahren verfolgt wird und mit welchen konkreten Mitteln es erreicht werden soll. Über diesen Vorschlag (*proposal*) stimmt, bis auf wenige Ausnahmen[706], die Gläubigerversammlung ab. Eine Einteilung der Gläubiger in verschiedene Klassen unterbleibt. Aus deutscher Sicht erwähnenswert ist zudem, dass grundsätzlich nur ungesicherte Gläubiger stimmberechtigt sind[707]. Die Nichtbeteiligung der Sicherungsgläubiger (in dem Ausmaß, in dem ihre Forderung durch die Sicherheit gedeckt ist) verwundert indes insofern nicht, als ein Eingriff in ihre Sicherungsrechte – jedenfalls wirtschaftlich betrachtet – im Rahmen des vorgeschlagenen Plans ohne ihre Zustimmung nicht zulässig ist. Eine Abstimmung der Gesellschafter findet nicht statt. Auch dies lässt sich ohne weiteres damit erklären, dass die Anteilseignerrechte allein durch die *administration procedure* nicht angetastet werden können. Wird das Verfahren aber beispielsweise mit einem *CVA* gekoppelt, so ist, weil diese Verfahrensart es erfordert, eine Gesellschafterversammlung abzuhalten[708]. Während der Versammlung können sich die Gläubiger auch noch mit dem Verwalter über eine Abänderung des *proposal* einigen[709]. Wurde der Vorschlag mit den erforderlichen Mehrheiten[710] beschlossen, obliegt seine Umsetzung dem *administrator*. Die Verfahrensdauer ist dabei grundsätzlich auf ein Jahr beschränkt. Nach Ablauf dieser Frist endet die *administration* automatisch, sofern nicht zuvor eine Möglichkeit der Verfahrensfortsetzung ergriffen wurde.

Kommt der Verwalter zu dem Schluss, dass am vorrangigen Ziel des Unternehmenserhalts festzuhalten sei, ist er in der Gestaltung des Sanierungswegs weitgehend frei. Er ist zur Erfüllung seiner Pflichten mit weit reichenden Befug-

---

703 *Sealy/Milman*, Guide to the Insolvency Legislation, S. 522; *Meyer-Löwy/Poertzgen/de Vries*, ZInsO 2005, 293 (295).

704 Durch die Formulierung *rescue of the company as a going concern* bringt der englische Gesetzgeber dabei klar zum Ausdruck, dass es ihm auf den Erhalt der technisch-organisatorischen Einheit ankommt, vgl. *Müller-Seils*, Rescue Culture, S. 78.

705 Diese beläuft sich grds. auf acht Wochen, Sch. B1 para. 49(5)(b) IA 1986.

706 Die Fälle, in denen die Einberufung einer Gläubigerversammlung entbehrlich ist, sind in Sch. B1 para. 52(1) IA 1986 aufgeführt.

707 *Armour/Mokal*, LMCLQ 2005, 28 (38); s. rules 2.38, 2.40 IR 1986.

708 *Müller-Seils*, Rescue Culture, S. 113.

709 Vgl. Sch. B1 para. 53(1) IA 1986.

710 Diese sind in rule 2.43 IR 1986 geregelt.

nissen ausgestattet[711]. So sieht eine Generalklausel vor, dass der Verwalter zur Vornahme aller Handlungen, die für die Verwaltung notwendig oder zweckdienlich sind, berechtigt ist[712]. Dabei muss er sich freilich in den Grenzen des Verfahrens- wie auch des jeweiligen Gesellschaftszwecks halten. Die neben der Generalklausel positiv im Gesetz geregelten Einzelbefugnisse[713] lassen nach ausdrücklicher Bestimmung[714] hingegen keinen Rückschluss auf eine Beschränkung der aus der Generalklausel erwachsenden Verwalterbefugnisse zu.

Der Verwalter kann sich zur Realisierung eines Sanierungsplans eines *CVA* oder eines *arrangement* nach Part 26 des *Companies Act 2006*[715] bedienen, muss dies aber nicht zwingend tun[716]. Soll allerdings im Zuge des *proposal* eine Reorganisation der Gesellschaft unter Neuordnung der Gesellschaftsanteile erfolgen, geht dies nur auf einem der beiden vorgenannten Wege[717]. Auf das *CVA* wird im folgenden Abschnitt näher eingegangen.

Es gibt verschiedene Umstände, unter denen das *administration*-Verfahren endet[718]. Zu nennen sind hier vor allem die Beendigung durch Zeitablauf, die Beendigung wegen fehlender Zustimmung zum *proposal* sowie die Fälle, in denen das Verfahren beendet wird, weil sein Zweck entweder erreicht wurde oder aber nicht mehr erreicht werden kann.

2. Company Voluntary Arrangement (CVA)

Mit dem in den Sections 1–7 *Insolvency Act 1986* geregelten *CVA* stellt der englische Gesetzgeber ein Verfahren zur Verfügung, das der Schuldnergesellschaft erlaubt, mit ihren Gläubigern für diese verbindliche Vereinbarungen zum Zweck der Sanierung der Gesellschaft zu treffen[719]. Obschon als eigenständiges Verfahren konzipiert und als solches auch durchführbar, wird das *CVA* in der Praxis überwiegend in Kombination mit der *administration* eingesetzt[720]. Dies hat

711 S. *Müller-Seils,* Rescue Culture, S. 125 ff.

712 Vgl. Sch. B1 para. 59(1) IA 1986: „The administrator of a company may do anything necessary or expedient for the management of the affairs, business and property of the company".

713 Solche finden sich in Sch. 1 IA1986, worauf Sch. B1 para. 60 verweist. Eine deutsche Übersetzung der dortigen Aufzählung findet sich bei *Müller-Seils,* Rescue Culture, S. 126 f.

714 Sch. B1 para. 59(2) IA 1986.

715 Vgl. *Just,* Englisches Gesellschaftsrecht, S. 394.

716 S. Sch. B1 para. 49(3) IA 1986; auch *Müller-Seils,* Rescue Culture, S. 106, der allerdings noch auf den CA 1985 Bezug nimmt.

717 *Armour/Mokal,* LMCLQ 2005, 28 (42).

718 Vgl. Sch. B1 para. 76 ff. IA 1986; *Müller-Seils,* Rescue Culture, S. 114 ff. stellt die insgesamt neun, sich teilweise überlappenden Beendigungstatbestände ausführlich dar.

719 *Windsor/Müller-Seils/Burg,* NZI 2007, 7 (7).

720 *Baird/Ho,* Insolv. Int. 2007, 124 (124).

seinen Grund darin, dass das *CVA* – anders als die *administration* – grundsätzlich[721] keinen Verwertungsstopp in Form eines Moratoriums vorsieht. Durch Verbindung der beiden Verfahrensarten lassen sich somit zwei für eine erfolgreiche Sanierung oftmals elementare Bedingungen herbeiführen: Zum einen wird der Schuldnergesellschaft über das Moratorium die dringend benötigte Atempause verschafft, zum anderen steht ein Instrument zur Verfügung, um für die Gläubiger verbindliche Vereinbarungen zu treffen. Vorteilhaft ist dabei insbesondere, dass entsprechend dem deutschen Insolvenzplanverfahren oder dem Verfahren nach Chapter 11 und anders als bei einer Sanierung außerhalb eines entsprechenden Verfahrens eine qualifizierte Mehrheit der Gläubigerstimmen ausreicht, um die Bindung aller Gläubiger herbeizuführen. Dabei erfolgt allerdings keine Einteilung der Gläubiger in Gruppen, was zur Beschleunigung des Abstimmungsverfahrens beiträgt. Das *CVA* bildet im Fall der oben angesprochenen Verfahrensverknüpfung einen der Bestandteile (womöglich auch den einzigen) des *proposal* im Rahmen der *administration*. Der im Rahmen des *CVA* ausgearbeitete Sanierungs- bzw. Reorganisationsplan wird seinerseits ebenfalls als *proposal* bezeichnet[722].

Was den Inhalt dieses *proposal* anbelangt, besteht ein weiter Gestaltungsspielraum. Das Gesetz stellt nur einige wenige Mindestanforderungen und Begrenzungen auf. Typischer Inhalt eines *CVA* sind u. a. ein Moratorium[723], eine Stundung, ein (teilweiser) Forderungserlass, ein *debt-equity-swap* oder die Zuführung neuen Kapitals[724].

Das jeweilige *proposal* wird in der Gläubiger- sowie der Gesellschafterversammlung zur Abstimmung gestellt. Im Rahmen der Abstimmung sind noch Änderungen und Ergänzungen des vorgelegten Plans möglich, solange sich diese in den Grenzen der gesetzlichen Bestimmungen bewegen. Zur Abstimmung berechtigt sind, wie bei der *administration* auch, grundsätzlich nur die ungesicherten Gläubiger; Sicherungsgläubiger werden mit ihrer Forderung nur berücksichtigt, soweit diese durch die Sicherheit nicht gedeckt ist[725]. Ein *proposal* ist angenommen, wenn es eine Summenmehrheit von 75 Prozent der anwesenden,

721 Eine Ausnahme gilt insoweit für sog. *small companies*, vgl. *Müller-Seils*, Rescue Culture, S. 146 ff.

722 Das *proposal* kann dabei grundsätzlich von einem *administrator*, einem *liquidator* oder der Geschäftsführung der Gesellschaft eingebracht werden. Letztgenannte Möglichkeit entfällt allerdings, sobald eine *administration* oder *liquidation* eingeleitet ist, vgl. Sec. 1 para. 1(1), 1(3) IA 1986. Das *CVA* wird von einem *nominee* geleitet, der mit dem *administrator* bzw. *liquidator* personengleich sein kann.

723 Dies natürlich nur bei einem eigenständig durchgeführten *CVA*. Wird das Verfahren mit einer *administration* verbunden, tritt das Moratorium bereits kraft Gesetzes ein.

724 Aufzählung bei *Windsor/Müller-Seils/Braun*, NZI 2007, 7 (9).

725 *Müller-Seils*, Rescue Culture, S. 157.

stimmberechtigten Gläubiger auf sich vereint. Daneben dürfen wertmäßig nicht mehr als 50 Prozent der Personen, die keine mit der Gesellschaft verbundenen Personen sind, gegen den Vorschlag gestimmt haben[726]. Die Annahme bindet alle stimmberechtigten Gläubiger, unabhängig davon, ob sie an der Abstimmung teilgenommen haben oder überhaupt Kenntnis von ihr hatten[727]. Neben den erwähnten Gläubigern haben auch die Gesellschafter der Schuldnergesellschaft über die Vorlage zu entscheiden. Dieses Erfordernis wird allerdings dadurch relativiert, dass die Zustimmung der Gesellschafter für die Annahme des *proposal* letztlich nicht entscheidend ist und es insoweit nur auf die Zustimmung der Gläubiger ankommt. Im Fall einer abweichenden Entscheidung der Gesellschafterversammlung werden die Gesellschafter nur dadurch geschützt, dass sie die Entscheidung der Gläubiger binnen einer Frist von 28 Tagen bei Gericht mit der Begründung anfechten können, sie seien in ihren Rechten unzulässig beeinträchtigt[728].

Im Rahmen des *CVA* kann daher beispielsweise ein *debt equity swap* realisiert werden, ohne dass es auf die Zustimmung der Gesellschafter ankäme[729]. Eine gerichtliche Intervention kommt in einem solchen Fall etwa in Betracht, wenn infolge der Umsetzung des *debt equity swap* den Gesellschaftern entschädigungslos Anteile entzogen werden, obwohl diese noch einen Restwert aufweisen[730].

III. Bewertung

Nicht zuletzt wegen der Beispiele einiger deutscher Unternehmen, die ein Insolvenzverfahren nach englischem Recht durchführten[731], stand das dortige Insolvenzrecht in jüngerer Zeit häufiger im Blickpunkt auch der hiesigen Literatur[732].

Auch im Hinblick auf den Gegenstand der vorliegenden Untersuchung erweisen sich die vorstehenden Betrachtungen als aufschlussreich. So ist zuvorderst festzuhalten, dass die vorliegend diskutierte zwangsweise Eingriffsmöglichkeit in die Rechte der Anteilseigner in England anders als hierzulande grundsätzlich besteht. Damit zeigt sich das englische Recht gerade im Hinblick auf die Reorganisations- bzw. Sanierungsmöglichkeiten von Unternehmen und insbe-

---

726 Die erforderlichen Mehrheiten sind in rule 1.19 IR 1986 festgelegt.

727 Näher *Fletcher*, EBOR 5 (2004), 119 (132); *Windsor/Müller-Seils/Burg*, NZI 2007, 7 (10).

728 Vgl. Sec. 4(A)(3) IA 1986.

729 *Weller*, ZGR 2008, 836 (840f.).

730 *Eidenmüller*, ZIP 2007, 1729 (1736).

731 Vgl. mit weiteren Nachweisen *Bork*, ZIP 2010, 397 (397).

732 In diesem Zusammenhang sind vor allem die Deutsche Nickel AG (hierzu *Vallender*, NZI 2007, 129 (131 ff.) sowie *Baird/Ho*, Insolv. Int. 2007, 124 (125)) sowie Schefenacker (vgl. *Windsor/Müller-Seils/Burg*, NZI 2007, 7 (7)) zu nennen.

sondere deren Träger flexibler als die deutsche Regelung. Das Verfahren, das in diesem Zusammenhang an erster Stelle zu nennen ist, ist das *CVA*. In der Praxis tritt es – wenn es sich bei der Schuldnergesellschaft nicht um eine *small company*[733] handelt – häufig als Bestandteil einer *administration* auf, weil sich auf diese Weise ein Vollstreckungsmoratorium herbeiführen lässt. Die durch die Kombination der beiden Verfahren herbeigeführte Situation ist derjenigen, dass nach Eröffnung eines Insolvenzverfahrens ein Insolvenzplan implementiert werden soll, konzeptionell nicht unähnlich. In letzterem Fall sorgen §§ 88, 89 InsO für die erforderliche Atempause, während die §§ 217 ff. InsO das Instrumentarium zur Verfügung stellen, welches es der Schuldnergesellschaft erlaubt, eine verbindliche Regelung mit den Gläubigern zu treffen. Soweit allerdings die Gesellschaftsanteile vom Planinhalt betroffen sind, tritt mit dem insoweit bestehenden Zustimmungserfordernis der Gesellschafter das Problem einer möglichen Obstruktion auf. In einem *CVA* hingegen kann die fehlende Zustimmung der Altgesellschafter nicht mehr zu einer Blockade des gesamten Reorganisationskonzepts führen. Die Gesellschafter sind bei einem *CVA* zwar insofern beteiligt, als sie über das vorgelegte *proposal* abstimmen dürfen. Anders als nach der Rechtslage vor dem *Enterprise Act 2002* ist die Zustimmung der Gesellschafterversammlung aber keine unerlässliche Voraussetzung mehr für die Herbeiführung der Bindungswirkung des Planvorschlags[734]. Dies bedeutet eine erhebliche Schwächung der Position der Gesellschafter, welche indes unter Berücksichtigung der konkreten Situation[735] nur folgerichtig erscheint. Auch im englischen Schrifttum wurde vor der Reform die Frage gestellt, warum die Gesellschafter entscheidend am Abstimmungsverfahren beteiligt werden sollten, wenn doch ihre Anteile zumeist vollständig entwertet seien[736]. Hervorgehoben sei an dieser Stelle noch einmal, dass die Einleitung eines *CVA* allgemein und die einer *administration* jedenfalls in bestimmten Fällen nicht das Vorliegen materieller Insolvenz voraussetzen. Zumindest theoretisch ist mithin die Möglichkeit, dass die Gesellschaftsanteile bei Einleitung des jeweiligen Verfahrens noch einen gewissen Wert aufweisen, deutlich höher, als dies zur Zeit der Einleitung eines Insolvenzverfahrens nach der InsO der Fall ist[737]. Wenn der englische Gesetzgeber diesen Schritt dennoch geht, so vollzieht er damit nur die in der betreffenden Situation in aller Regel vorliegenden tat-

733 Zu den Kriterien *Müller-Seils*, Rescue Culture, S. 146 f.

734 *Weller*, ZGR 2008, 835 (841).

735 Vgl. die Problemdarstellung o. S. 15 ff.

736 *Milman/Durrant*, Corporate Insolvency, S. 44 stellen sogar die Frage, weshalb die Gesellschafter überhaupt beteiligt werden sollten; weitere Nachweise zu dieser Problematik bei *Finch*, Corporate Insolvency Law, S. 352 f.

737 In der Praxis liegt freilich auch bei Einleitung des *CVA* zumeist Insolvenz im materiellen Sinne vor, vgl. *Milman/Durrant*, Corporate Insolvency, S. 44.

sächlichen Umstände nach und passt das Verfahren an diese an. Insbesondere schafft er ein stimmiges Verhältnis von Regel und Ausnahme. Die Ausnahme in der betreffenden Situation ist nämlich gerade die Werthaltigkeit der Gesellschaftsanteile zum Zeitpunkt der Verfahrenseröffnung, während ihre Wertlosigkeit die Regel bildet[738]. Unter diesen Umständen erscheint es daher angemessen, den Gesellschaftern für den geschilderten Regelfall keine maßgebende Entscheidungsbefugnis hinsichtlich des Verfahrens einzuräumen. Es erscheint vielmehr ausreichend, ihnen für den Ausnahmefall die Möglichkeit zu gewähren, einen ihrer Rechtsposition entsprechenden Schutz in Anspruch zu nehmen. Ebendies ist aber im Verfahren des *CVA* mit der Anfechtungsmöglichkeit, falls sich ein Gesellschafter unfair in seiner Rechtsstellung beeinträchtigt sieht, erfüllt. Es wird also gleichsam die Vermutung aufgestellt, die Gesellschaftsanteile seien in der gegebenen Lage wertlos, weshalb ein diesbezüglicher Eingriff auch ohne die Zustimmung der Gesellschafter legitim erscheint. Sodann obliegt es den Gesellschaftern, in deren Rechte durch das *proposal* eingegriffen werden soll, diese Vermutung zu widerlegen. Gelingt es ihnen darzulegen, dass das beschlossene *proposal* in unangemessener Weise in ihre Rechte eingreift – etwa, weil ihre Anteile noch einen Wert aufweisen – oder in formeller Hinsicht nicht ordnungsgemäß zustande gekommen ist, wird das Gericht den beschlossenen Vorschlag für rechtsunwirksam erklären. Die Interessen der Gläubiger einerseits sowie der Gesellschafter andererseits befinden sich somit in einem unter Berücksichtigung der Situation angemessen austarierten Verhältnis. Im Vergleich dazu bietet das deutsche Modell nicht nur kein an den tatsächlichen Umständen einer Insolvenz orientiertes Regel-Ausnahme-Modell, indem es den Altgesellschaftern eine unangemessen starke Position einräumt. Bleibt man im zuvor beschriebenen gedanklichen Rahmen, könnte man entsprechend konstatieren, das deutsche Gesetz stelle, in Verkennung der regelmäßig vorliegenden Umstände, eine Vermutung zugunsten der Werthaltigkeit der Gesellschaftsanteile auf. Darüber hinaus existiert aus Sicht der Gläubiger schon gar kein Instrument, mit dessen Hilfe sie diese Vermutung widerlegen könnten[739]. Aus diesem Grund lässt sich nicht einmal sagen, das oben für die englische Regelung festgestellte Regel-Ausnahme-Verhältnis sei durch das deutsche Recht ins Gegenteil verkehrt. Die deutsche Regelung ist in diesem Punkt vielmehr einseitig an den Interessen der Altgesellschafter orientiert und vernachlässigt darüber diejenigen der Gläubiger, so dass sich von einem Verhältnis im obigen Sinne, das insoweit in irgendeiner Form einen Ausgleich – sei dieser unter Berücksichtigung der hier angeführten Punkte nun angemessen oder

738 Jedenfalls, wenn man aus den angeführten Gründen eine Berufung der Gesellschafter auf einen „Hoffnungs- bzw. Residualwert" für illegitim erachtet, vgl. S. 109 ff.

739 Vgl. o. S. 71 ff.

nicht – herbeiführt, vernünftigerweise nicht reden lässt. Unter diesem Gesichtspunkt lohnt es sich, die englische Regelung im Blick zu behalten, will man eine interessengerechte Lösung für das deutsche Recht finden.

Wollte man insoweit einwenden, die im englischen Recht bestehende Eingriffsmöglichkeit sei vor dem Hintergrund einer durch den *Enterprise Act 2002* aufgewerteten *rescue culture* zu sehen, weshalb die dort gewählte Konzeption nicht auf das am Haftungsinteresse der Gläubiger ausgerichtete deutsche Insolvenzverfahren übertragen werden könne, zöge man aus einer richtigen Prämisse den falschen Schluss. Richtig ist, dass die Reform den Erhalt sanierungsfähiger Unternehmen fördern soll, insbesondere weil dies nach der vorherigen Rechtslage unter dem Primat der *administrative receivership* nicht gewährleistet schien[740]. Die Staffelung der Verfahrensziele einer *administration* wie auch die Beschneidung der Gesellschafterbefugnisse im Rahmen der Abstimmung über ein *CVA* sind zweifellos Ausfluss dieser Zielsetzung. *Müller-Seils* weist indes richtigerweise darauf hin, dass damit keine Abkehr von einem vermögensorientierten Verfahren verbunden ist[741]. Sehr deutlich wird dies beispielsweise anhand der Regelung des para. 3(3)(b) Sch. B1 IA 1986. Danach kann vom vorrangigen Ziel der Fortführung des Unternehmens als *going concern* abgewichen werden, wenn dies zu einer besseren Befriedigung der Gläubiger führt. Der Sanierungsvorrang wird weiter durch das subjektive Kriterium „*reasonably practical*“[742] erheblich relativiert[743]. Diese Voraussetzung wird ein *administrator*, wie im Übrigen auch der *nominee* im Rahmen einer *CVA*, nur als erfüllt ansehen, wenn die Sanierung hinreichend erfolgversprechend ist. Es soll mithin keine Sanierung um jeden Preis stattfinden. Sanierungsunwürdige Unternehmen sollen weiterhin abgewickelt werden, was auch dem Haftungsinteresse der Gläubiger am besten entspricht. Insoweit bestehen gewisse Parallelen zur Motivation des deutschen Gesetzgebers bei Schaffung der InsO. Auch diese soll sicherstellen, dass erhaltungswürdige Unternehmen erhalten bleiben. Als Instrument zur Erreichung dieses Ziels stellt sie vor allem den Insolvenzplan bereit. Der Erhalt von Unternehmen wird dadurch aber nicht zu einem eigenständigen Ziel. Vielmehr ist die Lösung zu wählen, die dem Haftungsinteresse der Gläubiger am besten gerecht wird. Letztlich liegt dieser Gedanke auch dem englischen Recht zugrunde. Sanierungen sollen zwar allgemein erleichtert werden, durchgeführt hingegen nur, wenn dies unter einem wirtschaftlichen Aspekt, gerade auch hinsichtlich der Gläubigerbefriedigung, Sinn macht.

---

740 *Fletcher*, EBOR 5 (2004), 119 (123).

741 *Müller-Seils*, Rescue Culture, S. 168.

742 Vgl. para. 3(3)(a), 3(4) Sch. B1 IA 1986.

743 *Fletcher*, EBOR 5 (2004), 119 (138); *Müller-Seils*, Rescue Culture, S. 168 f.

Eine grundverschiedene Ausrichtung der Insolvenzverfahren in England und Deutschland, aufgrund derer es sich womöglich verböte, Elemente des einen Verfahrens für das andere zu übernehmen, besteht somit gerade nicht.

D. Zusammenfassung

Zum Abschluss der rechtsvergleichenden Betrachtungen lässt sich festhalten, dass die untersuchten Regelungen des US-amerikanischen sowie des englischen Rechts, die beide die dem deutschen Insolvenzrecht eigene gesellschaftsrechtliche Enthaltsamkeit nicht kennen, durchaus Impulse für etwaige Reformbestrebungen in diesem Bereich geben können.

Dabei wirkt die US-amerikanische Regelung zunächst einmal drastisch, wenn sie vorbehaltlich anderweitiger Regelungen mit Bestätigung eines Plans alle Rechte der Altgesellschafter zum Erlöschen bringt. Allerdings findet die Norm mit Chapter 11 ein wesentlich schuldnerfreundlicheres Umfeld, als es beispielsweise die InsO schafft. Ob sich deshalb eine entsprechende Regelung, insbesondere mit Blick auf das verfassungsrechtliche Erforderlichkeitskriterium, in gesetzeskonformer Weise in die §§ 217 ff. InsO integrieren ließe, bereitet insoweit Probleme. Diese könnten in einem bestimmten Umfang dadurch entschärft werden, dass die Gesellschafter eine eigene Abstimmungsgruppe bildeten, wie es im US-Verfahren der Fall ist.

Was das englische Insolvenzrecht betrifft, unterscheidet sich dieses vom deutschen zunächst durch eine auf den ersten Blick verwirrende Vielzahl unterschiedlicher Verfahren. Bei näherer Betrachtung fällt jedoch auf, dass die in der englischen Sanierungspraxis gängige Kombination aus *administration* und *CVA* eine Situation herbeiführt, die derjenigen bei Implementierung eines Insolvenzplanverfahrens zumindest in Grundzügen entspricht. Da im Rahmen des *CVA* auch über die Gesellschaftsanteile disponiert werden kann, ohne dass die Gesellschafter (entscheidend) darüber mitbestimmen dürften, diese aber gleichzeitig einen ihrer Situation angemessenen Rechtsschutz erhalten, steht hier ein Modell zur Verfügung, das bei den weiteren Überlegungen zu beachten ist.

Teil 5: Reformüberlegungen

A. Überprüfung der bisherigen Arbeitshypothese

Die bisherigen Betrachtungen gründen auf der Prämisse, dass sich die Gesellschafter einem Planentwurf gegenüber obstruktiv verhalten[744]. Die behandelten Probleme ergeben sich erst aus der fehlenden Umsetzbarkeit eines Reorganisationsplans, dem die Anteilseigner ihre Mitwirkung versagen.

Allerdings wurde auch bereits darauf hingewiesen, dass diese Problematik nicht zwangsläufig auftritt. Es ist natürlich ebenso denkbar, dass Gesellschafter sich konstruktiv an der Planrealisierung beteiligen. *H.-F. Müller* weist zu Recht darauf hin, dass die Gesellschafter in der Insolvenz nicht generell zu irrationalen oder nötigenden Entscheidungen neigten, vielmehr ein massives Interesse am Erfolg der Reorganisation hätten. Rationales Verhalten unterstellt, würden sie sinnvolle Maßnahmen zur Erreichung dieses Ziels nicht blockieren[745]. Könnte man dieses rationale Verhalten stets unterstellen, müsste man Eingriffsmöglichkeiten in Anteilseignerrechte nicht diskutieren. Ist dem aber nicht so – und diesen Fall gilt es ebenfalls zu bedenken – besteht aus Sicht der Gläubiger keine rechtliche Handhabe, einen Reorganisationsplan durchzusetzen. Die Annahme *H.-F. Müllers*, vor dem Hintergrund einer drohenden Liquidation seien die Eigentümer auf eine Kooperation mit den Gläubigern angewiesen[746], ist leider nicht zwingend. Wenn *H.-F. Müller* fragt, weshalb die Gesellschafter sich einer einvernehmlichen Lösung verschließen sollten, wenn im Falle eines Scheiterns ein Verlust ihrer Beteiligung drohe[747], muss die Antwort lauten: Weil sie auf diese Weise ihre Position unangemessen stärken können. Stellt die Reorganisation die für die Gläubiger einzig erstrebenswerte Verwertungsart dar und wissen die Gesellschafter dies auch, entsteht das schon mehrfach erwähnte Erpressungspotential. An dieser Stelle muss somit die Gegenfrage erlaubt sein, weshalb dies hinzunehmen sein sollte, wenn doch die Gesellschafter im Fall der Liquidation mit dem vollständigen Verlust ihrer Beteiligungen rechnen müssen. Die Beseitigung dieses Erpressungspotentials bildete den Leitgedanken der vorstehenden

744 Vgl. o. S. 18.

745 *H.-F. Müller,* Verband in der Insolvenz, S. 367 unter Bezug auf *Braun/Uhlenbruck,* Unternehmensinsolvenz, S. 583.

746 *H.-F. Müller,* Verband in der Insolvenz, S. 367.

747 *H.-F. Müller,* Verband in der Insolvenz, S. 367.

Überlegungen. Die Schaffung einer Eingriffsmöglichkeit bietet sich nach den Ergebnissen der vorherigen Abschnitte als Lösung an.

Nun ist aber nicht von der Hand zu weisen, dass, unterstellt man das Bestehen einer solchen Eingriffsmöglichkeit, ein anderes Problem auftreten kann. Wie verhält es sich mit der Möglichkeit eines Eingriffs, wenn die Gesellschafter sich im konkreten Fall gar nicht obstruktiv verhalten oder jedenfalls im Grundsatz zu konstruktiver Mitarbeit bereit sind? *Smid/Rattunde* sehen hier die Gefahr der missbräuchlichen Ausübung einer Eingriffsbefugnis und lehnen eine solche unter anderem deshalb vollständig ab[748]. Sie befürchten, dass eine derartige Befugnis als manipulatives Instrument zur Verdrängung unliebsamer Gesellschafter benutzt werden könnte und Insolvenzverfahren allein zu diesem Zweck eingeleitet werden könnten[749]. Diese Gefahr ist durchaus ernst zu nehmen und man muss sich fragen, wie ihr begegnet werden kann. Der teilweise daraus abgeleitete vollständige Verzicht auf eine Eingriffsbefugnis stellt demgegenüber aber schwerlich eine zufrieden stellende Lösung dar. Es handelt sich um ein Dilemma, denn Probleme eröffnen sich, wie gesehen, mit und ohne Eingriffsbefugnis. Da eine Konstellation, bei der Probleme gar nicht erst auftreten können, nicht in Sicht ist, ist zu entscheiden, welche der beiden potentiell problemträchtigen Varianten vorzuziehen ist. Diese ist dann so auszugestalten, dass den jeweiligen Problemen bestmöglich entgegengewirkt wird.

Gegen einen Verzicht auf eine Eingriffsbefugnis spricht, dass das geltende Recht keine hinreichenden Möglichkeiten zur Lösung des Problems der Gesellschafterobstruktion beinhaltet[750]. Auf der anderen Seite fragt es sich, welche Kautelen ein reformiertes Gesetz gegen die angesprochene Missbrauchsgefahr bereithalten kann. Insoweit stellt sich schnell die Einsicht ein, dass es schwer möglich sein dürfte, zu überprüfen, welche Motive hinter einem mit einer Planinitiative verbundenen Insolvenzantrag stehen, und damit auch nicht, ob dieser im Einzelfall missbräuchlich ist. Gänzlich vermeiden lassen sich die Probleme daher auch auf dieser Seite nicht. Einen gewissen Schutz bietet § 218 InsO, der das Planvorlagerecht auf den Verwalter und den Schuldner begrenzt. Die Gläubiger können auf den Plan zwar Einfluss nehmen[751], sind aber nicht zur eigen-

748 Smid/*Smid/Rattunde*, InsO, § 221 Rn. 16.

749 Smid/*Smid/Rattunde*, InsO, § 221 Rn. 16; *Richter*, Distressed Debt, S. 150 deutet an, der Übergang der Verfügungs- und Verwaltungsbefugnis wirke einem solchem Vorgehen entgegen.

750 Anders *H.-F. Müller*, Verband in der Insolvenz, S. 369ff.

751 Vgl. §§ 157 S. 2, 218 III InsO; Kübler/Prütting/Bork/*Otte*, § 218 Rn. 5 plädiert deswegen dafür, begrifflich zwischen dem Planinitiativrecht (die Initiative kann auch von den Gläubiger ausgehen) und dem Planvorlagerecht (dieses liegt exklusiv beim Schuldner bzw. beim Verwalter) zu unterscheiden; MüKo-InsO/*Eidenmüller*, § 218 Rn. 14 spricht insoweit vom derivativen Verwalterplan.

ständigen Vorlage eines Plans berechtigt[752]. Die notwendige Zwischenschaltung des Insolvenzverwalters als einer „unabhängigen, den Interessen aller Beteiligten verpflichteten Person"[753] kann insofern ein – wenn auch nicht zu überschätzendes[754] – Korrektiv darstellen, um missbräuchlichem Verhalten auf Gläubigerseite vorzubeugen. Daher sollte es auch weiterhin dabei bleiben, dass den Gläubigern kein eigenes Planvorlagerecht zukommt.

Ferner haben zwar auch die Gesellschafter kein Planvorlagerecht, können aber im Rahmen der gesellschaftsinternen Kompetenzordnung Einfluss auf die Vorlage eines Schuldnerplans nehmen[755]. Auf diesem Weg bietet sich für sie eine Möglichkeit zur Wahrung ihrer Interessen. Dass der Einfluss dabei regelmäßig stark vom Umfang der jeweiligen Beteiligung abhängig ist, ist klar, aber keine Besonderheit der hier zu behandelnden Konstellation. Am Rande sei bemerkt, dass es auch insoweit bei der geltenden Regelung bezüglich des Planvorlagerechts bleiben sollte. Die Einbeziehung der Gesellschaftsanteile in die Planwirkung stellt keinen Anlass dar, sie zu ändern. Es erschiene vielmehr weiterhin ausreichend, wenn die Gesellschafter ihren Einfluss über die Schuldnergesellschaft ausüben können[756].

Wenn die Missbrauchsgefahr ebenso wie das Obstruktionsproblem nicht gänzlich auszuschließen ist, muss sich die Entscheidung für oder gegen eine Eingriffsbefugnis daran orientieren, welche der sich gegenüber stehenden Positionen höher zu bewerten ist. Diesbezüglich kann auf die bisherige Argumentation Bezug genommen werden. Die Position der Gläubiger als wirtschaftliche Eigentümer der Gesellschaft ist derjenigen der Gesellschafter gegenüberzustellen. Eine Gesellschaftsbeteiligung ist immer mit dem Risiko verbunden, dass die Gesellschaft in Insolvenz gerät und die Anteile erlöschen. Die mögliche Liquidation der Gesellschaft ist der relevante Maßstab. Es lässt sich daher eher vertreten, dass Gesellschafter, die sich nicht obstruktiv verhalten, in ihrer Beteiligung (möglicherweise bis hin zu deren Entzug) beeinträchtigt werden, als dass die Gläubiger Einschränkungen im Hinblick auf ihre bestmögliche Befriedigung hinnehmen

---

752 Noch anders § 255 RegE, vgl. BT-Drucks. 12/2443, S. 50, 196, der ein Vorlagerecht von mindestens fünf Gläubigern, die nach Schätzung des Gerichts ein Fünftel aller Stimmen in der Gläubigerversammlung auf sich vereinigen, vorsah; Kritik am Fehlen eines Vorlagerechts der Gläubiger bei MüKo-InsO/*Eidenmüller*, § 218 Rn. 3, 99.

753 So *H-.F. Müller*, Verband in der Insolvenz, S. 298; dabei ist allerdings stets zu bedenken, dass oberste Maxime des Verwalterhandelns die bestmögliche Gläubigerbefriedigung sein muss, vgl. *Krüger/Kaufmann*, ZIP 2009, 1095 (1096).

754 Dies hängt auch maßgeblich davon ab, ob und gegebenenfalls in welchem Ausmaß man die Gläubiger als berechtigt ansieht, dem Insolvenzverwalter bei der Planvorlage inhaltliche Vorgaben zu machen; dazu mit weiteren Nachweisen MüKo-InsO/*Eidenmüller*, § 218 Rn. 15 ff.

755 S. Kübler/Prütting/Bork/*Otte*, § 218 Rn. 26 ff.

756 Ebenso *Sassenrath*, ZIP 2003, 1517 (1528).

müssen. Der „böse" Gläubiger muss sich im Zweifel gegen den „bösen" Schuldner durchsetzen[757]. Deshalb ist der Weg über eine Eingriffsbefugnis auch dann der richtige, wenn die bislang zugrunde gelegte Hypothese eines obstruktiven Gesellschafterverhaltens einmal nicht zutrifft.

Bei der Ausgestaltung einer Eingriffsbefugnis darf indes die angesprochene Missbrauchsgefahr nicht aus dem Blickfeld geraten. Ihr muss, soweit dies möglich ist, entgegengewirkt werden[758]. Gänzlich vermeiden lässt sie sich wohl kaum. In diesem Zusammenhang findet sich der berechtigte Hinweis, dass auch die Verwertungsvariante der übertragenden Sanierung nicht gegen Missbrauchsrisiken gefeit ist[759].

In diesen Zusammenhang ist auch der Hinweis auf die Gefahren durch professionelle Forderungsaufkäufer[760] einzuordnen, die Gesellschaften bewusst in ein Insolvenzverfahren drängen, um anschließend die Anteile zu übernehmen. Ohne diese Gefahr verharmlosen zu wollen, muss man sich doch die Frage stellen, inwieweit das Insolvenzrecht und die Ausgestaltung des Planverfahrens im Besonderen geeignet sind, solchen Tendenzen gegenzusteuern. Nicht zu vergessen ist, dass mit dem Einstieg professioneller Investoren auch Chancen verbunden sein können[761]. Zudem bestehen bezüglich übertragender Sanierungen auch hier zumindest ähnlich gelagerte Probleme.

B. Entwicklung der Insolvenzrechtsreform

I. Ausgangslage

Vor Inkrafttreten der InsO am 1.1.1999[762] existierte in der Bundesrepublik Deutschland keine einheitliche insolvenzrechtliche Kodifikation. Das deutsche Insolvenzrecht war vielmehr zunächst von einer verfahrensrechtlichen Zweiteilung dergestalt geprägt, dass neben der Konkursordnung von 1877[763] die Ver-

757 Zu diesem Bild s. *Heinze*, ZHR 149 (1985), 507 (513).

758 In diesem Sinne auch *Streit*, Status:Recht 2009, 94 (95).

759 Näher *Sassenrath*, ZIP 2003, 1517 (1526).

760 Darauf weist insbesondere *Noack*, AG 2009, 227 (228) hin.

761 Auch K. Schmidt/Uhlenbruck/*Wittig*, GmbH in Krise, Sanierung und Insolvenz, S. 280 betont die Chancen für erfolgreiche Sanierungen, die den Risiken gegenüberstehen; zu *distressed debt investments* bereits o. S. 50 ff.

762 Vgl. § 359 InsO i. V. m. § 110 I EGInsO.

763 Konkursordnung vom 16.2.1877, RGBl, S. 351.

gleichsordnung aus dem Jahr 1935[764] bestand[765]. Hinzu trat nach der deutschen Wiedervereinigung auf dem Gebiet der neuen Bundesländer die Gesamtvollstreckungsordnung[766], so dass ab diesem Zeitpunkt im Bundesgebiet sogar drei verschiedene Insolvenzverfahrensgesetze galten[767]. Dieser Zustand konnte zum damaligen Zeitpunkt nur deshalb als hinnehmbar angesehen werden, weil die Reformbestrebungen, die eine umfassende Neuregelung des gesamten Insolvenzrechts zum Gegenstand hatten, sich zu diesem Zeitpunkt in einem Stadium befanden, das ein Ende des Reformprozesses absehbar und die vorübergehende Fortgeltung einer geänderten und ergänzten Gesamtvollstreckungsordnung in der Form partikularen Bundesrechts als eine Art Zwischenschritt auf dem Weg zu einer gesamtdeutschen Insolvenzordnung als ökonomischste und effektivste Lösung erscheinen ließ[768]. Forderungen nach einer umfassenden Reform des Insolvenzrechts, insbesondere nach einer Verfahrensvereinheitlichung durch Zusammenfassung von Konkurs und Vergleich, waren bereits in den 50er Jahren des vergangenen Jahrhunderts aufgetreten[769] und im Laufe der Zeit immer lauter geworden, bis nur noch von dem von *Kilger* geprägten Schlagwort vom „Konkurs des Konkurses"[770] die Rede war. Angesichts der Durchführung des Vergleichsverfahrens in weniger als 1 % und einer Nichteröffnung des Konkursverfahrens mangels Masse in über 80% der Fälle[771] konnte sich die Politik dem schließlich nicht länger verschließen und reagierte schließlich 1978 mit der Einsetzung der Kommission für Insolvenzrecht, welche die Ergebnisse ihrer Arbeit in zwei Berichten in den Jahren 1985[772] und 1986[773] vorstellte, welche im Schrifttum eine teils sehr kritische Aufnahme erfuhren[774]. Es folgten ein Diskussionsentwurf

764 Vergleichsordnung vom 26.2.1935, RGBl, S. 321.

765 Gottwald/*Gottwald*, Insolvenzrechtshandbuch, § 1 Rn. 31; Kübler/Prütting/Bork/*Otte*, InsO, § 217 Rn. 2.

766 Verordnung über die Gesamtvollstreckung vom 6.6.1990, GBl-DDR I Nr. 32, S. 285.

767 *Kilger/K. Schmidt*, Insolvenzgesetze, Einl. GesO, Anm. 1.

768 *Zeuner*, Gesamtvollstreckungsordnung, S. 32; *Lübchen/Landfermann*, ZIP 1990, 829 (830).

769 Vgl. *Berges*, KTS 1955, 49 ff.; *Weber*, KTS 1959, 80 (80 f., 87 f.).

770 So der Titel eines Beitrags von *Kilger* in KTS 1975, 142.

771 MüKo-InsO/*Stürner*, Einl. Rn. 33.

772 *Bundesministerium der Justiz* (Hrsg.), Erster Bericht der Kommission für Insolvenzrecht (EB), 1985.

773 *Bundesministerium der Justiz* (Hrsg.), Zweiter Bericht der Kommission für Insolvenzrecht (ZB), 1986.

774 Im Zusammenhang mit vorliegender Untersuchung insbes. von Interesse: *Ulmer*, ZHR 149 (1985), 541 ff.; *K. Schmidt*, Gutachten 54. DJT, D 79 ff. sowie *Balz*, Sanierung, S. 31 ff.

in 1988[775] sowie ein Referentenentwurf in 1989[776], ehe schließlich im Jahr 1992 ein Regierungsentwurf[777] vorgelegt wurde, zu dem wiederum eine Beschlussempfehlung des Rechtsausschusses[778] erging, welcher mit Gesetzesbeschluss des Bundestags vom 21.4.1994[779] letztlich gefolgt wurde[780].

Im Folgenden soll der soeben kurz umrissene Entwicklungsprozess noch einmal unter spezieller Berücksichtigung derjenigen Gesichtspunkte, die für den Gegenstand der vorliegenden Untersuchung von unmittelbarer Bedeutung sind, nachvollzogen, also insbesondere der Frage nachgegangen werden, welche Eingriffe in die Organisation einer Gesellschaft als Insolvenzschuldnerin in den jeweiligen Stadien vorgesehen bzw. zulässig waren. Dabei ist neben der inhaltlichen Auseinandersetzung mit den einzelnen Entwürfen auch jeweils auf den Widerhall, welchen diese im Schrifttum gefunden haben, einzugehen.

II. Rechtslage nach der Konkurs- und Vergleichsordnung bzw. der Gesamtvollstreckungsordnung

Weder die Konkurs- noch die Vergleichsordnung kannten das Institut des Insolvenzplans, wie es nunmehr in §§ 217–269 InsO geregelt ist. Mit dem Insolvenzplan soll den Beteiligten nach Vorstellung des Gesetzgebers ein „Rechtsrahmen für die einvernehmliche Bewältigung der Insolvenz im Wege von Verhandlungen und privatautonomen Austauschprozessen“[781] an die Hand gegeben werden. Es ist keineswegs so, dass dieser Gedanke der „einvernehmlichen Bewältigung“ der Insolvenz neu und dem Recht vor Inkrafttreten der Insolvenzordnung völlig fremd gewesen wäre[782]. Allerdings unterscheiden sich die denkbaren Möglichkeiten hinsichtlich der Art und Weise der Bewältigung in einem Planverfahren

775 *Bundesministerim der Justiz* (Hrsg.), Diskussionsentwurf (DiskE), Gesetz zur Reform des Insolvenzrechts, 1988.

776 *Bundesministerium der Justiz* (Hrsg.), Referentenentwurf, Gesetz zur Reform des Insolvenzrechts (RefE), 1989.

777 Gesetzentwurf der Bundesregierung (RegE), Entwurf einer Insolvenzordnung (InsO), BT-Drucks. 12/2443.

778 Beschlussempfehlung und Bericht des Rechtsausschusses, BT-Drucks. 12/7302.

779 BR-Drucks. 336/94.

780 Ein Überblick über die Gesetzesmaterialien findet sich u. a. bei *Kübler/Prütting*, Das neue Insolvenzrecht; *Uhlenbruck*, Das neue Insolvenzrecht, sowie *Balz/Landfermann*, Die neuen Insolvenzgesetze.

781 RegE InsO, BT-Drucks. 12/2443, S. 90.

782 Zur strukturellen Verwandtschaft der verschiedenen Verfahren *Schiessler*, Insolvenzplan, S. 8ff.

nach der InsO doch deutlich von denjenigen unter Geltung der Konkurs- bzw. der Vergleichsordnung sowie der Gesamtvollstreckungsordnung.

Neben dem Abschluss eines Vergleichs nach der VglO bestand im Konkursverfahren die Möglichkeit des Zwangsvergleichs nach den §§ 173 ff. KO. Auch die GesO sah in § 16 die Beendigung des Verfahrens durch einen Vergleich vor. Auch diese Verfahren ermöglichten den Beteiligten in einem gewissen Umfang die privatautonome Abwicklung des Insolvenzfalls. Vor dem Hintergrund der ohnehin geringen praktischen Relevanz dieser Rechtsinstitute[783] spielte aber die Sanierung eines insolventen Unternehmens im Wege der Reorganisation des Unternehmensträgers, in deren Rahmen die vorliegend interessierenden Eingriffe in die Finanz- und Kapitalstruktur einer Gesellschaft relevant werden können, keine Rolle[784], da das Konkurs- und Vergleichsrecht kein dafür geeignetes Instrumentarium zur Verfügung stellten[785]. Innerhalb eines Verfahrens nach der VglO standen einer solchen Reorganisation vor allem die dort festgelegten Mindestbefriedigungsquoten von 35% bzw. 40%[786] entgegen, die eine Fortführung des Unternehmens durch den selben Unternehmensträger zumeist utopisch erscheinen ließen. Zudem konnte es sein, dass die Einleitung des Vergleichsverfahrens bereits an den Würdigkeitserfordernissen[787] der §§ 17 und 18 VglO scheiterte, die ein solches Verfahren auch dann blockieren konnten, wenn dieses als für die Gläubiger wirtschaftlich günstigste Vorgehensweise erschien[788]. Schließlich stand einer aussichtsreichen Fortführung des Unternehmens die Nichteinbeziehung der absonderungsberechtigten Gläubiger entgegen[789]. Der Vergleich kam vorwiegend in den Varianten des Fortführungsvergleichs als Erlass- und/ oder Stundungsvergleich, als Liquidationsvergleich (Verwertung des Schuldnervermögens unter der Abrede der Restschuldbefreiung) oder als Quoten- und Liquidationsvergleich, bei dem zunächst ein Fortführungsvergleich mit einer gewissen Quote angeboten wurde, bei deren Nichteinhaltung es zur Liquidation kam[790]. Unter den vorstehenden Voraussetzungen war der Vergleich mehr als

783 Smid/Zeuner/*Smid*, GesO, § 16 Rn. 1.

784 *Kilger*, ZIP 1982, 779 (780).

785 Smid/Zeuner/*Smid*, GesO, Einl Rn.31.

786 Vgl. § 7 I, II VglO. *Balz*, ZIP 1988, 273 (283) bezeichnet die Mindestquote als ökonomisch sinnlos und willkürlich.

787 Nachweise bei *K. Schmidt*, Gutachten 54. DJT, D 75 (Fn. 373); s. auch *Gravenbrucher Kreis*, BB 1986/Beil. 15, S. 8.

788 Mü-Ko-InsO/*Eidenmüller*, Vor §§ 217–269 Rn. 2.

789 Vgl. § 27 VglO.

790 Ausführlich zu den einzelnen Arten des Vergleichs *Bley/Mohrbutter*, VglO, § 3 Rn. 9 ff. Bei dem dort unter Rn. 11 dargestellten Sanierungsvergleich handelt es sich um eine übertragende Sanierung und damit um eine Art der Liquidation.

eine „Rechtswohltat für den Schuldner“[791] konzipiert und seiner Natur nach ein Schuldenbereinigungsverfahren[792]. Der Zwangsvergleich als ein während eines bereits eingeleiteten Konkursverfahrens entstandener Vergleich kannte zwar keine Mindestbefriedigungsquoten und stellte auch geringere Anforderungen an die „Würdigkeit“ des Schuldners[793], einer Erfolg versprechenden Reorganisation des Unternehmensträgers stand jedoch wiederum in vielen Fällen die fehlende Einbeziehung der absonderungsberechtigten Gläubiger entgegen, welche auf diese Weise dem Unternehmen betriebsnotwendiges Vermögen, an dem sie ein Absonderungsrecht besaßen, entziehen konnten. In gleicher Weise stellte sich das Problem im Rahmen eines Vergleichs nach § 16 GesO[794].

Die Rechtsinstitute des Vergleichs bzw. Zwangsvergleichs hatten sich mithin als ungeeignet erwiesen, die Sanierung insolventer Unternehmen zu orchestrieren[795].

III. Historische Entwicklung des Reformprozesses

1. Eingriffsmöglichkeiten in Gesellschafterrechte nach dem Kommissionsbericht

Die in Anbetracht des festgestellten „Funktionsverlusts“[796] des Insolvenzrechts im Jahre 1978 eingesetzte Kommission für Insolvenzrecht legte 1985 ihren Ersten Bericht vor, in dem sie in Leitsätzen mit Begründung detaillierte Vorschläge für eine umfassende Reform des Insolvenzrechts machte. Herausragendes Merkmal war dabei sicher die Beseitigung der Zweispurigkeit von Konkurs und Vergleich, indem ein einheitliches Insolvenzverfahren angestrebt wurde[797]. Interessant ist, dass es sich um ein Verfahren mit zunächst offenem Verfahrensausgang handeln sollte, das nach einer Prüfungsphase als Liquidations- oder aber als Reorganisationsverfahren durchgeführt werden sollte. Welche Richtung das Verfahren letztendlich nehmen würde, lag dabei in der Entscheidungsmacht des Insolvenzgerichts[798]. Käme dieses zu dem Schluss, es bestünde eine hinreichende Aussicht auf Reorganisation – darunter fiel nach der Intention der Entwurfsver-

791 *Berges*, KTS 1955, 49 (50).
792 *Kilger*, ZIP 1982, 779 (780); RegE InsO, BT-Drucks. 24/2443, S. 91.
793 MüKo-InsO/*Eidenmüller*, Vor §§ 217–269 Rn. 3.
794 Smid/Zeuner/*Smid*, GesO, § 16 Rn. 1, 7.
795 *Kilger*, ZRP 1984, 46 (46).
796 EB, Einl., S. 3.
797 EB, LS 1.1.1. Vgl. zu den Grundzügen der vorgeschlagenen Reform EB, Einl., S. 14 ff.
798 EB, LS 1.3.4.4.

fasser nur die Sanierung des Unternehmensträgers[799] -, sollte es beschließen, das Verfahren mit dieser Weichenstellung fortzuführen. Darin kam zum Ausdruck, dass die Reorganisation offenbar als gegenüber der übertragenden Sanierung vorzugswürdige Verwertungsart angesehen wurde[800]. Das vorgeschlagene Reorganisationsverfahren unterschied sich damit zwar noch deutlich vom heutigen Insolvenzplanverfahren. Insbesondere war es einzig und allein auf die Sanierung des Unternehmensträgers ausgerichtet[801]. Immerhin waren aber bereits Grundzüge des Planverfahrens darin angelegt. Im Zusammenhang mit dem an das US-amerikanische Vorbild von Chapter 11 angelehnten Verfahren betont der Bericht ausdrücklich, dass „Eingriffe in die Kapital- und Finanzstruktur sowie in die gesellschaftsrechtlichen Verhältnisse des Unternehmens“ vorgesehen werden könnten, um dessen Wettbewerbsfähigkeit wiederherzustellen[802]. Der Bericht bildet nicht nur deshalb hier den Ausgangspunkt für die weiteren Erwägungen, weil er chronologisch gesehen am Anfang des Reformprozesses steht, sondern auch, weil darin Eingriffsmöglichkeiten in Gesellschafterrechte in einem beträchtlichen Umfang vorgesehen waren. Die in den Leitsätzen beschriebenen Eingriffsmöglichkeiten sollen nachstehend als Grundlage für die weiteren Überlegungen in ihren wesentlichen Punkten dargestellt werden.

Die Kommission bringt klar zum Ausdruck, dass zum Zweck der Reorganisation Eingriffe in Gesellschafterrechte geboten sein können, seien diese nun auf eine Veränderung der Kapitalverhältnisse oder des Gesellschafterbestands gerichtet[803]. Demnach sollte der Plan jede nach materiellem Gesellschaftsrecht zulässige Maßnahme vorsehen können, die geboten erscheint, um das Ziel der Reorganisation zu erreichen[804]. Im Gesamtkontext sowie aus der Begründung wird aber klar ersichtlich, dass es der Kommission keineswegs darum ging, das gesellschaftsrechtliche Statut zu verdrängen oder außer Kraft zu setzen. Vielmehr sollte dieses auch nach Eröffnung des Insolvenzverfahrens maßgeblich bleiben und das für die Reorganisation erforderliche Instrumentarium zur Verfügung stellen[805]. Hätte man es dabei belassen, hätte die getroffene Regelung der heutigen Regelung entsprochen, der das Problem einer möglichen Gesellschafterobstruktion immanent ist. Auch nach derzeitiger Rechtslage kann der darstellende

799 Dies kommt in terminologischer Hinsicht im EB nicht immer klar zum Ausdruck, wenn dort von „Unternehmen“, nicht von „Unternehmensträgern“ die Rede ist (vgl. z. B. EB LS 2.12 Abs. 1), ergibt sich aber deutlich aus dem Gesamtkontext. Insoweit deckt sich der Reorganisationsbegriff weitestgehend mit dem eingangs der Arbeit (vgl. o. S. 27 ff.) beschriebenen.

800 *Balz*, Sanierung, S. 36 f.; *Zipperer*, NZI 2008, 206 (206).

801 EB, LS. 2.1.2.

802 EB, Einl., S. 16.

803 EB, Begr. LS 2.4.9.2, S. 279.

804 EB, LS 2.4.9.2.

805 EB, LS 2.2.20 Abs. 1, 2; EB, Begr. LS 2.4.9.2, S. 279.

Teil eines Plans durchaus gesellschaftsrechtliche Maßnahmen enthalten, deren Durchführung sich aber nach dem insoweit anwendbaren Gesellschaftsrecht richtet. Der Kommissionsbericht bleibt jedoch nicht an dieser Stelle stehen, sondern geht weiter. So sollte es insbesondere möglich sein, unter bestimmten Voraussetzungen die Zustimmung zu einem nicht mit der erforderlichen Mehrheit zustande gekommenen Beschluss durch das Insolvenzgericht ersetzen zu lassen[806]. Dies sollte dann zulässig sein, wenn die Reorganisation ohne die betreffende Maßnahme nicht durchgeführt werden hätte können und die Abstimmungsgruppen – die Gesellschafter waren nicht als solche vorgesehen – dem Plan mit den erforderlichen Mehrheiten zugestimmt hatten. Die gerichtliche Ersetzung eines fehlenden gesellschaftsrechtlichen Beschlusses sei deshalb gerechtfertigt, weil die Reorganisation nicht am Widerstand der Gesellschafter scheitern dürfe, wenn die anderen Beteiligten diese für aussichtsreich und sinnvoll hielten und bereit wären, sich an der Reorganisationslast zu beteiligen. Dabei sei auch zu berücksichtigen, dass die Mitgliedschaftsrechte der Gesellschafter wertlos, zumindest stark entwertet wären, wenn das noch vorhandene Gesellschaftsvermögen nicht zur vollständigen Befriedigung der Gläubiger ausreiche. Ferner sei zu beachten, dass als Alternative zur Reorganisation nur die Liquidation des insolventen Unternehmens in Betracht käme[807].

Ebenfalls auf die mögliche Wertlosigkeit der Anteile rekurriert der Bericht, wenn er einen Ausschluss von Gesellschaftern, deren Anteile wertlos sind und die nicht bereit sind, einen Nachschuss zu leisten oder der Gesellschaft neues Kapital zuzuführen, postuliert[808]. Der Ausschluss sollte bei Vorliegen der genannten Voraussetzungen im pflichtgemäßen Ermessen des Insolvenzgerichts stehen und nicht mit Rechtsmitteln angreifbar sein. Allerdings kann der betreffende Gesellschafter einen Abfindungsanspruch mit der Begründung, sein Anteil sei noch werthaltig gewesen, auf dem ordentlichen Rechtsweg geltend machen[809]. Grundlage für eine etwaige Abfindung ist dabei der Liquidationswert der Gesellschaft. Eine Beteiligung des Gesellschafters an durch die Reorganisation bedingten Wertsteigerungen soll ausdrücklich unterbleiben[810]. Zusätzlich sieht die Kommission einen Ausschluss von Gesellschaftern aus wichtigem Grund vor. Dieser soll ebenfalls durch Beschluss des Insolvenzgerichts erfolgen, im Gegensatz zum Ausschluss wegen Wertlosigkeit der Anteile aber mit dem Rechtsmittel der sofor-

---

806 EB, LS 2.2.20 Abs. 3. Der Anwendungsbereich dieser Befugnis wird durch LS 2.4.9.3 Einschränkungen unterworfen.

807 EB, Begr. LS 2.2.20, S. 192.

808 EB, LS 2.4.9.5; dieser Gedanke findet sich in *BGH* NJW 2010, 65 („Sanieren oder Ausscheiden") wieder.

809 EB, LS 2.4.9.9.

810 EB, LS. 2.4.9.9 Abs. 3; zustimmend *Ulmer,* ZHR 149 (1985), 541 (552).

tigen Beschwerde überprüfbar sein[811]. Ein wichtiger Grund sollte beispielsweise vorliegen, wenn die Gläubiger dem Plan nur unter der Bedingung zustimmen wollen, dass ein bestimmter Gesellschafter ausscheidet[812].

2. Weitere Entwicklung

Die Mutmaßung *Ulmers*, es erscheine zweifelhaft, ob die gegen den Bericht der Insolvenzrechtskommission vorgetragenen Bedenken den Gesetzgeber noch zu Korrekturen an diesem, gerade auch im Hinblick auf die angesprochenen Eingriffsbefugnisse, bewegen könnten[813], hat sich mit der Vorlage des Diskussionsentwurfs des Bundesjustizministeriums im Jahr 1988 erledigt, wobei die dort eingeschlagene Linie durch den Regierungsentwurf 1992 bestätigt wird und letzten Endes auch der InsO, wie wir sie heute kennen, ihr Gepräge gibt. Von Korrekturen kann keine Rede sein. Zutreffend ist es, wenn *Sassenrath* konstatiert, in Bezug auf die Zwangseingriffe in Anteilseignerrechte sei das Pendel denkbar weit in die andere Richtung umgeschwungen[814]. Die dort vorgeschlagenen Regelungen entsprechen inhaltlich schon in weiten Teilen der heutigen InsO. Dies gilt auch für das erstmalig als solches bezeichnete Institut des Insolvenzplans. Auch wird bereits das auch der heutigen InsO zugrunde liegende Ziel der Marktkonformität als Grundgedanke eines Insolvenzverfahrens angeführt[815]. Als Ausfluss dieser Marktkonformität sehen die Entwurfsverfasser unter anderem den Verzicht auf Zwangseingriffe in die Vermögensrechte der Beteiligten an[816]. Mit dem Hinweis, Gegenstand der Haftung sei das Vermögen des Schuldners, nicht seine gesellschafts- oder verbandsrechtliche Organisation[817], verzichten sie gerade auch auf Zwangseingriffe in die Rechte der am Schuldner beteiligten Personen. Mit Hinblick auf ein marktkonform ausgestaltetes Verfahren müssten solche unterbleiben[818]. Die gesellschaftsrechtlichen Maßnahmen müssten daher von den zuständigen Gesellschaftsorganen getroffen werden[819]. Kämen diese nicht zustande, müssten die Gläubiger den Fortführungswert des Schuldnervermögens eben im Wege einer übertragenden Sanierung realisieren[820]. Unstimmigkeiten ergeben

811 EB, LS 2.4.9.6.
812 EB, Begr. LS 2.4.9.6, S. 283.
813 Vgl. *Ulmer*, ZHR 149 (1985), 541 (566).
814 *Sassenrath*, ZIP 2003, 1517 (1521).
815 Vgl. DiskE, Allg. Begr., S. 15 ff.
816 DiskE, Allg. Begr., S. 18 ff.
817 DiskE, Allg. Begr., S. 33.
818 DiskE, Allg. Begr., S. 18.
819 Der DiskE enthielt diesbezüglich in § 285 bereits eine dem heutigen § 249 InsO entsprechende Regelung.
820 DiskE, Allg. Begr., S. 33.

sich daraus, dass die an der Schuldnergesellschaft beteiligten Personen zwar ganz offensichtlich nicht als Beteiligte in die gestaltende Wirkung des Plans einbezogen werden sollten, andererseits aber beispielsweise hinsichtlich des Planvorlagerechts, des Widerspruchsrechts gegen den Plan oder des Minderheitenschutzes doch eine gewisse Beteiligtenstellung erhielten[821].

Der 1989 veröffentlichte Referentenentwurf wie auch der Regierungsentwurf aus dem Jahr 1992[822] enthalten keine für die Untersuchung bedeutsamen Neuerungen. Der Rechtsausschuss des Deutschen Bundestags hat in seiner Beschlussempfehlung[823] die oben angesprochenen Unstimmigkeiten beseitigt, indem er den Anteilseignern die ihnen bis dahin zugebilligten Beteiligtenrechte nahm[824].

C. Schlussfolgerungen für aktuelle Reformüberlegungen

I. Verfahrensausrichtung

1. Vereinbarkeit einer Eingriffsnorm mit Marktkonformität des Verfahrens

a) Zulässigkeit eines Eingriffs in Vermögensrechte

Die Reformkommission hat bei den Arbeiten zum Ersten Bericht das Problem der Gesellschafterobstruktion erkannt und ganz offensichtlich in ihre Erwägungen einbezogen. Sie bringt dazu Lösungsvorschläge vor. Im Grundsatz belässt sie es dabei, dass das anzuwendende Gesellschaftsrecht auch nach Eröffnung eines Insolvenzverfahrens maßgeblich bleibt[825]. Gesellschaftsrechtliche Änderungen sind daher Gegenstand des darstellenden, nicht des gestaltenden Teils des Plans und bedürfen zu ihrer Wirksamkeit entsprechender gesellschaftsrechtlicher Beschlüsse. Erwähnung verdient dabei die Tatsache, dass die Kommission eine Aufnahme gesellschaftsrechtlicher Maßnahmen in den gestaltenden Teil, wobei

821 *Sassenrath,* ZIP 2003, 1517 (1521).

822 RegE InsO, BT-Drucks. 12/2443.

823 S. BT-Drucks. 12/7302.

824 Zustimmend *H.-F. Müller,* Verband in der Insolvenz, S. 320. Vgl. im Einzelnen zu den Änderungen *Sassenrath,* ZIP 2003, 1517 (1521 f.).

825 Eine in diesem Zusammenhang offenbar diskutierte Herabsetzung der Mehrheitserfordernisse für Gesellschafterbeschlüsse in der Insolvenz wurde abgelehnt, um einen „Eingriff in das bewährte allgemeine Gesellschaftsrecht" zu vermeiden, EB, Begr. LS 2.2.20, S. 192.

die Gesellschafter dann als eigene Abstimmungsgruppe am Verfahren beteiligt werden sollten, auch erwogen, dann aber verworfen hat, wie sich aus dem Bericht ergibt[826]. Gegen einen solchen Schritt sprachen aus ihrer Sicht organisatorische Bedenken bezüglich der Durchführbarkeit einer Abstimmung über den Reorganisationsplan unter Beteiligung der Gesellschafter insbesondere großer Kapitalgesellschaften. Zudem sollten die Insolvenzgerichte nicht mit der Aufgabe, gesellschaftsrechtliche Änderungen in eine sachgerechte Fassung zu bringen, belastet werden und die Rechte der Gesellschaftsorgane und Gesellschafter angemessen gewahrt bleiben[827]. Im Gegensatz zur heutigen Insolvenzordnung hält die Kommission diese gesellschaftsrechtliche Enthaltsamkeit nicht vollständig durch. Das Insolvenzgericht erhält umfangreiche Befugnisse, sie zu durchbrechen, indem es die Zustimmung zu gesellschaftsrechtlichen Beschlüssen ersetzen bzw. Gesellschafter ausschließen kann. Das dahinter stehende Motiv für diese Eingriffsbefugnis deckt sich weitestgehend mit dem im Laufe der Arbeit schon mehrfach angesprochenen. Da die Alternative zur Reorganisation die Liquidation ist, bei der die Gesellschafter angesichts der Entwertung ihrer Anteile im Regelfall gar nichts erhielten, ist es nicht angemessen, wenn ihre Position durch die Wahl der Reorganisationsalternative erheblich aufgewertet wird[828]. Dies gilt umso mehr, als es in einem Fall, in dem die Eingriffsbefugnisse relevant werden, gerade die davon betroffenen Gesellschafter sind, an deren mangelnder Mitwirkung das Reorganisationskonzept scheitert. Diesen Gedanken greift der Kommissionsbericht derart auf, dass ein Ausschluss wegen Wertlosigkeit der Anteile dann nicht in Betracht kommt, wenn der Gesellschafter sich dazu bereit findet, einen eigenen Sanierungsbeitrag zu leisten.

In den nachfolgenden Stadien des Reformprozesses erfolgt im Vergleich dazu eine deutliche Kehrtwende. Es wird zwar weiterhin festgestellt, dass die Gesellschaftsanteile bei Eröffnung eines Insolvenzverfahrens in aller Regel entwertet sind[829]. Doch sieht man darin keine Veranlassung oder gar Rechtfertigung mehr für einen Eingriff in Anteilseignerrechte. Diese tauchen jedenfalls nicht mehr auf; eine ausführliche Begründung unterbleibt insoweit. Es findet sich stets nur der Hinweis, in einem marktkonform ausgestalteten Verfahren sei kein Platz für Eingriffe in die Vermögensrechte der Beteiligten und das Organisationsgefüge des Schuldners. Dies folge aus den „allgemeinen Prinzipien der Wirtschaftsverfassung“[830]. Dies ist nach den bisherigen Ergebnissen der vorliegenden Arbeit in dieser Knappheit nicht nachzuvollziehen. Zur Klarstellung sei an dieser Stelle

826 EB, Begr. LS 2.2.20, S. 190.
827 EB, Begr. LS 2.2.20, S. 190.
828 In diesem Sinn bereits *Kilger*, ZRP 1984, 46 (51); zustimmend auch *Balz*, Sanierung, S. 49.
829 Vgl. DiskE, Allg. Begr., S. 62.
830 RegE InsO, BT-Drucks. 12/2443, S. 91.

betont, dass die Kritik sich insoweit nicht auf die gesamte Konzeption eines marktkonformen Verfahrens erstreckt, sondern sich vielmehr auf die gesellschaftsrechtliche Enthaltsamkeit beschränkt. Das Kommissionsmodell war vor allem dem Vorwurf ausgesetzt, ein Sanierungsleitbild zulasten anderer Verwertungsformen durchsetzen zu wollen[831]. Da das Insolvenzgericht die Entscheidung über Reorganisation und Liquidation zu treffen und bereits bei hinreichender Reorganisationswahrscheinlichkeit die Reorganisationsvariante zu wählen hat, ist dies nicht von der Hand zu weisen. Diese Gewichtung des Verfahrens ist indes nur akzeptabel, wenn man es als Aufgabe des Insolvenzrechts ansieht, den Zusammenbruch von Unternehmen um jeden Preis zu verhindern. Ein so gewählter Ansatz geht jedoch fehl. Aufgabe des Insolvenzrechts muss es vielmehr sein, Regelungen zur Verfügung zu stellen, mithilfe derer das noch vorhandene Vermögen unter den Knappheitsbedingungen der Insolvenz dem für alle Beteiligten bestmöglichen Ergebnis zugeführt werden kann. Dies impliziert bereits, dass es sich auf das Verhältnis Gläubiger-Schuldner zu konzentrieren hat[832] und seinen Blick nicht, wie es im Bericht der Insolvenzrechtskommission anklingt, auf gesamtwirtschaftliche oder soziale Zielpunkte richten kann[833]. Die Beantwortung der Frage, wann ein Unternehmen aus solchen Erwägungen vor dem Untergang gerettet werden sollte, bereitet schon genug Probleme, wenn man sie der Politik überlässt[834] und kann nicht dem Insolvenzrecht aufgebürdet werden. So verstanden ist die postulierte Marktkonformität des Verfahrens durchaus zu begrüßen[835]. Nur wenn ein gleichberechtigtes Nebeneinander der Verwertungsarten besteht, lässt sich überhaupt mit Fug und Recht von einem einheitlichen Verfahren reden, in dem es dann den Beteiligten obliegen muss, die für sie beste Verwertungsart zu wählen. Der Kritik ist beizupflichten, wenn sie feststellt, dass das von der Kommission gewählte Modell das auch angestrebte Ziel eines einheitlichen Verfahrens nicht erreichen konnte[836]. *Balz* hat demnach Recht, wenn er einem unternehmensrechtlichen Denken, welches dem Unternehmen als organisatorischer Einheit einen zu erhaltenden Wert, der über dessen Marktwert hin-

---

831 Stellvertretend für die Kritik *Balz*, Sanierung, S. 20ff., 53ff.

832 So *Balz*, ZIP 1988, 273 (275). Anders insoweit der EB, Einl., S. 7.

833 Vgl. EB, Einl., S. 7. Mit dieser Einordnung ist nicht gesagt, dass das Insolvenzrecht als ordnungspolitisches Instrument nicht einen wichtigen Einfluss auf die Gesamtwirtschaft ausübt, vgl. dazu DiskE, Allg. Begr., S. 9ff.

834 Dies zeigte sich deutlich an der Diskussion um etwaige Staatshilfen für Opel, vgl. etwa Handelsblatt v. 7.12.2009. Allgemein zu diesem Thema auch *Uhlenbruck/Vallender*, NZI 2009, 1 (2f.).

835 Kritisch zur Verwendung des Begriffs der Marktkonformität in diesem Kontext *Henckel*, KTS 1989, 477 (483f.).

836 S. *Gravenbrucher Kreis*, ZIP 1989, 468 (472); relativierend aber *Henckel*, KTS 1989, 477 (489).

ausgeht, zuweist, eine klare Absage erteilt[837]. Hingegen scheint es unter marktwirtschaftlichen Gesichtspunkten legitim, das Unternehmen als vermögenswerte Einheit anzusehen, die in ihrem Wert mitunter über ihre Einzelbestandteile hinausweist. Liegt dieser Wert über dem Liquidationswert und kann er, was wie gesehen möglich ist, im Rahmen einer übertragenden Sanierung nicht realisiert werden[838], bietet der Erhalt des Unternehmens unter Beibehaltung des bisherigen Trägers die beste Lösung. Es geht dann nicht um die rechtliche Subjektivierung eines Unternehmens unabhängig von seinem Träger[839] oder die Verfestigung der Gesellschaftsorganisation um ihrer selbst willen – eine solche liefe einem marktkonformen Verfahren klar zuwider -, sondern um die bestmögliche Verwertung des Schuldnervermögens, welche im konkreten Fall nun einmal unter Beibehaltung des organisatorischen Verbunds unter dem bisherigen Unternehmensträger erfolgt. An dieser Stelle zeigt sich, dass die Formulierung, Gegenstand des Insolvenzrechts müsse das Vermögen, nicht die Organisation des Schuldners sein, als pauschale Begründung für einen Verzicht auf gesellschaftsrechtliche Eingriffe neben der Sache liegt. Ein marktkonformes Insolvenzverfahren ist vermögensorientiert auszugestalten. Die hier vertretene Auffassung setzt sich dazu auch nicht in Widerspruch. Bei der Gesellschaftsinsolvenz geht es um die Maximierung des noch vorhandenen Schuldnervermögens zum Zweck der Gläubigerbefriedigung[840], die in manchen Fällen die Fortführung des Unternehmens durch den bisherigen Träger erfordert. Wenn dabei gesellschaftsrechtliche Änderungen erfolgen, geschieht dies einerseits, um diese Fortführung überhaupt erst zu ermöglichen, andererseits, um das auf diese Weise maximierte Vermögen den Gläubigern zugänglich zu machen. Mithin soll vor allem sichergestellt werden, dass das Vermögen auch an diejenigen verteilt wird, die in erster Linie Anspruch darauf haben[841]. Nach derzeitiger Gesetzeslage ist die Kooperationsbereitschaft der bisherigen Gesellschafter dabei unerlässlich. Eine gesetzliche Regelung, welche dafür sorgte, dass gesellschaftsrechtliche Änderungen im Planverfahren erforderlichenfalls auch zwangsweise durchgesetzt werden können, machte das Verfahren damit noch lange nicht zu einem organisationsorientierten. Das Verfahren bliebe in diesem Fall nicht nur vermögensorientiert, darüber hinaus böte es auch die Grundlage dafür, dass die Beteiligten die ihrer Ansicht nach vorteilhafteste Art der Vermögensverwertung wählen können. Letztlich entsteht erst dadurch der gewünschte „Wettbewerb um die beste Verwertungsart“[842]. Es geht

837 *Balz,* ZIP 1988, 273 (275).
838 S. o. S. 91 ff.
839 Kritisch dazu *Balz*, S. 22.
840 So auch *Henckel,* KTS 1989, 477 (486).
841 Ebenso *Bitter,* ZGR 2010, 147 (194 f.).
842 RegE InsO, BT-Drucks. 12/2243, S. 78, 92.

bei den gesellschaftsrechtlichen Eingriffen somit nicht um eine Abkehr von der Vermögensorientiertheit des Insolvenzverfahrens, sondern vielmehr um unterstützende Maßnahmen, die ein solches Verfahren in seinen verschiedenen, vom jeweiligen Einzelfall abhängigen Ausprägungen überhaupt erst ermöglichen. Dies übersieht die angesprochene Begründung in ihrer undifferenzierten Knappheit. Der diffuse Verweis auf allgemeine Prinzipien der Wirtschaftsverfassung erweist sich dabei als inhaltsleer[843].

b) Verbot der Umverteilung

Ein weiterer Konfliktpunkt, der in diesem Zusammenhang genannt wird, ist das Umverteilungsverbot, das in einem solchen Verfahren gelten müsse[844]. Auch insoweit handelt es sich um ein Anliegen, das ebenso wie die Vermögensorientiertheit des Verfahrens als berechtigt gelten muss. In einem marktkonformen Verfahren sollen den Beteiligten keine Vermögensopfer abgenötigt werden. Niemand soll zu Investitionen gezwungen werden, für erlittene Vermögensopfer ist eine Entschädigung zu leisten[845]. Entzündet hat sich der diesbezügliche Streit vor allem am Verhältnis der gesicherten zu den ungesicherten Gläubigern[846], allerdings wird er auch auf die Beziehung Gläubiger-Eigentümer ausgeweitet und damit der zwingende Verzicht auf Eingriffe in die Rechte der Anteilseignerrechte begründet[847]. Auch wenn man das Umverteilungsverbot als im Grundsatz richtig anerkennt, vermag diese Schlussfolgerung im vorliegenden Zusammenhang dennoch wiederum nicht zu überzeugen. Es ist richtig, dass allein die Eröffnung eines Insolvenzverfahrens keine Rechtfertigung für Beeinträchtigungen der vermögensrechtlichen Stellung der vom Verfahren Betroffenen bietet. Die Reihenfolge, in der bestehende Ansprüche zu befriedigen sind, unterscheidet sich nicht von der außerhalb des Verfahrens[848]. Im Chapter 11-Verfahren nach US-Recht wird dies als *absolute priority rule* bezeichnet[849]. Nichts anderes gilt im Insolvenzplanverfahren. Hier soll niemand schlechter stehen, als er im Fall des Regelinsolvenzverfahrens stünde und dieses muss sich seinerseits an den vorinsolvenzlichen Rechten der Beteiligten orientieren. Entscheidend ist, ob diese Reihenfolge durch

843 S. auch *Sassenrath,* ZIP 2003, 1517 (1518), der mit Recht darauf hinweist, dass dieselbe Wirtschaftsverfassung Eingriffe in Gläubigerrechte bedenkenlos anerkennt.

844 *Balz,* ZIP 1988, 273 (278).

845 So auch RegE InsO, BT-Drucks. 12/2443, S. 79, 99.

846 Vgl. *Balz,* ZIP 1988, 1438 (1440), mit weiteren Nachweisen.

847 RegE InsO, BT-Drucks. 12/2443, S. 78.

848 *Balz,* ZIP 1988, 1438 (1439).

849 S. o. Fn. 669.

einen Eingriff in Gesellschafterrechte gestört würde. Wie schon gezeigt wurde[850], ist dies, sofern gewährleistet ist, dass die Altgesellschafter jedenfalls den Liquidationswert ihrer Beteiligung erhalten, nicht der Fall. Durch einen Eingriff in die Anteilseignerrechte kommt es auch nicht zu einer unzulässigen Vermögensumverteilung zulasten der Gesellschafter. Diese nehmen bei der Befriedigung den letzten Rang ein. Die wechselseitige Verbindung zwischen der Gesellschaft und den sie konstituierenden Anteilen[851] bedingt es, dass diese notwendig sind, um auf den in der zu reorganisierenden Gesellschaft verkörperten Vermögenswert zuzugreifen. Angesichts im Regelfall entwerteter Anteile, der Maßgeblichkeit der Liquidationsalternative als Vergleichsmaßstab sowie der Tatsache, dass es nicht legitim erscheint, dass die Gesellschafter die Nutznießer einer möglichen Revalutierung ihrer Beteiligungen sind, stehen diese bei einem Eingriff in ihre Anteilsrechte vermögensmäßig nicht schlechter. Ihnen steht lediglich ein etwaiger Restwert der Beteiligung zu. Ist dessen Erhalt gesichert, kann von einer unzulässigen Vermögensumverteilung nicht die Rede sein. Die Frage *Ulmers*, mit welcher Rechtfertigung die Interessen der Gesellschafter denjenigen der Gläubiger zum Zweck der Reorganisation zu weichen haben sollten[852], ist deshalb falsch formuliert. Es geht nicht darum, dass Interessen der einen Gruppe denen einer anderen „weichen“, sondern um die Beachtlichkeit einer Interessenrangfolge, wie sie in ihrer konkreten Ausgestaltung von allen Betroffenen so festgelegt wurde. Dann geht es vielmehr nur noch um die Frage, wie die berechtigten Interessen der Beteiligten realisiert werden können. Dabei tritt die etwaige Notwendigkeit anteilsbezogener Eingriffe zutage. Hält man sich aber an die genannten Voraussetzungen, kann keine Rede davon sein, dass „berechtigte Interessen der Gesellschafter hinter diejenigen von Gläubigern zurückgesetzt werden“[853]. Die Fragestellung müsste eher lauten, weshalb Interessen der Gläubiger hinter diejenigen der Gesellschafter zurücktreten sollten und weshalb im Hinblick auf die Beeinträchtigung von deren Rechten offenbar kein Legitimationsproblem gesehen wird[854]. Auch in dieser Hinsicht erweisen sich die Argumente der Eingriffsgegner allenfalls vordergründig als tragfähig[855].

850 S. o. S. 128ff.

851 Vgl. dazu o. S. 130ff.

852 *Ulmer*, ZHR 149 (1985), 541 (559).

853 Diese Sorge äußert *Ulmer*, ZHR 149 (1985), 541 (559) im Hinblick auf die Legitimation gesellschaftsrechtlicher Eingriffe.

854 Auf dieses Ungleichgewicht weisen *Tashiro*, FS Braun, 375 (387) und *Sassenrath*, ZIP 2003, 1517 (1518) hin.

855 Die Beliebigkeit, mit der das Argument des Umverteilungsverbots verwendet wird, zeigt sich bei *Kautz*, Neuordnung der GmbH, S. 165, 176, wo es einmal dazu dient, Erpressungszahlungen an obstruierende Gesellschafter zu missbilligen, das andere Mal, um einen zwangsweisen Zugriff auf die Anteile auszuschließen.

c) Kein Investitionszwang

Schließlich steht noch der Vorwurf eines Systembruchs im Raum, weil der Eingriff in Gesellschafterrechte mittelbar gegen das gesellschaftsrechtliche Belastungsverbot verstoße, nach dem kein Anteilseigner verpflichtet werden darf, Nachschüsse zu leisten, für die es keine gesellschaftsvertragliche Grundlage gibt[856]. Begründet wird dies damit, dass durch die drohende Entziehung der Mitgliedschaftsrechte ein mittelbarer Investitionszwang geschaffen werde, der umso weniger zu rechtfertigen sei, als er auf Gläubigerseite nicht bestünde[857]. Zu dem letzten Vorwurf sei zunächst gesagt, dass es richtig ist, dass die Gläubiger durch Planregelungen rechtlich nicht zu Investitionen gezwungen werden können[858]. Dies verschweigt aber, dass eine Reorganisation, die Aussicht auf Erfolg haben will, faktisch fast durchweg Investitionen der Gläubiger voraussetzt. Diese müssen insoweit die bereits erwähnte Investitionsentscheidung treffen. Was wiederum die Gesellschafter und einen vermeintlichen Verstoß gegen das Belastungsverbot anbelangt, ist der konstatierte Systembruch nicht zu erkennen. Indem sie sich an der Gesellschaft beteiligten, haben die Anteilseigner bereits eine Investition getätigt. Mit Eröffnung des Insolvenzverfahrens ist ein Zeitpunkt erreicht, ab dem ihnen das dieser stets immanente Verlustrisiko spätestens deutlich vor Augen geführt wird. Der endgültige Untergang der Beteiligung im Zuge der Liquidation droht. Sollen die Gesellschaft und damit die an ihr bestehenden Anteile hingegen fortbestehen, ist es schwer begründbar, weshalb die Altgesellschafter in dieser Variante ihre Anteile behalten dürfen sollten, ohne sich in irgendeiner Form an der Reorganisationslast zu beteiligen. Von einem Investitionszwang zu sprechen, ist in diesem Zusammenhang verfehlt[859]. Allenfalls soweit sie durch eine weitere Investition ihre Beteiligung an der Gesellschaft zu erhalten bemüht sind, könnte man von einer Art Nachschusspflicht reden. Diese hat jedoch ihre Ursache nicht im Bestehen einer möglichen Eingriffsbefugnis in die Gesellschafterrechte, sondern allgemein in den Gegebenheiten eines Insolvenzverfahrens. Zudem werden die Gesellschafter sich zu eigenen Zahlungen nur bereit finden, wenn sie an den Erfolg einer Reorganisation glauben und diese mithin als ernsthafte Investitionsmöglichkeit ansehen. Ist dies nicht der Fall, müssen sie die Folgen des Insolvenzverfahrens und den davon umfassten Verlust der Beteiligung in Kauf nehmen[860].

856 *H.-F. Müller*, Verband in der Insolvenz, S. 370.

857 *H.-F. Müller*, Verband in der Insolvenz, S. 370

858 Teils kritisch unter dem Gesichtspunkt einer zwangsweisen Übernahme von Gesellschaftsanteilen durch Gläubiger *Eidenmüller/Engert*, ZIP 2009, 541 (552).

859 Dies klingt auch in der Kritik von *Achsnick*, Options-Modelle, S. 172 durch.

860 Davon ist die Frage zu trennen, ob ein Gesellschafter trotz seiner weiteren Investitionsbereitschaft mithilfe einer Eingriffsbefugnis aus der Gesellschaft gedrängt werden kann, vgl. u. S. 204 ff.

Insofern liegt kein Zwang vor, vielmehr müssen die Gesellschafter erneut eine freie Investitionsentscheidung treffen.

d) Zwischenergebnis

Zusammenfassend ist festzuhalten, dass die Abkehr von den Vorschlägen der Insolvenzrechtskommission, was die grundsätzliche Ausgestaltung des Verfahrens betrifft, nachvollziehbar und zu begrüßen ist[861]. Die ab dem Diskussionsentwurf gewählte konzeptionelle Ausgestaltung soll daher bei den nachfolgenden Reformüberlegungen nicht nur deshalb zugrunde gelegt werden, weil sie letztlich auch Eingang in die InsO gefunden hat und diese das Umfeld bildet, in welches Neuregelungen einzubetten sind – auch wenn dies ein nicht zu unterschätzendes Argument ist –, sondern vor allem auch, weil sie inhaltlich überzeugt. Gerade wenn man sich aber die genannten Vorteile vor Augen hält, ist die Auffassung nicht einsichtig, nach der die verfahrenstechnische Neuausrichtung zwingend einen Verzicht auf Eingriffe in Gesellschafterrechte zeitigen müsse. Solche stehen keineswegs in Widerspruch zu einem marktkonformen Verfahren, sondern lassen sich vielmehr in ein solches einfügen, ohne dass dabei die Prinzipien des Verfahrens preisgegeben werden müssten. Im Gegenteil, sie tragen dazu bei, dass einige Punkte, vor allem das gleichberechtigte Nebeneinander der Verwertungsarten, die ihnen zugedachte Wirkung erst entfalten können[862].

2. Unvereinbarkeit der Kommissionsvorschläge mit Gläubigerautonomie

Dies bedeutet freilich noch nicht, dass die Eingriffsmöglichkeiten in der Form, wie sie im Bericht der Insolvenzrechtskommission ihren Niederschlag gefunden haben, zu übernehmen sind.

Was auffällt, wenn man sich die dort aufgeführten Eingriffsbefugnisse ansieht, ist, dass sie allesamt einen Beschluss des Insolvenzgerichts voraussetzen[863]. Dies entspricht einerseits der Linie, wonach das Insolvenzgericht bereits über die grundsätzliche Verfahrensausrichtung, sprich Liquidation bzw. Reorganisation, zu befinden hat. Andererseits verwundert es aber, da der Bericht die durch das vorgeschlagene Reorganisationsverfahren gesteigerte und dort vor-

861 Zustimmend auch *Gravenbrucher Kreis*, ZIP 1989, 468 (469).

862 Wie hier HK-InsO/*Flessner*, § 221 Rn. 4, der die Aussparung der Gesellschafter als Widerspruch zu allen rechtspolitischen Leitgedanken des neuen Insolvenzrechts ansieht.

863 S. EB, LS. 2.2.20 Abs. 3, 2.4.9.5 Abs. 1, 2.4.9.6.

herrschende Autonomie der Beteiligten hervorhebt[864]. Die Beteiligtenautonomie bildete sich in der Folge auch zu einem wichtigen Grundprinzip der nachfolgenden Entwürfe und schließlich der InsO sowie insbesondere des Insolvenzplans heraus[865]. Sie lässt sich auch als wichtiger Teil der angestrebten Deregulierung des Insolvenzrechts sehen. Insofern wirkt es befremdlich, wenn nach den Vorstellungen des Kommissionsberichts sämtliche Ausnahmen von der gesellschaftsrechtlichen Enthaltsamkeit des Insolvenzrechts dem Insolvenzgericht zur Entscheidung überantwortet sind. Es mag zwar durchaus sein, dass die Entscheidung im Ergebnis häufig nicht von derjenigen abweicht, welche die Beteiligten, ihre Entscheidungsbefugnis unterstellt, selbst getroffen hätten, weil das Gericht zumeist die im darstellenden Teil des Plans aufgestellten Inhalte umsetzen wird. Es ist jedoch keinesfalls gewährleistet, dass das Gericht bei der Umsetzung nach dem Willen der Beteiligten handelt[866]. Zudem ist es mit Blick auf den Grundsatz der Beteiligtenautonomie das falsche Zeichen. Der Wille der Beteiligten ist gerade im Planverfahren essentiell, zumal wenn es um einen Reorganisationsplan geht. Bei letzterem bilden sich die Beteiligten ihre Meinung auf unsicherer Tatsachengrundlage; die von ihnen getroffene Prognose ist stets mit einem mehr oder minder großen Risiko behaftet. Wenn sie sich dafür entscheiden, dieses Risiko einzugehen, muss ihnen auch die Entscheidung darüber zustehen, was angesichts der konkreten Gegebenheiten aus ihrer Sicht wirtschaftlich sinnvoll ist oder nicht. Anders formuliert bedeutet das, dass die Gläubiger nur selbst beurteilen können, ob im Einzelfall der Fortführungswert des Unternehmens den Liquidationswert übersteigt[867]. Hierfür lässt sich kein objektiver Maßstab bilden. So ist es beispielsweise vorstellbar, dass ein Gläubiger finanzielle Einbußen in Kauf nimmt, um eine seiner Meinung nach auch in Zukunft viel versprechende Geschäftsverbindung aufrechtzuerhalten[868]. In solchen Fragen stößt das Gericht bei der Entscheidungsfindung zwangsläufig an seine Grenzen. Die weit reichenden Befugnisse des Insolvenzgerichts machen die geäußerten Bedenken gegen einen „wirtschaftslenkenden Amtsrichter"[869] oder die Angst vor einer „gericht-

864 EB, Begr. LS 2.1.2, S. 162. Der *Gravenbrucher Kreis*, BB 1986/Beil. 15, S. 3, tut dies denn auch, nicht ohne Berechtigung, als „Lippenbekenntnis" der Kommission ab.

865 RegE InsO, BT-Drucks. 12/2443, S. 90, 99 f.

866 Darauf weist *Henckel*, KTS 1989, 477 (489) hin, der aber zugleich Skepsis angesichts einer zu starken Betonung der Gläubigerautonomie zeigt.

867 *Balz*, ZIP 1988, 273 (276).

868 *Balz*, Sanierung, S. 20.

869 *Balz*, ZIP 1988, 273 (275).

lichen Zwangsfürsorge“[870] nachvollziehbar[871]. Die Entscheidung über den Inhalt des Plans sollte daher auch in Zukunft bei den von den Planwirkungen Betroffenen liegen. Dem Gericht obliegt es sodann als Kontrollinstanz, die getroffene Entscheidung auf ihre Rechtmäßigkeit zu überprüfen und somit für den Schutz der überstimmten Minderheit zu sorgen[872].

Akzeptiert man dies als grundsätzliche Entscheidung zugunsten der Beteiligtenautonomie, insbesondere der Gläubigerautonomie, hat dies zur Folge, dass die Vorschläge der Insolvenzrechtskommission in ihrer konkreten Fassung hinfällig werden. Dies heißt indes nicht, dass sie völlig unbrauchbar wären. Womöglich lassen sich die ihnen zugrunde liegenden Gedanken bei der gedanklichen Formulierung einer Neuregelung nutzbar machen, sofern man sie in ein an der Autonomie der Beteiligten orientiertes Verfahrensschema überträgt.

II. Art des Eingriffs

1. Zweiteilung der Eingriffsrichtung

Die Vorschläge der Kommission lassen sich, wie gesehen, in ihrer konkreten Ausgestaltung nicht in das bestehende Planverfahren nach der InsO eingliedern, weil es insoweit zu Konflikten mit der konzeptionellen Grundausrichtung des Gesetzes käme und letztere hier nicht zur Disposition steht. Sie lassen aber bereits die Richtung erkennen, welche die Einführung gesellschaftsrechtlicher Eingriffsbefugnisse im Insolvenzplanverfahren einschlagen kann. Dabei sind grob zwei Bereiche zu unterscheiden. Der eine Bereich kommt im Rahmen der Kommissionsvorschläge durch die gerichtliche Ersetzungsbefugnis im Hinblick auf Gesellschaftsbeschlüsse zum Ausdruck. Insoweit geht es um die Frage, ob und gegebenenfalls in welcher Form die Umstände bei Einleitung eines Insolvenzplanverfahrens es rechtfertigen, auf die Willensbildung der Schuldnergesellschaft Einfluss zu nehmen. Hier geht es mithin nicht – jedenfalls nicht unmittelbar – um die rechtliche Zuweisung der Gesellschaftsbeteiligung. Diese verbleibt beim bisherigen Gesellschafter, wenn sie auch in ihrem konkreten Bestand durch entsprechende Beschlüsse im Insolvenzplan gravierenden Änderungen unterworfen sein kann. Hingegen nimmt in den beiden im Kommissionsbericht auf-

870 *K. Schmidt*, KTS 1982, 613 (620); s. auch *K. Schmidt*, KS, 1199 (1212), wo dieser von der „beklemmenden Vision“ des Insolvenzrichters als „gesellschaftsrechtlicher Zwangsbeglücker“ spricht.

871 Äußerst kritisch auch *Gravenbrucher Kreis*, BB 1986/Beil. 15, S. 3, der eine die Gläubigerautonomie aushöhlende „Verstaatlichung“ der Insolvenzabwicklung befürchtet.

872 Vgl. *Gottwald*, FS Giger, 195 (204).

geführten Ausschlusstatbeständen der Bereich Gestalt an, in dem es darum geht, die Beteiligung des Gesellschafters an der Gesellschaft nicht nur zu modifizieren, sondern aufzuheben bzw. Dritten zuzuweisen. Die Insolvenzrechtskommission hat beide Bereiche in ihre Vorschläge aufgenommen. Dabei ist es aber auch durchaus denkbar, Maßnahmen nur in einem der beiden Bereiche vorzusehen, wie es in der Auseinandersetzung mit den Kommissionsvorschlägen auch geschehen ist[873]. Die Untersuchung geht zunächst auf den erstgenannten Bereich ein, der sich aus Sicht der Altgesellschafter grundsätzlich als weniger gravierend darstellt.

a) Ersetzung gesellschaftsrechtlicher Beschlüsse

Wie die heutige InsO geht der Kommissionsbericht im Grundsatz von der Autonomie des Gesellschaftsrechts nach der Eröffnung des Insolvenzverfahrens aus. Maßgeblich für das Zustandekommen von Gesellschaftsbeschlüssen sollte demnach das jeweils maßgebende Handels- und Gesellschaftsrecht sein[874]. Für den Fall, dass ein im darstellenden Teil des Plans vorgesehener Beschluss mangels erforderlicher Mehrheit nicht zustande käme, sollte das Gericht diesen aber ersetzen können[875]. Dazu bedurfte es jedoch zweier Voraussetzungen. Zunächst musste der Plan von den Abstimmungsgruppen mit den erforderlichen Mehrheiten angenommen worden sein. Das versteht sich von selbst, da, lässt man einmal die grundsätzlichen Bedenken gegen ein gerichtliches Handeln außer Acht[876], nur der angenommene Plan die Legitimationsgrundlage für ein Handeln des Gerichts bilden kann. Des Weiteren sollte die Ersetzung nur zulässig sein, wenn die Reorganisation ohne die zu beschließende Maßnahme nicht durchgeführt werden könnte. Dieses Erforderlichkeitskriterium ist zunächst einmal zu begrüßen, da es mit dem Anspruch verbunden ist, die Eingriffe in das Gesellschaftsrecht auf das für die Reorganisation unabdingbare Maß zu beschränken[877]. Allerdings wird die Beurteilung dieser Frage häufig kontrovers ausfallen, was ein gewisses Konfliktpotential mit sich bringt[878].

Lehnt man mit der hier vertretenen Auffassung eine gerichtliche Ersetzungsbefugnis mit Rücksicht auf den Grundsatz der Gläubigerautonomie ab, bleibt zur

873 So lehnt insbesondere *K. Schmidt*, Gutachten 54. DJT, D 83 den Ausschluss von Gesellschaftern strikt ab, während er der gerichtlichen Ersetzungsbefugnis jedenfalls im Ansatz aufgeschlossen gegenübersteht, vgl. aaO, D 80f. Kritischer *Ulmer*, ZHR 149 (1985), 541 (550ff.).

874 Vgl. EB, LS 2.2.20 Abs. 1, 2.

875 Dazu EB, LS 2.2.20 Abs. 3.

876 Dazu o. S. 179ff.

877 *Ulmer*, ZHR 149 (1985), 541 (550) plädiert daher dafür, es als eine Art Obersatz für Eingriffe in die Verhältnisse der Gesellschaft vorzusehen.

878 Näher u. S. 201ff.

Umsetzung einer solchen Eingriffsbefugnis vor allem die Möglichkeit, welche auch die Insolvenzrechtskommission schon anspricht, die gesellschaftsrechtlichen Änderungen in den gestaltenden Teil des Insolvenzplans einzubeziehen[879]. Die rechtsvergleichenden Betrachtungen haben gezeigt, dass ein solches Vorgehen im Reorganisationsrecht der USA wie Englands zulässig ist. Ein solches Vorgehen entspräche auch dem der InsO zugrunde liegenden Postulat der Beteiligtenautonomie. Die Beteiligten stimmen, wie bisher auch, über den Plan und die darin enthaltenen gesellschaftsrechtlichen Änderungen ab. Der Unterschied zur derzeitigen Situation läge darin, dass die Änderungen nunmehr durch die Aufnahme in den Plan und die Bestätigung desselben durch das Gericht wirksam würden, ohne dass es einer Abstimmung der Gesellschafter bedürfte. Auch eine gesonderte gerichtliche Entscheidung über die gesellschaftsrechtliche Maßnahme, wie sie der Kommissionsbericht vorsah, wäre nicht nötig. Das Gericht hätte natürlich den Plan in seiner Gänze, d. h. einschließlich der gesellschaftsrechtlichen Änderungen, auf seine Rechtmäßigkeit zu überprüfen. Dies entspricht seiner Aufgabe als kontrollierende, nicht aber gestaltende Instanz im Verfahren. Der Inhalt dieser Prüfung hängt von der konkreten Form der in das Gesetz zu integrierenden Eingriffsbefugnis ab. An dieser Stelle sei aber bereits gesagt, dass der von der Kommission vorgebrachte Einwand, es ginge nicht an, das Insolvenzgericht mit derlei Fragestellungen zu behelligen[880], wenn er es denn je tat, jedenfalls heute nicht mehr überzeugt[881]. Denn bereits die bestehenden Regelungen der InsO verlangen vom Insolvenzrichter nicht nur oberflächliche Kenntnisse gesellschaftsrechtlicher Fragestellungen. Sollte hier ein Problem liegen, sollte man dieses eher durch eine Reform der Insolvenzgerichte zu beheben versuchen[882], als daraus inhaltliche Restriktionen für das Verfahren abzuleiten. In diesem Zusammenhang taucht des Weiteren die Frage auf, ob es, schüfe man eine solche Eingriffsnorm, notwendig würde, die Anteilseigner zu Beteiligten an der Abstimmung über den Insolvenzplan zu machen[883]. Wie die rechtsvergleichende Darstellung gezeigt hat, sehen das Reorganisationsrecht Englands wie auch das der USA eine Einbeziehung

879 Vgl. EB, Begr. LS 2.2.20, S. 190. Für die Aufnahme in den gestaltenden Teil auch *Gravenbrucher Kreis*, BB 1986/Beil. 15, S. 10f.

880 EB, LS 2.2.20, S. 190.

881 Ebenso *H.-F. Müller*, Verband in der Insolvenz, S. 363. *Sassenrath*, ZIP 2003, 1517 (1528) weist zu Recht darauf hin, dass diese Probleme auf der Gläubigerseite in ähnlicher Weise bestehen und bewältigt werden.

882 In diese Richtung tendieren *Uhlenbruck/Vallender*, NZI 2009, 1 (3). Der RegE ESUG, S. 28f. sieht zu diesem Zweck die Konzentration von Gerichtszuständigkeiten vor, dazu *Schmerbach*, ZInsO 2011, 405.

883 Davon geht ganz offensichtlich die Insolvenzrechtskommission aus, s. EB, Begr. LS 2.2.20, S. 190. Auch *Sassenrath*, ZIP 2003, 1517 (1528) sieht eine Einbeziehung der Anteilseigner in den Kreis der Planbeteiligten vor; ebenso *Balz*, Sanierung, S. 62f., 66, 68.

gesellschaftsrechtlicher Maßnahmen in die gestaltende Wirkung eines Plans vor. In beiden Rechtsordnungen geht damit eine Beteiligung der Anteilseigner am jeweiligen Reorganisationsverfahren einher, die allerdings unterschiedlich stark ausgeprägt ist[884].

b) Ausschluss von Gesellschaftern

Auch was die etwaige Verankerung einer Ausschlussbefugnis angeht, zwingen einen die obigen Feststellungen, von den Vorstellungen der Kommission abzuweichen, um dem Prinzip der Beteiligtenautonomie Rechnung zu tragen. Insofern ist ebenfalls die Aufnahme einer entsprechenden Regelung in den gestaltenden Teil des Insolvenzplans in Betracht zu ziehen[885]. Der Vorschlag von *Kautz,* die Entscheidung über den Ausschluss eines Gesellschafters in den Händen seiner Mitgesellschafter zu belassen[886], verdient keine Zustimmung. Danach sollte der Ausschluss von einem entsprechenden Beschluss der Gesellschafter sowie von einem anschließenden Beschluss des Insolvenzgerichts abhängig sein und eine entsprechende Rechtsgrundlage in das Gesellschaftsrecht aufgenommen werden[887]. Es sollte sich um einen Ausschluss aus wichtigem Grund handeln, wobei die Beurteilung eines solchen insolvenzspezifisch dahingehend erweitert werden sollte, dass er auch dann vorliegen sollte, wenn die Gläubiger den Ausschluss im darstellenden Teil vorgesehen hätten oder der betreffende Gesellschafter nicht zur Übernahme einer neuen Kapitalbeteiligung bereit wäre[888]. Das zusätzliche Erfordernis eines Beschlusses des Insolvenzgerichts sollte den betroffenen Gesellschafter vor willkürlichen Entscheidungen seiner Mitgesellschafter bewahren[889]. Unabhängig davon, dass das Gesellschaftsrecht wohl nicht der richtige Ort für eine solche Regelung ist[890], ergeben sich weitere Einwände. Der wichtigste ist, dass *Kautz* zwar die mit der gesellschaftsrechtlichen Enthaltsamkeit der Insolvenzordnung verbundenen Probleme erkennt[891], aber nichts Substantielles zu deren Überwindung beiträgt. Das von ihm gewählte Modell durchbricht die Enthaltsamkeit gerade nicht, da es die Entscheidungsgewalt bei den Gesellschaftern bzw. dem Insolvenzgericht belässt. Den Gläubigern gesteht

884 Dazu o. S. 141 ff.

885 Dafür plädieren etwa *Sassenrath,* ZIP 2003, 1517 (1528) und *Gravenbrucher Kreis,* BB 1986/ Beil. 15, S. 10 f.

886 S. *Kautz,* Neuordnung der GmbH, S. 174 ff. Die Vorschläge beschränken sich dem Gegenstand der betreffenden Untersuchung entsprechend auf die GmbH.

887 *Kautz,* Neuordnung der GmbH, S. 177 ff.

888 *Kautz,* Neuordnung der GmbH, S. 177 ff.

889 *Kautz,* Neuordnung der GmbH, S. 176.

890 Vgl. sogleich S. 188 ff.

891 *Kautz,* Neuordnung der GmbH, S. 164 f., 174.

der Vorschlag nur insoweit Einfluss zu, als diese mit der Aufnahme des Ausschlusses in den darstellenden Teil des Plans einen wichtigen Grund schaffen können. Zur Durchsetzung dieser Maßnahme wären sie aber unverändert auf die Mitwirkung der Gesellschafter angewiesen. Diese Konzeption erscheint in sich widersprüchlich, da sie einerseits das Bedürfnis der Gläubiger erkennt, in der Reorganisation auf die Zusammensetzung des Gesellschafterkreises Einfluss zu nehmen, den Schritt, den Gläubigern entscheidenden Einfluss zu gewähren, aber verweigert. Dies allein wäre aber konsequent, wenn man die Maßgeblichkeit außergesellschaftlicher Belange in der Insolvenz anerkennt. Nur so kann man der Tatsache Rechnung tragen, dass der Fortbestand der Gesellschaft nach Eröffnung eines Insolvenzverfahrens keine reine Angelegenheit der Gesellschafter mehr ist[892]. *Kautz* gewährt den Gläubigern nicht den erforderlichen Hebel, um ihre Vorstellungen – jedenfalls unter gewissen Voraussetzungen – notfalls gegen den Willen der Gesellschafter durchzusetzen[893]. Schließlich bleibt auch unklar, welche Maßstäbe das Gericht anlegen soll, wenn es darum geht, den für den Ausschluss konstitutiven Beschluss zu fassen. Hier gerät man leicht wieder in den bereits angesprochenen Konflikt mit der Beteiligtenautonomie. Unter diesen Gesichtspunkten erscheint es sinnvoller, auch den Ausschluss eines Gesellschafters in den gestaltenden Teil einzubeziehen. Damit würde die Entscheidung auch hier in die Hände der abstimmungsberechtigten Verfahrensbeteiligten gelegt, wozu möglicherweise die Gesellschafter zu rechnen wären. Das Gericht bliebe wiederum auf eine Rechtmäßigkeitsprüfung beschränkt, die in ihrem Umfang wiederum von der Ausgestaltung der Eingriffsbefugnis abhinge. Die Insolvenzrechtskommission ging davon aus, dass ein Ausschluss zulässig sein sollte, wenn der betreffende Gesellschaftsanteil wertlos ist und der Gesellschafter nicht zu einem Nachschuss oder zur Übernahme einer neuen Kapitalbeteiligung bereit ist. Darüber hinaus sollte ein Ausschluss auch bei Vorliegen eines wichtigen Grundes zulässig sein. Als Beispiel für einen solchen wurde der Fall genannt, dass die Gläubiger ihre Zustimmung zur Reorganisation vom Ausscheiden eines Gesellschafters abhängig machen. Mit Blick auf diese Ausschlussregelung wird bereits ansatzweise erkennbar, dass eine tatbestandliche Eingrenzung, die den Namen verdient und einer gerichtlichen Kontrolle in sinnvollem Umfang zugänglich ist,

892 Vgl. bereits o. S. 94.

893 *Kautz*, Neuordnung der GmbH, S. 175 unterstellt offenbar den Fall, dass das angestrebte Reorganisationskonzept am Widerstand eines Abweichlers scheitert. Bei einer personalistisch geprägten Gesellschaft mit einem „gewöhnlich kleinen und geschlossenen" Gesellschafterkreis dürften nach dessen Ausschluss keine Zwangsmaßnahmen mehr nötig sein. Dies ist zwar richtig, wenn man die genannte Prämisse akzeptiert. Übersehen wird aber, dass gerade in der angesprochenen kleinen Gesellschaft auch der Fall denkbar ist, dass sich mehrere Gesellschafter obstruktiv verhalten und ein Beschluss der Gesellschafter deshalb nicht zustande kommt.

schwer zu finden ist[894]. In terminologischer Hinsicht lässt sich ergänzen, dass man – wie im Verlauf der Arbeit auch schon häufig geschehen – statt von „Ausschluss" des Gesellschafters ebenso von „Einziehung" oder „Entzug" des Gesellschaftsanteils bzw. „Zugriff" auf diesen sprechen könnte. Inhaltlich sind damit keine Unterschiede verbunden.

2. Erforderlichkeit beider Eingriffsarten

a) Erforderlichkeit des Ausschlusstatbestands

Bevor auf die gesetzliche Ausgestaltung einer Eingriffsnorm eingegangen werden kann, ist noch die Frage zu klären, die bereits im Abschnitt über die Verfassungsmäßigkeit eines Eingriffs im Hinblick auf Art. 14 GG aufgeworfen wurde. Bedarf es beider zuvor genannter Arten des Eingriffs oder ist die Ersetzung gesellschaftsrechtlicher Maßnahmen als im Allgemeinen weniger gravierendes Mittel ausreichend? Vor dem verfassungsrechtlichen Hintergrund bedeutet dies: Ließe sich eine Entziehung des Gesellschaftsanteils bzw. der Ausschluss eines Gesellschafters als erforderlich in dem Sinne ansehen, dass es kein milderes Mittel gibt, um die gewünschten Rechtsfolgen herbeizuführen? Bei genauerer Betrachtung stellen sich recht bald Zweifel ein, ob die Ersetzung gesellschaftsrechtlicher Beschlüsse die Möglichkeit des Ausschlusses überflüssig und verfassungsrechtlich unzulässig macht. Sie stellt sich zwar gemeinhin als milderes Mittel dar, da sie nicht unmittelbar auf die Entziehung des Gesellschaftsanteils gerichtet ist. Mittelbar kann diese Variante, wie z. B. bei einer Kapitalherabsetzung auf Null mit darauf folgender Kapitalerhöhung, indes auf ein im Wesentlichen vergleichbares Ergebnis hinauslaufen[895]. Diese Möglichkeit ist dabei aber generell nur bei bestimmten Gesellschaftsformen und auch dort, abhängig vom konkreten Einzelfall, nicht stets gegeben[896]. Insoweit kann die Ersetzung gesellschaftsrechtlicher Beschlüsse die Möglichkeit des Ausschlusses nicht ersetzen. Es kommt aber darauf an, ob man den Ausschluss als Maßnahme ansieht, die im Rahmen von Reorganisationen jedenfalls nicht von vornherein verzichtbar ist. Das wird man bejahen müssen. Einmal kann der bereits im Kommissionsbericht angesprochene Fall eintreten, dass die Gläubiger aus welchen Gründen auch immer die künftige Zusammenarbeit mit einem Gesellschafter ablehnen. Weitaus bedeutender ist indes die Tatsache, dass durch den Ausschluss eines Gesellschaf-

894 *Balz*, Sanierung, S. 64 erhebt den berechtigten Einwand, insoweit könnten die Gläubiger das Insolvenzgericht beliebig erpressen; s. auch u. S. 201 ff.

895 Dazu *Priester*, DNotZ 2003, 592 ff.

896 Sie ist auf Kapitalgesellschaften begrenzt und auch dort nur unter bestimmten Voraussetzungen zulässig, vgl. *Priester*, DNotZ, 592 (593 ff.).

ters dessen Beteiligung „frei" wird. Auf diese Verfügbarkeit wird es den Gläubigern häufig ankommen, da die Schaffung neuer Anteile an der Gesellschaft nicht stets machbar bzw. sinnvoll ist. Es wurde aber bereits mehrfach angesprochen, dass die Beteiligung an der Schuldnergesellschaft für die Gläubiger ein wichtiger, weil direkter Weg ist, um ein *reorganization ticket*[897] zu erlangen[898] und damit an einem möglichen Reorganisationserfolg teilzuhaben. Vor allem aus diesem Grund muss die grundsätzliche Möglichkeit des Ausschlusses neben der Ersetzung gesellschaftsrechtlicher Beschlüsse bestehen.

b) Erforderlichkeit der Ersetzungsbefugnis

Umgekehrt muss die Frage erlaubt sein, ob ein Ausschlusstatbestand nicht die Ersetzungsbefugnis obsolet machte[899]. Da auch Konstellationen denkbar sind, in denen die Gläubiger daran interessiert sind, jedenfalls mit einem Teil der bisherigen Gesellschafter zusammenzuarbeiten, dies jedoch unter veränderten gesellschaftsrechtlichen Rahmenbedingungen, könnte ein zweckmäßiges Ergebnis dann nur erreicht werden, indem die Möglichkeit des Ausschlusses als Druckmittel eingesetzt würde. Dann wäre Gesellschaftern, mit denen zusammenzuarbeiten die Gläubiger grundsätzlich gewillt sind, die sich aber einzelnen gesellschaftsrechtlichen Veränderungen versperren, mit dem Ausschluss zu drohen, um auf diese Weise ihre Zustimmung zu erlangen. Diese Vorgehensweise scheint jedoch im Bemühen um eine einvernehmliche Lösung mit dem Gesellschafter eher fragwürdig. Günstiger wäre es vermutlich, mittels der Eingriffsbefugnis die von Gläubigerseite gewünschten gesellschaftsrechtlichen Verhältnisse zu schaffen, um dem Gesellschafter sodann den weiteren Verbleib in der Gesellschaft zur Wahl zu stellen. Mit Blick auf das Ergebnis besteht im Grunde kein Unterschied im Vergleich zur Alternative der zuvor angesprochenen Drohkulisse: Beide Male muss sich der Gesellschafter zwischen dem Verbleib in der Gesellschaft unter veränderten Bedingungen oder der Beendigung seiner Gesellschafterstellung entscheiden. Unter psychologischen Gesichtspunkten stellt sich das Angebot eines Austrittsrechts gegenüber der Drohung mit dem Ausschluss als die Variante dar, die dem Gesellschafter eher das Gefühl vermittelt, bei einem Verbleib sein Gesicht zu wahren. Bedenkt man zudem die Situation, in der die Zusammenarbeit mit dem Gesellschafter (z. B. wegen dessen speziellen Know-

897 Zu diesem bildhaften, der amerikanischen Literatur entlehnten Begriff *Flessner,* Sanierung, S. 254.

898 Nach Einschätzung von *Streit,* Status:Recht 2009, 94 (94) werden Gläubiger einem *debt equity swap* in der Regel nur zustimmen, „wenn die bisherigen Gesellschafter (jedenfalls weitgehend) aus der Gesellschaft ausscheiden".

899 Dies klingt z. B. bei *Kautz,* Neuordnung der GmbH, S. 175 an.

how) aus Sicht der Gläubiger nicht nur hinnehmbar, sondern für eine erfolgreiche Reorganisation unabdingbar scheint, ist die Drohung mit dem Ausschluss nicht sonderlich überzeugend. Der Gesellschafter erhielte wieder eine Art Druckpotential. Will man verhindern, dass er davon Gebrauch macht, erscheint in solchen Fällen der Weg über die Ersetzungsbefugnis aus den erwähnten Gründen als der erfolgsträchtigere. An dieser Stelle sei noch einmal angemerkt, dass in der wohl überwiegenden Mehrzahl der Fälle nicht mit einem solchen Verhalten zu rechnen sein wird. Sind die Gläubiger zur weiteren Zusammenarbeit mit einem Gesellschafter bereit, wird diesem zumeist daran gelegen sein, eine Einigung herbeizuführen, anstatt Gefahr zu laufen, das eigene Blatt zu überreizen. Ausgangspunkt vorliegender Überlegungen muss aber gerade dieser vermeintliche Ausnahmefall sein, dessen negative Folgen für eine ansonsten aussichtsreiche Reorganisation es zu verhindern gilt. Aus den genannten Gründen sowie angesichts der Tatsache, dass die Ersetzungsbefugnis in ihren Wirkungen jedenfalls nicht härter als die Entziehung des Gesellschaftsanteils ist, erscheint es sinnvoll, sie als eigenständigen Eingriff vorzusehen.

c) Ergebnis

Die vorstehenden Betrachtungen haben erwiesen, dass es zwischen den mit beiden Eingriffen verbundenen Zielen zwar durchaus Überschneidungen, aber eben auch Unterschiede gibt. Mithilfe gesellschaftsrechtlicher Maßnahmen soll der Unternehmensträger finanzwirtschaftlich in eine Lage versetzt werden, die eine Reorganisation überhaupt erst realisierbar erscheinen lässt. Beim Zugriff auf Gesellschaftsanteile im Wege des Ausschlusses der bisherigen Gesellschafter geht es den Gläubigern hingegen häufig in erster Linie darum, ihre Teilhabe an einem künftigen Reorganisationserfolg abzusichern. Somit unterscheiden sich die beiden Eingriffsmöglichkeiten voneinander, ohne dass die jeweilige Erforderlichkeit der damit verbundenen Ziele für eine Reorganisation im Allgemeinen bezweifelt werden könnte. Deswegen sollten im Zuge einer möglichen Reform auch beide Varianten von einer gesetzlichen Regelung erfasst sein.

III. Standort einer Regelung

Hinsichtlich des Standorts einer möglichen Regelung kommen nur zwei Möglichkeiten ernsthaft in Frage. Die Eingriffsbefugnisse ließen sich im für die betreffende Gesellschaftsform jeweils relevanten Recht verorten oder aber in die Insolvenzordnung eingliedern. Legt man die hier getroffenen Vorüberlegungen zugrunde, spricht alles für die letztgenannte Lösung, wobei innerhalb der InsO die §§ 217 ff. der einzig richtige Standort wären. Eine Regelung im Gesellschaftsrecht würde zwar rein formal die bisherige Maßgeblichkeit des Gesellschaftsrechts aufrechterhalten. Dies überzeugt jedoch nicht, sondern käme vielmehr einem Etikettenschwindel gleich. Es handelte sich um den andernorts erwähnten „Eingriff in das bewährte allgemeine Gesellschaftsrecht"[900]. Diesem sollte es aber in erster Linie vorbehalten bleiben, als Organisationsrecht[901] die rechtlichen Grundlagen der Gesellschaft außerhalb der Insolvenz zur Verfügung zu stellen. Die Ordnung dieser Organisation zeichnet sich nicht zuletzt dadurch aus, dass die gesellschaftsrechtliche Kompetenz allein bei den in der Gesellschaft organisierten Mitgliedern liegt. Ab dem Zeitpunkt, zu dem ein Insolvenzantrag gestellt wird, ändert sich dies[902]. Infolge der bislang angestellten Überlegungen ist die Eröffnung des Insolvenzverfahrens als Zeitpunkt anzusehen, in dem die gesellschaftsrechtliche Konzentration auf die Verbandsmitglieder endet und eine Verlagerung hin zu einer beherrschenden Stellung der Gläubiger stattfindet. Weil dieser Umstand aber ein wesentliches Element der Legitimation von Eingriffen in das Gesellschaftsrecht bildet, können solche schon deshalb vernünftigerweise nur im Insolvenzrecht geregelt werden. Denn diese Eingriffsmöglichkeiten öffnen – jedenfalls nach der hier gewählten Konzeption – unter gewissen Voraussetzungen die gesellschaftsrechtliche Kompetenzordnung für die Gläubiger als verbandsfremde Dritte. Ihre Rechtfertigung finden sie in den Umständen, die bei Eröffnung eines Insolvenzverfahrens gegeben sind. Eine Stellung im allgemeinen Gesellschaftsrecht würde diesen Charakter der Regelung leugnen. Auch bei einer Regelung in der Insolvenzordnung träte aber das relevante Gesellschaftsrecht nicht völlig beiseite, es bliebe weiterhin relevant, unterläge aber insolvenzspezifischen Besonderheiten[903]. Es würde durch die Regelungen des Insolvenzrechts gleichsam überlagert[904]. Das bedeutet, dass zwar vor allem die Beschlussfassung aus dem allgemeinen Gesellschaftsrecht in das Insolvenzplanverfahren verlagert wird, daneben aber sowohl gesellschaftsrechtlich statuierte Formerfordernisse, wie z. B. Registereintragungen, zu beachten sind und auch die Rechtsfolgen dem allgemeinen Gesellschaftsrecht zu entnehmen sind. Das bedeutet, dass beispiels-

900 Die Insolvenzrechtskommission, EB, S. 192 begründete damit den Vorzug einer gerichtlichen Ersetzungsbefugnis gegenüber der Herabsetzung gesellschaftsrechtlicher Mehrheitserfordernisse.

901 Zur Begriffsbestimmung vgl. z. B. *Windbichler,* Gesellschaftsrecht, Rn. 1.

902 So insbesondere durch den Übergang bestimmter Befugnisse auf den Insolvenzverwalter, vgl. *Noack,* Gesellschaftsrecht, Rn. 1.

903 Zum Verhältnis von Gesellschaftsrecht und Insolvenzrecht *Windbichler,* Gesellschaftsrecht, Rn. 11; *Noack,* Gesellschaftsrecht, Rn. 9 ff.; ausführlich und mit weiteren Nachweisen *Röhricht,* ZIP 2005, 505 ff.

904 Vgl. *Eidenmüller/Engert,* ZIP 2009, 541 (548).

weise eine Kapitalerhöhung zwar nicht mehr (ausschließlich) von den Anteilseignern zu beschließen wäre, die Rechtsfolgen einer solchen aber nicht vom Normalfall abweichen würden.

Dem genannten Umstand kann man am einfachsten durch eine Verortung der diesbezüglichen Regelungen im Insolvenzrecht Rechnung tragen. Eine solche Lösung befände sich zudem im Einklang mit der gesetzgeberischen Tendenz, bislang im Gesellschaftsrecht befindliche Regelungen den Gläubigerschutz betreffend in die InsO zu verlagern[905]. Auch die Koordination der durch den Plan vorgesehenen Maßnahmen auf der Eigen- sowie auf der Fremdkapitalseite lässt sich für alle Beteiligten auf übersichtliche und zweckmäßige Weise dadurch erreichen, dass man diese einem gemeinsamen Regelungskomplex zuordnet[906]. Zu guter Letzt sprechen auch ganz pragmatische Gründe für eine Integration gesellschaftsrechtlicher Eingriffbefugnisse in die §§ 217 ff. InsO. Der betreffende Regelungskomplex stellt, was die Eingriffe auf der Gläubigerseite anbelangt, ein sorgfältig durchdachtes Regelungssystem zur Verfügung. Dieses sieht dabei Schutzmechanismen vor, die sich zur Anwendung auf die Gesellschafterseite, sofern man sie dort für erforderlich hält[907], mit überschaubarem Aufwand anpassen ließen[908].

Die Aufnahme etwaiger Eingriffsbefugnisse in §§ 217 ff. InsO stellt somit die einzig systemgerechte und auch unter Zweckmäßigkeitserwägungen beste Variante dar[909].

IV. Auflösung der Gesellschaft

Der Erste Bericht der Insolvenzrechtskommission sieht vor, dass nicht bereits die Eröffnung des Insolvenzverfahrens zur Auflösung der Gesellschaft führen soll[910] und auch die Gesellschafter eine solche anlässlich der Insolvenz nicht durch Beschluss herbeiführen können[911]. Die Begründung für diese Auflösungssperre lautet, eine Auflösung entzöge einer möglichen Reorganisation die Grund-

905 So geschehen durch das MoMiG, s. o. S. 44 ff. S. auch *Uhlenbruck,* NZI 2008, 201 (204).

906 So zu Recht *Sassenrath,* ZIP 2003, 1517 (1527).

907 Dazu u. S. 207 ff.

908 *Sassenrath,* ZIP 2003, 1517 (1527 f.).

909 A. A. offenbar *Kautz,* Neuordnung der GmbH, S. 174, der seine Auffassung, eine insolvenzspezifische Regelung zum Ausschluss von GmbH-Gesellschaftern sei nicht in der InsO, sondern im GmbHG zu regeln, aber nicht näher begründet. Hingegen im Ergebnis ebenfalls für eine insolvenzrechtliche Lösung *Brüning,* Gesellschafter und Insolvenzplan, S. 229.

910 EB, LS 1.2.10 Abs. 6; die Auflösung sollte danach erst erfolgen, wenn feststand, dass die Gesellschaft liquidiert würde.

911 EB, LS 2.4.9.1.

lage, da eine aufgelöste Gesellschaft nicht reorganisiert werden könne[912]. Es ist zu untersuchen, ob derlei Überlegungen im vorliegenden Kontext ihre Berechtigung haben.

Gegen die Unvereinbarkeit von gesetzlich angeordneter Auflösung und Reorganisationsmöglichkeit ließe sich bereits anführen, dass der Gesetzgeber entgegen den Kommissionsvorschlägen mit der Eröffnung des Insolvenzverfahrens die Auflösung der Schuldnergesellschaft verknüpft[913]. Dass er zugleich mit dem Insolvenzplan ein in erster Linie auf die Sanierung insolventer Gesellschaften gerichtetes Instrument geschaffen hat, legt bereits nahe, dass sich Auflösung und Reorganisation nicht zwingend ausschließen[914]. Dass dem tatsächlich auch so ist, liegt, wie gesehen, in der grundsätzlichen Reversibilität der Auflösungsentscheidung begründet. Die Umkehr erfolgt durch den Fortsetzungsbeschluss. Rechtskonstruktiv ist die im Kommissionsbericht getroffene Aussage somit nicht haltbar. Man könnte sich allenfalls fragen, ob es angesichts der proklamierten Offenheit des Verfahrens sinnvoll erscheint, die Gesellschaft ab Verfahrenseröffnung stets aufzulösen[915]. Darüber hinaus findet sich der Hinweis, der zumindest vorläufige Verzicht auf eine Auflösung könne dazu beitragen, das Vertrauen der Öffentlichkeit zu steigern und Mehrwerte zu generieren[916].

Wenn die letztgenannte Meinung auch zustimmungswürdige Ziele verfolgen mag, treten aber doch Zweifel auf, ob sie dem gesetzlichen Auflösungsmechanismus nicht übertriebenes Gewicht bei der Beurteilung des Problems einräumt. Es ist nicht ersichtlich, dass Reorganisationen bislang vor allem deshalb scheitern, weil die Beteiligten bzw. Dritte aus dem Faktum der Auflösung der Gesellschaft negative Schlüsse hinsichtlich deren weiteren Schicksals ziehen. Anders gewendet wird niemand die Tatsache, dass die Gesellschaft vorerst fortbesteht, als ausreichende Vertrauensbasis ansehen, um sich an einer Reorganisation zu beteiligen. Im Hinblick auf die mit einem Insolvenzverfahren verbundenen Wirkungen für davon betroffene Gesellschaften mag zwar ein Bewusstseinswandel dringend erforderlich sein[917]. Dass dieser durch die Frage der Auflösung entscheidend befördert werden könnte, darf jedoch eher bezweifelt werden.

---

912 EB, S. 276.

913 Vgl. o. Fn. 95.

914 Kritikwürdig erscheint allerdings die insoweit unterbliebene ausdrückliche Auseinandersetzung mit den Kommissionsvorschlägen, die *Kautz*, Neuordnung der GmbH, S. 69 mit Recht bemängelt.

915 So *Tashiro*, FS Braun, 375 (388 f.); auch *Kautz*, Neuordnung der GmbH, S. 71, 74; jedenfalls im Ergebnis *K. Schmidt*, Gutachten 54 DJT, D 70 f.

916 *Piepenburg*, NZI 2004, 231 (238).

917 Vgl. *C. Paulus*, ZGR 2005, 309 sowie u. S. 246 ff.

Die dem Insolvenzverfahren zugrunde gelegte Ergebnisoffenheit ist als Argument gegen eine Auflösung durchaus ernst zu nehmen. Die bisherige Ausgestaltung der Insolvenzordnung mit ihrem Verzicht auf Zwangseingriffe muss sich diese Frage allerdings eher gefallen lassen als das hier vorgeschlagene Modell[918]. Gerade vor dem Hintergrund der in dieser Arbeit eingeschlagenen Linie, welche die Liquidationsalternative als wesentliches legitimierendes Element herausstellt, wirkt die (jedenfalls) vorläufige Auflösung sogar konsequent. Denn sie führt jedermann vor Augen, dass die Insolvenz vorbehaltlich eines Reorganisationsplans in die Liquidation der Gesellschaft mündet. Erst mit Umsetzung eines entsprechenden Plans und der damit verbundenen, neu geschaffenen Möglichkeit, konstitutiv die Fortführung zu beschließen[919], entgeht die Gesellschaft der Liquidation. Diese bleibt der Regelfall, wenn auch die Sanierung als im Grundsatz gleichberechtigte Alternative daneben steht[920]. Unter diesem Aspekt kann man schließlich in der Auflösungsanordnung des Gesetzes keinen unzulässigen Eingriff in die Gläubigerautonomie sehen[921]. Die Gläubiger werden durch die im hier verstandenen Sinne reformierten Planregelungen in die Lage versetzt, eine autonome Entscheidung zu treffen.

Eine Änderung der geltenden Rechtslage, was die auflösende Wirkung des Eröffnungsbeschlusses angeht, ist daher nicht angebracht.

D. Konkrete Ausgestaltung der Eingriffsbefugnis

I. § 217 InsO als Ausgangspunkt

1. Charakter der Vorschrift als Bezugspunkt

Ist nunmehr geklärt, dass die Regelung einer Eingriffsbefugnis in den §§ 217 ff. InsO erfolgen sollte, bleibt freilich noch die Frage, in welcher Weise ein solcher Eingriff dort zu verankern ist. Die Kommission sah in den von ihr formulierten Leitsätzen insoweit die Schaffung eigenständiger Tatbestände vor. Davon betraf

918 A. A. *Kautz,* Neuordnung der Gesellschaft, S. 70, der dies offenbar gerade umgekehrt sieht.

919 Die konstitutive Fortführungsmöglichkeit durch einen Plan zieht *Kautz,* Neuordnung der Gesellschaft, S. 74 als im Widerspruch zur Entscheidung des Gesetzgebers stehend nicht als Alternative in Betracht.

920 *K. Schmidt,* Gutachten 54. DJT, D 70 f., bevorzugt zwar eine Lösung, die dem Insolvenzverfahren keine Auflösungswirkung beimisst. Er sieht aber die Bestätigung eines Reorganisationsplans mit Fortsetzungswirkung als stimmige Alternative in einem einheitlichen Insolvenzverfahren an.

921 Solche Bedenken finden sich bei Leipold/*Wolf,* Insolvenzrecht im Umbruch, S. 120 f.

einer die Ersetzung gesellschaftsrechtlicher Beschlüsse und zwei den Ausschluss von Gesellschaftern. In der weiteren Entwicklung führte die Besinnung auf die gesellschaftsrechtliche Enthaltsamkeit konsequenterweise dazu, dass gestaltende Regelungen in Bezug auf die Rechte der Anteilseigner gar nicht mehr auftauchten. Da das nunmehr in der InsO im Allgemeinen und in §§ 217 ff. InsO im Speziellen vorliegende System, wie bereits erwähnt, nicht nur die Macht des Faktischen für sich beanspruchen kann, sondern überdies auch ein stimmiges Gesamtkonzept aufweist, sind die Eingriffsregelungen in dieses zu integrieren[922]. Dabei fällt auf, dass die Kommissionsvorschläge zwar bereits die Unterteilung des Plans in einen darstellenden sowie einen gestaltenden Teil kannten, aber keine dem § 217 InsO entsprechende Regelung. In dieser Norm sind, wenn auch in sehr allgemeiner Form, abschließend[923] die potentiellen Regelungsinhalte eines Insolvenzplans im Verhältnis zu den zwangsweise Planunterworfenen[924] aufgeführt, sowohl in sachlicher wie in persönlicher Hinsicht[925]. Eingriffe in die Rechte der an der Schuldnergesellschaft beteiligten Personen fallen nicht in den sachlichen Plangestaltungsbereich, weshalb die Gesellschafter auch nicht als Beteiligte dem persönlichen Anwendungsbereich unterfallen[926]. Möchte man also durch die Aufnahme anteilsbezogener Eingriffsbefugnisse die Spannweite zulässiger Planinhalte sowohl in sachlicher wie auch in persönlicher Hinsicht erweitern, liegt es nicht nur nahe, bei § 217 InsO anzusetzen, es ist angesichts der Systematik der §§ 217 ff. InsO, innerhalb derer § 217 InsO den einleitenden Bezugspunkt bildet, im Grunde zwingend. Nimmt man Eingriffe in die Rechtsposition der Gesellschafter in die Vorschrift auf, sind diese als vom Planinhalt materiell Betroffene auch als Beteiligte des Insolvenzplanverfahrens anzusehen. Dazu sei erwähnt, dass dies noch nicht zwangsläufig dazu führen muss, dass ihre verfahrensrechtliche Position derjenigen der Gläubiger zu entsprechen hätte. Gleichsam als Reflex der Integration der Anteilseigner in § 217 InsO und damit in den Kreis der Planbetroffenen ergibt sich eine Erweiterung des Regelungsbereichs von § 221 InsO. Dadurch dass die Norm nur auf den Beteiligtenbegriff rekurriert und somit stets den von § 217 InsO gezogenen potentiellen Regelungsrahmen mit konkreten, die Rechtsstellung der Beteiligten verändernden Regelungen füllt, erübrigen sich im

922 Auch *Uhlenbruck*, NZI 2008, 201 (204) verneint die von ihm selbst im Titel des Beitrags aufgeworfene Frage nach der Notwendigkeit eines eigenständigen Sanierungsgesetzes.

923 MüKo-InsO/*Eidenmüller*, § 217 Rn. 99.

924 Diese Einschränkung ist wichtig, sind doch ergänzende Planregelungen im Verhältnis zu nicht zwangsweise Planunterworfenen – nach derzeitiger Gesetzeslage z. B. in Bezug auf die Gesellschafter der Schuldnerin – zulässig und häufig auch unerlässlich. *Eidenmüller*, aaO, Rn. 148 weist mit Recht darauf hin, dass zu den nicht zwangsweise Planunterworfenen auch die Gläubiger zählen, soweit kein in § 217 InsO genannter Bereich tangiert ist.

925 MüKo-InsO/*Eidenmüller*, § 217 Rn. 55.

926 Vgl. o. S. 65 ff.

Fall einer Änderung der Eingangsnorm Modifikationen des § 221 InsO[927]. Die Gesellschafterrechte fielen automatisch in den Regelungsbereich der Vorschrift.

2. Konkrete Änderungen

Innerhalb des § 217 InsO sollte zur Regelung der Eingriffsbefugnis ein Satz 2 bzw. ein zweiter Absatz geschaffen werden. Dies hat seinen Grund einerseits darin, dass der Insolvenzplan zwar überwiegend für Gesellschaften als Insolvenzschuldner relevant ist, regelungstechnisch aber nicht auf diese beschränkt ist. So können die bislang in § 217 InsO aufgeführten Regelungsinhalte grundsätzlich auch eingreifen, wenn Insolvenzschuldner eine natürliche Person ist. Bei den hier diskutierten Eingriffsbefugnissen ist dies naturgemäß nicht der Fall. Andererseits passt auch die derzeitige Formulierung „... können ... abweichend von den Vorschriften dieses Gesetzes geregelt werden" in diesem Zusammenhang nicht. Denn im Gegensatz zu den anderen potentiellen Planinhalten[928] finden sich zu den Anteilseignerrechten keine anderweitigen Regelungen in der Insolvenzordnung. Der Normenkomplex zum Insolvenzplan enthielte mithin insofern keine abweichende, sondern eine originäre Regelung. Auch dies ist ohne weiteres erklärlich. Das Regelinsolvenzverfahren ist auf Abwicklung des Insolvenzschuldners ausgerichtet. Im Fall der Gesellschaftsinsolvenz bedeutet dies schließlich die Vollbeendigung des bisherigen Rechtsträgers. Eine Auseinandersetzung mit der Behandlung von Gesellschaftsanteilen erübrigt sich in diesem Fall, da mit Vollbeendigung der Gesellschaft auch die an ihr bestehenden Anteile untergehen. Sie erlangt erst im Rahmen eines Reorganisationsplans Bedeutung. Um den soeben beschriebenen Ausnahmecharakter der Eingriffsbefugnis im Kreis der von § 217 InsO umfassten Planinhalte nachzuvollziehen und ihn systematisch zu verdeutlichen, sollte eine Neuregelung in einem eigens dafür zu schaffenden zweiten Absatz des § 217 InsO erfolgen. Dieser sollte den Eingriff in die organisationsrechtliche Struktur einer Gesellschaft als möglichen Planinhalt benennen und dabei klarstellen, dass davon auch die mögliche Entziehung von Gesellschaftsanteilen umfasst ist. Damit soll die angesprochene Zweiteilung der

927 Enthielte § 221 InsO wie noch EB, LS 2.27 eine exemplarische Aufzählung möglicher Planinhalte, läge es hingegen nahe, diese bei einer Änderung zu ergänzen. Entsprechendes gilt natürlich im Hinblick auf § 253 RegE, BT-Drucks. 12/2443, S. 49 (entspricht in Absatz 1 dem heutigen § 217 InsO), der in einem Absatz 2 ebenfalls eine solche Aufzählung enthielt. Diese fiel im weiteren Gesetzgebungsprozess allerdings einer redaktionellen Kürzung zum Opfer; kritisch insoweit *Braun/Uhlenbruck*, Unternehmensinsolvenz, S. 523.

928 Vgl. bspw. zu den Absonderungsrechten §§ 165–173 InsO, zur Befriedigung der Insolvenzgläubiger und damit auch zur Verteilung der Masse §§ 187–206 InsO und zur Haftung des Schuldners §§ 201, 202 InsO.

Eingriffsrichtung[929], wie sie schon den Kommissionsentwurf geprägt hat, verdeutlicht werden, denn grundsätzlich ließe sich diese Maßnahme als Gesellschafterausschluss wohl schon unter die gesellschaftsrechtlich zulässigen Änderungen fassen.

Dass die Gesellschafter durch die Aufnahme einer solchen Regelungsbefugnis zu Beteiligten des Verfahrens werden, bedarf demgegenüber keiner ausdrücklichen Erwähnung, sondern ergibt sich bereits aus dem Gesamtzusammenhang der Vorschriften zum Insolvenzplan[930].

Ein geänderter § 217 InsO könnte dann folgendermaßen aussehen:

*§ 217 **Grundsatz**. (1) (unverändert)*
(2) [1]Ist der Schuldner keine natürliche Person, kann der Insolvenzplan zum Zwecke der Reorganisation des Schuldners zudem nach dem materiellen Gesellschaftsrecht zulässige Änderungen der rechtlichen Verhältnisse des Schuldners vorsehen. [2]Dies schließt den Ausschluss der am Schuldner beteiligten Personen ein.

Mit dem Terminus „Reorganisation des Schuldners" wird ein bislang im Gesetz nicht enthaltener, rechtlich nicht ohne weiteres fassbarer Begriff in die Insolvenzordnung eingeführt. Er erhält den Vorzug vor dem in § 1 Ins verwendeten „Erhalt des Unternehmens", weil er im Gegensatz zu diesem unmissverständlich zum Ausdruck bringt, dass es insoweit um Änderungen der rechtlichen Struktur des Schuldners, d. h. des Unternehmensträgers geht[931].

II. Tatbestandliche Voraussetzungen eines Eingriffs

1. Standort

Die Aufnahme eines möglichen Eingriffs in Gesellschafterrechte in § 217 InsO besagt noch nicht, dass dieser Eingriff nicht in anderen Vorschriften tatbestandlich konkretisiert werden könnte bzw. müsste. So enthalten die §§ 223–225 InsO auch den § 217 InsO ergänzende Regelungen im Hinblick auf die nach derzeitiger Rechtslage potentiell Planbetroffenen. Diesem Vorbild folgend könnte die tatbestandliche Eingrenzung der Eingriffsbefugnis, sofern sie nötig ist, gleichfalls in einer gesonderten Vorschrift erfolgen. Dies wäre insbesondere dann in Erwägung

929 Vgl. o. S. 181 ff.

930 Für eine ausdrückliche Definition des Beteiligtenbegriffs (dem dann auch die Gesellschafter unterfielen) dagegen *Brüning*, Gesellschafter und Insolvenzplan, S. 258 f.

931 Zur Begrifflichkeit bereits o. S. 27 ff.; Erstaunen, dass der Begriff der Sanierung im Gesetzestext nicht auftaucht, bekundet *H.-F. Müller*, Verband in der Insolvenz, S. 261.

zu ziehen, wenn sich herausstellen sollte, dass die Zulässigkeit eines Eingriffs aufgrund der gesetzlichen Anforderungen von diversen Voraussetzungen abhängig gemacht werden müsste. In diesem Fall würde man die Eingangsvorschrift des § 217 InsO unnötig überfrachten und sie der ihrer Gesetzesüberschrift angemessenen Prägnanz berauben, nähme man dort die einzelnen Tatbestandsvoraussetzungen auf. Sollten tatbestandliche Eingrenzungen vonnöten sein, wären diese daher nur dann in § 217 InsO aufzunehmen, wenn sie sich entsprechend knapp formulieren ließen. Eher böte sich jedoch an, gegebenenfalls einen § 226a InsO neu zu schaffen.

2. Tatbestandsmerkmale

Die Kommissionsvorschläge waren allesamt, soweit sie einen Eingriff in das Gesellschaftsrecht erlaubten, an bestimmte Voraussetzungen geknüpft. Die gerichtliche Ersetzungsbefugnis hing in ihrer Zulässigkeit vor allem davon ab, dass der zu ersetzende Beschluss für die Reorganisation erforderlich sein musste, deren Gelingen also von dem Beschluss abhing. Der Ausschluss von Gesellschaftern war entweder an die Wertlosigkeit der Anteilsrechte oder an das Vorliegen eines wichtigen Grundes geknüpft[932]. Ob die jeweils von der Kommission vorgesehenen Voraussetzungen im Rahmen einer Neuregelung eine Berechtigung haben, ist kritisch zu hinterfragen.

a) Wertlosigkeit

aa) Kein zwingendes Tatbestandsmerkmal

Was zunächst die Wertlosigkeit des Gesellschaftsanteils als Eingriffsvoraussetzung anbelangt, wurde bereits festgestellt, dass von dieser bei Überschuldung stets, aber praktisch auch bei (drohender) Zahlungsunfähigkeit so gut wie immer auszugehen ist. Sie ist zudem das häufigste Argument, das gegen die gesellschaftsrechtliche Enthaltsamkeit bzw. für die Einführung einer entsprechenden Eingriffsbefugnis ins Feld geführt wird[933]. Das Gewicht, das dieser Tatsache in der diesbezüglichen Diskussion zukommt, wird hier denn auch gar nicht geleugnet. Dennoch würde es sich nicht in die in dieser Untersuchung eingeschlagene Argumentationslinie einfügen, wenn man den Eingriff an die Wertlosigkeit des Gesellschaftsanteils knüpfte. Sieht man als maßgebliches Kriterium die Liquidationsal-

932 Ausführlich zu den von der Kommission vorgesehenen Eingriffsbefugnissen bereits o. S. 168 ff.

933 Vgl. die Nachweise in Fn. 474.

ternative an, lässt sich ein Eingriff in den Gesellschaftsanteil auch rechtfertigen, wenn dieser noch einen Wert aufweist. Dies würde in der Liquidationsalternative dazu führen, dass der betreffende Gesellschafter diesen Wert als Überschuss im Sinne des § 199 InsO ausbezahlt erhielte. Der einst in seiner Entwicklung dynamische Gesellschaftsanteil ist dann auf einen statischen Geldwert reduziert. Es wurde bereits hinreichend erörtert, dass es jeglicher Legitimationsgrundlage entbehrt, wollte der Gesellschafter im Zuge der Reorganisationsalternative einen darüber hinausreichenden Schutz für sich reklamieren. Auch insoweit muss sich sein Schutz auf den Erhalt des Liquidationswerts beschränken. Die meist gegebene Wertlosigkeit spielt dabei eine wichtige Rolle, als sie dazu führt, dass bei ihrer Annahme der Liquidationswert bei Null liegt. An ihr tritt auch besonders deutlich zutage, dass die gesellschaftsrechtliche Enthaltsamkeit der Insolvenzordnung zu schwer nachvollziehbaren Ergebnissen führen kann. Sie muss aber nicht zum Tatbestandsmerkmal eines Eingriffs gemacht werden[934].

Billigt man auf diese Weise der Werthaltigkeit bzw. Wertlosigkeit des Gesellschaftsanteils nicht die tragende Rolle bei der Legitimation des Eingriffs zu, erübrigen sich auch die Bedenken, einen solchen bei Vorliegen des Eröffnungstatbestands der (drohenden) Zahlungsunfähigkeit zuzulassen. Diese stützen sich darauf, dass bei diesen Eröffnungstatbeständen nicht zwingend von der Wertlosigkeit des Gesellschaftsanteils ausgegangen werden kann[935]. Sie tragen indes nur, wenn man die Wertlosigkeit als unabdingbare Voraussetzung für einen Eingriff sieht. Tut man dies, wie vorliegend, nicht, sondern hält vielmehr einen Eingriff auch bei verbleibendem Restwert der Beteiligung für zulässig, gehen sie ins Leere. Dann spricht nämlich nichts dagegen, Eingriffe unabhängig vom jeweils zutreffenden Eröffnungstatbestand zuzulassen.

bb) Beschränkung des Eingriffs auf bestimmte Eröffnungsgründe

Problematisch ist in diesem Zusammenhang, dass dadurch die drohende Zahlungsfähigkeit als Verfahrensauslöser wohl weiter an Boden verlöre. Mit der Einführung dieses Tatbestands verband sich die Hoffnung, eine Vorverlagerung bei der Eröffnung von Insolvenzverfahren herbeizuführen[936]. Sie hat sich bislang noch nicht erfüllt, da der Eröffnungsgrund in der Praxis keine rechte Akzeptanz

934 So auch *Sassenrath*, ZIP 2003, 1517 (1524). Gegen die Wertlosigkeitshypothese als Tatbestandsmerkmal lässt sich hingegen nicht einwenden, sie erfordere die zu aufwendige Berechnung des Anteilswerts. Dieser muss ja gerade ermittelt werden, um den Liquidationswert der Beteiligung zu erhalten.

935 Dazu *Ulmer*, ZHR 149 (1985), 541 (557).

936 Vgl. RegE InsO, BT-Drucks. 12/2443, S. 84.

erfährt[937]. Die Zulässigkeit von Eingriffen in die gesellschaftsrechtliche Stellung der Anteilseigner würde vermutlich nicht dazu führen, die vergleichsweise Zurückhaltung der Schuldner in diesem Bereich zu beenden[938]. Stattdessen drängt sich die gegenteilige Annahme auf, nach der eine solche Änderung des Gesetzes die Zahl der Eröffnungsanträge wegen drohender Zahlungsfähigkeit weiter zurückdrängte. Dies hat den einfachen Grund, dass die an der Schuldnergesellschaft beteiligten Personen, wenn sie im Insolvenzverfahren – auch wenn die Gesellschaft fortgeführt werden sollte – schlimmstenfalls mit dem Verlust ihrer Gesellschafterstellung rechnen müssen, kaum das Risiko eingehen wollen, sich sozusagen ihr eigenes Grab zu schaufeln[939]. Umgekehrt schiene die Hoffnung, dass die Betroffenen, wenn sie schon mit dem Erlöschen ihrer Gesellschafterstellung rechnen müssen, zu einer möglichst frühen Verfahrenseröffnung tendieren, um auf diese Weise einen möglichst hohen Liquidationswert der Beteiligung zu erhalten, kaum berechtigt[940]. Denn die darin enthaltene Prämisse wird durch die bisherige Erfahrung widerlegt. Da sie sich aber auch auf das Insolvenzverfahren in seiner bisherigen Form anwenden lässt, können die insoweit vorhandenen relevanten Daten übernommen werden. Denn auch bislang müssen die Gesellschafter, sobald das Verfahren eröffnet wird, mit dem Verlust ihrer Stellung rechnen[941]. Der durch eine Gesetzesänderung im beschriebenen Sinn herbeigeführte Unterschied bestünde lediglich darin, dass sie nunmehr ihrer Gesellschafterstellung auch im Fall der Fortführung der Gesellschaft nicht mehr sicher sein könnten. Da die Anreizwirkung, frühzeitig einen Antrag zu stellen, schon bislang gering blieb, sind insofern jedenfalls keine Verbesserungen zu erwarten.

Will man dem Tatbestand der drohenden Zahlungsunfähigkeit zumindest seine momentane Bedeutung erhalten, wäre zu überlegen, der vorgenannten Problematik durch eine entsprechende Ausgestaltung einer Eingriffsbefugnis Rechnung zu tragen. Bei Eröffnung des Verfahrens aufgrund drohender Zahlungsunfähigkeit

937 K. Schmidt/Uhlenbruck/*Uhlenbruck,* GmbH in Krise, Sanierung und Insolvenz, S. 406, 427f., mit weiteren Nachweisen. Skeptisch bereits *Pape,* NJW 1999, 29 (31); zur Kritik auch *Penzlin,* NZG 2000, 464 (468ff.).

938 Bedenken äußert *H.-F. Müller,* Verband in der Insolvenz, S. 367, dies jedoch in Bezug auf Eingriffe in Anteilseignerrechte allgemein.

939 Diese Einschätzung teilen auch *Eidenmüller/Engert,* ZIP 2009, 541 (544).

940 So aber *Brüning,* Gesellschafter und Insolvenzplan, S. 224f. Im Gegensatz dazu findet sich im Zusammenhang mit dem Problem der zu späten Einleitung von Insolvenzverfahren aber vielfach der berechtigte Hinweis, dass die Betroffenen unter Ausblendung der wirtschaftlichen Fakten darauf hofften, es werde sich schon alles zum Guten wenden, so z. B. *Flessner,* Sanierung, S. 109; *Balz,* ZIP 1988, 1438, 1441.

941 Dies ist gerade der Ausgangspunkt für den in der Arbeit gewählten Ansatz von der Maßgeblichkeit der Liquidationsalternative.

könnte ein Eingriff in Anteilseignerrechte versagt bleiben[942]. Um Missbräuche zu vermeiden und nicht der Beliebigkeit Tür und Tor zu öffnen, müsste eine solche Ausnahme von der Eingriffsbefugnis auch nach Eröffnung des Verfahrens auf den Zeitraum beschränkt bleiben, in dem ausschließlich die drohende Zahlungsunfähigkeit und keiner der beiden anderen Eröffnungsgründe – sofern anwendbar – vorliegt[943]. Dies zu überprüfen, wäre Aufgabe des Insolvenzverwalters, der den Vermögensstatus der Schuldnergesellschaft ohnehin genau im Blick zu haben hat. Aus rechtsdogmatischer Sicht ergibt sich bei einer solchen Beschränkung der Eingriffsbefugnis freilich der Nachteil, dass sie nur unter teilweiser Preisgabe des hier herangezogenen Legitimationsmodells gelingt. Denn die Einstufung der Liquidationsalternative als relevanter Maßstab ist unabhängig von dem Tatbestand, der im Einzelfall zur Eröffnung des Verfahrens führt. Ferner könnte man aus praktischer Sicht Bedenken erheben, dass eine solche Regelung verfahrensinterne Reorganisationen gerade in den Konstellationen erschwerte, in denen diese angesichts der wirtschaftlichen Lage der Schuldnergesellschaft noch am aussichtsreichsten erscheinen.

Was den ersten Einwand angeht, ist dazu zu sagen, dass allein aus der Tatsache, dass sich unter Heranziehung der Liquidationsalternative ab Verfahrenseröffnung ein Eingriff unabhängig vom Eröffnungsgrund rechtfertigen ließe, nicht auf den zwingenden Charakter eines solchen Eingriffs geschlossen werden kann. Vielmehr ist hier eine Abwägung zu treffen. Dabei steht auf der einen Seite der angesprochene drohende Bedeutungsverlust des § 18 InsO, auf der anderen Seite das Interesse der Gläubiger, unabhängig vom Eröffnungsgrund Eingriffe vornehmen zu können. Dabei ist aber zu bedenken, dass, – den dadurch herbeigeführten, zusätzlichen Bedeutungsverlust der drohenden Zahlungsunfähigkeit unterstellt – gar keine Verfahren eröffnet würden, in denen Zwangseingriffe relevant würden. Unter diesem Gesichtspunkt wäre für die Gläubiger nicht viel verloren, sähe man in diesem Bereich von Eingriffen ab. Dies lässt sich auch dem zweiten Einwand entgegenhalten. Auch wenn es zweifelsohne zutrifft, dass die Chancen einer erfolgreichen Reorganisation im Insolvenzverfahren steigen, je früher das Verfahren eingeleitet wird, setzt dies voraus, dass zunächst ein

---

942 Für eine umfassende gerichtliche Prüfung des Eröffnungsgrunds plädiert *Möhlmann*, Berichterstattung im neuen Insolvenzverfahren, S. 86f., um einen missbräuchlichen Umgang mit § 18 InsO zu vermeiden. Ein solcher könnte daraus resultieren, dass der Schuldner den Antrag nach § 18 InsO stellt, um eine tatsächlich gegebene Zahlungsunfähigkeit oder Überschuldung zu kaschieren und auf diese Weise einer zivil- bzw. strafrechtlichen Haftung zu entgehen; zu diesem „psychologisch-taktischen Effekt" der Vorschrift *K. Schmidt* in KS (2. Aufl.), 1199 (1204). Als hilfreich im Rahmen einer gerichtlichen Prüfung erweisen sich die Pflichten nach § 20 I InsO.

943 Zur Tatsache, dass die Tatbestände der §§ 18 u. 19 InsO sich unter Umständen überschneiden vgl. *Drukarczyk/Schüler* in KS, 28 (82 ff.).

Antrag auf Verfahrenseröffnung gestellt wird. Bei lediglich drohender Zahlungsunfähigkeit kann diesen Antrag aber nur der Schuldner stellen. Tut er das, wie nach bisheriger Erfahrung der Fall, nicht, gelangt man wiederum gar nicht zur Möglichkeit eines Eingriffs. In der Differenzierung nach den Eröffnungsgründen läge auch keine willkürliche Ungleichbehandlung. Hier ist zu beachten, dass der Gesetzgeber erst bei tatsächlicher Zahlungsunfähigkeit bzw. Überschuldung von einer Situation ausgeht, die es rechtfertigt, die Dispositionsfreiheit des Schuldners über sein Vermögen zwangsweise zu beenden. Bei drohender Zahlungsfähigkeit unterliegt die Einleitung eines Insolvenzverfahrens (sofern nicht bereits ein anderer Eröffnungstatbestand vorliegt) hingegen noch der freien Entscheidung des Schuldners. Entscheidet er sich für diese Option, erscheint es zwar nicht zwingend, aber auch keinesfalls sachfremd, wenn man ihm eine Art Privilegierung in Form einer zumindest vorübergehenden Eingriffsfreiheit gewährt. Dabei ist auch zu bedenken, dass die Kooperationsbereitschaft eines Schuldners, der sich freiwillig in das Verfahren begibt, zumindest tendenziell größer sein dürfte, als bei einem Schuldner, für den dieses Verfahren eine gesetzliche Notwendigkeit darstellt. Immerhin hat er die wirtschaftliche Zwangslage erkannt und daraus Konsequenzen gezogen. Schließlich könnte das spätere Drohen gesellschaftsrechtlicher Eingriffe heilsamen Zwang auf die Gesellschafter ausüben. Diese werden allein deshalb auf eine rasche einvernehmliche Lösung mit den Gläubigern bedacht sein, weil ihnen bei einer weiteren Verschlechterung der Lage der Verlust ihrer Gesellschafterstellung droht. Schließlich erhielten die Gesellschaften auf diese Weise, eine Möglichkeit durch frühzeitiges Handeln, einem „Ausverkauf", wie er bei Schaffung einer Eingriffsbefugnis teils befürchtet wird[944], zuvorzukommen.

Auf diese Weise könnte eine Eingrenzung der Eingriffsbefugnis nicht nur dazu beitragen, die Bedeutung der drohenden Zahlungsunfähigkeit zu erhalten, sondern womöglich sogar zu stärken[945]. Die Gesellschaft erhält die Vorzüge des Insolvenzverfahrens, ohne dass die Gesellschafter sogleich Eingriffen in ihre rechtliche Position ausgesetzt wären. Dies könnte zu frühzeitigeren Eröffnungsanträgen führen als bisher. Die Gläubiger müssen auf der anderen Seite zwar zunächst auf Zwangseingriffe verzichten, finden dafür als Haftungsobjekt eine wirtschaftlich zwar angeschlagene, aber noch nicht zahlungsunfähige oder überschuldete Gesellschaft vor, was die Sanierungschancen und damit die Befriedigungschancen erhöht. Da sich letztgenannter Vorzug mit der gleichzeitigen

944 *Streit*, Status:Recht 2009, 94 (95).

945 *Jaffé*, ZGR 2010, 248 (260) möchte, um den Eröffnungsgrund der drohenden Zahlungsunfähigkeit attraktiver zu machen, das Planvorlagerecht, sofern nachweislich nur drohende Zahlungsunfähigkeit gegeben ist, während einer gewissen Zeitdauer dem Schuldner vorbehalten, wie es in den USA der Fall ist; der nunmehr im RegE ESUG vorgesehene § 270b Ins greift diesen Gedanken eines „Schutzschirms" auf; dazu *Hirte*, ZInsO 2011, 401.

Möglichkeit von Zwangseingriffen wohl nur verbinden ließe, wenn man den Gläubigern ein Eröffnungsantragsrecht bereits bei drohender Zahlungsunfähigkeit zugestände, wie es aus gutem Grund bislang nicht existiert[946], erscheint eine solche Begrenzung der Eingriffsbefugnis als erwägenswerte Option. Sie ist aber, dies sei nochmals betont, nicht zwingend. Überdies wäre die Bedeutung in der Praxis auch deshalb stark eingeschränkt, weil häufig bereits ein anderer Eröffnungsgrund vorliegt[947].

b) Erforderlichkeit für die Reorganisation

aa) Problem der Bestimmbarkeit

Der Kommissionsbericht sah als Voraussetzung für die Zulässigkeit der gerichtlichen Ersetzungsbefugnis vor, dass die Reorganisation ohne die davon betroffene gesellschaftsrechtliche Änderung nicht durchgeführt werden kann. Positiv formuliert musste die zu ersetzende Maßnahme mithin für die Reorganisation erforderlich sein. *Ulmer* verlangte in der Auseinandersetzung mit den Kommissionsvorschlägen, dieses Kriterium auch auf die Ausschlusstatbestände auszuweiten und es zu einer Art allgemeinen Obersatz für Eingriffe in Anteilseignerrechte zu machen[948]. Eine solche Eingrenzung des Tatbestands leuchtet in der Tat zunächst ein, da Eingriffe in Gesellschafterrechte, welche die Reorganisation nicht erfordert, unterbleiben können und mit Rücksicht auf die rechtliche Position der Gesellschafter wohl auch unterbleiben müssen[949]. Vor die Frage gestellt, was genau im Rahmen der Reorganisation erforderlich ist und was nicht, ergeben sich indes erste Unschärfen eines solchen Abgrenzungskriteriums.

Geht es um gesellschaftsrechtliche Maßnahmen finanzwirtschaftlicher Natur, insbesondere Kapitalmaßnahmen, ist der Erforderlichkeitsbegriff noch leichter anhand objektiver Kriterien handhabbar. Sie sind Teil eines jeden Sanierungskonzepts und betreffen die Wiederherstellung der wirtschaftlichen Leistungskraft der Gesellschaft. Dass sich hier Erforderlichkeitskriterien in gewissem Umfang objektivieren lassen, hat die Auseinandersetzung mit dem *Girmes*-Urteil des *BGH* gezeigt[950]. Dieses betrifft zwar den rein gesellschaftsinternen Bereich,

---

946 Dazu *K. Schmidt* in KS (2.Aufl.), 1199 (1204).

947 Vgl. dazu *Hirte,* ZInsO 2011, 401 (402). Dieser begrüßt, dass der im RegE ESUG vorgesehene § 270b InsO anders als noch im DiskE nicht mehr durch eine bereits eingetretene Überschuldung ausgeschlossen wird, weil sonst kein praktisch sinnvoller Anwendungsbereich verbleibe.

948 *Ulmer,* ZHR 149 (1985), 541 (550).

949 Auch *Uhlenbruck,* NZI 2008, 201 (203) spricht sich für ein solches Kriterium aus, um Missbrauch vorzubeugen.

950 BGHZ 129, 136. Dazu o. S. 75 f.

weshalb das sich daraus ergebende Instrumentarium an einem früheren Punkt der Untersuchung als nicht hinreichend für die Lösung des Problems der Gesellschafterobstruktion erachtet wurde[951]. Die Frage, ob eine Maßnahme für die Reorganisation erforderlich ist, stellt sich aber nicht anders, nur weil man sie von der Warte eines erweiterten Betroffenenkreises unter Einbeziehung der Gläubiger aus stellt. Die Kriterien können hier in entsprechender Weise herangezogen werden.

Schwieriger wird es, wenn es um den vollständigen Entzug des Gesellschaftsanteils, mithin den Ausschluss eines Gesellschafters geht. Stellt sich dieser nicht als Reflex beispielsweise einer Kapitalherabsetzung dar, ergibt sich das Problem, was in diesem Zusammenhang als erforderlich anzusehen ist. Erforderlich in dem Sinn, dass die Reorganisation sich ohne die Maßnahme nicht erfolgreich umsetzen ließe, wird der Ausschluss nämlich oftmals nicht sein. Die finanzwirtschaftliche Sanierung ließe sich theoretisch auch mit den bisherigen Gesellschaftern erreichen. Es ist aber ohne weiters nachvollziehbar, dass die Gläubiger für die von ihnen gemachten Zugeständnisse, sei dies nun ein Forderungsverzicht oder die Bereitstellung neuen Kapitals, eine Beteiligung an der Gesellschaft anstreben[952]. Lässt sich dies in angemessener Weise nur über den Ausschluss bisheriger Gesellschafter erreichen, kann man dies auch noch als für die Reorganisation erforderlich ansehen. Schwierigkeiten bereitet die Tatsache, dass insoweit häufig auch subjektive Erwägungen eine Rolle spielen. Verweigern die Gläubiger eine Zusammenarbeit mit Altgesellschaftern, weil sie diese beispielsweise für den wirtschaftlichen Zusammenbruch verantwortlich machen, ist diese Entscheidung schwer objektiv nachprüfbar. Spielen andere Motive mit hinein, wird es noch schwieriger. Machen potentielle Investoren ihr Engagement aber vom Ausschluss bestimmter Gesellschafter abhängig und lässt sich die Reorganisation ohne diesen Beitrag nicht ins Werk setzen, ist der Ausschluss unabhängig davon, welche Gründe dahinter stehen, in gewisser Weise erforderlich. Auf diese Weise lässt sich aber wiederum alles, was sich die Gläubiger bzw. externe Geldgeber ausbedingen, unter den Begriff der Erforderlichkeit subsumieren. Da niemand zu einem finanziellen Engagement gezwungen werden kann, sind gewisse Zugeständnisse an diesen Personenkreis auch regelmäßig unabdingbar. Daran zeigt sich, dass das Erforderlichkeitskriterium nur beschränkt in der Lage ist, den zulässigen Bereich der Eingriffsbefugnisse einzugrenzen. Bereits *Balz* zeigt sich in seiner Stellungnahme zu den Kommissionsvorschlägen skeptisch. Er bemerkt im Zusammenhang mit dem Ausschluss aus wichtigem Grund, dass die Gläubiger einen solchen bereits schaffen könnten, indem sie ihre Zustimmung zum

---

951 S. o. S. 85 ff.

952 *Streit*, Status:Recht, 2009, 94 (94).

Plan vom Ausschluss abhängig machten[953]. Diesem Vorwurf sieht sich auch das Erforderlichkeitskriterium in entsprechender Weise ausgesetzt. In diese Richtung zielen nicht zuletzt auch diejenigen Gegner einer Eingriffsbefugnis, die die missbräuchliche Ausübung einer solchen befürchten[954].

bb) Leistungsvermögen des Erforderlichkeitskriteriums

Will man auf Eingriffe aus den bereits genannten Gründen nicht vollständig verzichten, bleibt die Frage, ob man diese angesichts der Weite des Erforderlichkeitsmerkmals an ein solches Kriterium knüpfen sollte.

Wie gesehen darf man den Begriff der Erforderlichkeit nicht zu eng fassen. Andernfalls läuft man Gefahr, ein Hindernis für diejenigen zu errichten, auf deren Unterstützung es im Rahmen der Reorganisation ankommt. Definiert sich andererseits aber die Erforderlichkeit ausschließlich nach den Vorstellungen der Gläubiger oder Dritter, kann man auf dieses Merkmal als Korrektiv womöglich gleich verzichten, weil es nicht zu einer Eingrenzung des Kreises potentieller Eingriffsmaßnahmen taugt.

Es bleibt dabei, dass das Erforderlichkeitsmerkmal allgemein gehalten sein muss, um die je nach Einzelfall in Frage kommenden Maßnahmen zu erfassen. Dabei lässt es sich nicht vermeiden, dass die Erforderlichkeit einer Maßnahme vor allem davon abhängt, was die Gläubiger im Rahmen der Reorganisation für erforderlich halten. Dennoch sollte auf das Kriterium nicht ganz verzichtet werden. In den meisten Fällen wird die Zulässigkeit einer Maßnahme nicht daran scheitern. Dies gilt zumindest dann, wenn das Insolvenzgericht das Merkmal mit der gebotenen Zurückhaltung behandelt und den Erforderlichkeitsbegriff weit fasst. Dies trägt dem Umstand, dass die Gläubiger diejenigen sind, die die Richtung des Verfahrens vorgeben, und damit letztlich dem Grundsatz der Beteiligtenautonomie Rechnung. Steht jedoch hinter einer bestimmten Maßnahme, die im Insolvenzplan zwangsweise durchgesetzt werden soll, offensichtlich ein sachfremdes Motiv, böte das Erforderlichkeitsmerkmal den gesetzlichen Anknüpfungspunkt für ein gerichtliches Einschreiten. Wenigstens in diesen Evidenzfällen hätte es somit eine Berechtigung. Dabei ist zuzugeben, dass die Feststellung eines evidenten Missbrauchsfalls in praxi einige Schwierigkeiten bereiten dürfte. Die Möglichkeit besteht aber immerhin. Daneben bleibt zu hoffen, dass bereits diese

953 *Balz*, Sanierung, S. 64 folgert daraus, dass die Gläubiger das Insolvenzgericht auf diese Weise beliebig erpressen könnten.
954 Insbesondere *Smid/Rattunde*, Insolvenzplan, S. 100 f.; vgl. auch *Noack*, AG 2009, 227 (228).

im Gesetz verankerte Möglichkeit eine disziplinierende Wirkung auf die Gläubiger entfaltet und sie von in dieser Hinsicht kritischen Maßnahmen abhält[955].

Ein weiterer Punkt, bei dem eine Aufnahme des Erforderlichkeitsmerkmals hilfreich sein könnte, betrifft die Gesellschafter, die bereit sind, einen substantiellen Beitrag zur Reorganisation der Gesellschaft zu leisten. Hier wird diskutiert, ob diese unter Umständen das Recht erhalten sollten, in der Gesellschaft zu verbleiben. Diesen Gedanken hatte auch schon die Insolvenzrechtskommission aufgegriffen, indem sie als zusätzliches Tatbestandsmerkmal beim Ausschluss eines Gesellschafters wegen Wertlosigkeit seines Anteils die Nichtleistung eines Nachschusses bzw. Übernahme einer neuen Kapitalbeteiligung statuierte[956]. Der Kommissionsvorschlag hat zu Recht Kritik erfahren, als völlig unklar blieb, wie genau der Beitrag des Gesellschafters, der seinen Ausschluss vermeiden wollte, beschaffen sein sollte[957]. Der berechtigten Kritik steht indes die Tatsache gegenüber, dass es sehr schwierig sein dürfte, einen entsprechenden Tatbestand gesetzlich so zu normieren, dass bestimmbar ist, wie der Beitrag konkret auszusehen hat. Klarzustellen ist an dieser Stelle, dass die hier behandelte Fragestellung sich nicht mit der im amerikanischen Recht anerkannten *new value exception* deckt. Bei dieser geht es darum, ob eine Ausnahme von der *absolute priority rule* zulässig sein soll, wenn Gesellschafter einen neuen Beitrag leisten. Streitig ist dann, ob dissentierende Gläubiger mithilfe des Obstruktionsverbots überstimmt werden können, obwohl die Gesellschafter eine Beteiligung an der Gesellschaft und damit einen wirtschaftlichen Wert erhalten[958]. Dies ist nicht gleichbedeutend mit der Frage, ob Gesellschafter ausgeschlossen werden dürfen, obschon sie grundsätzlich bereits sind, einen neuen Kapitalbeitrag zu leisten. Einmal (bei der *new value exception*) lautet die Frage, ob die Gesellschafter etwas erhalten dürfen, das andere Mal, ob sie etwas erhalten müssen. Trotz dieses Unterschieds kann die Tatsache, dass die *new value exception* gesetzlich nicht positiviert ist, als Beleg für die Schwierigkeit, einen entsprechenden Tatbestand zu formen, gelten. Denn beide Male geht es um die konkrete Beschaffenheit des Gesellschafterbeitrags, wenn auch aus unterschiedlichen Blickwinkeln. Daraus lässt sich auch für eine dem Kommissionsvorschlag entsprechende Regelung ableiten, dass diese

955 Der Tatbestand könnte freilich über das Erforderlichkeitsmerkmal hinaus restriktiver gestaltet werden. *Noack*, AG 2009, 227 (228) erwägt z. B., „Forderungsaufkäufer in der Insolvenz schlechter zu stellen", ohne dies jedoch zu konkretisieren. Insoweit ließe sich womöglich an eine Sperrfrist, innerhalb derer von einer Eingriffsbefugnis im hier erwogenen Sinne kein Gebrauch gemacht werden darf, denken. Problematisch erscheint indes, dass auf diese Weise mitunter erhebliche Reorganisationspotentiale ungenutzt blieben, vgl. bereits o. S. 164.

956 Vgl. EB, LS 2.4.9.5 Abs. 1 Nr. 2.

957 S. die Kritik bei *Balz*, Sanierung, S. 62.

958 Eine Frage, die nach deutschem Recht angesichts der Regelung in § 245 II Nr. 2 InsO ebenso auftreten kann, vgl. dazu o. S. 60ff.

besser über eine Art Generalklausel der einzelfallbezogenen Beurteilung durch die Insolvenzgerichte unterfallen sollte, anstatt eine eigenständige Normierung zu erhalten. Dafür könnte die Erforderlichkeitsklausel herangezogen werden. Sie böte den gesetzlichen Ansatzpunkt, den das Gericht braucht, um den Ausschluss eines Gesellschafters im Einzelfall zu unterbinden. Das theoretische Fundament dieses Vorgehens bildete dann die Aussage, dass eine Entziehung des Gesellschaftsanteils nicht erforderlich ist, wenn der Gesellschafter sich im Rahmen der Reorganisation dazu bereit findet, einen substantiellen Beitrag zu leisten. Diese Aussage ist allerdings auf ihre Richtigkeit zu überprüfen.

Dabei ist es eine Sache, ob Gläubiger es sich leisten können oder wollen, in der gegebenen Knappheitssituation auf die Hilfe eines Gesellschafters in Form eines solchen substantiellen Beitrags zu verzichten. Häufig werden sie froh um jeden sein, der sich bereit erklärt, in welcher Form auch immer zur angestrebten Reorganisation beizutragen. Eine andere Sache ist es aber, ob die Gesellschafter aus der Bereitschaft, einen Beitrag zu leisten, einen Anspruch auf weitere Beteiligung an der Gesellschaft ableiten können.

Ein Ausschluss stellt sich grundsätzlich nicht als Verstoß gegen die positive Vereinigungsfreiheit aus Art. 9 I GG dar. Diese stößt im Insolvenzverfahren gewissermaßen an ihre Grenzen[959]. Die Maßgeblichkeit der Liquidationsalternative führt auch insoweit dazu, dass der Gesellschafter nur den Liquidationswert seiner Beteiligung beanspruchen kann. Seine weitere Beteiligung an der Gesellschaft ist im Fall der Reorganisation zwar nicht zwingend ausgeschlossen, die Entscheidung darüber liegt aber nicht mehr in seiner Hand. Das Anerbieten der Leistung eines Nachschusses oder der Übernahme einer neuen Kapitalbeteiligung vermag hieran nichts zu ändern. Möchte der Gesellschafter sich auf diese Weise seinen weiteren Einfluss in der Gesellschaft sichern, muss er vor Eröffnung des Insolvenzverfahrens handeln und versuchen, dieses zu verhindern. Gelingt dies nicht, weil er keine rechtzeitigen Schritte eingeleitet hat oder seine Beiträge allein nicht ausgereicht hätten, hat er das Nachsehen und sieht sich im eröffneten Verfahren mit der Situation konfrontiert, dass die Entscheidung über das weitere Schicksal der Gesellschaft sich auf die Gläubiger verlagert hat. Dabei sind noch einmal verschiedene Konstellationen zu unterscheiden. Wird eine Reorganisation überhaupt nur in Erwägung gezogen, weil ein oder mehrere Gesellschafter sich zu Sanierungsbeiträgen bereit erklären bzw. erscheint die Reorganisation nur unter der Beteiligung solcher Gesellschafter Erfolg versprechend, können diese ihre Position in den Verhandlungen mit den Gläubigern durchsetzen. Wo dies nicht der Fall ist, d. h. wo ein Reorganisationskonzept vorliegt, das für seine Durchführung Beiträge der bisherigen Gesellschafter nicht vorsieht, sind die Gesell-

959 S. o. S. 134 ff.

schafter hingegen darauf angewiesen, den Gläubigern ihren Beitrag anzubieten und darauf zu hoffen, dass die Gläubiger ein in diesem Sinne geändertes Konzept ebenfalls gutheißen. Dies erscheint, wie erwähnt, keineswegs abwegig, zumal den Gesellschaftern insoweit der Umstand entgegenkommen sollte, dass nur der Schuldner und der Insolvenzverwalter ein eigenes Planvorlagerecht haben, nicht aber die Gläubiger selbst. Das Verbot eines Ausschlusses respektive der Anspruch auf eine weitere Beteiligung liegen darin jedoch nicht begründet. Auch in diesem Zusammenhang kann das Erforderlichkeitskriterium somit allenfalls bei evidenten Missbrauchsfällen ein Korrektiv bilden.

3. Konkreter Vorschlag

Um die tatbestandlichen Voraussetzungen einer Eingriffsnorm gesetzlich umzusetzen, bietet sich die Schaffung eines neuen § 226a InsO an. Die systematische Stellung zwischen § 226 und § 227 InsO erscheint im Hinblick auf die hier gewählte Lösung folgerichtig. Die §§ 223–225 InsO regeln die Rechte der den Gesellschaftern im Rang vorgehenden Gläubiger, so dass eine Regelung bezüglich der Gesellschafter jedenfalls nach diesen verortet werden sollte. Da das hier vorgeschlagene Konzept die Gesellschafter aber nicht als Abstimmungsgruppe berücksichtigt[960], kann eine Regelung auch erst im Anschluss an § 226 InsO, der sich auf die Abstimmungsgruppen bezieht, erfolgen. Durch die Stellung noch vor § 227 InsO, der die Haftung des Schuldners zum Gegenstand hat, kommt aber zugleich zum Ausdruck, dass man die Gesellschafter als Residualberechtigte entsprechend der US-amerikanischen Sichtweise[961] durchaus als eine Art letztrangige Gläubiger ansehen kann.

Auf dem soeben Gesagten aufbauend könnte eine Vorschrift in tatbestandlicher Hinsicht folgendermaßen formuliert werden:

§ 226a Rechte der Anteilseigner. *(1) [1]Eine Regelung nach § 217 Abs. 2 ist nur zulässig, soweit sie für die Reorganisation erforderlich ist. [2]Sie ist nicht zulässig, wenn das Insolvenzverfahren infolge eines Antrags gem. § 18 eröffnet wurde. [3]Dies gilt nicht mehr, sofern das Verfahren auch nach §§ 17, 19 eröffnet werden könnte.*

960 S. sogleich im nächsten Abschnitt.

961 Vgl. o. S. 145 ff.

III. Verfahrensrechtliche Stellung der Gesellschafter

Die verfahrensrechtliche Stellung der Gesellschafter in einem reformierten Insolvenzplanverfahren, dessen gestaltender Charakter im Sinne des § 221 InsO sich auf die Anteilseignerrechte erstreckte, richtet sich vor allem danach, was erforderlich ist, um deren schützenswerte Rechtspositionen zu gewährleisten. Im Vordergrund steht dabei die Frage, ob und gegebenenfalls wie die Gesellschafter künftig am Zustandekommen eines Plans beteiligt sind. Es wurde bereits erwähnt, dass sich aus der Stellung der Gesellschafter als Verfahrensbeteiligte, die sich aus der Möglichkeit ihrer materiellen Planbetroffenheit ergibt, noch nichts die Ausgestaltung ihrer Rechte im Verfahren betreffend ergibt. Der Blick nach England und in die USA hat gezeigt, dass die Gesellschafter dort bei Bestehen von Eingriffsbefugnissen in das Reorganisationsverfahren einbezogen sind, wobei dies aber in deutlich unterschiedlicher Weise erfolgt[962].

1. Gesellschafter als Abstimmungsgruppe

a) Mögliche Ausgestaltung

Die vielleicht naheliegendste Möglichkeit stellt es dar, die Gesellschafter als Gruppe gem. § 222 InsO zusammenzufassen und so in das Abstimmungsverfahren über den Insolvenzplan zu integrieren. Dies bietet sich an, weil die hinsichtlich der Gläubiger bereits bestehenden Regelungen einschließlich der darin enthaltenen Schutzmechanismen auf die Gesellschafter übertragen werden könnten. Folgt man der Sichtweise des US-amerikanischen Reorganisationsrechts, nach der Gläubiger und Gesellschafter in der Insolvenz allesamt als Kapitalgeber, wenngleich mit unterschiedlichem Rang, anzusehen sind[963], scheint es konsequent, diese Gruppen auch demselben Abstimmungsmechanismus zu unterwerfen. Es kann daher nicht verwundern, wenn Chapter 11 mit Blick auf die Anteilseigner in ebendieser Weise verfährt[964]. Auch in der Literatur zum deutschen Recht finden sich unter denjenigen Autoren, die gesellschaftsrechtliche Eingriffe im Planverfahren in Erwägung ziehen, denn einige, die diese Gruppenlösung befürworten[965]. Dabei könnten die Gesellschafter je nach Ausgestal-

962 S. o. S. 141 ff.

963 Vgl. *H.-F. Müller*, Verband in der Insolvenz, S. 308.

964 Vgl. hierzu § 1126 (d), § 1129 (b) (2) (C) BC.

965 Vgl. *Sassenrath*, ZIP 2003, 1517 (1528); *Eidenmüller/Engert*, ZIP 2009, 541 (549 f.); *Verse*, ZGR 2010, 299 (318 ff.); *Balz*, Sanierung, S. 68; einem ähnlichen Grundgedanken folgend bereits *K. Schmidt*, Gutachten 54. DJT, D 81 und *Kilger* ZRP 1984, 46 (51), die Gesellschafter-

tung ihrer Rechte in verschiedene Gruppen eingeteilt werden[966]. Hinsichtlich der erforderlichen Mehrheiten innerhalb der Gruppe(n) wird in Anlehnung an § 244 I InsO vorgeschlagen, eine einfache Kopfmehrheit zusammen mit einer Mehrheit des bei der Abstimmung vertretenen Gesellschaftskapitals zu statuieren[967]. Auf diese Weise ließe sich auch das in § 245 InsO niedergelegte Obstruktionsverbot auf die Gesellschafter erstrecken. Die fehlende Zustimmung der Gesellschafter könnte das Zustandekommen eines Plans dann unter den entsprechenden Voraussetzungen nicht hindern. Auf der anderen Seite wäre insbesondere gewährleistet, dass das Zustimmungserfordernis nur dann entfällt, wenn die Gesellschafter durch den Plan nicht schlechter gestellt werden als in der Liquidation. In entsprechender Weise könnte ein überstimmter Gesellschafter, falls er dieses Erfordernis nicht als gegeben ansieht, den Minderheitenschutz über § 251 InsO geltend machen. Bildet man eine Gesellschaftergruppe, die über den Plan abstimmt, hat dies somit den Vorteil, dass man weitgehend auf vorhandene Regelungen zurückgreifen kann, die entsprechend anzupassen wären, und dabei den Gesellschaftern den verfassungsrechtlich gebotenen Zugriff auf den Liquidationswert ihrer Beteiligung verfahrensrechtlich sichert. *Sassenrath* weist in diesem Kontext berechtigterweise darauf hin, dass dieser Schutz noch um ein Recht der Gesellschafter, in deren Rechte durch den Plan eingegriffen wird, auf Austritt aus der Gesellschaft gegen Abfindung zum Liquidationswert zu ergänzen wäre[968].

b) Probleme

aa) Konflikt mit rechtstatsächlichen Begleitumständen

Obwohl dieser Lösungsansatz somit durchaus seine Vorzüge hat und sich auch reibungslos in das vorhandene Regelungssystem einfügte, scheint er angesichts der rechtstatsächlichen Begleitumstände eines Insolvenzplanverfahrens keineswegs zwingend. Die Tatsache, dass die Gesellschafter in der Befriedigungsrangfolge hinter sämtlichen Fremdkapitalgebern den letzten Rang einnehmen und damit in den meisten Fällen bei einer Liquidation leer ausgehen, führt zu Bedenken, ob ihre Beteiligung am Abstimmungsprozess letztlich nicht einen nicht nur

---

beschlüsse unter Einbeziehung derjenigen befürworteten, die im Zuge der Reorganisation an der Gesellschaft beteiligt werden sollten.

966 *Sassenrath*, ZIP 2003, 1517 (1528); *Balz*, Sanierung, S. 68; *Eidenmüller/Engert*, ZIP 2009, 541 (549) (dort Fn. 68).

967 *Eidenmüller/Engert*, ZIP 2009, 541 (550); *Sassenrath*, ZIP 2003, 1517 (1528); die in § 244 I Nr. 1, 2 InsO normierten Voraussetzungen müssen auch für die Abstimmung der Gläubiger kumulativ vorliegen, vgl. dazu *Schiessler*, Insolvenzplan, S. 159 ff.

968 *Sassenrath*, ZIP 2003, 1517 (1529); vgl. dazu bereits o. S. 135 f.

überflüssigen, sondern auch das Verfahren verzögernden Formalismus darstellt. Wenn die Zustimmung der Gesellschafter im Normalfall ohnehin als erteilt gelten kann, weil diese in der relevanten Liquidationsalternative nichts erhalten, gerät der Sinn einer Abstimmungsbeteiligung zunehmend in Zweifel. Dann stellt eine solche eher eine schwer zu rechtfertigende Hürde auf dem Weg zur Planbestätigung dar[969]. Der Blick nach England hat gezeigt, dass die Anteilseigner dort zwar neben den Gläubigern eine eigene Gruppe bei der Abstimmung über ein *CVA* bilden, allerdings im Fall divergierender Abstimmungsentscheidungen beider Gruppen diejenige der Gläubiger maßgeblich ist. Die Anteilseigner bleiben darauf beschränkt, eine gegebenenfalls unangemessene Beeinträchtigung ihrer Rechte zu monieren[970]. Die Wahl dieses Weges liegt in der geschilderten Problematik begründet[971] und scheint auch im deutschen Insolvenzplanverfahren erwägenswert.

bb) Erneutes Belästigungspotential

Dies gilt umso mehr, als die vorweg beschriebene Rechtswirklichkeit dazu führt, dass auch die Teilnahme der Gesellschafter am Abstimmungsverfahren sinnvollerweise nicht ohne ergänzende Bestimmungen möglich ist. So enthält die Insolvenzordnung in § 246 InsO eine Regelung, nach der die Zustimmung nachrangiger Insolvenzgläubiger unter bestimmten Voraussetzungen fingiert wird. Damit trägt der Gesetzgeber dem Umstand Rechnung, dass diese Gläubiger im Regelfall ohnehin nicht mit einer Erfüllung ihrer Ansprüche rechnen können, ihre Forderungen mithin als wirtschaftlich wertlos angesehen werden können[972]. Dies soll eine unnötige Belastung des Verfahrens verhindern[973]. Die Absicht, das Verfahren möglichst zu vereinfachen, steht auch hinter der Norm des § 225 InsO, nach der die Forderungen der nachrangigen Insolvenzgläubiger als erloschen gelten, sofern im Plan nichts anderes bestimmt ist[974]. In diesem Fall bilden diese Gläubiger gem. § 222 I Nr. 3 InsO auch keine abstimmungsberechtigte Gruppe.

Diese Vorschriften lassen sich schwerlich rechtfertigen, wenn man nichts Entsprechendes für die Gesellschafter festlegt. Das ergibt sich daraus, dass die

969 Aus ähnlichen Erwägungen hält *Brüning*, Gesellschafter und Insolvenzplan, S. 337 eine Beteiligung der Gesellschafter am Abstimmungsprozess für unangemessen.

970 Vgl. o. S. 154ff.

971 S. *Finch*, Corporate Insolvency Law, S. 352f.

972 Gottwald/*Braun*, Insolvenzrechts-Hdb., § 68 Rn. 89f.; MüKo-InsO/*Sinz*, § 246 Rn. 1ff.

973 Vgl. RegE InsO, BT-Drucks. 12/2443, S. 209.

974 MüKo-InsO/*Breuer*, § 225 Rn. 2f.; zur widersprüchlichen Inbezugnahme dieser Vorschrift in § 246 InsO vgl. MüKo-InsO/*Sinz*, § 246 Rn. 3; *Häsemeyer*, Insolvenzrecht, S. 775 (dort Fn. 96).

Gesellschafter, was die Befriedigung anbelangt, im Rang hinter allen Gläubigern, einschließlich der nachrangigen stehen. Auch sähe man sich erneut vor das Problem gestellt, dass die rechtliche Position der Anteilseigner nicht mit ihrer wirtschaftlichen korrespondiert. Die Gesellschafter erhielten wiederum die Möglichkeit, das Verfahren über die Regelungen des Obstruktionsverbots zu verzögern, und damit, sofern sich herausstellt, dass die dortigen Voraussetzungen eingehalten sind, zwar kein endgültiges Blockade-, aber doch ein gewisses Belästigungspotential.

Auch die Verfechter der Abstimmungslösung sehen das Problem. So möchte *Sassenrath* die Zustimmungsfiktion des § 246 InsO mit der Maßgabe auf die Gesellschafter übertragen, dass deren Zustimmung zum Plan als erteilt gelten soll, wenn ihre Anteile wertlos sind[975]. Damit möchte er dem angesprochenen Widerspruch zwischen wirtschaftlicher und verfahrensrechtlicher Position der Gesellschafter als Abstimmungsgruppe Rechnung tragen. Indem man eine Zustimmungsfiktion schafft, wird das Problem einer möglichen Besserstellung im Verhältnis zu den nachrangigen Gläubigern zwar entschärft. Auch tritt im Rahmen des § 245 InsO das Verzögerungsproblem nicht mehr auf. Insgesamt gesehen bleibt der Gewinn dieses Ansatzes hingegen unklar. Knüpft man die Zustimmungsfiktion nämlich ihrerseits an die Wertlosigkeit der Anteile verlagert sich das Problem nur von der einen in die andere Vorschrift. Sobald das Gericht nämlich sicher von der Wertlosigkeit der Anteile ausgehen kann, könnte es auch zumeist die Voraussetzungen für eine Zustimmungsersetzung im Rahmen des Obstruktionsverbots bejahen. Nur der Fall, dass ohne die Gruppe der Anteilseigner keine Gruppenmehrheit im Sinne des § 245 I Nr. 3 InsO vorläge, lässt sich auf diese Weise lösen. Hier können Probleme zutage treten, die sich nicht über die Wertlosigkeitsannahme, dafür aber – jedenfalls in einigen Fällen[976] – über die Zustimmungsfiktion bewältigen lassen. Die Bestimmung der Wertlosigkeit der Anteile als eigentlicher Auslöser einer potentiellen Verfahrensverzögerung wird aber lediglich verlagert[977]. Insofern bedürfte es eines Weges, die Bewertung zu erleichtern. *Sassenrath* meint, das Gericht solle, wenn das Verfahren wegen Überschuldung ausgelöst worden ist, davon ausgehen können, dass der Wert der

975 *Sassenrath*, ZIP 2003, 1517 (1528 f.).

976 Zum einen ist dies der Fall, in denen zwischen den übrigen Gruppen eine Pattsituation herrscht. Dann sorgte die fingierte Zustimmung der Anteilseignergruppe für die erforderliche Mehrheit. Der andere Fall ist jener, in der ohne die Gesellschaftergruppe eine Mehrheit den Plan befürwortet, die gegenüber der Minderheit nur einen Vorsprung von einer Gruppe aufweist. Durch den Widerspruch der Gesellschafter käme es dann zu einem Patt, das zur Planannahme nicht ausreicht. Über die Zustimmungsfiktion lässt sich die erforderliche Gruppenmehrheit hingegen retten.

977 *Sassenrath* ist zugute zu halten, dass er bei dem genannten Vorschlag wohl nur das in § 245 I Nr. 3 InsO begründete Problem im Auge hat.

Beteiligungen bei Null liege[978]. Eine solche Beweiserleichterung stellt eine Möglichkeit dar. Unklar ist hingegen, warum sie in § 245 InsO und nicht in einem geänderten § 246 InsO verortet sein sollte[979]. Zudem ist zu überlegen, ob diese Vermutung gegebenenfalls nicht auf den Eröffnungsgrund der Zahlungsunfähigkeit auszudehnen wäre. Angesichts der zumeist auch in diesem Fall gegebenen Entwertung der Anteile erschiene es nicht unangemessen, die Darlegungslast der Anteilseignerseite aufzuerlegen.

cc) Gefahr von Wertungswidersprüchen

Anlässlich der Auseinandersetzung mit § 246 InsO, der in seiner aktuellen Form für die nachrangigen Insolvenzgläubiger gilt, stößt man auf ein weiteres Problem, das sich bei der Betrachtung der Regelungen in §§ 222 I Nr. 3, 225 InsO offenbart. Die Zustimmungsfiktion in ihrer jetzigen Form kann nämlich überhaupt nur dann zum Tragen kommen, wenn die nachrangigen Gläubiger als Gruppe am Abstimmungsverfahren beteiligt sind. Dass dies nicht immer der Fall ist, ergibt sich aus den genannten Bestimmungen. In § 222 I Nr. 3 InsO ist die Bildung einer Gruppe der nachrangigen Insolvenzgläubiger nur vorgesehen, wenn deren Forderungen nicht als erlassen gelten. Gem. § 225 I InsO gilt dies bereits immer dann, wenn der jeweilige Plan nichts anderes vorsieht; es handelt sich mithin um den vom Gesetz vorgesehenen Regelfall. Das vor Inkrafttreten der Insolvenzordnung geltende Vergleichsrecht hatte die nach geltendem Recht nachrangigen Insolvenzgläubiger im Verfahren nicht berücksichtigt[980]. Die Einbeziehung dieser Gläubiger in das Insolvenzplanverfahren begründete der Gesetzgeber damit, dass nunmehr einzelfallgerechte Lösungen im Hinblick auf die Rechte aller Gläubiger möglich seien[981]. Weil typischerweise aber nicht mit einer Befriedigung dieser Gruppe zu rechnen sei[982], sah man vor, dass die Forderungen vorbehaltlich einer anderweitigen Regelung im Plan als erloschen gelten sollten. Dies zeigt, dass der Gesetzgeber die Verteilungssituation im eröffneten Insolvenzverfahren realistisch einschätzt, weshalb die Regelung auch nachvollziehbar ist und Zustimmung verdient. Für den Fall, dass doch einmal alle nicht nachrangigen Gläubiger befriedigt werden könnten, bestehe die Möglichkeit einen verbleibenden Überschuss mittels einer entsprechenden Ausgestaltung des Plans an die nachrangigen Gläu-

978 *Sassenrath*, ZIP 2003, 1517 (1529).

979 Dieser Anschein entsteht zumindest angesichts des Standorts des Vorschlags innerhalb der Überlegungen *Sassenraths*.

980 FK-InsO/*Jaffé*, § 225 Rn. 4.

981 RegE InsO, BT-Drucks. 12/2443, S. 201.

982 So RegE InsO, BT-Drucks. 12/2443, S. 201.

biger zu verteilen[983]. Die Einbeziehung der nachrangigen Gläubiger in das Verfahren erfolgt auch mit der Intention, zu verhindern, dass ein solcher Überschuss zwangsläufig an den Schuldner bzw. die daran beteiligten Personen fällt[984]. Dies berücksichtigt die auch im Insolvenzverfahren einzuhaltende Befriedigungsreihenfolge. Vor dem soeben geschilderten Hintergrund wäre es schwer verständlich, stellten die Anteilseigner eine obligatorische Abstimmungsgruppe, während die Beteiligung der nachrangigen Gläubiger fakultativ ist. Ein solches Vorgehen erschiene innerhalb des Gesamtkontexts als Wertungswiderspruch. Geht das Gesetz schon davon aus, dass die nachrangigen Gläubiger im Regelfall nichts erhalten, muss dies erst recht für die ihnen wiederum nachrangigen Anteilseigner gelten. Will man diese Wertung einhalten, bleibt zu klären, wie die Einbeziehung der Gesellschafter in den Abstimmungsprozess normativ zu gestalten wäre. Unter der Annahme, dass der Gesetzgeber die nachrangigen Forderungen im Sinne des § 39 InsO nicht generell gegenüber Ansprüchen der Gesellschafter vernachlässigen wollte, wofür sich den Gesetzesmaterialien zumindest nichts entnehmen lässt[985], dürfte eine Gruppe der Anteilseigner erst gebildet werden, wenn auch eine Gruppe der nachrangigen Insolvenzgläubiger besteht. Denn letzteres impliziert, dass diese Gläubiger im Plan etwas erhalten, was wiederum bei strikter Einhaltung der Befriedigungsreihenfolge Bedingung dafür ist, dass die Anteilseigner etwas erhalten dürfen. Nur wenn eine solche Aussicht besteht, macht die Bildung einer Gesellschaftergruppe aber Sinn. Die Bildung einer Anteilseignergruppe könnte insofern an die Bedingung der Bildung einer Gruppe nachrangiger Insolvenzgläubiger gekoppelt werden. Selbst wenn die nachrangigen Gläubiger etwas erhalten, ist damit jedoch noch nicht gesagt, dass noch etwas verbleibt, das an die Anteilseigner verteilt werden könnte. Kann dies ausgeschlossen werden, könnte auch die Bildung einer entsprechenden Abstimmungsgruppe unterbleiben. Um zu vermeiden, dass eine überflüssige Gruppe gebildet wird, die über den Plan gar nichts erhält, wäre insofern eine Regelung zu entwerfen, die ähnlich dem § 225 I InsO statuiert, dass die Forderungen der Anteilseigner vorbehaltlich einer anderweitigen Regelung im Plan als erloschen gelten. Weil den Gesellschaftern ein etwaiger Erlösüberschuss zwingend zustehen muss, müsste dies, anders als es bei den nachrangigen Gläubigern der Fall ist, gesetzlich sichergestellt werden. Ein etwaiger Streit drehte sich dann darum, ob die Forderungen der Gesellschafter zu Recht als erloschen gelten und die Gesellschafter demzufolge berechtigter-

983 RegE InsO, BT-Drucks. 12/2443, S. 201; zwingend ist eine solche Verteilung eines Überschusses indessen nicht, vgl. Nerlich/Römermann/*Braun*, InsO, § 225 Rn. 2.

984 Leipold/*Loritz*, Insolvenzrecht im Umbruch, S. 94.

985 Die Tatsache, dass die Beteiligung der nachrangigen Gläubiger am Erlös nach den gesetzlichen Maßgaben nicht zwingend ist, ließe einen solchen Gedanken zumindest zu. Er findet aber keine Stütze in den Gesetzesmaterialien.

weise nicht als Gruppe am Abstimmungsverfahren teilnehmen. Verkürzt ginge es somit wiederum um die Frage der Werthaltigkeit der Gesellschaftsanteile. Diese Frage muss ohnehin geklärt werden. Ob es dazu der Einbeziehung der Gesellschafter in den Kreis der Abstimmungsgruppen bedarf, erscheint aber zweifelhaft. Anders als bei den nachrangigen Gläubigern gibt es aus Sicht der Anteilseigner keine nachrangige Beteiligtengruppe mehr. Deswegen besteht, anders als bei den nachrangigen Gläubigern, nicht die Notwendigkeit einer Einbeziehung, um zu verhindern, dass einer nachrangigen Gruppe etwas zufällt, was eigentlich den Anteilseignern zustünde. Die Gesellschafter erhalten als Residualberechtigte[986] das, was übrig bleibt, nachdem die Gläubiger voll befriedigt sind. Um dies zu gewährleisten, bedarf es der Bildung einer Gruppe nicht. Sieht man von der Bildung einer entsprechenden Gruppe ab, ist in jedem Fall auch die Gefahr eines Wertungswiderspruchs im Verhältnis zu den nachrangigen Gläubigern gebannt. Eine stimmige Lösung wäre zwar auch möglich, wenn man die Möglichkeit einer Gesellschaftergruppe vorsieht, würde das Verfahren aber nur unnötig verkomplizieren. Es kommt letztlich nur darauf, dass die Gesellschafter den etwaigen Wert ihrer Beteiligung erhalten. Hierzu bieten sich einfachere Lösungen an.

c) Bewertung

Auch *Eidenmüller/Engert* räumen ein, dass mit dem von ihnen favorisierten Modell, die Gesellschafter als Abstimmungsgruppe zu etablieren, die zeit- und kostenintensiven Bewertungsprobleme noch weiter verschärft würden[987]. Zugleich gestehen sie ein, dass sich angesichts des Umstands, dass den Anteilseignern häufig wertmäßig nichts mehr zusteht, eine Lösung anböte, die den Gesellschaftern keine Verzögerungsmittel an die Hand gäbe. Diese seien indes in Kauf zu nehmen, weil das Verfahren für die Anteilseigner andernfalls noch weniger attraktiv werde[988]. Mithilfe salvatorischer Klauseln[989] lasse sich die Verzögerungsproblematik überdies gut in den Griff bekommen[990].

Es trifft sicherlich zu, dass der Ausschluss der Gesellschafter vom Abstimmungsverfahren über den Insolvenzplan deren Bereitschaft, mit „ihrer" Gesellschaft in ein Insolvenzverfahren einzutreten, nicht steigern wird. Doch lässt sich aus dieser Tatsache schwerlich der Umkehrschluss ziehen, dass die Bildung

986 Diese treffende Bezeichnung findet sich bei *Eidenmüller/Engert*, ZIP 2009, 541 (549).

987 *Eidenmüller/Engert*, ZIP 2009, 541 (550).

988 *Eidenmüller/Engert*, ZIP 2009, 541 (550).

989 Die Möglichkeit, solche im Plan vorzusehen, findet sich jedenfalls andeutungsweise bereits in RegE InsO, BT-Drucks. 12/2443, S. 212. Ausführlich *Eidenmüller*, Unternehmenssanierung, S. 92 ff.; ablehnend solchen Klauseln gegenüber *Häsemeyer*, Insolvenzrecht, S. 783 f.

990 *Eidenmüller/Engert*, ZIP 2009, 541 (550).

einer mit den entsprechenden Verfahrensrechten ausgestatteten Anteilseignergruppe dazu führte, das Insolvenzverfahren und insbesondere das Planverfahren für die Gesellschafter attraktiver zu machen. Selbst wenn man diesen Schluss ziehen wollte, müsste man sich fragen, welches Motiv einer solchen Tendenz der Gesellschafter zugrunde läge. Unterstellt man, dass ihre Anteile unabhängig vom jeweiligen Eröffnungsgrund zumeist entwertet sind[991], änderte sich ihre Position nicht grundlegend, wenn man sie am Abstimmungsverfahren beteiligte. Über das Obstruktionsverbot bzw. die oben erörterte Zustimmungsfiktion könnte ein Plan ebenso gegen ihren Willen bestätigt werden, wie wenn sie von vornherein gar nicht an der Abstimmung teilnähmen. Hier liegt ein wesentlicher Unterschied zum Chapter 11-Verfahren, das keine Eröffnungsgründe kennt und damit auch von solventen Gesellschaften beschritten werden kann. Im deutschen Recht wäre der einzige Gewinn der Gesellschafter und damit der einzige Grund, der das Verfahren in ihren Augen attraktiver machen könnte, das bereits angesprochene Verzögerungs- bzw. Belästigungspotential. Ungeachtet der Tatsache, wie groß dieses im Einzelfall sein mag[992] und ob es letztlich zu einer höheren Attraktivität des Planverfahrens führte – insbesondere letzteres erscheint in höchstem Maße zweifelhaft –, wäre es kaum das richtige Zeichen[993]. Es kann nicht Anliegen eines Reformvorhabens sein, die Attraktivität einer Regelung auf diesem Weg zu steigern, zumal wenn sich diese Reform auf die Fahne schreibt, Belästigungspotentiale der Gesellschafter beseitigen zu wollen.

Was den vorgetragenen Ansatz über die salvatorischen Klauseln angeht, stellt sich deshalb schon die Frage, ob man aus den genannten Gründen überhaupt ein Verfahren in Kauf nehmen möchte, dessen Mängel die Notwendigkeit solcher Klauseln im Zusammenhang mit den Gesellschaftern erst bedingen. Darüber hinaus engen salvatorische Klauseln, ohne deren grundsätzlichen Nutzen in bestimmten Konstellationen anzweifeln zu wollen, beinahe zwangsläufig den Gestaltungsspielraum des Planerstellers ein[994]. Für ihre etwaige Umsetzung sind Mittel vorzuhalten, die an anderer Stelle fehlen oder für die jedenfalls eine Sicherheit beizubringen ist[995].

991 S. dazu o. S. 105 ff.

992 *LoPucki/Whitford* in *Bhandari/Weiss*, Corporate Bankruptcy, S. 242 f. gelangen in Untersuchungen zum Chapter 11-Verfahren zu dem Schluss, die Beteiligung der Gesellschafter am Verfahren führe regelmäßig zu keinem erheblichen zeitlichen Mehraufwand. Sie folgern daraus, darin könne mithin nicht der vorwiegende Grund dafür liegen, dass Reorganisationspläne in den USA auch bei insolventen Gesellschaften häufig eine Weiterbeteiligung der Gesellschafter vorsehen.

993 So im Ergebnis auch *Verse*, ZGR 2010, 299 (307 f.).

994 Dass in dieser Hinsicht Probleme auftreten können räumt auch *Eidenmüller* ein, vgl. *Eidenmüller*, NJW 1999, 1837 (1838).

995 Kritisch auch *Herweg*, Obstruktionsverbot, S. 71 f.

Alles in allem zeigen die angestellten Überlegungen, dass eine Beteiligung der Gesellschafter als Abstimmungsgruppe bei entsprechender Ausgestaltung zwar umsetzbar wäre. Eine solche Regelung müsste aber besonderes Augenmerk darauf legen, den Gesellschaftern über die Beteiligung kein ihrer Position nicht angemessenes Verzögerungspotential an die Hand zu geben. Ganz auszuschließen wäre ein solches indes nicht[996]. Überdies sollte die Regelung gegebenenfalls Wertungswidersprüche im Verhältnis zur Behandlung der nachrangigen Gläubiger zu vermeiden suchen. Auch dies wäre, wie gesehen, möglich, würde das Verfahren jedoch unnötig verkomplizieren.

Angesichts dieser Umstände erscheint eine Beteiligung der Gesellschafter nicht als eine in jeder Hinsicht überzeugende Lösung. Sollten – was im Folgenden zu prüfen ist – andere, einfachere Möglichkeiten bestehen, die den Rechten aller Beteiligten mindestens ebenso gut zur Geltung verhelfen, sollte man diesen den Vorzug geben.

d) Einsichts- und Erörterungsrechte

Eine Nichtberücksichtigung der Gesellschafter im Abstimmungsprozess über den Plan bedeutet nicht, dass diese im Verfahren weitgehend rechtlos gestellt sind. Neben der noch zu behandelnden Frage, wie ein möglicher Anteilsrestwert rechtlich abzusichern ist, genössen die Gesellschafter weitere Rechte. Zu nennen sind hier vor allem die Einsichts- und Erörterungsrechte (vgl. §§ 234, 235 InsO). Hierzu bedarf es im Grunde keiner speziellen Regelung. Es ergibt sich vielmehr bereits aus der nunmehrigen Stellung der Gesellschafter als Verfahrensbeteiligte. Die genannten Rechte verfolgen natürlich vorrangig den Zweck, den abstimmungsberechtigten Beteiligten Zugang zu Informationen zu verschaffen, auf deren Basis sie sodann ihre Abstimmungsentscheidung treffen können[997]. Diese Zweckbestimmung tangiert die Gesellschafter nicht, sofern sie – wie hier vorgeschlagen – keine Abstimmungsgruppe bilden. Anders als nach derzeitiger Rechtslage[998] könnte im gestaltenden Teil eines Plans aber umfassend und unmittelbar in ihre Rechte eingegriffen werden. Soweit dies der Fall ist, sind sie auch bei einer restriktiven Auslegung des Begriffs[999] als Beteiligte zu qualifizieren und es erscheint nicht nur gerechtfertigt, sondern sogar zwingend, ihnen Ein-

996 Vor allem deshalb lehnen auch *Westpfahl/Janjuah*, ZIP 2008, Beil. Heft 3, 1 (16) die regelmäßige Bildung einer Anteilseignergruppe ab. Sie sprechen sich allerdings für eine solche aus, falls die Altgesellschafter nach dem Plan ihre Rechte (teilweise) behalten sollen.

997 Nerlich/Römermann/*Braun*, § 234 Rn. 5.

998 Danach haben Gesellschafter jedenfalls aufgrund ihrer Gesellschafterstellung kein Einsichtsrecht, vgl. MüKo-InsO/*Breuer*, § 234 Rn. 6.

999 Insoweit zurückhaltend Nerlich/Römermann/*Braun*, § 234 Rn. 2ff.

sichtsrechte zu gewähren. Die Gesellschafter haben ein Recht, zu erfahren, was der Plan hinsichtlich ihrer Anteile vorsieht. Für sie besonders relevant ist dabei auch, zu sehen, wie der Plan ihre Anteile bewertet[1000].

Bei einem Plan, der die Gesellschafterstellung unberührt lässt, besteht demgegenüber kein Anlass, den Gesellschaftern Einsicht in diesen zu gewähren[1001]. Da ihre materielle Betroffenheit fehlt, sind die Gesellschafter in diesem Fall schon gar nicht als Beteiligte des Verfahrens zu qualifizieren.

Für eine Teilnahme der Gesellschafter am Erörterungstermin sollte Entsprechendes gelten. Bei Planbetroffenheit sollten sie ein Forum erhalten, auf dem sie zu den Planregelungen Stellung nehmen und so die spätere Abstimmung – auch wenn sie daran nicht teilnehmen – beeinflussen können. Eine solche Vorgehensweise entspräche im Ansatz derjenigen des englischen *CVA*[1002]. Der Unterschied liegt darin, dass die Gesellschafter dort eine eigene Abstimmungsgruppe bilden, ohne allerdings durch ein abweichendes Votum den Plan verhindern zu können. Es handelt sich bei einem solchen Vorgehen keineswegs um eine rein kosmetische Maßnahme. Billigt man Verhandlungen auf dem Weg zu einer für alle Beteiligten annehmbaren Lösung einen gewissen Eigenwert zu[1003], stärkt man auf diese Weise das Verfahren und vermeidet eine Ausgrenzung der Gesellschafter[1004]. Für die Akzeptanz des Insolvenzplanverfahrens von Seiten der Gesellschafter kann dies nur förderlich sein. Womöglich hatte auch der Gesetzgeber etwas Ähnliches im Blick, als er in der Regierungsbegründung von der Möglichkeit, eine „latente" Gruppe der Eigentümer zu bilden, sprach[1005]. Im damaligen Kontext blieb jedoch weitestgehend unklar, was damit gemeint sein sollte[1006]. Jedenfalls mutet der Vorschlag angesichts der Tatsache, dass die Gesellschafterrechte nicht

---

1000 Dies wird sich zumeist mittelbar aus den in der Vermögensübersicht genannten Posten und den auf dieser Grundlage getroffenen Planregelungen ergeben und kann für die Berechnung einer möglichen Entschädigung eine Rolle spielen, näher dazu u. S. 229 ff.

1001 Eine solche Differenzierung entspricht derjenigen *Brauns,* der ebenfalls nach der Planbetroffenheit unterscheiden will, vgl. Nerlich/Römermann/*Braun*, § 234 Rn. 6 ff. Einwände wegen eines erhöhten Zeitaufwands, wie sie MüKo-InsO/*Breuer*, § 234 Rn. 6 vorträgt, greifen im vorliegenden Zusammenhang nicht durch. Die Frage, ob der Plan in Gesellschafterrechte eingreift oder nicht, sollte relativ leicht zu klären sein.

1002 Dazu o. S. 154 ff.

1003 Was implizit auch der Gesetzgeber tut, wenn er in BR-Drucks. 1/92, S. 78 von „privatautonomen Verhandlungen und Austauschvorgängen, die einen solchen Plan legitimieren" spricht.

1004 A. A. offenbar *Brüning*, Gesellschafter und Insolvenzplan, S. 339 (dort Fn. 1326), der die Teilnahme der Gesellschafter am Erörterungstermin für sinnlos erachtet, sofern ihnen kein Widerspruchsrecht gegen den Plan zusteht.

1005 S. RegE InsO, BT-Drucks. 12/2443, S. 92.

1006 *Uhlenbruck*, NZI 1998, 1 (6) bezeichnet den Vorschlag als „wenig erhellend".

unmittelbar in die Planwirkung einbezogen waren, etwas ungelenk an[1007]. Unter der Bedingung, dass die Gesellschafter unmittelbar Planbetroffene sind, gewinnt der Gedanke, dass es nicht sinnvoll sei, die Gesellschafter vollständig vom Willensbildungsprozess auszuschließen, aber an Aktualität. Die hier vorgetragene Lösung berücksichtigt dies. Die angesprochene Mitwirkungsmöglichkeit ist freilich gering, insoweit aber der rechtlichen Position der Alteigentümer angemessen.

Was die praktische Durchführbarkeit anbelangt, könnte das Procedere durch einen Verzicht auf ein Ladungserfordernis im Verhältnis zu den Gesellschaftern deutlich erleichtert werden. Insofern sollte die öffentliche Bekanntmachung des Termins gem. § 235 II InsO genügen. Im Gegensatz zu den Insolvenzgläubigern, die ihr Interesse bereits durch die Anmeldung ihrer Forderung kundtun, und gem. § 235 III InsO auch nur in diesem Fall zu laden sind, lässt sich bei den Gesellschaftern eine solche Vorauswahl nicht treffen[1008]. Ihnen ist es auch zumutbar, sich über den Termin, sofern sie Interesse haben sollten, selbständig zu informieren. Da hier die Auffassung vertreten wird, dass sich die Teilnahmeberechtigung der Gesellschafter im Fall ihrer Planbetroffenheit bereits aus dem Gesetz ergibt[1009], erscheint es nicht erforderlich, dies klarstellend z. B. in einem § 235 III InsO zu erwähnen[1010].

2. Widerspruchsrecht der Gesellschafter

a) Mögliche Ausgestaltung

Eine andere Möglichkeit, die Rechtsposition der Gesellschafter verfahrensrechtlich abzusichern, besteht darin, ihnen ein Widerspruchsrecht einzuräumen, wie es dem Schuldner nach § 247 InsO zukommt[1011]. Übernähme man die dortige Regelung in entsprechender Weise für die Gesellschafter, wäre gewährleistet, dass diese nicht schlechter stünden als in der Liquidationsalternative. Auch wäre gesichert, dass die Gläubiger über die volle Befriedigung ihrer Ansprüche hinaus nichts erhielten, der etwaige Mehrwert des Schuldnervermögens in der Fortführungsalternative also nicht einseitig den Gläubigern zufiele. In Unterscheidung

---

1007 Allenfalls vor dem Hintergrund des damals vorgesehenen Widerspruchsrechts einer Kapitalmehrheit der Gesellschafter (§ 293 RegE, dazu sogleich unter 2.) ist die Aussage halbwegs verständlich.

1008 Darauf weisen mit Recht *Sassenrath*, ZIP 2003, 1517 (1528) und *Brüning*, Gesellschafter und Insolvenzplan, S. 339 hin.

1009 In diesem Sinn auch Uhlenbruck/*Lüer*, InsO, § 235 Rn. 19, der zwischen Ladungserfordernis und Teilnahmeberechtigung differenziert.

1010 So aber *Brüning*, Gesellschafter und Insolvenzplan, S. 339 f.

1011 Diese Möglichkeit sprechen auch *Eidenmüller/Engert*, ZIP 2009, 541 (549) an.

zur gerade diskutierten Gruppenlösung könnte man diesen Weg als Widerspruchslösung bezeichnen.

Noch im Regierungsentwurf war vorgesehen, dass, falls der Schuldner keine natürliche Person ist, neben dem Schuldner auch ein oder mehrere Gesellschafter, die mit Kapitalmehrheit an diesem beteiligt sind, zum Widerspruch berechtigt sein sollten[1012]. Diese Möglichkeit wurde vom Rechtsausschuss mit dem Verweis gestrichen, dass die Rechtsstellung der Gesellschafter außerhalb des Verfahrens bleibe[1013]. Legt man dies zugrunde, erscheint es konsequent, wenn man bei Preisgabe der gesellschaftsrechtlichen Enthaltsamkeit auch das Widerspruchsrecht der Gesellschafter neu überdenkt. Dabei stellt sich zuallererst die Frage, ob es sich um ein Widerspruchsrecht der Kapitalmehrheit oder um ein individuelles Widerspruchsrecht eines jeden einzelnen Gesellschafters handeln sollte. Für die letztgenannte Variante plädieren *Eidenmüller/Engert*[1014]. Sie halten eine derartige Ausgestaltung für erforderlich, weil die einzelnen Gesellschafter sich auf diese Weise auch auf das in § 247 II Nr. 2 InsO statuierte Kriterium, wonach kein Gläubiger durch den Plan einen über seinen Anspruch hinausgehenden wirtschaftlichen Wert erhalten darf, berufen könnten. Räume man hingegen den Gesellschaftern Individualschutz nur nach Maßgabe bzw. dem Vorbild des § 251 InsO ein, reiche das nicht, weil dieser nur sicherstelle, dass keine Schlechterstellung zur Situation ohne Plan erfolge, nicht hingegen, dass der Fortführungswert abzüglich aller Verbindlichkeiten in voller Höhe bei den Gesellschaftern verbleibe. Aus Sicht der einzelnen Gläubiger bedürfe es dieses Schutzes derweil nicht, vielmehr reichten die Voraussetzungen des § 251 InsO hier aus. Insoweit liege nämlich schon eine Mehrheitsentscheidung der Gruppe, welcher der jeweilige Gläubiger zugehörig ist, vor[1015].

Diese Argumentation verfängt, soweit man § 251 InsO als alleinigen Schutz für die Gesellschafter vorsehen wollte. Diesbezüglich weisen *Eidenmüller/Engert* auch zutreffend darauf hin, dass die Anwendung der Vorschrift ausweislich ihrer gesetzlichen Überschrift als Minderheitenschutz eine vorangegangene Mehrheitsentscheidung voraussetzt[1016]. Dieses Argument weist aber zugleich einen anderen Weg zur Lösung des Problems. Setzt der Minderheitenschutz in § 251

1012 Vgl. § 293 RegE, BT-Drucks. 12/2243, S. 55.

1013 Beschlussempfehlung Rechtsausschuss, BT-Drucks. 12/7302, S. 184. Dies erscheint angesichts der gesellschaftsrechtlichen Enthaltsamkeit der InsO nur konsequent, so auch *Sassenrath,* ZIP 2003, 1517 (1521 f.); nicht ganz nachvollziehbar deshalb die Kritik bei Kübler/Prütting/Bork/*Otte,* § 247 Rn. 5.

1014 Diese machen sich die Widerspruchsvariante im Rahmen ihrer Ausführungen letztlich nicht zueigen, sondern ziehen die Eingliederung der Gesellschafter in den Abstimmungsprozess vor, vgl. *Eidenmüller/Engert,* ZIP 2009, 541 (549 f.).

1015 *Eidenmüller/Engert,* ZIP 2009, 541 (549).

1016 *Eidenmüller/Engert,* ZIP 2009, 541 (549).

InsO sowohl begrifflich als auch als legitimierendes Element eine Mehrheitsentscheidung voraus, muss man gegebenenfalls eine solche auch für die Gesellschafter vorsehen. Dies könnte in § 247 InsO geschehen. Wäre dort das Erfordernis der Zustimmung einer Kapitalmehrheit der an der Schuldnergesellschaft beteiligten Personen niedergelegt, läge auf Gesellschafterseite eine Mehrheitsentscheidung vor. Diese wäre als Legitimationsgrundlage ausreichend, um die Gesellschafter bezüglich ihres individuellen Schutzes auf § 251 InsO zu verweisen. Sieht man den Vorteil einer eigenen Gesellschaftergruppe gegenüber der Lösung über das Widerspruchsrecht darin, dass das Abstimmungsverfahren über Mehrheitsentscheidungen eine Grundlage schafft, die es rechtfertigt, beim individuellen Schutz gewisse Einschränkungen zu machen[1017], trifft dies nicht uneingeschränkt zu. Diese Annahme gilt nur, wenn man § 247 InsO und § 251 InsO jeweils für sich als alternative Schutzmöglichkeiten für die Anteilseigner ansieht. Koppelt man die beiden Vorschriften in der soeben beschriebenen Weise, ist der vermeintliche Vorteil der Gruppenlösung dahin[1018]. Demgegenüber kann der Weg über das Widerspruchsrecht für sich beanspruchen, etwaige Wertungswidersprüche im Verhältnis zu den nachrangigen Gläubigern[1019] zu vermeiden. Die Frage, ob und wann eine eigene Gruppe der Gesellschafter gebildet werden muss, stellt sich dann nicht.

Im Bereich eines möglichen Widerspruchsrechts bietet der soeben diskutierte Weg gegenüber dem Ansatz von *Eidenmüller/Engert,* die ein solches allein in § 247 InsO verortet sehen wollen, einen weiteren Vorteil. Durch die Regelung eines individuellen Gesellschafterschutzes in § 251 InsO trifft die Gesellschafter auch die dort getroffene Feststellungslastverteilung. Diese weicht von der des § 247 InsO (wie im Übrigen auch des § 245 InsO) ab. Während jener von der grundsätzlichen Beachtlichkeit eines Widerspruchs ausgeht, sofern nicht die Voraussetzungen des § 247 II InsO vorliegen, verkehrt § 251 InsO dieses Regel-Ausnahme-Verhältnis ins Gegenteil, indem er im Grundsatz von der Bestätigungsfähigkeit des Plans ausgeht[1020]. Etwaige Beweisschwierigkeiten gingen somit zu Lasten des Gesellschafters, der gegen die Bestätigung des Plans vorgehen will[1021]. Diese Verteilung erscheint der wirtschaftlichen Position der Gesellschafter ange-

---

1017 So wohl *Eidenmüller/Engert,* ZIP 2009, 541 (550).

1018 Für eine Kombination dieser beiden Schutzmöglichkeiten plädiert im Ergebnis auch *Brüning,* Gesellschafter und Insolvenzplan, S. 340 ff., 350 ff.

1019 Dazu o. S. 211 ff.

1020 Vgl. Nerlich/Römermann/*Braun,* InsO, § 251 Rn. 8. Auch *Jungmann,* KTS 2006, 135 (145 ff.) legt dar, dass das Schlechterstellungsverbot in § 251 InsO im Vergleich zu § 245 InsO eine höhere Hürde darstellt.

1021 S. MüKo-InsO/*Sinz,* § 251 Rn. 31 (der geltenden Gesetzesfassung entsprechend auf widersprechende Gläubiger bezogen).

messener. Sie ist auch hinnehmbar, da über das Zustimmungserfordernis der Kapitalmehrheit in § 247 InsO ein zusätzlicher Schutz bereit stünde.

b) Probleme

Gleichwohl tauchen auch hier wieder einige Probleme auf, wie sie schon aus der Auseinandersetzung mit der Gruppenlösung bekannt sind. Denn sowohl im Rahmen des § 247 II Nr. 1 InsO wie auch des § 251 InsO, die beide vom Wortlaut dem § 245 I Nr. 1 InsO entsprechen[1022], sind Prognoseentscheidungen gefragt. Diese können wiederum zu Verzögerungen führen, die sich im Hinblick auf eine erfolgreiche Reorganisation kontraproduktiv auswirken.

Die Feststellungslastverteilung in § 251 InsO und die Tatsache, dass der Gesellschafter gem. § 251 II InsO die Schlechterstellung glaubhaft machen müsste, können hier eine Hilfe sein[1023]. Zwar sollte es für den Gesellschafter einer insolventen Gesellschaft schwieriger sein als für einen Gläubiger, eine Schlechterstellung glaubhaft zu machen. Dies liegt daran, dass er in der Liquidationsalternative regelmäßig gar nichts erhielte. Dennoch muss das Gericht sich mit den vorgetragenen Tatsachen auseinandersetzen und darf während dieser Zeit den Plan noch nicht bestätigen. Die Gefahr einer Verfahrensverzögerung bleibt somit trotz der höheren Hürden, die § 251 InsO aufstellt, bestehen[1024].

Dazu kommt, dass nach dem hier erwogenen Modell die Erleichterungen des § 251 InsO ihre Wirkung nur entfalten könnten, wenn die Mehrheit der Gesellschafter (gemessen an ihren Anteilen) dem Plan gem. § 247 InsO zustimmt. Ansonsten scheitert der Plan bereits an diesem Punkt. Es bietet sich somit keine effektive Lösung für den Fall, dass sich eine Mehrheit der Gesellschafter obstruktiv verhält. Die Zustimmung kann zwar über § 247 II InsO fingiert werden, dazu bedarf es aber ebenfalls einer Prognoseentscheidung. Bei dieser ist zudem, im Gegensatz zu § 251 InsO, von der Maßgeblichkeit des Widerspruchs auszugehen und das Nichtvorhandensein der Schlechterstellung zu substantiieren. Zwar könnte man gesetzlich festlegen, dass das Gericht, was die Gesellschafter betrifft, von der Voraussetzung des § 247 II Nr. 1 InsO ausgehen darf. Dadurch würden die mit den Vergleichsrechnungen verbundenen Verzögerungsprobleme wohl verringert, nicht aber gänzlich vermieden. Die Widerspruchslösung begeg-

1022 Für eine gegenüber § 245 InsO unterschiedliche Bedeutung des Merkmals in § 247 InsO vgl. Nerlich/Römermann/*Braun*, InsO, § 247 Rn. 3; *Smid/Rattunde*, Insolvenzplan, Rn. 643; a. A. FK-InsO/*Jaffé*, § 247 Rn. 5.

1023 Das Erfordernis der Glaubhaftmachung soll nach der Intention des Gesetzgebers dazu beitragen, Verfahrensverzögerungen zu vermeiden, vgl. RegE InsO, BT-Drucks. 12/2443, S. 212; s. auch *BGH* ZInsO 2007, 491 (492).

1024 Ebenso *Jungmann*, KTS 2006, 135 (150).

net mithin vielen Bedenken, die schon im Zusammenhang mit der Gruppenlösung aufgetreten sind. Dies erklärt sich dadurch, dass die Schutzmechanismen ähnlich strukturiert sind. Insbesondere die Tatsache, dass die erforderlichen Vergleichsrechnungen Bestandteil des Verfahrens auf dem Weg zur Planbestätigung sind, birgt in beiden Ansätzen Problempotential[1025].

3. Sicherung des Liquidationswerts außerhalb des Planverfahrens

Die genannten Probleme lassen sich letztlich nur vermeiden, wenn man einen von den bisher angesprochenen Möglichkeiten deutlich abweichenden Lösungsweg wählt. Die vorgenannten Ansätze beziehen die Gesellschafter in den Planentstehungsprozess mit ein. Die Bestätigung des Plans ist in unterschiedlicher Form von der Zustimmung dieses Personenkreises abhängig. Macht man diesen Umstand als Ursache für die zuvor erwähnten Probleme aus, tritt auch die einzige Möglichkeit, diese sicher zu vermeiden, klar zutage. Die Gesellschafter müssten außerhalb des Abstimmungsprozesses gestellt werden, d. h. die Bestätigung des Plans müsste unabhängig davon sein, wie die Gesellschafter zu dem Plan stehen. Die gerichtliche Planbestätigung gem. § 248 InsO setzte in verfahrensrechtlicher Hinsicht, wie nach derzeitiger Rechtslage, weiterhin nur die Annahme durch die Gläubiger sowie die Zustimmung des Schuldners voraus. Die Tatsache, dass der Plan materiell nunmehr in die Rechte der Anteilseigner eingreifen kann, darf freilich nicht unberücksichtigt bleiben. Der Rechtsschutz der Gesellschafter steht, insbesondere aus verfassungsrechtlichen Gründen, nicht zur Disposition. Es handelte sich dann allerdings nicht mehr um einen im Rahmen der gerichtlichen Planbestätigung sichergestellten, sondern um einen dieser Entscheidung nachgeschalteten Rechtsschutz[1026]. Dabei wäre wiederum zu gewährleisten, dass die Gesellschafter durch den Plan nicht schlechter gestellt werden, als sie ohne Plan stünden. Sie müssen stets das erhalten, was sie im Fall der Liquidation der Gesellschaft auch erhielten. Dies lässt sich allerdings auch erreichen, wenn man den Gesellschaftern einen Anspruch auf Entschädigung einräumt, falls sich eine Schlechterstellung durch den Plan erweisen sollte. Sie erhielten dann das, was

1025 Inkohärent argumentiert in diesem Zusammenhang *Brüning*. Einerseits lehnt er eine Beteiligung der Gesellschafter wegen der Entwertung ihrer Anteile als unangemessen ab, weil dadurch das Verfahren unnötig befrachtet würde (vgl. Fn. 969). Im Zusammenhang mit der von ihm favorisierten Widerspruchslösung (vgl. *Brüning*, Gesellschafter und Insolvenzplan, S. 340 ff.) geht er indes überhaupt nicht auf die sich in entsprechender Weise stellenden Probleme ein.

1026 *Eidenmüller/Engert*, ZIP 2009, 541 (550) sprechen insoweit treffend von „nachwirkendem Rechtsschutz". Sie ziehen die Möglichkeit eines solchen in Betracht, geben aber im Ergebnis der Abstimmungslösung den Vorzug.

sie ohne Plan erhalten hätten. Um dies beurteilen zu können, bedarf es auch hier einer Vergleichsrechnung. Diese bleibt unverändert schwierig. Etwaige zeitliche Verzögerungen gingen aber nicht mehr zu Lasten der Planumsetzung, da diese unabhängig von der Zustimmung der Gesellschafter erfolgen könnte[1027] und diese auf den nachgeschalteten Entschädigungsanspruch verwiesen werden. Vermittels dieser Auslagerung aus dem Prozess der Planannahme ließe sich ein weiterer positiver Effekt erzielen. Da den Gesellschaftern jegliches Verzögerungspotential genommen wäre, entfiele auch der Anreiz, allein aus verfahrenstaktischen Gründen gegen den Plan vorzugehen[1028]. Tendenziell würden Gesellschafter von den ihnen zustehenden Rechtsschutzmöglichkeiten wohl absehen, wenn sie zu der Einschätzung gelangten, dass sie auch auf diesem Weg leer ausgehen. Selbst wenn sie wider alle realistischen Erwartungen anders handeln, verschwenden sie zumindest nur ihre eigene Zeit und nicht die der übrigen Planbeteiligten.

Vom Ergebnis ergäbe sich über diese Lösung auch ein Gleichlauf mit der Liquidationsalternative als relevantem Maßstab. Dies ist konsequent, da eine Besserstellung der Gesellschafter in der Reorganisationsvariante nicht gerechtfertigt erscheint[1029]. Führt man die Parallele fort, ergibt sich auch, dass der betreffende Anspruch wie bei § 199 S. 2 InsO nur auf Geld lauten kann[1030]. Im Unterschied zu § 199 InsO, wo der Insolvenzverwalter die Verteilung eines Überschusses besorgt[1031], wäre ein solcher Anspruch gegen die zu reorganisierende Gesellschaft zu richten[1032]. In den Verantwortungsbereich des Insolvenzverwalters kann die Erfüllung eines derartigen Anspruchs nicht mehr fallen, da das Insolvenzverfahren mit rechtskräftiger Bestätigung des Plans aufgehoben wird und das Amt des Verwalters erlischt[1033]. Ein Anspruch der Gesellschafter gegen die Gläubiger

---

1027 Auf die Gläubiger bezogen bleibt es freilich bei den Vergleichsrechnungen, soweit sie im Rahmen der §§ 245, 251 InsO erforderlich sind. Dies kann die Planbestätigung gleichfalls erheblich verzögern. Die Andersbehandlung im Vergleich zu den Gesellschaftern rechtfertigt sich aber vor dem Hintergrund, dass an diese im Gegensatz zu den Gläubigern zumeist nichts mehr zu verteilen ist, vgl. Nerlich/Römermann/*Westphahl*, InsO, § 199 Rn. 12. Dass der Insolvenzordnung der Gedanke, sich an der Verteilungsrealität zu orientieren, nicht fremd ist, zeigt sich an den Bestimmungen über die Behandlung der nachrangigen Gläubiger, vgl. dazu o. S. 211 ff.

1028 Ein solches Verhalten dient der Realisierung eines sog. *nuisance value*, vgl. dazu *Balz*, ZIP 1988, 273 (276); *Flessner*, Sanierung, S. 280.

1029 Dazu o. S. 109 ff.

1030 So auch *Eidenmüller/Engert*, ZIP 2009, 541 (550), die zudem das treffende Argument liefern, dass andernfalls die im Plan vorgesehene Rechteverteilung infrage gestellt würde.

1031 Nerlich/Römermann/*Westphahl*, InsO, § 199 Rn. 9.

1032 Ebenso *Westpfahl/Janjuah*, ZIP 2008, Beil. Heft 3, 1 (17).

1033 §§ 258, 259 InsO.

entbehrte hingegen in rechtsdogmatischer Hinsicht jeglicher Grundlage[1034]. Auch wenn man davon ausgeht, dass Gesellschaftsgläubiger und Gesellschafter nicht völlig beziehungslos nebeneinander stehen, bestehen diese Beziehungen doch in einer durch die Schuldnergesellschaft vermittelten Form. Dies sollte auch eine entsprechende Regelung beachten. Wirtschaftlich gesehen ist es freilich so, dass die nunmehr an der zu reorganisierenden Gesellschaft beteiligten Gläubiger diese Zahlungen tragen[1035].

Der Insolvenzplan hat Angaben über die Höhe einer etwaigen Abfindung zu enthalten, insbesondere hat er auch darzulegen, weshalb eine Zahlung gegebenenfalls (dies wird den Regelfall darstellen!) unterbleibt. Dies erschließt sich zwar mittelbar auch aus der in jedem Fall beizufügenden Vermögensübersicht, sollte aber im Interesse der Altgesellschafter noch einmal ausdrücklich im Plan benannt werden.

Um den Anspruch der Gesellschafter auf den hypothetischen Liquidationserlös im Gesetz zu verankern, könnte Abs. 2 eines neu geschaffenen § 226a InsO wie folgt aussehen:

§ 226a Rechte der Anteilseigner. *(1) ...*
(2) [1]Verliert eine am Schuldner beteiligte Person infolge einer Regelung nach § 217 Abs. 2 ihre Beteiligung, gilt § 199 entsprechend. [2]Der Insolvenzplan hat Angaben über die Höhe eines sich daraus ergebenden Anspruchs zu enthalten.

Durch den Verweis auf die entsprechende Anwendung des § 199 InsO wird hinreichend klar, dass die Schlussverteilung am Ende einer (hypothetischen!) Liquidation den relevanten Vergleichsmaßstab bildet. Satz 2 dient dem Schutz der Gesellschafter, die auf diese Weise dem Plan ohne weiteres entnehmen können, ob und, falls ja, in welcher Höhe ihnen eine Entschädigung zugedacht ist.

4. Austrittsrecht

Die Vereinigungsfreiheit in ihrer negativen Ausprägung macht es erforderlich, den Gesellschaftern ein Austrittsrecht zu gewähren, soweit Regelungen des Plans zwangsweise in die Rechte der Gesellschafter eingreifen[1036]. In diesem Fall hat der Gesellschafter, nicht anders als bei einem Zwangsausschluss, Anspruch auf den hypothetischen Liquidationserlös[1037]. Entstehen Streitigkeiten über die Höhe

1034 So auch *Westpfahl/Janjuah*, ZIP 2008, Beil. Heft 3, 1 (17), die auf den der InsO zugrunde liegenden Gesamtvollstreckungsgedanken hinweisen.

1035 *Eidenmüller/Engert*, ZIP 2009, 541 (550).

1036 Vgl. oben S. 135 f.

1037 Auch LS 2.4.9.9 erfasst gemäß der dazugehörigen Begründung sowohl den zwangsweisen wie auch den freiwilligen Ausschluss, s. EB, S. 287.

dieses Anspruchs, ist der Gesellschafter wiederum auf den nachgeschalteten Rechtsschutz zu verweisen.

Ein Gesellschafter, der auf diesem Wege freiwillig aus der Gesellschaft austritt, unterliegt hinsichtlich seiner Haftung den Bestimmungen des Plans. Sieht dieser nichts vor, bleibt es bei der Grundregel des § 227 II InsO[1038]. Diese gilt im Grundsatz für alle Gesellschafter gleichermaßen, also für die hier behandelte Gesellschaftergruppe ebenso wie für die zwangsweise oder bereits zu einem vorherigen Zeitpunkt aus der Gesellschaft ausgeschiedenen Gesellschafter[1039]. Die Gegenansicht[1040] war schon bislang vielfältigen Bedenken ausgesetzt[1041], insbesondere steht sie im Widerspruch zur Akzessorietät der Gesellschafterhaftung. Mit den hier vorgebrachten Überlegungen wird aber auch eines ihrer Hauptargumente hinfällig, das die Schlechterstellung ausgeschiedener Gesellschafter damit begründete, auf ihre Mitwirkung komme es im Rahmen einer Reorganisation ohnehin nicht an[1042]. Die hier unterbreiteten Vorschläge machen aus den genannten Gründen die Mitwirkung der Gesellschafter im Zuge der Reorganisation erlässlich. Damit verliert die genannte Argumentation ihre Grundlage und man muss entweder alle Gesellschafter unabhängig von der Haftung der Gesellschaft forthaften lassen oder allen eine Haftungserleichterung zukommen lassen. Insbesondere mit Blick auf den Grundsatz der akzessorischen Gesellschafterhaftung spricht doch einiges für die letztgenannte Lösung.

Eine Sonderregelung, wie sie noch der Kommissionsbericht bezüglich der Gesellschafterhaftung vorsah[1043], ist damit entbehrlich, da die dort angestellten Überlegungen im Regelungsgehalt des § 227 InsO aufgegangen sind.

Hinsichtlich des Austrittsrechts wäre dem neuen § 226a InsO ein dritter Absatz in folgender Fassung hinzuzufügen:

§ 226a Rechte der Anteilseigner. *(1) ...*
(2) ...
(3) [1]Sieht der Insolvenzplan eine Regelung nach § 217 Abs. 2 vor, haben die im Zeitpunkt der Planbestätigung am Schuldner beteiligten Personen das Recht, aus der Gesellschaft auszutreten. [2]Abs. 2 gilt in diesem Fall entsprechend.

1038 Zur Zulässigkeit möglicher Abweichungen von dieser Regel bereits o. S. 67 f.

1039 So auch Uhlenbruck/*Lüer*, InsO, § 227 Rn. 11; *H.-F. Müller*, KTS 2002, 209 (256 f.); *Eidenmüller*, ZGR 2001, 680 (684).

1040 *Hess*, Insolvenzrecht, § 227 Rn. 10, mit weiteren Nachweisen.

1041 Zu den Einzelheiten vgl. die Nachweise in Fn. 1039.

1042 Vgl. *BGH* NJW 1970, 1921 (1922) (zur VglO).

1043 S. EB, LS 2.4.9.7.

5. Entschädigung nur bei Verlust der Beteiligung

Von den beiden soeben erwähnten Fällen, dass der Gesellschafter seine Beteiligung entweder zwangsweise oder freiwillig verliert, abgesehen, ist die Festsetzung einer Entschädigung nicht geboten. Wird einem Gesellschafter im Plan seine Beteiligung gelassen, ist eine gewisse Beeinträchtigung seiner Position (z. B. durch Verwässerung bei Schaffung neuer Anteile) zwar nicht ausgeschlossen. Vor dem Hintergrund der Liquidationsalternative und der Tatsache, dass diese es stets rechtfertigt, den Gesellschafter gegen Entschädigung auszuschließen, ist indes zu sagen, dass der Gesellschafter den Liquidationswert seiner Beteiligung durch das ihm in diesen Fällen zustehende Austrittsrecht realisieren kann und dies ausreicht. Der Gesellschafter kann dann selbst entscheiden, was er als für sich am günstigsten erachtet; er kann in der Gesellschaft bleiben und auf eine Wertsteigerung seiner Beteiligung hoffen oder gegen Zahlung des hypothetischen Liquidationswerts austreten.

6. Kollision mit Kapitalerhaltungsregeln

Schon früh in der Diskussion um Eingriffe in die Anteilseignerrechte wurde auf das Problem hingewiesen, dass etwaige Entschädigungszahlungen an die Gesellschafter bei Kapitalgesellschaften mit den Regeln über die Kapitalerhaltung konfligieren können[1044]. Im Normalfall weist die Gesellschaft zu dem Zeitpunkt, zu dem diese Eingriffe relevant würden, einen Vermögensstatus auf, bei dem jede Zahlung an die Gesellschafter eine Unterbilanz, wenn nicht gar eine materielle Überschuldung vertiefen würde. Eine Zahlung müsste aus diesem Grund unterbleiben. Auch wenn sich, was erforderlich ist, aufgrund der Planmaßnahmen der Vermögensstatus der Gesellschaft bessert, wäre darauf zu achten, dass durch die Zahlungen keine Unterbilanz entsteht bzw. vertieft wird. Um hier Konflikte mit den gesetzlichen Regelungen zu vermeiden, müsste im Plan sichergestellt werden, dass etwaige an die Altgesellschafter zu leistende Zahlungen durch Beiträge der Gläubiger gedeckt sind[1045]. Sieht man den Gläubigerschutz als Hauptzweck der Kapitalerhaltungsregeln an[1046], ist zu fragen, ob die insolvenzrechtlichen Bestimmungen die Gläubiger nicht in einem Maß schützen, das es hinnehmbar erschei-

1044 *Ulmer*, ZHR 149 (1985), 541 (551); *Balz*, Sanierung, S. 64.

1045 Diese Problematik spricht wohl auch *Sassenrath*, ZIP 2003, 1517 (1530) an, wenn er sagt, es müsse sich ein Planbeteiligter finden, der sich zum Ausgleich etwaiger Zahlungen oder zur Stellung diesbezüglicher Sicherheiten bereit findet. Skeptisch insoweit *Westpfahl/Janjuah*, ZIP 2008, Beil. Heft 3, 1 (17) (dort Fn. 163), die aber anmerken, durch etwaige Zahlungen dürfe die Planerfüllung nicht gefährdet werden.

1046 Statt vieler *Schmolke*, Kapitalerhaltung, S. 7.

nen ließe, auf den gesellschaftsrechtlichen Schutz in Gestalt der Kapitalerhaltungsregeln zu verzichten. Dafür spricht bereits, dass die Gläubiger durch ihre Beteiligungsrechte im Insolvenz- wie auch im Insolvenzplanverfahren vor Beeinträchtigungen ihrer Rechtsposition umfassend bewahrt werden. Dies betrifft zum einen bereits die Weichenstellung, wie es nach der Eröffnung des Insolvenzverfahrens mit der Gesellschaft weitergehen soll. Dadurch ist gewährleistet, dass eine Fortführung der Gesellschaft und ein daraufhin möglicherweise initiiertes Insolvenzplanverfahren nur in Frage kommen, wenn eine Mehrheit der Gläubiger dies als die beste Möglichkeit ansieht, die Masse zu maximieren. In einem Planverfahren stellen die Verfahrensvorschriften dann zum anderen sicher, dass den Gläubigern nichts zugemutet wird, dem sie nicht entweder zugestimmt haben oder aber was sie im Fall einer Liquidation nicht ebenso hinnehmen müssten. Kommt es also zur Implementierung eines Plans, aufgrund dessen eine Entschädigung an die Gesellschafter erforderlich wird, ist bei Einhaltung aller Vorschriften[1047] der Schutz der Gläubiger sichergestellt. Dazu kommt, dass eine Entschädigung nach richtig verstandener Interpretation eines eventuell vorhandenen Anteilsrestwerts nur in Frage kommt, wenn die Gläubiger zuvor voll befriedigt worden sind. Mit Blick auf die Gläubiger, genauer die Insolvenzgläubiger, ist ein zusätzlicher Schutz durch die gesellschaftsrechtlichen Kapitalerhaltungsregeln nicht geboten. Was die Massegläubiger anbelangt, tragen die gesetzlichen Regeln deren Interessen ebenfalls in ausreichendem Maß Rechnung[1048].

Eine weiter gefasste Ansicht sieht jedoch den Zweck der Kapitalerhaltungsregeln nicht nur im Gläubigerschutz, sondern auch darin, der Gesellschaft selbst einen gewissen, wenn auch relativ schwachen[1049] Schutz zu vermitteln, indem ihr in gewissem Umfang ein zur freien Verfügung stehendes Vermögen gesichert wird, mit dem sie arbeiten kann[1050]. Legt man dies zugrunde, fragt sich, welche Auswirkungen dies auf eine Gesellschaft hat, die nach Abschluss eines Insolvenzverfahrens mithilfe eines entsprechenden Insolvenzplans fortgeführt werden soll. Außer Zweifel steht, dass auch die reorganisierte Gesellschaft den gesellschaftsrechtlichen Kapitalschutzregeln unterliegen muss. Sie kann nichts anderes für sich beanspruchen als jede andere werbende Gesellschaft auch. Dabei muss aber die Frage erlaubt sein, inwieweit sich dies auch auf die im Plan bereits festgeschriebenen oder jedenfalls durch den Planinhalt bedingten Leistungen beziehen muss. Anders ausgedrückt: Kann die Umsetzung eines Insolvenzplans, auch wenn sie Zahlungen an die Gesellschafter bedingt, die mit den Kapitalerhaltungsregeln verbundene Zwecksetzung ernstlich gefährden? Durch den

1047 Dies ist eine der Bestätigungsvoraussetzungen des Plans, vgl. § 250 Nr. 1 InsO.

1048 Vgl. die Regelungen in §§ 53, 60, 61 InsO. Dazu auch *Balz*, Sanierung, S. 64 f.

1049 Dazu mit weiteren Nachweisen *Grigoleit/Rieder*, GmbH-Recht nach dem MoMiG, Rn. 103 f.

1050 Scholz/*H.P. Westermann*, GmbHG, Bd. 1, § 30 Rn. 1.

Plan muss die Gesellschaft in einen Zustand versetzt werden, der es ihr ermöglicht, aus dem Insolvenzverfahren herauszutreten, d. h. Insolvenzgründe müssen beseitigt werden. Die Gläubiger haben auch ein Interesse daran, zu verhindern, dass durch etwaige Zahlungen an die Gesellschafter erneut ein Insolvenzgrund zutage tritt. Denn es sind schließlich die künftigen Erträge der reorganisierten Gesellschaft, aus denen sie in aller Regel befriedigt werden sollen. Damit ist freilich noch kein Grund für eine Suspendierung der Kapitalerhaltungsregeln gegeben. Deren Schutz soll bereits im Vorfeld einer materiellen Insolvenz eingreifen und geht insofern weiter. Allerdings lässt sich zumindest konstatieren, dass nunmehr (jedenfalls nach dem Plankonzept) wieder eine lebensfähige Gesellschaft vorliegt, an deren Fortbestand nicht zuletzt die (ehemaligen) Gläubiger ein verstärktes Interesse haben. Dies stellt eine Verbesserung dar, die sich allein der Umsetzung des Planinhalts verdankt. Das Interesse der Gläubiger wird aber nicht dabei bewenden, die Gesellschaft nur in dem Maße zu rekapitalisieren, dass lediglich eine neuerliche Insolvenz vermieden wird. Sie wollen die prognostizierten Gewinne der Gesellschaft auch ausgeschüttet erhalten bekommen, was erst möglich ist, wenn das Gesellschaftsvermögen über der Stauschleuse[1051] des Mindestkapitals liegt[1052]. Auch deshalb werden sie an einer hinreichend starken Kapitaldecke der Gesellschaft interessiert sein. Entschädigungen, die zu Konflikten mit den Kapitalerhaltungsregeln führen können, treten zuallererst dann auf, wenn Altgesellschafter aus der Gesellschaft gedrängt werden und Gläubiger eine Gesellschafterposition erhalten. Dies kann nicht gegen den Willen des jeweils betroffenen Gläubigers geschehen. Der Übernahme einer Beteiligung wird dieser aber nur zustimmen, wenn er die gerade genannten Voraussetzungen erfüllt sieht. Schließlich ist er als Neugesellschafter unmittelbar betroffen. Was neue Gläubiger der reorganisierten Gesellschaft betrifft, ist nochmals darauf hinzuweisen, dass diese dadurch Schutz erfahren, dass die reorganisierte Gesellschaft und damit die Neugesellschafter selbstverständlich den Kapitalerhaltungsregeln unterworfen sind. Im Zusammenhang mit dem Ausschluss von Altgesellschaftern und daraus möglicherweise resultierenden Entschädigungsansprüchen scheint das perhorreszierte Szenario nicht sehr wahrscheinlich. Aus den vorgenannten Gründen ist nicht davon auszugehen, dass die mit den Kapitalerhaltungsregeln verbundene

1051 Dieses häufig verwendete, plastisch die Funktion des Mindestkapitals umschreibende Bild geht auf *Würdinger*, Aktienrecht, S. 32 zurück.

1052 Das Mindestkapital der reorganisierten Gesellschaft muss freilich nicht mit dem der Gesellschaft vor Planumsetzung übereinstimmen. Das liegt daran, dass im Plan Kapitalmaßnahmen vorgesehen werden können und in der Regel auch vorgesehen werden.

Zielsetzung unterlaufen wird, selbst wenn diese nach strikter Anwendung einmal als verletzt angesehen werden können[1053] [1054].

Der Problematik ist aber auch von einem anderen Blickwinkel aus betrachtet keine zu große Bedeutung beizumessen, da es von der Kapitalerhaltung abgesehen aus einem anderen Grund häufig unerlässlich sein wird, etwaige Entschädigungszahlungen im Plan verfahrensrechtlich abzusichern. Tut man dies nicht, kann die Umsetzung des gesamten Plankonzepts in Gefahr geraten[1055]. Die insolvenzbedingte Knappheitssituation bringt es mit sich, dass, sollen die Gläubiger nach Maßgabe des Plans befriedigt und die Schuldnergesellschaft in einen fortführungsfähigen Zustand gebracht werden, im Normalfall keine freien Mittel zur Verfügung stehen. Vielmehr werden diese allesamt zur Realisierung des sorgsam ausgearbeiteten Plankonzepts gebraucht. Damit steht auch aus diesem Grund fest, dass obwohl formal – und dogmatisch überzeugend – die Gesellschaft Schuldnerin möglicher Entschädigungsansprüche ist, die Planbeteiligten, und hier in der Regel die Gläubiger, diese Zahlungen leisten bzw. sichern müssen, um die Planumsetzung nicht zu gefährden.

Dadurch kann es dazu kommen, dass der Plan, sofern er Eingriffe in die Rechte der Anteilseigner vorsieht, eine Art salvatorische Klausel enthalten muss. Solche wurden in einem anderen Zusammenhang bereits als mögliche, aber keineswegs optimale Lösung erörtert[1056]. Allerdings sind sie an dieser Stelle in einem etwas anderen Licht zu betrachten. Innerhalb eines Modells, das die Gesellschafter in den Entscheidungsprozess über den Plan mit einbezieht, hätte eine solche Klausel den Zweck, eine Verzögerung des Verfahrens zu verhindern. Dies funktionierte in der Weise, dass mithilfe der Klausel der Einwand, durch den Plan werde ein Gesellschafter im Vergleich zur planlosen Abwicklung schlechter gestellt, vorweg abgeschnitten wird. Die Aufnahme einer Klausel ist dann der einzig sichere Weg, um das in dieser Variante gegebene Obstruktionspotential der Gesellschafter vollständig auszuschalten. Dies gilt selbst dann, wenn die Planersteller für sich die Möglichkeit einer Zahlung an die Gesellschafter ausschließen, da das Gericht sich mit einem entsprechenden Einwand eines Gesellschafters jedenfalls auseinandersetzen muss, was bereits Zeit beansprucht.

1053 So im Ergebnis wohl auch *Balz*, Sanierung, S. 64 f. Dieser stellt fest, angesichts der Tatsache, dass am Ende des Reorganisationsverfahrens ein ordnungsgemäß kapitalisiertes Unternehmen stehen muss, könne man sich mit Kollisionen mit dem Kapitalerhaltungsrecht vorübergehend abfinden.

1054 Bezogen auf das Kriterium eines bestmöglichen Gläubigerschutzes ziehen auch *Eidenmüller/Engert*, ZIP 2009, 541 (551) eine Suspendierung der Kapitalerhaltung in Betracht; für die strikte Einhaltung des Grundsatzes der Kapitalerhaltung spricht sich hingegen *H.-F. Müller*, Verband in der Insolvenz, S. 358 aus.

1055 Diesen Aspekt sprechen *Westpfahl/Janjuah*, ZIP 2008, Beil. Heft 3, 1 (17) an.

1056 Vgl. o. S. 213 ff.

Bei dem hier bevorzugten Modell ist die Gefahr einer Verfahrensverzögerung durch obstruktives Gesellschafterhandeln nicht gegeben. Die Aufnahme einer entsprechenden Klausel diente allein der Absicherung des Plankonzepts. Dies bedeutet zugleich, dass der Planersteller auf eine solche Klausel verzichten kann, wenn aus seiner Sicht Entschädigungszahlungen nicht in Betracht kommen. Da ein Verzögerungsrisiko nicht besteht, liegt das verbleibende Risiko darin begründet, dass doch zu leistende Entschädigungszahlungen zu Lasten der zu reorganisierenden Gesellschaft und damit zu Lasten des Plankonzepts gehen. Wenn man, wie hier, nicht von einer uneingeschränkten Anwendbarkeit der Kapitalerhaltungsregeln ausgeht, liegt es somit allein beim Planarchitekten, ob er eine solche Klausel aufnehmen will. Er kann diese Entscheidung vorrangig anhand wirtschaftlicher Kriterien treffen und muss dabei nicht ein mögliches Verhalten der Altgesellschafter einkalkulieren. Der denkbare Einwand, dass die Aufnahme einer salvatorischen Klausel, sofern man Entschädigungsansprüche ohnehin für nicht gegeben hält, doch kein großes Opfer darstelle, übersieht zweierlei. Dabei geht es einerseits um den bereits angesprochenen Punkt[1057], dass es nicht gerade für die logische Stringenz eines Verfahrens spricht, wenn die darin angelegten Mängel[1058] die Verfahrensbeteiligten zu einem Handeln zwingen, das ihren rationalen Überlegungen im Grunde widerspricht. Andererseits kann es auch für die Überzeugungskraft eines Plankonzepts nur von Vorteil sein, wenn darin keine Klauseln enthalten sind, die nach Ansicht des Planerstellers eigentlich überflüssig sind. Vor allem, wenn es sich um einen Verwalterplan handelt, ist es den Gläubigern, um deren Zustimmung zum Plan geworben wird, womöglich schwer vermittelbar, weshalb Entschädigungsklauseln im Plan enthalten sind, wenn der Planersteller zugleich behauptet, die Altgesellschafter erhielten nach Lage der Dinge nichts.

Auch diesbezüglich erweist sich das Konzept des nachgelagerten Rechtsschutzes als das schlüssigere.

7. Berechnungsgrundlage für Entschädigung

a) Abstellen auf Liquidationswert

Was die Höhe eines etwaigen Entschädigungsanspruchs angeht, kann sich Streit an der Frage entzünden, auf welchen Zeitpunkt und daraus folgend auf welchen Unternehmenswert für die Berechnung abzustellen ist. Im Kommissionsentwurf war hierzu vorgesehen, dass der Abfindungsanspruch eines im Zuge der Reorgani-

1057 S. o. S. 213ff.

1058 Hier das Obstruktionspotential der Altgesellschafter.

sation ausgeschiedenen Gesellschafters auf Grundlage des Liquidationswerts des Gesellschaftsvermögens zu berechnen und mithin ein reorganisationsbedingter Wertzuwachs nicht zu berücksichtigen sei[1059]. Dieser Linie folgt auch das Schrifttum, soweit dort Eingriffe in die Anteilseignerrechte thematisiert werden[1060]. Es erschiene nach dem bisher Gesagten widersinnig, die Altgesellschafter an dem Reorganisationswert der Gesellschaft zu beteiligen. Es wurde bereits dargelegt, dass sie den in ihrer Beteiligung noch enthaltenen Hoffnungswert nicht für sich reklamieren können, da sie selbst gerade nicht willens oder in der Lage sind, ihn zu realisieren[1061]. Aus ihrer Sicht besteht der Anteilswert im Liquidationswert. Ein Rückgriff auf den Fortführungswert als dem „wahren" oder „wirklichen" Wert unter Bezugnahme auf die bundesverfassungsgerichtliche Rechtsprechung[1062] übersieht diesen wesentlichen Unterschied im Vergleich zu einer Gesellschaft außerhalb eines Insolvenzverfahrens und verbietet sich daher[1063]. Demgegenüber erscheint es durchaus angebracht, nicht zwangsläufig vom Zerschlagungswert auszugehen, wenn Anhaltspunkte dafür gegeben sind, dass die Liquidation (zumindest teilweise) in Gestalt einer übertragenden Sanierung abgewickelt hätte werden können[1064]. Solche Anhaltspunkte sind substantiiert darzulegen, ansonsten verbleibt es bei der Einzelveräußerung als Regelmaßstab[1065]. Es ist nicht zulässig, allein aus der Tatsache, dass ein Reorganisationsversuch unternommen wird, darauf zu schließen, dass in diesem Fall stets auch eine Veräußerung im Ganzen möglich sei[1066].

Im Ergebnis erscheint es somit richtig, auf den Unternehmenswert bei Eröffnung des Insolvenzverfahrens als Grundlage für die Berechnung eines hypothetischen Liquidationswerts abzustellen. Im Verfahren durch Handlungen des Insolvenzverwalters, der Gläubiger oder Dritter herbeigeführte Wertsteigerun-

---

1059 Vgl. EB, LS 2.4.9.9 Abs. 3. Hierbei kann es sich, da eine Liquidation gerade nicht stattfindet, natürlich nur um den hypothetischen Liquidationswert handeln, präzisierend insoweit *Balz*, Sanierung, S. 61, 68, der die Auffassung der Kommission in diesem Punkt ansonsten teilt.

1060 *Westpfahl/Janjuah*, ZIP 2008, Beil. Heft 3, 1 (17); *Sassenrath*, ZIP 2003, 1517 (1529); auch *H.-F. Müller*, Verband in der Insolvenz, S. 356.

1061 Dazu o. S. 109ff.

1062 S. BVerfGE 100, 289 (306).

1063 So wollen *Eidenmüller/Engert*, ZIP 2009, 541 (546) verfahren, ohne diese Vorgehensweise eingehender zu begründen.

1064 Mit zahlreichen Nachweisen *Herweg*, Obstruktionsverbot, S. 60; s. auch *Westpfahl/Janjuah*, ZIP 2008, Beil. Heft 3, 1 (17).

1065 Vgl. *Braun/Uhlenbruck*, Unternehmensinsolvenz, S. 612.

1066 So aber *H.-F. Müller*, Verband in der Insolvenz, S. 356, der deshalb den Preis zugrunde legen will, den ein fiktiver Erwerber für das Unternehmen zu zahlen bereit wäre. Wie dieser fiktive Kaufpreis zu ermitteln ist, bleibt dabei unklar. Ein solches Vorgehen daher zu Recht ablehnend *Herweg*, Obstruktionsverbot, S. 61.

gen sollen nicht den Altgesellschaftern zugute kommen[1067]. Hingegen sind die Kosten des Verfahrens in Abzug zu bringen, jedenfalls soweit sie auch in der Liquidationsalternative angefallen wären.

b) Nichtmaßgeblichkeit des Börsenkurses

Unter Bezug auf die Rechtsprechung des Bundesverfassungsgerichts[1068] findet sich teilweise der Hinweis, bei einer börsennotierten Aktie müsse der Börsenkurs den Maßstab für eine Entschädigungsleistung bilden, um den Anforderungen des Art. 14 I GG zu genügen[1069]. In dem betreffenden Urteil weist das Gericht aber auch darauf hin, dass die Entschädigung eines ausgeschlossenen Gesellschafters sich am „wahren Wert" der Aktie zu orientieren habe, dessen Untergrenze zwar der Verkehrswert bilde, wobei dieser aber auch einmal den Börsenkurs unterschreiten könne[1070]. Will man beurteilen, ob dies in der konkret zu behandelnden Konstellation gegeben ist, muss man sich erneut vor allem die Tatsache vor Augen halten, dass es insoweit um eine Gesellschaft geht, über deren Vermögen das Insolvenzverfahren eröffnet ist. Darin liegt ein wichtiger Unterschied zu dem vom Gericht entschiedenen Fall, der von einer „gesunden" Gesellschaft handelte, aus der die Minderheitsaktionäre vom Mehrheitsaktionär hinausgedrängt wurden. In einem solchen Fall verhält es sich so, dass die Aktionäre (ihre Bereitschaft vorausgesetzt) ihre Anteile auch zum Börsenkurs hätten veräußern können. Es ist daher ohne weiteres nachzuvollziehen, dass dieser dann die Untergrenze der Entschädigung bilden muss. Ist jedoch einmal das Insolvenzverfahren eröffnet, erscheint es zweifelhaft, ob der Verkehrswert der Aktie noch durch den Börsenkurs wiedergegeben wird. Die Börsenzulassung wird zwar durch die Verfahrenseröffnung an sich nicht berührt[1071]. Ein Handel mit den Papieren ist daher auch nach diesem Zeitpunkt grundsätzlich möglich und findet in der Praxis auch statt. Mithin steht es den Aktionären frei, den jeweiligen Börsenwert auf diesem Weg zu realisie-

---

1067 *Sassenrath,* ZIP 2003, 1517 (1529). Vgl. hierzu auch *BGH* NJW 2010, 65 (68); der *BGH* führt dort aus, dass es den Gesellschaftern, die in dem zu entscheidenden Fall einen Sanierungsbeitrag zu leisten bereit waren, nicht zuzumuten sei, die Gesellschaft mit den nicht leistungsbereiten Gesellschaftern fortzusetzen. Diese müssten vielmehr ausscheiden. Dies begründet der *BGH* damit, dass diese Gesellschafter im Fall einer erfolgreichen Sanierung ohne ihr Zutun einen nicht zu rechtfertigenden wirtschaftlichen Vorteil erlangten. Dieser Gedanke liegt, wenn auch in einem anderen Kontext, auch hier zugrunde.

1068 Konkret BVerfGE 100, 289 (*DAT-Altana*).

1069 *Eidenmüller/Engert,* ZIP 2009, 541 (547); relativierend *Sassenrath,* ZIP 2003, 1517 (1524).

1070 BVerfGE 100, 289 (309).

1071 *Grub/Streit,* BB 2004, 1397 (1404); ausführlich *Lau,* Börsennotierte Aktiengesellschaft in der Insolvenz, S. 26ff.

ren, um wenigstens irgendetwas zu erhalten[1072]. Die Aktie wird in diesem Fall aber mehr denn je zum Spekulationsobjekt. Hauptbezugspunkt der Spekulation ist dabei die Entscheidung über den Unternehmensfortgang. Sobald feststeht, dass die jeweilige Gesellschaft liquidiert wird, wird die Aktie deutlich an Wert einbüßen und schließlich die Notierung widerrufen werden, da ein ordnungsgemäßer Handel nicht mehr gewährleistet scheint[1073]. Im Fall einer erfolgreichen Sanierung der Gesellschaft konnten die Aktionäre hingegen zumindest bislang von den damit verbundenen Wertsteigerungen uneingeschränkt profitieren. Diese Möglichkeit würde durch die Schaffung von Eingriffsmöglichkeiten im Insolvenzplan deutlich begrenzt. Da die Gesellschafterstellung auch im Fall der Fortführung der Schuldnergesellschaft nicht unantastbar ist, verlöre eine Investition an Reiz, da die Möglichkeit sog. *windfall profits* nun deutlich unsicherer erschiene[1074].

Es verhält sich also so, dass im Zeitpunkt der Verfahrenseröffnung und danach der jeweilige Börsenwert nur deshalb mitunter über dem fiktiven Liquidationswert der Beteiligung liegt, weil eine Liquidation nur ein mögliches Szenario ist und daneben noch die Möglichkeit besteht, dass die Gesellschaft fortgeführt wird. Legt man wiederum den Maßstab der Liquidationsalternative an, erhielten die Gesellschafter aber nur den Restwert ihrer Beteiligung, mithin häufig gar nichts. Warum das anders sein soll, weil mit der börsennotierten Aktie eine besonders spekulationsanfällige Form der Gesellschaftsbeteiligung vorliegt, leuchtet nicht ein. Der „wahre" Wert im Sinne eines sicheren Werts ist ab Eröffnung des Insolvenzverfahrens nur der Liquidationswert der Beteiligung. Dies unterscheidet den vorliegenden Fall gerade von demjenigen der eingangs erwähnten höchstrichterlichen Entscheidung. Gelingt es einem Aktionär, über den Verkauf des Anteils zu einem über dem Liquidationswert liegenden Börsenkurs einen höheren Betrag zu erlösen, ist daran nichts Anstößiges zu finden. Indes muss auch jedem klar sein, der in dieser Situation Aktien hält oder neu erwirbt, dass der jeweilige Börsenkurs letztlich nur Ausdruck einer unsicheren Prognose über den Fortbestand der Schuldnergesellschaft ist und damit dem Risiko unterliegt, dass die Prognose fehlgeht. Trifft dies ein, verdient der Betroffene keinen Schutz dahingehend, dass ihm eine höhere, am Börsenkurs orientierte Entschädigung zu gewähren wäre[1075]. Eine Sonderbehandlung börsennotierter Anteile ist daher im vorliegenden Kontext abzulehnen.

1072 Vgl. *Schander/Schinogl,* ZInsO 1999, 202 (203); zur Möglichkeit des Widerrufs s. § 39 BörsG.

1073 *Schander/Schinogl,* ZInsO 1999, 202 (203).

1074 Stattdessen müsste ein Investor wohl selbst Leistungen zur Umsetzung eines Plankonzepts anbieten, um die Planersteller dazu zu bewegen, dass er seine Anteile auch in der reorganisierten Gesellschaft behalten kann.

1075 So auch *Westpfahl/Janjuah,* ZIP 2008, Beil. Heft 3, 1 (17).

IV. Form des Rechtsschutzes

1. Untauglichkeit des § 253 InsO

Unabhängig davon, ob der Plan Gesellschaftern gar nichts zuweist oder eine aus ihrer Sicht zu niedrige Entschädigung, ist es aus verfassungsrechtlichen Gründen unabdingbar, den betroffenen Gesellschaftern eine Möglichkeit zu eröffnen, die Rechtmäßigkeit der Entschädigungshöhe gerichtlich überprüfen zu lassen. Dies schließt auch den Fall ein, in dem es darum geht, ob überhaupt eine Entschädigung zu zahlen ist.

Die bislang in den §§ 217 ff. InsO für die Beteiligten vorgesehene Rechtsschutzmöglichkeit ist die sofortige Beschwerde gem. § 253 InsO. Diese richtet sich aber unmittelbar gegen die Bestätigung bzw. – im vorliegenden Fall weniger relevant – die unterbliebene Bestätigung des Plans. Wenn die Ausgliederung der Gesellschafter aus dem Planbeschlussprozess jedoch vor allem deswegen erfolgt ist, um missbräuchlichen Verfahrensverzögerungen entgegenzuwirken, wäre es kontraproduktiv, den Gesellschaftern diese Möglichkeit zu eröffnen. Solange der Plan wegen der Beschwerde noch nicht rechtskräftig ist, kann er keine Wirkungen entfalten[1076], womit das angestrebte Ziel, Verzögerungen zu vermeiden, zunichte gemacht würde. Der Weg über § 253 InsO kommt daher nicht in Frage[1077].

2. Rechtsschutz im Spruchverfahren

Die Kommission hatte die Gesellschafter insoweit auf den ordentlichen Rechtsweg verwiesen[1078]. Dies geschah aus den soeben angesprochenen Motiven[1079] und ist daher grundsätzlich zu begrüßen[1080]. Mit ordentlichem Rechtsweg ist in diesem Zusammenhang der allgemeine Zivilprozess gemeint. Als Alternative dazu wird in der Literatur das gesellschaftsrechtliche Spruchverfahren ins Spiel gebracht[1081]. Dieses Verfahren dient dem Zweck, die durch unternehmensbezogene Strukturmaßnahmen erforderlich gewordenen Kompensationsleistungen

1076 MüKo-InsO/*Sinz*, § 253 Rn. 3.

1077 Ebenso *Westpfahl/Janjuah*, ZIP 2008, Beil. Heft 3, 1 (17); *Sassenrath*, ZIP 2003, 1517 (1530).

1078 EB, LS 2.4.9.9 Abs. 2. Eine entsprechende Klage sollte dabei innerhalb von sechs Monaten ab Rechtskraft des Reorganisationsplans erhoben werden müssen.

1079 Vgl. die Begründung in EB, S. 287.

1080 Auch *Westpfahl/Janjuah*, ZIP 2008, Beil. Heft 3, 1 (17) sprechen sich für eine Verweisung auf den ordentlichen Rechtsweg aus.

1081 *Eidenmüller/Engert*, ZIP 2009, 541 (550); *Sassenrath*, ZIP 2003, 1517 (1530); *Jaffé*, ZGR 2010, 248 (258 f.) möchte auch den Gläubigerrechtsschutz in ein Spruchverfahren verlagern, um der Rechtsmittellastigkeit des Planverfahrens entgegenzuwirken.

auf ihre Angemessenheit zu überprüfen. Zugleich gilt auch hier, dass nicht die jeweilige Maßnahme in ihrer Gesamtheit verzögert bzw. verhindert werden soll, soweit es nur um die Höhe der Kompensation geht[1082]. Insoweit besteht eine Parallele zur hier erörterten Problematik[1083]. Der ins Werk zu setzende Insolvenzplan stellt dabei die Maßnahme dar, deren Rechtswirksamkeit durch Streitigkeiten über die Entschädigung nicht behindert werden soll. Aus diesem Grund soll die Mitwirkung der Gesellschafter an der Planabstimmung unterbleiben, was in verfassungsrechtlich zulässiger Weise aber nur möglich ist, wenn den Gesellschaftern die Möglichkeit eingeräumt wird, die sie betreffenden Planregelungen, insbesondere die Frage nach einer etwaigen Kompensation, auf ihre Rechtmäßigkeit überprüfen zu lassen. In diesem Zusammenhang spielt der Wert der Gesellschaftsbeteiligung die wesentliche Rolle, was sich in den vom Spruchverfahren erfassten Fällen ebenso verhält[1084].

Mit Wirkung ab dem 1. September 2003 hat der Gesetzgeber ein eigenes Spruchverfahrensgesetz (SpruchG) geschaffen[1085]. Bei dem darin vorgesehenen Verfahren handelt es sich um ein streitiges Verfahren der freiwilligen Gerichtsbarkeit[1086], das jedoch auch Elemente des Zivilprozesses enthält[1087]. Dies bedeutet insbesondere, dass der in Verfahren der freiwilligen Gerichtsbarkeit grundsätzlich geltende Amtsermittlungsgrundsatz durch einige Vorschriften, wie sie die ZPO in vergleichbarer Form für das streitige Verfahren kennt, modifiziert wird[1088]. So muss beispielsweise der Antragsteller seinen Antrag begründen und dabei konkrete Einwendungen vorbringen (§ 4 II SpruchG)[1089]. In § 9 SpruchG sind Verfahrensförderungspflichten statuiert, deren Verletzung zu einer – den

---

1082 Zu dieser doppelten Zwecksetzung des Spruchverfahrens s. auch *Tomson/Hammerschmitt*, NJW 2003, 2572 (2572).

1083 Wie hier *Jaffé/Friedrich*, ZIP 2008, 1849 (1855 f.).

1084 *Lutter/Bezzenberger*, AG 2000, 433 (433).

1085 Vgl. Art. 1 des Gesetzes zur Neuordnung des gesellschaftsrechtlichen Spruchverfahrens (Spruchverfahrensneuordnungsgesetz) vom 12.6.2003, BGBl. I, S. 838. Bis zu diesem Zeitpunkt waren die Regelungen über das Spruchverfahren in Einzelgesetzen wie dem AktG und dem UmwG enthalten, s. dazu ausführlich Riegger/Wasmann/*Riegger*, KK-SpruchG, Einl. Rn. 4 ff.

1086 Vgl. BT-Drucks. 15/371, S. 11 f., 15; aus der Zeit vor der Neuregelung *BayObLG* AG 1996, 127 (127); *OLG Düsseldorf* AG 1993, 40 (41).

1087 Riegger/Wasmann/*Puszkajler*, KK-SpruchG, Vorb. §§ 7 bis 11 spricht in diesem Zusammenhang von einem neuen, eigenständigen und hybriden Verfahren.

1088 *Winter/Nießen*, NZG 2007, 13 (15); *Fritzsche/Dreier/Verfürth*, SpruchG, Vorbemerkung zu §§ 7 bis 10 Rn. 2 f.; *Puszkajler*, ZIP 2003, 518 (520) bedauert insofern, dass das Spruchverfahren nicht vollständig in die ZPO überführt wurde.

1089 § 7 II SpruchG sieht darauf eine Erwiderung des Antragsgegners vor, auf die gem. § 7 IV SpruchG eine Replik erfolgen kann; auch insoweit können noch Einwendungen vorgebracht werden.

Verfahren der freiwilligen Gerichtsbarkeit grundsätzlich fremden – Präklusion (vgl. § 10 SpruchG) führen kann[1090]. Solche Vorschriften sollen vor allem der Beschleunigung des Spruchverfahrens dienen[1091]. Obwohl damit das Element der Beibringung deutlich stärker als zuvor betont wird, findet der Amtsermittlungsgrundsatz daneben (subsidiäre) Anwendung[1092]. Die darin enthaltene Pflicht des Gerichts zur Ermittlung des Sachverhalts erlangt Relevanz, soweit die Gesellschafter keinen Zugriff auf die für eine Unternehmensbewertung und damit auch für die Berechnung einer Kompensation relevanten Informationen haben[1093]. Unter strikter Geltung des Beibringungsgrundsatzes und der damit verbundenen Beweislastverteilung könnte dies ansonsten zu einer prozessualen Unterlegenheit der Gesellschafterseite führen[1094].

Diesbezüglich sollten sich unter der Geltung der hier vorgeschlagenen Neuregelung allerdings kaum Probleme ergeben. Das angesprochene Informationsdefizit auf Seiten der Gesellschafter bestünde nämlich nicht. Dadurch dass die Gesellschafter aufgrund ihrer materiellen Betroffenheit im Planverfahren als Beteiligte anzusehen wären[1095], erhielten sie – sofern der Plan in ihre Rechtsstellung eingreift – auch die mit der Beteiligtenstellung verbundenen Erörterungs- und Einsichtsrechte[1096]. Die Gesellschafter könnten mithin gem. § 234 InsO Einsicht in den Plan einschließlich seiner Anlagen nehmen. Da ein Reorganisationsplan laut § 229 InsO umfassende Informationen zur Vermögenslage der Gesellschaft enthalten muss, darunter auch einen Vergleich des Fortführungsszenarios mit dem Liquidationsszenario[1097], stehen den Gesellschaftern alle für die Berechnung einer möglichen Entschädigung erforderlichen Daten in der Form, wie sie vom Planersteller dem Plan zugrunde gelegt wurden, zur Verfügung. Sollte etwas allein aus dem Plan heraus nicht verständlich sein, kann der Gesellschafter im Erörterungstermin (§ 235 InsO) zu dem jeweiligen Punkt Fragen stellen. Diese Möglichkeiten sollten den einzelnen Gesellschafter in die Lage versetzen, ausreichend substantiierte Einwendungen vorbringen zu können, zu denen die Gesellschaft wiederum Stellung beziehen muss. Insbesondere kennen die Gesellschafter die für die

---

1090 Kritisch im Hinblick auf den insoweit bereits ausreichenden Maßstab einfachen Verschuldens *Tomson/Hammerschmitt*, NJW 2003, 2572 (2575).

1091 BT-Drucks. 15/371, S. 11 f.; zur Problematik *Bilda*, NZG 2000, 296.

1092 *Winter/Nießen*, NZG 2007, 13 (15).

1093 Der Gedanke findet sich bereits in BVerfGE 14, 263 (287). Vgl. auch *Lutter/Bezzenberger*, AG 2000, 433 (437 f.); *Winter/Nießen*, NZG 2007, 13 (16 f.), die aber zutreffend feststellen, dass sich Probleme insofern häufig bereits über die Regeln zur sog. sekundären Behauptungslast über § 8 III SpruchG, § 138 ZPO lösen lassen.

1094 Riegger/Wasmann/*Puszkajler*, KK-SpruchG, Vorb. §§ 7 bis 11 Rn. 23.

1095 Vgl. o. S. 193 f.

1096 Dieses Postulat findet sich auch bei *Sassenrath*, ZIP 2003, 1517 (1528).

1097 MüKo-InsO/*Eilenberger*, § 229 Rn. 9.

Errechnung eines hypothetischen Liquidationswerts herangezogenen Einzelposten und wissen somit, wo sie ansetzen müssen, sehen sie ihren Anteilswert auf Grundlage des Plans als zu niedrig bewertet. Allein mit Blick auf die Möglichkeit der Amtsermittlung besteht mithin keine Veranlassung für die Eröffnung eines Spruchverfahrens, da insoweit eine tragfähige gemeinsame Wissensgrundlage[1098] von Gesellschaftern und Gesellschaft vorliegen dürfte.

Lässt sich ein dringendes Bedürfnis für ein Spruchverfahren unter diesem Gesichtspunkt mithin nicht erkennen, ist noch längst nicht gesagt, dass es für diesen Bereich abzulehnen ist. Im SpruchG getroffene Regelungen wie das Institut des gemeinsamen Vertreters (§ 6 SpruchG) oder die Rechtskraftwirkung inter omnes (§ 13 SpruchG)[1099] böten gerade bei einem großen Gesellschafterkreis unübersehbare Vorteile. Zum einen böte sich dadurch eine einheitliche Lösung für alle Gesellschafter – auch für jene, die selbst zunächst gar keinen Rechtsbehelf eingelegt haben[1100] –, zum anderen träte auch aus Sicht der Schuldnergesellschaft umfassende Rechtssicherheit ein. Die Konzentration aller Verfahren bei einem Gericht (vgl. § 2 SpruchG) leistete einen weiteren wichtigen Beitrag zu einer Verfahrensbeschleunigung. Durch die Bündelung der Rechtsschutzmöglichkeiten im Spruchverfahren ergeben sich im Vergleich zum ordentlichen Rechtweg in Gestalt des allgemeinen Zivilprozesses, wie er der Kommission vorschwebte[1101], für beide Seiten Vorteile, die für die Wahl dieses Wegs sprechen[1102].

Die bereits erwähnte Vergleichbarkeit der im SpruchG geregelten Fälle mit der vorliegend zu behandelnden Konstellation bringt es mit sich, dass die geregelten Fragen auch für diesen Problemkreis Bedeutung haben. Mit gewissen Anpassungen sollte sich der Regelungskomplex daher auch insoweit nutzbar machen lassen. Die angesprochene Begründungspflicht nach § 4 II SpruchG kann auch im Hinblick auf den Insolvenzplan dazu beitragen, dass „flächendeckende" Gutachten vermieden und lediglich die relevanten Teilfragen erörtert werden können[1103]. Insofern wurde bereits angedeutet, dass der Insolvenzplan an die Stelle der Prüfungsberichte sachverständiger Gutachter treten könnte (vgl. § 7 III 2 SpruchG), denen nach dem Willen des Gesetzgebers im neu geregelten Spruchverfahren

1098 Eine solche fordern unter dem Gesichtspunkt einer stärkeren Betonung der Parteiverantwortlichkeit im Spruchverfahren *Lutter/Bezzenberger,* AG 2000, 433 (438).

1099 Ablehnend in diesem Punkt *Jaffé/Friedrich,* ZIP 2008, 1849 (1856).

1100 Die Funktion des gemeinsamen Vertreters zur Vermeidung von Sondervorteilen einzelner Gesellschafter betont *Büchel,* NZG 2003, 793 (796 f.), der die Figur insgesamt aber eher kritisch sieht.

1101 Vgl. EB LS 2.4.9.9 Abs. 2.

1102 Gegen ein Spruchverfahren und stattdessen für ein Freigabeverfahren nach Vorbild des § 246a AktG plädiert *Eidenmüller,* ZIP 2010, 649 (657).

1103 Dazu vgl. *Büchel,* NZG 2003, 793 (796).

eine wichtigere Rolle zukommen soll[1104]. Mit dem Plan samt seiner Anlagen liegt ein umfassendes Dokument vor, das bereits strenge gesetzliche Anforderungen erfüllen und einer gerichtlichen Überprüfung standhalten musste. Die „Farblosigkeit", wie sie stellenweise an den Prüfungsberichten bemängelt wird[1105], sollte einem Plan daher in aller Regel nicht angelastet werden können. Zusammen mit einer möglichen Anhörung der Planarchitekten (vgl. § 8 II SpruchG) bietet sich hier eine wertvolle Informationsquelle für das Gericht und eine Grundlage für weitere Erörterungen[1106]. Dies kann die zeitaufwendige Erstellung neuer Gutachten mitunter entbehrlich machen. In diesem Zusammenhang sei noch angemerkt, dass die Berechnung des Anteilswerts als Maßstab für die angemessene Abfindung dem Gericht insofern leichter fallen sollte, als nach der hier vertretenen Auffassung der Liquidationswert der Beteiligung ausschlaggebend ist. Prognosen über die künftige Entwicklung des Unternehmens, wie sie in anderen Fällen erforderlich sind und das Verfahren verkomplizieren, müssen insoweit nicht angestellt werden[1107].

Es gilt jedoch zu vermeiden, dass von der Rechtsschutzmöglichkeit völlig willkürlich Gebrauch gemacht wird. Der Zugang zu einem Verfahren des Rechtsschutzes darf nicht unnötig erschwert werden, muss aber nicht in einer Weise frei von Risiken sein, mit der letztlich falsche Anreize bezüglich der Inanspruchnahme des Verfahrens entstehen können[1108]. Die Vermeidung von Verzögerungen des Planverfahrens durch den Verweis der Gesellschafter auf den nachgeschalteten Rechtsschutz kann nicht bedeuten, dass unnötige Verzögerungen in diesem Rahmen zu tolerieren wären. Mögen sie auch nicht mehr dazu angetan sein, die Bestätigung des Plans als solche zu vereiteln, so können sie doch seine erfolgreiche Durchführung und damit das Gelingen der Reorganisation gefährden. Ein geeigneter Hebel, bei dem man bezüglich solch missliebiger Anträge ansetzen kann, ist die Frage der Kostentragung im Verfahren. Auch insoweit könnte eine Adaption der spruchverfahrensgesetzlichen Regelungen eine interessengerechte Regelung bieten. Das Gesetz unterscheidet hinsichtlich der Kostentragungspflicht zwischen den Gerichtskosten und den außergerichtlichen Kosten. Während erstere im Grundsatz stets vom Antragsgegner (der Gesellschaft) zu tragen sind (§ 15 II SpruchG), sind die Kosten, die dem Antragsteller (Gesellschafter) durch die Verfolgung der Sache entstehen, regelmäßig von ihm selbst zu tragen

1104 S. BT-Drucks. 15/371, S. 1, 12; s. auch *Lutter/Bezzenberger,* AG 2000, 433 (438 f.).

1105 *Puszkajler,* ZIP 2003, 518 (521).

1106 Von einer neutralen Grundlage, wie sich *Lutter/Bezzenberger,* AG 2000, 433 (439) die Prüfungsberichte bei Strukturmaßnahmen wünschen, kann indes wohl nicht vorbehaltlos die Rede sein. In dieser Hinsicht hängt einiges davon ab, von wem der Plan vorgebracht wird.

1107 Zu Schwierigkeiten in diesem Bereich *Puszkajler,* ZIP 2003, 518 (519).

1108 Vgl. *Bilda,* NZG 2000, 296 (297).

(arg. § 15 IV SpruchG). Aus Billigkeitserwägungen kann das Gericht in beiden Fällen eine andere Kostenverteilung vorsehen. Hinsichtlich der Kostenregelung des § 15 II SpruchG treten zunächst Zweifel auf, ob sie den Besonderheiten der hier zu untersuchenden Problematik ausreichend Rechnung trägt. Im Gegensatz zu den anderen Fällen, in denen Spruchverfahren nach dem SpruchG angestrengt werden, ist nämlich nicht unbedingt damit zu rechnen, dass die Durchführung des Verfahrens häufig zu höheren Entschädigungen für die Gesellschafter führt[1109]. Im bisherigen Verlauf der Untersuchung hat sich vielmehr gezeigt, dass die konkreten Umstände es vielfach sogar rechtfertigen, die Gesellschafter entschädigungslos aus der Gesellschaft auszuschließen. Geht man von diesen Fällen aus, erscheint die einseitige Belastung der Gesellschaft mit den Gerichtskosten problematisch, zumal sie dazu führt, dass der Insolvenzplan Mittel dafür bereit halten muss, soll seine Durchführung nicht gefährdet werden. Dies könnte Anlass dazu geben, insoweit für den Sonderfall der im Insolvenzplan reorganisierten Gesellschaft eine andere Kostenregelung vorzusehen.

Andererseits geht es um die Gewähr des verfassungsrechtlich gebotenen Rechtsschutzes für die Gesellschafter. Zweck des § 15 II 1 SpruchG ist es, zu verhindern, dass einzelne Gesellschafter als Antragsteller bereits durch das Risiko drohender Kostentragung davon abgehalten werden, Rechtsschutz in Anspruch zu nehmen[1110]. Angesichts oftmals hoher Gebührenstreitwerte kann hier durchaus ein Hindernis liegen. Auch mit Blick auf Art. 19 IV GG scheint es daher richtig, es bei der Regel des § 15 II 1 SpruchG zu belassen, auch wenn die Gesellschaft sich im Reorganisationsstadium in einer wirtschaftlich immer noch instabilen Verfassung befindet. Da es sich insoweit um eine Regel handelt, die Abweichungen aus Billigkeitserwägungen zulässt (vgl. § 15 II 2 SpruchG), bietet sich auch ein erstes Korrektiv gegenüber Missbrauchsfällen an. Für das Gericht eröffnet sich damit ein Weg, einzelfallgerechte Lösungen zu treffen[1111]. Dabei wird die Auferlegung der Kosten auf die Gesellschafter sicher auch im hier besprochenen Bereich die Ausnahme bilden. Der Anwendungsbereich dafür erscheint aber aufgrund der speziellen Situation dennoch deutlich weiter als in den bislang gesetzlich vorgesehenen Fällen. Gründe, die eine abweichende Beurteilung rechtfertigen (z. B. offensichtliche Unzulässigkeit/Unbegründetheit des Rechtsmittels[1112]) können angesichts der schwachen Position der Gesellschafter nach Eintritt der

---

1109 Hinweise zu bisherigen statistischen Erhebungen bei Riegger/Wasmann/*Riegger*, SpruchG, Einl. Rn. 57.

1110 Vgl. BT-Drucks. 15/371, S. 17; *Fritzsche/Dreier/Verfürth*, SpruchG, § 15 Rn. 19.

1111 Zu beachten ist freilich § 15 II 2 HS 2 SpruchG, wonach eine andere Kostenverteilung die Haftung des Antragsgegners für die Gerichtskosten unberührt lässt.

1112 Ausführlich Riegger/Wasmann/*Rosskopf*, KK-SpruchG, § 15 Rn. 38; vgl. auch *OLG Düsseldorf* AG 1998, 236 (237 f.).

Insolvenz eher angenommen werden. Auch bleibt wiederum zu hoffen, dass die bloße Möglichkeit der Kostenauferlegung eine disziplinierende Wirkung entfaltet und missbräuchlichen Anträgen vorbeugt.

In diesem Sinne vorteilhaft erscheint zudem die Tatsache, dass die außergerichtlichen Kosten grundsätzlich vom Antragsteller zu tragen sind, wie sich aus § 15 IV SpruchG ergibt. Diese Aufteilung der Kostentragung ist gerade darauf angelegt, mutwilligen und querulatorischen Anträgen entgegenzutreten[1113]. Auch dabei besteht aber die Möglichkeit für das Gericht, aus Billigkeitserwägungen eine von der Grundregel abweichende Kostenverteilung festzulegen[1114]. Dies kann insbesondere in Betracht zu ziehen sein, wenn das Spruchverfahren tatsächlich zu einer signifikanten Erhöhung der Abfindung führen sollte[1115].

3. Konkreter Vorschlag

Eine Verweisung in das SpruchG wäre in § 226a IV InsO zu regeln und könnte folgendermaßen aussehen:

§ 226a Rechte der Anteilseigner. *(1) ...*
(2) ...
(3) ...
(4) Über Streitigkeiten betreffend die Höhe des Anspruchs aus Abs. 2, 3 bestimmt auf Antrag das in § 2 des Spruchverfahrensgesetzes bestimmte Gericht.

Die Vorschriften des SpruchG wären in der Konsequenz anzupassen. Dabei seien folgende Modifikationen vorgeschlagen:

Zunächst ist die Bestimmung der Abfindung nach einem im gestaltenden Teil des Insolvenzplans herbeigeführten Eingriff als möglicher Anwendungsfall des Spruchverfahrens in § 1 SpruchG aufzunehmen[1116]:

§ 1 Anwendungsbereich
Dieses Gesetz ist anzuwenden auf das gerichtliche Verfahren für die Bestimmung
...
7. der Abfindung der aufgrund eines Insolvenzplans ausgeschiedenen Anteilsinhaber (§§ 217 II, 226a der Insolvenzordnung).

1113 *Büchel*, NZG 2003, 793 (804); *Fritzsche/Dreier/Verfürth*, SpruchG, § 15 Rn. 34.

1114 S. *LG Dortmund* DB 2004, 1355 (1356).

1115 Str. ist, was in diesem Zusammenhang als erheblich anzusehen ist: für eine Schwelle von 5 % plädieren *Fritzsche/Dreier/Verfürth*, SpruchG, § 15 Rn. 37; diese als deutlich zu niedrig erachtet Riegger/Wasmann/*Rosskopf*, KK-SpruchG, § 15 Rn. 48, mit weiteren Nachweisen.

1116 Der Katalog des § 1 SpruchG ist jedoch nicht im Sinne eines numerus clausus anzusehen, s. *Fritzsche/Dreier/Verfürth*, SpruchG, § 1 Rn. 1.

Antragsberechtigt ist der im Zuge des Insolvenzplans aus der Gesellschaft ausgeschlossene Gesellschafter. § 3 SpruchG ist entsprechend zu erweitern:

§ 3 Antragsberechtigung
[1]Antragsberechtigt für Verfahren nach § 1 ist in den Fällen
...
6. der Nummer 7 jeder ausgeschiedene Anteilsinhaber.
[2]In den Fällen der Nummern ....

Hinsichtlich des Zeitpunkts, ab dem die Frist für die Einreichung und die Begründung des Antrags zu laufen beginnt, ist auf die Rechtskraft des Insolvenzplans, mithin auf diejenige des den Plan bestätigenden Beschlusses abzustellen. Vorher zeitigt der Plan keine Wirkungen (arg. § 254 InsO)[1117].

§ 4 Antragsfrist und Antragsbegründung
(1) [1]Der Antrag auf gerichtliche Entscheidung in einem Verfahren nach § 1 kann nur binnen drei Monaten seit dem Tag gestellt werden, an dem in den Fällen
1. ...
...bekannt gemacht worden ist.
8. der Nummer 7 die Rechtskraft des Bestätigungsbeschlusses eingetreten ist.
[2]Die Frist wird in den Fällen ...

Der Antrag ist, wie bereits festgestellt[1118], gegen die reorganisierte Gesellschaft zu richten:

§ 5 Antragsgegner
Der Antrag auf gerichtliche Entscheidung in einem Verfahren nach § 1 ist in den Fällen
1. ...
...
7. gegen die reorganisierte Gesellschaft
zu richten.

Die im Insolvenzplan enthaltenen Daten und Vergleichsrechnungen bilden eine wichtige Hilfestellung, um beurteilen zu können, ob die Höhe der Abfindung angemessen ist oder nicht. Daher ist § 7 SpruchG dahingehend zu erweitern, dass der Plan zur Vorbereitung der mündlichen Verhandlung bei Gericht einzureichen ist. Um das Planverfahren von den anderen Maßnahmen abzugrenzen, empfiehlt sich die Formulierung eines neuen Absatz 4:

§ 7 Vorbereitung der mündlichen Verhandlung

1117 Vgl. MüKo-InsO/*Sinz*, § 252 Rn. 33, § 253 Rn. 37.
1118 Vgl. o. S. 222.

(1) ...
(2) ...
(3) ¹Außerdem hat der Antragsgegner den Bericht über den Unternehmensvertrag, den Eingliederungsbericht, den Bericht über die Übertragung von Aktien auf Hauptaktionäre, oder den Umwandlungsbericht nach Zustellung der Anträge bei Gericht einzureichen. ...
(4) Im Fall des § 1 Nr. 7 dieses Gesetzes gilt Abs. 3 entsprechend für die Einreichung des Insolvenzplans bei Gericht.

Über den Inhalt des Plans kann/können am besten der/die Planarchitekt/en Auskunft erteilen. Wer dies im Einzelfall ist, lässt sich nicht verallgemeinern. Um dem Gericht eine Möglichkeit zu geben, diese Personen in der Verhandlung zu hören, ist § 8 SpruchG ein neuer Absatz hinzuzufügen:

§ 8 Mündliche Verhandlung
(1) ...
(2) ...
(3) Abs. 2 gilt entsprechend für Personen, die an der Erstellung des Insolvenzplans mitgewirkt haben.
(4) Die §§ 138 und 139...

Da das Verfahren nicht auf einen bestimmten Gesellschaftstyp beschränkt ist, ist allgemein zu bestimmen, dass die Entscheidung durch die gesetzlichen Vertreter der reorganisierten Gesellschaft bekanntzumachen ist:

§ 14 Bekanntmachung der Entscheidung
Die rechtskräftige Entscheidung in einem Verfahren nach § 1 ist ohne Gründe nach Maßgabe des § 6 Abs. 1 Satz 4 und 5 in den Fällen
1. ...
...
7. der Nummer 7 durch die gesetzlichen Vertreter der reorganisierten Gesellschaft bekannt zu machen.

V. Vergleich mit den Regelungen des Regierungsentwurfs

Am 23.2.2011 wurde der Regierungsentwurf für ein Gesetz zur weiteren Erleichterung der Sanierung von Unternehmen (ESUG) vorgelegt. Die im Rahmen dieser Untersuchung relevanten Punkte sind im Folgenden kurz darzustellen.

Der Entwurf setzt sich, wie der Name sagt, eine Verbesserung des rechtlichen Umfelds für Unternehmenssanierungen und im Zuge dessen den Ausbau und die

Straffung des Insolvenzplanverfahrens[1119] zum Ziel. Dazu verabschiedet er sich wie bereits zuvor der Diskussions- und der Referentenentwurf – und wie auch in dieser Untersuchung befürwortet – von der gesellschaftsrechtlichen Enthaltsamkeit, von der die Insolvenzordnung derzeit noch geprägt ist[1120]. Um Sanierungen zu erleichtern, müsse die strikte Trennung von Insolvenzrecht und Gesellschaftsrecht überwunden werden[1121]. Vorrangiges Ziel der Insolvenzordnung sei nach wie vor die bestmögliche Befriedigung der Gläubiger und diese lasse sich in bestimmten Konstellationen im Wege der Fortführung der Schuldnergesellschaft erreichen. Daher müssten die Gläubiger in die Lage versetzt werden, stärker darüber entscheiden zu können, ob und gegebenenfalls mit wem eine Sanierung versucht werde[1122].

Der Regierungsentwurf folgt damit dem Beispiel des Restrukturierungsgesetzes für Kreditinstitute[1123], das ein dem Insolvenzplanverfahren nachempfundenes Reorganisationsverfahren vorsieht, in dem Eingriffe in die Rechte der Anteilseigner möglich sind.

Der Regierungsentwurf öffnet zur Erreichung dieses Ziels den Anwendungsbereich der §§ 217 ff. InsO für gesellschaftsrechtliche Eingriffe, indem er den von § 217 InsO gezogenen Regelungsrahmen erweitert. In ihrer neuen Fassung soll die Vorschrift um folgenden Satz 2 ergänzt werden: „Ist der Schuldner keine natürliche Person, so können auch die Anteils- oder Mitgliedschaftsrechte der am Schuldner beteiligten Personen in den Plan einbezogen werden.“ Diese Änderung deckt sich im Grundsatz mit dem hier erarbeiteten Vorschlag[1124].

In einem neu geschaffenen § 225a InsO wird in Absatz 1 festgestellt, dass die Anteilseignerrechte vorbehaltlich einer abweichenden Regelung vom Insolvenzplan unberührt bleiben. Dieser Vorschrift kommt lediglich klarstellende Bedeutung zu. In § 225a II InsO-E werden der *debt equity swap* bzw. die ihm zugrunde liegenden gesellschaftsrechtlichen Maßnahmen als zulässiger Inhalt des gestaltenden Teils des Insolvenzplans besonders hervorgehoben. Dadurch wird diese Sanierungsmaßnahme von anderen abgehoben, was wohl der heraus-

---

1119 RegE ESUG, aaO (Fn. 27), S. 2.

1120 Dies stößt im Schrifttum auf ein positives Echo; so *Hölzle*, NZI 2011, 124 (127); *Bitter*, ZInsO 2010, 1959 (1960); *Frind*, ZInsO 2010, 1524 (1525); *Kresser*, ZInsO 2010, 1409 (1415); *Hirte/Knof/Mock* sehen den Schritt zudem in Einklang mit der Rechtsprechung des *BGH* in BGHZ 185, 206; die neue Regelung ablehnend *Wallner*, ZInsO 2010, 1419 (1422); im Anschluss daran ebenso *Wallner/Gerster/Weiß*, ZInsO 2011, 16 ff.

1121 RegE ESUG, aaO (Fn. 27), S. 26.

1122 RegE ESUG, aaO (Fn. 27), S. 25.

1123 Restrukturierungsgesetz vom 9.12.2010, BGBl. I S. 1900 ff.; dazu mit weiteren Nachweisen *Höche*, WM 2011, 49; *Müller-Eising/Brandi/Sinhart/Lorenz/Löw*, BB 2011, 66; *Obermüller*, NZI 2011, 81.

1124 Vgl. o. S. 194 f.

ragenden Bedeutung, die dem *debt equity swap* unter den Sanierungsinstrumenten zukommt[1125], geschuldet ist[1126] und keine abschließende Wirkung hinsichtlich der im Planverfahren zulässigen gesellschaftsrechtlichen Maßnahmen hat[1127]. Denn in § 225a III InsO-E wird sodann in allgemeiner Form statuiert, dass der Plan jede gesellschaftsrechtlich zulässige Maßnahme treffen kann – eine Regelung, die nach dem hier gemachten Vorschlag bereits in § 217 II InsO inkorporiert werden soll[1128] -, wovon unabhängig von der Erwähnung in Absatz 2 auch der *debt equity swap* umfasst wäre. Auch insoweit bestehen jedenfalls im Ergebnis noch keine durchgreifenden Differenzen zu den hier erarbeiteten Vorschlägen.

In den Konsequenzen aus der Aufgabe der gesellschaftsrechtlichen Enthaltsamkeit im Hinblick auf den Ablauf des Planverfahrens ergeben sich aber deutliche Unterschiede zur vorliegenden Untersuchung. Insbesondere sieht der Regierungsentwurf eine Beteiligung der Gesellschafter als Abstimmungsgruppe vor, sofern durch den Plan in ihre Rechte eingegriffen wird, und eröffnet ihnen als Beteiligten des Planverfahrens die den Gläubigern bereits nach geltender Rechtslage eröffneten Schutzmechanismen. Daraus ergeben sich naturgemäß eine Vielzahl von Folgeänderungen, sei es dass die bestehenden Vorschriften dem Wortlaut nach auf den erweiterten Beteiligtenkreis abgestimmt werden[1129], sei es dass neue Vorschriften geschaffen werden, die das Wie der Beteiligung im Abstimmungsprozess konkret festlegen[1130].

Die Einbeziehung der Anteilseigner in den Abstimmungsprozess wurde auch hier als naheliegende Möglichkeit erörtert, da sich – wie nunmehr im Regierungsentwurf geschehen – die bereits vorhandenen Vorschriften nutzbar machen und mit überschaubarem Aufwand auf den erweiterten Beteiligtenkreis anpassen lassen. Sie wurde letztlich aber verworfen, weil eine solche Beteiligung der Anteilseigner nicht den rechtstatsächlichen Begleitumständen einer Insolvenz entspricht[1131]. Als Gegenargument lässt sich insbesondere anführen, dass die Gesellschafter auf diese Weise erneutes Belästigungspotential[1132] an die Hand

1125 *Jaffé* in KS, 743 (766) sieht die Einführung im Planverfahren als zwingend an, um dieses am Leben zu halten; vgl. zudem o. S. 43 ff.

1126 Vgl. RegE ESUG, aaO (Fn. 27), S. 47 f.; *Schmidt*, GWR 2010, 568 (568) spricht von der „Symbolkraft" des *debt equity swap*; *Hölzle*, NZI 2011, 124 (128) bezeichnet ihn als „Herzstück" der Neuregelung.

1127 Dazu *Hirte/Knof/Mock*, DB 2011, 632 (638).

1128 Vgl. o. S. 194 f.

1129 So wird z. B. in den bisherigen §§ 220 II, 222 I 1, 231 I Nr. 2, 235 I 1, 239, 242 II 1, 243, 248 I, 250 Nr. 1, 2 InsO folgerichtig der Begriff „Gläubiger" durch „Beteiligte" ersetzt.

1130 § 238a InsO-E bestimmt beispielsweise den Umfang des Stimmrechts der Anteilseigner im Abstimmungsverfahren über den Plan.

1131 Vgl. o. S. 207 ff.

1132 Vgl. o. S. 209 ff.

bekommen und zudem Wertungswidersprüche[1133] im Verhältnis zu den nachrangigen Gläubigern auftreten.

Das letztgenannte Problem hat der Gesetzgeber entweder nicht gesehen oder für nicht relevant erachtet. Eine Änderung der §§ 222 I Nr. 3, 225 InsO unter diesem Aspekt ist unterblieben. Dies verwundert insofern, als die Rechtfertigung des § 225 I InsO, dass mit einer Befriedigung der nachrangigen Gläubiger im Regelfall nicht zu rechnen ist, unverändert zutrifft[1134]. Die Konsequenz, dass dies erst recht für die in der Befriedigungsrangfolge letztrangigen Anteilseigner gilt[1135], führt zu dem befürchteten Wertungswiderspruch. Die Vorschrift des § 246a InsO-E bietet insoweit kein ausreichendes Korrektiv[1136]. Sie fingiert entsprechend dem bisherigen § 246 Nr. 3 InsO, der für die nachrangigen Insolvenzgläubiger gilt, die Zustimmung der Anteilsinhaber, sofern sich diese nicht an der Abstimmung beteiligen. Dies ist zu begrüßen, ändert aber nichts an der schwer nachvollziehbaren Ungleichbehandlung der nachrangigen Insolvenzgläubiger im Vergleich zu den Anteilseignern.

Erkannt hat der Gesetzgeber hingegen, dass die Beteiligung der Gesellschafter als Abstimmungsgruppe die Gefahr von Verfahrensverzögerungen birgt. Er hat sogar in einem weiteren Kontext den Abbau von Blockaden durch Rechtsmittel[1137], wobei er explizit auch die Gläubigerseite anspricht, als ausdrückliches Ziel der Gesetzesänderung ausgegeben[1138].

Ein Baustein, mit dem der Gesetzgeber dieses Ziel verwirklichen will, ist die in § 251 III InsO-E vorgesehene Möglichkeit der Aufnahme salvatorischer Klauseln in den Insolvenzplan. Dadurch soll das durch den Minderheitenschutz des § 251 InsO hervorgerufene Störpotenzial[1139] eingedämmt werden[1140]. Werden für den Fall, dass ein Beteiligter eine Schlechterstellung durch den Plan nachweist, im gestaltenden Teil des Plans Mittel bereitgestellt, ist ein Antrag, dem Plan die Bestätigung zu versagen, nach dieser Vorschrift abzuweisen. Unklar bleibt dabei die Höhe der einzustellenden Mittel[1141]. Die anschließende Frage, ob und in welchem Umfang der Antragsteller eine Zahlung aus den bereitgestell-

1133 Vgl. o. S. 211 ff.

1134 RegE InsO, BT-Drucks. 12/2443, S. 201.

1135 Kritisch mit Blick auf das Restrukturierungsgesetz insoweit *Obermüller,* NZI 2011, 81 (89).

1136 Inwieweit durch die Vorschrift Blockadestrategien der Altgesellschafter vermieden werden können, wie von *Willemsen/Rechel,* BB 2011, 834 (839) festgestellt, erschließt sich nicht.

1137 Dazu auch *Jaffé* in KS, 743 (762 ff.).

1138 RegE ESUG, aaO (Fn. 27), S. 27.

1139 *Willemsen/Rechel,* BB 2011, 834 (840); *Smid,* DZWIR 2010, 397 (403).

1140 *Eidenmüller,* ZIP 2010, 649 (657) stellt infrage, ob dies ausreicht; er plädiert für die Schaffung eines Freigabeverfahrens nach dem Vorbild des § 246a AktG.

1141 Kritisch *Pape,* ZInsO 2010, 2155 (2161); auch *Willemsen/Rechel,* BB 2010, 2059 (2065) sehen hier zu Recht hohes Streitpotenzial.

ten Mitteln erhält, ist dann außerhalb des Insolvenzverfahrens vor den ordentlichen Gerichten zu klären. Im Ergebnis erfolgt auf diese Weise eine Verlagerung der Rechtsschutzmöglichkeit aus dem Planverfahren, wie sie auch in der vorliegenden Untersuchung befürwortet wird[1142]. Begrüßenswert ist dabei, dass der Gesetzgeber offensichtlich davon ausgeht, dass ein etwaiger Abfindungsanspruch sich nach dem Liquidationswert und nicht nach dem Fortführungswert richtet[1143].

Der Gesetzgeber ist sich also offensichtlich der Tatsache bewusst, dass die bestehende Bewertungsproblematik durch die von ihm im Hinblick auf die Anteilseigner favorisierte Gruppenlösung verschärft wird und dies zu Verfahrensverzögerungen führen kann[1144]. Die vorliegende Untersuchung hat gezeigt, dass angesichts der realistischen Aussichten der Anteilseigner im Planverfahren ihre Beteiligung am Abstimmungsverfahren formalistisch anmutet, da eine Ersetzung der Zustimmung mittels des Obstruktionsverbots letztlich so gut wie immer möglich sein sollte. *Pape* spricht in diesem Zusammenhang treffend von einer „Hypertrophie der Regelungsvorschläge gemessen am Wert der Mitgliedschaftsrechte"[1145]. Dass sich auch der Gesetzgeber dessen durchaus bewusst war, geht aus der Begründung des Diskussionsentwurfs hervor. Dort war in § 225 IV InsO-DiskE noch vorgesehen, dass für einen Eingriff in Gesellschafterrechte im Plan eine angemessene Entschädigung festzusetzen ist. Allerdings sei im Insolvenzverfahren regelmäßig von der Wertlosigkeit der Anteile auszugehen, weshalb auch der Anspruch nach § 225 IV InsO-DiskE nicht werthaltig sei und ins Leere gehe[1146]. Die Begründung zu dieser Vorschrift[1147], die im Regierungsentwurf nicht mehr auftaucht[1148], ist bezüglich der Einschätzung der Position der Altgesellschafter entwaffnend. Der im Regierungsentwurf gezogene Vergleich mit dem US-amerikanischen Chapter 11-Verfahren[1149] passt insoweit nicht, da die Eröffnung dort gerade nicht an die Insolvenz des Schuldners geknüpft ist. Im deutschen Recht ist vielmehr der durch die Beteiligung der Gesellschafter erzielte

---

1142 S. o. S. 233 ff.

1143 RegE ESUG, aaO (Fn. 27), S. 53; dazu *Hirte/Knof/Mock*, DB 2011, 632 (641); vgl. o. S. 124 f.

1144 So auch *Eidenmüller/Engert*, ZIP 2009, 541 (550); *Pape*, ZInsO 2010, 2155 (2159); *Hölzle*, NZI 124 (128) verharmlost das Problem hingegen, wenn er feststellt, die Durchführung eines *debt equity swap* sei „von der Zustimmung der (Alt-)Gesellschafter im rechtspraktischen Ergebnis unabhängig".

1145 *Pape*, ZInsO 2010, 2155 (2159).

1146 DiskE ESUG, Beil. 1 zu ZIP 28/2010, 11; dazu auch *Willemsen/Rechel*, BB 2010, 2059 (2065).

1147 Kritisch im Hinblick auf eine solche Regelung *Eidenmüller*, ZIP 2010, 649 (657).

1148 Diese unterschied sich im Übrigen in ihrem Regelungsgehalt vom hier vorgeschlagenen § 226a II InsO (vgl. o. S. 223). Während dieser die Altgesellschafter dem Regime von § 199 InsO unterwirft, sah die Vorschrift eine „angemessene Entschädigung" vor, die nicht näher spezifiziert wird.

1149 RegE ESUG, aaO (Fn. 27), S. 26 f.

Gewinn zweifelhaft und wiegt das damit verbundene Problempotential nicht auf. Mithin ist es konsequenter, die Anteilseigner von vornherein nicht als Abstimmungsgruppe am Verfahren zu beteiligen.

Die im Regierungsentwurf vorgesehene Möglichkeit, mithilfe salvatorischer Klauseln der Bewertungsproblematik Herr zu werden, wurde untersucht. Es wird nicht bestritten, dass die genannte Problematik auf diese Weise jedenfalls besser beherrschbar wird. Es wird allerdings bezweifelt, ob das Verzögerungspotential und damit die zu lange Verfahrensdauer von Planverfahren dadurch effizient eingeschränkt werden[1150]. Zudem bestehen insoweit die bereits geäußerten Bedenken[1151].

Der Umstand, dass der Regierungsentwurf in § 253 InsO-E die Zulässigkeitsvoraussetzungen für die sofortige Beschwerde verschärft[1152], kann im Hinblick auf die Frage, ob die Gesellschafter am Abstimmungsverfahren beteiligt werden sollten, zu keiner anderen Bewertung führen. Denn auch insoweit gilt, dass das Problem, das dadurch entschärft werden soll[1153], bezüglich der Anteilseigner gar nicht erst auftritt[1154], wenn ihre Beteiligung im Einklang mit den hier festgestellten Ergebnissen unterbleibt[1155].

E. Ausblick

Im Rahmen der Arbeit wurde der Versuch unternommen, das Problem der Gesellschafterobstruktion als ein wesentliches Hemmnis bei der Umsetzung reorganisationsgerichteter Insolvenzpläne darzustellen und zu lösen und damit einen Weg aufzuzeigen, die Attraktivität des Planverfahrens zu erhöhen.

Ob das Insolvenzplanverfahren bei Gesellschaftsinsolvenzen zu einer erwägenswerten Alternative wird, hängt aber nicht allein von seiner rechtlichen Ausgestaltung ab. Vor allem wird es wichtig sein, das Verfahren als gangbaren Weg aus der Insolvenz darzustellen und auf diese Weise der Öffentlichkeit zu vermitteln, dass die Insolvenz nicht das Ende bedeuten muss[1156].

1150 So *Eidenmüller*, ZIP 2010, 649 (657).

1151 Vgl. o. S. 214 f.; kritisch auch *Smid*, DZWIR 2010, 397 (403).

1152 Zustimmend *Smid*, DZWIR 2010, 397 (404).

1153 Kritisch *Frind*, ZInsO 2011, 656 (658), der § 251 III InsO-E durch § 253 II Nr. 3 InsO konterkariert sieht; positiv hingegen *Hölzle*, NZI 2011, 124 (127).

1154 In diese Richtung auch *Pape*, ZInsO 2010, 2155 (2161).

1155 Damit wird noch keine Bewertung vorgenommen, ob die im RegE hinsichtlich des Rechtsschutzes vorgesehenen Maßnahmen ungeachtet einer Beteiligung der Anteilseigner sinnvoll sind, um die Bewertungsproblematik mit Blick auf obstruierende Gläubiger zu entschärfen.

1156 S. SZ v. 8.3.2009; allgemein zu diesem Thema *Vallender*, NZI 2010, 838.

Die jüngsten Erfahrungen aus der Wirtschaftskrise machten, was dies anbelangt, zunächst wenig Hoffnung. Lässt man einmal große Kreditinstitute wegen der ihnen zugesprochenen Systemrelevanz außen vor[1157], blieb es doch bei der Feststellung, dass die Politik dem bei Einführung der InsO von ihr noch hochgelobten insolvenzrechtlichen Sanierungsinstrumentarium kein rechtes Vertrauen schenkte. Indem sie so handelte, verhindert sie aber auch, dass sich solches in der Öffentlichkeit bilden kann. Fragen, ob das Lob des Insolvenzplans nicht ein „reines Lippenbekenntnis" darstelle und das Insolvenzrecht am Ende nur für „konjunkturelle Schönwetterlagen" gedacht sei, können daher nicht verwundern[1158]. Die im Rahmen der Finanzmarkstabilisierungsgesetze entstandenen Regelungen sind gegenständlich begrenzt und mögen in diesem Rahmen ihre Berechtigung haben. Ähnliches gilt für das teilweise zur Diskussion gestellte Modell der „eingeschränkten Insolvenz"[1159], bei dem die Rechte der Anteilseigner zwar fortbestehen, allerdings vorübergehend vollständig suspendiert werden. Ungeachtet der Frage, ob sich hier noch von einem Insolvenzverfahren reden lässt[1160], bieten solche Sonderverfahren schwerlich eine zufrieden stellende Allgemeinlösung.

Anstatt über neue Verfahren zu diskutieren, deren Ausgestaltung äußerst vage bleibt, sollte versucht werden, mit zu diesem Zweck reformierten, aber im Kern bereits vorhandenen Regelungen zu arbeiten. Mit den Reformbestrebungen, wie sie nunmehr im Regierungsentwurf zum ESUG ihren Ausdruck gefunden haben, hat der Gesetzgeber den ersten Schritt gemacht. Ungeachtet der Vorschläge im Einzelnen, die von den hier gefundenen Ergebnissen abweichen, ist dies bereits für sich zu begrüßen. Der Gesetzgeber müsste sich ansonsten den Vorwurf gefallen lassen, in dieser Hinsicht auf halbem Weg stehen geblieben zu sein[1161]. Es bleibt dem Staat zudem auch künftig unbenommen, Reorganisationen im Rahmen der rechtlichen Möglichkeiten mit zu moderieren und durch eine entsprechende Ausgestaltung der rechtlichen Rahmenbedingungen den befürchteten Missbräuchen entgegenzuwirken.

Christoph Paulus hat dem Vorstehenden entsprechend die bisherige Zurückhaltung, was den Gebrauch des Insolvenzplans betrifft, auf zwei Probleme

1157 Durchaus kritisch *Amend*, ZIP 2009, 589 (594), die von einem „Totschlagargument" spricht; jedenfalls auf die konkrete Situation bezogen ist aber *Hopt/Fleckner/Kumpan/Steffek*, WM 2009, 821 (822) sicher beizupflichten, wenn sie eine kurzfristige Novellierung des Insolvenzrechts als Antwort auf die Finanzkrise als unrealistisch bezeichnen.

1158 Sie werden von *Amend*, ZIP 2009, 395 (395) aufgeworfen.

1159 Handelsblatt v. 10.3.2009; vgl. auch *Noack*, AG 2009, 227 (228) und *Amend*, ZIP 2009, 589 (598).

1160 Vgl. den Titel des Beitrags von *Amend*, ZIP 2009, 395 („...die Kunst, ein bisschen schwanger zu sein").

1161 So *Achsnick*, Options-Modelle, S. 178.

zurückgeführt[1162]: Erstens auf das irrationale und historisch bedingte Unbehagen gegenüber Insolvenzen[1163], zweitens auf die unzulänglichen rechtlichen Rahmenbedingungen, die eine Reorganisation im Planverfahren vorfindet.

Zur Überwindung des letztgenannten Problems hat die Untersuchung einen Teil beizutragen versucht.

1162 *C. Paulus*, ZGR 2005, 309 (326).

1163 *Eidenmüller*, ZIP 2010, 649 (654) erwägt neben inhaltlichen Änderungen eine Umbenennung der Insolvenzordnung in Restrukturierungs- und Insolvenzordnung, um diesem Problem vorzubeugen.

Zusammenfassung der Ergebnisse

Den untersuchungsleitenden Ausgangspunkt der Arbeit bildete die Frage, ob die Vorschriften über den Insolvenzplan in den §§ 217 ff. InsO insoweit reformbedürftig sind, als die an einer insolventen Gesellschaft bestehenden Gesellschaftsanteile nicht länger von den zwingenden Wirkungen eines Insolvenzplans ausgenommen sein sollen. Die Ursache für solche Überlegungen liegt in der Problematik einer möglichen Gesellschafterobstruktion begründet, also dem Umstand, dass die Fortführung eines Unternehmens durch seinen bisherigen Träger nach derzeitiger Rechtslage die Kooperationsbereitschaft der Altgesellschafter voraussetzt und diese nicht stets vorliegen wird.

1. Der Konzeption des Plans als universelles Instrument der Masseverwertung entspricht es, dass die Reorganisation der Gesellschaft gleichberechtigt neben den Verwertungsformen der Liquidation und der übertragenden Sanierung steht.

Der erste Teil der Untersuchung hat gezeigt, dass ein Reorganisationskonzept in der Regel unabhängig vom stets notwendigen Fortsetzungsbeschluss eine Vielzahl gesellschaftsrechtlicher Maßnahmen enthalten muss, um für die Gläubiger als Handlungsalternative interessant zu sein. Weil diese mit der Reorganisation eine zwar in unterschiedlichem Ausmaß, aber doch stets risikobehaftete Investitionsentscheidung treffen, wollen sie im Erfolgsfall auch an deren Ertrag teilhaben. Der unmittelbare Weg dorthin führt über die Beteiligung an der Gesellschaft. Ein in dieser Hinsicht besonders interessantes Instrument stellt der *debt equity swap* dar, bei dem Gläubiger ihre Forderungen gegen die Gesellschaft gegen Anteile an dieser tauschen. Die rechtlichen Risiken eines solchen Vorgehens, die der Grund dafür sein dürften, dass in der Praxis bislang eher zurückhaltend davon Gebrauch gemacht wird, erweisen sich nicht als unkontrollierbar. Mithilfe des in der Sache auch nach den Änderungen durch das MoMiG unverändert fortbestehenden Sanierungsprivilegs (nunmehr § 39 V 2 InsO) und den dazu vom *BGH* herausgebildeten Kriterien besteht eine verhältnismäßig sichere Arbeitsgrundlage. Eine wichtige Rolle spielt der *debt equity swap* bei der Implementierung von Optionsmodellen, deren Vorteil darin liegt, dass sie die Entscheidung über die Verteilung des zur Masse gehörigen Vermögens von derjenigen über dessen Verwertung entkoppeln, um damit zu wirtschaftlich optimierten Ergebnissen zu gelangen. Wie sich gezeigt hat, steht der Umsetzung solcher Modelle im Insolvenzplanverfahren grundsätzlich nichts entgegen.

Ein Anwendungsbereich für gesellschaftsrechtliche Maßnahmen im Insolvenzplan besteht also durchaus. Allerdings kann sich, soweit solche getroffen werden sollen, die gesellschaftsrechtliche Neutralität der Insolvenzordnung als Hemmschuh erweisen. Die Gesellschafter sind als Nichtbeteiligte den Zwangswirkungen des Plans nicht unterworfen. Mit dem bedingten Plan steht in § 249 InsO zwar ein Instrument zur Verfügung, gesellschaftsrechtliche Maßnahmen in Abhängigkeit vom Plan zu realisieren. Bei fehlender Kooperationsbereitschaft der Anteilseigner führt es indes nicht weiter. Ein praktisches Bedürfnis, hier nach Lösungen zu suchen, ist deshalb nicht zu leugnen.

2. Dass das geltende Recht solche nicht in einer Weise anzubieten vermag, die weitere Reformüberlegungen hinfällig machen könnte, zeigt der zweite Teil der Arbeit. Der Ansatz von *Braun* mag im Hinblick auf das Ergebnis begrüßenswert sein, er findet jedoch keinerlei Stütze im Gesetz.

Auf rechtsdogmatisch sicherer Grundlage steht hingegen der Ansatz, der sich der gesellschafterlichen Treupflicht bedient, um die Gesellschafter zur Mitwirkung an der Sanierung der insolventen Gesellschaft zu verpflichten. Das *Girmes*-Urteil des *BGH* hat die Voraussetzungen in diesem Bereich in handhabbarer Weise konturiert. Theoretisch lassen sich Treupflichtverstöße in solchen Konstellationen daher durchaus begründen. Schwierigkeiten bereitet hingegen die praktische Umsetzung. Im Bereich der Treupflichtverstöße findet sich ein breites Meinungsspektrum, das sich bezüglich der verschiedenen Gesellschaftsformen noch weiter aufsplittert. Bereits dies sorgt nicht gerade für Rechtssicherheit in einem, was den zeitlichen Aspekt angeht, höchst sensiblen Bereich. Nimmt man – wie hier geschehen – den Standpunkt ein, dass der Vorwurf der Treuwidrigkeit im Grundsatz zunächst nichts an der Beachtlichkeit der Stimmabgabe ändert, erschwert das die zügige Umsetzung eines Reorganisationskonzepts weiter. Unabhängig davon, wie man in dieser Frage urteilt, steht dieser Ansatz aber im Widerspruch zu der Tatsache, dass ab Eröffnung des Insolvenzverfahrens die Gläubiger diejenigen sind, die den Handlungsrahmen vorgeben. Dieser Verlagerung der Bestimmungsbefugnisse trägt das Treupflichtkonzept nicht Rechnung. Weil Treupflichten im Verhältnis zu den Gläubigern nicht bestehen, versagt es schließlich da, wo den Gläubigern der innergesellschaftliche Hebel fehlt, sich also aus dem Kreis der Gesellschafter niemand bereit findet, den vermeintlichen Verstoß zu rügen.

Die nach geltendem Recht bestehenden Möglichkeiten des Gesellschafterausschlusses begegnen entsprechenden Bedenken und erweisen sich somit gleichfalls nicht als taugliches Mittel, das Problem zu beheben.

Die übertragende Sanierung als Alternative zur Reorganisation ist nicht in jedem Fall (mit gleichwertigen Ergebnissen) umsetzbar. Zudem gilt, dass in gleichem Maß, wie die Sanierung der übertragenden Sanierung nicht vorzuziehen ist, auch das Umgekehrte gelten muss, meint man es mit der Gleichwertigkeit der Verwertungsarten tatsächlich ernst.

3. Die nähere Untersuchung des Gesellschaftsanteils als potentiellem Eingriffsobjekt in dritten Teil ergibt, dass sich Eingriffe in diesem Bereich legitimieren lassen.

Dabei lässt sich eine Entwertung der Anteile in vermögensrechtlicher wie auch in personenrechtlicher Hinsicht konstatieren. Vermögensrechtlich geht diese jedenfalls im Fall der Überschuldung so weit, dass von Wertlosigkeit zu reden ist. Praktisch betrachtet dürfte die Wertlosigkeit in den meisten Fällen hingegen auch bei Vorliegen der anderen Eröffnungstatbestände gegeben sein. Sie stellt entgegen einer verbreiteten Auffassung aber nicht die eigentliche Legitimationsgrundlage für anteilsbezogene Eingriffe dar. Entscheidend ist vielmehr die Überlegung, dass die Alternative zur Reorganisation die Liquidation (gegebenenfalls in Gestalt der übertragenden Sanierung) ist und diese Variante zwangsläufig zum Untergang der Anteile führt. So ist es zwar zutreffend, wenn man den Anteilen einen gewissen Hoffnungs- bzw. Residualwert zuerkennt. Demgegenüber ist es vor dem angesprochenen Hintergrund nicht haltbar, den Altgesellschaftern einen wie auch immer gearteten Anspruch auf diesen einzuräumen. Denn die Anteilseigner selbst sind nicht willens bzw. in der Lage, diesen Wert zu realisieren. Das gilt jedenfalls, wenn man ihrerseits von der obstruktiven Haltung ausgeht, die den Kern des zu untersuchenden Problems bildet. Dieser Denkansatz bringt es mit sich, dass ein Eingriff auch dort denkbar ist, wo der Gesellschaftsanteil noch einen Restwert aufweist.

Im Hinblick auf Art. 14 GG ist ein möglicher Eingriff als Inhalts- und Schrankenbestimmung zu qualifizieren. Vorzugswürdig erscheint dabei das Kriterium, das eine solche von der Enteignung danach abgrenzt, ob das mit dem Eingriff verfolgte Ziel unmittelbar durch die Einwirkung auf die betreffende Eigentumsposition erreicht wird oder ob insofern noch weitere staatliche Schritte erforderlich sind. Was die verfassungsrechtliche Rechtfertigung einer Eingriffsbefugnis angeht, führt die Liquidationsalternative als relevanter Maßstab wiederum dazu, dass ein Eingriff als verhältnismäßig anzusehen ist. Zusätzlich kann auch auf die Verfassungsmäßigkeit anderer gesellschaftsrechtlicher Ausschlussmöglichkeiten verwiesen werden, wobei sich Parallelen zur untersuchten Problematik ergeben.

Allerdings unterliegt die Eingriffsmöglichkeit, um als verhältnismäßig angesehen werden zu können, der Einschränkung, dass ein etwaiger Restwert, d. h. ein hypothetisch gedachter Liquidationswert der Beteiligung ihrem bisherigen Inhaber zukommen muss.

Die gegenüber dem Sacheigentum verschiedene Struktur des Anteilseigentums erklärt letztlich auch, weshalb ein Zugriff auf eine Eigentumsposition des Gesellschafters im Zusammenhang mit einem gegen die Gesellschaft als

Schuldnerin gerichteten Insolvenzverfahren überhaupt denkbar ist, ohne gegen Grundprinzipien des Gesellschafts- und Insolvenzrechts zu verstoßen. Dies lässt sich nur mit der wechselbezüglichen Abhängigkeit von Gesellschaft und Gesellschaftsanteil erklären. Die Gesellschaft wird durch die Anteile konstituiert, wobei diese in ihrem Bestand wiederum vom Bestand der Gesellschaft abhängen. Die Gesellschaft als Trägerin des Unternehmens stellt im Planverfahren mitunter einen Wert an sich dar, der sich nicht losgelöst von den Anteilen realisieren lässt. Deshalb muss unter Berücksichtigung der konkreten Situation ein Zugriff auf die Anteile erlaubt sein.

Auch die in Art. 9 I GG verbürgte positive Vereinigungsfreiheit stellt kein Hindernis auf dem Weg zur erwogenen Eingriffsbefugnis dar. Dies lässt sich erneut mit der Liquidationsalternative begründen. Zieht man diese heran, wird klar, dass die positive Vereinigungsfreiheit an ihre Grenzen stößt, sobald über die Gesellschaft das Insolvenzverfahren eröffnet wird.

In ihrer negativen Ausprägung führt die Vereinigungsfreiheit aber dazu, dass den Gesellschaftern für den Fall, dass sie nicht ohnehin aus der reorganisierten Gesellschaft ausgeschlossen sind, ein Austrittsrecht einzuräumen ist. Machen sie davon Gebrauch, haben sie gleichfalls Anspruch auf den hypothetischen Liquidationserlös.

Die Rechtsprechung des *EuGH* zur zweiten gesellschaftsrechtlichen Kapitalrichtlinie ist so zu verstehen, dass sie den diskutierten Eingriffen nicht im Wege steht. Weil die Gesellschaft als Rechtsträger hier als Befriedigungsgegenstand in einem kollektiven Verfahren anzusehen ist, liegt ungeachtet ihres Fortbestands eine Vollstreckungsmaßnahme vor, auf welche die Richtlinie keine Anwendung findet.

4. Die rechtsvergleichenden Betrachtungen des vierten Teils lassen erkennen, dass die gesellschaftsrechtliche Neutralität im Insolvenzrecht keinesfalls zwingend ist.

Das US-amerikanische Recht behandelt die Gesellschafter konsequent als letztrangige Kapitalgeber und setzt, vorbehaltlich anderweitiger Regelungen im Reorganisationsplan, sogar das Erlöschen aller bestehenden Rechte an den Gesellschaftsanteilen als Regelfall fest. Die Gesellschafter bilden als Beteiligte des Verfahrens eine Abstimmungsgruppe. Wenn dabei auch stets zu bedenken ist, dass das Verfahren nach Chapter 11 ein deutlich schuldnerfreundlicheres als das Insolvenzverfahren nach der InsO darstellt, liegt in der Umsetzung dieser *absolute priority rule* durch den Gesetzgeber eine an den Positionen der Beteiligten angemessen orientierte Lösung.

Das englische Recht bietet im Hinblick auf Gesellschaftsreorganisationen mit der *administration* und dem *CVA* zwei Verfahren, die in Kombination Wirkungen zeitigen können, die denen des deutschen Insolvenzplanverfahrens gar nicht einmal unähnlich sind. Allerdings können auch gesellschaftsrechtliche Regelungen Gegenstand eines *CVA* sein. Bemerkenswert ist dabei, dass die Gesellschafter zwar als Abstimmungsgruppe beteiligt werden, ihr ablehnendes Votum indes nicht zum Scheitern des betreffenden Vorschlags führen kann. Sie können dann lediglich geltend machen, durch den Plan unangemessen in ihrer Rechtsstellung beeinträchtigt zu sein und hierfür Entschädigung verlangen. Eine solche Vorgehensweise überzeugt, da sie die tatsächlichen Verhältnisse im Falle einer Gesellschaftsinsolvenz im Gegensatz zum deutschen Recht ins rechte Licht rückt.

5. Eingangs des fünften Teils der Arbeit steht die Feststellung, dass es richtig ist, bei den Reformüberlegungen von der bisherigen Arbeitshypothese eines obstruktiven Gesellschafterverhaltens auszugehen. Denn auch wenn dieses nicht immer vorliegen muss und vorliegen wird, ist der durch seine bloße Möglichkeit entstehende Interessenkonflikt nicht reibungsfrei zu einer Seite hin aufzulösen. Da die Interessen der Gläubiger in der Situation bei Durchführung eines Planverfahrens aber höher zu bewerten sind, müssen sie sich insoweit durchsetzen.

Die Untersuchung der historischen Entwicklung der Insolvenzrechtsreform mit speziellem Augenmerk auf gesellschaftsrechtsbezogene Eingriffe führt zu dem Ergebnis, dass die Abkehr von den Vorschlägen der Insolvenzrechtskommission, was die Tendenz angeht, die Marktkonformität des Verfahrens zu fördern und damit die Beteiligtenautonomie zu stärken, begrüßenswert ist. Jedoch überzeugen die daraus gezogenen Schlüsse im Hinblick auf Eingriffe in Anteilseignerrechte keineswegs. Der pauschale Verweis, das Verfahren sei vermögens-, nicht organisationsorientiert, erweist sich als inhaltsleer. Denn wenn sich das Schuldnervermögen durch Fortführung des Unternehmens auf dem bisherigen Träger bestmöglich verwerten lässt, gebietet es gerade ein marktkonformes und vermögensorientiertes Verfahren, die gesetzlichen Voraussetzungen in dieser Hinsicht zu schaffen. Ebenso in die Irre führt der Hinweis auf ein Umverteilungsverbot. Ziel eines etwaigen Eingriffs ist keine Umverteilung, sondern eine an den vorinsolvenzlichen Rechten orientierte Verteilung. In der Befriedigungsreihenfolge nehmen die Anteilseigner aber den letzten Platz ein. Die Gläubigerautonomie erfordert es, in Abkehr von den Kommissionsvorschlägen, die entsprechenden Befugnisse in die Hände der Gläubiger zu legen und die Rolle des Gerichts auf eine Rechtmäßigkeitskontrolle zu beschränken.

In Bezug auf die Richtung einer zu schaffenden Eingriffsmöglichkeit sind sowohl eine Ersetzungsbefugnis gesellschaftsrechtliche Beschlüsse betreffend wie auch die unmittelbare Möglichkeit des Zugriffs auf die Gesellschaftsanteile vorzusehen. Die beiden Eingriffsarten unterscheiden sich in ihrer Zwecksetzung teils deutlich. Nur indem man beide berücksichtigt, lassen sich einzelfallgerechte Plankonzepte verwirklichen.

Als Standort für eine Eingriffsbefugnis kommen allein die §§ 217ff. InsO in Betracht. Auf diese Weise wird der Tatsache Rechnung getragen, dass mit Eröffnung des Insolvenzverfahrens eine Zäsur bezüglich der gesellschaftlichen Kompetenzordnung eintritt. Zudem befindet man sich im Einklang mit gesetzgeberischen Tendenzen jüngerer Zeit.

Die konkrete Ausgestaltung einer Eingriffsbefugnis muss bei § 217 InsO als einleitendem Bezugspunkt der Regelungen über den Insolvenzplan beginnen. Nimmt man hier den Eingriff in Gesellschafterrechte bis hin zu deren Entzug als möglichen Regelungsgegenstand eines Plans auf, ergibt sich daraus bereits reflexartig die Beteiligtenstellung der Gesellschafter und eine Erweiterung des Regelungsbereichs von § 221 InsO.

Des Weiteren wäre ein § 226a InsO zu schaffen, der die tatbestandlichen Voraussetzungen eines Eingriffs enthält. Die Wertlosigkeit des Anteils muss dabei angesichts der Erkenntnisse der Arbeit nicht zum Tatbestandsmerkmal gemacht werden, so dass ein Eingriff theoretisch unabhängig vom Eröffnungstatbestand stattfinden kann. Wird das Verfahren aber wegen drohender Zahlungsunfähigkeit eröffnet, sollte von einem Eingriff abgesehen werden, solange nicht auch einer der beiden anderen Eröffnungsgründe gegeben ist. Dies dient dem Zweck, diesen ohnehin wenig genutzten Eröffnungsgrund nicht noch weiter ins Abseits zu drängen.

Die Zulässigkeit eines Eingriffs sollte davon abhängig sein, ob er für die Reorganisation der Gesellschaft erforderlich ist. Dieses Kriterium vermag trotz Schwierigkeiten bei seiner Bestimmbarkeit, wobei sich eine restriktive Handhabung durch die Gerichte verbietet, dazu beizutragen, Missbrauchsfälle zu vermeiden.

Im Verfahren sollten die Gesellschafter weder eine Gruppe bei der Abstimmung über den Plan bilden noch ein Widerspruchsrecht gegen diesen erhalten. Die ansonsten damit verbundene Gefahr, dass erneut ein Verzögerungs- bzw. Belästigungspotential auftritt, steht in keinem Verhältnis zu der Tatsache, dass die Gesellschafter vielfach ohne Entschädigung aus der Gesellschaft ausgeschlossen werden könnten. Teilweise ergäbe sich auch die Gefahr von Wertungswidersprüchen innerhalb des Komplexes der §§ 217ff. InsO. Diese Vorgehensweise schließt es aber nicht aus, planbetroffenen Gesellschaftern wie anderen Beteiligten auch Einsichts- und Erörterungsrechte zu gewähren.

Hinsichtlich des Rechtsschutzes sollten die Anteilseigner auf einen nachgeschalteten Rechtsschutz verwiesen werden, der außerhalb des Planverfahrens steht und dessen Dauer daher nicht beeinträchtigen kann. Dies steht in Einklang mit der festgestellten Maßgeblichkeit der Liquidationsalternative. In diesem Fall bleibt den Gesellschaftern auch nur ein etwaiger Resterlös über § 199 S. 2 InsO.

Die mögliche Entschädigung steht auch den Gesellschaftern zu, die im Zuge der Reorganisation freiwillig aus der Gesellschaft ausscheiden.

Eine nicht hinnehmbare Kollision mit Kapitalerhaltungsregeln kann durch mögliche Entschädigungszahlungen nicht eintreten.

Grundlage für die Berechnung der Entschädigung ist der hypothetische Liquidationswert. Dabei ist grundsätzlich auf den Zeitpunkt der Eröffnung des Insolvenzverfahrens abzustellen. Für börsennotierte Anteile rechtfertigt sich keine andere Behandlung.

Der nachgeschaltete Rechtsschutz ist in einem Spruchverfahren geltend zu machen. Die Vergleichbarkeit mit Entschädigungszahlungen im Zusammenhang mit anderen Strukturmaßnahmen ist so weit gegeben, dass eine Eingliederung der insoweit vorzusehenden Rechtsschutzmöglichkeiten in das Spruchverfahrensgesetz, das insoweit mit überschaubarem Aufwand anzupassen wäre, eine ökonomische und interessengerechte Lösung darstellt.

Mit dem Regierungsentwurf zum Gesetz zur weiteren Erleichterung der Sanierung von Unternehmen kündigt sich der Abschied der gesellschaftsrechtlichen Neutralität der Insolvenzordnung an. Auch wenn dies zu begrüßen ist, ergeben sich jedoch bei der Frage, was daraus für das Insolvenzplanverfahren folgt, deutliche Unterschiede zu den hier gefundenen Ergebnissen

Literaturverzeichnis

Achsnick, Jan, Options-Modelle im Insolvenzplanverfahren, 2002 (zugl. Diss. Univ. Berlin 2001) (zitiert: *Achsnick,* Options-Modelle)

Aghion, Philippe/Hart, Oliver/Moore, John, The Economics of Bankruptcy Reform, Journal of Law, Economics & Organization, Volume 8, 523 (zitiert: *Aghion/Hart/Moore,* Journal of Law, Economics & Organization, Vol. 8)

Ahrendt, Christian/Plischkaner, Uta, Der modifizierte zweistufige Überschuldungsbegriff – Rückkehr mit Verfallsdatum, NJW Neue Juristische Wochenschrift 2009, 964 (zitiert: *Ahrendt/Plischkaner,* NJW 2009)

Altrichter-Herzberg, Torsten, Die mögliche Einführung eines Sanierungsprivilegs in § 8c KStG, GmbH-Rundschau 2009, 466 (zitiert: *Altrichter-Herzberg,* GmbHR 2009)

Amend, Angelika, Das Finanzmarktstabilisierungsergänzungsgesetz oder der Bedeutungsverlust des Insolvenzrechts, ZIP Zeitschrift für Wirtschaftsrecht 2009, 589 (zitiert: *Amend,* ZIP 2009)

dies., Die „eingeschränkte Insolvenz“ oder die Kunst, ein bisschen schwanger zu sein, ZIP Zeitschrift für Wirtschaftsrecht 2009, 395 (zitiert: *Amend,* ZIP 2009)

Arbeitskreis für Insolvenz- und Schiedsgerichtswesen e. V., Köln (Hrsg.), Kölner Schrift zur Insolvenzordnung, 3. Auflage 2009 (zitiert: *Verfasser* in KS)

ders., Kölner Schrift zur Insolvenzordnung, 2. Auflage 2000 (zitiert: *Verfasser* in KS (2. Aufl.))

Armour, John/Mokal, Rizwaan Jameel, Reforming the governance of corporate rescue: The Enterprise Act 2002, Lloyd's maritime and commercial law quarterly 2005, 28 (zitiert: *Armour/Mokal,* LMCLQ 2005)

Bachmann, Gregor, Der beschleunigte Anteilserwerb nach dem Finanzmarktstabilisierungsergänzungsgesetz vor dem Hintergrund des Verfassungs- und Europarechts, ZIP Zeitschrift für Wirtschaftsrecht 2009, 1249 (zitiert: *Bachmann,* ZIP 2009)

Badura, Peter/Rittner, Fritz/Rüthers, Bernd, Mitbestimmungsgesetz 1976 und Grundgesetz – Gemeinschaftsgutachten, 1977 (zitiert: *Badura/Rittner/Rüthers,* Gemeinschaftsgutachten)

Baird, Douglas G., Elements of Bankruptcy, 3. Auflage 2001 (zitiert: *Baird,* Elements of Bankruptcy)

Baird, Ken/Ho, Look Chan, Company Voluntary Arrangement: The Restructuring Trends, Insolvency Intelligence 2007, 124 (zitiert: *Baird/Ho,* Insolv. Int. 2007)

Bales, Klaus, Insolvenzplan und Eigenverwaltung – Chancen für einen Neustart im Rahmen der Sanierung und Insolvenz, NZI Neue Zeitschrift für das Recht der Insolvenz und Sanierung 2008, 216 (zitiert: *Bales,* NZI 2008)

Balz, Manfred, Die Ziele der Insolvenzordnung, in *Arbeitskreis für Insolvenz- und Schiedsgerichtswesen e. V., Köln (Hrsg.),* Kölner Schrift zur Insolvenzordnung, 2. Auflage 2000, S. 3 ff. (zitiert: *Balz* in KS (2. Aufl.))

ders., Aufgaben und Struktur des künftigen einheitlichen Insolvenzverfahrens, ZIP Zeitschrift für Wirtschaftsrecht 1988, 273 (zitiert: *Balz,* ZIP 1988)

ders., Logik und Grenzen des Insolvenzrechts, ZIP Zeitschrift für Wirtschaftsrecht 1988, 1438 (zitiert: *Balz,* ZIP 1988)

ders., Sanierung von Unternehmen oder von Unternehmensträgern?, 1986 (zitiert: *Balz,* Sanierung)

Balz, Manfred/Landfermann, Hans-Georg, Die neuen Insolvenzgesetze, 2. Auflage 1999 (zitiert: *Balz/Landfermann,* Die neuen Insolvenzgesetze)

Bälz, Ulrich, Treuhandkommanditist, Treuhänder der Kommanditisten und Anlegerschutz – Für eine organschaftliche Publikumstreuhand, ZGR Zeitschrift für Unternehmens- und Gesellschaftsrecht 1980, 1 (zitiert: *Bälz,* ZGR 1980)

Baumbach, Adolf/Hopt, Klaus J., Handelsgesetzbuch, Kommentar, 34. Auflage 2010 (zitiert: Baumbach/Hopt/*Bearbeiter,* HGB)

Baumbach, Adolf/Hueck, Alfred (Hrsg.), GmbH-Gesetz, Kommentar, 19. Auflage 2010 (zitiert: Baumbach/Hueck/*Bearbeiter,* GmbHG)

Bebchuk, Lucian Arye, A new approach to corporate reorganizations, 101 Harvard Law Review (1988), 775, zitiert nach der Veröffentlichung in *Bhandari, Jagdeep S./Weiss, Lawrence A.,* Corporate bankruptcy – Economic and legal perspectives, 1996, S. 370 (zitiert: *Bebchuk* in *Bhandari/Weiss,* Corporate Bankruptcy)

Becker, Christoph, Insolvenzrecht, 3. Auflage 2010 (zitiert: *Becker,* Insolvenzrecht)

Beckerhoff, Tom, Treupflichten bei der Stimmrechtsausübung und Eigenhaftung des Stimmrechtsvertreters, 1996 (zugl. Diss. Univ. Bonn 1996) (zitiert: *Beckerhoff,* Treupflichten)

Berges, August M., Große oder Kleine Insolvenzrechtsreform, KTS Zeitschrift für Insolvenzrecht 1955, 49 (zitiert: *Berges,* KTS 1955)

Bienenstock, Martin J., Bankruptcy Reorganization, 1987 (zitiert: *Bienenstock,* Bankruptcy Reorganization)

Bilda, Klaus, Zur Dauer der Spruchstellenverfahren, NZG Neue Zeitschrift für Gesellschaftsrecht 2000, 296 (zitiert: *Bilda,* NZG 2000)

Bitter, Georg, Sanierung in der Insolvenz – Der Beitrag von Treue- und Aufopferungspflichten zum Sanierungserfolg, ZGR Zeitschrift für Unternehmens- und Gesellschaftsrecht 2010, 147 (zitiert: *Bitter,* ZGR 2010) *ders.*, Insolvenzrecht im Umbruch – *Wilhelm Uhlenbruck* und die Insolvenzordnung, ZInsO Zeitschrift für das gesamte Insolvenzrecht 2010, 1959 (zitiert: *Bitter*, ZInsO 2010)

Bitter, Georg/Laspeyres, Anne, Rechtsträgerspezifische Berechtigungen als Hindernis übertragender Sanierung, ZIP Zeitschrift für Wirtschaftsrecht 2010, 1157 (zitiert: *Bitter/Laspeyres,* ZIP 2010)

Bley, Erich/Mohrbutter, Jürgen, Vergleichsordnung, Großkommentar, Band 1 (§§ 1–81), 4. Auflage 1979 (zitiert: *Bley/Mohrbutter,* VglO)

Bork, Reinhard, Grundfragen des Restrukturierungsrechts, Prolegomena zu einer Reform des deutschen Insolvenzrechts, ZIP Zeitschrift für Wirtschaftsrecht 2010, 397 (zitiert: *Bork,* ZIP 2010)

ders., Einführung in das Insolvenzrecht, 5. Auflage 2009 (zitiert: *Bork,* Insolvenzrecht)

ders., Abschaffung des Eigenkapitalersatzrechts zugunsten des Insolvenzrechts?, ZGR Zeitschrift für Unternehmens- und Gesellschaftsrecht 2007, 250 (zitiert: *Bork,* ZGR 2007)

ders., Der Insolvenzplan, ZZP Zeitschrift für Zivilprozess 109 (1996), 473 (zitiert: *Bork,* ZZP 109 (1996))

Braun, Eberhard, Aufrechnung mit im Insolvenzplan erlassenen Forderungen, NZI Neue Zeitschrift das Recht der für Insolvenz und Sanierung 2009, 409 (zitiert: *Braun,* NZI 2009)

ders., Eingriff in Anteilseignerrechte im Insolvenzplan, in *Ganter, Hans Gerhard/Gottwald, Peter/Lwowski, Hans-Jürgen (Hrsg.),* Haftung und Insolvenz, Festschrift für Gero Fischer zum 65. Geburtstag, 2008, 53 (zitiert: *Braun,* FS Gero Fischer)

ders., Das Obstruktionsverbot in der Praxis: Ein überzeugender Start, NZI Neue Zeitschrift für das Recht der Insolvenz und Sanierung 1999, 473 (zitiert: *Braun,* NZI 1999)

Braun, Eberhard/Uhlenbruck, Wilhelm, Unternehmensinsolvenz, 1997 (zitiert: *Braun/Uhlenbruck,* Unternehmensinsolvenz)

Brinkmann, Moritz, Wege aus der Insolvenz eines Unternehmens – oder: Die Gesellschafter als Sanierungshindernis, WM Zeitschrift für Wirtschafts- und Bankrecht 2011, 97 (zitiert: *Brinkmann,* WM 2011)

Brüning, Marc, Gesellschafter und Insolvenzplan, 2006 (zugl. Diss. Univ. Erfurt 2006) (zitiert: *Brüning,* Gesellschafter und Insolvenzplan)

Buchanan, Norman S., The Economics of Corporate Enterprise, 1940 (zitiert: *Buchanan,* Economics of Corporate Enterprise)

Büchel, Helmut, Neuordnung des Spruchverfahrens, NZG Neue Zeitschrift für Gesellschaftsrecht 2003, 793 (zitiert: *Büchel,* NZG 2003)

Bundesministerium der Justiz (Hrsg.), Referentenentwurf für ein Gesetz zur weiteren Erleichterung der Sanierung von Unternehmen (ESUG), Beilage 1 zu ZIP Zeitschrift für Wirtschaftsrecht 6/2011 (zitiert: RefE ESUG, Beil. 1 zu ZIP 6/2011)
ders., Diskussionsentwurf des BMJ für ein Gesetz zur weiteren Erleichterung der Sanierung von Unternehmen, Beilage 1 zu ZIP Zeitschrift für Wirtschaftsrecht 28/2010 (zitiert: DiskE ESUG, Beil. 1 zu ZIP 28/2010)
ders., Referentenentwurf, Gesetz zur Reform des Insolvenzrechts, 1989 (zitiert: RefE)
ders., Diskussionsentwurf, Gesetz zur Reform des Insolvenzrechts, 1988 (zitiert: DiskE)
ders., Erster Bericht der Kommission für Insolvenzrecht, 1985 (zitiert: EB)
ders., Zweiter Bericht der Kommission für Insolvenzrecht, 1986 (zitiert: ZB)
Burger, Anton/Schellberg, Bernd, Der Insolvenzplan im neuen Insolvenzrecht, Der Betrieb 1994, 1833 (zitiert: *Burger/Schellberg,* DB 1994)
Buth, Andrea K./Hermanns, Michael (Hrsg.), Restrukturierung, Sanierung, Insolvenz, 3. Auflage 2009 (zitiert: Buth/Hermanns/*Bearbeiter*, Restrukturierung)
Cranshaw, Friedrich L., Sanierungsunterstützende Maßnahmen des Kreditgebers außerhalb der „klassischen" Kreditgewährung, ZInsO Zeitschrift für das gesamte Insolvenzrecht 2008, 421 (zitiert: *Cranshaw,* ZInsO 2008)
Crone, Andreas/Werner, Henning, Handbuch modernes Sanierungsmanagement, 2007 (zitiert: *Crone/Werner,* Sanierungsmanagement)
Dahl, Michael, Die Änderung des Überschuldungsbegriffs durch Art. 5 des Finanzmarktstabilisierungsgesetzes (FMStG), NZI Neue Zeitschrift für das Recht der Insolvenz und Sanierung 2008, 719 (zitiert: *Dahl,* NZI 2008)
Damm, Reinhard, Einstweiliger Rechtsschutz im Gesellschaftsrecht, ZHR Zeitschrift für das gesamte Handelsrecht und Wirtschaftsrecht 154 (1990), 413 (zitiert: *Damm,* ZHR 154 (1990))
Davies, Stephen, Insolvency and the Enterprise Act 2002, 2003 (zitiert: *Davies,* Insolvency and EA 2002)
Delhaes, Wolfgang, Im Überblick: Der Insolvenzverwalter im eröffneten Insolvenzverfahren, NZI Neue Zeitschrift für das Recht der Insolvenz und Sanierung 1999, 47 (zitiert: *Delhaes,* NZI 1999)
Desch, Wolfram, Schutzschirmverfahren nach dem RegE-ESUG in der Praxis, BB Betriebs-Berater 2011, 841 (zitiert: *Desch,* BB 2011)
Drouven, Ralph, Neue Wege: „Reverse Debt-to-Equity-Swap", ZIP Zeitschrift für Wirtschaftsrecht 2009, 1052 (zitiert: *Drouven,* ZIP 2009)
Drukarczyk, Jochen, Verwertungsformen und Kosten der Insolvenz, BFuP Betriebswirtschaftliche Forschung und Praxis 47 (1995), 40 (zitiert: *Drukarczyk,* BFuP 47 (1995))

ders., Unternehmen und Insolvenz, 1987 (zitiert: *Drukarczyk,* Unternehmen und Insolvenz)
Drukarczyk, Jochen/Schöntag, Stefanie, Insolvenzplan, optionsbasierte Lösungen, Verlustvorträge und vom Gesetzgeber verursachte Sanierungshemmnisse, 2006 (zitiert: *Drukarczyk/Schöntag,* Insolvenzplan)
Drukarczyk, Jochen/Schüler, Andreas, Die Eröffnungsgründe der InsO: Zahlungsunfähigkeit, drohende Zahlungsunfähigkeit und Überschuldung, in *Arbeitskreis für Insolvenz- und Schiedsgerichtswesen e. V., Köln (Hrsg.),* Kölner Schrift zur Insolvenzordnung, 3. Auflage 2009, S. 28 (zitiert: *Drukarczyk/Schüler* in KS)
Dürig, Günter, Zurück zum klassischen Enteignungsbegriff!, JZ JuristenZeitung 1954, 4 (zitiert: *Dürig,* JZ 1954)
Ebenroth, Carsten Thomas/Boujong, Karlheinz/Joost, Detlev/Strohn, Lutz (Hrsg.), Handelsgesetzbuch, Kommentar, Band 1 (§§ 1–342e), 2. Auflage 2008 (zitiert: Ebenroth/Boujong/Joost/Strohn/*Bearbeiter,* HGB)
Ehlers, Harald, Anforderungen an die Fortführungsprognose, NZI Neue Zeitschrift für das Recht der Insolvenz und Sanierung 2011, 161 (zitiert: *Ehlers,* NZI 2011)
ders., Das Haftungspotenzial gegenüber Beratern in der Unternehmenskrise, NZI Neue Zeitschrift für das Recht der Insolvenz und Sanierung 2008, 211 (zitiert: *Ehlers,* NZI 2008)
Ehlers, Harald/Drieling, Ilka, Unternehmenssanierung nach der Insolvenzordnung – Ein Wegweiser anhand eines Modellfalls, 2000 (zitiert: *Ehlers/Drieling,* Unternehmenssanierung)
Ehricke, Ulrich/Köster, Malte/Müller-Seils, Carsten, Neuerungen im englischen Unternehmensinsolvenzrecht durch den Enterprise Act 2002, NZI Neue Zeitschrift für das Recht der Insolvenz und Sanierung 2003, 409 (zitiert: *Ehricke/Köster/Müller-Seils,* NZI 2003)
Eidenmüller, Horst, Reformperspektiven im Restrukturierungsrecht, ZIP Zeitschrift für Wirtschaftsrecht 2010, 649 (zitiert: *Eidenmüller,* ZIP 2010, 649)
ders., Leveraged Buyouts und die Effizienz des deutschen Restrukturierungsrechts, ZIP Zeitschrift für Wirtschaftsrecht 2007, 1729 (zitiert: *Eidenmüller,* ZIP 2007)
ders., Trading in Times of Crisis: Formal Insolvency Proceedings, Workouts and the Incentives for Shareholders/Managers, EBOR European Business Organization Law Review 7 (2006), 239 (zitiert: *Eidenmüller,* EBOR 7 (2006))
ders., Wettbewerb der Insolvenzrechte, ZGR Zeitschrift für Unternehmens- und Gesellschaftsrecht 2006, 467 (zitiert: *Eidenmüller,* ZGR 2006)
ders., Verfahrenskoordination bei Konzerninsolvenzen, ZHR Zeitschrift für das gesamte Handelsrecht und Wirtschaftsrecht 169 (2005), 528 (zitiert: *Eidenmüller,* ZHR 169 (2005))

ders., Kapitalgesellschaftsrecht im Spiegel der ökonomischen Theorie, NJW Neue Juristische Wochenschrift 2001, 1041 (zitiert: *Eidenmüller,* NJW 2001)
ders., Unternehmenssanierung zwischen Markt und Gesetz, 1999 (zitiert: *Eidenmüller,* Unternehmenssanierung)
ders., Prognoseentscheidungen im Insolvenzplanverfahren: Verfahrenslähmung durch Minderheitenschutz?, NJW Neue Juristische Wochenschrift 1999, 1837 (zitiert: *Eidenmüller,* NJW 1999)
Eidenmüller, Horst/Engert, Andreas, Reformperspektiven einer Umwandlung von Fremd- in Eigenkapital (Debt-Equity-Swap) im Insolvenzplanverfahren, ZIP Zeitschrift für Wirtschaftsrecht 2009, 541 (zitiert: *Eidenmüller/Engert,* ZIP 2009)
Eilers, Stephan, Der Debt Equity Swap – eine Sanierungsmaßnahme für unternehmerische Krisensituationen, GWR Gesellschafts- und Wirtschaftsrecht 2009, 3 (zitiert: *Eilers,* GWR 2009)
Ekkenga, Jens, Sachkapitalerhöhung gegen Schuldbefreiung, ZGR Zeitschrift für Unternehmens- und Gesellschaftsrecht 2009, 580 (zitiert: *Ekkenga,* ZGR 2009)
Engberding, Antonius, Was leistet der Insolvenzplan im neuen Insolvenzrecht?, DZWIR Deutsche Zeitschrift für Wirtschafts- und Insolvenzrecht 1998, 94 (zitiert: *Engberding,* DZWIR 1998)
Engel, Tilmann, Die Insolvenz und optionsbasierte Reorganisationsmodelle, 2004 (zugl. Diss. Eichstätt-Ingolstadt 2003) (zitiert: *Engel,* Insolvenz und optionsbasierte Reorganisationsmodelle)
Engels, Andreas, „Lex Hypo Real Estate“ – Das Finanzmarktstabilisierungsgesetz auf verfassungsrechtlichem Prüfstand, BKR Zeitschrift für Bank- und Kapitalmarktrecht 2009, 365 (zitiert: *Engels,* BKR 2009)
Eschenbach, Jürgen, Der verfassungsrechtliche Schutz des Eigentums, 1996 (zugl. Diss. Osnabrück 1995) (zitiert: *Eschenbach,* Schutz des Eigentums)
Fassbach, Burkhard, Die *cram down power* des amerikanischen Konkursgerichts im Reorganisationsverfahren nach Chapter 11 des Bankruptcy Code, 1997 (zugl. Diss. Univ. Frankfurt am Main 1997) (zitiert: *Fassbach,* Cram down power)
Finch, Vanessa, Corporate Insolvency Law – Perspectives and Principles, 2002 (zitiert: *Finch,* Corporate Insolvency Law)
Flessner, Axel, Die Unternehmensperspektive im europäischen Insolvenzrecht, in *Damm, Reinhard/Heermann, Peter W./Veil, Rüdiger (Hrsg.),* Festschrift für Thomas Raiser zum 70. Geburtstag, 2005, 827 (zitiert: *Flessner,* FS Raiser)
ders., Sanierung und Reorganisation – Insolvenzverfahren für Großunternehmen in rechtsvergleichender und rechtspolitischer Untersuchung, 1982 (zitiert: *Flessner,* Sanierung)

ders., Sanierung von Unternehmen, ZRP Zeitschrift für Rechtspolitik 1982, 244 (zitiert: *Flessner,* ZRP 1982)
ders., Das rechtspolitische Für und Wider eines Sanierungsverfahrens, ZIP Zeitschrift für Wirtschaftsrecht 1981, 1283 (zitiert: *Flessner,* ZIP 1981)
Fletcher, Ian F., UK Corporate Rescue: Recent Developments – Changes to Administrative Receivership, Administration, and Company Voluntary Arrangements – The Insolvency Act 2000, The White Paper 2001, and the Enterprise Act 2002, EBOR European Business Organization Law Review 5 (2004), 119 (zitiert: *Fletcher,* EBOR 5 (2004))
Flume, Werner, Die Rechtsprechung des II. Zivilsenats zur Treupflicht des GmbH-Gesellschafters und des Aktionärs, ZIP Zeitschrift für Wirtschaftsrecht 1996, 161 (zitiert: *Flume,* ZIP 1996)
ders., Allgemeiner Teil des Bürgerlichen Rechts I/1, Die Personengesellschaft, 1977 (zitiert: *Flume,* Personengesellschaft)
Fox, Thomas/Scheidle, Andreas, Steuerliche Aspekte von Gestaltungsmaßnahmen in der Krise, GWR Gesellschafts- und Wirtschaftsrecht 2009, 51 (zitiert: *Fox/Scheidle,* GWR 2009)
Frank, Achim, Der verfahrensleitende Insolvenzplan, in *Kind, Thomas/Abenheimer, Arno (Hrsg.),* Unternehmenskrisen – Der Jurist als Notarzt, Festschrift für Eberhard Braun zum 60. Geburtstag, 2007, 219 (zitiert: *Frank,* FS Braun)
Frind, Frank, Problemanalyse zu geplanten Neuregelungen des Plan- und Eigenverwaltungsverfahrens nebst Insolvenzstatistik, ZInsO Zeitschrift für das gesamte Insolvenzrecht 2011, 656 (zitiert: *Frind,* ZInsO 2011)
ders., Zum Diskussionsentwurf für ein „Gesetz zur weiteren Erleichterung der Sanierung von Unternehmen", ZInsO Zeitschrift für das gesamte Insolvenzrecht 2010, 1524 (zitiert: *Frind,* ZInsO 2010)
Fritze, Marc, Sanierung von Groß- und Konzernunternehmen durch Insolvenzpläne, DZWIR Deutsche Zeitschrift für Wirtschafts- und Insolvenzrecht 2007, 89 (zitiert: *Fritze,* DZWIR 2007)
Fritzsche, Michael/Dreier, Peter/Verfürth, Ludger C., SpruchG, Kommentar zum Spruchverfahrensgesetz, 2004 (zitiert: *Fritzsche/Dreier/Verfürth,* SpruchG)
Funke, Rainer, Der Insolvenzplan des Entwurfs der Insolvenzordnung im Lichte der Erfahrungen mit dem amerikanischen Reorganisations- und Schuldenregulierungsrecht, in *Letzgus, Klaus/Hill, Hermann/Klein, Hans-Hugo/Kleinert, Detlef/Oschatz, Georg-Berndt/De With, Hans,* Für Recht und Staat, Festschrift für Herbert Helmrich zum 60. Geburtstag, 1994, 627 (zitiert: *Funke,* FS Helmrich)
Gaul, Hans Friedhelm, Zur Struktur und Wirkungsweise des Insolvenzplans als „privatautonomes" Instrument der Haftungsverwirklichung, in *Baums, Theodor/Wertenbruch, Johannes/Lutter, Marcus/Schmidt, Karsten (Hrsg.),*

Festschrift für Ulrich Huber zum siebzigsten Geburtstag, 2006, 1187 (zitiert: *Gaul,* FS Huber)

Geissler, Markus, Der Erwerb eigener GmbH-Anteile zur Realisierung von Strukturmaßnahmen, GmbH-Rundschau 2008, 1018 (zitiert: *Geissler,* GmbHR 2008)

Geist, Andreas, Die Besteuerung von Sanierungsgewinnen – Zur Anwendbarkeit, Systematik und Auslegung des BMF-Schreibens vom 27.3.2003, Betriebs-Berater 2008, 2658 (zitiert: *Geist,* BB 2008)

Gerster, Erwin, Insolvenzplan, „das unbekannte Wesen" oder „der Maßanzug des Insolvenzrechts"?, ZInsO Zeitschrift für das gesamte Insolvenzrecht 2008, 437 (zitiert: *Gerster,* ZInsO 2008)

Goette, Wulf, „Sanieren oder Ausscheiden" – Zur Treuepflicht des Gesellschafters in der Sanierungssituation, GWR Gesellschafts- und Wirtschaftsrecht 2010, 1 (zitiert: *Goette,* GWR 2010)

Gottwald, Peter (Hrsg.), Insolvenzrechts-Handbuch, 4. Auflage 2010 (zitiert: Gottwald/*Bearbeiter,* Insolvenzrechts- Hdb.)

ders., Die Interessengemeinschaft der Gläubiger eines insolventen Schuldners, in *Habscheid, Walter J./Hoffmann-Nowotny, Hans-Joachim/Linder, Willy/ Meier-Hayoz, Arthur (Hrsg.),* Freiheit und Zwang – Rechtliche, wirtschaftliche und gesellschaftliche Aspekte, Festschrift zum 60. Geburtstag von Hans Giger, 1989, 195 (zitiert: *Gottwald,* FS Giger)

ders., Rechtliche Möglichkeiten der Unternehmenssanierung im Insolvenzfall, KTS Zeitschrift für Insolvenzrecht 1984, 1 (zitiert: *Gottwald,* KTS 1984)

ders., Aspekte der Unternehmensinsolvenz im englischen Recht, KTS Zeitschrift für Insolvenzrecht 1981, 17 (zitiert: *Gottwald,* KTS 1981)

Gravenbrucher Kreis, „Große" oder „kleine" Insolvenzrechtsreform?, ZIP Zeitschrift für Wirtschaftsrecht 1992, 657 (zitiert: *Gravenbrucher Kreis,* ZIP 1992)

ders., Stellungnahme zum Diskussionsentwurf eines Insolvenzrechtsreformgesetzes, ZIP Zeitschrift für Wirtschaftsrecht 1989, 468 (zitiert: *Gravenbrucher Kreis,* ZIP 1989)

ders., Stellungnahme zu den Reformvorschlägen der Kommission für Insolvenzrecht, Betriebs-Berater 1986/Beilage 15 (zitiert: *Gravenbrucher Kreis,* BB 1986/Beil. 15)

Grigoleit, Hans-Christoph/Rieder, Markus S., GmbH-Recht nach dem MoMiG, 2009 (zitiert: *Grigoleit/Rieder,* GmbH-Recht nach dem MoMiG)

Grochtmann, Ansgar, Art. 14 GG – Rechtsfragen der Eigentumsdogmatik, 2000 (zitiert: *Grochtmann,* Rechtsfragen der Eigentumsdogmatik)

Groß, Paul J., Sanierung durch Fortführungsgesellschaften, 2. Auflage 1988 (zitiert: *Groß,* Fortführungsgesellschaften)

Großfeld, Bernhard, Unternehmens- und Anteilsbewertung im Gesellschaftsrecht, 4. Auflage 2002 (zitiert: *Großfeld,* Unternehmens- und Anteilsbewertung)

Grub, Volker/Streit, Georg, Börsenzulassung und Insolvenz, Betriebs-Berater 2004, 1397 (zitiert: *Grub/Streit,* BB 2004)

Grunewald, Barbara, Gesellschaftsrecht, 7. Auflage 2008 (zitiert: *Grunewald,* GesR)

dies., Der Ausschluß aus Gesellschaft und Verein, 1987 (zitiert: *Grunewald,* Ausschluß)

Gurlit, Elke, Finanzmarktstabilisierung und Eigentumsgarantie, NZG Neue Zeitschrift für Gesellschaftsrecht 2009, 601 (zitiert: *Gurlit,* NZG 2009)

Haas, Evelyn, Die Baulandumlegung – Inhalts- und Schrankenbestimmung des Eigentums, NVwZ Neue Zeitschrift für Verwaltungsrecht 2002, 272 (zitiert: *Haas,* NVwZ 2002)

Haas, Ulrich, Reform des gesellschaftsrechtlichen Gläubigerschutzes, Gutachten E für den 66. Deutschen Juristentag, 2006 (zitiert: *Haas,* Gutachten 66. DJT)

Habersack, Mathias, Die Mitgliedschaft – subjektives und „sonstiges" Recht, 1996 (zitiert: *Habersack,* Mitgliedschaft)

Habscheid, Edgar J., Grenzüberschreitendes (internationales) Insolvenzrecht der Vereinigten Staaten von Amerika und der Bundesrepublik Deutschland, 1998 (zitiert: *Habscheid,* Grenzüberschreitendes (internationales) Insolvenzrecht)

Hadding, Walther, Verfügungen über Mitgliedschaftsrechte, in *Bauer, Jürgen F./ Hopt, Klaus J./Mailänder, K. Peter,* Festschrift für Ernst Steindorff zum 70. Geburtstag, 1990, 31 (zitiert: *Hadding,* FS Steindorff)

Hanau, Hans, Der Bestandsschutz der Mitgliedschaft anlässlich der Einführung des „Squeeze Out" im Aktienrecht, NZG Neue Zeitschrift für Gesellschaftsrecht 2002, 1040 (zitiert: *Hanau,* NZG 2002)

Hart, Oliver, Firms, Contracts and Financial Structure, 1995 (zitiert: *Hart,* Firms, Contracts and Financial Structure)

Häsemeyer, Ludwig, Insolvenzrecht, 4. Auflage 2007 (zitiert: *Häsemeyer,* Insolvenzrecht)

ders., Obstruktion gegen Sanierungen und gesellschaftliche Treuepflichten, ZHR Zeitschrift für das gesamte Handelsrecht und Wirtschaftsrecht 160 (1996), 109 (zitiert: *Häsemeyer,* ZHR 160 (1996))

Heinze, Meinhard, Verfahrensrechtliche und arbeitsrechtliche Aspekte eines neuen Insolvenzrechts, ZHR Zeitschrift für das gesamte Handelsrecht und Wirtschaftsrecht 149 (1985), 507 (zitiert: *Heinze,* ZHR 149 (1985))

Heinzmann, Friedrich, Die Neuordnung der Kapitalverhältnisse bei der Sanierung der GmbH, 1992 (zugl. Diss. Univ. Tübingen 1991) (zitiert: *Heinzmann,* Neuordnung der Kapitalverhältnisse)

Henckel, Wolfram, Deregulierung im Insolvenzverfahren?, KTS Zeitschrift für Insolvenzrecht 1989, 477 (zitiert: *Henckel,* KTS 1989)
Hennrichs, Joachim, Treupflichten im Aktienrecht, AcP Archiv für die civilistische Praxis 195 (1995), 221 (zitiert: *Hennrichs,* AcP 195 (1995))
Henze, Hartwig, Treupflichten der Gesellschafter im Kapitalgesellschaftsrecht, ZHR Zeitschrift für das gesamte Handelsrecht und Wirtschaftsrecht 162 (1998), 186 (zitiert: *Henze,* ZHR 162 (1998))
Hepp-Schwab, Hermann, Die Mitgliedschaft des Personengesellschafters und der Nießbrauch an seinem Gesellschaftsanteil, 1997 (zugl. Diss. Univ. Tübingen 1997) (zitiert: *Hepp-Schwab,* Mitgliedschaft des Personengesellschafters)
Herweg, Christian, Das Obstruktionsverbot bei der Unternehmenssanierung, 2004 (zugl. Diss. Univ. Münster 2003) (zitiert: *Herweg,* Obstruktionsverbot)
Herzig, Dirk, Das Insolvenzplanverfahren – Eine schwerpunktmäßige Untersuchung aus praktischer Sicht unter dem Gesichtspunkt der Zeitkomponente mit rechtsvergleichender Betrachtung des Reorganisationsverfahrens nach Chapter 11 des Bankruptcy Code, 2001 (zugl. Diss. Univ. Regensburg 2000) (zitiert: *Herzig,* Insolvenzplanverfahren)
Hess, Harald, Insolvenzrecht, Großkommentar, Band II (§§ 113–359 InsO), 2007 (zitiert: *Hess,* Insolvenzrecht)
Hess, Harald/Fechner, Dietrich/Freund, Konrad/Körner, Friederike, Sanierungshandbuch, 3. Auflage 1998 (zitiert: *Hess/Fechner/Freund/Körner,* Sanierungshandbuch)
Himmelsbach, Rainer/Achsnick, Jan, Investments in Krisenunternehmen im Wege sanierungsprivilegierter debt-equity-swaps, NZI Neue Zeitschrift für das Recht der Insolvenz und Sanierung 2006, 561 (zitiert: *Himmelsbach/Achsnick,* NZI 2006)
Hirte, Heribert, Anmerkungen zum von § 270b RefE-InsO ESUG vorgeschlagenen „Schutzschirm“, ZInsO Zeitschrift für das gesamte Insolvenzrecht 2011, 401 (zitiert: *Hirte,* ZInsO 2011)
Hirte, Heribert/Knof, Béla, Das „neue“ Sanierungsprivileg nach § 39 Abs. 4 Satz 2 InsO, WM Zeitschrift für Wirtschafts- und Bankrecht 2009, 1961 (zitiert: *Hirte/Knof,* WM 2009)
Hirte, Heribert/Knof, Béla/Mock, Sebastian, Das Gesetz zur weiteren Erleichterung der Sanierung von Unternehmen (Teil I), DB Der Betrieb 2011, 632 (zitiert: *Hirte/Knof/Mock,* DB 2011)
Höche, Thorsten, Das Restrukturierungsgesetz, Neue Wege in der Bankenaufsicht (mit Seitenblicken auf die Schweiz und das Vereinigte Königreich), WM Zeitschrift für Wirtschafts- und Bankrecht 2011, 49 (zitiert: *Höche,* WM 2011)

Hofert, Sebastian/Möller, Christian, GmbH-Finanzierung: Debt Mezzanine Swap – der bessere Debt Equity Swap für Unternehmen in der Krise, GmbH-Rundschau 2009, 527 (zitiert: *Hofert/Möller,* GmbHR 2009)

Hölzle, Gerrit, Die „erleichterte Sanierung von Unternehmen" in der Nomenklatur der InsO – ein hehres Regelungsziel des RefE-ESUG, NZI Neue Zeitschrift für das Recht der Insolvenz und Sanierung 2011, 124 (zitiert: *Hölzle,* NZI 2011)

ders., Nachruf: Wider die Überschuldungs-Dogmatik in der Krise, ZIP Zeitschrift für Wirtschaftsrecht 2008, 2003 (zitiert: *Hölzle,* ZIP 2008)

Hommel, Ulrich/Knecht, Thomas C./Wohlenberg, Holger (Hrsg.), Handbuch Unternehmensrestrukturierung, 2006 (zitiert: Hommel/Knecht/Wohlenberg/*Bearbeiter,* Hdb. Unternehmensrestrukturierung)

Hopt, Klaus/Fleckner, Andreas/Kumpan, Christoph/Steffek, Felix, Kontrollerlangung über systemrelevante Banken nach den Finanzmarktstabilisierungsergänzungsgesetzen (FMStG/FMStErgG), WM Zeitschrift für Wirtschafts- und Bankrecht 2009, 821 (zitiert: *Hopt/Fleckner/Kumpan/Steffek,* WM 2009)

Huber, Ulrich, Vermögensanteil, Kapitalanteil und Gesellschaftsanteil an Personalgesellschaften des Handelsrechts, 1970 (zitiert: *Huber,* Vermögensanteil)

Huelsdunk, Inke, Liquidation oder Reorganisation im Insolvenzplan – Alternativen aus der Sicht der ökonomischen Analyse des Rechts, KTS Zeitschrift für Insolvenzrecht 1999, 291 (zitiert: *Huelsdunk,* KTS 1999)

Hüffer, Uwe, Aktiengesetz, Kommentar, 9. Auflage 2010 (zitiert: *Hüffer,* AktG)

Immenga, Ulrich, Bindung von Rechtsmacht durch Treuepflichten, in *Lutter, Marcus/Ulmer, Peter/Zöllner, Wolfgang (Hrsg.),* Festschrift 100 Jahre GmbH-Gesetz, 1992, 189 (zitiert: *Immenga,* FS 100 Jahre GmbHG)

Institut der Wirtschaftsprüfer (IDW), Beiträge zur Reform des Insolvenzrechts - Vorträge und Diskussionen des IDW-Symposions am 11./12. Juni 1987, 1987 (zitiert: *Bearbeiter* in IDW, Beiträge zur Reform des Insolvenzrechts)

Jaeger, Ernst (Begr.), Insolvenzordnung, Großkommentar, Erster Band (§§ 1–55), 2004 (zitiert: Jaeger/*Bearbeiter,* InsO)

Jaffé, Michael, Restrukturierung nach der InsO: Gesetzesplan, Fehlstellen und Reformansätze innerhalb einer umfassenden InsO-Novellierung aus Sicht eines Insolvenzpraktikers, ZGR Zeitschrift für Unternehmens- und Gesellschaftsrecht 2010, 248 (zitiert: *Jaffé,* ZGR 2010)

ders., Insolvenzplan versus außergerichtliche Sanierung, in *Arbeitskreis für Insolvenz- und Schiedsgerichtswesen e. V., Köln (Hrsg.),* Kölner Schrift zur Insolvenzordnung, 3. Auflage 2009, S. 743 (zitiert: *Jaffé* in KS)

Jaffé, Michael/Friedrich, Andreas, Verbesserung der Wettbewerbsfähigkeit des Insolvenzstandorts Deutschland, ZIP Zeitschrift für Wirtschaftsrecht 2008, 1849 (zitiert: *Jaffé/Friedrich,* ZIP 2008)

Jarass, Hans, Inhalts- und Schrankenbestimmung oder Enteignung? – Grundfragen der Struktur der Eigentumsgarantie, NJW Neue Juristische Wochenschrift 2000, 2841 (zitiert: *Jarass,* NJW 2000)

Jarass, Hans/Pieroth, Bodo, Grundgesetz für die Bundesrepublik Deutschland, Kommentar, 11. Auflage 2011 (zitiert: Jarass/Pieroth/*Bearbeiter,* GG)

Jung, Peter, Individualschutz durch Wirtschaftsgrundrechte im Gesellschaftsrecht, JZ JuristenZeitung 2001, 1004 (zitiert: *Jung,* JZ 2001)

Jungmann, Carsten, Anmerkung zu LG Mühlhausen, Beschluss vom 17.9.2007 – 2 T 190/06 – KTS Zeitschrift für Insolvenzrecht 2008, 218 (zitiert: *Jungmann,* KTS 2008)

ders., Schlechterstellungsverbote im Insolvenzplanverfahren – Zum Verhältnis und Verständnis der §§ 245 und 251 InsO –, KTS Zeitschrift für Insolvenzrecht 2006, 135 (zitiert: *Jungmann,* KTS 2006)

ders., Solvenztest- versus Kapitalschutzregeln, ZGR Zeitschrift für Unternehmens- und Gesellschaftsrecht 2006, 638 (zitiert: *Jungmann,* ZGR 2006)

Just, Clemens (Hrsg.), Englisches Gesellschaftsrecht, 2008 (zitiert: *Just,* Englisches Gesellschaftsrecht)

Kautz, Oliver A., Die gesellschaftsrechtliche Neuordnung der GmbH im künftigen Insolvenzrecht, 1995 (zugl. Diss. Univ. Regensburg 1994) (zitiert: *Kautz,* Neuordnung der GmbH)

Kemper, Martin, Die U.S.-amerikanischen Erfahrungen mit „Chapter 11" – Ein Vergleich mit dem Insolvenzplan der neuen deutschen Insolvenzordnung, 1996 (zugl. Diss. Univ. Regensburg 1995) (zitiert: *Kemper,* Erfahrungen mit „Chapter 11")

Kestler, Matthias/Striegel, Andreas/Jesch, Thomas A., Distressed Debt Investments – Insolvenzrechtliche Instrumentarien der Unternehmenssanierung über Fremdkapital, NZI Neue Zeitschrift für das Recht der Insolvenz und Sanierung 2005, 417 (zitiert: *Kestler/Striegel/Jesch,* NZI 2005)

Kilger, Joachim, Die Reorganisation insolventer Gesellschaften, ZRP Zeitschrift für Rechtspolitik 1984, 46 (zitiert: *Kilger,* ZRP 1984)

ders., Der Konkurs des Konkurses, KTS Zeitschrift für Insolvenzrecht 1975, 142 (zitiert: *Kilger,* KTS 1975)

ders., Grundzüge eines Reorganisationsverfahrens, ZIP Zeitschrift für Wirtschaftsrecht 1982, 779 (zitiert: *Kilger,* ZIP 1982)

Kilger, Joachim/Schmidt, Karsten, Insolvenzgesetze KO/VglO/GesO, 17. Auflage 1997 (zitiert: *Kilger/K. Schmidt,* Insolvenzgesetze)

Kirchhof, Hans-Peter/Lwoski, Hans-Jürgen/Stürner, Rolf (Hrsg.), Münchener Kommentar zur Insolvenzordnung, Band 1 (§§ 1–102 InsO), 2. Auflage, 2007 (zitiert: MüKo-InsO/*Bearbeiter*)

dies., Münchener Kommentar zur Insolvenzordnung, Band 2 (§§ 103–269 InsO), 2. Auflage 2008 (zitiert: MüKo-InsO/*Bearbeiter*)
Kischel, Uwe, Wann ist die Inhaltsbestimmung ausgleichspflichtig?, JZ Juristen-Zeitung 2003, 604 (zitiert: *Kischel,* JZ 2003)
Klee, Kenneth N., All You Ever Wanted to Know About Cram Down Under the New Bankruptcy Code, American Bankruptcy Journal Volume 53 (1979), S. 133 ff. (zitiert: *Klee,* American Bankruptcy Journal Volume 53 (1979))
Kluth, Thomas, Die „wertlosen Gesellschaftsanteile" – der Stein des Anstoßes im Sanierungs-Insolvenzplan, ZInsO Zeitschrift für das gesamte Insolvenzrecht 2002, 258 (zitiert: *Kluth,* ZInsO 2002)
Kohler, Josef, Substanzrecht und Wertrecht, AcP Archiv für die civilistische Praxis 91 (1901), 155 (zitiert: *Kohler,* AcP 91 (1901))
König, Ruth, Inhalts- und Schrankenbestimmung oder Enteignung?, JA Juristische Arbeitsblätter 2001, 345 (zitiert: *König,* JA 2001)
dies., Kriterien für die Begründung der Ausgleichspflicht bei Inhalts- und Schrankenbestimmung des Eigentums, DVBl Deutsches Verwaltungsblatt 1999, 954 (zitiert: *König,* DVBl 1999)
Koppensteiner, Hans-Georg, Treuwidrige Stimmabgaben bei Kapitalgesellschaften, ZIP Zeitschrift für Wirtschaftsrecht 1994, 1325 (zitiert: *Koppensteiner,* ZIP 1994)
Korehnke, Stephan, Treuwidrige Stimmen im Personengesellschafts- und GmbH-Recht, 1997 (zugl. Diss. Univ. Köln 1996) (zitiert: *Korehnke,* Treuwidrige Stimmen)
Körnert, Jan/Wagner, Kristin, Destabilisierung der Finanzmärkte durch das Finanzmarktstabilisierungsgesetz, ZBB Zeitschrift für Bankrecht und Bankwirtschaft 2009, 320 (zitiert: *Körnert/Wagner,* ZBB 2009)
Kranzusch, Peter, Sanierungen insolventer Unternehmen mittels Insolvenzplanverfahren, ZInsO Zeitschrift für das gesamte Insolvenzrecht 2007, 804 (zitiert: *Kranzusch,* ZInsO 2007)
Kreft, Gerhard (Hrsg.), Heidelberger Kommentar zur Insolvenzordnung, 5. Auflage 2008 (zitiert: HK-InsO/*Bearbeiter*)
Kresser, Matthias, Debt-equity-swaps im Insolvenzplanverfahren de lege ferenda, ZInsO Zeitschrift für das gesamte Insolvenzrecht 2010, 1409 (zitiert: *Kresser,* ZInsO 2010)
Krolop, Kaspar, Deregulierung bei der Sacheinlage durch Regulierung der Gesellschafteraufrechnung – Vorschlag für eine Erleichterung der Umwandlung von Fremdkapital in Eigenkapital, GmbH-Rundschau 2007, 117 (zitiert: *Krolop,* GmbHR 2007)

Krüger, Stefan/Kaufmann, Christian, Exklusivität und Deal Protection beim Unternehmenskauf vom Insolvenzverwalter, ZIP Zeitschrift für Wirtschaftsrecht 2009, 1095 (zitiert: *Krüger/Kaufmann,* ZIP 2009)

Krull, Helge, Bedingter Insolvenzplan und Kapitalschnitt, 2000 (zugl. Diss. Univ. Hamburg 2000) (zitiert: *Krull,* Bedingter Insolvenzplan)

Kübler, Friedrich, Gesellschaftsrecht, 5. Auflage 1998 (zitiert: *F. Kübler,* GesR)

Kübler, Bruno M. (Hrsg.), Neuordnung des Insolvenzrechts, 1989 (zitiert: Kübler/*Bearbeiter,* Neuordnung des Insolvenzrechts)

Kübler, Bruno/Prütting, Hanns/Bork, Reinhard (Hrsg.), InsO, Kommentar zur Insolvenzordnung, Band III, §§ 174–359, Loseblattsammlung (Stand: Februar 2011) (zitiert: Kübler/Prütting/Bork/*Bearbeiter,* InsO)

dies., Das neue Insolvenzrecht, InsO/EGInsO, 2. Auflage 2000 (zitiert: *Kübler/Prütting,* Das neue Insolvenzrecht)

Lau, Bero-Alexander, Die börsennotierte Aktiengesellschaft in der Insolvenz, 2008 (zugl. Diss. Univ. Köln 2007) (zitiert: *Lau,* Börsennotierte Aktiengesellschaft in der Insolvenz)

Leibholz, Gerhard/Rinck, Hans-Justus (Begr.), Grundgesetz, Rechtsprechung des BVerfG, Kommentar, Loseblattsammlung (Stand: November 2010) (zitiert: *Leibholz/Rinck,* GG)

Leipold, Dieter, Zur Rechtsnatur des Insolvenzplans, KTS Zeitschrift für Insolvenzrecht 2006, 109 (zitiert: *Leipold,* KTS 2006)

ders. (Hrsg.), Insolvenzrecht im Umbruch, Band 1, 1991 (zitiert: Leipold/*Bearbeiter,* Insolvenzrecht im Umbruch)

Leithaus, Rolf/Riewe, Anne Deike, Inhalt und Reichweite der Insolvenzantragspflicht bei europaweiter Konzerninsolvenz, NZI Neue Zeitschrift für das Recht der Insolvenz und Sanierung 2008, 598 (zitiert: *Leithaus/Riewe,* NZI 2008)

Lenz, Christofer/Leinekugel, Rolf, Eigentumsschutz beim Squeeze Out, 2004 (zitiert: *Lenz/Leinekugel,* Eigentumsschutz beim Squeeze out)

Leuschner, Lars, Gibt es das Anteilseigentum wirklich?, NJW Neue Juristische Wochenschrift 2007, 3248 (zitiert: *Leuschner,* NJW 2007)

Lieder, Solveig, Die Auffanggesellschaft in der Insolvenz – verkannt und kriminalisiert, DZWIR Deutsche Zeitschrift für Wirtschafts- und Insolvenzrecht 2004, 452 (zitiert: *Lieder,* DZWIR 2004)

Link, Jan, Droht dem Verkäufer von GmbH-Anteilen bei Leveraged-Buyout-Transaktionen eine Haftung für Verbindlichkeiten der Zielgesellschaft?, ZIP Zeitschrift für Wirtschaftsrecht 2007, 1397 (zitiert: *Link,* ZIP 2007)

LoPucki, Lynn M./Whitford, William C., Bargaining over equity's share in the bankruptcy reorganization of large, publicly held companies, University of Pennsylvania Law Review 139 (1990), 125, zitiert nach der Veröffentlichung

in *Bhandari, Jagdeep S./Weiss, Lawrence A.*, Corporate bankruptcy – Economic and legal perspectives, 1996, S. 232 (zitiert: *LoPucki/Whitford* in *Bhandari/Weiss*, Corporate Bankruptcy)
dies., Patterns in the bankruptcy reorganization of large, publicly held companies, Cornell Law Review Vol. 78 (1992/93), 597 (zitiert: *LoPucki/Whitford*, Cornell Law Review Vol. 78 (1992/93))
Lübchen, Gustav-Adolf/Landfermann, Hans-Georg, Das neue Insolvenzrecht der DDR, ZIP Zeitschrift für Wirtschaftsrecht 1990, 829 (zitiert: *Lübchen/Landfermann*, ZIP 1990)
Lutter, Marcus, Treupflichten und ihre Anwendungsprobleme, ZHR Zeitschrift für das gesamte Handelsrecht und Wirtschaftsrecht 162 (1998), 164 (zitiert: *Lutter*, ZHR 162 (1998))
ders., Das Girmes-Urteil, JZ JuristenZeitung 1995, 1053 (zitiert: *Lutter*, JZ 1995)
ders., Theorie der Mitgliedschaft, AcP Archiv für die civilistische Praxis 180 (1980), 84 (zitiert: *Lutter*, AcP 180 (1980))
Lutter, Marcus/Bezzenberger, Tilman, Für eine Reform des Spruchverfahrens im Aktien- und Umwandlungsrecht, AG Die Aktiengesellschaft 2000, 433 (zitiert: *Lutter/Bezzenberger*, AG 2000)
Lutter, Marcus/Hommelhoff, Peter/Timm, Wolfram, Finanzierungsmaßnahmen zur Krisenabwehr in der Aktiengesellschaft, Betriebs-Berater 1980, 737 (zitiert: *Lutter/Hommelhoff/Timm*, BB 1980)
Maesch, Scott, Corporate Governance in der insolventen Aktiengesellschaft, 2005 (zugl. Diss. Univ. Köln 2005) (zitiert: *Maesch*, Corporate Governance)
Maier-Reimer, Georg/Wenzel, Axel, Kapitalaufbringung in der GmbH nach dem MoMiG, ZIP Zeitschrift für Wirtschaftsrecht 2008, 1449 (zitiert: *Maier-Reimer/Wenzel*, ZIP 2008)
Marotzke, Wolfgang, Zwangsvollstreckung in Gesellschaftsanteile nach Abspaltung der Vermögensansprüche, ZIP Zeitschrift für Wirtschaftsrecht 1988, 1509 (zitiert: *Marotzke*, ZIP 1988)
Marsch-Barner, Reinhard, Treupflicht und Sanierung, ZIP Zeitschrift für Wirtschaftsrecht 1996, 853 (zitiert: *Marsch-Barner*, ZIP 1996)
ders., Treuepflichten zwischen Aktionären und Verhaltenspflichten bei der Stimmrechtsbündelung, ZHR Zeitschrift für das gesamte Handelsrecht und Wirtschaftsrecht 157 (1993), 172 (zitiert: *Marsch-Barner*, ZHR 157 (1993))
Maser, Peter/Sommer, Alexander, Die Neuregelung der „Sanierenden Kapitalherabsetzung" bei der GmbH, GmbH-Rundschau 1996, 22 (zitiert: *Maser/Sommer*, GmbHR 1996)
Maunz, Theodor/Dürig, Günter (Begr.), Grundgesetz, Kommentar, Band II (Art. 6–16 a), Loseblattsammlung (Stand: Oktober 2010) (zitiert: Maunz/Dürig/*Bearbeiter*, GG)

Maus, Karl-Heinz, Der Insolvenzplan, in *Arbeitskreis für Insolvenz- und Schiedsgerichtswesen e. V., Köln (Hrsg.),* Kölner Schrift zur Insolvenzordnung, 2. Auflage 2000, S. 931 (*Maus* in KS (2. Aufl.))

Meyer-Löwy, Bernd/Poertzgen, Christoph/de Vries, Tillman, Einführung in das englische Insolvenzrecht, ZInsO Zeitschrift für das gesamte Insolvenzrecht 2005, 293 (zitiert: *Meyer-Löwy/Poertzgen/de Vries,* ZInsO 2005)

Milman, David/Durrant, Christopher, Corporate Insolvency: Law and Practice, 2. Auflage 1994 (zitiert: *Milman/Durrant,* Corporate Insolvency)

Möhlmann, Thomas, Die Berichterstattung im neuen Insolvenzverfahren, 1999 (zitiert: *Möhlmann,* Berichterstattung im neuen Insolvenzverfahren)

Morshäuser, Ralf/Falkner, Tobias, Der Insolvenzplan als Sanierungschance für Portfolio-Unternehmen von Private-Equity-Investoren nach einem Debt-Push-Down, NZG Neue Zeitschrift für Gesellschaftsrecht 2009, 526 (zitiert: *Morshäuser/Falkner,* NZG 2009)

Morzfeld, Kurt, Debt-Equity-Swap: In steuerlicher Daumenschraube, Status:Recht 2009, 95 (zitiert: *Morzfeld,* Status:Recht 2009)

Mülbert, Peter O./Leuschner, Lars, Die verfassungsrechtlichen Vorgaben der Art. 14 GG und Art. 2 Abs. 1 GG für die Gesellschafterstellung – wo bleibt die Privatautonomie?, ZHR Zeitschrift für das gesamte Handelsrecht und Wirtschaftsrecht 170 (2006), 615 (zitiert: *Mülbert/Leuschner,* ZHR 170 (2006))

Müller, Hans-Friedrich, Die Kapitalerhöhung in der Insolvenz, ZGR Zeitschrift für Unternehmens- und Gesellschaftsrecht 2004, 842 (zitiert: *H.-F. Müller,* ZGR 2004)

ders., Der Verband in der Insolvenz, 2002 (zitiert: *H.-F. Müller,* Verband in der Insolvenz)

ders., Gesellschaftsrechtliche Regelungen im Insolvenzplan, KTS Zeitschrift für Insolvenzrecht 2002, 209 (zitiert: *H.-F. Müller,* KTS 2002)

Müller-Eising, Karsten/Brandi, Tim Oliver/Sinhart, Michael/Lorenz, Mark/Löw, Hans-Peter, Das Banken-Restrukturierungsgesetz, BB Betriebs-Berater 2011, 66 (zitiert: *Müller-Eising/Brandi/Sinhart/Lorenz/Löw,* BB 2011)

Müller-Feldhammer, Ralf, Die übertragende Sanierung – ein ungelöstes Problem der Insolvenzrechtsreform, ZIP Zeitschrift für Wirtschaftsrecht 2003, 2186 (zitiert: *Müller-Feldhammer,* ZIP 2003)

Müller-Seils, Carsten, Rescue Culture und Unternehmenssanierung in England und Wales nach dem Enterprise Act 2002, 2006 (zugl. Diss. Univ. Köln 2006) (zitiert: *Müller-Seils,* Rescue Culture)

Nerlich, Jörg/Römermann, Volker (Hrsg.), Insolvenzordnung, Kommentar, Loseblattsammlung (Stand: September 2010) (zitiert: Nerlich/Römermann/*Bearbeiter*)

Nerlich, Jörg/Kreplin, Georg (Hrsg.), Münchener Anwaltshandbuch, Sanierung und Insolvenz, 2006 (zitiert: Nerlich/Kreplin/*Bearbeiter,* Sanierung und Insolvenz)

Noack, Ulrich, Das Aktienrecht der Krise – das Aktienrecht in der Krise?, AG Die Aktiengesellschaft 2009, 227 (zitiert: *Noack,* AG 2009)

ders., Gesellschaftsrecht, Sonderband 1 zu *Kübler, Bruno/Prütting, Hanns (Hrsg.),* InsO, Kommentar zur Insolvenzordnung, 1999 (zitiert: *Noack,* Gesellschaftsrecht)

ders., Reorganisation der Schuldnergesellschaft nach neuem Insolvenzrecht, in *Lieb, Manfred/Noack, Ulrich/Westermann, Harm Peter (Hrsg.),* Festschrift für Wolfgang Zöllner zum 70. Geburtstag, Band 1, 1998, 411 (zitiert: *Noack,* FS Zöllner)

Obermüller, Manfred, Das Bankenrestrukturierungsgesetz – ein kurzer Überblick über ein langes Gesetz, NZI Neue Zeitschrift für das Recht der Insolvenz und Sanierung 2011, 81 (zitiert: *Obermüller,* NZI 2011)

Oelrichs, Carsten P., Muß der Versammlungsleiter bei der Feststellung von Haupt- oder Gesellschafterversammlungsbeschlüssen treuwidrig abgegebene Stimmen mitzählen?, GmbH-Rundschau 1995, 863 (zitiert: *Oelrichs,* GmbHR 1995)

Paape, Anna Lena, Die Regeln des Eigenkapitalersatzes beim Debt-Equity-Swap, DZWIR Deutsche Zeitschrift für Wirtschafts- und Insolvenzrecht 2009, 9 (zitiert: *Paape,* DZWIR 2009)

Pape, Gerhard, Erleichterung der Sanierung von Unternehmen durch Insolvenzverfahren bei gleichzeitiger Abschaffung der Gläubigergleichbehandlung?, ZInsO Zeitschrift für das gesamte Insolvenrecht 2010, 2155 (zitiert: *Pape,* ZInsO 2010)

ders., Die Gläubigerautonomie in der Insolvenzordnung, ZInsO Zeitschrift für das gesamte Insolvenzrecht 1999, 305 (zitiert: *Pape,* ZinsO 1999)

ders., Die Insolvenzordnung ist in Kraft getreten…, NJW Neue Juristische Wochenschrift 1999, 29 (zitiert: *Pape,* NJW 1999)

Patzschke, Reinhard, Reorganisation der Kapitalgesellschaften im Insolvenzverfahren, 2000 (zugl. Diss. Univ. Düsseldorf 2000) (zitiert: *Patzschke,* Reorganisation der Kapitalgesellschaften)

Paulus, Christoph G., Wege zu einem Konzerninsolvenzrecht, ZGR Zeitschrift für Unternehmens- und Gesellschaftsrecht 2010, 270 (zitiert: *C. Paulus,* ZGR 2010)

ders., Die Insolvenz als Sanierungschance – ein Plädoyer, ZGR Zeitschrift für Unternehmens- und Gesellschaftsrecht 2005, 309 (zitiert: *C. Paulus,* ZGR 2005)

ders., Notwendige Änderungen im Insolvenzrecht!?, ZIP Zeitschrift für Wirtschaftsrecht 2005, 2301 (zitiert: *C. Paulus,* ZIP 2005)

Paulus, Roman, Die ausländische Sanierung über einen Debt-Equity-Swap als Angriff auf das deutsche Insolvenzrecht?, DZWIR Deutsche Zeitschrift für Wirtschafts- und Insolvenzrecht 2008, 6 (zitiert: *R. Paulus,* DZWIR 2008)

Pentz, Andreas, Sanierungsprivileg und Zurechnung, ZIP Zeitschrift für Wirtschaftsrecht 2006, 1169 (zitiert: *Pentz,* ZIP 2006)

Penzlin, Dietmar, Kritische Anmerkungen zu den Insolvenzeröffnungsgründen der drohenden Zahlungsunfähigkeit und der Überschuldung (§§ 18 und 19 InsO), NZG Neue Zeitschrift für Gesellschaftsrecht 2000, 464 (zitiert: *Penzlin,* NZG 2000)

Pesch, Jürgen, Restrukturierung von Unternehmen durch Distressed Debt-Investoren – Beispiele und Probleme, in *Moll, Wilhelm (Hrsg.),* Festschrift für Hans-Jochem Lüer zum 70. Geburtstag, 2008, 77 (zitiert: *Pesch,* FS Lüer)

Picot, Gerhard/Aleth, Franz, Unternehmenskrise und Insolvenz, 1999 (zitiert: *Picot/Aleth,* Unternehmenskrise und Insolvenz)

Piepenburg, Horst, Faktisches Konzerninsolvenzrecht am Beispiel Babcock Borsig, NZI Neue Zeitschrift für das Recht der Insolvenz und Sanierung 2004, 231 (zitiert: *Piepenburg,* NZI 2004)

Pleister, Christian/Kindler, Steffi, Kapitalmaßnahmen in der Insolvenz börsennotierter Gesellschaften, ZIP Zeitschrift für Wirtschaftsrecht 2010, 503 (zitiert: *Pleister/Kindler,* ZIP 2010)

Podewils, Felix, Zur Anerkennung von Chapter 11 in Deutschland – zugleich eine rechtsvergleichende Betrachtung Deutschland vs. USA –, ZInsO Zeitschrift für das gesamte Insolvenzrecht 2010, 209

Priester, Hans-Joachim, Debt-Equity-Swap zum Nennwert?, DB Der Betrieb 2010, 1445 (zitiert: *Priester,* DB 2010)

ders., „Sanieren oder Ausscheiden" im Recht der GmbH, ZIP Zeitschrift für Wirtschaftsrecht 2010, 497 (zitiert: *Priester,* ZIP 2010)

ders., „Squeeze out" durch Herabsetzung des Stammkapitals auf Null?, DNotZ Deutsche Notar-Zeitschrift 2003, 592 (zitiert: *Priester,* DNotZ 2003)

Priester, Hans-Joachim/Mayer, Dieter (Hrsg.), Münchener Handbuch des Gesellschaftsrechts, Band 3, Gesellschaft mit beschränkter Haftung, 3. Auflage 2009 (zitiert: Priester/Mayer/*Bearbeiter,* Münch. Hdb. Gesellschaftsrecht/III)

dies., Münchener Handbuch des Gesellschaftsrechts, Band 3, Gesellschaft mit beschränkter Haftung, 2. Auflage 2003 (zitiert: Priester/Mayer/*Bearbeiter,* Münch. Hdb. Gesellschaftsrecht/III (2. Aufl.))

Prütting, Hanns, Allgemeine Verfahrensgrundsätze der Insolvenzordnung, in *Arbeitskreis für Insolvenz- und Schiedsgerichtswesen e. V., Köln (Hrsg.),* Kölner Schrift zur Insolvenzordnung, 2. Auflage 2000, S. 221 (zitiert: *Prütting* in KS (2. Aufl.))

Pujol, Michael, Die Sanierung der Schuldnergesellschaft vor dem Hintergrund der gesellschaftsrechtlichen Neutralität des Insolvenzrechts nach deutschem und französischem Recht, 2007 (zugl. Diss. Univ. Freiburg 2006) (zitiert: *Pujol,* Sanierung der Schuldnergesellschaft)

Puszkajler, Karl Peter, Diagnose und Therapie von aktienrechtlichen Spruchverfahren, ZIP Zeitschrift für Wirtschaftsrecht 2003, 518 (zitiert: *Puszkajler,* ZIP 2003)

Rattunde, Rolf, Sanierung von Großunternehmen durch Insolvenzpläne – Der Fall „Herlitz", ZIP Zeitschrift für Wirtschaftsrecht 2003, 596 (zitiert: *Rattunde,* ZIP 2003)

Redeker, Rouven, Kontrollerwerb an Krisengesellschaften: Chancen und Risiken des Debt-Equity-Swap, Betriebs-Berater 2007, 673 (zitiert: *Redeker,* BB 2007)

Reuter, Alexander/Buschmann, Marco, Sanierungsverhandlungen mit Krediterwerbern: Strategien „alternativer Investoren" auf dem Prüfstand, ZIP Zeitschrift für Wirtschaftsrecht 2008, 1003 (zitiert: *Reuter/Buschmann,* ZIP 2008)

Richter, Nicholas, Möglichkeiten und Grenzen des Distressed Debt Investing in Deutschland, 2006 (zugl. Diss. Univ. Rostock 2006) (zitiert: *Richter,* Distressed Debt)

Riegger, Bodo/Wasmann, Dirk (Hrsg.), Kölner Kommentar zum Spruchverfahrensgesetz, 1. Auflage 2005 (zitiert: Riegger/Wasmann/*Bearbeiter,* KK-SpruchG)

Roe, Mark, Bankruptcy and debt: A new model for corporate reorganization, 83 Columbia Law Review, S. 527; in überarbeiteter Fassung veröffentlicht in *Bhandari, Jagdeep S./Weiss, Lawrence A. (Hrsg.),* Corporate bankruptcy – Economic and legal perspectives, 1996, S. 351 (zitiert: *Roe* in *Bhandari/Weiss,* Corporate Bankruptcy)

Röhricht, Volker, Insolvenzrechtliche Aspekte im Gesellschaftsrecht, ZIP Zeitschrift für Wirtschaftsrecht 2005, 505 (zitiert: *Röhricht,* ZIP 2005)

Roth, Günther H./Altmeppen, Holger, Gesetz betreffend die Gesellschaften mit beschränkter Haftung (GmbHG), Kommentar, 6. Auflage 2009 (zitiert: Roth/Altmeppen/*Bearbeiter,* GmbHG)

Rozek, Jochen, Die Unterscheidung von Eigentumsbindung und Enteignung. Eine Bestandsaufnahme zur dogmatischen Struktur des Art. 14 GG nach 15 Jahren „Naßauskiesung", 1998 (zitiert: *Rozek,* Eigentumsbindung und Enteignung)

Sachs, Michael (Hrsg.), Grundgesetz, Kommentar, 5. Auflage 2009 (zitiert: Sachs/*Bearbeiter,* GG)

ders., Gesetzlicher Ausschluss von Ansprüchen als zulässige Schrankenbestimmung des Eigentums, JuS Juristische Schulung 2005, 454 (zitiert: *Sachs,* JuS 2005)

Säcker, Franz Jürgen/Rixecker, Roland (Hrsg.), Münchener Kommentar zum Bürgerlichen Gesetzbuch, Band 5, Schuldrecht, Besonderer Teil III (§§ 705–853), 5. Auflage 2009 (zitiert: MüKo-BGB/*Bearbeiter*)

Sassenrath, Gerd, Der Eingriff in Anteilseignerrechte durch den Insolvenzplan, ZIP Zeitschrift für Wirtschaftsrecht 2003, 1517 (zitiert: *Sassenrath,* ZIP 2003)

Schander, Albert A./Schinogl, Thomas, Börsennotierung insolventer Gesellschaften, ZInsO Zeitschrift für das gesamte Insolvenzrecht 1999, 202 (zitiert: *Schander/Schinogl,* ZInsO 1999)

Scheunemann, Marc P./Hoffmann, Guido, Debt-Equity-Swap – Steuerliche Strukturierung und zivilrechtliche Rahmenbedingungen –, Der Betrieb 2009, 983 (zitiert: *Scheunemann/Hoffmann,* DB 2009)

Schiessler, Wolfgang, Der Insolvenzplan, 1997 (zugl. Diss. Univ. Regensburg 1996) (zitiert: *Schiessler,* Insolvenzplan)

Schlegelberger, Franz (Begr.), Handelsgesetzbuch, Kommentar von *Ernst Geßler u. a.,* Band III/1. Halbband (§§ 105–160), 5. Auflage 1992 (zitiert: Schlegelberger/*Bearbeiter,* HGB)

Schmerbach, Ulrich, Das „Große" Insolvenzgericht als Kompetenzzentrum, ZInsO Zeitschrift für das gesamte Insolvenzrecht 2011, 405 (zitiert: *Schmerbach,* ZInsO 2011)

Schmidt, Jens M., Der Debt Equity Swap als Sanierungsinstrument im Fokus des Gesetzgebers, GWR Gesellschafts- und Wirtschaftsrecht 2010, 568 (zitiert: *Schmidt,* GWR 2010)

Schmidt, Karsten, Gesellschaftsrecht, 4. Auflage 2002 (zitiert: *K. Schmidt,* GesR)

ders., Insolvenzordnung und Unternehmensrecht – Was bringt die Reform?, in *Arbeitskreis für Insolvenz- und Schiedsgerichtswesen e. V., Köln (Hrsg.),* Kölner Schrift zur Insolvenzordnung, 2. Auflage 2000, S. 1199 (zitiert: *K. Schmidt* in KS (2. Aufl.))

ders., Handelsrecht, 5. Auflage 1999 (zitiert: *K. Schmidt,* Handelsrecht)

ders., Insolvenzordnung und Gesellschaftsrecht, ZGR Zeitschrift für Unternehmens- und Gesellschaftsrecht 1998, 633 (zitiert: *K. Schmidt,* ZGR 1998)

ders., Wege zum Insolvenzrecht der Unternehmen, 1990 (zitiert: *K. Schmidt,* Wege zum Insolvenzrecht der Unternehmen)

ders. (Hrsg.), Rechtsdogmatik und Rechtspolitik, Hamburger Ringvorlesung, 1990 (zitiert: *Verfasser* in K. Schmidt, Rechtsdogmatik und Rechtspolitik)

ders., Das Insolvenzverfahren neuer Art – Kernprobleme der Insolvenzrechtsreform nach dem Kommissionsbericht –, ZGR Zeitschrift für Unternehmens- und Gesellschaftsrecht 1986, 178 (zitiert: *K. Schmidt,* ZGR 1986)

ders., Die Beschlußanfechtungsklage bei Vereinen und Personengesellschaften – Ein Beitrag zur Institutionenbildung im Gesellschaftsrecht, in *Lutter, Marcus/Mertens, Hans-Joachim/Ulmer, Peter (Hrsg.),* Festschrift für Walter

Stimpel zum 68. Geburtstag am 29. November 1985, 217 (zitiert: *K. Schmidt,* FS Stimpel)
ders., Institutionen eines künftigen Insolvenzrechts der Unternehmen, ZIP Zeitschrift für Wirtschaftsrecht 1985, 713 (zitiert: *K. Schmidt,* ZIP 1985)
ders., Möglichkeiten der Sanierung von Unternehmen durch Maßnahmen im Unternehmens-, Arbeits-, Sozial- und Insolvenzrecht, Gutachten D für den 54. Deutschen Juristentag, 1982 (zitiert: *K. Schmidt,* Gutachten 54. DJT)
ders., Die Insolvenzrechtsreform nach dem 54. Deutschen Juristentag – Unternehmens- und Insolvenzrechtlicher Teil –, KTS Zeitschrift für Insolvenzrecht 1982, 613 (zitiert: *K. Schmidt,* KTS 1982)
ders., Die sanierende Kapitalerhöhung im Recht der Aktiengesellschaft, GmbH und Personengesellschaft, ZGR Zeitschrift für Unternehmens- und Gesellschaftsrecht 1982, 519 ff. (zitiert: *K. Schmidt,* ZGR 1982)
ders., Sinnwandel und Funktion des Überschuldungstatbestands, JZ JuristenZeitung 1982, 165 (zitiert: *K. Schmidt,* JZ 1982)
ders., Organverantwortlichkeit und Sanierung im Insolvenzrecht der Unternehmen, ZIP Zeitschrift für Wirtschaftsrecht 1980, 328 (zitiert: *K. Schmidt,* ZIP 1980)
ders., Unternehmenskonkurs – Unternehmensträgerkonkurs – Gesellschafterkonkurs, in *Uhlenbruck, Wilhelm/Klasmeyer, Bernd/Kübler, Bruno M.,* Einhundert Jahre Konkursordnung 1877–1977, Festschrift des Arbeitskreises für Insolvenz- und Schiedsgerichtwesen e. V. Köln zum einhundertjährigen Bestehen der Konkursordnung vom 10. Februar 1877, 1977, 247 (zitiert: *K. Schmidt,* FS 100 Jahre KO)
Schmidt, Karsten/Lutter, Marcus (Hrsg.), Aktiengesetz, Kommentar, Band 1 (§§ 1–149), 2008 (zitiert: K Schmidt/Lutter/*Bearbeiter,* AktG, Bd. 1)
Schmidt, Karsten/Lutter, Marcus (Hrsg.), Aktiengesetz, Kommentar, Band 2 (§§ 150–410, SpruchG), 2. Auflage 2010 (zitiert: K. Schmidt/Lutter/*Bearbeiter,* AktG, Bd. 2)
Schmidt, Karsten/Uhlenbruck, Wilhelm (Hrsg.), Die GmbH in Krise, Sanierung und Insolvenz, 4. Auflage 2009 (zitiert: K. Schmidt/Uhlenbruck/*Bearbeiter,* GmbH in Krise, Sanierung und Insolvenz)
Schmidt, Reinhard H., Ökonomische Analyse des Insolvenzrechts, 1980 (zitiert: *R. H. Schmidt,* Ökonomische Analyse)
Schmidt-Aßmann, Eberhard, in *Brenner, Michael/Huber, Peter M./Möstl, Markus (Hrsg.),* Der Staat des Grundgesetzes – Kontinuität und Wandel, Festschrift für Peter Badura zum siebzigsten Geburtstag, 2004, 1009 (zitiert: *Schmidt-Aßmann,* FS Badura)
Schmittmann, Jens M., Sanierung mittels Insolvenzplanverfahren, VR Verwaltungsrundschau 2009, 289 (zitiert: *Schmittmann,* VR 2009)

Schmolke, Klaus Ulrich, Kapitalerhaltung in der GmbH nach dem MoMiG, Kommentierung zu §§ 30, 31 GmbHG, 2009 (zitiert: *Schmolke,* Kapitalerhaltung)
Schön, Wolfgang, Der Aktionär im Verfassungsrecht, in *Habersack, Mathias/Hommelhoff, Peter/Hüffer, Uwe/Schmidt, Karsten (Hrsg.),* Festschrift für Peter Ulmer zum 70. Geburtstag am 2. Januar 2003, 2003, 1359 (zitiert: *Schön,* FS Ulmer)
Scholz, Franz (Begr.), Kommentar zum GmbH-Gesetz, Band 1 (§§ 1–34), 10. Auflage 2006, bearbeitet von *Crezelius, Georg* u. a. (zitiert: Scholz/*Bearbeiter,* GmbHG, Bd. 1)
ders., Kommentar zum GmbH-Gesetz, Band 2 (§§ 35–52), 10. Auflage 2007, bearbeitet von *Bitter, Georg* u. a. (zitiert: Scholz/*Bearbeiter,* GmbHG, Bd. 2)
ders., Kommentar zum GmbH-Gesetz, Band 3 (§§ 53–85), 10. Auflage 2010, bearbeitet von *Bitter, Georg* u. a. (zitiert: Scholz/*Bearbeiter,* GmbHG, Bd. 3)
Schulte, Hans, Enteignung und privatrechtliche Aufopferung, DVBl Deutsches Verwaltungsblatt 1965, 386 (zitiert: *Schulte,* DVBl 1965)
Schulze-Osterloh, Lerke, Das Prinzip der Eigentumsopferentschädigung im Zivilrecht und im öffentlichen Recht, 1980 (zugl. Diss. Univ. Hamburg 1978) (zitiert: *Schulze-Osterloh,* Prinzip der Eigentumsopferentschädigung)
Schuster, Gunnar, Zur Stellung der Anteilseigner in der Sanierung, ZGR Zeitschrift für Unternehmens- und Gesellschaftsrecht 2010, 325 (zitiert: *Schuster,* ZGR 2010)
Schwabe, Jürgen, Die sogenannte Drittwirkung der Grundrechte, 1971 (zitiert: *Schwabe,* Drittwirkung)
Schwalme, Sebastian, Die Stellung des Anteilseigners in der Unternehmensinsolvenz, DZWIR Deutsche Zeitschrift für Wirtschafts- und Insolvenzrecht 2004, 230 (zitiert: *Schwalme,* DZWIR 2004)
Sealy, Len/Milman, David, Annotated Guide to the Insolvency Legislation, Band 1, 11. Auflage 2008 (zitiert: *Sealy/Milman,* Guide to the Insolvency Legislation)
Sellmann, Christian, Die eigentumsrechtliche Inhalts- und Schrankenbestimmung – Entwicklungstendenzen, NVwZ Neue Zeitschrift für Verwaltungsrecht 2003, 1417 (zitiert: *Sellmann,* NVwZ 2003)
Servatius, Wolfgang, Enteignung von Bankaktionären – Der Fall Hypo Real Estate, in *Roth, Herbert (Hrsg.),* Europäisierung des Rechts, Ringvorlesung der Juristischen Fakultät der Universität Regensburg 2009/2010, 2010, 243 (zitiert: *Servatius* in *Roth,* Europäisierung des Rechts)
ders., Gläubigerschutz durch Covenants, 2008 (zitiert: *Servatius,* Gläubigerschutz durch Covenants)
Soergel, Hans Theodor (Begr.), Bürgerliches Gesetzbuch, Band 5/1, Schuldrecht IV/1 (§§ 705–822), Kommentar, 12. Auflage 2007 (zitiert: Soergel/*Bearbeiter,* BGB)

Spengler, Albrecht, Mehrheitsbeschlüsse bei Personengesellschaften und deren Schranken, in *Hefermehl, Wolfgang/Nipperdey, Hans Carl (Hrsg.),* Festschrift für Philipp Möhring zum 65. Geburtstag, 1965, 165 (zitiert: *Spengler,* FS Möhring)

Smid, Stefan, Große Reform oder Beseitigung der Insolvenzordnung durch ein neues Konkursverfahren – ein Beitrag zu Schatten und Licht gegenwärtiger Reformprojekte –, DZWIR Deutsche Zeitschrift für Wirtschafts- und Insolvenzrecht 2010, 397 (zitiert: *Smid,* DZWIR 2010)

ders. (Hrsg.), Insolvenzordnung (InsO), Kommentar, 2. Auflage 2001 (zitiert: Smid/*Bearbeiter,* InsO)

ders., Kontrolle der sachgerechten Abgrenzung von Gläubigergruppen im Insolvenzplanverfahren, InVo Insolvenz und Vollstreckung 1997, 169 (zitiert: *Smid,* InVO 1997)

Smid, Stefan/Rattunde, Rolf, Der Insolvenzplan, 1998 (zitiert: *Smid/Rattunde,* Insolvenzplan)

Smid, Stefan/Zeuner, Mark (Hrsg.), Gesamtvollstreckungsordnung, Kommentar, Das Recht der fünf neuen Bundesländer und Ostberlins, 2. Auflage 1994 (zitiert: Smid/Zeuner/*Bearbeiter,* GesO)

Staub, Herrmann (Begr.), Handelsgesetzbuch, Großkommentar, 3. Band (§§ 105–160), 5. Auflage 2009 (zitiert: Staub/*Bearbeiter,* HGB)

Streit, Georg, Debt-Equity-Swap als Sanierungsmittel vor und in der Insolvenz – ein Beitrag zur rechtspolitischen Diskussion, Status:Recht 2009, 94 (zitiert: *Streit,* Status:Recht 2009)

Struckmeier, Dirk, Mehrheitliche Kapitalerhöhungen und ihre Bindungswirkung bei Personengesellschaften, 2002 (zugl. Diss. Univ. Konstanz 2002) (zitiert: *Struckmeier,* Kapitalerhöhungen)

Take, Michael/Rattunde, Rolf, Workshop „Praxisprobleme des Insolvenzplans", in *Smid, Stefan (Hrsg.),* Neue Fragen des Insolvenzrechts, 2008, S. 95 (zitiert: *Take/Rattunde* in *Smid,* Neue Fragen des Insolvenzrechts)

Tashiro, Annerose, Die Restrukturierung von Kapitalgesellschaften – ein Rechtsvergleich der deutschen Insolvenzordnung mit dem japanischen Gesetz zur Revitalisierung von Personen des Privatrechts, in *Kind, Thomas/Abenheimer, Arno (Hrsg.),* Unternehmenskrisen – Der Jurist als Notarzt, Festschrift für Eberhard Braun zum 60. Geburtstag, 2007, 375 (zitiert: *Tashiro,* FS Braun)

Terhart, Peter, Chapter 11 Bankruptcy Code: Eine Alternative für Deutschland?, 1996 (zugl. Diss. Univ. Regensburg 1995) (zitiert: *Terhart,* Chapter 11)

Thonfeld, Henning, Der „instabile Überschuldungsbegriff" des Finanzmarktstabilisierungsgesetzes, NZI Neue Zeitschrift für das Recht der Insolvenz und Sanierung 2009, 15 (zitiert: *Thonfeld,* NZI 2009)

Timm, Wolfram, Treuepflichten im Aktienrecht, WM Zeitschrift für Wirtschafts- und Bankrecht 1991, 481 (zitiert: *Timm,* WM 1991)

Tomson, Christian/Hammerschmitt, Susanne, Aus alt mach neu? Betrachtungen zum Spruchverfahrensneuordnungsgesetz, NJW Neue Juristische Wochenschrift 2003, 2572 (zitiert: *Tomson/Hammerschmitt,* NJW 2003)

Toth-Feher, Geza M./Schick, Olaf, Distressed Opportunities – Rechtliche Probleme beim Erwerb notleidender Forderungen von Banken, ZIP Zeitschrift für Wirtschaftsrecht 2004, 491 (zitiert: *Toth-Feher/Schick,* ZIP 2004)

Uhlenbruck, Wilhelm, (Hrsg.), Insolvenzordnung, Kommentar, 13. Auflage 2010 (zitiert: Uhlenbruck/*Bearbeiter,* InsO)

ders., Gesellschaftsrechtliche Defizite der Insolvenzordnung, in *Moll, Wilhelm (Hrsg.),* Festschrift für Hans-Jochem Lüer zum 70. Geburtstag, 2008, 461 (zitiert: *Uhlenbruck,* FS Lüer)

ders., Von der Notwendigkeit eines eigenständigen Sanierungsgesetzes, NZI Neue Zeitschrift für das Recht der Insolvenz und Sanierung 2008, 201 (zitiert: *Uhlenbruck,* NZI 2008)

ders., Gesellschaftsrechtliche Aspekte des Insolvenzrechts, in *Arbeitskreis für Insolvenz- und Schiedsgerichtswesen e. V., Köln (Hrsg.),* Kölner Schrift zur Insolvenzordnung, 2. Auflage 2000, S. 1157 (zitiert: *Uhlenbruck* in KS (2. Aufl.))

ders., Mit der Insolvenzordnung 1999 in das neue Jahrtausend – Kritisches und Unkritisches zu einem „Jahrhundertgesetz“, NZI Neue Zeitschrift für das Recht der Insolvenz und Sanierung 1998, 1 (zitiert: *Uhlenbruck,* NZI 1998)

ders., Die neue Insolvenzordnung (II) – Auswirkungen auf das Recht der GmbH und GmbH & Co. KG, GmbHR 1995, 195 (Fortsetzung zu GmbHR 1995, 81) (zitiert: *Uhlenbruck,* GmbHR 1995)

ders., Das neue Insolvenzrecht – Insolvenzordnung und Einführungsgesetz nebst Materialien, 1994 (zitiert: *Uhlenbruck,* Das neue Insolvenzrecht)

ders., Die Bedeutung des Diskussionsentwurfs eines Gesetzes zur Reform des Insolvenzrechts für das Gesellschafts- und Unternehmensrecht, GmbH-Rundschau 1989, 101 (zitiert: *Uhlenbruck,* GmbHR 1989)

ders., Sanierung und Reorganisation als drittes Insolvenzverfahren in einem künftigen Recht?, KTS Zeitschrift für Insolvenzrecht 1981, 513 (zitiert: *Uhlenbruck,* KTS 1981)

Uhlenbruck, Wilhelm/Vallender, Heinz, Zehn Jahre Insolvenzordnung – eine kritische Zwischenbilanz, NZI Neue Zeitschrift für das Recht der Insolvenz und Sanierung 2009, 1 (zitiert: *Uhlenbruck/Vallender,* NZI 2009)

Ulmer, Peter, Der „Federstrich des Gesetzgebers“ und die Anforderungen der Rechtsdogmatik, ZIP Zeitschrift für Wirtschaftsrecht 2008, 45 (zitiert: *Ulmer,* ZIP 2008) *ders.*, Die gesellschaftsrechtlichen Regelungsvorschläge der Kommission für Insolvenzrecht, ZHR Zeitschrift für das gesamte Handelsrecht und Wirtschaftsrecht 149 (1985), 541 (zitiert: *Ulmer*, ZHR 149 (1985))

Undritz, Sven-Holger, Restrukturierung in der Insolvenz, ZGR Zeitschrift für Unternehmens- und Gesellschaftsrecht 2010, 201 (zitiert *Undritz*, ZGR 2010)

Vallender, Heinz, Insolvenzkultur gestern, heute und morgen, NZI Neue Zeitschrift für das Recht der Insolvenz und Sanierung 2010, 838 (zitiert: *Vallender*, NZI 2010)

ders.; Gefahren für den Insolvenzstandort Deutschland, NZI Neue Zeitschrift für das Recht der Insolvenz und Sanierung 2007, 129 (zitiert: *Vallender*, NZI 2007)

ders., Unternehmenskauf in der Insolvenz (II), GmbH-Rundschau 2004, 642 (zitiert: *Vallender*, GmbHR 2004)

Verse, Dirk A., Anteilseigner im Insolvenzverfahren – Überlegungen zur Reform des Insolvenzplanverfahrens aus gesellschaftsrechtlicher Sicht, ZGR Zeitschrift für Unternehmens- und Gesellschaftsrecht 2010, 299 (zitiert: *Verse*, ZGR 2010)

von Gerkan, Hartwin, Gesellschafterbeschlüsse, Ausübung des Stimmrechts und einstweiliger Rechtsschutz, ZGR Zeitschrift für Unternehmens- und Gesellschaftsrecht 1985, 167 (zitiert: *v. Gerkan*, ZGR 1985)

von Schorlemer, Benedikt/Stupp, Matthias, Kapitalerhöhung zu Sanierungszwecken – zur Reichweite der Zustimmungspflicht des Minderheitsgesellschafters mit Sperrminorität, NZI Neue Zeitschrift für das Recht der Insolvenz und Sanierung 2003, 345 (zitiert: *v. Schorlemer/Stupp*, NZI 2003)

von Sydow, Christian/Beyer, Oliver, Erwerb von notleidenden Krediten und anschließende Kapitalerhöhung mit Sacheinlage, AG Die Aktiengesellschaft 2006, 635 (zitiert: *v. Sydow/Beyer*, AG 2006)

Wagner, Klaus-R., Notleidende geschlossene Fonds: Sanieren oder Ausscheiden, NZG Neue Zeitschrift für Gesellschaftsrecht 2009, 1378 (zitiert: *Wagner*, NZG 2009)

Wallner, Jürgen, Partielle Universalsukzession durch Insolvenzplan – Ein Beitrag zur Diskussion um den debt to equity swap, ZInsO Zeitschrift für das gesamte Insolvenzrecht 2010, 1419 (zitiert: *Wallner*, ZInsO 2010)

Wallner, Jürgen/Gerster, Erwin/Weiß, Rüdiger, Steuerbarkeit von Sanierungsprozessen trotz Insolvenz – Ein Alternativvorschlag zum Diskussionsentwurf des BMJ, ZInsO Zeitschrift für das gesamte Insolvenzrecht 2011, 16 (zitiert: *Wallner/Gerster/Weiß*, ZInsO 2011)

Weber, Friedrich, Funktionsteilung zwischen Konkursverwalter und Gesellschaftsorganen im Konkurs der Kapitalgesellschaft, KTS Zeitschrift für Insolvenzrecht 1970, 73 (zitiert: *Weber*, KTS 1970) *ders.*, Fragen der Gestaltung des Konkursverfahrens in rechtspolitischer und rechtsvergleichender Hinsicht, KTS Zeitschrift für Insolvenzrecht 1959, 80 (zitiert: *Weber*, KTS 1959)

Weitnauer, Wolfgang, Der Verlust von Verlustvorträgen beim Gesellschafterwechsel, GWR Gesellschafts- und Wirtschaftsrecht 2009, 29 (zitiert: *Weitnauer*, GWR 2009)

Wellensiek, Jobst, Übertragende Sanierung, NZI Neue Zeitschrift für das Recht der Insolvenz und Sanierung 2002, 233 (zitiert: *Wellensiek*, NZI 2002)

Weller, Marc-Philippe, Die Verlegung des Center of Main Interest von Deutschland nach England, ZGR Zeitschrift für Unternehmens- und Gesellschaftsrecht 2008, 835 (zitiert: *Weller*, ZGR 2008)

Westermann, Harm Peter, Vertragsfreiheit und Typengesetzlichkeit im Recht der Personengesellschaften, 1970 (zitiert: *Westermann*, Vertragsfreiheit und Typengesetzlichkeit)

Westpfahl, Lars/Goetker, Uwe/Wilkens, Jochen, Grenzüberschreitende Insolvenzen, 2008 (zitiert: *Westpfahl/Goetker/Wilkens*, Grenzüberschreitende Insolvenzen)

Westpfahl, Lars/Janjuah, Riaz K., Zur Modernisierung des deutschen Sanierungsrechts, ZIP Zeitschrift für Wirtschaftsrecht 2008, Beilage zu Heft 3, 1 (zitiert: *Westpfahl/Janjuah*, ZIP 2008, Beil. Heft 3)

dies., Geltung des Sanierungsprivilegs auch beim Eigenkapitalersatz nach Rechtsprechungsregeln, EWiR Entscheidungen zum Wirtschaftsrecht 2006, 525 (zitiert: *Westpfahl/Janjuah*, EWiR 2006)

Wiedemann, Herbert, Ist der Kleinaktionär kein Aktionär?, in *Bitter, Georg/Lutter, Marcus/Priester, Hans-Joachim/Schön, Wolfgang/Ulmer, Peter*, Festschrift für Karsten Schmidt – Zum 70. Geburtstag, 2009, 1731 (zitiert: *Wiedemann*, FS K. Schmidt)

ders., Rechte und Pflichten des Personengesellschafters, WM Zeitschrift für Wirtschafts- und Bankrecht 1992, Sonderbeilage VII (zitiert: *Wiedemann*, WM 1992, Sonderbeil. VII)

ders., Zu den Treuepflichten im Gesellschaftsrecht, in *Kübler, Friedrich/Mertens, Hans-Joachim/Werner, Winfried*, Festschrift für Theodor Heinsius zum 65. Geburtstag, 1991, 949 (zitiert: *Wiedemann*, FS Heinsius)

ders., Juristische Person und Gesamthand als Sondervermögen – Eine Bestandsaufnahme aus bürgerlich-rechtlicher, handels- und steuerrechtlicher Sicht, WM Zeitschrift für Wirtschafts- und Bankrecht 1975, Sonderbeilage IV (zitiert: *Wiedemann*, WM 1975, Sonderbeil. IV)

ders., Die Übertragung und Vererbung von Mitgliedschaftsrechten bei Handelsgesellschaften, 1965 (zitiert: *Wiedemann*, Übertragung von Mitgliedschaftsrechten)

Wieneke, Laurenz/Fett, Torsten, Das neue Finanzmarktstabilisierungsgesetz unter besonderer Berücksichtigung der aktienrechtlichen Sonderregelungen, NZG Neue Zeitschrift für Gesellschaftsrecht 2009, 8 (zitiert: *Wieneke/Fett,* NZG 2009)

Willemsen, Reinhard/Rechel, Janine, Insolvenzrecht im Umbruch – ein Überblick über den RegE-ESUG, BB Betriebs-Berater 2011, 834 (zitiert: *Willemsen/Rechel,* BB 2011)

ders., Die Reform des Insolvenzplanverfahrens – Ein Zwischenstandsbericht: Anmerkungen zu den vorgeschlagenen Änderungen, BB Betriebs-Berater 2010, 2059 (zitiert: *Willemsen/Rechel,* BB 2010)

Wimmer, Klaus (Hrsg.), Frankfurter Kommentar zur Insolvenzordnung, 6. Auflage 2011 (zitiert: FK-InsO/*Bearbeiter*)

Wimmer, Richard, Gesellschaftsrechtliche Maßnahmen zur Sanierung von Unternehmen, DStR Deutsches Steuerrecht 1996, 1249 (zitiert: *Wimmer,* DStR 1996)

Windbichler, Christine, Gesellschaftsrecht, 22. Auflage, 2009 (zitiert: *Windbichler,* Gesellschaftsrecht)

Windsor, Jo/Müller-Seils, Carsten O./Burg, Michael, Unternehmenssanierungen nach englischem Recht – Das Company Voluntary Agreement, NZI Neue Zeitschrift für das Recht der Insolvenz und Sanierung 2007, 7 (zitiert: *Windsor/Müller-Seils/Burg,* NZI 2007)

Winter, Martin, Mitgliedschaftliche Treuebindungen im GmbH-Recht, 1988 (zugl. Diss. Univ. Heidelberg 1988) (zitiert: *Winter,* Treuebindungen)

Winter, Michael/Nießen, Tobias, Amtsermittlung und Beibringung im Spruchverfahren, NZG Neue Zeitschrift für Gesellschaftsrecht 2007, 13 (zitiert: *Winter/Nießen,* NZG 2007)

Wittig, Arne, Das Sanierungsprivileg für Gesellschafterdarlehen im neuen § 39 Abs. 4 Satz 2 InsO, in *Bitter, Georg/Lutter, Marcus/Priester, Hans-Joachim/Schön, Wolfgang/Ulmer, Peter,* Festschrift für Karsten Schmidt – Zum 70. Geburtstag, 2009, 1743 (zitiert: *Wittig,* FS K. Schmidt)

ders., Übernahme der Gesellschafterstellung an Krisenunternehmen als Sanierungsbeitrag der finanzierenden Kreditinstitute, in *Prütting, Hans/Vallender, Heinz (Hrsg.),* Insolvenzrecht in Wissenschaft und Praxis, Festschrift für Wilhelm Uhlenbruck zum 70. Geburtstag, 2000, 685 (zitiert: *Wittig,* FS Uhlenbruck)

ders., Obstruktionsverbot und Cram Down – § 245 InsO im Lichte der LaSalle Entscheidung des U.S. Supreme Court v. 3.5.1999 –, ZInsO Zeitschrift für das gesamte Insolvenzrecht1999, 373 (zitiert: *Wittig,* ZInsO 1999)

Wolfers, Benedikt/Rau, Markus, Enteignung zur Stabilisierung des Finanzmarktes: Das Rettungsübernahmegesetz, NJW Neue Juristische Wochenschrift 2009, 1297 (zitiert: *Rau/Wolfers,* NJW 2009)

Würdinger, Hans, Aktienrecht und das Recht der verbundenen Unternehmen, 4. Auflage 1981 (zitiert: *Würdinger,* Aktienrecht)

Zeuner, Mark, Gesamtvollstreckungsordnung der fünf neuen Bundesländer, 1992 (zugl. Diss. Univ. Hamburg 1992) (zitiert: *Zeuner,* Gesamtvollstreckungsordnung)

Zipperer, Helmut, „Übertragende Sanierung" – Sanierung ohne Grenzen oder erlaubtes Risiko?, NZI Neue Zeitschrift für das Recht der Insolvenz und Sanierung 2008, 206 (zitiert: *Zipperer,* NZI 2008)

Zirener, Jörg, Sanierung in der Insolvenz, 2005 (zugl. Diss. Univ. Frankfurt/Oder 2005) (zitiert: *Zirener,* Sanierung)

Zöllner, Wolfgang (Hrsg.), Kölner Kommentar zum Aktiengesetz, Band 5/1 (§§ 179–240 AktG), 2. Auflage 1995 (zitiert: KK/*Bearbeiter,* AktG)

Zöllner, Wolfgang, Die Schranken mitgliedschaftlicher Stimmrechtsmacht bei den privatrechtlichen Personenverbänden, 1963 (zitiert: *Zöllner,* Stimmrechtsmacht)

Schriften zum Verfahrensrecht

Herausgegeben von Jens Adolphsen, Peter Gottwald und Ulrich Haas

Band 1 Matthias Rauscher: Die neue Berufung in Zivilsachen. 2002.

Band 2 Jörn-Christian Schulze: Grenzen der objektiven Schiedsfähigkeit im Rahmen des § 1030 ZPO. Eine Betrachtung des Rechts der Schiedsfähigkeit nach der Schiedsverfahrensrechtsform. 2003.

Band 3 Roman Rodloff: Das vereinfachte Verfahren zur Festsetzung von Kindesunterhalt nach §§ 654 ff. ZPO. Zugleich ein Beitrag zur Unterhaltsannexklage nach § 653 ZPO und zum vereinfachten Abänderungsverfahren nach § 656 ZPO. 2003.

Band 4 Helia-Verena Daubach: Kammer oder Einzelrichter? Ist die Kammer ein Qualitätselement des Zivilprozesses? 2003.

Band 5 Thomas Gemmeke: Beweisverwertungsverbote im arbeitsgerichtlichen Verfahren. 2003.

Band 6 Wolfgang Kreißig: Der Sportverein in Krise und Insolvenz. 2004.

Band 7 Alexander M. Krämer: Leasingverträge in der Insolvenz. 2005.

Band 8 Timo Christian Walther: Das Verfahren bei Masseunzulänglichkeit nach den §§ 208 ff. InsO. 2005.

Band 9 Henning Müller: Die Lebensversicherung in der Zwangsvollstreckung. 2005.

Band 10 Oliver Hilsbos: Die Mitwirkungspflicht von Personenstandsbehörden in Nachlassverfahren. 2006.

Band 11 Matthias Holla: Der Einsatz von Schiedsgerichten im organisierten Sport. 2006.

Band 12 Matthias Hofmann: Die Eigenverwaltung in der Insolvenz. Darstellung eines Rechtsinstituts unter besonderer Berücksichtigung der Gesellschaftsinsolvenz. 2006.

Band 13 Christian Schindler: Rechtskraft und Innenbindung von Beschlüssen nach der ZPO-Reform. 2006.

Band 14 Carola Reimann-Dittrich: Die Finanzierungsfolgenverantwortung des Gesellschafters. 2006.

Band 15 Viktoria Kress: Internationale Zuständigkeit für elterliche Verantwortung in der Europäischen Union. Das neue europäische Familienverfahrensrecht in Fragen der elterlichen Verantwortung im Kontext der Haager Abkommen. 2006.

Band 16 Frank Martin Herget: Die internationale Zuständigkeit im Electronic Commerce in der Europäischen Union. 2006.

Band 17 Cornelia Drenckhahn: Urkundsvorlagepflichten im Zivilprozess und im arbeitsgerichtlichen Verfahren nach der ZPO-Reform unter besonderer Berücksichtigung der Neufassung des § 142 ZPO. 2007.

Band 18 Walter Boeckh: Beschwerde und Rechtsbeschwerde im Zivilverfahren. 2007.

Band 19 Gökçe Nazar Uzar: Rechtsmittel gegen Schiedssprüche nach dem neuen deutschen und türkischen Schiedsverfahrensrecht. 2007.

Band 20 Christa Kraemer: Eigenkapitalersatz und Insolvenz. Klassische und moderne Fallgruppen. 2007.

Band 21 Martin Beckmann: Statutarische Schiedsklauseln im deutschen Recht und internationalen Kontext. 2008.

Band 22 Ulf Pechartscheck: Entgeltansprüche aus Altersteilzeitarbeit in der Arbeitgeberinsolvenz. Analyse gegenwärtiger Sicherungsmodelle in Deutschland. 2008.

Band 23 Thomas Baumann: Patentstreitigkeiten vor Schiedsgerichten. Eine rechtsvergleichende Betrachtung ausgewählter Probleme nach deutschem und schweizerischem Recht. 2008.

Band 24 Désirée Cimmino: Das UNCITRAL-Modellgesetz über internationale ADR-Verfahren in Wirtschaftsstreitigkeiten. 2008.

Band 25 Ralf Burkhard: Der Einfluss der Schuldrechtsreform auf von § 103 InsO erfasste Kaufverträge. 2010.

Band 26 Stefan Roßkopf: Die Aufrechnung im deutschen und englischen Insolvenzrecht. Eine rechtsvergleichende Untersuchung. 2008.

Band 27 Thomas Rothammer: Die insolvenzrechtliche Restschuldbefreiung – Probleme und Lösungen. 2008.

Band 28 Franziska Schmalenberg: Anerkennung von Patenten in Europa. 2009.

Band 29 Michael Schaumann: Reform des Eigenkapitalersatzrechts im System der Gesellschafterhaftung. Unter Berücksichtigung der Änderungen durch das MoMiG. 2009.

Band 30 Hengliang Shen: Das Absonderungsrecht in der Insolvenz. Erfahrungen aus Deutschland und die Praxis in China. 2009.

Band 31 Alexander Panier: Der Grundsatz der Schadenseinheit. 2009.

Band 32 Ming-Sheng Liu: Die richterliche Hinweispflicht. Dogmatik und Rechtskultur. 2009.

Band 33 Lothar Czaja: Umsetzung der Kooperationsvorgaben durch die Europäische Insolvenzverordnung im deutschen Insolvenzverfahren. 2009.

Band 34 Stefanie Reiche: Die prozessualen Folgen eines Betriebsübergangs nach § 613a BGB. 2009.

Band 35 Christoph Stieber: Der gesicherte Geld- und Warenkredit in der Insolvenz. Das Insolvenzverwalterwahlrecht nach § 103 InsO und dessen Wirkungen auf die Sicherungsübereignung und den Eigentumsvorbehalt. 2009.

Band 36 Miguel Teixeira de Sousa: Die Zulässigkeitsprüfung im Zivilprozess. 2010.

Band 37 Michael Schulze: Das Besteuerungsverfahren der Personengesellschaft bei Insolvenz. 2010.

Band 38 Ulrich Hönle: Die deliktische Grundanknüpfung im IPR und IZVR. Auswirkungen der Kollisionsrechtsvereinheitlichung auf europäischer Ebene. 2011.

Band 39 Hilke Schapp: Die Präklusion von Gestaltungsrechten nach § 767 Abs. 2 ZPO. Eine kritische Untersuchung der Rechtsprechung unter besonderer Berücksichtigung der Rechtskraft und der materiellen Rechtslage. 2011.

Band 40 Moritz Büchele: Eingriff in Gesellschafterrechte im Insolvenzplan. 2011.

Band 41 Markus Wimmer: Unternehmenssanierung mittels Transfergesellschaften. 2011.

www.ingramcontent.com/pod-product-compliance
Ingram Content Group UK Ltd.
Pitfield, Milton Keynes, MK11 3LW, UK
UKHW021127041026
8980IPUK00025B/163

9 783631 630273